Alain de Libera

アラン・ド・リベラ

阿部一智……❖訳

理性と信仰

法王庁のもうひとつの抜け穴

RAISON ET FOI

Archéologie d'une crise d'Albert le Grand à Jean-paul II

新評論

◉中世哲学の手引きⅠ　主要登場人物

この手引きは、読者の便宜のために、おもにジルソンの『中世哲学史』を参考に訳者が書き下ろしものである。原著にはないので、飛ばしていただいても本編の読解に差し支えはない。また、主要登場人物を、50音順ではなく、時代順に配置してある。前から順に読めば中世哲学の大まかな流れをつかんでいただけると思うが、必要な人名についてだけ、注のように、読んでいただいてもかまわない。

①プラトン Platōn（前四二七～前三四七）　知を愛する者は「何が存在するか」を問うまえに「存在するとは何か」を問わなければならない。こうした問いかけのもとにプラトンが創始した存在論は中世哲学にもっとも大きな恵みを与えた古代の源泉のひとつである。

・イデア論――プラトンによれば、真に実在するのは、知性によって洞察される事象の本質（「イデア」）であり、感覚によって把握される事象の存在はその影像にすぎない。存在は知性の要求に合致したありかたを求められる、というのがその存在論の根幹である。したがって、初期の著作群で一貫しておこなわれていることは、個々の感覚的事象がはらむ矛盾を対話によってあぶりだして実在性の外見をはぎ取り、代わって、無矛盾化された事象にイデアとしての実在性を返すことである。こうして、事象の数だけ多くのイデアが存立することになる。

・善のイデア――このイデアの「多」がプラトン哲学をさらに進化させる。なぜなら思考の究極の原理は同一性であり、知性はおのれが「一」であることを知るまでは止むことがないからである。プラトンは中期の大作『国家』で、あらゆるイデアのイデアとして「善」を教示する。「善」の別名は「一者」である。もろもろのイデアが本来の意味での存在だとすれば、「善」は存在を超えた何ものかだということになる。このことはキリスト教との関係を考えるうえで重要である。なぜなら、正統的キリスト教神学は、神が本来の意味での存在であり神を超えるものは何もない、と教えるからである。

・デミウルゴス――キリスト教との関係で重要な論点がもう

ひとつある。プラトンは後期の対話編『ティマイオス』で、イデア界の影にすぎないこの現実界が、影としてではあれ、存在するのはなぜか、という問題に取りくむ。すなわち、デミウルゴス（「製作者」）なる神が、イデアを手本にして、この世界を作ったというのである。ただし、デミウルゴスが作るのは、人間霊魂をふくむ不死なる諸存在のみであり、死すべき諸存在はこの不死なる諸存在がコーラー（素材）を材料として作るとされる。この対話編は、のちにアリストテレスについても新プラトン主義についても知らなかったキリスト教徒の著述家たちによって何度も注釈の対象となった。かれらは、神の世界創造の秘密をこの著作から読みとろうとしたのである。

②アリストテレス Aristotelēs（前三八四～前三二二）　アリストテレスにとって存在とは目のまえにあって感覚によって把握される個物である。個物は、類概念を意味する第二実体と区別して第一実体と呼ばれる。プラトンとは対照的なこうした存在論は『形而上学』において全面的に展開される。しかし、そこには、プラトン主義への批判とプラトン主義からの魅惑が同時に読みとれる。

・**形相と質料**――アリストテレスは個物のうちにあって、当の個物をその本質へと規定する働きをエイドス（「形相」）と名づけ、その働きを受ける未規定の土台をヒュレー（「質料」）と名づける。家の場合で簡略化して言えば、「住むこと」がその形相であり、木材や石材がその質料である。石や木をいくら積み上げても、そこに「住むこと」が到来しなければ、いつまでも家にはならない。しかし他方、「住むこと」は働きであるかぎり、石や木から遊離して存在するのではなく、そうした事物のうちに結果を得てはじめて存在する。したがって、形相と質料の区別は、とりあえずは、人間の思考のなかにしか根拠を持たない観念的区別である。アリストテレスからすれば、形相をイデアとして遊離させたのはプラトンのまちがいである。

・**可能態と現実態**――しかし、他方で、自然界を広く観察すると、そこには、こうした形相と質料の区別がたんに思考上の区別ではなく、実在のうちにも根拠を持っていることを推定させる事例が満ちている。質料を、さまざまな可能性を開花すべく身構えている事物のありかた（可能態）ととらえ、形相を、可能性がすでに実現している事物のありかた（現実態）ととらえ返すならば、自然的諸事物は前者から後者への移行を尺度として階層構造をなすことが知られるのである。動物は、「成長」という、植物が実現している特性に加え、「運動」という植物においていまだ可能性にとどまっている特性を実現している。人間はほかの動物すべての特性を実現したうえに、思考という人間独自の特性を実現している。

・**不動の動者**――こうした階層構造の頂点に、すべての可能性を実現しきった現実態が想定される。これが「思惟」であることは明らかであろう。なぜなら、あらゆる質料から解放された形相、すなわち、事物のうちに結果を待つことなくそれ自体で存在する働きとしてわたしたちが知っているものは思惟しかないからだ。「不動の動者」とも語られるこうした「純粋思惟」が、求められていたこの現実界の形相と運動の最終的な原因である。

・能動的知性――プラトン主義への批判とプラトン主義からの魅惑という同じ構造は『霊魂論』にも読みとれる。すべての生物と同じく人間においても霊魂は肉体の形相であり、肉体は霊魂の質料である。したがって、栄養・欲求・感覚といった霊魂の能力が論じられるとき、それらと解剖学的器官との結合が顧慮されるのはもちろんのこと、思考する能力としてのヌース（「知性」）が論じられるときにも、欲求や感覚との結合が顧慮される。知性は、その辺縁が質料の闇に沈んでいるところの、可能性と受動性の重しを免れない光である。にもかかわらず、そうした可能的もしくは受動的知性が現実に思考をいとなむのだとすれば、その原因として、質料から解放された完全に現実的で能動的な知性が、どこかに、あるからである、とアリストテレスは考える。「能動的知性」という主題は中世イスラム・ユダヤ哲学はもとよりラテン西欧の哲学のなかでも長く生き続けた。

③プロティノス Plōtinos（二〇四～二六九）　のちのプロクロス（四一〇～四八五）とならぶ新プラトン派の代表者。主著『エンネアデス』。新プラトン主義は、一般に、ヘブライ思想に対するヘレニズム思想からの最後で最高の反撃と言われる。実際、試みられたのはユダヤ・キリスト教の啓示が与える世界観と同じ知的・倫理的価値を持つ体系を、ギリシャの学知を用いて再構築することである。

・ギリシャ知の綜合――プロティノスはプラトンの「一者」（「善」のイデア）にアリストテレスが「純粋思惟」に与えた役割すなわち多様な現実世界を生みだす原因という役割を与えようとした。そこに横たわる論理的困難は「一」から「多」が生じるのはなぜか、という問題である。プロティノスの論理を約言すれば、第一原理と世界の関係を「因果」すなわち原因と結果の関係ではなく、「内属」すなわち実体と偶有性の関係で考えることである。たとえば三角形の本質（三つの直線で囲まれた図形）がひとつ与えられただけでそこから三角形の多くの性質がみちびきだせる。こうした一から多への導出をだれも怪しまないのは、そこには「定義」と「定理」という数学的存在の地位の区別があるからである。この地位のちがいのもとでは、「一」と「二」ではなく、むしろ「一」と「多」が等価である。実体と偶有性のあいだにも存在論的な地位のちがいがあるので、実体の「一」に偶有性の「多」が対応する。

・流出説――かくしてプロティノスの宇宙論においては実体から偶有性が帰結するように、「一者」から「ヌース（叡智）」が「ヌース」から「プシュケー（霊魂）」が流出し、この不可視の最後のものから可視的世界が流出する。「流出」というのは、上位者と下位者の区別を含意する概念であるが、同時に、当の産出が上位者の発意や自由にかかわりなく、永遠に、また、必然的に起こることを意味する。

・神秘哲学――「流出」の裏側は「環帰」である。下位者はいかに多くの階層によって第一原理から隔てられていようとも、第一原理と「等価な」或る階層に属している。下位者と第一原理を分けているものは「隔たり」というよりむしろ「厚み」である。隔たりをなくすには仲介者が必要であるが、厚みをなくするには禁欲があれば足りる。こうしてプロティノスの学説は或る種の神秘主義哲学を帰結して終わるのであって、これがのちにイスラム・ユダヤ教はもとより、キリスト教のなかに逆流して神秘主義神学を鼓舞し続けることになる。

④**アウグスティヌス** Aurēlius Augustīnus（三五四〜四三〇）　古代西方教会を指導し正統教義の確立に寄与した、いわゆる「ラテン教父」の最後で最大の代表者。無からの創造、三位一体、自由意志と恩寵、時間と永遠、教会と国家などに関するアウグスティヌスの省察は中世を通じてもっとも永続的な権威を保った。

・**魂の特権性**——アウグスティヌスに特徴的なのは、かれが新プラトン主義から学んだと思われる、真理をこころの内側に求める方向性である。人間の魂こそは、「理性」が「信仰」によって抑止されるのではなく、むしろ鼓舞されている領域と思われたのである。懐疑論を退けるために書かれた初期の著作『アカデメイア派駁論』でアウグスティヌスは、すべてが疑わしいにしても、疑うわたし自身の存在だけは疑うことができない、と言う。わたしは自分が何であるかを完全には知らないのだから、そのようなわたしの存在を不可疑と考えることは「知」ではなく「信」にすぎない。しかし、「信」にすぎないからといって、疑うわたしの存在を否定したら、疑うという「知」の働き自体が不可能となる。しかも、こうした「信」は、さらに「なぜわたしはわたしの存在を信じているのか」というあらたな問いを「知」に立てさせるだろう。理性を満足させる唯一の答は、アウグスティヌスによれば、「わたしを作った者がわたしにそう教えたから」というものである。

・**照明説**——我の存在の認識は、こうして、神が魂におよぼす光から生まれている。あらゆる認識の根拠をなす認識にしてすでにそうなのだから、神認識はもちろん自然認識自体にも神の有するイデアの魂への直接の注入があることは明らかである。この考え方はアリストテレスの抽象説（感覚によって把握された個別的事象に知性の抽象作用が加わることによって一般的性質が取りだされるとする説）と端的な対照をなす。神と魂との合一を含意するアウグスティヌスの認識論は、理性と信仰の幸福な出会いとも境界の曖昧化とも解釈でき、こののち良い意味でも悪い意味でも神秘主義的と評される。

⑤**偽ディオニュシオス** Dionȳsios pseudo-Areōpagītēs　四世紀末から五世紀初頭に書かれたキリスト教神学に関する一連の文書——四著作（『天上位階論』『教会位階論』『神名論』『神秘神学』）と複数の書簡——の著者。近代になるまで、使徒パウロの弟子でディオニュシオスという名の司法官（アレオパギテース）が書いたと信じられていたのでこの名がある。ひとつの謎がこの文書の著者を突き動かしている。神が人間をふくむ被造物から絶対に超越しているなら、人間のコトバで神を理解できるのか。もし、それが不可能なら、なぜ神は聖書のなかで人間に対して人間のコトバで語りかけたのか。著者は、この謎が信仰への妨げではなくむしろ誘いになるためには神と世界との関係はどうあるべきかを思索した。その結果は、キリスト教の教

義を新プラトン主義によって再解釈することだった。

・新プラトン主義――著者は文書のなかで、神から存在が、存在からイデアが、イデアから諸事物がつぎつぎとあふれ出るさまを描きだす。人間は宇宙の全体のなかで天使と動物の中間に位置する。逆に、人間による神の認識は、あらゆる知のかなたで、神と合一することによって達成される。こうした論述を導く中心的直観は、神は自己を知るために自分を映すための或る種の鏡を必要とするということである。その鏡が被造世界である。

・否定の道――鏡のなかには人間のコトバとそれが指示する事物が満ちあふれている。そのなかに「真」や「善」や「存在」というコトバもある。しかしそれらは被造世界のなかにある「真」なるものや「善」なるものを指示するだけで、鏡のその何ものも指示できない。したがって、神を認識するにはあらゆるコトバを捨てて鏡のそとに出なければならない。これがディオニュシオス文書のふくむ、否定性の契機である。

・肯定の道――他方で、神自身は鏡のなかに映る自己を見て「これは私である」というはずである。それがたとえば、『出エジプト記』で神がモーセに語った「私は存在である」というコトバの意味である。神はそのことを人間に理解してもらえるように人間のコトバで語った。しかしこのコトバの意味を本当に理解できるのは、神と同じように鏡のそとに立ってそれをのぞき込んでいる者、すなわち神と合体している者だけである。つまり、神自身が、そのコトバによって、神と人間との合体を保証していることになる。こうした保証のもとで、以後、「存在」だけではなく聖書が語る神のそれ以外の属性も実在性を回復する。これが、文書にふくまれている肯定性の契機である。肯定と否定のふたつの道は、方向性がちがうだけで実は同じ道であることを洞察するところにディオニュシオス神秘神学の到達地点がある。

⑥ボエティウス Anicus Mānlius Sevērīnus Boēthius（四七〇～五二五）　ローマの名門貴族の出身で、東ゴート王テオドリックの宰相をつとめたが、政争に巻き込まれパヴィアに刑死した。近年の研究でキリスト教徒であったことが知られている。ボエティウスは、その経歴から「最後のローマ人」と、その思想から「最初のスコラ学者」と呼ばれている。獄中で書かれた『哲学の慰め』などには、神の存在証明、三位一体、摂理と自由意志といった、スコラ学の主要なテーマがすでに登場し、そのひとつひとつについて、もっぱらプラトンやアウグスティヌスにのみもとづいて、聖書の啓示とほとんど矛盾しない議論が組み立てられている。さらに、類・種の実在性、存在と存在者の差異など、哲学上、重要な論点を掘りおこし、後世に手渡している。ボエティウスは哲学研究の素材や方法論を提供している点からも「最初のスコラ学者」である。かれはアリストテレスの論理学諸書をギリシャからラテン語に翻訳したが、それらは一三世紀にアリストテレス全書が西欧に流入するまで、西欧知識人にとってアリストテレス研究のほとんど唯一の素材であった。また、哲学研究の基礎教養として従来の三科（論理学・修辞学・弁証法）に加えて四科（幾何・算術・天文学・音楽）を提唱してそれらの入門書を書き、自由七科の基礎を固めた。

⑦アル‐キンディ al-Kindī（八〇〇頃～八七〇頃）　アッバース朝時代のバスラに生まれ、バグダードで活動。ギリシャの知的遺産を用いてイスラム教を合理化しようとした最初のアラブ哲学者。『知性と可知的なもの』のなかで、人間霊魂から遊離して存在する精神的実体としての能動的知性が、個々の人間霊魂に働きかけて、その知性を可能態から現実態へと移行させる、と述べた。この説は、アリストテレスが『霊魂論』第三巻で語った能動的知性と受動的知性の区別を解釈したものだが、いわゆる「普遍論争」との関連で中世西欧人の関心を強くひいた。

⑧エリウゲナ Jōhannēs Scōtus Eriugena（八一〇頃～八七七頃）古代教父哲学と中世スコラ哲学のあいだに立つ哲学者・神学者。本名は「アイルランド生まれのスコットランド人ヨハネス」の意。神が人間に理性を与えたのは、聖書に啓示されたその同じ真理に人間が合理的推論によって到達するためであると考え、理性が信仰に取って代わる可能性のみならずその必然性までも確信していた。主著『ペリフュセオン』（別名『自然区分論』）には、偽ディオニュシオスの影響が強く感じられる。自然 **natura** は四つの階梯からなる。（1）作りて作られざる自然、（2）作られて作る自然、（3）作られて作らざる自然、（4）作らず作られざる自然。（1）が神、（2）が永遠のイデア、（3）が時空的世界、（4）がふたたび神である。最後に（4）を置くことによって、（1）から（3）までの下降過程がそのまま（3）から（1）までの上昇過程であることが暗示されている。神が自らを知るための自己表現が神によるイデアの産出であり、また自らを知らしめるための自己表現がイデアからの時空的世界の流出である。明るすぎる光はかえって見る者の目をくらますため闇と同じである。通常、わたしたちはこの比喩を神と人間の関係に適応するが、エリウゲナはそれを、神と神自身との関係にも適応する。いわゆる創造とは、いうなら、光をしぼることによって神が神自身にも被造物にも見えるようになることである。『ペリフュセオン』は一二二五年に法王ホノリウス三世から汎神論の疑いで異端宣告を受け、焚書に処された。

⑨アル‐ファラビ al-Fārābī（八七三頃～九五〇）　オトラル（現カザフスタン）に生まれ、おもにバグダードで学び教える。ギリシャ知が明かす宇宙の可知的で安定的な構造と『コーラン』が明かす神の全能性をどのように和解させたらよいのかを体系的に思索した最初のアラブ哲学者。

・**神の全能性**――アリストテレスによれば、事象の何「で」あるかを知り尽くしたにしても、当の事象「が」あるかどうかは知られない。この、たんなる論理学的な知見をアル‐ファラビは形而上学的命題――被造的世界において現存在（「がある」）と本質（「である」）は区別すべきであり、本質は現存在をふくまない――に改変する。人間をふくむすべての被造物は、その現存在の根拠をおのれのうちに持たない。にもかかわらず事実上の存在を享受している。その理由は、究極的には、本質が現存在をふくむただひとつの存在すなわち神の意志のうちにある。神は宇宙の現存在に関して被造物の意志をまったく忖度しない。これが神の全能性の意味するところである。

・**宇宙の可知性**――しかし神は、宇宙の本質については、そのありのままを人間に認識させている。アル－ファラビは、アル－キンディの説を受けつぎ、能動的知性が諸存在に形相を付与すると同時に人間知性を活性化して当の形相を認識させると考える。そのさい、人間知性は、可能態知性（認識を得るまえの知性）、現実態知性（認識を得つつある知性）、取得態知性（認識をすでに得ている知性）の三段階を経るとされる。能動的知性は神とのあいだに介在する多くの離在知性の最終段階であり、この知性との合体が、自身がスーフィー（イスラム教神秘家）であった、アル－ファラビにとって、この世の生の究極の目標だった。

⑩アヴィセンナ Avicenna（九八〇～一〇三七）　アラビア語名イブン・シナ Ibun Sīnā。ブハラ（現ウズベキスタン）に生まれハマダン（現イラン）に没した東方イスラム世界随一の哲学者。おおむね先行者アル－ファラビの学説を受けつぎながら、その精密化に努め、中世の一時期には、イスラム・キリスト教両世界で、圧倒的な影響力を誇った。

・**思考と実在**――アヴィセンナは、アリストテレスと同様に、知性の働きを具体的個物を対象とする第一志向 intentio prima と認識そのものを対象とする第二志向 intentio secunda に区別する。第二志向に与えられるのは類や種などの普遍者であるが、これはアヴィセンナにとっては、アリストテレスが考えるようなたんなる一般観念ではなく、実在する事象の本質そのものである。思考の分節と実在の分節が一致しているとの確信が、アヴィセンナ形而上学の原点となる。本質のなかでとりわけ重要なのは、「可能的」・「必然的」という規定以外のあらゆる規定を欠いたもっとも一般的な本質すなわち「存在」である。必然的存在は現存在するために原因を要しないが、可能的存在は現存在するために自己のそとに原因を要する。したがってこの世界に可能的存在の現存在が一例でも確認されるなら、原因の系列をたどって、必然的存在に達しなければならない。これはスコラ学の最盛期に西欧でよくおこなわれた神の存在証明のさきがけである。

・**必然主義**――アヴィセンナ形而上学にあって盛期スコラ学にない特徴は神と世界との関係理解が流出論的であること、および、その体系のなかに当時の天文学的知見が織り込まれていることである。かれによると、創造は神の自己認識であり、かつ、神は知的実体であるから、最初の被造物は「知性」（「第一知性」）である。以後知性の対象認識と自己認識の連鎖から、つぎつぎと一〇個の知性（能動的知性がその最終段階）と九個の天体が生みだされる。神は天地万物を生みだすが、神自身の知的本質に反して何ひとつ生みだすことができない。このことは、神の絶対的能力を唱える一神教（ユダヤ・キリスト・イスラム教）の正統教義とのあいだに軋轢を生まざるをえない。

⑪アヴィケブロン Avicebron（Avencebrol 一〇二一頃～五八頃）ヘブライ名サロモン・ベン・ユダ・ベン・ガビロル Salomon ben Jehuda ben Gabirol。アンダルシアのマラガに生まれバレンシアに没したユダヤ人哲学者。主著『命の泉』で展開されたか

れの学説は新プラトン主義の枠組みを持つものの、ユダヤ的精神に貫かれている。それはふたつの点に表れている。ひとつは単一実体（天使など形相のみから成るとされた実体）にも質料を認めたことである。その結果精神的実体にも質料があり、逆に、物体的実体にも形相があることになる。この学説は西欧のアウグスティヌス派神学者に歓迎された。なぜなら、かれらは、魂を、たんなる肉体の形相としての位置づけから解放して、神と世界の認識に関するその特権性を保全したかったからである。もうひとつは神と宇宙のあいだに「意志」を介在させたことである。「意志」が神の属性そのものなのか神から流出した精神的実体なのかは定かではない。いずれにせよ東方哲学の基調――神の世界創造に関する必然主義――を免れているこの学説もまたキリスト教神学者に好意的に受けとめられた。

⑫**アンセルムス** Anselmus Canteberiēnsis（一〇三三〜一一〇九）北イタリアに生まれ、ノルマンディで修道院長をつとめ、カンタベリーの大司教として生涯を終える。

・**「知らんがために、われ信ず」**――信仰が理性を活性化するというアウグスティヌス的な信念のもと、アンセルムスは、アリストテレス論理学に培われた合理的推論の才を遺憾なく発揮して、カトリックの正統教義を異端的な聖書解釈から守るための弁証活動に努めた。唯名論を唱えるロスケリヌス（一〇五〇頃〜一一二〇）に反対して、類・種の実在性を主張し、イデアの被造性を唱えるエリウゲナに反対して、イデアを神それ自身と主張したのはその例である。

・**存在論的証明**――アンセルムスは『モノロギオン』でいくつかの神の存在証明を提示したが、哲学史上さらに重要なのは『プロスロギオン』にある、いわゆる「存在論的な」神の存在証明である。「最高完全者としての」神の観念が心中にあるだけで、神の存在を証明するに十分である。なぜなら、心中に観念として「ある」よりも現実のなかに実在として「ある」ことの方が、「より完全な」ありかただからだ。聖ボナヴェントゥラ、デカルト、ライプニッツ、ヘーゲルがこの証明を受け入れ、トマス・アクィナス、ロック、カントが退けている。

⑬**アル‐ガザリ** al-Ghazālī（一〇五九〜一一一一）トゥース（現イラン）に生まれたイスラム教神学者で神秘家（スーフィー）。信仰者としての立場からギリシャ哲学による聖典（コーラン）の合理化に対抗するため、アル‐ファラビ・アヴィセンナ哲学の解説書『哲学者の意図』とその駁論『哲学者の混乱』を著した。後者（『哲学者の混乱』）では、質料の永遠性やデミウルゴスの存在が否定されるほか、神の唯一性や非物体性などユダヤ教の信仰箇条に合致することについても「哲学的」証明の不可能性が論証され、さらに奇跡を否定する立場に対してヒュームを思わせる自然的因果性についての懐疑的考察によって反論している。しかし、前者（『哲学者の意図』）しか知らなかった中世西欧人はかれをアリストテレス派哲学者だと思い込んでいた。実際は、かれの哲学批判活動がイスラム哲学を東方から放逐する効果を生んだのである。

⑭**アヴェンパケ** Avempace（？〜一一三八）　アラビア名イブン・バジャ Ibun Bājja。スペインのサラゴサに生まれモロッコのフェスに没する。アラブ哲学は、アル‐ガザリら神学者によって東方を追われたとき、西方イスラム政権（ムラービト・ムワッヒド朝）の保護のもとにイベリア半島と北アフリカに根を下ろす。アヴェンパケはそうした西方アラブ‐イスラム哲学の最初の代表者。『孤独者の教導』や『知性と人間の合体について（の書簡）』などで「能動的知性」との孤独な合体が人間の最高の幸福であるとする思想を展開し、混乱期の知識人の生きかたのひとつの範例を示すとともに、アンダルシアの主知主義哲学の伝統の創始者となった。

⑮**アベラルドゥス** Petrus Abaelardus（一〇七九〜一一四二）フランス名ピエール・アベラール Pierre Abélard。ナント近郊のパレに生まれパリでシャンポーのギヨームに学んだ神学者・哲学者。

・**普遍論争**――類・種のような一般観念（＝普遍）の実在性をめぐっては、（一）普遍は「個物より先に」実在すると考えるプラトン・新プラトン派・アウグスティヌス・アンセルムスの説、（二）普遍は「個物のなかに」実在すると考えるアリストテレスの説、（三）普遍は「個物より後に」成立し、類似する個物を指示する名目にすぎないと考えるロスケリヌスの説があった。（一）と（二）は実念論 réalisme と、（三）は唯名論 nominalisme と称される。アベラルドゥスはこのいずれにも傾かない説を提案する。それは、（四）普遍は感覚的事象を対象にとるかぎりで「人間精神のうちに」実在する、という説である。人間精神が「これは机である」という命題を言明するとき、精神のそとにはこの個別的な机しかないが、しかし精神のうちにあるその命題はあらゆる机について真である。

・**中世的リベラル**――したがって、また、アベラルドゥスは、普遍論争に場を借りて、「人間的」認識の原理を語ったと考えられる。だからといってアベラルドゥスは、プラトンや古代教父やアンセルムスといった諸権威が説いた、より高次の認識様式を否定するわけではない。権威をそこなうことなく、しかも、自由で論理的な思考のための場所を確保する、ということがアベラルドゥスの特徴である。神学上の諸問題について一見して矛盾する命題を聖書や古代教父から引用して読者に解決を促す『然りと否』や、キリスト降誕以前の世界における救済や罪の問題を論じた遺作『哲学者とユダヤ人とキリスト教徒の対話』にもその特徴はよく表れている。

⑯**アヴェロエス** Averroēs（一一二六頃〜九八頃）　アラビア名イブン・ルシュド Ibun Rushd。スペインのコルドバに生まれモロッコのフェスに没した西方イスラム最高の哲学者・アリストテレス注釈家。アリストテレス全典の正統的理解によって、神学の混乱を避け哲学の自由を守ろうとした。その結果、アヴェロエスは「コーラン」の合理的解釈のうちに哲学の社会的役割を見定める一方で、アリストテレス的理性が推論の結果として信仰与件に反する命題に達する場合でもそれをそのまま承認する立場をとった。たとえば「世界の永遠性」「知性の単一性」

といった命題である。ここにいわゆる「二重真理」という、のちの西欧人による非難が淵源するのであるが、アヴェロエス本人にそうした並行論的な体系を志向していた節はない。かれは信仰に反する理性命題を「真理」とは呼ばずたんに「必然的」と言っているだけであり、また理性推論に反する信仰箇条も「真理」とは呼ばずたんに「わたしは強く賛同する」と言っているだけである。

⑰マイモニデス Moses Maimonides（一一三五～一二〇四）中世最大のユダヤ哲学者。コルドバに生まれ、ムワッヒド朝の宗教迫害を逃れてカイロに移り住み、ここで、アイユーブ朝の宮廷侍医をつとめたこともあった。アリストテレスと新プラトン派を綜合するアラブ哲学の成果を全面的に吸収し、かつ、ひとりのユダヤ教信仰者として律法と哲学との関係を透徹した意識で考え抜き、西欧スコラ哲学に大きな影響を与えた。かれは『迷える者のみちびき』のなかで、神による無からの創造は厳密な意味では論証できないとして、世界がかりに永遠であっても成立する神の存在証明をいくつか提示した。トマス・アクィナスがこれらを継承している。また、神の唯一性は神自身がイスラエルの民に啓示したからこそ知られていることであって論証によって知られたのではないことを指摘し、ドゥンス・スコトゥスによる哲学と神学の分離に典拠を与えた。

⑱アルベルトゥス・マグヌス Albertus Magnus（一二〇〇頃～八〇）　トマス・アクィナスとともに最盛期のスコラ学を支えたドミニコ会員。

・アリストテレス主義者——ドクトル・ウニウェルサリス（万学博士）の尊称が示すとおり、ギリシャ・アラブ・ラテン世界の学知の、分野を問わない摂取に取りくみ、とくにアリストテレスの全著作について体系的な注釈と補足をおこなった。多くのスコラ学者のなかでアルベルトゥスを際立たせているものは、神学と自然学の双方にひとしく敬意を示し、両者に固有の対象領域を割りあて、その区別に繊細であることによって両者の統一をもくろんだことである。したがって、アルベルトゥスは、まず、自然に関する無知を嫌う。それは、本来、自然学の対象であるべき領域に疑似神学を呼び込む結果になるからである。かれがプトレマイオスの天文学を支持してアヴィセンナの宇宙論を拒否するのはその表れである。しかし、神学と自然学を区別するということは、学知もしくは理性が、啓示もしくは信仰との関係で、おのれの限界をわきまえることも意味するのであって、その観点から、アルベルトゥスはアンセルムスの存在論的証明を拒否する。神の存在証明に関してかれが支持するのは、感覚的世界もしくは魂の自己意識を起点にして原因性の系列をさかのぼる証明だけである。したがってアルベルトゥスの百科全書主義は、万物のうちに神の啓示を見ようとする、当時の好敵手ロジャー・ベーコンのそれとは似て非なるものである。アルベルトゥスの百科全書主義は、むしろ、アリストテレス主義と言われるべきものである。この側面が弟子のトマス・アクィナスに継承される。

・もうひとりのアルベルトゥス——アルベルトゥスはアリスト

テレスの『霊魂論』を補足するために著した『知性と叡智的なものについて』で或る種の思考学を試みている。そこではアル－ファラビやアヴィセンナなどのアラブ哲学において人間の魂から離在させられていた能動的知性が魂のなかに置き戻されている。そのことは、神の知性が、直接、人間の知性を照明するということを意味する。それだけでなく、人間知性が、この降り注ぐ光をあたかも遡行するかのように神の知性にまで高まりゆく階梯が描きだされている。これが、のちにライン神秘主義によって継承されるアルベルトゥスのもうひとつの側面である。

⑲トマス・アクィナス Thōmās Aquīnās（一二二五頃～七四）イタリア名アクィノのトンマーゾ Thomaso d'Aquino。イタリア・アクィノの領主だった父親の居城ロッカセッカで生まれる。ドミニコ会神学とアリストテレス哲学に立脚して中世スコラ学を完成させ、その思想は現代にいたるまでローマ・カトリック教会の中核的教義をなす。トマスは「恩寵は自然を破壊するのではなく、かえって自然を完成する」という確信から、超自然的信仰と自然的理性のあいだにも調和と統一を主張した。したがって彼によれば、たとえば、両者が背反する可能性を認め、信仰・理性それぞれの真理を並行させるアヴェロエス派の二重真理説は正しくない。トマス思想の根幹をなすのはその独特の存在論である。

・**アナロギア・エンティス（存在の類比）**――神がモーセに語ったego sum qui sum（「わたしは在る者である」）なるコトバの「在る」は、日常たとえば「机が在る」などと言うときの「在る」と同じ意味だろうか。アリストテレス存在論に従えば、まず、机が「在り」、つぎに、このものの人間の魂への働きかけがあって、そのあとで、この机についての思考が魂のなかで始まる。思考はコトバによって展開され、そのコトバのなかに「在る」というコトバもある。コトバはモノに決定的に遅れている。したがってコトバがおのれの誕生以前のことについて何かを語るのは不条理のはずなのに、しかし、この在るというコトバの意味は万人に理解されている。おそらく、「この机は茶色である」というときの「ある」を転用した、いわば、比喩的な表現であろうが、この比喩は成功している。トマスは同じ比喩的関係が被造物そのものの存在と神の存在とのあいだにも成立すると考える。ふたつの「在る」は一義的な関係にはないが、かといって、「橋」と「端」のような同音異義的な関係でもない。それは「類比的な」関係である。

・**神の存在証明**――こうした存在論にもとづいて、人間知性の能力は、全自然のなかで人間が置かれている地位にふさわしい水準に調整される。トマスはアンセルムスの「存在論的証明」を退ける。「思考」から「存在」を推論できるほど人間知性は神的ではない。かといって、あらゆる知を捨てて神と合一しなければならないほど、無力でもない。トマスは経験に与えられた事実に合理的推論をほどこして第一原因にさかのぼる証明方法を五つまで認めている（神存在のア・ポステリオリな証明）。

・**自然の体系**――全自然を構成する個別的諸存在は質料と形相からなる合成実体であり、その形相が現実化する度合いに応じて階層構造をなす。人間は魂をその形相とし肉体をその質料とする合成実体である。肉体に肉体性という形相を想定し、魂にも独自の質料を想定するアヴィケブロンおよびフランチェスコ派の形而上学は正しくない。また能動的知性はアラブ・イスラム哲学が主張するように人間霊魂から離在する単一なものではなく、各個の人間に内在する個別的なものである。

・天使と神——天使は質料を持たないかぎりで純粋実体であるが、神とは異なり本質と存在の合成体である。天使は思考というその本質の完全な現実化である。しかしプラトン・新プラトン派が主張するように、思考が最高度に現実化してもそのまま存在に移行するわけではない。天使が存在するとしたら、それは「存在することの完全現実態」である神から存在を授かるからである。こうしてトマスは、最終的に、アリストテレスが語る「純粋思惟」を、聖書が教える「純粋存在」によって乗りこえるのである。

⑳ドゥンス・スコトゥス Jōhannēs Duns Scōtus（一二六五頃〜一三〇八）　名前は「スコットランド出身のドゥンス」の意。フランチェスコ会員。スコトゥスによると、人間知性は感覚的事物から抽象することによってしか事物の本質を認識しない。しかし、そのさいの知性のふるまいは、いかなる感覚与件や信仰与件も交えずに純粋に語られなければならない。スコトゥスを特徴づけるのは学の厳密性への強い志向である。

・厳密学としての形而上学——スコトゥスは、原理から帰結へとくだるア・プリオリな証明のみを必然的と認め、帰結から原理へとさかのぼるア・ポステリオリな証明をたんに蓋然的と見なす。また、トマスが容認した「存在」なる語の類比的使用を退け、一義的な使用のみを要求する。「存在」は神の場合も被造物の場合も同じ意味で語られなければならない。かれは、有限／無限、可能／必然といった、「存在」から引き離しえない様態のみを用いて諸存在中の「第一者」の現存在を証明し、トマスによる神の存在証明に代える。それは聖書が啓示する神よりもはるかに貧しい内容しか持たない神である。しかし、スコトゥスからすれば、それは証明の厳密性を保証された神であって、むしろトマスの形而上学の方が感覚与件や信仰与件から多くを密輸入している。

・個体性の原理——スコトゥス神学は、啓示が語る神の「全能性」から最大限の帰結を引きだす。神が全能であるということは、神はいかなる本質的世界（＝普遍）の媒介も経ることなく、直接、被造的諸事物の現存在（＝個体）にかかわりうることを意味する。トマスの場合、形相が事物に普遍性を与え、質料が事物を個体化する。しかし質料とは存在のいまだ規定されざる部分を言うのであり、その意味で、トマスの神は被造物の個体化を自身の能力のそとに置きざりにしている。スコトゥスはソクラテスという人間のいくつもの一般性を統一してソクラテス個人を形成する形相——個体形相 haecceitas——を普遍形相と並立させる。質料とは、両者が拮抗し打ち消しあう状態を言うのである。そして、神のうちにイデアとしてあり、被造物のうちに潜在的状態にある両形相を現実化させるものこそ人間知性にほかならない。スコトゥスが個物に注ぐまなざしのうちにはすでにオッカム哲学が予感されるが、しかし普遍者が人間知性のそとに実在するという確信はまだ失われていない。

㉑オッカム William of Ockham（一二八五頃～一三四九）　イングランド・サリー州オッカムに生まれる。フランチェスコ会士。オックスフォード大学に根づいていた実証性・具体性を重んじる学風を継承発展させ、ついに、中世形而上学を解体にみちびくきっかけを作る。その原動力のひとつが唯名論の徹底化である。

・名辞説――オッカムの唯名論は、命題を構成する名辞（terme）がどのような対象を代替しているかを分析するため、名辞説（terminisme）とも言われる。名辞が代替するのは（一）コトバそのもの、（二）個体的事物、（三）個物間の共通性である。実念論は（三）がこころのそとに実在すると考える。オッカムからすると、命題によって表される認識のうち、もっとも判明なのが（二）についての認識であり、（三）についての認識は個物間の類似にとらわれて相互の区別を把握するにいたっていない、多少とも混雑した認識である。ようするに、こころのそとに実在するのは個体的事物のみであり、実念論は誤りである。したがって、こころのそとに実在する普遍者（イデアもしくは形相）を人間知性に認識させるために想定されてきた能動的理性も存在理由を失い、捨て去られる。

・偶然主義――「存在を理由もなく増やしてはならない」ことを要請する「オッカムの剃刀」なる格率は神学の領域でもその切れ味を発揮する。オッカム神学において、神と被造的世界のあいだに、被造物の範型になりそうな知的媒介物はいっさいない。世界が現にあるとおりにある根拠は神がそう欲したと考えるだけで十分である。そもそも「神は真理を欲する」という言いかたすら正しくない。むしろ「神の欲することが真理になる」のだ。被造的世界は根源的偶然性にさらされている。この点でもオッカム主義とギリシャ哲学やアラブ・イスラム思想との決別は明らかである。

・自然神学の解体――存在を措定する理由として明証的事実と必然的論証以外のものを認めない峻厳な自己規律にもとづいて、オッカムは、神の現存在・唯一性・無限性など、従来の自然神学が論証しえたと信じていた多くの命題を「論証不可能」と断ずるかもしくは「たんに蓋然的」という地位に引き下げる。それらすべての命題は信仰の領域に戻される。かくして、自然神学という意味に解された中世形而上学は自然科学と啓示神学へと、いったん、解体する。ジルソンの表現では、スコトゥスにおいて萌していた理性と信仰の「別居」がオッカムにおいて「離婚」にいたるのである。このあと拡張された理性と純化された信仰をもう一度出会わせる課題は近代形而上学（デカルト・スピノザ・ライプニッツ）に託される。

㉒エックハルト Johannes Eckhart（一二六〇～一三二八）　中世「自然」神学が解体するのとほぼ同時期に、中世「神秘」神学が最後の光芒を放つ。

・知的神秘主義――エックハルトは多くの点でトマスを継承しているが、その思想の核心が師とは反対である。エックハルトにとって、神は「存在するゆえに認識する」のではなく、「認識するゆえに存在する」。すなわち、神は「存在」というよりはむしろ「存在の原因」である。この点で、かれは存在を超える次元に「一者」を想定する新プラトン主義の伝統を継承している。さらに真に「一者」を名乗りうるものとして「知性」があるのみであり、神のおこないの根本的な動機は、それが世界の創造であろうとキリストの産出であろうと、ひとしく自分自身を知的に――すなわちコトバによって――認識することである。したがってエックハルトは偽ディオニュシオスやエリウゲナの系譜に属し、神による世界創造の動機を「愛し愛される」関係の樹立に置く（ボナヴェントゥラなど）同時期のフランチェスコ派の神秘主義と好対照をなす。被造物は、神が自分自身を知るためのコトバにすぎない。コトバは、通常、自分自身の存在理由を、自分が指示すモノのなかに持つ。しかしそれを探るために自分のそとに出ることができない。このことから、ひとまず、被造物であることの嘆きや苦しみが帰結する。

・魂の火花――エックハルトの場合、救いは、神による世界創造の起点が人間の魂であるということからくる。神が自分を知るために下降し、永遠に、自分の子キリストを生みだしている場所が人間の魂であり、そこは、同時に、人間が人間でありながら神となっている場所である。魂は、ふたつの火打石がぶつかって発せられる火花のようなもので、神と人間のどちらのから出たとも言えず、しかも同じひとつのものである。

・離脱――或るコトバの大切さが分かっているのに、その意味が理解できないとき、ひとは強くコトバに拘束される。一字一句をたがえずにつねに復唱していなければならない。しかしいったん、コトバが表すモノを直観してしまえば、ひとはあえてコトバにする必要を感じないし、コトバにするにしても、複数の表現のなかから自由に選ぶ。ひとことで言えば、「こだわり」から解放される。エックハルトが言う「離脱 détachement」の中心的意味はおそらくこれである。それは神との合一の条件というよりはむしろ結果であり、この世において至福を受けているものの状態である。このような思想は、神と被造的世界を隔てる深淵が越えられないことを前提にした、祈りや信仰や秘跡や恩寵についてのカトリック教会の正統教義をすべて無用ならしめる恐れがある。エックハルトの学説は本人の死後まもなく教会から異端宣告を受けた。

◉中世哲学の手引きⅡ　主要登場人物の出生地

人物名に付した番号は**手引きⅠ**に対応し、上から下へ編年順にまとめてある。

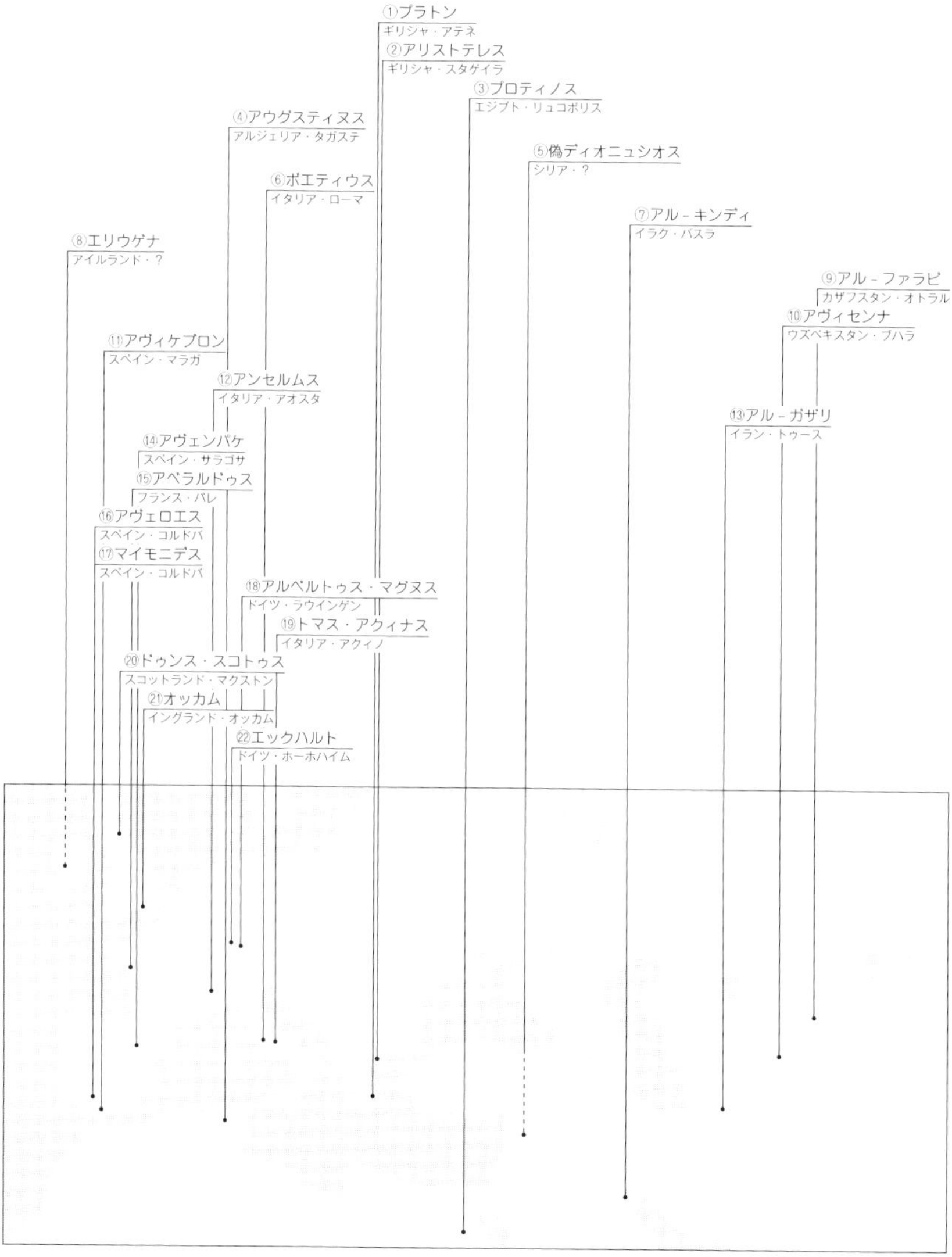

凡例

一 ［ ］（ ）は原則として原著者の補足。（ ）の一部には訳者の補足もふくまれる。

二 「 」は原則として原著者の強調（原文中では《 》もしくは「大文字で始まる語」）。一部には訳者の強調もふくまれる。

三 、、、も原著者の強調（原文中はイタリック体）。

四 原文中、ギリシャ・ラテン語で表記されている語句・引用文は「漢字＋カタカナ」の組み合わせで表記した。そのさい、西洋の人名・地名など通常カタカナ表記される語は網かけ処理をした。これは読みやすさに配慮したためで、原文中の強調ではない。

五 行間のアラビア数字は原注を、漢数字は訳注を示し、注記はいずれも巻末に収めた。

六 原文中、主要な登場人物がしばしばあだ名で呼ばれているが、原文の味わいを残すため、そのまま表記した。本名はつぎのとおり。

「スタゲイラの哲人」⇒アリストテレス
「ヒッポの司教」⇒アウグスティヌス
「アテナイの教授」⇒アフロディシアスのアレクサンドロス
「アクィノの聖人」「ロッカセッカの聖人」⇒トマス・アクィナス
「ケルンの学匠」「レーゲンスブルクの元司教」⇒アルベルトゥス・マグヌス
「コルドバの賢人」「アンダルシアの賢人」⇒アヴェロエス
「チューリンゲンの説教師」⇒マイスター・エックハルト
「パリの学長」⇒ジャン・ジェルソン

七 原著には索引がないが、本訳書には人名索引を付けた。

理性と信仰 ■ 目次

理性と信仰

法王庁のもうひとつの抜け穴

Alain de LIBERA

RAISON ET FOI

Archéologie d'une crise d'Albert le Grand à Jean-Paul II

序論 社会学者とローマ法王

社会学者エミール・デュルケームは自著『フランス教育学の進化』のなかの「スコラ学のドラマ」と名づけられた有名な一節で「[スコラ学は] カトリック教義のなかに理性を導入し、なおかつ教義を否定することを拒否した。理性と教義というふたつの権威のあいだでどちらにも傾かないバランスをとろうと試みたのである。それがスコラ学の栄光であり悲惨であった」[1]と書き記している。一二七七年、パリ司教エティエンヌ・タンピエは、当時パリ大学で講じられていた二一九個の命題を禁圧した。これにはローマ法王ヨハネ二一世の求めがあったと伝えられている。検閲者タンピエの主要な標的は、哲学と宗教的啓示のどちらにも真理性を認める、いわゆる「二重真理」という学説だった。その後いくつもの世紀が経過し、世俗化と「世界の脱魔術化」のこのわたしたちの時代に、もうひとりの法王ヨハネ・パウロ二世が「フィデス・エト・ラティオ（信仰と理性）」と題する回覧勅状[一]を公布した。この回勅には「信仰と哲学との関係史」（七五節）の主要な契機が示されているが、一二七七年のシラブス（謬説表）を暗示するような言及はない。しかし「長期持続」を念頭に置いてこの回勅を読むとき、その歴史観がより鮮明に理解される。「長期持続」を念頭に置くということは、いまの場合、中世思想の顔役たちの、死してのち衰えぬ威光を念頭に置くということであり、もっとあけすけに言えば、一二七七年以後を考えるために中世研究家エティエンヌ・ジルソンによって提案され、回勅の七四節にも引用されているシナリオを念頭に置くということである。そのシナリオによると、三人の大家があいついで登場し、おのおのの業績があいつぐ時代の新局面（法王が理解するかぎりでの「新」局面であるが）を表現する。理想――ジルソンの言う「哲学による神学の勝利」――を実現するのがトマス・アクィナス。はじめて理想から離れて「哲学に対する神学の勝利」を確保するのがドゥンス・スコトゥス。哲学と神学との分離を完成させるのがウィリアム・オッカム。早すぎた結婚が別居をまねき離婚に終わるという、ぞっとするようなシナリオである。オッカムからさき、両人はそれぞれわが道を行く。その一方は「フィデイスム（信仰絶対主義）」へ通じ、他方は「懐疑主義」もしくは「批判主義」へ通じている。つまるところジルソンの描く一四世紀は「一三世紀の夢の崩壊」過程であり、夢とは、すなわち、「すべての理性認識とすべての信仰与件とをひとつ残らず唯一無二の知的体系の要素と見る観点を打ち建てる」ことにより「自然神学と啓示神学とを堅固な綜合のうちに結びつける」ことであった。夢が砕け散ったあとは、ふたつの潮流だけが生き残り、角と角を突きあわせる。理性と信仰との、哲学と神学との分離を標榜する「神学的分離主義」と「哲学的分離主義」である。両者は、たしかに敵どうしであるが、同じ失敗を運命づけられた共犯者でもある。そして現代世界についてヨハネ・パウロ二世がくだした診断は「一四世紀の危機」についてのジルソンの分析と同じ次元にある。法王と中世研究家とで、提起されている問題が同じであり、神学的な歴史観が同じであり、それらから帰結する、「信仰と理性の分離のドラマ」（回勅「信仰と理性」四五節）から脱却するという将来構想が同じである。わたしがつねづね主張しているように、歴史を長期持続の相で見るとそこに意義深い連続性が現れると考えるひとびとは驚きもしないだろう。「世界」が変わり役者たちが舞台から退いたあとでさえ、或る種の論証構造や概念図式が残る。「オッカムによる形而上学からの価値剥奪」に向けられたジルソンの批判には「形而上学的・道徳的見解にいっさい準拠しようとしない」「実証主義的心性」（「信仰と理性」四六節）に向けられたヨハネ・パウロ二世の批判が呼応する。「唯名論的懐疑論」に対する批判には「懐疑主義、宗教的無関心、さまざまなかたちのニヒリズム」（八一節）に対する告発が呼応する。「スコラ学の偉大な綜合」に対する賛辞には「キリスト教思想がつぎのミレニアム（西暦二千年代）に負わなければならない使命のひとつ」として提示された「統一的で有機的な知の構想」（八五節）に対する称揚が呼応する。ちがいと言えば、ジルソンが或る種の——議論の余地ある——中世観を土台に中世の危機を歴史家として分析し記述しているのに対して、「信仰と理性」は聖職者、哲学者、神学者にあてられた回覧状であって、現代世界の危機を解消するために中世研究家の、おそらくそれ自体が中世的な歴史観を活用しているという点である。ここに言う「現代世界の危機」とは「合理主義の危機」（四六、八三節）でもあり「真理をめぐる危機」（九八節）でもあり「意味の危機」（八一節）でもあるものとして理解されており、そうした理解は一九九三年の回勅「ウェリタティス・スプレンドル（真理の輝き）」（この回勅自体が「信仰と理性」九八節で引用されている）のなかでつぎのように語られた図式に従っている。

現代思想の或る潮流のなかで、ひとびとは自由を持ちあげ、自由を諸価値の源泉となりうる絶対者とするまでにいたりました。超越の意味を見失った学説やあからさまに無神論を唱える学説はこうした方向に進むものです。ひとびとは道徳的判断に関する最終決定権を個人の良心に委ね、個人の良心が善悪を定言的に無謬的に決定するものとなりました。ひとびとは良心に従う義務を肯定するだけでなく、不当にも、道徳的判断は良心に由来するがゆえに真であるとつけ加えました。しかし、こうして、誠実や率直や「自己自身との和解」という基準を満たすことが優先されて真理に対する要求が必然性を失うようになると、ひとびとは、ついには、道徳的判断の極端に主観主義的な理解に行きつきました。真理をめぐる危機がこうした進化と無縁でないことはたちどころに明らかであります。人間理性によって認識可能な善に関して普遍の真理があるという観念が一度失われてしまうと、良心の理解そのものが変わってしまうことが避けられません。すなわち良心がそのもともとのありように従って考察されなくなるのです。良心はもともと人格による知性の働きであって、善に関する普遍的認識を特定の状況に当てはめ、かくして、いまここでとるべき適切な行動を表現するものなのです。ひとびとは善悪の基準を自律的に決定しそれに従って行為する特権を個人の良心に委ねる傾向にあります。こうした価値観は個人主義的倫理観と一体のものにほかならず、各人は他人の真理とは異なる自分自身の真理に向きあうことになります。個人主義は、その帰結を最後まで追っていくと、人間本性という観念の否定に逢着することになるのです。[2]

危機がたくさんありすぎると、かえって危機感が薄まる——そう考えたのか（イタリアの）メディアは、新回勅を報じるにあたって、「弱い思想」[二]に対する批判に、もっぱら、反応した。「弱い思想」がヨハネ・パウロ二世の第一三回勅の哲学における主要な標的であろうと判断したからである。そのことは、回勅が実際に持っている以上の「現代性」を回勅に持たせる結果となった。しかし「真理をそれ自体として探求することを投げだし、主観的確実性もしくは実践的効用の獲得だけを唯一の目標としている」「或る種の哲学」に対する漠然とした攻撃が、ペンシエロ・デボレ（弱い思想）に対するちゃんとした論駁になっているかどうかは疑わしい。批判の標的はほかにいくらもある——「折衷主義」（「信仰と理性」八六節）、「歴史主義」とその神学的表現としての「近代主義」（八七節）、「プラグマティズム」（八九節）、「ニヒリズム」（九〇節）。これらからは、現代性というよりも、近代性のニュアンスしか伝わってこない。もちろん「ポスト近代主義」（九一節）や「相対主義」（八〇節）に対する批判もある。それらはたしかに「フランスふう哲学」に反対するひとびとの論調を借りて（八二節に「真なる肯定、すなわち客観的実在を適切に表現する肯定」を支持するくだりがある）告発され、回勅の執筆者がソーカル／ブリクモン[三]の読者であることを暗示している。しかしこれはこれで措いておこう。回勅は相対主義に反対するマニフェストではなく、「カトリック教会が、キリストの復活という奥義のうちに、人間の生についての究極の真理を授かってからこのかた」教会に委ねられてきた使命に関する論考なのである（序説、二節）。回勅はそのように理解されなければならない。そのように理解してこそ回勅はジルソンの関心事と嚙みあい、また、人類が神学的段階にあった時代の哲学者の活動（哲学者の「生」とまでは言わないが）の意味について、手さぐり、ためらい、書き直しをくり返しながら省察に省察を重ねてきた果実である本書の野心と嚙みあうのである。また、そのように理解してこそ、歴史の或る種の皮肉——「理性の詭計」とはこうしたものか、と考えるひとがいるかもしれない——により一九世紀の社会学者がくだした診断と第三ミレニアム（西暦二千年代）最初の法王がくだした診断が意外な接点を得るのである。

結論から言おう。回勅「信仰と理性」が教えていることは、基本的に、多くの中世神学者が言っていたこととちがっていない。言いたいことは、ようするに「哲学的手法の正当な自己規律 autonomie を主張すること」と「思考の自己充足 autosuffisance を要求すること」を混同してはならず「後者があきらかに不当な要求であることは疑いえない」（いわゆる「遊離した」哲学を論ずる回勅七五節）ということである。にもかかわらず回勅は「哲学の領域への法王庁の介入」であるかぎりにおいて、つぎのふたつの命題を関連づけている。カトリック教会の軒下で営業させてもらっているわけではない哲学者は、その結びつきに必然性はないと判断するだろう。ひとつの命題は「とりわけいかなる哲学的前提や結論が啓示された真理と相容れないかを教示する権限は法王庁に属する」と定めている。もうひとつの命題は「したがって信仰の見地から哲学に課せられる諸要求を表明する権限」は法王庁に属する、という、最初の命題から推論された命題である（五〇節）。まるで回勅は、たんに信仰の見地に身を置くだけでなく、この見地から哲学に課せられる一定数の要求があるということも認める哲学者、神学者、「研究者」（六節）だけを相手にするかのようである。この推論には致命的な循環の可能性がある。「哲学上の多くのテーマが〔…〕カトリック教会によって保管されている啓示された真理に関係しているがゆえに、そうしたテーマが教会を直接に疑義にさらす」ということはある。しかし、だからといって、かならずしも、哲学と啓示に共通の問題――そのような問題があるとして――に関して哲学があらかじめ法王庁の見解に同調しなければならないということにはならない。同調せよ、という要求がかつて飲まれたことがあった。一二七二年のパリでのことで、舞台はパリ大学人文学部である。この件はわたしたちの省察のひとつの主題になるはずである。最近の研究成果を信ずるとすると、こうした自己規制 autolimitation を受け入れた哲学者たちは、その代わりに手に入るはずだった怪しげな自治権の恩恵すら享受するひまはなかった。一二七七年の検閲の最初の標的になったのが、かれらだったのである。長期持続で見ると、中世という時代と、このたび回勅のなかで回勅によって提起されている問題とのただひとつのちがいは、大学がいまではもはやキリスト教制度のひとつではなくなってしまい、そのため、学的異端がもはや存在しないことである。ヨハネ・パウロ二世とエミール・デュルケームの双方から提起されている問題に取りくむための別のやりかたがあり、また、過去にもあった。過去は中世をふくむ。そのやりかたのひとつが、回勅のなかでひとことも触れられていない[3]イスラム世界から提案されている。それはアヴェロエスの『哲学と宗教の調和についての決定的論考』のなかにある。わたしたち自身の決定的論考たる本書でそのうち検討されることになるだろう、アヴェロエスによる解決は、しかし、こんにち、世界の場所によっては、提唱者に死をもたらしかねないことをだれが知らないだろうか。

ローマ法王の回覧勅状には、カトリック信者にかぎらず人類全体に向けて発せられた呼びかけという、もうひとつの意義がある。この観点からすると、回勅「信仰と理性」は哲学的重要性をなしとしない。というのも、回勅が提案し、すべてのひとびとに熟考と主体的な引き受けをうながしている課題——人間本性と社会を、さらには倫理的決断の一般的原理を哲学的に正しく理解するという課題——は、世界が、遺伝子操作と新植民地主義戦争に明け暮れ、クローン技術の実用化と部族至上主義のあいだを極端な振幅で揺れ動いているこんにち、哲学の緊急な課題のひとつであろう。法王ヨハネ・パウロ二世が、シェーラー主義の哲学者として、いわゆる「実在論的」現象学と価値の客観性という問題提起に深い関心を表明したことはよく知られている。こうした関心は回勅のいたるところに顔をのぞかせているのだから、それを無視もしくは過小評価するのはまちがいだろうが、そこにあたらしい始まりを見るのも、おそらく、まちがっている。「真理と自由は一対のものであり、滅びるときは、悲しいかな、いっしょなのです」という「信仰と理性」の中心命題をどんな哲学者も認めないわけにはいかないだろう。[4] しかし哲学者には、ふたつのどちらがアリストテレスの言う「消去において先なるもの」なのかを問う余地が残される。ヨハネ・パウロ二世にとって「先なる」項が真理であることは明らかである。なぜなら「いったん真理がひとのもとを立ち去るなら、ひとに自由を与えてみても、そうした自由に本当の使い道はない」（九〇節）のだから。じつは逆の関係になっていると考えてもよいはずである。というのも、いったん自由がひとのもとを去るなら、どんな真理にたどりつくにしても、自分でたどり着いたとは言えないだろうから。ところで哲学的真理と言われるものはひとつではない。宗教的教義もそうである。こんにちにおいてもそうだし、中世においてもそうだった。ひとつでないそれらは、結局は、同じものなのか。同じかどうかを疑うだけの権利は自分にあると見積もったひとびとがいたことが、こののち、本章で明かされるだろう。

恐れながら申しあげるが、社会学者デュルケームとローマ法王ヨハネ・パウロ二世とのあいだには共通点がある。抽象化である。デュルケームは哲学と神学を区別せずにスコラ学「というもの」を語り、ヨハネ・パウロ二世は哲学と神学を区別はするが、それは両者をより緊密に結びつけるためである。ふたりはどちらも哲学や神学を演じる役者たる哲学者や神学者を語らない。哲学者・神学者が制度のなかで担っていたそれぞれの役割や、かれらを引き裂いていた抗争や、「問題の発掘もしくは埋葬」を決定し「解決の成功もしくは失敗」[5]をさえ決定していた権力関係もしくは力学を語らない。スコラ学を語るときには、中世においてであろうと世界史のほかのどの時代であろうと、信仰と理性が対立したことはないのであって、一回的な時代における或る制度——大学——のなかで活動していた職業人としての人文学部教師と神学部教師のもとで、理性という言葉の或る特定の用法と信仰の或る特定の理解が対立していたのだと言っておく必要がある。くわえて、この対峙もしくは対立は、それぞれ一枚岩の人文学者と神学者のあいだに起きたのではなく、多くの場合はおのおのの「陣営」内で起きており、しかもありとあらゆる部外者を引き込んでいた。部外者は大学人のこともあれば、非大学人（法王、司教、修道会の長、君主など）のこともあり、個人のこともあれば個人を包み込みあるいは個人を越える組織（学部当局、公会議など）のこともあった。さらに、一三、一四世紀に「思想統制」がおよんでいた領域のいちじるしい多様性を忘れてはならない。理性「というもの」、ましてや哲学「というもの」だけでなく、知の特殊な分枝（自然哲学、天文学、占星術、「魔術」、一二七七年にオックスフォード大学で統制の対象となった文法学、論理学）や、準拠文献（托鉢修道会の初期の会則によって禁止された「異教徒およぶ哲学者の書」に始まり、中世後期にサンリスの勅令で禁止された「唯名論者」[四]の書物におよぶ）や、哲学上のみならず神学上の具体的命題（たとえばパリ司教オーヴェルニュのギヨームによって一二四一～四四年に断罪された至福直観についてのいわゆる「東方的」命題）や、したがってまた、こうした観念を何らかの意味で引きついでいる著作中の一節まるごとといった、かなり異種的な領域に「思想統制」がおよんでいたのである。スコラ学の時代には、大学においてであれ、修道会においてであれ、あらゆる抑圧のかたちが花開いた。「事前検閲」（*censura praevia*）あり密告奨励あり文章削除あり書物没収ありで、ないものはない。[6] 中世の大学における知の「討論形式」が、分析哲学を少しかじった現代人にとってどれほど魅力的であろうと、そうした魅力は、だれしも認めるように、ドミニコ会の会則にたびたび出てくる「告発には慈愛に満ちた警告が先行すべきである」という規則[7]によってかき立てられる警戒心や恐怖感をけっして帳消しにしてはくれない。信仰と理性、自由と検閲、個人と機構。いずれの対立も甲乙つけがたい。

もし理性「というもの」と信仰「というもの」をふたつのプラトン的イデアのように思い浮かべ、その対峙をもたれ合うふたつのメンヒル（巨石）のように思い浮かべるのなら、「スコラ学のドラマ」を語ることにも、あるいは逆にスコラ学を模範の位置に高めることにも、ほとんど意味はない。ということは、現実問題として「哲学の領域への法王庁による介入」の歴史を棚上げしたまま信仰と理性との関係の歴史を考察することはできない、ということである。社会学者とローマ法王それぞれの診断を並べてみると、ふたつのドラマを左右に配した一幅の絵が見えてくる。左に実在化されたふたつの抽象物の、すなわち理性（もしくは哲学）と教義（もしくは信仰）の結婚が描かれていて、デュルケームを悲しませ、法王を喜ばせる。右には両者の離婚が描かれていて、デュルケームを喜ばせ、法王を悲しませる。歴史は抽象物で作られてはいない。ためしに回勅「信仰と理性」の四五節を例にとって法王のシナリオを考察してみよう。

> 最初の大学が誕生すると、神学は自分たちのとはちがう研究形態や学問分野とそれまでより直接的に対面するようになりました。聖アルベルトゥス・マグヌスと聖トマスは神学と哲学との有機的紐帯は維持しつつも、哲学と科学がそれぞれの研究領域で効果的に作業するためにはどうしても必要だった自治権をはじめて承認しました。しかし、中世末期以降、ふたつの知の正当な区別がしだいに不吉な分離へと変質していきました。或る種の思想家に見られた極端に合理主義的な精神のあと押しを受けて、諸立場が過激化し、ついには哲学が信仰内容との関係を離れて絶対的な自治権を得るにいたりました。また、こうした「分離」の帰結のひとつとして理性それ自体に対する不信がいよいよ強

まりました。あるひとびとは、懐疑論および不可知論というかたちで一般的不信を表明しはじめました。それは信仰により大きな余地を与えるためでもありましたし、信仰から理性へのあらゆる準拠をおとしめるためでもありました。ともかくも、教父思想および中世思想によって、或る奥ぶかい統一を形成するようにと着想され完成されていたものが、事実上、破壊されてしまったのです。その統一が生みだす認識は、思弁の最高形式にまで達することが可能だったというのに。破壊したのは、信仰から分離し信仰に取って代わった合理的認識の大義にくみする諸体系です。

注目すべきこの一節は、歴史叙述の体裁をとってはいるものの、ふたりの高名な神学者の加護のもとに黄金時代が存在したという仮定に立っている。ふたりの神学者とは一二二三年と一九三一年にそれぞれ列聖されたアクィノのトンマーゾ（トマス・アクィナス）とラウインゲンのアルブレヒト（アルベルトゥス・マグヌス）である。均整のとれたこの絵――同じ題材をデュルケームに描かせると、「ドラマティックな（波乱含みの）」陰画に一変する――は、その安定性をふたつの要因の組み合わせから得ている。ひとつはふたりの思想家の、神学者としてのふるまいのなかにある「神学と哲学との有機的紐帯の維持」である。もうひとつは「研究」計画を「効果的に」実施するために必要な「哲学と科学の自治権」の、ふたりによる「承認」である。ひいき目に見ても、この組み合わせは疑わしい。この組み合わせは、事実、神学と哲学それぞれの領域が別個であること、そのおのおのを支配する規律がたがいに衝突することなく独自に発展しうることを前提しながら、しかし、同時に、両者のあいだに「有機的紐帯」が存在することを肯定している。こうした紐帯としてどのようなものが考えられるだろうか。わたしにはふたつの答しか思いつかない。「相互補完」か「包摂」かである。「相互排斥」は、あえて、除外させてもらう。というのも、ここにあるのは「紐帯」であり、さらには「有機的紐帯」すなわち偶然的・外的関係ではなく本質的関係だからである。自律性と関係性が併存するこうした状況は、それ自体、把握困難であることはもとより、中世史家のまなざしで見ると、基盤となる事実を欠いている。あるいはむしろ、その構造は、語られる場所に完全に依存する可変構造である。つまり、わたしたちは六八年思想のおなじみのキーワードに立ち戻って、つぎのように問わなければならないわけだ。だれが語っているのか、どこから語っているのか、と。そして、一二七七年の検閲を支持するボナヴェントゥラ派（五）にこの問いを向ければあっというまに答は出る。神学の領域が哲学の領域を包摂するのである、と。これでは「自治権」のどのような承認も台無しである。もし哲学的諸問題の集合が神学者の法治下にある領域のなかにその領域の部分集合として包摂されているとすれば、哲学者がどんな哲学問題にせよそれについて自律的に何かを語ることなど可能だろうか。ここではひとつの学派があがっているだけで、ボナヴェントゥラ派以外にも学派はたくさんある、とひとは言うかもしれない。それなら言わせてもらうが、現実それ自体がボナヴェントゥラ派なのである。中世の大学当局は一二七七年以前からボナヴェントゥラ派であるし、それ以後もボナヴェントゥラ派であり続けた。もっと正確に言えば、一二七七年五月にパリでとられた措置は、具体的な現実と常習的な慣行との、たくみに理論化された表現にすぎないのであって、いまさら教父たちやアルベルトゥスやトマスを呼びだしたところで、そのことにわずかでも疑問を呈し修正をほどこすのは無理というものである。神学においては神学者が、終始、議論を支配し、したがって「それと有機的紐帯で結ばれている」哲学においても神学者が、終始、議論を支配する。なぜなら部分が全体に反して何かを言うことはできないのだから。哲学者が何をおこない何を語るにしても、その語るところが神学者の語ることに反しているなら、全体皆無律によって、哲学者の方がつねにまちがっている。（8）

回勅の読者はつぎのように反論するかもしれない。おっしゃることはそのとおりだが、「信仰と理性」の四五節はたんに哲学と神学について語っているだけでなく、理性と信仰についても語っている。理性と信仰となると話はちがうのではないか、と。そうかもしれない。しかし、「中世末期」以降をも支配すべきだった知的体制のなかに或る変化が訪れて近代の黎明を告げる（理性と信仰の）分裂が決定的となるとき、その変化には具体的な現場がある。神学という現場である。回勅のなかで記述されているシナリオは、歴史的事実を語る一方で、或る現象にねらいをつけて、その意味を薄め、もしくはすり替えている。「信仰と理性」は、アルベルトゥスとトマスが君臨する黄金時代から「ふたつの知の正当な区別がしだいに不吉な分離へと変質していった」時代に一足飛びに移行することによって、かえって、信仰と理性との最初の亀裂が生じたのは神学の内部であったことを暗示してはいないか。そうした命題を根底に置いてみよう。それで合点のいくことがたくさんある。もちろんそれは法王が主張している命題ではない。法王によって申し立てられている「諸立場の過激化」は「或る種の思想家に見られた極端に合理主義的な精神」のせいにされている。精神とはどんな精神なのか。思想家とはだれのことなのか。選択肢はふたつしかない。哲学者か神学者かのどちらかである。回勅は口を閉ざしている。なぜか。はっきりとは言われていないふたつの条件、ふたつの前提が分析の進行方向を決めているからである。第一は、中世哲学はたんなる自然神学、すなわち、中世の用語で言えば「形而上学」にすぎない、という前提である。ジルソンが「一三世紀の夢」は「自然神学と啓示神学とを堅固な綜合のうちに結びつける」ことであったと言明するときに、かれが語っているのがこの前提である。あたかも「哲学」という言葉がこれまでつねに「自然神学」という表現ともっぱら同一物を指してきたことは自明であるかのようである。もちろん、近代人にとって自然神学と哲学「というもの」は異なる。これらふたつの学科を等値することは、哲学的題材を神学的題材に包摂されるものとして定義し、そしてとくに、この包摂を従属の観点から解釈する環境においてでなければ、納得を得られない。第二は、自然神学の啓示神学への包摂は、それを「綜合」と名づけようが名づけまいが、「すべての理性認識とすべての信仰与件とをひとつ残らず唯一無二の知的体系の要素と見る観点を打ち建てる」(ジルソン)という前提である。これらふたつの前提は回勅では語られていないが、相寄って、神学者としてのひとつの観点に収束し、この観点が切りひらく地平のなかにただひとつの近代もしくは複数の近代の幕開けとなる「理性と信仰との分離」が眺望されるのである。法王によって指弾されている諸立場の過激化は事実であるが、しかしそれが現実に起きた社会的・歴史的な場所――神学部こそがそうなのだが――の特定を欠いているために、回勅が提供する記述は中途半端に終わっている。というより、その記述は、中世末期に自力飛行を始める「信仰内容との関係から離れて絶対的な自治権を得た哲学」は、哲学者の陣営ではないにしても、哲学の領域から飛び立ったかのような印象を与えている。この点で、回勅はジルソンにくらべると――「分離」の諸帰結の語りかたはおおむね同じだが――一歩後退している。ジルソンには、「分離主義」に通じる危機を主導し管理した責任を神学者というものに、もしくは複数の神学者に帰しているという功績がある。回勅は、この点を曖昧にすることで、哲学「というもの」もしくは合理主義「というもの」が、理性と信仰の分離過程の最初の段階で役割を果たしたと信ずるよう読者に仕向けている。少なすぎる言葉が、多すぎる意味を語っている。中世研究家の立場で言わせてもらえば、危機が歴史的対象として構成されるには、それが具体的な空間に結びついて演じられるという条件が必要である。そしていまの場合、空間とは大学という制度である。ということは人文学部教師と哲学者「というもの」を区別しなければならないのだ。哲学者「というもの」は実在しない。それは神学者によって執筆され、演出され、解釈されるシナリオのなかで、信仰なき理性を擬人化した理論上の役柄にすぎない。神学者は実在する。かれらは一方で、それぞれを「強い」神学と「弱い」神学と呼んだらよいような二種類の神学の対立を背景に、他方で、強い神学の多様なモデルのあいだの対立を背景に、人文学部でおこなわれるいわゆる哲学研究の自治権を実際に認めるかどうかを最終的に決定し、また、哲学者「というもの」の立法がおよぶ領域を最終的に決定する。もちろん、神学の観点から、哲学に「固有の」領域として認めうるものに制限するのである。それ以外のことはすべて、まずは、神学者と神学者の、つぎには、神学者と人文学者の力関係にすぎない。こうした力関係が、何よりもまず、神学者どうしのあいだに存在するということを隠すわけにいかない。実際、そうした対立を見すごすと現実の状況は見えてこないだろう。現実の状況は、カトリック教会が、あらゆる哲学的実践を、それが哲学であるかぎりでひとくくりに断罪している状況ではなく、カトリック教会のなかで、もしくは大学のなかで或る種の権力を与えられた集団もしくは個人が、神学に関して、ほかの神学者に自分の見解を押しつけている状況である。権力を持つこうした神学者はよく知られている。かれらをカトリック教会と同一視することはイデオロギー的換喩によるのでなければ無理である。権力者の犠牲になった者たちも権力者同様にカトリック教会を代表しているのであって、服従を余議なくされたあとでさえ、権力者を嘲ることをやめていない。セフォンのペトルス(六)が『命題集注解』のなかでミルクール(七)のヨハネスの著作を検閲した者たちの無知をこきおろすつぎの一節ほど不敵なものはない。「かれらは異端や誤謬をひとつも見つけられないと時間をむだにしたと考えるようである。」しかし、その一節のあとで同じ著者が、検閲を受けることを予想して自己検閲をおこなったと告白するくだりはさらに不気味である。

しかし、かれらは、ひまさえあれば、よいものでさえ悪いものに曲解し、大いなる美徳を悪徳であるかのように想像するので、わたしはこれまでずいぶん自説を引っ込めてきたし、自分の注釈があまりに個人的で（私ニ固有デ）あまりに突飛なものにならないように、『命題集注解』のあちらこちらからわたしの主張のいくつかを削除した。同じ理由でわたしは、ときには、個人的意見を引っ込めて、よもや非難されることはないだろうと思われる著者から引いてきた意見に差しかえた。[10]

デュルケームの言う「スコラ学のドラマ」にせよヨハネ・パウロ二世によって記述された「理性と信仰の分離のドラマ」にせよ、ともに同じ歴史上の事実を指し示している。それは中世の大学における神学に内在する危機であって、それが、中世よりのちの時代に、「信仰から分離して信仰に取って代わった」「合理的認識」の治世へと達する過程に弾みを与えたのである。この過程は回勅によって哲学的「分離主義」の或る種の現象学として記述されており、本質的な点で、すでに述べたように、ジルソンの記述に合致している。この記述を形容するには「キアスム（交差対句語法）[八]」という一語、もしくは、「交差する二重の不信」という一句で足りる。理性なき信仰あるいは信仰なき理性は、（概念なき直観に似た）盲目の信仰絶対主義と（直観なき概念に似た）空虚な合理主義を、同時に生みだす。いずれにしても結果は同じであり、不可知論が圧勝する。こうした分析は見栄えはするが、誤っているか不完全であり、あるいはこの過程を演ずる役者たちを制度的・機能的に特定するという段階を飛ばしているために不正確である。飛ばしているからこそ、ものごとの推移を派手に逆転させることができるのだ。実際、「或る種の思想家に見られた極端な合理主義」によってもたらされた「教父思想および中世思想というもの」の解体過程にはどのような契機が指摘されているだろうか。第一に「信仰内容との関係を離れた哲学」の出現であり、第二に「理性それ自体に対する不信」の高まりである。これらふたつの契機を、回勅は「また」の一語でつないでいる（本書一六頁最終行を参照）だけで年代特定に手がかりを与えていないことが、「同時期に」という読みを誘うかのようである。そこから、第二として、「一般的不信」の治世、「懐疑論と不可知論」の治世が帰結し、そうした治世はふたつの要請によって、すなわち「信仰つのであるが、このふたつの要請は、たがいに対立するのかそれとも同じ主題のふたつの変奏曲なのか、ただちに明らかではない。わたしは「逆転」と言った。「聖アルベルトゥス・マグヌスと聖トマス」の二人掛かりの失敗に引き続く危機の場所と時代とを考慮するなら、正しい順序は一目瞭然である。概念的には、神学における「理性に対する不信」が「分離的な哲学」の興隆に先行することは明らかである。時代的にはどうなのか。これらふたつの現象は同時期であるどころか、年代が接近してもいない。一方に、中世の大学の人文学部の教員たちが議論に参加しての哲学のなわばりの画定があり、学問生活を賭けたその防衛があり、カリキュラムの規格化があり、同郷学生団体の編成があり、大学人の宣誓があり、検閲に対する服従もしくは反抗がある。他方に、神学部と法王庁からの二重の統制を完全に免れた、大学の内外を問わない哲学活動の自律的な実践がある。両者を混同してはならない。前者から後者に移行するためには数世紀の経過と新しい教育構造の出現と活版印刷術の発明が必要だったのである。

「逆転」の例はほかにもある。「一般的不信」の治世を特徴づけるふたつの「要請」を取りあげてみよう。「信仰により大きな余地を与える」ことを要求する構想はどこから語られているのか。近代哲学に詳しい読者はカントの『純粋理性批判』が語っているような、批判哲学の反独断論的スローガンを思い浮かべるだろう。それは«*Ich mußte also das Wissen aufheben, um zum Glauben Platz zu bekommen*»という有名な、おそらく有名になりすぎた一句であって、こんにちまで、さまざまな仏訳を受け入れてきた。訳例は「わたしは信仰に場所を設けるために知の限界を際立たせた」に始まり「わたしは信仰に場所を設けるために理性を廃棄しなければならなかった」「わたしは信仰に場所を設けるために理性に限界を設定しなければならなかった」「わたしは信によって置きかえるために知を廃棄しなければならなかった」「わたしは信仰を確立するために知を廃棄しなければならなかった」「わたしは信によって置きかえるために知を抹消しなければならなかった」等々を経て「わたしは信仰に場所を設けるために知を廃棄しなければならなかった」にいたる。つぎに掲げる『純粋理性批判』の仏訳には終わりからふたつ目の訳例が用いられている。

それゆえわたしが理性を実践的に使用したいという必然的な欲求に従って神、自由、不死を承認するとき、同時に、超越的洞見に対する純粋理性の要求は拒絶せざるをえないだろう。というのもこうした洞見に達するためには、実際には可能的経験の対象にしかおよばない諸原理を用いなければならず、その諸原理は、経験の対象たりえない事物に適応されると、実際に、いつでもその事物を現象に変えてしまい、かくして純粋理性のあらゆる実践的拡張を不可能と宣言してしまうからである。わたしは、したがって、信によって置きかえるために知を抹消しなければならなかった。形而上学の独断主義とは、このように純粋理性の批判から始めることなしにこの学を前進させようと欲する予断のことであって、それこそが道徳に反するあらゆる猜疑心の真のみなもとであり、その猜疑心自体がつねにきわめて独断的なのである（『純粋理性批判』第二版への序文、一七八七年、J・バルニ訳[11]）。

回勅が念頭に置いているのはこれだろうか。おそらく直接にこれを念頭に置いたということはないだろう。しかしカントの影がこれほど色濃くまとわりついている文言を使うということは、常識的に考えて、「批判主義」と「懐疑論」との、これまで何度も告発されてきた同盟関係をもう一度告発し、控え目にではあれ、哲学に対する無関心の責任の一端を（カントふうの）観念論的な反独断主義に帰する意図を疑われてもしかたがない。哲学に対する無関心は、第二ヴァチカン公会議以後、「カトリックの」特定の「学派」のなかで、また「一定数の神学者」のもとで「周辺的」「形式的」研究が持てはやされて「形而上学的探求」がおろそかになった結果であると見なされている[12]。カントの有罪性はヴァチカン教義省の長官であり、ヨハネ・パウロ二世に思想的に近い神学者であるヨーゼフ・ラツィンガー枢機卿[九]にとっては、どうやら、自明のことらしい。枢機卿は『純粋理性批判』の著者としてのカントを「デカルトおよびスピノザとともに」「合理性と信仰」との「相互分離が関係的統一へ向かう諸段階のひとつ」ととらえている。かれによると、ひとりトマス・アクィナスだけが合理性と信仰との「関係的統一」に「体系的形式を与える」ことができたのであって、「合理性のあたらしい進展」は、かえって、その形式を「引き裂き」、ついには「ヘーゲルの併合的綜合」が「信仰を理性の言語に翻訳し信仰としては廃棄する」ことを試みて精神を絶対化し、そのあとマルクスが「神の観念それ自体をお払い箱にする」のだという。[13] いずれにせよ「理性に対する不信」という語句が回勅四五節と六一節（原注12参照）で同じ意味で使われていると仮定すれば、回勅はつぎのように考えていると結論せざるをえない。理性不信の火種はそもそも哲学者の陣営にあり、それに対して理性を犠牲にして信仰に余地を与えるのは、どちらかといえば、形而上学の野心を――その教育もろともに――放棄し去った神学者たちである、と。[14] 理性不信が、哲学者、とくに理性を「制限する」ことを欲した哲学者たちの所業であろうと、あるいは、逆に、中世末期からすでに――したがってカント主義へのいかなる準拠もなしに――一部の同僚の「合理主義」や「形式主義」の行きすぎに対抗するために神学者に課せられていた（これは反スコラ神学の論陣を張るマルティン・ルターの影法師や神学‐論理学者（一〇）なる「奇形的」配役が舞台上をうろつくシナリオである）要請であろうと、どちらにしても、理性を「不信」にさらす体制と、いつの世のことかは分からないが「信仰から理性へのあらゆる準拠」を「悪評」にさらす体制のあいだには程度の差しかないように思える。しかし中世研究者の、とくに考古学を愛する中世研究者の観点からすると「信仰により大きな余地を与える」という文言の歴史上の起点は、少なくともその出発点をとるかぎり、（形而上学的）理性と信仰との解離は近代以後であるという通説とどうしても矛盾するのである。実際、カントの「批判主義的」命題――「わたしは、したがって、信によって置きかえるために知を抹消しなければならなかった」――が最初に現れるのは中世である。それも、「反独断主義的」に言われるのではなく、まさに、理性に対する「不信」と理性の「分離」の表明として言われるのである。ここで「分離」とは、信仰に対するラティオ（理性）の必然的「従属」という意味である。右の文言が出現する文脈は注目に値する。それこそ一二七七年の断罪と、神学者によるその受理という文脈にほかならない。カントの目的とはあきらかにまったく違う目的で「批判主義」の文言を発明したのは中世の検閲である。これはきわめて逆説的ではあるが、哲学者と神学者を、徹頭徹尾、「交差対句語法」によって描きだす歴史記述が山ほどの逆説に見舞われることは、おいおい、分かっていただけるだろう。ラテン語の原文はつぎのとおりである *intellectum limitare ut fides catholica locum habeat*（「カトリックの信仰に余地を与えるために知性を制限する」）。「カトリックの」を除けば、『純粋理性批判』第二版序文のスローガンの古典語訳として通りそうなこの一句はエティエンヌ・タンピエの謬説表の匿名の注釈書のなかにほかの語句に混じって書かれている。謬説第一八条（＝謬説第二一六条）の冒頭「来世デノ復活ハ理性ニ拠ッテ吟味出来ナイカラ哲学者ハ此ノ主張ニ譲歩スベキデ無イ」に対して匿名の注釈者はつぎのように明言する。

> 復活一般ガ理性ニ拠ッテ容易ニ吟味出来ナイ事ハ其ノ通リダガ、ペトルス・ロンバルドゥス師ガ[11]『命題集』第三巻二二区分デ、信仰ノ秘蹟ハ詭弁的論証ヲ免レルト語ッテ居ルノダカラ、自然哲学者ハカトリックノ信仰ニ余地ヲ与エル為ニ知性ヲ制限スベキデアル。拠ッテ又、私達ハ、理性ガ吟味シ得ル以上ノ事ヲ信ヂナケレバナラナイ。何故ナラ「人間理性ガ証拠ヲ示サナイ時ニコソ」正統「信仰ガ」大イナル「手柄ヲ挙ゲル」[15]カラデアル[16]。

この文言は、つまるところ「哲学的吟味」のあらゆる自己規律の絶対的否定以外の何を述べているだろうか。哲学者に対して否認されているのは、「哲学者としてのかぎりで」肉体の「復活の主張に譲歩しない」ことの可能性（もしくは職業倫理の用語で「有資格性 licéité」）である。ここで非難されている哲学者が復活を絶対に否定する権利を認めてほしいと求めているのではないことは読めば分かる。かれは、復活は、ほかでもなく「自然的理性」によっては吟味しえないのだから「自然哲学者としてのかぎりで」その主張に譲歩する責務を課さないでほしいと求めているのである。この「権利」を認めないことは自己規律の諸帰結を否定することである。この権利を認めることは、原理的に、自己規律が相互に依存しあう依存（言いかえれば「隠喩的・擬似的」自由）ではなく端的な無依存に通じることを認めることであって、このことは、本来の意味で「研究する」あらゆる人格、すなわち「或る関係のもとで（何カニ則ツテ）譲歩しない」ということと「絶対的に（端的ニ）否定する」ことを混同しないあらゆる人格にとっては自明なことに思えるだろう。こうした条件のなかで「理性に対する不信」はどこで始まるのかを厳密に問うていただきたい。デュルケームは「理解したいという欲求」の名のもとに「教義のなかに理性を導入し」ようと試みたひとびとがいたと想像した。それは、ほとんど、かれらに不可能なくわだてが与えられたにひとしい。法王は理性と信仰が

「分離」したことを嘆く。それは、ほとんど、右のくわだてが失敗したこと確認するにひとしい。言いすぎかもしれないが、ご両人ともに、中世をあるがままに見ていないため、歴史を読むにさいして句読点を打ちまちがえている。中世は啓蒙時代の不運な先駆けではないし、（恩寵ノ）光の横溢する黄金時代でもない。「分離」は自己規律の実現であり、「分離主義」はそうした「分離」の黄金色の果実である。「分離主義」は、その完成形ではないにしても少なくともその前提について言えば、無から生まれたのではないし、言われているほど遅く生まれたのでもない。わたしの見るところ、それは一三世紀に始まる或る長期間の過程の結果であって、その端緒において異端糾問と検閲とが決定的な役割を果たした。法王庁が自己規律への歩みを許したのは従属を課そうと欲したからである。「綜合」の時代を復活させようと試みるなら、そのまえに、最低でも、この教訓をよく噛みしめなければならない。この教訓は、さまざまな対立関係に注意を払え、と教えている。

回勅が念頭に置いている「分離」の過程をもっと小刻みな段階に分けて記述し、唐突感をやわらげることは可能だろうか。おそらく可能だろう。しかしそのためには何冊もの本が、さらには何人もの人生が必要である。すでに、いくつもの宗教的伝統のなかに、そうした記述はある。とくに、ともすれば忘れられがちなユダヤ教のなかにある。実際、急進的分離主義を支持するもっとも厳格でもっとも多くの議論を経た研究構想は、マイモニデスを批判するスピノザの著作のなかに見つかる。なかでも『神学政治論』のなかのつぎのマニフェストがそうした分離主義を証言する。

…信仰もしくは神学と哲学とのあいだにはいかなる交流も縁故もない。完全に異なるこれらふたつの学科の目的と基礎を知っているだれもがそのことを無視するわけにいかない。哲学の目的は真理あるのみである。信仰の目的は［…］服従と敬虔あるのみである。[17]

しかしすべてを網羅できる歴史家などいるものだろうか。だから回勅「信仰と理性」の速すぎるリズムや多すぎる省略を非難しないでいただきたい。その代わり、回勅が、中世キリスト教とその伝統に関して、哲学的と神学的のふたつの分離主義の誕生の責めを哲学者による「合理主義の行きすぎ」に帰していて、ふたつの自律化の創発を神学者――この場合、スコトゥス派であるが――による神学と哲学の再分割から導出していないことは嘆かれてよい。実際、ドゥンス・スコトゥスよりのち神学知と形而上学知の分裂があることは事実であり、この分裂が哲学と神学との「不吉な分離」に発展するにしても、その分離の責めを哲学者「というもの」に負わせられないことは、L・ブルバルクが書いているとおりである。

> 神学知と形而上学知の分裂は人文学者の要求であったどころか神学者自身によって欲せられたものであった。人文学者は、むしろ、哲学的知恵について「マクシマル（最大）」モデルを有していた。神学者による対象限定作業は、人間理性の射程の批判的分析にもとづくものであって、理性を「ミニマル（最小）」モデルへ誘導することに行きついた。オッカム主義のような唯名論的形而上学はミニマリスムへと向かう退化の極端な事例にすぎない。［ドゥンス・スコトゥスによる］形而上学はわたしたちの知性の構造に見合った対象（わたしたちの第一概念によって把握可能な存在者）を理性に与えることによって、そうした対象を認識し有限で自律的な学知として発展する手段を備えられた。これと並行して、神学は、アリストテレス・モデルにもとづいて学知たる地位を固めるものの、最終的に形而上学の構造を共有することは意識的に拒み、あらゆる臣従を拒む。神学もまた自律化するのである。[18]

こうした二重の「自律化」を嘆かわしいと判断し、それが、法王とジルソンがおそらく考えているように、最高の思弁を瓦礫の山に変えたと考えることは自由である。しかしその責めを哲学者に負わせることはできない。むしろ、端緒のかたちによくよく眼を凝らさなければならない。もしわたしたちの諸近代――レオ一三世[(二二)]がシラブスに似せて作った「近代」という標本箱のなかにピンで止められた一連の悪――の遠い起源を探れば「一三世紀の夢の解体」に行きつくのであって、その夢は「思弁の最高の形式にまで達することが可能な認識を生みだす或る奥ぶかい統一」の完成された表現であり、その統一が「教父思想および中世思想一般によって着想され完成されていた」というのであれば、解体の逐一を追跡する労は人任せにしてでも、この「夢」の現実性を再検討する方がよくはないか。そうしようと思ったら、否でも応でも「スコラ学のドラマ」に戻らなければならない。それも、そこで別のゴーレム（泥人形）にいのちを吹き込むためではなく、「理解したい欲求」と「カトリック教会に忠実であり続けたい欲望」という、タフではあるが、とうに盛りは過ぎたふたりのボクサーの世紀の泥仕合を、ここにきて、またぞろ蒸し返すためでもない。そうではなく、歴史のなかに、まさに評価されようとしてうずくまっているものを生き返らせるためである。すなわち実際の役者が具体的な状況でたがいに衝突して起こる現実の危機を生き返らせるためである。デュルケームは「スコラ学のドラマ」を描きだすとき、ロスケリヌス（一三）によって「未完のペテロ」と名づけられた人物（＝ペトルス・アベラルドゥス）を危機の渦中にあった中世知識人の原型の地位に引き上げ、かれの私的苦悩によってこの危機を定義し、その深刻さを推定した。

> 伝統に対する敬意と自由な吟味の魅力とのあいだで、カトリック教会に忠実であり続けたい欲望と理解したいという募りゆく欲求とのあいだで引き裂かれ、揺れ動くこの時代がわたしたちに与える光景には、まことにこころを揺さぶる劇的な何かがある。それらの諸世紀は、ときには、或る種の静寂と知的怠惰のうちに沈んでいたと理解されたりもするが、精神の平和とは無縁だった。それらの諸世紀は自分自身のうちに対立をふくみ矛盾する方向へ引っ張られていた。それは人間精神がもっとも激しくあわ立ち、あたらしさを身ごもった時機のひとつである。収穫はのちの時代にとっておかれる。しかし種がまかれるのはそれらの諸世紀である。刈り入れは一七、一八世紀という輝きの時代に、あふれる陽光のもと歓喜の声のなかでおこなわれることだろう。しかし種まきは骨の折れる作業で、しかもそれが刈り入れを価値あるものにした。わたしたちがこれらから入っていく時代の研究に着手するにあたって念頭に置かなければならないのはこのことである。中世が討論に注ぎ込んだ情熱はこのことによって説明がつく。もしわたしたちが、かれらの討論に面白みを見出せれば、中世のひとびとが討論のなにを面白いと感じてそれに明け暮れていたのかが理解できる。アベラルドゥスの影響力も、もとをたどれば、ほぼこのことに尽きる。アベラルドゥスが影響力を持った

のは、かれが時代と瓜ふたつだったからである。時代の栄光でもあり不幸でもあったこの痛ましい不和をほかのだれよりも知っていたからである。かれは自分の生きた時代と同じくらい、いやそれ以上に、知的熱狂を経験し、結局は、疑うことの苦悩を経験したのである。

法王ヨハネ・パウロ二世の診断はおそらくデュルケームほどの時代錯誤をおかしてはいない。時代的に両者のあいだに位置するジルソンが事情をよくわきまえていたからである。とはいえジルソンにしても現実の危機のすべてを語っているわけではない。だからこそ回勅「信仰と理性」によれば「聖アルベルトゥス・マグヌスと聖トマス」が「神学と哲学との有機的紐帯は維持しつつも」「哲学と科学の自治権」の必要性を「はじめて」承認したとされている時代を再検討しなければならないのだ。もっと言えば、回勅が沈黙し、ジルソンが、逆に、強調している事実――ジルソンがそれを語ったからといって、法王が無言でたどった道と別の道をたどったわけではないが――を再検討しなければならない。その事実とは、アルベルトゥス‐トマス像のなかに完成を見たとされる完璧な世界すなわち一三世紀西欧世界のまっただなかに、司教による恐るべき検閲が象徴するような深い危機が存在したということである。こうした危機の分析はフランスの偉大な中世研究家（ジルソン）が神学的と哲学的との二重の分離主義のその後の自力飛行として描きだした事象をより慎重に記述し評価するためにあらかじめ欠かすことはできない。回勅のなかでは、理性と信仰が交差対句語法で語られるため、とくに神学的なそれがぼかされてしまったのである。

危機の考古学は簡単なことではない。読者をその現場へお連れして危機の再構成――あえて部分的な再構成にとどめるつもりであるが――をお目にかけるまえに、若干の予備的な注意と、そこで使われるだろう用語の意味についての若干の説明を与えないわけにいかない。まず「理性」という用語であり、つぎには「中世」という用語である。ハイデガーの表現によれば、中世はギリシャ的理性が人類史のなかではじめて「ユダヤ・キリスト教に由来する表象様式」に出会い、これに立ち向かう時代ということになっているが、じつはそうではない。出会いはもっと昔にさかのぼるのであって、カトリック教会の歴史とともに古く、古代キリスト教の――「教父哲学」の――歴史の一部をなす。

しかも出会いは、西欧の外側のシリアやイラクにもその跡をたどることができる。その出会いのラテン中世的形式について言えば、それは、もっぱら、諸制度の歴史に属する。「大学」は、現象の全体を汲み尽くすわけではないにしても、この種のキリスト教制度のひとつである。こうした事実確認によって求められているのはふたつの予備的注意である。第一。中世の諸神学を研究する歴史家は理性 raison と合理性 rationalité とを混同してはならない。宗教的合理性というもの[19]があり、しかもそれはひとつではない。第二。新プラトン主義と三つの一神教（ユダヤ教・キリスト教・イスラム教）の関係史を書こうとすること、あるいはもう少し謙虚に、自分がもっともよく知っている宗教的伝統のなかにあるそうした関係史に、二、三頁を書き加えることには一定の意味がある。しかし、そのさい、一方で、カトリック教会と神学と信仰とを同じと見なし、他方で、哲学と合理性をひとくくりにして、神に見放されたひとびとにだけ、それらを守護する不確かな役割を押しつけるのであれば何の意味もない。理性はその歴史において多形的である。ギリシャ理性自体にひとつの歴史があり、ヘレニズム世界、ローマ世界、アッバース朝アラブ帝国、アンダルシア地方、ラテン世界を遍歴する伝承史がある。同様に、いくつかの「中世」がある。すなわち、ユダヤの、アラブの、東方キリスト教の、西欧の「中世」がある。さらに、宗教的合理性にも非宗教的合理性にもさまざまな類型があるが、その或るものは同型であり（だからこそ、たとえば、自然的因果性の問題においてアラブ世界のイスラム神学者とラテン世界の唯名論者とを関連させることが許されるのである）、ほかのものはそうではない。同様に神学部と人文学部の「学部間抗争」というモデルも、信仰と理性の対立と同一視はできない。なぜなら、神学部のなかに「強い」神学モデルをよしとする神学者と「弱い」神学モデルをよしとする神学者の抗争があり、さらに前者の信奉者のあいだにそのモデルをめぐる抗争があり、ひいてはこうした論争に対してくだされる裁定によって、「人文学者」が、かれら固有の活動の実践において知的自由を享受しうるか否かが決まるからである。

　ここではっきりさせておくが、神学部における弱い神学の勝利と「哲学者」に対する抑圧とのあいだに自動的な相関はない。「強い」神学にもいくつかのモデルがある。強い神学の「強さ」が、所与たる信仰に加えられた形式的・合理的な彫琢のことだとすると、スコトゥス神学はトマス神学と同じくらい強い神学である。スコトゥス神学はトマス神学以上に哲学を抑制する傾向がある[20]にもかかわらず、その形式主義や論証の厳密さにおいては、現代人の目からすると一三世紀の競争相手をすべて合わせてもかなわないほど「哲学的」に見えるだろう。「哲学」という言葉にはいくつもの理解のしかたがあり、そのうち、ここでわたしたちにかかわりがある、つぎのふたつは相互に絶対に区別しておかなければならない。（一）中世人すなわち人文学者と神学者がフィロソフィアという言葉で（両者がかならずしも同じものを、というわけではないが）理解しているもの。（二）こんにちのひとびとが哲学という言葉で理解しているもの（すべての現代人が一致して排斥する、哲学の自然神学への吸収という観念をすべての中世人が一致して主張するわけではないが、かといって、中世人の理解する哲学とわたしたちの理解するそれとの間にとびきり深い関係があるというわけではない）。そしてこれらとは別に（三）わたしたちが「哲学者」と呼んでいるひとびと、すなわち一三世紀の哲学教授である人文学部の教師たちが実践しているものがある。かれらは神学者より優れた哲学者でも、神学者より劣ったキリスト教徒でもなく、キリスト教哲学を実践していたわけでもなかった。かれらはキリスト教徒の大学で、職業人として哲学を教えていたのであって、私人に戻れば、理性と信仰の構造的矛盾を生きる必要などなかった。

　こうした背景のもとに異端糾問と検閲がある。それらがこの本の基礎に横たわる対象であり、あるいは、むしろ最初に思いつかれた対象である。一二七七年のパリ断罪は一六名の神学の権威からなる委員会によって準備された。それが、当時、手の空いていたスタッフのほぼすべてであり、なかでも、当時のパリ司教エティエンヌ・タンピエ、将来のパリ司教ラニュルフ・ド・ラ・ウブロニエール、パリ大学文書局長ジャン・デ・ザルー（オルレアンのヨハネス）、当時の法王特使で将来の法王シモン・ド・ブリオンがそこで決定的な役割を果たした。断罪は、最初、人文学教師に照準を定めていたが、そののち神学者にも対象を広げ[21]、その内容は、一七世紀までのあいだ、摘発された神学関係のテクストといっしょに、写筆され、最後には印刷されている。それに順次つけ加えられた、ほかの謬説表も、基本的には、神学関係の謬説を断罪している。回勅「信仰と理性」はそうした事実に、ほおかむりすることによって現実についての片寄ったイメージを与え、ジルソンはその事実のまちがったイメージを与えることによって現実の再構成に失敗している。ここでも、また、不用意に哲学とカトリック教会を対置してはならないのだ。インノケンティウス三世が法王だった時代（一一九八～一二一六年）にアリストテレス思想に対して実施された法王庁の介入の類型を中世全体に押し広げてはならない。[一四] 一二一〇年に大司教コルベイユのペトルスが主催したサンス教会管区の公会議がベナのアマルリクスとディナンのダヴィドを断罪し、[一五] ダヴィドの講義ノート（*quaternuli*）の焼き捨てを命じ、「アリストテレスの自然哲学関係の著作およびその注釈書を対象とした、公的・私的を問わない（*publice vel secreto*）あらゆる教育を破門に値する罪としていっさい」禁止したとき、法王特使ロベール・ド・クルソンがパリ大学を組織するために公布した学則はまだ存在していなかった。一二一五年に布告されたその学則は、従来の異端対策を踏襲する。ところが、検閲装置の中心的対象は、というより、むしろその本質的性格はすでに変わっているのである。そこで学則が、もう一度、変えられる。こうして、一二七二年の四月一日に、パリ大学人文学部が独自の学則を布告し、人文学部教師および学生が純粋に神学的な問題を議論することを禁じるとき、組織されたのはひとつの職能団体 profession である。禁令に違反しても神に楯ついたことにはならないが、神学の非合法的実践に手を染めたかどで訴追の対象となる。ostéopathe（骨ずれ）なる単語をもじって、一三世紀の人文学者は *osthéopathe*（神ずれ）である。骨 os ならぬ神 théo の位置のずれを元に戻してあげるべき患者なのである。一二七七年の三月七日にパリ司教が二一九の哲学的・神学的命題を禁圧するとき、神学が哲学にとどめを刺すのではない。神学者の或る集団が、或る人文学者を攻撃するのと少なくとも同じだけ、ほかの或る神学者集団を、さらにはいくつかの神学者集団を攻撃するのである。人文学教師ブラバントのシゲルスが標的になるが神学者トマス・アクィナスも負けず劣らず標的になる。同じ年に、オックスフォードで、同様の措置がトマスの同僚で（一二七二年一〇月一一日から一二七九年に枢機卿に昇格するまで）カンタベリー大司教をつとめていたロバート・キルウォードビー[一六]によってとられるときは、トマスはもっとひどい目に遭うだろう。一三世紀の「状況」をよく飲み込むことにしよう。哲学と神学との関係が敵対的であるとすれば、それはそれぞれの真理もしくは手法が全面的に対立しているからではない。あるいはそのことがただひとつの理由ではない。そうではなくそれぞれの領域が部分的に重なっているからである。そうでなければ、あの、包摂してのち従属させる、という「ボナヴェントゥラ的解決」はどのように説明がつくだろうか。哲学者は神学者の敵対者というよりはむしろ競合者なのである。これは目あたらしい現象ではない。

古代末期以降、異教哲学とキリスト教神学との関係は競合という状況下に置かれてきた。アウグスティヌスがよく言及する、エジプト脱出時にユダヤ人がエジプト人からの黄金を盗んだエピソード（『出エジプト記』三節二二章、一二節三五章）は哲学者とキリスト教徒との関係を象徴する。哲学者もキリスト教徒も、力に訴えるよりは盗みに訴え、他人の持ちものを取りあげておいて、それは自分自身の財産を取り返しただけだとひとびとに信じ込ませようとしてきた。キリスト教は啓示をもたらしたわけだが、異教的世界も「カルデア人の神託」に始まり「ヘルメス・トリスメギストスの啓示」にいたる、かれら自身の啓示を見つけることができた。そして哲学者も、それらを受け入れることによってキリスト教を出し抜くことができた。希望、信仰、超越者との合一体験、救済を求める熱烈な欲望——そのすべては、たんにキリスト教の精神世界だけとはかぎらない、古代末期の時代精神を貫通していたのである。これに呼応するかのようにキリスト教徒の方も、魔術と神学が、霊性と知性がないまぜとなった異常な雰囲気——そこには古代最後の哲学者が湯浴みしていた——に浸かったのであって、その結果、「ギリシャ」世界がキリスト教徒に対抗すべく押し立てたすべてを手なずけ、さらにはヘブライ化することができた。かくしてオリゲネス（一七）は、哲学者の父祖を、或る場合はソロモンに、或る場合はアブラハム、イサク、ヤコブに求める。あるいは、エジプト人の知恵を継承したモーセを、いったんギリシャ神話の美神ムーサと同一視したあと、ギリシャ思想の父たる地位に引き上げるという、よく知られたシナリオがある。さらには、プラトンがイスラエルの預言者の弟子であった（ヘレニズム期の思想家の脳裏にすら浮かんだ観念で、「プラトンがギリシャ語を話すモーセでないとしたら一体だれなのか」と感嘆の声をあげたのはヌメニオス（一八）ではなかったか）という、飽きもせずくり返されるテーマがある。一二九二年にロジャー・ベーコン（一九）が哲学の出生を公然と預言的啓示のうちに認めるとき、そうした観念は、ヨーロッパにおいてすら、まったく目あたらしくはない。その観念は、いうなら、教父学と同じ日付けを持つ。合理性がかつて独占の憂き目を見たことは一度もない。一三世紀においてすら、神学者は理性の役割を人類史の連続性のなかで曇りなく意識していたのである。[23] 結論はつぎのとおりであって、それが目下の試論の中心的な命題である。中世の大いなる選択は、信仰と理性のそれではなく、神学そのものと哲学そのもののそれでもなく、啓示神学と、ジルソンの言う「自然」神学にまるごと吸収される哲学とのそれでもない。

四つの論拠が右の命題の基礎を固めているので、わたしが言うところの「一三世紀の危機」の考察に着手するまえにそれらを通覧しておかなければならない。（一）中世人の大半が理解していた哲学とは、おおむね古代末期に哲学がそうであったところのものそのままである。すなわち新プラトン主義化されたアリストテレス主義であり、別の言いかたをすれば、哲学的神学という固有の神学のうちに自身の完成を見る思考体系である。この点からすると、「哲学」がキリスト教神学に、正面から、どっしりと、いかなる遜色もなく対決しえたのは非キリスト教神学としてであることは明らかである（「神学」は「倫理学」を含意するという事情が、ここでは、些細なことではない）。しかし、だからといって、中世哲学の全体が、その頂点において、なお神学者の後塵を拝することで終わってしまったということではない。例をひとつだけあげよう。言語的諸学芸（文法・修辞・論理）が神学との接触によって発展し、しかもそれが、他面では、神学を否応なく変化させ、あるいは急進化させることがないではなかった。それだけでなく、言語的諸学芸は神学のそとに広がる自分固有の領地を、目くるめくまでに探索したのである。（二）他面では、聖書の啓示にもとづくキリスト教神学はかつて合理的神学であることをやめたことは一度もなかった。ラテン中世において、キリスト教神学にはさまざまな種類がある。そのすべてが理性に同じ場所を与えているわけではないし、合理的とはそもそも何かについて同じパラダイムを持っているわけではない。或る神学は理性をアリストテレスに同一化し、或る神学はそれを論理学に、すなわち、*Moderni*（新時代人）による純粋な発明品で、学芸ノ中ノ学芸ニシテ学知ノ中ノ学知と呼ばれ、アベラルドゥスの時代にサント‐ジュヌヴィエーヴ山で生まれたのち大学や学寮でたえず改良されてきた論理学に同一化する。わたしが「弱い」神学と呼んでいる或る種の神学は世俗的知を求める「空しい好奇心」を非難するが、しかしいかなる弱い神学も、事実上、すべての合理的装備を放棄するわけではない。非合理主義は中世神学の態度ではない。非合理主義をそのまま反哲学主義と解することはできない。（三）さらにつけ加えれば、人文学の神学への還元、もしくは哲学の神学への従属は、いかなる意味でも、理性の信仰への従属――「従属」という言葉を、ニーチェが聖職者の類型的特徴としてあげた *sacrifizio dell'intelletto*（知的理解の犠牲）の意味に解するとすればだが――と同一視はできない。実際、かりにそうした同一視が可能だとしても、それはいかなる一般的正当性も要求できない疑義ある現象に準拠しているのであって、そうした同一視が標準になってしまったら、今度は、アルベルトゥス・マグヌスやトマス・アクィナスは言うにおよばず、ペトルス・ロンバルドゥスの『命題集』を注釈するかなりの数の著述家がキリスト教のパンテオンから追い立てを食うことになってしまう。（四）最後に、これだけは言えることとして、神学は、あらゆる公認歴史学の予想に反して哲学を哲学として進歩させた。しかも、ふたとおりのやりかたで進歩させたのである。第一に、かつてギリシャ哲学が（自然）神学を「生産」したように、中世神学は、一種の逆まねによって哲学を生産した。かくして、たとえば、しばしば指摘されるように、神学者による――主要にはドゥンス・スコトゥスとスコトゥス派による――形而上学の対象の「批判的限定」のおかげで「第一存在者への接近様式としてではなく、むしろ、とりわけ、存在者一般についての学知として理解された形而上学の近代的形態」が構成されたのである（これは形而上学の、従来よりも「人文主義的」な理解であり、またある程度まで、アルベルトゥス的な理解である）[24]。第二に、神学は思考のアリストテレス的構造もしくはモデルに問題を突きつけることによって、随所でそれらを破綻させた[25]。わたしが偏愛する例をここであげさせてもらえば、中世人はすでに真偽の中間値（こんにち *truth-value gaps*――真理値の間隙――と呼ばれているもの）を認める論理学を知っていて、あるひとびとは自然のなかで矛盾する状態が同時に実現しうるという観念を認めるところまで進んでいる。ようするに、二値原理を放棄した著述家もいれば、矛盾律を一時停止した著述家もいるのである。それというのも、かれらが、職業的な哲学者として、神学者に反対してでも、アリストテレスの論理の隠れた可能性を発展させたからではない。かれらが、職業的な神学者として、アリストテレスに反対してでも、神学に特有なあたらしい諸問題にあたらしい知見をもって答えたからである。実体変化の正確な瞬間を特定するとか、天使の運動の論理的固有性を分析するといった問題がそうである[26]。ここに進歩がある。進歩は推奨された道程をたどるとはかぎらないから進歩である[27]。ポール・ヴィニョー（二〇）はヴィクトル・デルボ（二一）を引用してつぎのように言っていた。「[…] 合理的な意味を受け入れうるすべてのものは、かならずや、たんなる理性の道を通って世界と人間精神のうちに入ってくるに違いないと想定することはうぬぼれである。[28]」

というわけでわたしはここでつぎのような明晰な観念を擁護する。中世哲学思想史および神学思想史はまだ書かれていないことがたっぷり残されている歴史に属しており、その歴史とはいくつかの宗教的合理性の歴史をふくむ、理性のさまざまな状態の歴史である。わたしはその歴史の数頁を提示すべく努めようと思う。その数頁は異端糾問と検閲を直接に対象とはしないにせよ、それらを軸に展開されることになるだろう。或る種の公認歴史学の伝統に反して、中世神学者の合理性の次元――「合理主義」の次元ではない――を掘りおこさなければならないだろうし、カトリック教会の軒下での神学者の知的営業と、かれらが自分に与え、競合者にも課した制限を理解しなければならないだろう。それをするために、回勅「信仰と理性」を出発点に選び、本書のタイトルをそこから借りつつも、ライプニッツが『弁神論』であえておこなったように語順を入れかえて『理性と信仰』としたわたしたちは、検閲につぐ検閲、反抗につぐ反抗をたどって一三世紀の生き生きと鼓動する心臓部にまで分け入り、そののち、現実の危機が、諸事実のなかから切り抜かれ、言説のなかに再生産され、ついには或る種の公式に落ち着くいきさつを見届けようと思う。わたしたちは、哲学者という職業が大学というあたらしい制度のなかでどのように定義されたのか、また、その職業を活気づけ、同時に、むしばんでもいた矛盾によって、どのように、最初の脱職業化の運動が引きおこされ、そのなかで、当の職業が大学のそとで再定義されたのかを示すつもりである。[29] しかし、最終的にわたしたちが哲学者を再発見するのは、一見すると非哲学的な、それどころか反哲学的で、議論の絶えない、両義的な名のもとにおいてである。すなわち「神秘家」の名のもとにおいてである。そのとき、わたしたちは大学を離れて、もうひとつの精神世界に足を踏み入れることになるだろうが、それは、キリスト教徒の、あるいはそうでないひとびとの思考をそそる何がこの移行のうちにあるのかを知るためである。中世のキリスト教徒であり、哲学者、神学者、司教、科学者であり、一時は魔術師と信じられていた人物がわたしたちの道案内をつとめるだろう。かれの名はラウインゲンのアルブレヒト。わたしたちアルベルトゥス・マグヌスという名の方がよく知られている。[30] この案内人にはついていく価値があると、わたしたちは本気で考えている。その価値は、方法論の観点からかれをトマスと切り離すことによってますます高まることだろう。この点、法王回勅は、昔ながらのアルベルトゥス偉人伝やトマス聖人伝からくる連想に従って機械的にアルベルトゥスをトマスに結びつけている。ケルンの学匠（アルベルトゥス）は、トマスから解放されることによって、わたしたちが、さまざまな主義を体験する手助けをしてくれるだろう。つまり、一三世紀科学によって夢見られた影の領分――錬金術に始まり魔術を経由して占星術にいたる、神に呪われた諸学術――にみちびいてくれるだろう。それは、道すがら、トマス経由ではないアヴェロエスを認識させてくれるだろう。そして最後には、「もうひとつの」神学へと連れていってくれるだろう。フランスで「ライン」神秘主義と呼ばれ、ライン川の対岸では「ドイツ」神秘主義と呼ばれているそれである。

「一三世紀の危機」の考察に着手するにあたって、検事としても被告人としても直接には何の役割も果たさなかったように思える思想家に同伴を頼むのは奇異なことではないか、また、理性と信仰についての省察を一二八〇年に没したこのドミニコ会士の庇護のもとに置くのはさらに奇異なことではないか、とひとは言うかもしれない。つまり、一方では、一二七七年の断罪の歴史にもっと単刀直入に入っていく方がよくはないか、という声が、他方では、こんにちの論争にもっと関係の深い資料を出発点にとる方がよくはないか、という声が聞こえてきそうである。第一の声に対して、わたしは、パリ司教による一二七七年五月の検閲についてはすでに十分な研究の蓄積があり[31]、今後は、からめ手から論じても文句は出ないはずだ、と答えよう。くわえて、その検閲にさいしてアルベルトゥスは、二次的な役割ではあるにしても、たしかに役割を果たしている。なぜならパリ司教が人文学者たちを攻撃の的にしてかれらのなかに異端説を暴き立てたわけだが、そうした異端説のカタログを作成するのに大いに貢献したのはアルベルトゥスである。さらに、禁圧された山のような教説のなかにアルベルトゥスの唱えたものが紛れ込んでいないという保証はなく、そもそも、アルベルトゥスがそうした教説を攻撃したのであれ、擁護したのであれ、かれは、少なくとも一度、のちに嫌疑をかけられる一連の命題の評価にかかわったことがあるのだ。それは、一二七〇年の検閲の準備の一環としてレッシーヌのアエギディウスが[32]「哲学の名声ひときわ鳴りひびくパリの教師が学校で講じている一五の命題」が異端か否かを尋ねた質問状に、かれが回答したときのことである。また、言うまでもないことだが、（事態はそんなに明白ではないにもかかわらず）一般に認められているように、一二七七年の断罪がアヴェロエス主義の断罪であるとするなら、アルベルトゥスを経由することは義務となるのだと答えよう。なぜならいわゆる「アヴェロエス派」がアヴェロエスの初期の授業を受けたとき一緒にいたのはアルベルトゥスであり、場所はアルベルトゥスの教室だったからである。わたしはまた、もし、「ラテン・アヴェロエス主義」が歴史および歴史的現実ではなくむしろ検閲が生みだした物語に多くを負っている――これがわたしの信念である――人工的存在なのだとしたら、アルベルトゥスの世界に直行することはそれだけますます重い義務となるのだと答えよう。なぜなら「アヴェロエス主義的」というラベルの付いた容れ物に乱雑に放り込まれた、生まれもちがうし、そりも合わない多くの定理や憧憬や方法の星雲をもっとも完全な状態で見出しうるのは、アルベルトゥスをおいてほかにないからである。最後に、わたしが一〇年以上もまえに『中世を考える』（邦題『中世知識人の肖像』）のなかではじめて手をつけたこの複雑な課題に側面から帰っていくこうしたやりかたは、あの本のなかで、ややもすると、わたしが唱えたかのように語られることがある「近代的」もしくは「合理主義的」ないくつかの主張が、わたしの擁護する中世観と本当に合致するのかどうかを知る機会を読者に与えるだろう。とりわけ、一二七七年の危機を「自由で自律的な哲学と、思考に内在する諸原理の動的な推力を抑圧する権威主義的で外圧的な宗教的教義」との対立と見る主張、あるいは哲学は「解きほぐせないほどに絡みついてくる神学的文脈から解放されないかぎり哲学ではありえない」とする主張[32]がそうである。さて、第二の声に対して、わたしは、もっとあっさりと、アルベルトゥスを選択するようにうながしたのは法王回勅自体なのだと答えよう。回勅はアルベルトゥスとその弟子のトマスとの二重の加護を願いながら、結局は、後者のみを唯一の「思索の巨匠にして神学の正しい作りかたの模範」として残している。こうした引き算は些細なことではありえない。アルベルトゥス‐トマス主義のなかのアルベルトゥス的要素は法王庁によって言及されただけで、そのあと――ただちに、とまでは言わないにしても――回勅の言う「聖トマス・アクィナス思想のつねに変わらぬあたらしさ[33]」のなかに吸収されて姿を消している。だからこそ、わたしはそこに知らねばならない何ごとかがあるとにらんでいる。実際、一三世紀においてアルベルトゥス以上に哲学・科学文献を読み、かつ、考えた者はいない。この時代、アルベルトゥス以上に哲学の「自治権」の必要性を主張した者はいない。また、かれ以上に力をこめて神学の領域における哲学の中立性を要求した者はいない。反面では、かれ以上に、この中立性の名のもとに職業的神学者の侵犯から哲学のなわばりを守った者はいない。結局、かれ以上に、純真に、ではないにしても精力的に哲学者の理性ならびに職業的神学者の理性がひとつの共通目的に向かって自己を乗りこえなければならない必要性を訴えた者はいない。ディオニュシオス——著者の名ではなく著作および方法の名と解されたい——の神秘神学がそうした共通目的の存在と到達路を教えている。トマス主義者でもスコトゥス主義者でもないアルベルトゥスは二重の意味でジルソンのシナリオどおりには動かない。わたしたちは、法王ヨハネ・パウロ二世の回勅が発した哲学の呼びかけのなかでアルベルトゥスが現前と不在のはざまに置かれていることに反応し、つぎのように問わなければならない。法王のくわだて自体が、アルベルトゥス主義というかたちですでに試みられ、そのようなくわだてが、どのみち、みちびかれずにはすまない地点にみちびかれたことがあるのではないか、すなわち哲学と神学との分離が避けられないという事実確認にみちびかれ、さらに、その事実確認にもとづいて、いわゆる「神秘」のなかに両者を抱き合わせにして救いあげる——キリスト教徒のための——チャンスにみちびかれたことがあるのではないか、と。もしそうだとしたら、アルベルトゥスが、呼びだされたとたんに、トマスについての或る種の新トマス主義的読解と入れかわるように姿を消さなければならなかった理由が容易に納得できる。トマスについてのそうした読解は、つぎの、回勅「信仰と理性」の四三節に引用されているパウロ六世の言葉によく現れている。

> 疑いもなく、トマスはあたらしい問題に立ち向かうために必要な真理への勇気と精神の自由を、そして、世俗的な哲学によるキリスト教の汚染を容認はしないが、かといって哲学を頭から拒絶もしない知的誠実を最高度に持ちあわせていました。だからこそトマスはキリスト教思想の歴史のなかで哲学と普遍的文化へ通ずるあたらしい道の開拓者としての地位を占めているのです。トマスは理性と信仰とのあたらしい対立という問題に予言者的・天才的直観による

解決を与えましたが、その解決の中心点、いわば、核は、世界の世俗的性格とカトリック教会の根源的な性格とを和解させなければならず、かくして、世界とその諸価値を否定する反自然的な傾向を避けるとともに、他面では超自然的秩序からくる最終的で修正不可能な諸要求にも背かない、ということなのです。

アルベルトゥスふうの「危機からの出口」は大向こうをうならせる体のものではない。とりわけ、こんにちの哲学者「というもの」を満足させる体のものではない。つぎの問題に答えられればよいのだ。戯画化されるほどにアルベルトゥスによってくまなく探査された「細分化した知」が、中世でもっとも熟練した学者ですら想像のつかなかったレベルに達している現代においては、アルベルトゥスふうの出口がキリスト教徒にとって唯一可能なものではないか。かりにこの問題に決着がつかなくても、法王庁が、もはや、たったひとつの哲学説ですら検閲したり禁止したりする権限を持たないこんにち、反面では、哲学者が、「神学的言説の有効領域」に踏み込むときも、もっぱら、ほとんど実践されたことのない「哲学的神学」を標榜するか、もしくは、自分はまだ自分のなわばりの内側にいるという静かな安心感を得たいために科学者だけを正当な対話相手にするかのどちらかであるこんにち、アルベルトゥス主義を、調査地層として、また、歴史学的省察の出発点として選ぶことは、限定的ではあるけれど重要性をなしとしない或る利点を持つことだろう。それは、法王庁が自分自身の伝統を語る言説をより大きな風景のなかに置き、一方で、川下を見やって、科学「というもの」の言説に対峙してキリスト教の自己同一性を構築するやりかたを再検討し、他方で、川上を振り返って、介入の権限を使用し濫用し悪用してきたやりかたを回顧することに貢献できるという利点である。

第一章

トマス・アクィナスを忘れる
あるいはアルベルトゥス・パラダイム

エティエンヌ・ジルソンが語りはじめ、法王庁が語りついだトマス主義の深遠きわまりない到達点とは、「自然神学と啓示神学」とを「堅固な総合」のうちに結びつけることにより「哲学による神学の勝利」を可能にする「統一的で有機的な知の構想」であり、「すべての理性認識とすべての信仰与件」が「ひとつ残らず唯一無二の知的体系の要素として展望される観点」の探求と樹立である。歴史に関するこのパラダイムは、また、病気に診断をくだすだけでなく治療法をも自分で処方することによって、それだけますます威力を強めているのであって、「病気」とは、「夢」の「解体」のことであり、「夢」とは「一三世紀の綜合」という壮大な夢のことである。さて、ここで、夢とも総合とも無縁な、もうひとつのパラダイムが試されようとしている。その眼目は、座標軸を変えるということ、いまの場合で言えば、トマスからアルベルトゥスへさかのぼるということであり、「事象それ自身」に、すなわち実際に語られた言説や、本当にあった構想や、「アルベルトゥス－トマス主義」なる新スコラ学の虚構を捨て去るということであり、ただひとつの「スコラ学の危機」という、あまりに一義的すぎる旗印のもとにくくられている数多くの危機に分け入るということである。わたしは、さきほど「わたしたちは、法王ヨハネ・パウロ二世の回勅が発した哲学への呼びかけのなかでアルベルトゥスが現前と不在のはざまに置かれていることに反応し、つぎのように問わなければならない。法王のくわだて自体が、アルベルトゥス主義というかたちですでに試みられ［…］たことがあるのではないか」と書いた。少なくとも地雷くらいは埋まっていそうなこの土地に足を踏み入れるまえに、回勅自体を考古学の観点から一瞥する必要がある。

1　「一一月一五日の呼びかけ」――予告された回勅の記録

回勅「信仰と理性」は数多くの注釈と、いくつかの哲学的議論の対象となり、熱狂的支持と悲憤慷慨が入りみだれる賛否のうずを巻きおこした。結局のところ、執筆者の意図を、一番、はっきりと言いあてたのはおそらくR・ブラグだろう。この『世界の叡知』の著者は二〇〇〇年一一月に発表した「理性の不安」という簡潔なタイトルの短論文で、「理性の現下の病」についての法王の診断を、高慢と、にせの謙遜への二重の批判によって定義する。実際、ブラグによれば、ヨハネ・パウロ二世は「理性の自己自身への撤退」（五節）と、「その奥に透けて見える」人間の自己充足、「自称ヒューマニズム」を嘆いていたが、また同時に、そして最初に、「哲学の高慢」に対する護教論的な告発とも縁を切っている。そうした告発は「理性の謙遜」の必要性を強調するのであって、その謙遜の足跡をたどっていくと、ついには、さきに引用した『純粋理性批判』の第二版の序文の有名な一節（ブラグの引用では「信仰に場所を見つけるために知を廃棄する」となっている）にいたる。「回勅はこの種のスタイルの護教論に弔鐘を打ち鳴らした」[1]とブラグは書く。かわりに、法王は高慢とは「正反対の悪」である「臆病」を、アリストテレスの言うミクロプシュキア（小心）を、デカルトの言う「悪しき卑屈もしくは卑下」を激しく非難する。「啓蒙時代の合言葉」であった知ルニ臆スル勿レが、かくして、装いをあらたに「キリスト教の文脈のなかに」（ふたたび）入ってくる。そしてわたしたちの友ブラグはつぎのように説明する。理性はかつてあまりに高慢であった、いま、理性は「行きすぎて謙虚に」なってしまった。理性は「究極の真理に達する」ことに絶望している（五節）。「中世末期に」不信の対象となって（四五節）、哲学的には「謙虚すぎる目標」のみをおのれに割りあて（五六節）、「わたしたちの時代」の全体が「その能力に対する不信という」真の「危機」に陥ってしまった（八四節）。ようするに、理性が「半睡状態にある」。「哲学者としては」「現象学派」に属するキャロル・ヴォイティラ[2]は、ヨーロッパ（「ヨーロッパ」とはブラグによれば「理性に内在する目的論」のことである）をもっとも「脅かしている」ものは*Müdigkeit*すなわち「疲弊」である、というフッサールの命題を知っているはずである。それは一九三五年にくだされた診断である。[二]回勅には「この観念の、もう少し洗練されたかたちが見られる」。[三]理性は、こんにち、病にかかっており、その病名は「絶望」、もしくは九一節に引用されているベルナノスの言いまわしでは「絶望の誘惑」である。こうした病に直面して、「法王が」いわゆる「信仰の率直さと理性の大胆さの同盟」（四八節）を「擁護する」のは、はなはだもっともなことである。なぜか。なぜなら、法王の目には、あたかも「理性の絶望」が「信仰の放棄よりも深刻」であるかのようにすべてが起きているからである。ヨハネ・パウロ二世が立ち向かっているのは、論理的にたがいに結びつき、ともにニヒリズムの看板を掲げている二重の危険、すなわち「無神論」と「人間の破壊」である。等位接続詞「と」に注目されたい。この「と」は、綱領もしくは宣言を表す標題「信仰と理性」の「と」と同じであって、結びつける両項が肯定的であろうと否定的であろうと、それらを双子の姉妹として結びつける。ミシェル・フーコーによって有名になったが、アンドレ・マルローが最初に言った「神の死ののちには、かならずや、人間の死がやってくる」[2]という言葉が正しいとすれば、人間を守ることはキリスト教ならではの使命となる。しかも理性を守ることによって人間を守ることがキリスト教の使命である。なぜなら（回勅の二節にある「真理の助祭」という表現が意味する）こうした防衛は「戦略的な駆けひき」ではなく、「キリスト教の本質そのものに属するふるまい」[3]だからだ。法王はどのような理性について語っているのか。理性はひとつしかない。問題は、ひたすら、理性のみなもとにある。「自称〝合理主義者〟」にとって、理性のみなもとは非合理的である。理性は「自然淘汰に由来する行動様式」にすぎない。カトリック教会にとって、そしてカトリック教会にとってのみ、理性のみなもとは合理的である。なにしろ、理性には、いうなれば、その名の起源をなす形相がある。ロゴスがそれである。[四]「すべての仮説はロゴスのあとからくる。」「ロゴスだけが最初にあり、それがみなもとである。」ニーチェは「理性に対するわれわれの信頼は、こんにちなお、プラトンによって吹き込まれた信仰の帰結である」[4]という皮肉な診断をくだしている。ブラグ自身によっても言及されているこうした診断の大胆さにならって、わたしもつぎのように言いたい。キリスト教的ロゴスが理性の名祖《なおや》であり、そのことが回勅の試金石である、と。ロゴス Raison を理性 raison のみなもととすることによって、キリスト教は「みことば *Verbe*」の倍加‐分割のうえにおのれを打ち建てる。そうした倍加‐分割がキリスト教を真の合理主義にするのであり、チェスタトン[五]のつぎの文言を信ずるなら「おそらく」唯一の合理主義にするのである。

カトリック教会は理性を見くだしている、とひとびとが非難していることをわたしは知っているが、まったく正反対である。カトリック教会だけが、地上で唯一、理性を超えるものが何もないことを承認している。カトリック教会だけが、地上で唯一、神ご自身が理性によって支えられていることを肯定している。[5]

わたしは法王回勅の右のような読解の正当性をここでは議論しない。この読解が、わたしに判断しうるかぎり、「執筆者の意図」にもっとも近いように思われる、ということをもう一度くり返すにとどめたい。その代わりと言ってはなんだが、注釈家や批評家にこれまで、おおむね、等閑視されていた或る観点から回勅の成り立ちを系譜学的にたどってみたいと思う。わたしが、さきに、「アルベルトゥスの現前‐不在」という表現で示唆しようと努めた観点である。実際、法王が、ご自身の理論的立場を固めるなかで回勅「信仰と理性」をまとめる以前に読みあげた或るひとつの文書に注意を払えば、そこに「アルベルトゥスに固有の次元」と呼びうるものが現れていることが分かる。ところがそうした次元は、はやばやと、隠然たる新トマス主義の遠近法に組み込まれてしまう。一瞬ぐらついた体勢を立て直すかのようなこのしぐさは、確実に、省察に値する。この精子のような、あるいは子宮のような文書は大学の教員および学生を対象とした講話であって、「真理を探求する科学と信仰」というタイトルで、ケルンの大聖堂で一九八〇年一一月一五日土曜日に話された。その年は法王が法王庁科学アカデミーに対して「ガリレイ裁判」――カトリック教会の肉にささった棘《とげ》――の立ち入った研究に着手せよとの意向を示した一年後であり、その作業についての委員会報告が法王のもとにあがる（一九八一年一〇月三一日）一年前である。その講話の考古学的重要性にかんがみて、要旨をつぎに復元してみようと思う。

「司教各位、キリストに結ばれた兄弟・姉妹たち、そしてお集まりのみなさん」に始まる、聴衆へのあいさつのあとで法王は、自分のメッセージの宛先がだれなのかをはっきりさせる。それは、ドイツ連邦共和国のドイツ人科学者、および、ドイツと異国にあって「それぞれの立場で人類に対して特殊な責任を負っている」すべての教師、学生、公的もしくは私的な研究者、科学および技術の専門家である。[6]この集会の意味は、科学とカトリック教会との対話の機が熟していることを証言することである。この集会は、そうした対話のための「準備がととのいつつあることの前兆」である。この集会の日付と場所そのものが、この集会に「前兆」という性格を与えている。その日は「当時のひとが“ドイツ人”なる渾名で呼び、のちの世のひとが、カトリック教会のあまたの博士のなかでただひとりマグヌス（偉大なる）の称号を与えたアルベルトゥス」がケルンの「大聖堂に隣接するドミニコ会修道院で」「七〇〇年前に」亡くなったその命日なのだ。そう語ったあと、アルベルトゥスとその多彩な活動――修道士、説教師、修道院長、司教、居住地の和平仲裁人――の簡単な紹介が続くが、そのさわりで「何がかれをその称号に恥じないものとし、かれに人類史のなかでの名声を享受させているか」が回想される。それは、かれが「同時代の知に習熟し」「それを再編成することに生涯を捧げた研究者、学者」であったということである。「当時のひとはかれのうちに学問の創始者、先導者、推進者を認めて称賛しました。」「のちの世のひとはかれにドクトル・ウニウェルサリス（万学博士）の称号を与えました。」「カトリック教会は、かれを聖人の列に加え、“教会博士”のひとりとして意見を求め、典礼のなかでその名誉を称えています。[7]」いま、なぜアルベルトゥス・マグヌスなのかという（おそらく本書の読者の心をも、また、よぎるにちがいない）問いかけにヨハネ・パウロ二世はふたとおりのやりかたで答える。まず「一三世紀の危機」を描きだすことによって、つぎに、その解決を、すなわちアルベルトゥス式「第三の道」を描きだすことによってである。その足取りを追ってみよう。

　この聖人の没後七〇〇年祭はたんなる「敬愛の業《わざ》」ではない。「かれの業績の本質的意味を再活性化すること」が問題であって、「その業績に基本的重要性を認める責務がわたしたちに課せられている」のである。アルベルトゥスが近代的であることを述べるこうした主張――G・バランディエ[六]がよく口にする「あいつぐ多くの近代」のうち、どの近代のことを言っているのか気になるところだ――をさらに展開するために、法王はアルベルトゥスの時代の歴史‐文化状況の特質を回顧することから始める。まず、アリストテレス全典とアラビア学知の再発見。つぎに、そのことによって引きおこされた熱狂。それまで「古代キリスト教とそこから生まれた学問」の「衰えを知らない伝統」に支配されていた世界西欧キリスト教世界に、非キリスト教的で、包括的で、かつ「世俗的合理性にもとづいた新しい世界理解」が到来したことによって引きおこされた熱狂である。最後に、そこから発生する危機。その危機は「キリスト教の伝統の歴史的アイデンティティ」を守ることに心を砕いた「特定の、きわめて重要なひとびとをふくむ数多くのキリスト教思想家」と、「学的合理性［というもの］と信仰の真理というもののあいだの対立は乗りこえがたい」と見て「学知の優位を支持する」選択をした「急進的な諸個人もしくは諸集団」の要求との対決というかたちをとる[8]。

ここで第三の男が歴史的妥協案をたずさえて登場する。尊厳ある登場であるか、見かけだおしであるかは観るひとによる。「これらふたつの極端」のあいだで「アルベルトゥスは中間の道をとる」。舞台の上手には「理性の厳密な使用にもとづく学知の真理要求」があり（そこでは「合理性」そのものと、そうした「学知の」合理性がともに「承認されている」。しかも、そうした学知が、たんに「その内容において受容される」だけでなく、おのれに固有で「他に依存しない合理性において補完、訂正、発展させられている」）、舞台の下手では、学知が、右に述べたかぎりで、そして「まさに右に述べた点においてキリスト教世界の財産となり」その結果「キリスト教世界に固有の世界理解が、その伝統のいかなる本質的要素をも放棄する必要なしに、ましてやその信仰の基礎を放棄する必要なしに、いちじるしく豊かにされている」。これほど大きな調和はどこからくるのか。ヨハネ・パウロ二世の、アルベルトゥスふうに見える解決策は、じつは、トマスに由来する或る原理から力を得ている。『対異教徒大全』の読者は、法王を鼓舞しているその原理が何であるかを容易に察知するだろう。この原理については、あとでアクィナス王国とその外部を対置するときに再検討しようと思う。というのも、一中世研究者の目からすると、すべてが、文字どおり、すべてが、中世以来こんにちまで変わることなく、いささかの邪気も疑念もなく、あっぱれなくらい率直に、この原理によって決定されているからである。

理性と信仰のあいだに根本的な対立はありえません。理性は、その本性が神から来たのですから、真理に適合もしくは合致し、真理を認識できますし、信仰は、あらゆる真理の同一の源泉すなわち神に拠りどころを求めることなのですから。[9]

トマスの原理（ロゴスが理性のみなもとであること。すなわち「存在の究極にひとつの合理性がある」ということ）は、注目されてはいないにせよ、注目すべき或る流し込みによって一連のアルベルトゥス的主張に鋳造され、信仰と理性との提携を必然的なものに打ち固めている。いうなれば、腹話術師トマスが、膝のうえのアルベルトゥス人形にそうした主張を語らせているわけだ。提携の内容はつぎのとおりである。第一。信仰はたんに「自然的理性に特有な諸権利を確認する」だけではなく「そうした諸権利を前提もしている」。なぜなら、信仰は「自由を前提するが、自由は理性的存在の弁別的特徴にほかならない」からである。第二。こうした前提は「信仰と学知がはっきりと異なる知の秩序に属する」ことを表し、それらのあいだに移行も「転移」もありえない。第三。理性は、それ自身に還元されてしまうと「すべてをおこなう」ことはできない。それは「有限で」「枝分かれする多数の別個の知へと屈折し」かつ「多数の特殊な学知から合成されている」。第四。したがって理性は、異なる諸学知をなす多様な手段もしくは「方法」というプリズムを介してしか、「世界と真理とを共通の起源に結びつける絆を把握する」ことができない。第五。それゆえ「哲学と神学」は「ともに学知であるかぎり」同じ旅篭《はたご》に宿をとっている。すなわち、それらは、「真理という複合的な統一を、多様性のうちに表象する」ことしかできず「相互補完的な認識からなる開かれた体系」のうちにしか表象しえない「限定的なくわだて」である。[10] これら五つの命題がアルベルトゥス直伝の性格を持つことは、法王によって明示的に主張されている。「くり返します。アルベルトゥスは合理的学知の構成を」、枝分かれするもろもろの知へと「差異化するひとつの体系として際立たせることができました。」法王は、アルベルトゥスのうちに、合理的学知が「信仰の諸目的と直結」しつつ、なお、おのれに「固有の」方向性を有することの「確証」を見出した。そして、このことのうちに、法王はキリスト教的知性の地位を実現したのであって、「その根本的な諸原理」――いましがた言われた五つの命題――「は、こんにちなお、有効性をまったく失っていないものとして考察されなければならない」のである。かりにアルベルトゥスの学問的業績が、その内容面で、かれ自身の時代に縛りつけられており、それゆえ歴史学の管轄にしか属さないにしても、かれの成しとげた綜合（この言葉は法王文書のなかで二重かぎカッコに入っている）は「模範的な性格を保持している」のであって「科学と信仰とカトリック教会をめぐる目下の諸問題に取りかかるさいにこれらの原理を念頭に置く」ことには何の不都合もない[11]。

そのうえで法王は「アルベルトゥス主義的」学問構想を語る。「学的認識の発展」の流れに対する「宗教的権威」による不幸な介入を話題に載せて、法王は、そうした介入が誘発した「錯誤や失敗」について「カトリック教会の遺憾の念」を表明する。そうした干渉はふたつの理由でももはや通用しない。ひとつは（そうした干渉をあらかじめ無効にする）「科学の説得力」であり、ひとつは、とりわけ「信仰についての理解を深めることに貢献し、信仰を時代の制約から解放してきた合理的神学の業績」である[12]。そのさい、諸科学の領域への「宗教者当局」のあらゆる介入が断罪されるべきだということは、「法王庁」とアルベルトゥス・マグヌスからなる双頭の権威のもとで再確認される。ここにいう「法王庁」とは、具体的には、第二ヴァチカン公会議と（表立って引用されている）回勅「ガウディウム・エト・スペス（歓喜と希望）」のことであり、また、アルベルトゥスがここまで持ちあげられているのは、とくに信仰と理性のあいだにある認識の秩序の差異をはっきりと肯定し、学知の自治と独立を承認し、研究の自由を支持する側に立っているからである。さらに法王は、真なるものの唯一性というトマス主義の原理のアルベルトゥスにおける対応物をアルベルトゥス主義のかなめ石と見ているらしく、その点をしきりに強調する。「合理的諸原理にもとづき、方法論的誠実の要求を満たして遂行される学知」が「信仰の真理と対立するような認識にみちびかれることはありえません」。そうした対立は「知の諸秩序の区別が見すごされ、もしくは退けられる場合」にしか起こりえないのである[13]。

こうした無矛盾性の保証をうしろ楯に、現代の諸問題との対決が可能となる。実際、アルベルトゥスの立場をとることには二重の利益がある。まず、アルベルトゥスの立場は、「科学者たちによる承認を期待できる」かぎり、教会と科学とのあいだにこれまであった諸関係の歴史的重圧をはねのける助けとなるのであり、かくして、事実上、しばしばおこなわれてきた対等な「対話」を容易にする助けとなる。また、それだけでなく、「諸科学が文化全般のなかでこんにち演じている役割から生まれたあたらしい諸問題をも乗りこえる」ことに貢献しうる。[14]哲学ジャーナリズムが（もしくはジャーナリスティックな哲学が）「近代の挑戦」と呼ぶものに対する、アルベルトゥス主義からの回答は、技術的発想や、科学技術の応用や、「科学技術に規定された文化的」宇宙における「人文的」なる諸科学の悪用や、「経済的・政治的支配」に奉仕する「操作」の道具への人文諸科学の還元にかかわるが、より根本的には、真理へのあらゆる問いかけを窒息させる学知のたんなる「機能主義的」な解釈にかかわる。[15]「機能主義」の興隆によって引きおこされる危険は「合法化の危機」に現れている。こんにち、「意味」への問いを単独では「完全に」背負うことができず、そのため、機能主義的学知のたんなる一変種として、たやすく「イデオロギー」への奉仕へと走ってしまういかなる学問も「合法化の危機」に陥っている。事態は、「道具的理性」が自分の「自由」を失う瀬戸際まで追いつめられているということであって、それ以上でもそれ以下でもない。第二の危険は宗教それ自身にかかわる。その危険とは「迷信やセクト主義」への還帰や、いわゆる「新興宗教」の氾濫であって、両者は科学的理性の道具化によって引きおこされた「文化の方向づけの危機」のなかに自分たちの生育にもっとも好都合な腐植土を見出している。この危険は信仰によって追い払うことが可能だ。しかし、「信仰を持つ科学者」も「共通の危機」のそとで安閑としているわけにはいかない。かれには自分自身の活動とその「目的」を、ようするに、それらをつかさどる「精神」を自問し、「科学の手法と目標」とを「意味への問いという観点からたえず改めて吟味にかける」責任がある。[16]カトリック教会について言えば、「真理を恐れることなく」「勇気と決断を持って」「真理に味方する立場をとる」ことがその責任である。どのような真理か。答は、基本的に、倫理的なものである。「科学的・技術的文化が」それ自体「神の創造にかかわる世界と対立すると考えなければならない理由はまったくない」。「専門知は善をおこなうためにも、悪をおこなうためにも使われうる。」すべての毒物学者は「毒は治すためにも殺すためにも使いうる」ことを知っている。しかし、とるべき道について「いかなる疑いもない」。それは、「ひとの名に値しない条件のなかに生きているひとびと」すべての「条件を改善する」ために、知を「人間性に奉仕させる」ことである。[17]「人間の人格的尊厳は」「科学的・技術的な知の文化的適用」の是非を判定する「唯一独自の基準であり」、あらゆる「技術文化」の究極の目的は、依然として、「自由の拡大」である。[18] ここで「決定的な」ことが言われる。信仰のみがわたしたちにこうした人格的尊厳の「意味を与える」わけではない。「真と偽とを、善と悪とを区別しうるかぎりにおいて」「自由を人間存在の根本的条件として承認する」かぎりにおいて「自然的理性もまた人格的尊厳の意味に到達しうる」のである。「人権」という知見「もこれと別のことを言っているわけではありません。」[19]

一九八〇年一一月にアルベルトゥス・マグヌス没後七〇〇年祭がいとなまれたときからすでに回勅「信仰と理性」で展開されることになる議論の基軸ができていたことは、こうして明らかである。出発点に「科学の限界」をまのあたりにした「ますます多くの」諸個人を悩ませる不満足の感情と「人間の生がそこに完成を見る［であろう］完璧な真理」への欲望もしくは要求がある。途中に診断がある。「学知と信仰との関係についてのむかしからの問題は近代諸科学の発展によって乗りこえられていない。」逆に「科学と科学的発想にますます浸されつつある世界」において、その問題が「文字どおり、死活の重要性を有する」ことが明らかとなっている。[20] 終着点には、真理の探求と認識によって「機能主義」から解放された科学の自律と自由に対する二重の擁護がある。科学はおのれを合法化する必要はない。というのも科学は「社会的効用と経済的利益から自由な」学知としてしか存在しないからである。「純粋」科学すなわち「テオーリア（理論）」は人間のプラクシス（実践）のひとつの形式である。信仰者は、自分なりの或る種の至高の「テオーリア（観想）」のなかに「自分をとこしえに神に結びつけるだろう」至福直観を期待するけれども、そうした期待も、もちろん、ひとつのプラクシスである。科学は、したがって、原理上、実践から切り離されてはいない。しかし、特定の実践を「選びとる」ために、科学は「真理に向けて自分を解き放つ」のでなければならない。自由な科学は「機能主義的モデルであろうと何であろうと」科学的合理性についての理解を制限してしまうような、いかなるモデルにも縛られない。それは「開かれて」いて「多形的」であって、この避けがたい多様性のなかに真理への「統一的接近」のあらゆる可能性を失いやしないか、などと恐れない。こうした統一は人格に体現されている「理性・自由・真理の三項式」から保証を得るのであって、この三項式が「具体的」諸科学の「複数的実現を基礎づけ、確保する」のである。[21]

科学については以上のとおりである。しかし科学しか存在しないわけではない。「独立した神学」すなわち独自の合理性の地平に眺望される信仰についての学知もまた、一一月一五日の呼びかけのなかでおごそかに呼び求められている。ようするに、神学を研究することは「法王庁の見解を研究する」ことではありえないのだ。神学研究は「信仰の真理と神の民草《たみぐさ》」のふたつに奉仕するという以外の目的は持たない。神学の領域内に生まれうる「緊張と対立」は、「カトリック教会と科学」とのあいだに起こりうる緊張や対立と根本的には異なっていない。両者の原因は同じである。すなわち真理の把握に「限界があり、したがって誤謬にさらされている理性の有限性」という原因である。理性と信仰との対立は、しかし「理性が真理に到達しうる」という事実に依拠するなら、乗りこえ可能である[22]。そのように主張しただけでは聴衆が面くらうだけであることを、あたかも見越すかのように、法王は歴史家として、そうした主張の含意を展開する。かりに「近代科学の先駆者が理性や自由や進歩の名において教会を攻撃した」にしても「こんにち、攻守はところを入れかえている」。「理性を防衛し」科学の側に立って参戦することがカトリック教会の責務である。なぜなら教会は科学に対して「真理に到達する能力を承認している」からであって、そうした能力が「科学を人間に固有のいとなみとして合法化する」のである。同じく、科学の「自由と進歩」のために身を挺することもカトリック教会の責務である。科学の自由が「科学に尊厳を授け」、科学の進歩がその尊厳を「守る」からである。教会は「あたらしいヒューマニズムの探求」のなかで中心的役割を演じなければならない。というのも「人間存在の意味」が何であり「行動の規範」が何であるべきかという問題は「真理を探求する人間のうちなる学的思考と信仰の力との関係が刷新され」ないかぎり解決できない。「人間的可能性の全面的開花を実現する」ために、理性は「キリストにおいて人となられた永遠真理のみことばVerbeにおのれを開く」べきである[23]。科学と教会との対話は可能であり、一一月一五日の集会は、参加者が自分たちこそその前兆であることを再確認しあう儀式である。対話は緊急性を帯びている。対話は「たがいに相手の言うことに粘り強く耳を傾け、客観的におこなわれ」なければならない。こうした診断に立脚し、それを、「理性によって到達される認識は神の真理の賛美のうちに余すところなく成就する」という神学的命題によって展開し、最後に、法王は、アルベルトゥスに乗り移られたかのように、かれの徳であった勇気と謙遜の実践を学者・学生に呼びかけるのである。[24]

この呼びかけが一二七七年におこなわれたとしたら、ヨハネ・パウロ二世は断罪されただろうか。ダキアのボエティウス[七]やブラバントのシゲルス[八]やドゥエのヤコブス[九]のように「真理の唯一性」と「知の統一性」を区別する必要性を公言し、かれらと同様に、「特殊知への細分化」（L・ビアンキ、E・ランディ）に好意的であるだけに、かりに、「二重真理」という言いがかりを自分の権威によってはねのける力——当時の人文学者には、これがなかった——がなかったとしたら、ヨハネ・パウロ二世はタンピエの追及を免れられただろうか。それはあやしい、とだけは言える。実際、真理の認識を理性に可能ならしめる理性の本性と、この真理の「源泉に拠りどころを求める」信仰とが、ともに、神なる同一の原因を持つならば——そして持つがゆえに——理性と信仰との対立はありえないというトマスの論法に適法性と効力を与えているのは法王庁の権威である。そして、やがて見るように、理性と信仰は、それぞれの原理のちがいからして衝突することができないという単純な理由によって、哲学において、矛盾することはありえない、というアルベルトゥスの論法を、ボエティウスからもシゲルスからも奪っているのは、かれらにおける権威の不在である。そのことが分かったうえで、アルベルトゥス的諸原理を、学知と信仰との現代的な対立を解決するために使いうるのではないかという問題が法王によって提起されている。そうした諸原理は、かりに時代が中世であれば、学知と信仰の最初のもっとも大きな対立を生みだし、あるいは少なくとも、その枠組みをなし、それに随伴したかもしれないだけに、法王の問題提起には独特の苦みがあり、真なるものの唯一性についてのトマスの独断論的定理とアルベルトゥスの懐疑論的定理のあいだの揺れ動きがある。それにもまして苦いのは、アルベルトゥスの思想的立場の復元における法王自身の強い関与である。法王の描くアルブレヒトはロッカセッカに生まれていてもおかしくない。たしかに「国立科学研究センター」が製作したカレンダーの片隅に *In dulcedine societatis quaerere veritatem*（甘シキ交ワリノ中ニ真理ヲ求メル）という金言を残しているのはアルベルトゥスである。しかしそのアルベルトゥスの旗印のもとに集められている、大ざっぱで融和的な諸原理はアルベルトゥスの本当の思想的立場や、かれの希望や成功や——

そしてもちろんのこと――行き詰まりを描きだすというよりはむしろ、ヨハネ・パウロ二世の目から見て理想的な「信仰ある科学者」の肖像を描きだしているのではないか。「アルベルトゥス・パラダイム」を語るにさいして、わたしが一三世紀の暴風雨のなかに跡づけたいのは、こうした引用者に都合よく値切られたアルベルトゥスではない。それは、「学的認識の発展」過程への「宗教的権威」の介入と、神学研究を無理やり「法王庁」に同調させる圧力とによって裏づけられる或る現実の危機の証人であり、張本人でもあるアルベルトゥスである。しかし、また、とりわけ、自然的認識の限界と大学的神学の不充分さをともに認めることによって信仰と理性との対立を乗りこえようとする説、いわゆる「神秘」説の立案者としてのアルベルトゥスである。そうした説は、認識論的相対主義とは似ても似つかない。もっとも、「相対主義」という言葉を、もっぱら、節度ある思想的立場が、そうでもない立場からその「一貫性のなさ」や「脈絡のなさ」を非難されるときに使われる言葉と解するなら、アルベルトゥスの学問理論も法王によるその復元もともに相対主義と評しうるだろう。ともかく、そうした「神秘」説が、その強さも弱さもひっくるめてわたしたちの関心をひくのであって、エックハルトがそこから歩み出てくる。

とはいえ、アルベルトゥスを案内人として、またパラダイムとして選ぶことは、かならずしもトマス主義とアルベルトゥス主義を物ぶつ交換し、ケルンの司教を「大」仲裁人に昇格させることを意味しない。それは、同じ危機――一三世紀の危機というもの、スコラ学のドラマというもの、「ソフィーの不幸」(二〇)というもの――に対する別の解答を擁護することを目指すものではなく、危機の資料そのものを再検討し、「問答複合体 complexes questions-réponses」と、それを歴史学的調査の対象として成り立たせている「網 réseaux」や「領野 champs」を規定することを目指す。したがって、ここでは、しばらくのあいだ、トマス・アクィナスや、歴史における目的論や、黄金時代のイメージは忘れてもらって、ポール・ヴィニョーの言う「反抗的多様性」にそのすべての権利を許し与えていただきたい。実際、「勝利」や「敗北」を語るまえに、はたして、哲学と神学との、また、これとは別に、哲学者と神学者との戦争があったのか、あったとすれば、どこで、いつ、どのようにあったのかを尋ねることが筋であろう。そして、回勅を話題にしたときに「診断」なる語を使ったのだから、今度は、一五世紀がそれにほかならない「中世の秋」に、いくつかの「徴候」が、おそらくかつてなかったような力強さで「症状」にまで進行したと語る医者の話を聞いていただきたい。すなわちパリの学長ジャン・ジェルソン（二）のアルベルトゥス思想に対する批判を聞いていただきたい。わたしたちの問題は簡単である。アルベルトゥスからエックハルトにいたる過程で、どのような危機が昂進し、沈静化し、再発し、転移し、カルテ化され、再カルテ化されたのかということである。中世人自身は、それらの危機の表れを何のうちに見ていたのか。かれらは、それらの危機にどのような処方箋を書き、また書き直したのか。最初の処方箋化の、その後の歴史における諸結果とはどのようなものだったのか。これらの件に関しては、ジェルソンの発言が理想的な見張台になってくれるというのがわたしたちの仮説である。

2　論敵から見たアルベルトゥス主義——ジェルソンの診断

近代公認歴史学のアルベルトゥス主義の章——なんとも当てにならない章である——を支配するふたつの要請のあいだで自分もまた均衡を保とうとするかのように、ジェルソンはアルベルトゥス・マグヌスをふたとおりに読解した。アンドレ・コンブが、最初の読解を研究した[25]。そこに見られるのは、前任者（アルベルトゥス）によって、「ディオニュシオスのスコラ学的解釈」の「手ほどきを受けた」[26]ディオニュシオス解釈家であり「いわばアルベルトゥス化されたディオニュシオス主義者」[27]である。すなわち哲学に関して博識であり、「ギリシャ‐アラブ哲学に関する学識のすべてとは言わないまでも、その主要な部分」[28]をアルベルトゥスに負い、しかも自分の師をもろもろの哲学者が唱えた説の祖述者 *recitator* の役割に閉じ込めてしまってそれに満足している碩学である。さらに言えば、「ディオニュシオス的な（神への）還帰を無媒介性の観点から解釈するキリスト教神秘神学」と、アヴィセンナの「自然的・媒介的神秘思想」すなわち「流出説」および離在的諸知性の体系に関する哲学的情報との結びつきに信憑性があることを、アルベルトゥスとの接触から学んだ神学者である。従順な弟子——これが一五世紀の初頭までのジェルソンの姿である。

一四〇〇年ごろから一四二八年までのあいだにすべてが変わる。口調が毒をふくむようになる。第二の読解の始まりである。ジェルソンは「従順な弟子を演ずることをやめる」。この「根本的な転向」を見抜き、印象深く記述した功績を認められているZ・カルザの言うところでは、パリの学長は、ある日ふと「アルベルトゥスをあるがままに」見てはどうか、すなわち「かれが祖述しているだけと見なされてきた諸命題の、じつは、支持者と」見てはどうかと考える。そのときジェルソンにとって ***recitat Albertus***（アルベルトゥス師斯ク祖述ス）の時代は終わりを告げ、ケルンの学匠の名は「アヴェロエスという名とほとんど同じくらい不敬虔なものとなる」[29]。

この豹変の理由は何だろうか。カルザが見事に明らかにしたように、それは一三一一年のヴィエンヌ公会議で断罪され、ついで、法王クレメンス五世の教令「アド・ノストルム（偽薬について）」でも断罪された或る命題をアルベルトゥスが陰で支持しているという嫌疑である。どのような命題か。自然的手段によって人間の神性化を勝ちとることは不可能ではないという命題である。アルベルトゥスはベガルド派[二二]だったのか。事態は、アルベルトゥスが自由心霊兄弟団[二三]の異端性を吟味した『鑑定の書』の読者を仰天させることになる[30]。「自由心霊兄弟団」と言えば、アルベルトゥスによって「新心霊の剽窃」の張本人にあげられている。しかし、この事態は、マイスター・エックハルトが「自由心霊兄弟団」の異端説に共感しているという嫌疑――かれの死ののち数十年して弟子のゾイゼが『真理の小本』のなかで晴らそうとしたが、あまりうまくいかなかった――が驚きではないのとほとんど同じ意味で驚きでない。たしかに、ベガルド派が唱え、クレメンス五世の教令によって異端の烙印を押された「あらゆる自然的知性は、生来、至福を授かっている」という説と、アルベルトゥスによって祖述された諸「哲学者」の立場とを結びつけるものは、外見上、何もない。しかし、意表を突くシナリオであるにしても、ジェルソンの批判は的を射ている。アルベルトゥスによる哲学者の祖述は両義的なのである。あとで再検討する予定であるが、かれは『倫理学について』で、哲学者による「旅ノ途上デノ神ノ或ル程度ノ直観」を祝福し、『ディオニュシオス神秘神学注解』で「神秘主義」神学者による「見ル事無キ識ル事無キ直観」を強調する――この注釈書はエックハルトにも霊感を与えた――だけでなく、両者の方向性が同じであることを『知性と叡智的なものについて』で立証している。その発言には、いわゆる「ラテン・

アヴェロエス主義者」が大切にしている、かれの、哲学へのすべての賛辞を合わせてもかなわないほどの、ある意味での「起爆力」がある。ベガルド派の神秘説とペリパトス派の哲学との共謀という、アルベルトゥス主義の両義性を白日のもとにさらすはずのこの仮説は、しかし、中世にその証人がいない。というより、終わりごろなってようやくひとり現れるのである。被告に不利なこの証拠の発見によってジェルソンの豹変に説明がつき、その発見によって問題の既知事項が書きかえられる。ミッシング・リンク（失われた環）はピエール・ダイイ[一四]が四本の糸で織りあげた概念の網である。四本の糸とは（一）ドミニコ会修道士ジャン・ド・モンゾン[一五]が唱える或る命題（「純粋ナ理性的被造物ノ或ルモノハ、其レ自身ノ純粋ナ本性ノ内デ、幸福ニモ、神ノ本質ヲ直観シ得ル」）、（二）クレメンス五世によって断罪されたベガルド派の教説、（三）エティエンヌ・タンピエによって一二七七年三月七日に断罪された第二一一命題（＝第八命題）、（四）「アルガゼル」（＝アル－ガザリ）の『形而上学』の章句。Z・カルザによって引用されたピエール・ダイイのその一節をつぎに掲げる（Z・カルザはCh・デュプレシス・ダルジャントレが編集し、P・クリュパが監修したドミニコ会出版局刊行の『新謬説判決集』から引用しているが、引用部分は、さらに、パリ国立図書館ラテン語写本三一二二f°一一vを典拠としている）。

其ノ後モ（ジャン・ド・モンゾンノ命題ガ）パリデ断罪サレテ居ル。ジャン・ド・モンゾンノ著作ノ「霊魂或イハ知性ニ就イテ」ト題サレル章ニ、パリデ断罪サレタ諸謬説ノ終ワリカラ二ツ目ノ謬説「私達ノ知性ハ、其ノ本性ニ拠ツテ、第一原因ノ本質ノ認識ニ到達出来ル」ガ在ル。[…]此ノ命題ハ、アル－ガザリノ『形而上学』第四巻ノ謬説「霊魂ガ、幸福ニモ、離在知性ト邂逅スル事ハ、霊魂ノ本性ニ拠ツテ可能ナ事ノ一ツデアル」ヲ支持シテ居ル。此ノ命題ハ、又、ベガルド派ノ謬説ヲモ支持シテ居リ、ヨハネス・アンドレアスガ、自著ノ「クレメンス教令集ニ在ル、自然的知性ハ御詞《ミコトバ》ヲ俟ツ事無ク其レ自体デ生来至福ヲ授カツテ居ルト教エル異端者ノ偽薬ニ就イテ」ト題サレル章デ、『ローマ人へノ手紙』六章ノ言葉「神ノ賜物ハ、私達ノ主キリスト・イエスニ於ケル永遠ノ命デアル」（六章二三節）ガ、此ノ偽薬ニ対スル論駁デアルト述ベテ居ル。[31]

これこそが、Z・カルザの巧みな表現を借りるとすれば「神との合一（これは媒介的――能動的知性は流出の一段階であるから――かつ無媒介的である）と、そこへ到達する手段（これも自然的かつ超自然的である）との両方にかかわる神秘主義的教説に対するジェルソンの批判の歴史的文脈」[32]である。それはいくたびかの検閲が縦糸や横糸をなす網であって、一二七七年に断罪された、哲学者の幸福についてのいわゆる「アヴェロエス的」教説と、一三一一年以後、ベガルド派に非難が向けられるもとになったいわゆる「自然主義的」教説と、一三八九年以後、ドミニコ会修道士ジャン・ド・モンゾンとアラブの（偽）哲学者アル‐ガザリに罪がかぶせられるもとになった第三の教説（実際は、アル‐ガザリはそうした教説のもっとも強硬な敵対者だった）がそのなかに見てとれる。遠く離れた時点を結びつけるこの装置の核心に、自分の巣のまんなかでうずくまる蜘蛛のようなアルベルトゥス・マグヌスがいる。この「キリスト教博士」はすべての歪んだ透視図を支える実測図である。しかし、そのような実測図は、あえて言うなら、いずれは丁重に破壊しなければならない。それは「権威」を正面から攻撃することを避けるためであり、同時に、神学部に熱気を与えようとして求められた二重の論争が、かえって、神学部を炎上させる危険を避けるためである。二重の論争とは、ひとつは、地ノ旅路デノ神との合一の可能性と天ノ祖国デノ至福の本性をめぐる神学論争であり、他方は、知的幸福の可能性と本性にかかわる哲学論争であって[33]、いずれも、アルベルトゥスの専門分野であったが、公認歴史学によって、前者はマイスター・エックハルトに、後者は一二六〇年代のパリ大学人文学部教師と「ラテン・アヴェロエス主義者」に、より強く、結びつけられることになるのである。

　幸福と至福、自然的と超自然的、哲学と神学。これらのいずれもがアルベルトゥスの専門分野だったにせよ、そうでなかったにせよ、少なくとも、つぎのことは言える。ジャン・ジェルソンが、やがて、アルベルトゥス主義の解読格子を探し求めて分け入っていくピエール・ダイイの論稿「パリ大学を代表してジャン・ド・モンゾンなる修道士を論駁し信仰の大義を擁護する」は、アルベルトゥスを現実に論争の俎上に載せる網の記述として、多くの歴史家による「アルベルトゥス‐トマス主義スコラ学」の記述よりずっとよくできている、ということである。ジェルソンの鑑識眼は、目に見える結果として、歴史家ジェルソンに或る重要な帰結をもたらす。すなわち、アルベルトゥス主義の類型標本として『知性と叡智的なものについて』が選ばれて最前列に置かれるという帰結である。実際、パリの学長の才気が集中的に注がれるのがこの文献である。かれが対象アルベルトゥスを、すなわち、一連の教説の網を構築するのは、この文献を起点としている。そしてかれはそれらの教説に対して、一四二七年から二八年にかけて『聖母賛美歌論集』のなかで、また一四二八年に『栄光誦の歌詞と旋律の奥義』のなかで批判の砲火を浴びせる。この批判によって、わたしたちは「一三世紀の危機」にさいして中世が投じた賭け金を回顧的に知らされるのである。というのも、ここには逆説があって、『知性と叡智的なものについて』をアルベルトゥス主義の標本として選択することがピエール・ダイイのモンタージュ作業に組み込まれているということを、ジェルソンは、あとになって、はじめて気づく。つまり、ジャン・ド・モンゾンの謬説は、たくみに「分析される」ことによって、一三世紀中葉という早い時代にくだされた諸決定の、構造化された総体が遅ればせに落とす影として立ち現れるのだ。その総体は、あたらしいエピステーメー（認識体系）の、あるいはむしろ挑発的なまでに哲学的なあたらしいパラダイムの母体となる、このうえなく玉虫色で曼荼羅的な宣言のなかにあり、そうした宣言の起草者こそアルベルトゥス・マグヌス、そのタイトルこそ『知性と叡智的なものについて』なのである。この複合的総体の基本要素を、『聖母賛美歌論集』で展開されたジェルソンによる批判（**C**）のかたちを借りて、つぎに示す。

> **C1**　魂の非受苦性は、この世においてもあの世においても恩寵の支えなしには獲得しえない。しかるに、アウグスティヌスによると、ポルフュリオス[一六]やプロティノスやアプレイウス[一七]といった哲学者たちはこれとは反対のことを述べており、「『知性と叡智的なものについて』の末尾で同じことをちがう言葉で語っている」アルベルトゥスも、或る意味で、同じことを述べている。

C1で糾弾されている理論は、つぎの文言（**C1′**）によって敷衍される。

C1′　その主張とは「一部の哲学者たちのうぬぼれた学説のことであって、かれらは、自分たちが或る種の罰当たりな秘法の伝授や清めの儀式によって情念から解き放たれ、精神の徳によって飾られるなら、その結果、自由になった自分たちの魂は肉体のそとに出て天に昇りうる、と主張している」[34]。

ジェルソンのテクストは両義的である。アルベルトゥスがC1もしくはその変形としてのC1′を支持していたのか、あるいはたんにこうした意見を自分の論考のなかで報告しているだけなのかがよく分からない。両者のちがいは大きい。というのも前者であれば、ケルンの学匠は被告席に座り、後者であれば、哲学ノ祖述者として証人席に座ることになる。少なくとも、アルベルトゥスは、「人間的営為」により（*per humanam industriam*）、すなわち「或る種の清めの儀式と、或る種の修行」により、賢者はアパテイア（不動心）、アタラクシア（平静心）、さらには神性化の状態に達しうることを主張するひとつの（もしくはいくつかの）理論のスポークスマンであることを、『聖母賛美歌論集』の別の個所で非難されている。この線に沿ってC1の最初の一文を「魂の非受苦性は人間的営為によっても、哲学者が語る精神の徳によっても獲得しえない」と書きかえてみると、ジェルソンの批判の意味がはっきりする。ジェルソンはさらに踏み込む。「肉の法則に打ち勝とうと努力を重ねたひとびとは目標には達せずに、むしろ精神の思いあがりの犠牲者となった。」そしてそうしたひとびととして「ストア派、プラトン派、さらには〔…〕エピクロス派の哲学者」に言及する[35]。しかし同じ学説が「多くのキリスト教徒によって、とくに独住修士によって信奉されてきた」とも述べる。こうしたくだりを読むと、ペリパトス派を除く古代の哲学者の三つの主要な学派と或る種のキリスト教徒が同じあやまちを共有していることが分かる。これは、ジェルソンのチェス盤上でアルベルトゥスがこのさきどう動くのかの予測をむずかしくさせる、やっかいな取り合わせである。たしかに、ジェルソンにとっては、魂の非受苦性は、アパテイアと呼ばれようがアタラクシアと呼ばれようが、到達不可能である。事実、それは復活した肉体において（*in resumptis corporibus*）しか可能ではない。それは、この世ではイエスにすら、またイエスの母にすら許されなかった[36]。さらに、ひとりの神学者の目から見ると、魂の非受苦性は無用なものである。なぜなら、あの世における永遠の幸福が「洗礼と殉教によって、このうえない罪人の手にも届きうる」[37]のだから。ジェルソンがアルベルトゥスをいかに危険な仲間たちのあいだに投げ込んでいるか、哲学的には非ペリパトス派という共通点しか持たない諸立場にアルベルトゥスを潜在的に同調させることが、いかに味わいぶかい逆説を隠しているかについては多言を要しない。

第二の批判も同じように――近現代人の言葉でいえばアマルガム（同類扱い）によって――進む。実際、その批判に見られるのは「古代哲学者」の清めの実践に関する情報提供者としての役割に格下げになったアルベルトゥスであって、かたや、アウグスティヌスはアリストテレス的な「抽象」の巨匠の地位に持ち上げられている。ジェルソンの診断をつぎのように要約することができる。

C2　知性能力の純化は、神の経験的認識の第四の様式の条件である。古代哲学者および偶像崇拝者は、こうした純化 *depuratio* は秘法の伝授や降神儀礼や清めによって獲得されると主張する。アルベルトゥスが「『知性と叡智的なものについて』のなかで微にいり細をうがって（*per longum processum*）」報告しているのがこの主張である。しかしこうした実践は良識をはずれ、無益である。

そこへいくと、アウグスティヌスは正しい道を指し示したのであって、「母と窓辺で仲むつまじく語りあっていたときにも、母に対してそうであった」。それはアリストテレス的な意味での抽象の道であり、抽象とは――読者はぜひここで驚かれたい――素材の表面を少しずつ削り取って彫像をかたち作る彫刻家がするように、「この」善や、「あの」存在者といった「漠とした個体 individu」から、「時間的・空間的なすべての偶有性」をはぎ取って、ついには「種 espèce の単一性に、したがってまた本質の単純性に到達する」ことだというのだ[38]。アマルガム（同類扱い）をアガルマ（「小立像」）によって正当化するジェルソンの論争戦略には感嘆を禁じえない。ジェルソンの筆にかかるとアルベルトゥスは、あたかも「抽象を清めの儀式によって置きかえようと望んでいた」かのように、異教徒のスポークスマンとして、切除 *ablatio* に抵抗する図が描かれる。その切除には「アリストテレス的」という形容詞がつき、その執刀医こそアウグスティヌスなのだ。アルベルトゥスと異教徒との接近は、かくして、驚くべき対蹠物を有することになる。スタゲイラの哲人とヒッポの司教との接近である。これは荒唐無稽な思いつきではない[39]。実際、言葉のアリストテレス的意味での ἀφαίρεσις（抽象）[40]とアウグスティヌス『三位一体論』第五巻に記述されている「これ」と「あれ」とのアウフヘーブンク（止揚）[41]を対応させることができる。また、アリストテレス的な ἀφαίρεσις をあいだに置くことでアウグスティヌスとディオニュシオスとを通底させることができる。それはジェルソンがこの案件を詳細に論じた『意味作用の諸様態について』の一節で提言されていることであり、そこではアウグスティヌスとディオニュシオスと、そしていうまでもなくボナヴェントゥラとの「響きあい」が主張されている。これら三人の著者は、ジェルソンによると、切除の技術を神との合一の条件とする点で一致しているのである。

> アウグスティヌスハ『三位一体論』第八巻デ、善 bonum 及ビ真 verum ニ就イテハ次ノ様ニ考エヨト教エテ居ル。彼ハ、存在者 ens 及ビ神ノ全テノ属性ニ就イテモ同ヂ事ヲ言ツタカモ知レナイ。即チ、彼ガ言ウノハ、善ヲ教ワル時ハ、此ノ善アノ善ヲ忘レヨ、ソシテ出来ルナラ、他ノ善ニ拠ラナイ善、詰リ、創造サレザル善ヲ見ヨ、其ウスレバ、御顔ヲ直ニ、トハ行カナクトモ、鏡ノ中ニ暗示サレタ神御自身ガ見エルダロウ、ト云ウ事デアル。又、ディオニュシオスモ『神秘神学』デ、此ノ上無ク美シイアガルマ、即チ小立像ヲ、何カヲ付ケ加エルノデハ無ク取リ去ル事デ作リ上ゲル彫刻家ヲ例ニ取ツテ、同ヂ事ヲ教エテ居ル。私達ノ主ボナヴェントゥラモ『神ヘノ心ノ道中記』デ極メテ優雅ニ先達ニ従ツテ居ル。斯ウシタ思考ガ、若シ、此処 hic ト、今 nunc ト、被造物ノ幻影トヲ脱ギ捨テテ純粋ニ存立出来タラ、神ニ固有ノ客観的思考ニ成ルダロウ[42]。

ジェルソンの力わざはアルベルトゥスを、最終的に、哲学的抽象と（神秘）神学的切除の二重の場から排除することに眼目がある。じつはアリストテレスの ἀφαίρεσις（抽象）という基音が発するこれらふたつの倍音に、最初に、慎重に耳を傾けるのがアルベルトゥスである。「抽象」のふたつの形式の緊張関係がドイツ・ドミニコ学派のなかで

——アルベルトゥス自身、さらにはマイスター・エックハルトにおいて——果たす役割をわたしたちが知ったあとで、アルベルトゥスの学問構想の中核をなす「ディオニュシオス的ペリパトス主義」（一九九〇年にわたしたちが導入した表現である）に対するこうした忘恩のふるまいに接すると狐につままれた気分になる。どうせ同類扱いをするなら、アリストテレス思考学とディオニュシオス神秘神学との最初の出会いの演出家としてアルベルトゥス・マグヌスそのひとを称えた方が正確だったのではないか。[43] ジェルソンがこうした演出に気づかないはずがない。この演出のうちにこそ、ジェルソンの批判の十字砲火を浴びた『知性と叡智的なものについて』が書かれた真意があるのであって、この著作の最終章はアリストテレスとディオニュシオスとの根本的調和を華麗な合唱によって歌いあげている。では、意図的な黙殺の理由は何なのか。

答は『栄光誦の歌詞と旋律の奥義』のなかで、一四二八年に、与えられる。その著作の第三部でジェルソンは『知性と叡智的なものについて』もまた「神への魂の還帰の終わりからふたつ目の段階」——この還帰がディオニュシオス神学の目的である——として「〝ここ〟と〝いま〟のかなたへの、すなわち時間と空間のかなたへの魂の上昇」を語っていることに、たまたま、気づいたふりをする。ということは、神性化が、たしかに、アルベルトゥスの学問構想の中心であり、ココとイマからの離脱はその実践的条件であるわけだ。当然、ひとは、アルベルトゥスの名誉回復を、あるいは少なくともケルンの学匠がその真の系譜のなかに——ディオニュシオス的ペリパトス主義のなかに——置き戻されることを期待するだろう。しかし、そうはならないのである。理由はふたつある。

C3　アルベルトゥスは抽象について（つまりアガルマについて）あるいは神への魂の同化について（つまり落下 *occasus* について）何も知らないということはないにせよ、かれは、それらを落下のただひとつの起点であり指導者であり先導者であり通路であり終点であるイエス・キリストを介して受け渡される神の恩寵に帰していない。

C4　アルベルトゥスが能動的知性について、それが「離在的諸知性の光」との「邂逅」をもたらす、と語っていることは、ディオニュシオスとの少なからぬ一致を示しているとは言え、この「邂逅」のために「〝哲学者〟と呼ばれる多くのひとびとが哀願や祈願を命じている」と述べている。このひとつをとっただけで、かれとディオニュシオスとのあらゆる融和の可能性を断ちきるのに十分である。

『聖母賛美歌論集』がおこなった古い非難がここに再現されているのであって、しかもその非難はもう単なる祖述者に対してではない。「最古の哲学者たちや偶像崇拝者たちの魔術的実践について、異教の見地から書かれた、したがってほぼ非キリスト教徒によって書かれた報告書[44]」の著者に対してである。その口ぶりに誤解の余地はない。『知性と叡智的なものについて』が語る清めの実践は「忌まわしい悪魔的な手ほどき」によっておこなわれるのであって、（自然的）予言と（疑似）奇跡にねらいを定め、キリスト教的意味での神性化による神との合一をねらっているのではない。こうした清めの実践から悪魔主義までの道のりは遠くない。事実、悪魔という言葉がたちどころにパリの学長の脳裏に浮かぶ。「悪魔なり、神のごとくに崇め奉られることを欲する者は。」「悪魔なり、神に犠牲を捧げる真の儀礼や様式を、祈りや断食や貞潔や清めによってしばしば模倣し、あるいは模倣するふりをする者は。」そして結論がくる。「わたしたちの方は栄光の犠牲をただ神のみに捧げる。[45]」解釈学的慈愛原則――「疑わしきは原著者の利益に」――を『知性と叡智的なものについて』にまっとうに当てはめている読者の、いったい、だれがそんな悪口を思いついただろうか。それどころか、右に引用したくだりを読むと、ケルンの学匠の悪いうわさはドイツの民衆の想像力の所産とばかりは言いきれない。[46]悪いうわさがパリをも震撼させているところを見ると、それはジェルソンのしわざなのだ。

あとはとどめの一撃を振りおろすだけである。そして、事実、『栄光誦の歌詞と旋律の奥義』の同じ第三部の、数頁前の個所でそれは振りおろされた。[47]すべては神への同化の理論、ジェルソンが *occasus* という言葉を使う神秘的「落下」の理論を中心にまわっており、それは「旅ノ途上デノ神性化による神との合一の、このうえなく崇高な瞬間に起こる」[48]。

C5　哲学者とりわけプラトン派の見解による「神との合一における失神 défaillance」の理論は、アウグスティヌスの『神の国』によってすでに記述され断罪されているのに、『知性と叡智的なものについて』のなかで「哲学者の言葉にもとづく」「立場」として展開されているが、これは「信仰に対する敬虔の念を捨て去る」ものである。

先刻、『知性と叡智的なものについて』最終章のアリストテレス主義とディオニュシオス主義を固く結び合わせる学問構想にひとことも言及しなかったジェルソンはここではっきりと語る。

C6　魂が認識から認識へと昇りつめ、ついには第一原因への同化が生じ、それによって魂が実体となり、実体へと形相化される進展を、アルベルトゥスは「不死ナル、モウ一ツノ生ノ落手」(*caducum alterius vitae immortalis*) と呼んでいるが、それに関する記述は、かれに影響を与えた哲学者および偶像崇拝者の記述そのままであって、手に負えない代物である。

C7　この記述は、また、「パリ謬説表のいくつものの条文で」禁止され断罪されている。

そして結論がくる。「不信心な者たちのもとを去って信心ぶかいひとびとのもとへ赴こう。そうしたひとびとが、かりに、何も知らなくとも、信仰と希望と慈愛のうちに支えを見出し、根をおろしているかぎり。」すべて、もしくはほとんどすべてがこの著作で言われている。師アルベルトゥスはアリストテレスの傍らにもディオニュシオスの傍らにもいない。かれはアウグスティヌスによって非難されたプラトン派の仲間であり、偶像崇拝者の仲間である。かれの哲学は信仰に対する敬虔の念を捨て去るものである。かれの理論は虚偽である。手に負えない理論である。罪ある理論である。

検閲のリレー——ジェルソン的批判の意味

アルベルトゥスの『知性と叡智的なものについて』は、ジェルソンが見るかぎり、検閲の網に引っかかっている。わたしたちはピエール・ダイイのテクストから始めた。一二七七年のパリ断罪とクレメンス五世の教令とが遠望され、アラブの哲学者とベガルド派との、いわば、習合が遠望されるその視界のなかに「自然主義的」神秘思想が最初からうずくまっていた。パリの学長がそうした思想の淵源をアルベルトゥスに求めようとする気配がつねに感じられ、最後に、気配は本物になる。そのさい、アルベルトゥスは、たんにエティエンヌ・タンピエの検閲だけにひっかかっているのではない。ジェルソンが意図的にアルベルトゥスを「偶像崇拝者」に近づけるとき、かれは自分自身が、過去、一三九二年と一四〇二年の二度にわたって、魔術的技法と迷信を断罪したことを十分意識している。多くの「哲学者」によって神との合一の前提と定められている「哀願や祈願」にアルベルトゥスが好意的に言及したことを『栄光誦の歌詞と旋律の奥義』のなかで暗に非難する（＝**C4**）とき、かれは、自分がこうした立場に向ける批判は、一四〇二年の自著『魔術的技法の錯誤について』と、一三九八年の『神学部の結論』で断罪された、いくつかの条文にもとづいていることを明言する。Z・カルザによれば、「アルベルトゥスとかれが報告する教説に対して一連の批判をくり出すこと」はパリの学長にとって「むかしの禁令にふたたび活力を与える」絶好の機会だったのであって、カルザは、そうした戦略に注目して、学長の著作のなかに主要な文言を探しあてた[49]。ジェルソンはレーゲンスブルクの元司教が一三九八年の謬説表（『神学部の結論』）で断罪された最後の条文が示す学説を支持していたと本当に信じていたのか。すなわち「或る種の魔術的技法により神の本質の直観もしくは聖者の精神の直観に達しうる」[50]ことを支持していたと本気で考えていたのか。あるいは、ジェルソンの別のくだりにあるように、「聖なる予言者はそうした技法のおかげで予言をおこない、奇跡を成就し悪魔を退散させた」[51]と主張する条文に同意したと本当に考えていたのか。これは無理からぬ疑いである。しかし、他方で、A・コンブによれば、ジェルソンは「ギリシャ＝アラブ哲学の学識のすべてではないにしても大部分」をこのケルンの学匠に負っているのだから、もし、事実上、アルベルトゥスがそうした「奇跡」の可能性について言及したのであれば、アルベルトゥスの念頭には、魔術的技法や迷信だけでなく、予言者の条件に関するアヴィセンナの教説のこともあったにちがいないことを、ジェルソンは、当然、知っていたはずである。なにしろ「卓越した人間の霊魂」によって成就される驚異現象 *mirabilia* にあてられた『知性と叡智的なものについて』のなかの一節の真の源泉がアヴィセンナなのだから[52]。

この件について確信を持ちたければ、くだんの一節をアヴィセンナの『霊魂論』の該当個所とくらべるしか方法はない。『霊魂論』はこのイスラム教思想家が予言能力の理論を構築した著作であって、そうした能力によって「高貴で、はなはだ強力な霊魂の影響力は、霊魂自身の身体を乗りこえ」かくして「病者を癒し、悪人を病気にし、或る種の自然を取り壊し、別種の自然を打ち建て、火でないものが火となり土でないものが土となるよう元素を入れかえる」[53]。

…卓越シタ人間ノ霊魂ガ世界ノ諸形相ニ連結サレル時、其ノ作用ハ霊魂自身ノ身体ヨリ多クノ物ニ及ブ。其レ故、時トシテ、身体ノ外ニ在ル物ガ、世界ノ諸形相ニ服従スルノト同ヂ様ニ、霊魂ニ服従シテ変貌スル。哲学者達ガ、人間ト諸自然ガ回心スル時、驚異現象ガ起コルト語ツテ居ルノハ此ノ事デアル[54]。

このテクストと、このテクストが「離脱」に関するエックハルトの理論のなかに響かせている倍音についてはあとでまた論ずる。いずれにせよ、アルベルトゥスが、随所で「魔術」について語っているのは事実である。一三世紀ではアルベルトゥスひとりだけだろうか。まったくそんなことはない[55]。一二四〇年代のパリの人文学教師はだれでも魔術について語った。知の序列化が強力に推し進められたこの時代の大学に花咲くすべての哲学入門書はその認識論の章で魔術に一定の場所を割いている。とはいえ、著者たちは自分たちの記載した学科に自分から没頭しているとか、それを正式の授業カリキュラムに取り入れようとしていたとかいうことではない。かれらが魔術を記載するのは、たんに、大体の場合、かれらがサン‐ヴィクトルのフゴ[一八]の『ディダスカリコン（学習論）』[一九]を読んでいたことを意味するにすぎないのであって、そのフゴにしても、シャンポーのギヨームが創設した修道院で、そうした著者たち以上に魔術に打ち込んでいた確かな形跡はなく、かれが好んで他人に与えていた「何でも読め」という助言を自分でも実践する以上のことはしていない。著者不詳の『フィロソフィカ・ディスキプリナ（哲学教程）』が卜占を構成する五つの技術――降霊術、土相術、水相術、気相術、火相術――もしくは早産した数学を形成する四つの技術――腸占い、雷占い、鳥占い、星占い――を記載し、締めくくりとして呪術、妖術、幻術をつけ加えるとき、収集された情報の大半は『学習論』からきている（『哲学教程』の著者の主要な貢献は卜占の第六種を導入したことである。第六種は「手相術 **ceromantia** ―― *ceros* ハ〝手〟――デアリ、其レハ、手ヲ、其ノ造作、若シクハ皺ノ走リ方ニ拠ッテ吟味スル術ヲ教エル」）。将来のカンタベリー大司教ロバート・キルウォードビーが『諸学の起源』のなかに魔術を導入したときも、かれは師であったサン＝ヴィクトルのフゴの著作のひとつの章全体を丸写ししたのである。[56]

さらに注目すべきことはアルベルトゥスと同時代の神学者のほとんどが魔術について語っていることである。そもそも、アレクサンデル・ハレシウス（二〇）が魔術を論ずるまで『命題集』の注釈家たちがその第二巻にある魔術や鬼神ニ拠ル予言の問題を表面的にあつかう程度だった。重要資料は『グラティアヌス教令集』の「第二六案件」にある妖術に関する教父発言や公会議記録を読むことができた教会法学者に委ねられていたからである。ちなみにアウグスティヌスとセヴィリヤのイシドルス（二一）という古典的資料[57]を越えるいくつかの「あたらしい」情報源を加えてこの「第二六案件」を補完しているのが『グレゴリウス九世教令集』第五巻第二一節である。ところがアリストテレスの西欧への二回目のデビューとアラブ科学者の著作群の到着は西欧にひとつの切断を引き入れる。アルベルトゥスはその切断の、ただひとりの執行人というわけではないが、もっとも卓越した証人のひとりである。分野の異なる多くの著述家が、資料収集力に限界のあるアレクサンデル・ハレシウス[58]をさしおいて、最新の「魔術」文献の山に分け入るようになる。一二六四年（もしくは一二六五年）以後、ドミニコ会修道士フェルトルのゲラルドゥス（二二）が『星辰大全』を著してヴェルセイユのヨハネス（二三）に捧げ、そのなかで迷信的占星術と自然的もしくは科学的占星術の区別を議論している。[59]（M・グラープマンによると）一二六九年にムルベカのギヨーム（二四）が『土相術の技法』なる書物を著し、[60]ジェルソンがのちに指摘するように、トマス・アクィナス自身が魔術の問題に何度も言及している。場所は『真理論』の第五問、『任意討論集』第一二巻三五項、『自然の隠された作用について』[61]および『星辰判断について』（両著とも一二六九年から一二七二年にかけてパリで書かれた）、『運命について』（おそらく一二七〇年夏もしくは一二七一年に、やはり、パリで書かれた）であり、もちろん、これらに『神学大全』第二・二部第九五、九六問と『神のお告げの迷信について』が加わる。[62] いずれにせよ、魔術関係の書物を読むひとびとがアルベルトゥスや神学者以外にもたくさんいるということが重大なのであって、その結果として、一二七七年にタンピエは土相術関係の論考（冒頭部分が確認されている）と降霊術関係の一連の書物（冒頭部分が確認されていない）に異端判決をくだすことに踏みきるのである。

わたしたちはまた「其レハ私ヲ激シク駆リ立テル、云々」に始まり、「其レ故、ガルテルスヨ、愛ノ命令ヲ実行ニ移スな勿レ」に終わる『愛について』別名『愛の神について』なる書物を同じ判決をもって断罪する。同じく「インド人ガ評価シテ来タノハ、云々」に始まり「従ツテ、其ノ先ヲ推理セヨ、サスレバ悟ルデアロウ、云々」で終わる土相術の書物［をわたしたちは断罪する］。同様に、降霊術をあつかっているか、もしくは妖術の実験や鬼神への祈禱や魂を危険にさらす呪文をふくんでいるか、もしくはこれらに類する、正統信仰と良俗に明らかに反するような「題材」をあつかっている書物、巻物、手記［をわたしたちは断罪する］。[63]

そしてこのあとに、七日以内にエティエンヌその人もしくはパリの文書局長のもとに出頭することなく既述の書物、巻物、手記を講義しまたそれを聴講した「すべての者」（人文学部教師ならびに学生）に破門が宣告されるであろうし、「出頭すれば、あやまちの性質に見合った別種の制裁に服することになるであろう」。[64] したがってアルベルトゥスだけではないのだ。同じ時代にロジャー・ベーコンが、物議をかもしたアルベルトゥスの『天文学の鏡』（ジェルソンはこれを目の敵にした）に匹敵する学識を展開しただけになおさらである。この怒りっぽいフランチェスコ会修道士が法王クレメンス四世の注文を受けて執筆した主要三部作のひとつである『第三作品』にとくにその学識がうかがえる。ベーコンが読んでいる本のリストはアルベルトゥスが『天文学の鏡』で言及する文献に、その多彩さにおいて、ひけをとらない。すなわち『死せる魂の書』『幽霊の書』『精神の義務と能力の書』、何冊かある『ソロモンの謎の書』と『名高き技の書』「及ビ、鬼神ノ加護ヲ仰イデ居ルカ、或イハ自然的・学術的手段ニ拠ラヅ欺瞞ト虚飾ニ拠ツテ書キ継ガレタ、此ノ種ノ全テノ本」[65]。当然のこと、アルベルトゥスがそうでないようにベーコンもまた魔術の実践を推奨しているわけではない。すべての本は「批判的に吟味され」「その評判が地に落とされる」べき（*considerari debet et diffamari*）だからこそ名前をあげられているのである。『アダムの書』『モーセの書』『ソロモンの書』と何冊かの『アリストテレスとヘルメスの書』も容赦はされていない。

同時代人との関係に注目してアルベルトゥスに魔術擁護の嫌疑をかけうるとしても、それは、かれがたまたま、ロジャー・ベーコンを除けばだれよりも貪欲な読書家だからであり、だれよりも確信犯的な実践家だからではない（二五）。かれの思考の源泉が平均を越えて多様であることは、かれが、魔術に関して、サビト・イブン・クッラの『幻術の書』（アラビア語原題『護符をめぐる論考』[66]）に始まりバースのアデラードが翻訳した（二六）『ピカトリクス』（アラビア語原題『賢者のもくろみ』[67]）にいたる、中世に読むことができた全部かほとんど全部を読んでいた読書人であることを意味する。だから、どうしてもと言うなら、かれをおしゃべりが過ぎる教師として非難することはできるかもしれない。教エルハ善ナリという観念にとりつかれるあまり、かれは鉱物学の説明で錬金術に関する古典を使うこともあえて辞さない（『鉱物学』第二巻第三章三節「宝石ガ期待通リニ刻ミ出サレル原因ニ就イテハギリシャ人マゴト、バビロニア人ゲルマ、エジプト人ヘルメスガ完成サセタ魔術師達ノ知ヲ借リテ認識スベキデアル」[68]参照）。信じやすいたちだったのか、無邪気だったのかは分からないが、とにかく、かれは、自分が生きた時代そのものと同じく不思議を渇望していた。そのなかには、かれが自分で観察したか、あるいはアリストテレスや「信用に足る」若い母親たち（既婚かどうかは不詳）の証言から引用している記録的に長い妊娠期間の話が（なかには一四ヶ月というものまで）ある。「[…]私ハ妊娠一一ケ月デ巨大ナ子供ヲ産ンダ女性ヲ見タ事ガ在ル。アリストテレスモ一四ケ月デ子供ヲ産ンダ女性ヲ見タ事ガ在ルト言ツテ居ル[69]。」「私ガ、操正《ミサオ》シク信用ニ足ル或ル産婦ガ差シ出ス男ノ子ガ並外レテ大キイノデ驚イテ居ルト、産婦ハ、動ヅル風モ無ク、息子ヲ一〇ケ月以上身籠ツテ居マシタカラ、ト説明シタ[70]。」身辺調査をしようものなら、信仰心の薄さをなじられたことだろう。

ジェルソンが、切りうるすべての検閲のカードをシャッフルしながらアルベルトゥスのモンタージュ写真に本物にないパーツをつけ加え、結局、アルベルトゥスの魔術を、故意にまがまがしく描きあげたにせよ、そうでなかったにせよ、ケルンの学匠の主要作品のいくつかの「戦略的な」章句のなかに、本人にとって都合の悪い証拠物件があるという事実に変わりはない。とくにジェルソンが差し押さえた「幻視」と「夢」と「予言」についての哲学的理論――アルベルトゥス自身が革新的と宣言した理論（「而モ私達以前ニ此ノ種ノ討論ニ決着ガ着ケラレタ様子ハ全ク見当タラナイ」[71]）――がそうであり、かれはその理論を『〈睡眠と覚醒について〉注解』のなかで展開して「これらの現象については、天文学者、魔術師、自然学者の叙述と識見を考慮しなければならないから、神学的に語ることはできない」[72]と強調している。たしかに神学では無理だろう。[73] そうした考慮は、とりわけ、ジェルソンが、たぶん、ひそかに目ぼしをつけていた『霊魂論注解』の一節に見られるのであって、そこでケルンの学匠はヘルメス（二七）やソクラテスや「いまでも呪文に没頭している」ひとびとの言葉に沿って「身体のそとに出た霊魂は或る場所からほかの場所に移動できる」と宣言し、しかもそうした言葉は魔術関係の書物の記載に裏づけられ、自分もそうした書物から「学びとっている」と言う。

古代ノヘルメス・トリスメギストスヤソクラテスニ拠ッテ、又、其ノ後モ、今日、尚、予言家ヤ呪術家ニ拠ッテ「[…]人ガ天使ト呼ビ悪魔ト呼ブ、実在スル非物体的ナ神々、及ビ肉体ノ外ニ出タ霊魂ハ、或ル場所カラ他ノ場所ヘト移動スル」ト言ウ事ガ異口同音ニ主張サレテ居ル。私達自身デサエ、其ウシタ真理ヲ魔術書カラ学ビ取ッテ居ル。[74]

多くの歴史家がこの文言を文字どおりにとって、ジェルソンがそうしたように、アルベルトゥス自身が自分を「魔術師」もしくは「魔法使い」と認識していたと推理した。どう見ても、それは言いすぎではないか。この文言に続くくだりでアルベルトゥスは、非物体的存在（天使や悪魔）の場所的運動と物体的存在の心的で超物体的な運動の問題については「アリストテレスよって設けられた第一哲学の一部」である「神がみの本性をあつかう学」のなかで自分の意見を表明するつもりであると説明している。

> 然シ、其レ等ニ就イテ私達ハ、第一哲学ノ一部トシテアリストテレスニ拠ツテ設ケラレタ神々ノ本性ヲ扱ウ学ノ中デ議論スル事ニ成ルダロウ。何故ナラ、仮ニ其ウシタ実体ガ運動スルトシテモ、其ノ運動ハ自然的運動ニ比ベテ全ク曖昧 **aequivocus** ダロウカラデアル。[75]

諸学の分類のなかに神々ノ本性ヲ扱ウ学 *scientia de natura deorum* の場所を指定したことは重要である。形而上学と、右の意味に解された神学とのあいだに結ばれた絆は、たしかに、いくつもの系譜に通じる扉を開け放つ。当然そのひとつは「アリストテレス学派」であり、アルベルトゥスが見るかぎりでの『原因論』[二八]がこの系譜に属する。しかし「ペリパトス学派」もあれば「ヘルメス学派」もあり、前者には多岐にわたるアリストテレス偽書・偽銘句が属し、後者には、とくに、『アスクレピオス』[二九]——この書物の重要性についてはのちに改めて論ずる——が属する。しかし、このさい、大切なのはアルベルトゥスの哲学構想にさかのぼることであり、知覚可能な物体から出発する「自然を扱う学 **science de la nature**」のアルベルトゥスによる構築あるいは構成にさかのぼることである。それは、「アルベルトゥス伝説」や民衆の想像力にこれまで見られたように、魔術の実践へのかれの個人的関与について夢想をたくましくすることではないし、『霊魂論注解』の仮説的な言い回し（「かりにそうした実体が運動するとしても」）や、かれが立てた研究計画（「そのときこの運動は自然的運動とくらべてまったく曖昧にしか〝運動〟とは呼べないことになるだろう」）を忘れることでもない。アルベルトゥスは自分が呪文の技法の大家になったなどとは証言していない。かれはたんに自分の教養に欠落はないことを主張し、さらに、自分は、読みうるかぎりのものを読むうちに魔術書で（*in magicis*）言われていることが最古の哲学者（ソクラテスとヘルメス）の言葉と何ら矛盾しないことを学びとった（*experti sumus*）のであって、古代の文献——そのなかに神々ノ本性ヲ扱ウ学に属する文献もふくまれる——によって伝えられた第一哲学のどの側面も闇のなかに放置するつもりはないことを主張しているのである。

ジェルソンはこうした微妙な細部に分け入っていない。かれは、一四一九年に『神学化された占星術の妄言』を公にして以来、アルベルトゥスが「その著書とりわけ『天文学の鏡』で迷信への性向を強く出しすぎている」[76]ことを非難し、哲学者の書物を論ずるかれのやりかたを特徴づける哲学主義[77]――それはキリスト教博士の名にふさわしくない――を告発する。そうしたやりかたには、「信仰に対する敬虔の念」[78]から発せられたに言葉がひとことも見当たらないというのだ。アルベルトゥスは、「マグヌス」と呼ばれているからには、迷信的慣行をきっぱりと拒絶しうるほどに偉大な博士（*tantus doctor*）なのだろう――ジェルソンはそう期待していたはずである。かれの「善き」弟子のトマス・アクィナスが、かえって、期待に応えている。本人は期待に応えていない[79]。パリの学長がそのことを非難するときのしつこさは、人間の至福についての哲学理論への度を越した愛着をかれのうちに嗅ぎつけて、それがキリスト教の健全な理解をそこなっていると非難するときのしつこさと同じである。

最初は封印されていたこうした批判は、わたしたちを、一方では、ジャン・ド・モンゾンへの反論としてピエール・ダイイによって作成された書類のなかではじめて可視化された異端説と検閲の網にみちびき、他方では、一三世紀に哲学と神学とのあいだで論争になったふたつの根本的な問題のひとつにみちびく。その問題とは幸福の問題、あるいは、ダンテ研究家が言うところの「こころの至福」[80]の問題であり、近代の初頭に位置するデカルトにおいてなお完全には決着を見ていない、息の長い主題である[81]。

ジェルソンは『目的原因論』（一四二六年）のなかで人間ノ至福の問題に正面から挑み、「至福」についての哲学者の教説がディオニュシオスの記述する三つの「祈りの階梯」――「浄化、照明、完徳」――と両立可能であるか否かを問う。ここでジェルソンは「ディオニュシオス的ペリパトス主義」に肉薄する。ジェルソンは「現世で人間に到達可能な最高度の完全性」（すなわち離在知性との邂逅）へみちびく知性の浄化の条件をアルベルトゥスがどのように記述しているかを再検討することによって、**C4**ですでにおこなったように、アルベルトゥスの記述は、ディオニュシオスとは異なり、恩寵よりも自然に従っているために、神性化による合一（完全ナ同化ニ拠ル神トノ合一）の条件についてのディオニュシオスの記述と合致しないことを確認する[82]。つまり、ここでもまた、アルベルトゥスは、自分の哲学主義に引きずられて無知者 *indocti*（知を愛する者 philosophes）の学知とキリスト教徒の神への愛 *theosophia* とを同一平面に置いているというわけだ。自然ニ従ウ――これは恐るべきあやまちである。ジェルソンは、哲学的「至福」――かりにそのようなものが可能だとして――と「同化による神との合一」とを概念的に接近させる不確かな可能性に気づいてはいるが、結局のところ、至福という観念それ自体を断固として排斥する。それはアルベルトゥス主義が急進的アリストテレス主義であることを明かすキーワードだからである。かくして、『目的原因論』では、哲学者の観点を代表するアルベルトゥスだけが、ほかの全員を敵にまわして、つぎにあげる最後のふたつの論拠に反対している。

C8・1　哲学者によって認められている至福は不可能であるか、もしくは、はなはだ、不完全である。なぜならディオニュシオスの足跡にならってアルベルトゥスが「離在知性との邂逅」と「神性化による合一」とを対応させるために導入した神ヘノ同化 *assimilatio* と不死ナル生ノ落手 *caducum* の三つの条件は、人間の知によるだけで満足させられうるものではない。

C8・2　くわえて、完全な至福は（徳によっても、超自然的な天与の才によっても）地ノ旅路デは達成されえない。完全な至福は天ノ祖国デのみ達成されうる。

C9　哲学者による至福の探求は神に対して敬虔であることよりも思考力をうぬぼれることに役立ってきた[83]。

（離在知性との）邂逅と至福をめぐる哲学的教説は理論的と宗教的との二重の意味で袋小路である。ひとことで言えば、至福はキリスト教的でしかありえない[84]。なぜなら至福は「キリスト教徒にしか、キリストを介してしか伝承されない」（*tradita per Christum, a solo Christo tradita est*）からである。『知性と叡智的なものについて』の「自然主義的」教説がディオニュシオスと和解することは永遠にありえない。なぜなら哲学の道をたどって、地ノ旅路デ「神性化による合一」に到達することは端的にありえないからである。これに反することを言うならば、たちどころに、ジャン・

ド・モンゾンにねらいを定めてピエール・ダイイが織りあげた検閲の網にひっかかることになる。とくに「パリで断罪された」諸理論と同じ運命をたどることになる。念を押すようであるが、パリでの断罪とは、もはや一三九八年の断罪だけではなく一二七七年のそれをもふくむ。『聖母賛美歌論集』が指摘するように「理解するまでは何ひとつ信じようとしないひとびと」は、タンピエが列挙した謬説条文、とくに、四〇条（「哲学ニ専念スル以上ニ恵マレタ身分ハ無イ」）と一五四条（「世界ニ知者ハ哲学者ガ在ルノミデアル」）[85]――これらの文言はパリの学長によって引用されるというよりも敷衍されているが[86]――を根拠に、かつて、告発されたひとびとであり、その告発が、こんにちなお、生きているのである。

アルベルトゥスに対するジェルソンの批判は、『知性と叡智的なものについて』という特定の文献にねらいをしぼることによって、多くの徴候を同時に検出しえている。その批判は、Z・カルザの適切な表現を借りれば「一二七七年の断罪に対する遅ればせの注釈[87]」であって、キリスト教の歴史書のなかでアラブ思想とベガルド派の自然的神秘神学と異教徒の「迷信」とが出会う不幸な一章に終止符を打つものと見なされている。「迷信」とは、「自分たちの知もしくは実践を手段として（人間ノ営為ニヨリ）神を認識しうると想像する」哲学者と偶像崇拝者との迷信である。そうした迷信を批判することにより、恩寵という特殊な授かりものも、秘跡への関与もなしに神を認識すると主張する「キリスト教哲学者」にも告発の手が伸びることになる。ジェルソンによる読解の、歴史家の視点から見た大手柄は、そのさい、疑うべくもない。それは歴史家のためにアルベルトゥス病症候群の輪郭を、あらかじめ、なぞってくれたということである。「非キリスト教徒の手には入りえず、恩寵なしには不可能な」神性化による合一を犠牲にしてまで哲学的な「同化」を特権化し、良識ニ照ラシテ人間の手に入りうる知識を啓示された知恵と平等に並べ、神秘神学を論じては知性のもろもろの完全性と祈りの諸階梯を相互承認の関係に置く、という立場を、ジェルソンはアルベルトゥスに帰属させた[88]。さらに大きな手柄は、一二七七年のパリ断罪とその化身たちのプリズムを介してアルベルトゥスを読んだということである。なぜなら、そうすることでかれは真の問題を提起したからである。

最初の区間——アルベルトゥスと一二七七年の断罪

或るときは、意に反して、「プラトン派」の陣営に投げ込まれ、或るときは、アウグスティヌスやディオニュシオスとのちがいを際立たせるためにアリストテレス陣営への帰還を許され、しかし、二重のだまし討ちに遭って（アウグスティヌスの方が、もっとペリパトス主義的であり、したがってまた、ディオニュシオスとも、もっと仲がよいことが明らかになってしまって）アリストテレスの陣営からも追い立てられ、しかも、そのさい、ふたつの正統思想間の対話を成り立たせたかもしれない様式——トマスが『原因論注解』で編みだすそうした対話様式を、アルベルトゥスも、また、離在知性との「邂逅」に向かう人間知性の上昇過程の記述に「神性化による合一」を統合することによって自分なりに組み立てようと試みている——を、知らぬまに、ことごとく抜きとられ、かつまた「信仰へのしかるべき敬虔の念」を軽んじて哲学者で偶像崇拝者だった古代人の見解だけを「祖述」しているとの非難を浴びせられ——「祖述者」という言葉を有意味的に使うかぎり、アルベルトゥスにそうした見解の責任まで負わせることはできないはずなのに——、ケルンの学匠は、ジェルソンが回顧的に把握するかぎり、こんにち「急進的アリストテレス主義」と呼ばれている思想の理論的勃興の条件を整備するように見え、また、神学化スル哲学と哲学化スル神学に対抗する法王庁の二重の介入をあらかじめ正当化するように見えている。アラブ哲学と「自然的」神秘神学とを接近させた元凶であり、かつ、『神の国』で決定的に論駁されたはずの哲学諸派への「文化的」還帰の先導者でもあるアルベルトゥスは、のちに見るように、一二七七年の断罪の以前も最中も以後も、人文学者たちが占めているのと同じ、とうてい容認できない位置にいる。この診断に欠けている病の徴候はたったひとつしかない。それは「アヴェロエス主義者」[89]という非難である。この非難がなぜ欠けているのかよく考える必要がある。

「ジェルソンの」網のなかに名前が登場する唯一の哲学者はアル‐ガザリであって、かれの名はジャン・ド・モンゾンへの批判のなかでピエール・ダイイが言及している。この事態は興味をそそる。なぜならアル‐ガザリは哲学者ではない。かれはイランのジェルソンと言ってもよいくらいの、ファルサファ（イスラム哲学）に対する断固とした論敵であり、哲学での大きな貢献と言えば、ただひとつ、かれもまた、たしかに「論駁」せんがためにではあれ、「哲学者の見解」を「祖述」したことだった。問題は、一三世紀において、だれもこのイスラム神学者のもくろみの全容を知らなかったということである。というのも、かれの著作『タハーフト・アル・ファラーシファ（哲学者の混乱）』の「解説的」部分と言われる第一部しかラテン語に訳されていなかった。アル‐ガザリのこの著作の「批判的」部分に対するアヴェロエスの返答である『タハーフト・アッタハーフト（混乱の混乱）』が一三〇九年から一三四九年までナポリ王国を統治したアンジュー家のロベルトゥス五世賢人王の依頼でユダヤ人の学者・文人カロニュモス・ベン・カロニュモスによって翻訳されていた[90]とは言え、ジェルソンは一二六〇年代の教師たち以上にこの間の事情に通じていたようには見えない。したがって、すべての、あるいはほとんどすべてのひとびとと同様、パリの学長もアル‐ガザリをアラブの哲学者と思い込み、アヴィセンナの随従者（*sequax*）もしくは「要約者」と思い込んでいたというのが本当らしい。それはどちらでもよい。アルベルトゥスとアル‐ガザリの関連づけが可能だということ自体が歴史家にとって議論の余地のない価値を持つ。アル‐ガザリの『マガーシド・アル・ファラーシファ（哲学者の意図）』が、事実、アルベルトゥス主義の大きな源泉のひとつである。たとえば、アルベルトゥスの著作『宇宙の諸原因と過程について』の第一部に骨組みを提供しているのがこの書物である。『宇宙の諸原因と過程について』はまるごと『原因論』を敷衍したものにすぎないというまちがった考証をされてきたのだが、わたしたちが一九九〇年に立証したように、その後半だけが『原因論』の焼き直しなのである。[91]

　あいつぐ検閲のさなかにジャン・ド・モンゾンなる間のわるい人物をだしにして仕組まれ思想の接近化は、こうして、近接した思想を創始するにいたる。このような近さが一二七七年の断罪の一〇年まえのアルベルトゥスの知的素顔をわたしたちに教えてくれる。現実におこなわれた検閲の網の方が、歴史家にとっては、新スコラ学派による回顧的なシナリオよりも多くの情報をはらんでいるわけだ。一二五〇年から一二七〇年くらいまで、ケルンの学匠は一二四〇年代のパリ人文学者によって切りひらかれた地平で研究を進めている。かれ自身が切りひらくことに貢献した地平である。その地平の内部で真の哲学的神学である「アリストテレス」の神学が、『原因論』と、アヴィセンナと、その衛星たち――ラテン語に翻訳されてほとんど区別がなくなってしまった「アルガゼル」派や「アルファラビ」派のアラブ哲学者たち――によって提供され、スタゲイラの哲人そのひとが学の形而上学・存在論部門である「第一哲学」をしっかり固め、学の全体は流出説と存在者ノ流レニ関スル *de fluxu entis* 理論のうちに成就する。アルベルトゥス・マグヌスは、形而上学の構造に関する「存在論‐神学的 **onto-théo-logique**」解釈と「普遍学‐原理論的 **katholou-proto-logique**」解釈とのあいだで、こんにち保たれているような均衡を保つ理論的・文献学的手段を有していなかった[92]。かれは雑多な資料の集積を、等質性を志向する巨大構築物へまとめ上げなければならなかった。こうした第一のアルベルトゥスに注目するなら、かれを、Cl・ラフルール、G・ダアンもしくはC・マルモによって編集され研究された『哲学入門』の執筆者たちと結びつける多くの共通点が見えてくる。かれが「祖述する」哲学的神学は『原因論』のそれであり、アル‐ガザリによって補完されたアルファラビ‐アヴィセンナ主義のそれである[93]。

しかし第二のアルベルトゥスがいる。ジェルソンが『知性と叡智的なものについて』をアウグスティヌス‐ディオニュシオスの見地から読解することによって糾弾するアルベルトゥスである。かれが確信犯的に引き受ける問題解答複合体は、やがて、しだいに固有の認識体系を有する宇宙のかたちをとり、D・ピシェの明快な名づけかたを借りるなら「一二七七年の断罪の倫理的争点」を構成するだろう。『宇宙の諸原因と過程について』で展開された神学的流出説は、アラブの宇宙論をそのまま祖述したものにすぎず、それに随伴して、人間学的意味を供与する思考理論がなければ完成しないであろう。その思考理論が知的「幸福」を産出するかぎりでの「邂逅」の理論である。アルベルトゥスは『知性と叡智的なものについて』を執筆するにさいして、古代および中世のほとんどすべての資料を綜合して、この幸福の条件とそこにいたる段階を記述すべく努める。劇場を作っても、ひとがいなければ話にならない。『原因論』とその資料的伴侶たちの叡智的な宇宙で戯曲が上演される。発出には帰入が対応し、帰入こそが魂の被造的運命のすべてをなす。アルベルトゥスはその運命の俳優であり、観客であり、批評家である。かれのおかげで哲学人生というパリの人文学者の理想がもっとも強力で、説得的で、永続的な表現を得る。『知性と叡智的なものについて』は前代未聞の融和主義を唱える哲学的祈禱書であり、「神のごとき生」とは言わないまでも「幸せな生」のくわだてを遺憾なく正当化するものであって、一二七七年の司教介入に先行する一〇年間を特徴づけるアヴァン・ゲール（戦争前夜）もしくはドロール・ド・ゲール（奇妙な戦争）の雰囲気のなかで人文学者のこころを強くとらえて離さない。人文学教師は『知性と叡智的なものについて』を読んだ。少なくともシゲルスは読んだ。[94] シゲルスはそれをつねに座右に置き、自著『〝人間ガ一人モ居ナクテモ人間ハ動物デアル〟ハ正シイカ否カト云ウ問題』のほとんど注目されていない一節で、一二六九年からすでに引用している。[95] もし「こころの幸福」がシゲルスからダンテへ、ビュリダン（三〇）からジャンダンのヨハネスへと引きつがれ、ヨーロッパ文化のなかに重要な役割を果したとすれば、それは「こころの幸福」が『知性と叡智的なものについて』の普及から恩恵を受けているからである。ある著作が七〇部を越す写本によって読みつがれるとしたら、それはエピソードなどではない。それはひとつの出来事であり、しかもジェルソンを読めば分かることだが、哲学的、神学的、宗教的の三重の意味を持つ出来事である。一二七七年の断罪が、ほかのそれほど重要でない点についてトマス・アクィナスを標的にしたように、この重要な点についてアルベルトゥスを標的にしていたかどうかは、今後も、分からないだろうと思う。しかしジェルソンの読者には分かっていることがある。R・インバッハやM－H・メレアールなどは、現世で神の恩寵がないままに人間の完全化を実現することを不可能と見るトマスの幸福観とくらべるなら、ダキアのボエティウスが『最高善について』で論述した哲学人生のくわだての大胆さはひときわ明らかであることを強調し[96]、このデンマークの人文学者のうちに、人間の幸福を、神の恩寵の助けなしに「人間的努力の果実」として到達可能なものと理解し「人間の完全化を人間自身のいとなみによって到達可能な純粋に内在的なものと考察する」厳密な意味で哲学的な倫理の勃興を認識し、それをほめ称えている。[97] こうしたボエティウスの伴侶をどこに探したらよいかがジェルソンの読者には分かっている。その名はアルブレヒト。チュートニア（現ドイツ）で、たぶん、幸せに暮らしている。このアルブレヒトは、幸せに暮らしていることが理由で――あるいはむしろそれだけが理由で――「アヴェロエス主義者」なのではない。アルブレヒトは、「一三世紀における学説間抗争のもの言わぬ証人」にほかならないパリ国立図書館ラテン語写本六二八六が抹消処分を受けたときに存在を開始した――一九四九年からすでにM－Th・ダルヴェルニがそう強調している――イデオロギーの路線に忠実であるからアヴェロエス主義者の名を頂戴しているのである。それは「肉体の解放と、観想的生活と、人間による至福の獲得のあいだにアラブの思想家たちによって作為された連結[98]というイデオロギーである。

アルベルトゥスはこの無言の証人に声を貸し与える。かれはコラージュ（貼り付け細工）やアンシャスマン（嵌め込み細工）を駆使して、その証人の夢のポリフォニック（多声的）な性格を強調さえしている。実際、「幸せな生」が問題になっているとき、アルベルトゥスの声を借りてしゃべっているのはだれだろうか。その豊饒性と多様性におけるアラブ・ペリパトス主義の全体である。「ラテン・アヴェロエス主義」ではなく、わたしがE・ルナンの表現を――意味はともかく――借りて「アラブ主義」と名づけたものである。もっと正確に言えば「ファラビ主義」である。なぜならアルベルトゥスの思考と論述をみちびき、神との合一と離在知性との「邂逅」というふたとおりの険阻な道を歩ませ、山頂においてそれらを出会わせているのはアヴェロエスではなくアル‐ファラビだからである。現世での真の幸福の保証とも表現ともなる「もうひとつの生」[99]という主題を、すなわち哲学的生という主題をアルベルトゥスに吹き込んだのはアル‐ファラビである。神との合一へと上昇するリズムもしくはテンポをアルベルトゥスに与え、その継起的な諸段階と諸条件を記述したのはアル‐ファラビである。アルベルトゥスの『知性と叡智的なものについて』の秘められた母型、隠れプロティノス主義的な母型であるアル‐ファラビの『知性と可知的なものについて』の考察対象はすべてこれである。哲学的禁欲による人間の霊化構想の最初の定型をケルンの学匠とかれのすべての同時代人に与えたのも、また、アル‐ファラビである。（一九四〇年にH・サルマンによって編集された）『至福へいたる訓練の書』のなかで展開されるこうした哲学的禁欲についてM‐Th・ダルヴェルニはその救済論的な深層次元を記述した。それはすなわち「魂を肉体のくさりから解き放つ〝中庸〟の徳の認識と実践によって獲得される」哲学的「救済」の次元である。「思弁的学知の観想のうちに本質を有する純粋に知的な性格の至福」の次元である[100]。ようするに、ジェルソンが宗教の名にかけて排除するすべてであるが、また同時に、一二一〇年から一二一五年にかけてアリストテレス主義に対して最初の検閲がおこなわれて以後、パリで問題視されていたすべてでもある。

パリ国立図書館ラテン語写本六二八六のなかにあるアル‐ファラビのテクストが、その前後を固めるテクスト群とともに毀損されたことがそれを証言する[101]。実際、この六二八六番地という寄りあい所帯のなかで『至福へいたる訓練の書』は「ヘルメス・トリスメギストス」著『アスクレピオス』、著者不明の『二四哲人の書』(一二一)、偽アリストテレス著『元素および惑星の固有性の原因について』、アヴィセンナ著『霊魂論』、セネカ著『自然の諸問題』およびバースのアデラードの同名の著作と隣りあっており、生まれつつある正真正銘の哲学構想がここに見てとれる。しかし、M－Th・ダルヴェルニとF・ハドリーが明示したように、テクストの抹消処分もまた或る構想に従っている。『至福へいたる訓練の書』は、その原則自体が神の認識不可能性に異議を申し立てているため削除されているが、これに呼応して、それに同伴するテクスト群も、まさに、「神に関して何かしら確実なことを教える」と自負しているために削除されている。[102] こうしたテクストの参集のうちに現前しているのは、『アスクレピオス』とアラブ科学・哲学宣言書との合体によって特徴づけられる、ひとつの正真正銘のエピステーメー（認識体系）であり、概念網であって、こうしたテクスト群が、アルベルトゥスの作業に固有の認識体系を支える台座、いうなら「現前の領野」にほかならない。「現前の領野」とは何のことか、とお尋ねだろうか。ミシェル・フーコーがつぎにように定義するものが、まさにそれである。

現前の領野という言葉によって、すでにほかの場所で定式化されたすべての言表を理解しなければならない。すなわち、容認された真理、正確な記述、根拠ある推論もしくは必然的な前提として、或る言説のうちに継承されるすべての言表を理解しなければならないが、また同時に、批判され、討議され、裁かれる言表を、場合によっては、拒否され、排除される言表をも理解しなければならない。[103]

『二四哲人の書』が写筆され伝承される過程に注目すると、アルベルトゥスの「現前の領野」のかなり正確なイメージが得られる。というのも、一方で、この書物からかれの「現前の領野」の大まかな構成要素を――写筆のたびに、全体的にか部分的にか、それらの配置は変わるのであるが――特定できるからである。すなわち『原因論』、『知的洞察の書』（もしくは『困難な事業の回想録』）、アヴィケブロンの『命の泉』、イサアク・イスラエリ(一二三)の『定義論』、アル－ガザリの『論理学』および『形而上学』、アヴィセンナの『形而上学』および『霊魂論』、アプレイウスの『プラトンの教説について』、（ヘルメス著とされる）『アスクレピオス』、アル－ファラビの『諸学の起源』および『学問区分論』[104]。他方で、それ自体が哲学アンソロジーの観を呈しているこの書物のいくつもの版にアルベルトゥス本人の『知性と叡智的なものについて』の章句の丸写しが見つかる。自分を生みだしたコーパス（資料体系）に自分が吸い込まれてしまったかのように。こうなるとコーパスはたんなる索引の域を越えている。

　したがって、また、アル－ファラビの『至福へいたる訓練の書』を胡桃ノ様ニ割ると、中からアルベルトゥスの思想の全体が出てくるわけではない。にもかかわらず、その書物はケルンの学匠が哲学の名のもとに祖述し発展させ関連づけたすべての資料の持つ意味をよく伝えている。そうした多元的な資料体系のなかには、いかなる「迷信」もなく、黒魔術も白魔術も灰色魔術もない。そこにあるのは、すべてを形而上学的に見る一種のプリズムである。一方に正統アリストテレス主義（『ニコマコス倫理学』で称揚されている「観想的生活」としてのアリストテレス主義）が、他方にアフロディシアスのアレクサンドロス[三四]の『知性論』とプロティノスの『エンネアデス』がアル－ファラビ——アルベルトゥス自身の言によれば「ペリパトス派的立場」の押しも押されもしない「父」[105]——のもとでひそかに出会ったことに基礎を持つアラブ新プラトン主義がある。両者が交差する地点に位置する右のプリズムのうちにこそ、あらゆる「ペリパトス主義」のなかの最良のペリパトス主義を汲みとるべきである。十字軍の時代に「ドイツ、ボヘミアおよびほかのドイツ語圏諸国において」聖戦を唱導する立場のドミニコ会の神学者が、このように、しかもこれほど自由に、アラブ起源の資料から何ごとかを汲みとりえたということには、おそらく驚きの声があがるかもしれない。要は、自由な精神もあればそうでない精神もある、ということである。一二七七年に、政治は自分の諸権利を取り戻すことだろう。少なくとも、キリスト教世界の知的中心であるパリではそうだった。ジェルソンの時代になると、歴史そのものが断をくだす。キリストによる救済しか救済はなく、ラテン人のための救済しか救済はないのだ、と。「哲学的救済」という観念そのものが、あるいは、もう少し控え目な、神性化による合一の諸条件と諸段階を良識ニ従ッテ哲学的に考える可能性という観念が通用しなくなる。コンスタンティノープルの陥落まであとわずかである。

　そして第三の、最後のアルベルトゥスが残っている。再度、わたしたちを一二七七年の「ドラマ」へとみちびくアルベルトゥスであり、ドミニコ会の神学者として、哲学と神学の微妙な均衡を考えだそうと努力するアルベルトゥスである。ここで景色は一変する。離在知性との邂逅、自然的な神秘神学、哲学的禁欲といった一連の問題が一二四〇年から一二六五年ごろまでのすべての「人文学者」の関心事であったとすれば、アルベルトゥスが一二五〇年以後、提起し、解決した――パリではなくドイツでのことだったが――問題は、いつまでも、もっぱら、アルファラビ－アヴィセンナ－アルガザリ的融和主義に魅惑されたままになっていない、一世代もしくは二世代のパリの教師たちの切なる願いとしっかり嚙みあっている。こうして舞台に登場するのが「アヴェロエス主義者」である。シゲルスやボエティウスの名は禁欲の唱導という文脈ですでにあがっているが、今度はまったく別の、より重たくより複雑な問題提起との関連でかれらの名をあげなければならない。あらたに提起されているのは諸学科のなわばりや哲学的諸学科と神学的諸学科の陣取り合戦の問題、ようするに認識論の問題である。ジェルソンはアルベルトゥスを異教哲学と偶像崇拝との境界領域に追いやることに忙しく、この問題についてはわたしたちに何も教えなかった。しかし、一二七七年の断罪を薄暗い教会身廊にたとえるなら、その問題は当の身廊を支えるもうひとつの柱なのであって、新アウグスティヌス派の神学者たちが論敵をその柱の陰に引き込んで決着したはずの論争が、さらに長年にわたって、ヨーロッパの大学を揺さぶることになるのである。

学問としての哲学と神学それぞれの限界はどこにあるか。おのおのの有効範囲、原理、方法、「確実性」の程度と理論的性能の程度はどのようであるか。このような問題、あるいはむしろ問題と解答との複合体（ＣＱＲ）は哲学史家によって長らく隠蔽されてきた。かれらはフアール通り[二五]で「アヴェロエス主義者」を尾行するのに忙しすぎて、「二重真理問題」は一三世紀後半の根本的問題ではない、ということに気づかなかった。わたしはあとで二重真理 *duplex veritas* とそれが「発明された」事情とその逆説的な効能の詳細を再検討するつもりである。いまのところは、Ｌ・ビアンキが明快に立証したように、ブラバントのシゲルスやダキアのボエティウスが立ち向かったＣＱＲ（問答複合体）は真理の単一性に関するそれではなく、むしろ知の統一性に関するそれであったことを指摘しておけば十分である。かれらは知の統一性の問題に正確な解答を与えた。その解答は断罪された。アルベルトゥスは、一二五〇年からすでに、あきらかに、同じ解答を与えた。かれは、少なくとも存命中は、制裁を免れた。[106]パリの上空にわき起こった不穏な雲は、ただちにライン川を越えたわけではなかった。[107]アルベルトゥスをいわゆる「パリ・アヴェロエス派」に結びつけるものを理解し、パリ・アヴェロエス派から分かつものを測定するためには、実践を規定する諸条件すなわち「知の管理」の制度的土台に話を戻さなければならない。そのとき、ふたつの要素が考察の対象になる。ひとつは一二七二年四月一日にパリ大学人文学部で公布された学則であり、ひとつはこの公布と一二七七年三月の司教による措置とのあいだに存在する結びつきである。

ここ二〇年ほどのあいだ、一二七二年の措置が管理統制的であり、かつ同業組合的でもあるという、このうえなく矛盾した解釈がおこなわれてきた。R・インバッハとF-X・ピュタラズを筆頭とする一部の研究者はそこに人文学部教師の総会の満場一致で決められた自己規制の措置を見る。かれらは自分たちの認識論的主権の限界を自分たちで定義することによって、返す刀で、神学者たちの全面的支配の意志に対して制限を設けた、というのがその解釈である。たしかにかれらは、教育の枠内でたまたま出会う、信仰に反する哲学のテクストもしくは立論を論駁すること、それができなければ偽であると問答無用で宣言するか端的に沈黙すること——情けないボロ隠しではあるけれど——をおのれに強いたのだから、少なくとも、かれらには神学者に挑戦する意図などなかったということだけは言える。したがってインバッハとピュタラズが書きあげたシナリオは信憑性を欠いていないし、たっぷりとした歴史的-哲学的な論拠によって確証を与えられてもいる。わたしたちはあとで関係資料のうちの重要ないくつかにもう一度あたるつもりである。それにしても、もしこの学則が自己防衛の措置だったとしたら、一二七二年の四月一日はヨーロッパ史ではじめての「エープリル・フール（お人よしがだまされる日）」だったことになる。というのも、五年のちにタンピエがほとんど日に日をついで、「学びの場で、一見して明らかな或る種の忌まわしい誤謬を、というよりむしろ嘘や戯れごとを、あたかもそれらの虚偽性を疑うことが可能であるかのように、自分自身の能力の限界を越えて叙述し討議した［…］」として、人文学者のなかでもっとも血気にはやる者たちを槍玉にあげ、かれらが「これらの誤謬を高く掲げて、異教徒の著作に支えを求めさえした」として譴責したのである。「異教徒の著作があまりに説得的で、無知な自分らとしては何とも答えようがなかった、とかれらが告白したことは何たる恥知らずであることか。[108]」制度にとって自己検閲だけでは十分ではない。検閲官が監視ではなく処罰に踏みきった瞬間から、どんな沈黙も告発であり、どんな宣言も――いかなる両義性もなくてさえ――糾弾であることにされてしまう。それゆえくだんの学則の別の諸解釈が存在するのはもっともなことである。つまり伝統的にくだされてきた診断をあたらしい論拠によって更新し継続する諸解釈である。そのなかでもっとも妥当と思えるのはD・ピシェの解釈であり、かれによると一二七二年の規則は「人文教育のなかにあった〝全面的〟もしくは〝急進的〟アリストテレス主義のいちじるしい勢力拡大に不安をいだいた保守的神学者たち――その先頭にはボナヴェントゥラが、もしくはタンピエ司教のような教会関係者がいたはずである――の影響のもとに〝正統的〟多数派によって人文学部の全体に課せられた」ものである。このシナリオはF・ファン・ステンベルゲンによってすでに提案されており、[109]ボナヴェントゥラが哲学に対して投げつけた最初の呪詛の言葉と一二七七年の断罪とのあいだに厳密な連続性を打ち建てるという利点がある。わたし自身も、再三、このシナリオを擁護してきた。しかし一二七七年の措置に関する読解には別のもうひとつの型がある。その措置の主要かつ表向きの標的――「急進的アリストテレス主義」の信奉者であった人文学研究者――はそのままにしておきつつ、タンピエの行為をパリの新アウグスティヌス派神学者の或る派閥が別のもうひとつの派閥に対しておこなった集団的牽制行為に関係づけるものである。このもうひとつの派閥は、定義上、職業的哲学者とは区別されるが、職業的哲学者同様にギリシャ・アラブの哲学者の学説に理解を持っており、神学的問題に手を出すことができなかった人文学者とは反対に、そうした学説を神学的学知についてのかれらの理解や実践に統合することに腐心していた。なぜならかれらの職能がかれらにその権限を与えていたからである。アルベルトゥスはこの第二の派閥に属していた。アルベルトゥスの神学者としての哲学および神学に関する業績をタンピエの眼鏡ごしに眺めると、かれの業績のすべてのもしくはほとんどのうちに神学者としての資格を疑わせるだけのものが見つかるということかもしれない。いや、そうにちがいない。

わたしが「アルベルトゥス・パラダイム」と名づけたものの設定作業を完了させるために、いま、考察しなければならないのは、とりわけこの微妙な一点なのである。

3 哲学と神学

最初に、アルベルトゥスが何でないかをはっきりさせておこう。ケルンの学匠はボナヴェントゥラとは異なり「人文学の神学への還元」を主張する立場にくみしてはいない。フィロソフィア（哲学）はかれにとって「テオロギア（神学）の下女」ではない。哲学は道具として神学に役立ちうる（し役立なければならない）が、哲学はまた固有の領域を持ち、その領域は、ありのままに、徹底的に、それ自身のために、何ごとも「省かず」、何ごとも「隠さず」に探索されなければならない。「哲学ハ隠サレルベキ物デハ無イ」――シゲルスのせりふであるがアルベルトゥスが言ったとしてもおかしくはない。たまたまパリを離れていたので、言う必要がなかったのである。くわえて、かれがおこなったアリストテレス全典の祖述の規模は、かれが、事実上、何ごとも「隠さず」、何ごとにも「口を閉ざさなかった」ことを遺憾なく示している。かれは、アリストテレス主義とアラブの学知をめぐるライバルであったロジャー・ベーコンが理解する意味での、キリスト教による知の統一を主張する立場にもくみしていない。かれはローマからもヴィテルボからもアナーニからも指令を受けていないし、一九六八年ならぬ「一二六八年の五月革命」によってキリスト教社会を改革しようとする大構想のもとで哲学の全体を教会の軒下に引っぱり込もうという野心は持っていない（三六）。かれが修道士を教育するときには、同時代人に知を伝達することだけを気づかうのみである。だからこそかれの著作集が現存しているのであり、その現存はケルンの総合学問所 *studium generale* の研究教育活動が観想的静謐のうちに遂行されたことを反映している。パリやオックスフォードではロジャー・ベーコンが、占星術と近代遠近法との、知恵ある諸国語の研究と神学‐論理学との一種独特の混交によって、聖職者を改革し、キリスト教世界の足なみをそろえさせようと欲していた。かれは主要三部作のいずれをも完成させることはなく、クレメンス四世には、構想もまとまらないうちから執筆が終わったかのように告げていた。このあと、かれは教会監獄を経験することになる。大学を改革しようという者に改革ができたためしはない。

アルベルトゥスは、哲学的には、ひとつの野心しか持っていない。アリストテレス全典のなかに確定されているそれぞれの学科に固有な問題をその学科に固有の地平において提起し解決することによって、アリストテレス全典を正確に説明することである。論理学なるものが一にして普遍的であり、したがって学際的であるにしても、自然学の諸原理は形而上学の諸原理と異なる。それぞれの学問が自分の領土を持ち、家屋敷を建てることが可能な地所を持ち、D・ピシェの言葉を借りるなら、*intrathéorique*（理論内在的な）真理を持っている。哲学の諸領野の内部に言えることは、ましてや、神学に関係づけられる哲学、さらには、忘れてはならないことだが、神学それ自身の内部にある哲学の全体にも言える。哲学において最初は（「注釈の世界」においては最後までそうであるが）すべてがコーパス（資料体系）の問題である。哲学の資料体系は異種混合的である。アルベルトゥスはそれが同種均質的であることを欲しているが、実際はそうではない。アリストテレスの著作によってその骨組みは作られたが、必要に応じて隙間を埋め、収支を合わせているのはギリシャ－アラブ哲学の伝統である。しかし神学も自分の資料体系を持つ。しかもそれはひとつではない。『聖書』が資料体系であることは言うまでもないが、ペトルス・ロンバルドゥスの『命題集』もそうである。[110]『命題集』はＣＱＲ（問答複合体）の有機的総体を提示し、その総体から、推理の秩序に従う題材の分類という（Ｍ－Ｄ・シュニュ[三七]が記述する）現象によって、大全ならびに問答式注釈というジャンルが生まれ、そのジャンルを整備するなかで、わたしがよそで書いたように、大学が——大学とは発言儀礼や言語ゲームや討論の集積にほかならないから——自分自身の資料体系となるのである。しかしアルベルトゥスが他に先んじて、ありのままに、まるごと受け入れた別の神学資料体系がある。別の野心、別の実践、別の宗教的生活と知的修養のくわだてに応じ、そこにおいて大学内の神学が廃棄されると同時に成就されるもうひとつの資料体系である。それがディオニュシオス全典である。アルベルトゥス・マグヌスという、この飽くことを知らないアリストテレスの敷衍家が、同時に、一三世紀でもっとも偉大なディオニュシオスの注釈家であったことを忘れるなら、アルベルトゥスの神学はさっぱり理解できないものとなる。わたしは、アルベルトゥスの哲学もさっぱり理解できない、とつけ加えておく。なぜなら、やがて一二七七年三月にパリ司教が人文学者と神学者をいっしょに閉じ込めようとするだろう概念の牢獄からケルンの学匠がきれいさっぱり免れているのは、かれが、ディオニュシオスのもとに、その『神名論』もしくは『神秘神学』のなかに身を寄せているからである。ジェルソンには事情がよく飲み込めていた。ジェルソンはアルベルトゥスの『知性と叡智的なものについて』を読むさいに哲学者ノ見解ノ祖述者という衣装のしたにディオニュシオスの注釈家の影を追い、つぎにはディオニュシオスの仮面の奥に異教哲学者の素顔を狩りだすことに腐心した。アルベルトゥスが人文学者と同じ認識体系の宇宙に所属しながらもパリの検閲を免れたとすれば、それは一二四八年を過ぎてのち、任地がパリからドイツに変更になったおかげで、ほとんどひっきりなしに危機の状態にあったパリ大学での同業組合間の論争から遠く離れることができたからであるが、また同時に、そしておそらくより大きな理由として、哲学者かつ神学者としてのかれ自身による二重の鑑定を経た「ディオニュシオス的ペリパトス主義」というかれの全体構想が、職業人が目を光らせている大学という宇宙から、いわば、かれをあらかじめ逃がしておいてくれたからである。そのことがアルベルトゥスの遺産の豊饒性と両義性をかたち作っている。一五世紀の体制内アルベルトゥス主義者であるジャン・ド・メゾヌーヴ(三八)は「理論闘争」というよりはむしろ討論ボイコット(三九)や職権停止処分といった大学内権力闘争の方にのめり込んでいった当時の顔役だった。だからこそ、カンポのハイメリクスのような逸材を知らないひとにとっては、一四〇〇年代のアルベルトゥス主義あるいはむしろ新アルベルトゥス主義は死んだ哲学であって、すべての反動的思想の理想的な――なにしろ化石なのだから――道具のように見えてしまう。ひとは「アリストテレスとともに思考する」ことによって良き哲学者になりうる。「唯名論者」や「トマス主義者」だけをもっぱら(くそ真面目にだろうと、いい加減にだろうと)目の敵にして思考しても良き哲学者になる見込みはきわめて薄い。一四世紀のドイツ人ドミニコ会修道士であるフライベルクのディートリヒ(四〇)は公認歴史学ではアルベルトゥス学派という融通無碍のしろもののなかにしばしば登録されるが、独創的思想家であったし、真理への欲望に突き動かされてもいた。だからこそかれはアルベルトゥスの思想を何ひとつ反復しなかった。かれは中世において比肩しうるものがちょっと思いつかないほどの思弁的力を持つ著作を残し、時代の宗教的精神性を深く理解し、光に関する論考をひとつ、虹に関する論考をひとつ書き、マイスター・エックハルトと同じく、匿名のベギン会修道女(四一)のドイツ語詩文のなかでレーベマイスター(人生の師)として仰ぎ見られた。「ケルンの学匠」アルベルトゥスは、一時期、パリで「唯名論者」に対する迫害を焚きつけその道具となった官僚たちの新アルベルトゥス主義に責任はない。ディートリヒやエックハルトやダンテはかれら自身の畝溝《うねみぞ》をより深く掘るための道具をアルベルトゥスのうちに見つけた。「トマス主義」という化石化したパラダイムに、神学的に鉱物化し哲学的に無益化したアルベルトゥス主義というパラダイムを対置したいというならともかく、もしバランスのとれたやりかたで自分なりにアルベルトゥスを用いたいと欲するなら、以上のことをケルンの学匠から汲みとらなければならないのである。

なわばりの問題

アルベルトゥスがフィロソフィア(哲学)を称えている文言は枚挙にいとまがない。『国家編注解』では「ソクラテスを殺害し、プラトンをアテナイからアカデメイアに追放し(原文ノママ)、アリストテレスを奸計によって告発し亡命を余儀なくさせた者たち」[111]が糾弾されている。『ディオニュシオス第七書簡注解』では「どんな手段を使っても哲学の使用を叩きつぶしたい無学者」が告発されている。「とくに、だれも抗弁ができない説教者にそのような無学者が多く、かれらは自分たちに理解できないことは、何であれ、口汚くののしる野蛮人である」[112]とその告発は続く。サン＝シェルのフゴ(四二)が『詩篇』一一八篇三節に付けた注のなかの学者ぶった一節は、かえって、無学者の言説の特徴を描きだしている。

…多くの神学者が、本を読み、討論し、説教するときに神学よりむしろ哲学をあてにしている。そうしたひとびとは、神の言葉を、照らすのではなく暗くする［…］。『伝道の書』二四章三一節で神は「わたしを照らす者は永遠の命を得るだろう」と言われている。それならば神を暗くする者は死を得るだろう(原文ノママ!)。『箴言』一四章六節には「あざける者は知恵を求めても得られないが、慎みぶかい者が教えを得るのは簡単である」と書かれている。神学に哲学を当てはめる者はあざける者である。なぜならかれらは神をないがしろにし、聴衆を裏切ることになるからである〔…〕。イエス・キリストが哲学を説いたことなど一度もなかったというのに、その教訓と発言を差しおいて哲学者の発言を用いる者は、自分がキリストの発言にも、信心にかなう教え〔『テモテへの第一の手紙』六章三節参照〕にも寄り添わず、ただ、好奇心にかなう教えに寄り添う者であることを告白している[113]。

フゴは特殊なケースではない。一二七〇年代、もうひとりのドミニコ会修道士ギヨーム・ド・リュクシが「聖教父たちの（*sanctorum*）書物を差しおいて、地獄行きが決定している者たちの書物を詮索し（*inspiciunt in libris dampnatorum*）、他人にも哲学者の書物——それらは多くの真理をふくんでいるにしても、同時に誤謬（*falsitates*）もふくんでいる——を詮索するようけしかけている神学者たち[114]」を罵倒している。キリスト教徒であり神学者でもあったアルベルトゥスは神学を哲学に従属させようという意図がないことはもちろん、一方を他方の犠牲にしようという意図もない。このことだけで、かれを、ラテン・アヴェロエス主義史の研究家によって「二重真理」として主題化された「教説」の先駆者と見ることには、おそらく、無理がある。しかし、このことだけで、かれを哲学と神学とのきっぱりとした区別につながる発想の父祖とするには十分である。この区別を、ヨハネ・パウロ二世は「一一月一五日の呼びかけ」と回勅「信仰と理性」のなかで、ともかくも、申し立てたのだ。聖ベルナルドゥス(四三)の言葉[115]をひっくり返して、自然哲学は奇跡を取りあつかう必要がないと主張したのはアルベルトゥスがはじめてである。私ガ自然的諸事物ニ就イテ論究スル時、神ノ奇跡ハ私ニ何ノ関リモ無イ[116]——これは、アヴェロエス[117]をまねて、ブラバントのシゲルス[118]からジャンダン[119]のヨハネス(四四)にいたるラテン・アヴェロエス主義者のだれもが掲げたスローガンである。アルベルトゥスが哲学と理性を等置している個所は枚挙にいとまがないことはずいぶん指摘されてきたし、また、たしかに、かれは、哲学者が合理的根拠なしに憶測を述べることは許されず（「哲学ニ於イテ合理的根拠ヲ欠イテ何事カヲ憶断スル事ハ醜態ニシテ不面目デアル[120]」）、推論によって立証されうることだけで満足せずに作り話をでっち上げる誘惑に乗ることは許されない（「ト言ウノモ、哲学スルトハ、合理的根拠ニ拠ツテ示シ得ナイ限リ、何事モ作ラズ何事モ語ラナイ事ダカラデアル」[121]「哲学スルトハ、語ラレテ居ル事ニ合理的根拠ヲ添エテ語ル事デアル」[122]）ことを、しきりに繰り返している。だからといって、かれが、神学から理性のあらゆる使用を排除していると信ずるのは誤りだろう。あとでもう一度この点についてたっぷりと論ずるつもりであるが、哲学と神学を分けるものは、合理的論証が使われているかどうかではない。推論の適用される場所と機会がちがうのである。あえてこんな言いかたをさせてもらえれば、なわばりがちがうのだ。哲学者は神学者のなわばりにわざわざ危険を冒して入っていく必要はない。そうすることは非難に値するし、そのうえ禁止や制裁にも値する。それが一二七〇年代の大学政治の根幹をなすはずである。アルベルトゥスは教父たちによる反哲学論争に関する古文書を読み返すなかから、神学の領域に入らないことを哲学者に非難はできない、という言いかたを好んでするようになる。かれは『命題集注解』ですでに、哲学者が不作為によって罪をおかしていると非難するひとびとを叱責している。「哲学者に対して復活を論じないことを非難するひとびとは愚かである。復活は、むしろ神学が、啓示された諸原理に助けを求めながら、論じるべきことである。[123]」この言いかたは驚きである。哲学者が自分の領域のそとに出ないことをだれにも非難はできない、と言っているわけだから。この言いかたは、少なくともアベラルドゥス以後に伝統的意味となった、異教徒の免責をねらった自明な意味――啓示が世に到来する以前に哲学していたひとびとに対して啓示を知らなかったことを非難はできない、という意味――を越えて、おそらく、今度は、過去以上に現在のために、並走者への配慮を、というよりむしろ、並走者との互恵的関係への意志を示唆している。哲学者――もちろんキリスト以前に哲学した哲学者ではなく、こんにちの哲学者のことである――は、創造という、自由かつ意志的な行為を削除された自然の秩序のもとにとどまり、脱魔術化とまでは言わないが、世俗化された自然の秩序にとどまらなければならない。のちにアルベルトゥスは『天体論注解』でつぎのように語ることになる。

万物ノ形成者タル神ガ、此ノ上無ク自由ナ意志ニ従ツテ、御自分デ創造サレタ事物ヲ使ツテ奇跡ヲ起コシ、其レデ御自分ノ力ヲ御示シニ成ロウトモ、私達ニハ、其レガ如何ニシテナノカヲ自然的諸事物ノ中ニ探求スル事ハ出来ナイガ、然シ、自然ノ内ニ植エ付ケラレタ諸原因ニ従ツテ何ガ自然的ニ生起シ得ルカヲ探求スル事ナラ出来ル。[124]

学者は自分の主題もしくは委ネラレタ題材に敬意を持たなければならない。それが『生成消滅論注解』のなかのスローガン——私ガ自然的諸事物ニ就イテ論究スル時、神ノ奇跡ハ私ニ何ノ関リモ無イ——の意味である。哲学は結果を選択できない。手段についていくつかの義務を負っているだけである。哲学は推論する。哲学は結論を出す。自然に従うかぎり生成は永遠であると哲学が立証するなら、哲学に対して、世界は創造されるのであり、それを無から引きだした神の意志がふたたびそれを無に返すのだ、と反論することはできない。右に要約されたスローガンのもとの文句はさらにより急進的である。「他方、何時カ、神ノ意志ニ拠ツテ生成ノ止ム時ガ在ロウ、ト誰カガ言ウトシテモ［…］私ガ自然的諸事物ニ就イテ論究スル時、神ノ奇跡ハ私ニ何ノ関リモ無イ、ト私ハ言ウ。」自然としての自然が問題になっているとき、すなわち、キリスト教徒の言う「神の秩序づけられた能力」（*potentia Dei ordinata*）が問題になっているときに、神の絶対的能力（*potentia Dei absoluta*）に暗に依拠する神学の側からの反論は受けつけられない。哲学の自己規制には、その積極的な対蹠点として、神学の自己規制が呼応していなければならない。一方のふるまいが他方のふるまいをうながす。いやそれ以上である。一方のふるまいが他方のふるまいを前提するのだ。したがってここでは「二重真理」は問題にならない。整合性と一貫性を持つふたつの言説の宇宙が問題なのであって、両者がそうした宇宙であり続けたければ、どちらも他方のなわばりを侵していると思われてはならない。もしアルベルトゥスがラテン・アヴェロエス主義を先取りしているとするなら、かれが、ダキアのボエティウスがやがてそうするように、哲学と神学それぞれに固有の対象と原理を保証する、まさにそのかぎりでのことである。その点で、その点においてのみ——すなわち学的構造という一点で——哲学と神学は話が通じる。結局、学問するにはただひとつのやりかたしかないからである。これ以外のすべてについて両者はたがいに異なり一致することがない。言葉をかえよう。もしキリスト教神学が学問であるとすれば——アルベルトゥスはそう主張するのだが——キリスト教神学はその作りかたにおいてアリストテレス的であるだろうが、そのことはキリスト教神学が内容や管轄領域においてまでアリストテレス的であることを意味しない。あらゆる学問が、いやしくも、対象と領域を持ち、特殊な論証諸原理を持つことは、いまの場合、哲学的なものと神学的なものを組み合わせることができないことを、意味する。そのことは両者が一般に対立することを意味しない。信仰と理性は、少なくとも、哲学において矛盾することはありえない。なぜなら両者の原理のちがいそのものからして、両者がそこで衝突することはありえないからである。

神学的言表が、原理の水準で、哲学的言表と衝突することはない。なぜなら神学的言表は啓示と（預言者の）霊感にもとづくのであり、理性にもとづくのでないからである。それゆえ哲学においてそれらを議論することはできない。[125]

こうした共存は神学に学問としての地位を放棄させることを前提としない。共存は、この点で、完全に中立的な共存である。したがってアルベルトゥスの独自性を把握することは簡単である。それは哲学的諸学知の自律と神学の学問的地位の両方を同時に擁護することである。実際、ふたつの学知は境界を画定しあえるのだから、ふたつの真理が矛盾しあうこともないわけだ。

ソー・ファー・ソー・グッド（ここまでは言うことなし）。しかし遅かれ早かれだれかが提起せずにはすまない問題がひとつある。アルベルトゥスの教説とシゲルスやボエティウスの教説とのあいだにどのような類似があろうとも、ケルンの学匠は、トマスと同じく、「アヴェロエス主義者」に反対する論陣を張ったのである。かれが実際におこなっていることは自分の方法叙説を自分で裏切るようなことである。もしそのとおりであれば「第二のパラダイム」など歴史家の作り話にすぎないのではないか。こうした反論は重大である。答えるだけの価値がある。

アルベルトゥスと「アヴェロエス主義」――アナーニ論争

『霊魂論注解』のあちこちで「わたしことアルベルトゥスはアヴェロエスとすべての点で一致している」[126]とか、「わたしはアヴェロエスがテオフラストスの問題を解決したやりかたを大いに愛する」[127]と臆面もなく書いていたアルベルトゥスは、一二五六年ごろ、法王アレクサンデル四世の求めに応じて知性単一説への長大な駁論を執筆し（ローマかアナーニの）法王庁で読みあげ、さらに一二六三年に本にまとめる。かれはこの本を一二七〇年から一二八〇年にかけて自著『神学大全』（通称『ケルンの神学大全』）の第二部にほとんど変更なしで収めている。こんにち『知性の単一性について』という標題で出版されているこの論文「アナーニ論争」は、ながらく、とくに「アヴェロエス主義者」を論敵に想定していると考えられてきた。[128] しかし、伝えられている写本から、こうした読みかたに絶対的な強制力はないことが分かる。実際、一三世紀の写本を検証してみると、たったひとつの写本――V写本（パリ国立図書館ラテン語写本一四五七七）――にしかアヴェロエス主義への言及は見られない。[129] そのうえさらに、この書物『知性の単一性について』が知性の単一性――伝統的に、しかし誤って、アヴェロエスひとりに結びつけられている主題――の論駁を目的としているにしても、この書物を構成する三つの部のいずれもアヴェロエス主義を中心的論題とはしていない。[130] 第一部では知性の単一性説を支持する三〇個の「オブイェクティオ（異論）」ないし「ラティオ（論法）」が提示される。ラティオは「ヴィア」（「道」すなわち「方法」の意）とも呼ばれる。第二部では、これと対立する説を支持する三六個の「ラティオ・イン・コントラリウム（反対説の論法）」が提示される。第三部は「ソルティオ（解決）」に始まり、そのあと「レスポンシオ・アド・オブイェクティオーネム（異論に対する反論）」が続く。前者はアルベルトゥスの個人的見解の表明であり、後者は第一部の三〇個の「ラティオ」に対する詳細な答弁である。この大がかりな装置のなかでアヴェロエスは中心的役割を演じていない。かれはペリパトス派のひとりにすぎず、一般には、「この謬説を最初に発明したアラブ哲学者（全テノアラブ人）」のひとりにすぎない。[131] ここに言う「アラブ哲学者」とは「アブバケルなる名のムーア人」[132]「アブバケルという名前であるが、ハリの名前でも知られているムーア人哲学者」「ハリ・アブバケル」[133]「アルファラビ」[134]「『質料と形相』もしくは『命の泉』なる書物の著者アヴィケブロン」[135]「『知性と人間の合体について』なる書簡の筆者アヴェンパケ」[136]である。ここでアヴェロエスがどう見ても二次的な役割しか演じていない――三回名前があがっているが[137]――理由は簡単に説明できる。アルベルトゥスは知性単一説に奉仕する論法を点検するのであって、特定の教説を議論するのではない。そもそも、ある論法の発案者が、かならずしもその論法によって奉仕されることになる理論の支持者ではないということはよくある。たとえばアル－ファラビの「取得知性」（*intellectus adeptus*）の知見にもとづく論法はその場合に該当するのであって、その知見をさかんに援用するアルベルトゥス自身がつぎのように注記することを忘れない。「この論法は多くのひとびとに役立っていて、アル－ファラビにさかのぼる。しかしかれ自身は、その論法が利用されているところの用途のためにそれを定式化したのではない。かれがその論法によって示そうとしたのは、ただ、霊魂は、たえざる努力によって知性を獲得するためにこそ身体のうちに置き入れられている、ということだけである。[138]」ここに言う論法の利用者とはだれだろうか。アル－ファラビのアラブ人後継者たちであろうか、それとも新時代のラテン人たちであろうか。おそらくどちらもそうなのだろう。しかしこうした「ラテン人」がアルベルトゥスの同時代人であるとはかぎらない。一二世紀アンダルシアの折衷主義者ということもありうる。また、同時代人であるとしても、だからといって、かれらが戦闘的「アヴェロエス主義者」だということにはならない。そもそも、くだんの利用者たちに最初に教えを垂れたのがアル－ファラビだとすれば、どうしてそんなことがありうるだろうか。このことにはアルベルトゥス自身が確証を与えている。というのも、かれは知性の単一性を論証する三〇個の「方法」の提示を締めくくるにさいして自分の個人的役割の重要性を、つぎのように、強調しているのである。「わたしはこれらの論法の一部を自分自身の才覚（*ingenio proprio*）から引きだし、一部をペリパトス派の文献を綜合して作りあげた。[139]」もし必要とあればいつでも生身の論敵が控えているのだとしたら、これほど文献を読み、これほど創作する必要があるだろうか。いまだに多すぎるほど多くの歴史家が想定しているように、教室や中庭が本物のアヴェロエス主義者で、体制内的で百戦錬磨のアヴェロエス主義者であふれ返っているとしたら、そんな必要があるだろうか。少なくともその必要性に疑問が残る。さらにまた、アルベルトゥスの駁論が最終的に『神学大全』に収められるのは一二七〇年から一二八〇年にかけてのことであって、それまでにこの駁論は少なくともふたつの段階を経ていることも念頭に置かなければならない。ふたつの段階とは論文「アナーニ論争」の段階と一二六三年にこれを下敷きにして書かれた著作『アヴェロエスの謬説を駁す』の段階である。一二六〇年から一二六五年にかけてパリで興隆のきざしを見せはじめる「アラブ様式」に染まった「哲学主義」が、五年も一〇年もまえからすでに存在していた——萌芽状態においてでさえ——ということはありえない。[140] いずれにせよ、一二五五年前後に「アヴェロエス主義」はまだ影も形もない。事実、アルベルトゥスがアウェロイスタエ（アヴェロエス主義者）に言及するのは一二六三年の著作が改訂されたとき、すなわち『神学大全』のなかでのことである。しかし、まさにその間に、時代が変わってしまったのであって、その変わり目に一二七〇年代の危機があり、トマス・アクィナスの『アヴェロエス主義者の知性単一説を駁す』がある。つまり、アルベルトゥスは、時代の変化を見定めたあとで、アヴェロエスの側にありったけのおもりを載せて、自分が一二五六年から一二六三年のあいだに執筆した著作の不均衡を修正するのである。おまけにこの改訂は内容をいささかも変更していないことをよく見ておかなければならない。たしかにこの改訂以後、アヴェロエスが主要な標的として現れるが、告発される諸論法はあいかわらず同じである。すなわち、それらはアラブの哲学者たちの論法である。そのうちの或るものは、たしかに、アヴェロエスに発するが、「アヴェロエス主義者」の論法はひとつもない。ましてや「アヴェロエス主義者」かつ「ラテン人」であるような哲学者の論法はひとつもない。じつは、これから『神学大全』に統合しようとする論文の来歴を紹介するくだりで、アルベルトゥス自身が、時代の波によってこの論文の方向が変えられてしまったさまを語っている。そのくだりの内容は、（法王庁が一二五六年の五月から一一月まで置かれていた）アナーニもしくはローマでアレクサンデル四世の前で読みあげた駁論が一冊の本になり、この本が一二六〇年から一二六五年にかけて『アヴェロエスの謬説を駁す』という標題で流通し、そしてこの書物を神学の財産として『神学大全』のなかに収めることにした、というものである。[141] 一二五六年から（アルベルトゥスが『神学大全』の執筆に取りくんだ）一二七〇年代までのあいだに事態が変わってしまったのである。その変化は、ボナヴェントゥラが哲学の信奉者に対する警戒を呼びかけたときにすでに予感されていた。つまり、アヴェロエス主義者の知性単一説を論駁することが、キリスト教徒にとって、神学の緊急案件となったのである。[142] 法王庁で駁論が読みあげられた時点ではそのようなことは問題になっていなかった。事実、アルベルトゥスの著作『知性の単一性について』は、その初期段階を見るかぎり、哲学者が自然神学について語っている本である。アルベルトゥスは、単刀直入に、自分は論敵に対して哲学者としてふるまうつもりであり、宗教の観点を導入し、あるいはむしろ援用することはきっぱりと拒否する、と語る。[143]その本はたしかに同時代者に向けて書かれたものであるが、しかし時代こそ違え、マイモニデスの『迷える者のみちびき』とねらいは同じである。そのねらいとは、学生および教師のために古代の哲学者の論法を吟味し、もしくはそうした論法からあらたな論法を導出しようとする誘惑を吟味することによって、かれらを啓発することにほかならない。アルベルトゥスの『知性の単一性について』は、哲学者の書物とはいえ、アリストテレス全典に拘泥はしない。この書物は、アリストテレスおよびアヴェロエスの知性論に特化した「小」大全であるが、それ以上に、人文学者と神学者に共通の領域で使われている哲学的論法を議論する人文学者の書物である。この書物は、トマスがこのあと書くであろう『アヴェロエス主義者の知性単一説を駁す』とは異なり、何よりもまず、アリストテレス『霊魂論』の注釈ではない。じつのところ「アナーニ論争」の全体を貫く軸はアリストテレスの知性論に対するアヴェロエスの解釈とはほとんど何の関係もない。問題の整理のしかたがまったく別である。懸案になっている問題は終末論的であって、哲学に没頭する少なからぬひとびとが抱えているその問題とはつぎのとおりである。（一）霊魂は身体から分かたれているか。（二）霊魂は身体から分かたれていると仮定した場合、死後、霊魂のなかの何が残るのか。（三）霊魂は知性であるかぎりで死後も存続すると仮定した場合、「ある霊魂に残る知性」は「別の霊魂に残る知性」と同じか違うか。こうしてみると「アナーニ論争」の野心は単純である。それは学問的かつ教育的である。すなわち「かくも不確実な問題について何を擁護し何を思考しなければならないかを論証と推理で教える」ことである。その結果として哲学的論証という方法のために宗教的教義がかっこに入れられる。[144]法王庁で、生身の論敵に向かってではなく、内容にもとづき、事象ニ即シテ[145]議論を展開するアルベルトゥスは、神学者に敵対する哲学者を演ずるのではない。そうではなく、ディクタ・レギスを、すなわちレクス（「律法」）のなかに与えられるディクタ（言表）を中立化して、論証者の、すなわち、アリストテレス的意味での「学者」の観点に身を置くのであり、推理によって立証される言表の観点に身を置くのである。アルベルトゥスは、したがって、宗教と哲学のいずれかを選ばない。かれは学知を選ぶ。あとで見るようにアヴェロエスがそうだった。

実のところ、『知性の単一性について』が提起する問題は哲学と三つの啓典宗教が共通に抱えている問題である。アヴィセンナやアル－ガザリはパリの人文学者や神学者と同じくらい熱心にそうした問題提起にかかわっている。一二五五年頃の段階では、知性の単一性の問題はキリスト教世界の知的共同体を分断していない。むしろすべての哲学と神学がこぞってその問題につまずくことによって、キリスト教世界の知的共同体がひとつにまとまっているのである。

一二七〇年になると、がらっと、様子が変わる。アルベルトゥスばかりかトマスも、恐るべき新事態を考慮に入れなければならなくなる。それは、大学における学部間の抗争の表面化であって、こうした抗争は「人文学者」と神学者とのあいだに慢性的にくすぶっていたが、一二六五年頃に、真に「哲学」を宣伝するための叙述形式が登場してから火勢が大きくなったのである。[146] この現実の抗争に、ルナンやマンドネ(四六)に始まる公認歴史学の、カテゴリー化する夢想を混ぜるべきだろうか。学科が学科に対して仕かける権力闘争のなかにあって職業的神学者でないひとびとを、ひとくくりに「アヴェロエス主義者」と呼ぶべきだろうか。読者はいまやすでにわたしたちの咎を察知しているはずである。幽霊どうしの取っ組みあいは放っておこう。「アルベルトゥス・パラダイム」は、トマス・アクィナスの『アヴェロエス主義者の知性単一説を駁す』を後追いするもうひとつの危機管理法ではない。それは固有の整合性、固有の地平、固有の目標を持っている。それは、ボエティウスやシゲルスの、さらにより一般的には「パリの哲学者たち」が歩む道と交差することはあるにしても、トマスの先制介入およびその余震としての一二七七年の断罪がのちの世に落とす影ではない。それは、かれが欲しても、でっち上げても、焚きつけてもいなかった或るエピステーメー（認識体系）の、多かれ少なかれ無理やりな、設置に先んじている。「第二のパラダイム」が歴史的には第一なのだ。アルベルトゥス主義はトマス主義に代わる選択肢ではない。[147] 一二七〇年以後パリでたどられた道の方が、アルベルトゥス主義に代わる選択肢である。したがって本章の始まりを告げたいざない——トマスを忘れる——には、必然的に、本章の終わりを告げるもうひとつのいざない——アヴェロエスもアヴェロエス主義も、いっとき、忘れる——が付帯する。しかも、それは仲介者をあいだに入れず、凝り固まった習慣に由来する解読規則も抜きにして、アルベルトゥスの哲学構想に直接に向きあうためである。この構想はパリで誕生し、ケルンで成熟した。この構想によってこそ、アルベルトゥスは一時代を画したのであり、そこにおいてこそ、かれはわたしたちを待っているのである。だからアルベルトゥスをライン川の向う側へ追って行こう。トマス自身が、かつて、そうしたように。そうすれば、トマスがそうだったように、わたしたちもそこで何かが学べるにちがいない。

第二章

アルベルトゥス・マグヌスの哲学構想

「一二四八年にケルンに学問所を組織するようドミニコ会から命じられたとき、アルベルトゥス・マグヌスは或る構想を立てた。その最初の原案は『〈自然学講義〉注解』の前書きのなかにまとめられている。[1]」どのような構想だろうか。ドミニコ会修道士のために、自然の諸事象を論ずる本を書く構想であって、その本は完全な自然的学知――*scientia naturalis perfecta*――を提供して、アリストテレスの諸著作を適切に理解する――« *libros Aristotelis competenter intelligere* »[2]――助けとなるはずであった。世にアルベルトゥスの「パラフレーズ（補足的注釈）」と呼ばれているものの目標がこれにほかならない。すなわち「パラフレーズ」の目標は、学問を構築するためにも、それに関連するアリストテレスの知を摂取するためにも用立てることができる、知的理解のための道具を開発することである。こうした二重の目的を見逃してはならない。アルベルトゥスがおこなう注釈の目標はたんに知の吸収ではなく、同時にそれと並行して、生ける学問の生産である。ジェルソンにはお気の毒であるし、プロイセンのペトルスにはもっとお気の毒であるが（かれは、周知のように、『福者アルベルトゥス大博士の生涯』のなかでアルベルトゥスが「あらゆる書物の読解に挑戦した」のは「敵のごまかしを何ひとつ見すごさずに」錬金術師ノ目眩マシや呪ワレタ降神術師ノ空騒ギをより有効に攻撃するためだったと書いて大博士を擁護している）[3]、アルベルトゥスは祖述家ではない。もしかれが、パウルス・ランギウスが言うように「アリストテレスのものまね猿」――*simia Aristotelis*[4]――であったならば、パリ大学の教師たちによって実践されていた逐語的注釈のありとあらゆる技術を活用してアリストテレスを注釈することで満足していただろう。アルベルトゥスは当時の哲学的解釈の「首都」であった場所で数年間を過ごしたのだから、そうした技術ならば完璧に身につけていた。「注釈」の選択は、したがって、それを生かしている二重のねらいと切り離すことはできない。しかし、実際のところ、アルベルトゥス様式の注釈とは何だろうか。アヴェロエスの『大注釈書』、というよりもむしろアヴィセンナの哲学様式の選択である、という答が返ってきそうでである。それは確かだろう。しかしその表現はいかにも舌足らずである。アルベルトゥスの方法は、正確で、自覚的で、考え抜かれている。最初に、枠もしくは構造がある。それはアリストテレス全典である。しかしアリストテレス自身のテクストが引用されることはないだろう。それはアルベルトゥスのテクストのなかに溶け込むようにして姿を消す。あとにはアリストテレスの書物群の順序とそれらが内包する思考（見解 *sententia*）が残る。しかし同時にあちらこちらの章句――そうした章句は原テクストのなかにしかないわけであるが――によって要求される説明（*explanatio*）と論証（*probatio*）も残る。そのことをケルンの学匠はつぎのように書いている。

> 他方、私達ハ、一ツノ流儀トシテ［…］アリストテレスノ順序ト見解ニ付キ従ツテ師ノ見解ヲ説明シ論証スルニ必要ト思ワレル事ヲ全テ語ルダロウガ、然シ、其ノ際、原文ハ一切引用サレナイダロウ。[5]

しかし説明し正当化するだけでは十分でない。アリストテレス自身による原テクストには疑わしい命題が混じっているので、それらを注釈テクストのなかで疑念（*dubium*）として構成しなければならない。また部分的な欠落もある。難解さを一掃するためにそれらを埋めなければならない。こうして学説の思想や精神を保存しつつ原テクストの穴を埋めるための「補足 digression」が登場する。

> ソシテ此等ノ他ニモ、私達ハ、蟠《ワダカマ》ル疑念ヲ表沙汰ニシ、アリストテレスノ見解ノ中ニ在ツテ言葉ガ足リナイ為ニ一部ノ人々ニ難解ノ印象ヲ与エテ居タ全テノ個所ノ穴ヲ埋メル補足ヲ行ナウダロウ。[6]

こうして作りだされる著作の可読性は遺漏のないものでなければならない。読者は自分が不可視の原テクストについての説明-論証を読んでいるのか、それとも欠落を埋めるために注釈者個人が加えた補足を読んでいるのかが、そのつど、分からなければならない。そこで全体の構成が見出しのなかに読みとれるようにしつらえてある。内容すなわち「題材」を指示する見出しには、アリストテレスのテクストの一単位が自動的に対応し、見出しに *digressio*（補足）への言及があれば、そのことで、読者は自分が原テクストをすでに離れて補充もしくは論証——おのおのの説明に付随する論証よりも高次の論証——の領域に入っているという確証が持てる。

他方デ、私達ハ、此ノ著作ヲ各章ノ見出シニ拠ツテ区分スルダロウガ、見出シガ単ニ其ノ章ノ題材ヲ示シテ居ルダケナラ、其ノ章ガアリストテレスノ原典各巻ノ何レカヲ扱ツテ居ルト云ウ意味デアリ、他方、見出シノ中デ補足ガ行ナワレル事ガ予告サレテ居ルナラ、其ウシタ全テノ章デ、私達ノ側カラ導入サレタ事柄ガ補充若シクハ論証トシテ付加サレテ居ル。[7]

お気づきのように、こうしたアリストテレス全典の消化方法は祖述とはまったくの別物である。アルベルトゥスがアリストテレス全集にあるのと同じ数だけの本を書こうとくわだて、その過程で、師の著作の標題をそのまま頂戴したにしても、かれは第一にそれらの著作を書き直すことによって、第二にその内容に疑問を提示することによって、第三に欠落を補充することによって三重に介入している。そうすることで、はじめて、仕事の第一部が、すなわちアリストテレス全典を余すところなく理解可能とするという仕事が完成する。しかし完全な学知を生みだすという、もうひとつの仕事を果たすにはこれだけでは足りない。全典のなかにある欠落部分はたんに言葉の通常の意味でのみ部分的 partielle と言われるのではない。つまり論証の詳細が欠けているばかりではないのだ。しばしばひとつの章 partie の全体が欠けており、また、まれには、本来なら書かれるべきであった巻自体が欠けている。アリストテレスがギリシャ語で著述してラテン語に訳されていないか、もっと単純に、その主題に関してアリストテレスが何も書かなかったという場合である。そうした場合、遅疑なく、スタゲイラの哲人の代わりをしなければならない。アルベルトゥスはその必要性を承知している。かれはいたずらに謙遜を気取ることなく、単刀直入に、つぎのように語る。

> 加エテ、私達ハ諸巻ノ不完全ナ部分ヲ悉ク補充シ、更ニハ、アリストテレスガ書カナカッタカ、若シクハ書イタニシテモ偶々私達ノ手元ニ届イテ居ナイ為ニ生ヂタ諸巻ノ中断個所若シクハ脱落ヲ悉ク補充スルダロウ。[8]

したがってアルベルトゥス様式の注釈は教科書的な祖述とは似ても似つかない。それは原文を膨らませる敷衍でさえない。それはアリストテレス主義という腹話術師が抱える人形でもない。アルベルトゥス様式の注釈は、厳密な意味での再建であり、立て直しである。[9] アルベルトゥスの方法の厳密さは、そのシステム化された表記法とあいまって、かれの目から見て、アリストテレスの原テクストの欠損が何であったかをすばやく突きとめることを可能にしている。Th・リクランはアルベルトゥスの『〈睡眠と覚醒について〉注解』に関する見事な研究のなかで、補足をただ統計的に集計するだけでどれだけ益があったかを明かした。リクランが選んだ事例は素性の確かな、学校の教科書に載せてもよいくらいの事例である。アリストテレスは、たしかに、睡眠と覚醒に関する学知をあつかった書物を一冊残したのだ。アルベルトゥスはアリストテレスが書いたのと同じ順序で師の論述をたどっていく。途中で、欠落した、もしくは難解な個所にぶつかると、かれはそのたびごとに補足をおこなう。[10] 終わってみれば、読者は問題がどこに集中しているのかを知ることになる。問題は第三巻第一章[11]「予言について」に集中しているのであって、その部分の注解は全体が――もしくはほぼ全体が――補足からなっている。ここにおいて、事実上、ペリパトス主義の全体が危機にある――それ以上かもしれない――ことが露呈する。アリストテレスが沈黙し、哲学者どうしの不和が王座に君臨しているからである。アヴェロエスはアヴィセンナと「アルガゼル・アダミディン」(アル‐ガザリ)を批判し、アヴィセンナとアル‐ガザリも考えが一致しない。「エジプトのラビ・モーセス」(＝マイモニデス)は三人の言い分を認めない。キケロが生きていれば、四人に難色を示しただろうし、ソクラテスが生きていれば五人に眉をひそめただろう。[12] だからこそ立て直す必要があるのだ。こうした状況はけっして例外的ではない。読者はアルベルトゥスの「注釈」がにわかに嵩を増し、密度を上げるたびごとに同じ状況に再会する。そうした状況に注意を研ぎ澄ますということがアルベルトゥスの読者に課せられた最初の義務である。真正ナ哲学ノ本質的部分ヲ［…］ラテン人ニトッテ理解可能ニスル事――これがアルベルトゥス・マグヌスの真の構想である。それは自然学、形而上学、数学を包含する全体的な哲学文化を異世界から受容する構想であって、ケルン学問所の枠を越えて全ラテン世界を考えに入れている。[13] このもくろみのうちにある普遍主義が――そのカトリック性が、と言いたいところである――注目されるべきである。アルベルトゥスに関して「第二のパラダイム」を語ることを許すものは、かれが求める読者の広がりそのものである。パリでもドイツでも修道会士――ドミニコ会修道士がかれの最初の読者であるにしても――でもなく、究極的には、ラテン語を読み、かつ話す、すべてのひとびと、ようするに西欧キリスト教社会がその読者である。第二点に進もう。「真正な哲学の本質的部分」のすべてを「ラテン人にとって理解可能にすること」は編纂者のくわだてではない。それは哲学者のくわだてである。そこに、アルベルトゥスの目から見た哲学者とは何なのかという問題が控えている。「スコラ学のドラマ」の支持者にしても、「中世神学への回帰」の信奉者にしても、哲学者にレッテルを張るやりかたに共通点がある。時代錯誤という共通点である。信仰と理性との関係という問題がアルベルトゥスの時代に提起されるやりかたは、わたしたちの時代がそう思い込んでいるやりかたとはちがうし、当然、わたしたちの時代に提起されているやりかたともちがう。哲学が変わってしまったことを認めざるをえない。これはわたしだけの言い分かもしれないが、わたしたちはもはや、アリストテレスを読み、補い、書きかえることによって思考する、というやりかたをしていない。ところで、それこそがアルベルトゥスのやりかたである。だからここでちょっと立ち止まって、「アリストテレス様式の」建造物の、もっとも複雑で、注釈家をもっとも悩ます部分である自然哲学の構造を、アルベルトゥスがどのように提示しているかを仔細に検討することにしよう。それが当該建造物のかなめ石であると同時に、もっとも疑義にさらされる一点でもあるからだ。

1　自然学の区分

アルベルトゥスの『〈自然学講義〉注解』の第一巻第一章四節は、アリストテレスの「自然学」の注釈に先立って、自然的学知の全体構成を述べ、各部分に対応するアリストテレスの書物名をあげていく体裁になっている「補足」である。そこでアルベルトゥスは自然的学知の、大雑把な区分と、詳細な区分のふたつを提案する。大雑把な区分は自然的学知を三つの部分に分ける。

（一）単純可動体 *mobile simplex* ニ関スル学
（二）合成ノ過程ニ在ル単純可動体ニ関スル学
（三）合成可動体 *mobile compositum* 及ビ混合可動体 *mobile commixtum* ニ関スル学

（一）は『自然学講義』『天体宇宙論』『生成消滅論』によって後世に伝えられている。（二）を担当しているのが『気象学』である。「気象学のあとにくる諸学」が（三）を担当する。比較的分かりやすいこうした最初の概括は、しかし、舌足らずであり、とくに（三）においてそれがいちじるしい。[14] そこでアルベルトゥスはより立ち入った区分を添えて、アリストテレス全典の主要部分を紹介する。

この第二の分けかたによると、自然的学知の主題である、動く物体 *corpus mobile*（動ク存在者 *ens mobile* ではない）[15] は、そうした物体を考察するふたつの様式の根本的区別をもとに分析される。（一）動く物体それ自体を絶対的かつ普遍的に考察する様式と、（二）動く物体を「物質に還元される」かぎりで考察する様式である。それ自体で考察される動く物体には、アリストテレス全典のなかの『自然学講義』が対応しており、この書物はまた『自然学原理』とも呼ばれる。[16]「物質に還元される」動く物体は物質の差異に応じて再区分される。そこで、そうした動く物体は単純物体と諸要素から合成された物体に分かたれる。単純物体はさらに再区分される。なぜなら単純可動体は位置ダケガ変わる場合もあり、形態ガ変わる場合もあるからである。[17]位置ダケガ変わる単純可動体には『天体宇宙論』が対応し、形態ガ変わる可動体一般には『生成消滅論』が対応する。ところが位置ダケガ変わる単純可動体は、当該可動体それ自体が考察されうるのか、あるいは当該可動体が、形態ニ関シテほかの可動体に従属し、ほかの可動体から「刻印」を押されているものとして考察されるかによって、またしても再区分をこうむるのである。『天体宇宙論』が本来対応するのはこの前者である。形態ニ関シテほかの可動体に従属する可動体については、さらなる区分がある。天体が元素および合成物体のなかに押す「刻印」に関する学は、「刻印」を「刻印の生成する場所」に結びつける研究と、「刻印」そのものの研究とに分かれるからである。「刻印」の場所という問題には『国と都市の経度・緯度および居住可能地域について』が対応し、「刻印」そのものには『元素および惑星の固有性の原因について』が対応する。

諸要素から合成された物体を考察するならば、別の区分が始まる。混合可動体は、実際、混合の途上にあるか、すでに混合が完了して類種の秩序のなかで安定しているかいずれかである。混合の途上にある動く物体については「『気象学』全四巻ノ中ニ」書かれてあることで尽きている。そのほかの動く物体については区分が続く。自然のなかに種的に分化して現存する（諸要素の混合から帰結する）混合物体は、実際、無生物であるか生物である。無生物には『鉱物学』が対応する。これに反して、生物の学知はもはや自然的学知の主題としての「動く物体の区分」ではなく、むしろ、その同じ「自然的」考察のなかに可動性／運動性の原因を統合しうるような「動く物体の学の区分」を前提する。事実、霊魂が生命（体）の原理であり、また原理の方が、原理がその原理であるそれ（「原理づけられているもの」）に先んじて学的に研究され認識されなければならないのだから、霊魂の学を生物の学に先んじて提起しなければならない。ということは「心的現象」の学的考察が自然的学知のうちに統合されるということである。動く物体の学のなかへの霊魂の到来があたらしい出発を高らかに告げる——読者はそう期待するかもしれない。しかしそのことには、いわば、構造的な無理がある。自然的学知の主題すなわち動く物体の区分から出発した関係上、アルベルトゥスは「生物」の水準においてしか、霊魂を介入させることができない。しかしながら、霊魂は生物ではなく、霊魂の働きは物体の生動化に尽きているわけではない。自然的学知の主題の区分のなかに第二部を設けること（あとですぐに見るようにほかの著述家たちはそうする）を嫌ったケルンの学匠は、結局、中二階を設けることで満足する。アルベルトゥスが生物の学知を再区分するやりかたを見ると、霊魂を無理やりはめ込んだ感を否めない。その再区分とはつぎのようなものである。

（一）霊魂の学
（二）植物的生物の学
（三）感覚を付与された生物の学

これはアリストテレスの霊魂の三種の区分を、生物の区分と通底させるための三区分である。こうしたつぎはぎ細工は、植物的霊魂と感覚的霊魂については問題を起こさない。植物的生命には『植物学』が対応する。感覚を付与された生物には『動物学』が対応する。それらにくらべると霊魂の学ははるかに問題が多い。なぜなら理性的霊魂は、知性という、絶対的に非物質的な能力を備えていて、知性は、アヴェロエスが言うように「物体のなかにある能力 *virtus in corpore* ではない」。そこで、こうした困難に立ち向かうため、アルベルトゥスは霊魂の学を

（a）霊魂それ自身およびその潜在力（能力）もしくはその諸部分の学
（b）霊魂がおこなう活動（作用）およびそれが身体のなかで感受する情念の学

に区分する。

こうした区分はアルベルトゥスがはじめてではない。それは、たとえば、一二四三年から一二五〇年にかけて書か

れたイギリスの教師アダム・ド・バックフィールド(一)の著作のなかに見つかる。かれの「自然哲学」の区分はつぎのようになっている。

自然哲学ノ主題（＝動ク物体）

自然哲学ノ区分

Ⅰ　単ニ動ク物体トシテノミ［考察サレル］動ク物体　↕　アリストテレス『自然学講義』

Ⅱ　物質ニ還元サレル動ク物体

　A　生成セズ消滅シナイ物質ニ（即チ天体ニ）　↕　［アリストテレス］『天体宇宙論』

　B　生成シ消滅スル動ク物質ニ

　（1）［合成体一般］　↕　アリストテレス『生成消滅論』

　（2）大地ト水面カラ立チ昇ル水蒸気ニ拠ル合成可動体及ビ大地ノ腹カラ生成スル合成可動体　↕　アリストテレス『気象学』

　（3）生命無キ物体　↕　アリストテレス『鉱物学』

Ⅲ　生命在ル動ク物体

　A　霊魂其レ自体及ビ其ノ諸能力ト諸部分　↕　アリストテレス『霊魂論』

　B　霊魂ノ主要ナ作用ニ付帯スル固有性　諸感覚及ビ感覚諸器官　↕　アリストテレス『感覚と可感的なものについて』

　C　受動

　（1）霊魂カラノ受動　↕　アリストテレス『記憶と想起について』

　（2）身体カラノ受動　↕　アリストテレス『睡眠と覚醒について』

　（3）全テノ生在ル物ニ当テ嵌マル固有性　↕　アリストテレス『短命と長命について』＋『精神と霊魂の差異につ

いて』（コスタ・ベン・ルカ）[二]

アダムの図式は、アリストテレスの『自然学小論集』の分析においてアルベルトゥスのそれとはっきりとしたちがいを見せてはいるものの、『鉱物学』と『霊魂論』のあいだにおいてアルベルトゥスの『〈自然学講義〉注解』にあるのと同じ「中二階」構造を示し、能力と作用と受動の区別のしかたもアルベルトゥスのそれと同じである。引き受けられた課題が、あきらかに、同じである。すなわち、霊魂は定義上「動く物体のうちに」「包含され」もしくは「分類され」えないことは承知のうえで『霊魂論』を自然哲学の枠組みのなかに挿入する、という課題である。そのことを承知しているからこそ、アダムは「嘗テハ霊魂ノ考察ハ自然的事象ニハ関リガ無イトモ見ラレ得タ」[18]と注記するのである。『霊魂論』が自然的事象の領野に吸収されうることを説明するために提案された多様な理論についてはもう少し先で検討する。いまのところ、その問題のむずかしさがアルベルトゥスのすべての同時代人に気づかれていたことを強調しておけば十分だろう。たとえばペトルス・ヒスパヌス[三]は『霊魂論命題集』で、問題ハ次ノ通リ（*Quaestio est…*）という常套句によって当の問題が慣例化していることを暗示している。ちなみに、かれはその問題に「学の主題」概念の再定義によって答えるのだが、そうした再定義は、なんと、六番目までである。

> 問題ハ次ノ通リ。霊魂学ノ主題ハ霊魂デアルノカ、其レトモ生物デアルノカ。解答。生物ガ霊魂学ノ主題デアルト言ワレルベキデアル。然シ学ノ主題ノ在リ方ニモ多クノ様式ガ在ル事ハ理解サレルベキデアル［…］。六番目ノ様式ニ従エバ、或ル物ヲ形相的ニ或ル学ノ主題ト為ス根拠モ、又、其ノ学ノ主題ト呼バレル。霊魂ハ、或ル学ノ主題其ノ物デハ無イニセヨ、別ノ或ル物ヲ其ノ学ノ主題ト為ス根拠デアツテ、斯クシテ霊魂学ノ主題デアル。ト言ウノモ、霊魂ハ、生物ノ物体性ノ根拠デハ無イニシテモ、生物ノ生命性ノ根拠デアル事ニ拠ツテ、生物ニ関ワリガ在ルカラデアル。[19]

アルベルトゥスの解決が作為的であることは、ペトルス・ヒスパヌスの解決と何ら変わりがない。[20]いずれにせよ、こうした（実体、能力、作用、受動の区別という）解決を基盤に自然的学知の主題の区分が追求されることになる。霊魂それ自身の学は『霊魂論』によって与えられる。肉体のなかでの霊魂の作用の学は、その活動が能力を手段として（能力ニ従ツテ）実現するのか、霊魂が自分自身で（実体ニ拠ツテ）作用するのかによって再区分される。霊魂の実体的（もしくは本質的）作用は霊魂の生命付与という役割に対応し、『生死の原因と長命の諸原因について』で論じられる。心的諸能力に依存する作用の学は、アリストテレスによる三種の霊魂の区別を――機能の区別に還元したうえで――導入するものであることは明らかである。したがって、その学は、当然、心的諸能力を三つの「霊魂の部分」に従って、植物的、感覚的、知性的能力に区分する。植物的機能は三重――生殖、栄養摂取、成長――であって、『発生論』が最初と最後を、『栄養摂取論』が二番目を論ずる。感覚的能力の作用は二種類に分類される。感覚作用と局所運動である。感覚作用に関係する感覚能力の作用は三つの異なる様相を呈するので、それらに対応する学は三つの異なる著作の管轄に属する。『睡眠と覚醒について』『感覚と可感的なものについて』『記憶と想起について』である。『動物運動論』は局所運動に関係する感覚能力をあつかい、運動が場所の変化をともなうか、膨張・収縮のように場所の変化をともなわないかは問うところではない。肺を付与されている動物の呼吸（吸気と呼気）はこの最後の運動類型に属する。『呼吸と霊感について』がこれを対象としているが、この著作はコスタ・ベン・ルカなる著述家の『精神と霊魂の差異について』によって補完されている。知的能力による霊魂の諸作用に関して言えば、それらは「知性と叡智的なものについての精妙な学」の対象である。かくしてアルベルトゥス哲学を先導する図式はつぎのように表しうる。

自然哲学ノ主題（＝動ク物体）

自然哲学ノ区分

［第一部］

Ⅰ　自体的・絶対的ニ、単一的・普遍的ニ考察サレル動ク物体 ↕ アリストテレス『自然学講義』

Ⅱ　物質ニ還元サレル動ク物体

Ａ　単純可動体

（1）形態ガ変ワル単純可動体 ↕ 「アリストテレス」『生成消滅論』

（2）位置ガ円形、若シクハ直線的ニ変ワル単純可動体 ↕ 「アリストテレス」『天体宇宙論』及ビ此レニ付随スル諸著作――其レ等ノ著作デハ位置ヲ変エル可動体ガ二通リニ考察サレル

ａ　可動体其レ自体トシテ ↕ 「アリストテレス」『天体宇宙論』

ｂ　形態ニ関シテ可動体ニ従属スル可動体トシテ　即チ

ｂ１　刻印ガ生成スル場所ノ状態ノ考察 ↕ 『国と都市の経度・緯度および居住可能地域について』

ｂ２　刻印其レ自体ノ考察 ↕ 『元素および惑星の固有性の原因について』

Ｂ　混合可動体及ビ単純可動体カラ成ル合成可動体

（1）混合ノ途上ニ在ル可動体 ↕ 「アリストテレス」『気象学』第四巻

（2）自然種ヲ成ス可動体

ａ　無生物 ↕ 『鉱物学』

［第二部］　ｂ　生物

Ⅰ　生命在ル動ク物体

（1）霊魂ト、其ノ諸能力或イハ諸部分 ↕ 「アリストテレス」『霊魂論』

（2）霊魂ノ作用

ａ　霊魂ガ自分自身デ作用スル ↕ 『生死の原因と長命の諸原因について』

ｂ　諸能力ニ拠ツテ作用スル

ｂ１　植物的能力ニ拠ツテ

発生・成長 ↕ 「アリストテレス」『発生論』

栄養摂取 ↕ 『栄養摂取論』

b2　感覚的能力ニ拠ッテ

b2・1　感覚作用ノ在リ方ニ拠ッテ三通リニ別レル限リデノ感覚的霊魂

b2・1・1　動物本体トノ関係ニ於ケル、即チ、動物ノ外ニ出、若シクハ内ニ入ル限リデノ感覚的霊魂 ↕ ［アリストテレス］『睡眠と覚醒について』

b2・1・2　可感的ナ物トノ関係ニ於ケル感覚的霊魂 ↕ ［アリストテレス］『感覚と可感的なものについて』

b2・1・3　己ノ内ニ保存サレタ感覚像ヲ元ニ、以前、感覚器官ニ捉エラレタ事物ヘト帰ル限リデノ感覚的霊魂 ↕ ［アリストテレス］『記憶と想起について』

b2・2　運動スル限リデノ感覚的霊魂

b2・2・1　場所ガ変ワル運動（即チ前進運動）

b2・2・2　同ヂ場所デ膨張・収縮スル運動 ↕ 『動物運動論』及ビ此レニ付随スル著作――就中、肺ヲ有スル動物 ↕ 『呼吸と霊感について』＋其ノ補助トシテ、『精神と霊魂の差異についてコスタ・ベン・ルカが著した書』

b3　知性的部分ニ拠ッテ ↕ 知性ト叡智的ナ物ニ就イテノ精妙ナ学

C　植物的霊魂ニ生カサレタ物体 ↕ ［偽アリストテレス］『植物学』[21]

D　感覚的霊魂ニ生カサレタ物体 ↕ ［アリストテレス］『動物学』

ご覧のように、この自然的学知ノ分類のなかでアルベルトゥスは予告された方法に従っている。すなわちかれは推理の秩序に従って題材を提示し、アリストテレスによる最初の枠組みを補完する書物の名前を慎重にあげている。そのなかにはコスタ・ベン・ルカの『霊魂と精神との差異について』[22]のようにすでに特定され認証されている著者によって書かれた書物もあれば、『国と都市の経度・緯度および居住可能地域について』のように特定されていない著者によって書かれた書物もあれば、「知性と叡智的なものについての」書物のように非アリストテレス系の文献資料をもとにアルベルトゥスがこれから執筆しなければならない書物もある。自然的学知の設計図の相対的な複雑さは集められた材料の雑多性によるが、網羅性の気づかいにもよる。その気づかいは、過去の翻訳事業が残したアリストテレス全典の欠落を埋めることに通じている。アルベルトゥスの構築物は、事実、ほぼ同時期に自然的学知の区分に取り組んでいたパリの教師たちの構築物よりも完璧である。なぜならケルンの学匠は、求められている学について論述する書物がない場合、ためらうことなく自分自身で介入したからである。それにしても、大まかな図式は、いくつかの例外を除けば、両者のあいだでよく似ている。ところでこのいくつかの例外を序列化しなければならない。ここではそのうちの二点を取りあげようと思う。（一）『霊魂論』が生物学資料体系のひとつに位置づけられていること。（二）知性とその対象の研究が自然的学知のなかに挿入されていること。

アルベルトゥスの卓見その（一）――『霊魂論』を生物学に編入する

『霊魂論』についてのアルベルトゥスの主張は単純な（しかし解決がむずかしい）問題を提起する。もしアリストテレスのこの著作が動く物体をあつかっているのだとしたら、「霊魂論」という標題はどこからくるのか。逆に、もしこの著作が動く物体をあつかっていないとしたら、その著作が自然的学知の一部をなすのはどうしてか。この問題は、突然、降ってわいたわけではない。学知の区分のみちびきの糸――自然的学知の主題は動く物体であるということ――に従うことと、『霊魂論』を、自然的学知を論ずるアリストテレスの原テクスト群のなかに挿入することのあいだの緊張は、アリストテレスの生物学資料体系についてのふたつの解釈のあいだで戦わされた、パリを発生源とする論争を反映し、最終的に、自然学（physique）資料体系への『霊魂論』の編入を正当化する三つの異なる論拠（これをＰ１～３と表記する）にいたりつく。Ｐ１／一二四〇年代の人文学者の多くにとっては『霊魂論』の対象は理性的もしくは知性的霊魂によって生かされた動く物体である。アリストテレスの著作に対するこうした見かたは、生物学資料体系を、つぎにあげるオリヴィエ・ルブルトンの著書『哲学』が提示する解釈類型（オックスフォード大学コーパス・クリスティ・カレッジ写本二八三f°一五一ｖｂ）によって解釈するやりかたに対応している。

植物的霊魂ニ生カサレタ物体ニ就イテノ書ガ『植物学』デアリ、感覚的霊魂ニ生カサレタ物体ニ就イテノ書ガ『動物学』デアルトスレバ、知性的霊魂ニ生カサレタ物体ニ就イテノ書ガ『霊魂論』デアル。ソシテ其レ等ノ書物ハ、『感覚ト感覚サレル物ニ就イテ』『記憶ト想起ニ就イテ』『生死ノ原因ト長命ノ諸原因ニ就イテ』『睡眠ト覚醒ニ就イテ』等ガ、其ウデアル様ニ、司教補佐（＝アルベルトゥス）ガ書イタモ同然デアル。[23]

しかしこうした読解は完全な満足を与えない。『霊魂論』は理性的霊魂によって生かされた物体の研究に限定されてはいないからである。したがってこうしたパリ大学の最初の教説に対して、別の解釈が競合することになる。その解釈は、アヴェロエスとともに、[24]P２（二番目の正当化）を支持する。すなわち『霊魂論』の対象は、（ａ）他ノ事象トノ全キ差異ニ於ケル霊魂それ自身と、（ｂ）その作用、少なくとも、霊魂のうちにその原理を有し、物体のうちにその帰結を有する作用であることを支持する。それはペトルス・ヒスパヌスの主張である。この枠組みにおいては、霊魂論が生物のあらゆる類型について語っているにしても、霊魂とその作用という観点から語っているという事実によって、学の区分のガイドラインと『霊魂論』の対象とのあいだの緊張は解除される。

生物ノ内ニ在ル物ヲ考エテ見ルト、霊魂、及ビ霊魂カラ外ニ出テ物体ニ至ツテ止ム作用［ガ在ル］。斯クシテ『霊魂論』ハ生物デ在レバ何ニ就ツイテデモ論ヂテ居乍ラ、其レ（生物）ヲ霊魂ト其ノ作用ノ観点カラ論ヂテ居ル故ニ、其ノ標題ニ霊魂ガ採ラレテ居ルノデアル。[25]

したがって、Ｐ１とＰ２は、『霊魂論』の対象に関しては食いちがっているものの、或る一点に関して一致していることになる。すなわち、両者とも、アヴェロエスや『気象学注解』におけるアレクサンドロスと同じくアリストテレスの『霊魂論』を生物学資料体系の最後に置いている。『植物学』や『動物学』のさらにうしろである。P1は『霊魂論』の対象（理性的霊魂）は植物的・感覚的霊魂を研究したあとでなければ認識できないという理由を立て、P2は質料（物体）を研究したあとでなければ形相（霊魂）をあつかう書物は理解できないという理由を立てる。アルベルトゥスの区分（それをP3としよう）には、あきらかにP1・P2に対する反発が見られる。わたしたちが、さきに、つぎの図式で表現した「中二階」構造をもう一度見てみよう。

a　無生物 ↕ 『鉱物学』

［第二部］ b　生物

Ⅰ　生命在ル動ク物体

（1）霊魂ト、其ノ諸能力或イハ諸部分 ↕ 「アリストテレス」『霊魂論』

（2）霊魂ノ作用

こうした構造には明白な目的がある。「霊魂ト、其ノ諸能力或イハ諸部分」と「霊魂ノ作用」との区別を生かしてアリストテレスの『霊魂論』に上席を与えることである。『霊魂論』は『植物学』や『動物学』に先立って研究されなければならないと決めたところにアルベルトゥスの革新性がある。それと言うのも、霊魂論は生物の原理をあつかい、しかも生物はその原理を研究したあとにしか研究されえないからである。

これが特異であることは、アルベルトゥスの区分を、最近Cl・ラフルールによって編集された『パリ大学試験官必携』のなかで自然哲学の第三部として設けられた *physica sive scientia inferior naturalis*（自然学或イハ自然的学知ノ下級部門）という項目の記述とくらべてみれば一目瞭然である。

自然学ノ主題

自然学ノ区分

Ⅰ　普遍的ニ考察サレル動ク物体　↕　アリストテレス『自然学講義』

Ⅱ　特殊ナ動ク物体

　A　生成セヅ消滅シナイ物体　↕　［アリストテレス］『天体宇宙論』

　B　生成シ消滅スル物体

　　（1）単純物体　↕　［アリストテレス］『生成消滅論』

　　（2）合成物体　↕　［アリストテレス］『気象学』

　　（3）生物

　　　a　植物的霊魂　↕　［アリストテレス偽書］『植物学』

　　　b　感覚的霊魂　↕　［アリストテレス］『動物学』

　　　c　理性的霊魂　↕　『霊魂論』及ビ付随スル書物（『生と死について』『睡眠と覚醒について』『感覚と可感的なものについて』『記憶と想起について』）＋『心臓の運動について』（「此ノ書物ハアリストテレスガ書イタノデハ無イ[26]」）

この『必携』にはもうひとつ別の特徴がある。その氏名不詳の著者が自然学の研究素材を紹介するために費やした紙幅は、論理学のそれに費やした紙幅にくらべても、滑稽なくらいに少ないということである。『必携』をこんにちに伝えているバルセロナ・リポル写本一〇九の全二四丁のうち、自然学は第一三五丁表上段から裏下段までのたった一丁（ラフルール版でもたったの四頁）を占めるにすぎず、対して、論理学は第一四三丁裏下段から第一五八丁裏下段までを占めている。写本一〇九は『六原理の書』を検討している途中で唐突に終わっているので、論理学の占めるスペースは、実際、もっと長かったと推測される。この少なさはアルベルトゥスによる記念碑的区分にくらべると馬鹿ばかしくさえある。くわえて、『必携』の試験計画表に載っている自然的学知に関する予想問題の数が、ほかの分野とくらべて極端に少ない――全体で三つだけで、しかも、どう考えても大した問題ではない――という事実は、アルベルトゥスの区分を引きあいに出すまでもなく、大学の実情とアルベルトゥス・マグヌスの大学外的な学問構想とのあいだに乖離があることを遺憾なく示している。たしかに、ロジャー・ベーコンが書いたとされ、アミアン写本によって伝えられている『予想問題集』を読むと、当時のパリ大学は、はっきりと、学生が『パリ大学試験官必携』の手引きに従っているだけでは対処できない水準にあることが分かる。しかしアルベルトゥスの哲学構想がはらんでいる情報量と奥深さの水準を、ベーコンの著作が証言している水準とまともに比較することはできないし、また、そうした限界を背負ったベーコンの著作ですら、パリ大学における教育をそのまま反映しているとは考えづらい。ベーコンやロバート・キルウォードビー（アルベルトゥスは、おそらく、そこかしこで彼らから研究素材を借用している[27]）は一二四五年頃のパリの風景のなかでは例外の観を呈しているのである。

　にもかかわらず、アルベルトゥスの自然的学知についての分析は死文のままではいなかったことは確実である。というのも、それはパリ大学の「学習指導要領」の一部に影響を与えたのである。

　パリ大学の――もしくはオックスフォード大学の――伝統のなかにアルベルトゥスの『〈自然学講義〉注解』が名誉ある地位をとり返したことのひとつの証拠は、オックスフォード大学ボドレイアン図書館ディグビ写本二二〇にあるプロヴァンスのアルヌルフスの『諸学の区分』の自然哲学の項目の提示のしかたである。アルヌルフスのこの著作はオックスフォード大学マートン・カレッジ写本二六一（C二・一二）およびパリ国立図書館ラテン語写本一六一三五にもあるが、ディグビ写本では六〇行ほどが差しかえられていることが知られている。Cl・ラフルールがアルヌルフスの著作集を編集したときに用いたのは差しかえられるまえの、右の二写本である。注目されて然るべき対照テクスト（ディグビ写本）の方はいままで注目されてこなかった。差しかえの意図は、あきらかに、アルベルトゥスの「詳細な区分」をはめ込むことである。そのことを納得したければ、ディグビ写本が提供する、段差を解消した図面を一瞥するだけで十分である。

自然哲学ノ主題（＝動ク物体）

自然哲学ノ区分

［第一部］

Ⅰ　普遍的意味ニ解サレル動ク物体　↕　アリストテレス『自然学講義』

Ⅱ　［物質ニ還元サレル］動ク物体

A　決メラレタ位置デ、其ノ諸部分ノ場所ガ変ワル、若シクハ位置其ノ物ガ変ワル物体　↕　［アリストテレス］『天体宇宙論』

B　形態ガ変化スル動ク物体

（1）単純可動体　↕　［アリストテレス］『生成消滅論』及ビ此レニ付随スル諸著作

a　第一ノ可動体カラ刻印ヲ受ケ取ル事ニ拠ツテ其ノ状態ガ決マル限リデノ単純可動体　↕　『国と都市の経度・緯度および居住可能地域について』

b　刻印其ノ物　↕　『元素および惑星の固有性の原因について』、アリストテレス『宇宙論』

（2）混合ノ途上ニ在ル混合可動体　↕　［アリストテレス］『気象学』

（3）完全ニ自然種ヲ成シテ居ル混合可動体　↕　『鉱物学』

［第二部］

Ⅰ　生命在ル動ク物体

A　自己トノ関係ニ於ケル霊魂ト其ノ諸能力、即チ、絶対的意味ニ解サレ且ツ生命在ル限リデノ生命在ル霊魂　↕　アリストテレス『霊魂論』

B　有機的物体ト関係シ、自己ヲ限定スル為ニ或ル種ノ生ケル器官ヲ持タネバナラヌ霊魂　↕　［偽アリストテレス］『植物学』、［アリストテレス］『動物学』／a動物部分論　b動物誌　c動物発生論

C　器官ト関係シ、其ノ三ツノ能力ヲ三重ニ考慮サレル限リデノ霊魂

（1）全テノ生キトシ生ケル物ニ当テ嵌マル植物的能力 ↕ 『死と生について』『若さと老いについて』『蒸散と呼吸について』『長命と短命の諸原因について』『健康と病気について』『栄養と滋養物について』

（2）器官トノ関係ニ於ケル場所的運動能力 ↕ 〔アリストテレス〕『動物運動論』、〔アリストテレス〕『動物成長論』

（3）主体トノ関係ニ於ケル感覚能力

　a　感覚ヲ働カセル傾向性ヲ有スル器官トノ関係ニ於ケル外部諸感覚 ↕ 〔アリストテレス〕『感覚と可感的なものについて』

　b　自ラノ器官トノ関係ニ於ケル内部諸能力 ↕ 〔アリストテレス〕『記憶と想起について』

　c　感覚作用ヲ多様化スル合成サレタ受動 ↕ 〔アリストテレス〕『睡眠と覚醒について』[28]

　アルベルトゥスと氏名不詳の差しかえ人はP3を擁護する点で共通している。それにしても両者の枠組みのちがいが目に飛び込んでくる。（A）第一部の一節を書きかえて『国と都市の経度・緯度および居住可能地域について』と『元素および惑星の固有性の原因について』を（『天体宇宙論』ではなく）『生成消滅論』に従属させていること。（B）霊魂の三つの能力を語るべき第二部の一部が完全に書きかえられて、とくに、知性的能力がディグビ写本二二〇の図式からは姿を消していること。

　このことからわたしたちはアルベルトゥスの主要な新機軸の二番目へと案内される。それは一番目と関係はあるが、わたしたちからすると一番目よりさらに重要である。

アルベルトゥスの卓見その（二）——知性の研究を自然学に挿入する

　ディグビ写本二二〇による自然哲学の区分に知性的能力という項目がないことにはひとつの理由しかありえない。区分した当人が生命ある動く物体を語るべき自然的学知の分枝のなかに知性的霊魂を書き込むことを欲していないのである。そのことから、この人物は知性的能力を有機的物体トノ関係ニ於ケル霊魂の能力とは考えていないことが推理される。かれのやりかたはアルベルトゥスのやりかたより首尾一貫していると思えるかもしれない。それはアヴェロエス主義への接近を表しているとまで想像できるかもしれない。しかし、アルベルトゥスの分類は、結論もしくは戦略という点では氏名不詳の差しかえ人のそれと袂《たもと》を分かつにしても、すでに見たように、緊張をいとわず、無理を承知のうえで、かれと同一の前提に立脚している。それもそのはずである。ケルンの学匠は、あらゆる忠実なアリストテレス主義者同様に、知性は非物質的であり物体には依存せず、非受動的であり混合ヲ免レテ居ル（*impermixtum,* ἀμιγές,『霊魂論』第三巻第四章四二九a一八－一九）という考えを支持するからである。にもかかわらず、かれは「知性と叡智的なものについての精妙な学」を『植物学』および『動物学』の直前に置く。これは一貫性の欠如だろうか。「アヴェロエス主義者」と誤解されることを恐れたのか。そうではない。まさにこの点においてこそ、自然的学知を論じるコーパス（資料体系）のアルベルトゥスふうの再編成が真の新機軸と言えるゆえんがあるのだ。アルベルトゥスにとって知性は「事物」でもなければ肉体に「固有の傾向性」でもない。実際、アリストテレスの弟子にとって「思考の器官はない」のである。そうではあっても、知性と叡智的なものについての学知の場所が自然的学知の体系のなかにあり、その外部にはないことに変わりはない。次節で『知性と叡智的なものについて』の著者がこうした編入についてどのような弁明をおこなっているか、そしてこのことが『〈自然学講義〉注解』のなかで起草された先導的図式にどのような手直しを強いることになるかを見るつもりである。いまのところはケルンの学匠が、知性の問題を、ローマのアエギディウスが[四]「パルウア・ナトゥラリス（自然学小論集）」と呼んで以来、そのように総称されている論考集の枠内であつかう決心をしていることに注意しておけば十分だろう。そのことは、アルベルトゥスにすれば、ふたつの暗礁のいずれをも避けることを意味する。すなわち思考を物体もしくは有機体に固有の傾向性にまで矮小化するアフロディシアスのアレクサンドロスの属性論的唯物論と、思考を人間の霊魂からは完全に分離した「事物」の活動の産物と考える或る種のアラブ・ペリパトス派の実体論的観念論である。[29] このためにこそ「心理学」の「自然科学」への予想外の編入という賭けがおこなわれたのだ。その賭けの真価をこれから見極めなければならない。いまのところ少なくとも言えることは、この決断が決して当たりまえのものではないということである。それを示すのにふたつの例を挙げれば十分だろう。パリ大学人文学部に伝えられていた或る教科書と、トマス・アクィナスの、或る、重要な、テクストである。

『哲学教程』という標題でCl・ラフルールによって刊行された筆者不詳の教科書（オックスフォード大学、コーパス・クリスティ・カレッジ写本二八三および同写本二四三）が執筆されたのは一二四五年前後にさかのぼる。この教科書がふくむ学問の区分はアルベルトゥスによる「詳細な区分」にくらべると掘りさげが浅く、参照文献のあげかたと内容説明の短文の書きかたがそっけないものの、アルベルトゥスの区分とよく似ている。アリストテレスの『霊魂論』が導入され、「生命ある動く物体」の下位区分として霊魂ノ学と生物ノ学とが意味深長に区分される段にさしかかると、『哲学教程』の著者はアルベルトゥスの立場とは大きく異なった立場をとる。かれはきっぱりと『感覚と可感的なものについて』や『霊魂論』が管轄する領野から知性的能力の対象の研究を排除するのである。『感覚と可感的なものについて』から排除するのは当たりまえであるが『霊魂論』から排除することはそう当たりまえでもない。事実、ここで拒絶されているのは、叡智的なものは「心理学」の管轄であるという観念それ自体にほかならない。叡智的すなわち普遍的なものの研究と知性的なものの研究は、もっぱら形而上学の管轄とされる。

知性的ナ物ハ、己ガ実体デアルカ偶有性デアルカヲ形而上学ニ定メテ貰ウニハ及バナイ。何故ナラ、知性的ナ物ハ、其ノ対象ガ普遍的デアッテ、自ラ、絶対的存在者及ビ存在者ノ固有性（ドノ様ナ存在者ガ普遍的デアリ、特殊的デアリ、現勢ニ在リ、潜勢ニ在ルカ）ヲ考察スルカラデアル。加エテ、知性的ナ物ハ、道具ヲ持タナイガ故ニ、道具トシテ使ワレル事モ無イ。[30]

アルベルトゥスは、『知性と叡智的なものについて』を自然学の領野に書き入れる決断をすることによって、意識的に確立されたスコラ学の伝統と絶縁している。トマス・アクィナスが『感覚と可感的なものを論ずる書の所見』の序言で拒絶しているのはこの決断である。トマスの所見はこうである――知性は物体のいかなる部分の働きでもないから、身体もしくは何らかの身体器官に結合もしくは付着しているかのように考察することはできない。このゆえにアリストテレスは『霊魂論』を補完するために知性と叡智的なものに関する論考を執筆することをしなかったのである。さらに踏み込んで言えば、かりにそのような論考を執筆したとしても、それは「自然学」にではなく、離在的諸実体を扱う形而上学に所属することになっただろう。

知性ハ、『霊魂論』第三巻デ証明サレテ居ル通リ、如何ナル物体ノ部分ノ働キデモ無イ事ハ確実デアル。従ツテ身体若シクハ何等カノ身体器官ニ具象化若シクハ付帯化スルカノ様ニ考察スル事ハ出来ナイ。何故ナラ、知性ハ最大限ニ具象化サレテモ、尚、霊魂デアリ、他方デ、最高度ニ抽象化サレレバ、即、離在スル諸実体ダカラデアル。ソシテ其レ故ニアリストテレスハ『霊魂論』以外ニ知性ト叡智的ナ物ニ関スル書物ヲ書カナカツタノデアル（若シ仮ニ書イテ居タニシテモ、其ノ書物ハ自然学デハ無ク、寧ロ、離在スル諸実体ニ就イテ考察スル事ヲ本分トスル形而上学ニ所属シテ居タ事デアロウ[31]）。

「人文主義」でも「トマス主義」でもない――それが「アルベルトゥス主義」である。アルベルトゥスの貢献は、受け入れられるかどうか、理解されるかどうかは別にして、自然的学知に関するかぎり、考慮に値する、斬新なものである。それは半世紀有余におよぶ「自然学小論集」の使用禁止措置を乗りこえる「全的アリストテレス主義」「完全アリストテレス主義」の構想である。それは禁止されていた資料を借用しているが、あえて言えば、検閲官の無知のために禁止されそこなっていた資料をも借用している。そのことによって、この構想は哲学と神学との、学知と学知の拒絶との、哲学的真理への踏み込みと宗教的慰安への逃げ腰との関係の問題にありとあらゆる意味を与える。一三世紀前半という時代の変わり目に、自然に関するアリストテレス哲学の体系的研究に着手し、古い全典の不足を補うために、あたらしい書物を差しはさんだり、論述の隙間を埋めたりするには大いなる厚かましさが必要だった。アルベルトゥスはこの種の厚かましさを持ちあわせていた。アルベルトゥスが中世アリストテレス主義の父と考えうるのはそのことによる。かれが哲学史家の関心をひくのもその点である。通説とは逆に、信仰と理性との対立や「スコラ学のドラマ」は大学内で生まれつつある思想の絶対的な準拠枠ではなかったということもありうる。かりに通説が正しいにしても、くだんのドラマの決着を見出すべきはアルベルトゥスにおいてである。なぜなら、稚拙な学問と素朴な信仰の口げんかを「ドラマ」に仕上げようとしても仕上がるものではない。「ドラマ」には教養が必要なのだ。しかも対立する双方の側に。アルベルトゥスには教養があり、しかも双方の役割を演じられるほどたっぷりあった。中世後期のスコラ学を理解するためには歴史（＝物語）をアルベルトゥス自身の語りによって聞いてみることが欠かせないだろう。

2　保守主義と進歩主義のはざまで

一三世紀に入手可能だったギリシャ・アラブ世界のほとんどすべての文献の読者であり、アリストテレスの全著作の解釈家であったアルベルトゥス・マグヌスは哲学の本質の問題に正面から取りくんだ最初の中世著述家である。トマス・アクィナスの思想をある程度までかたち作った定期討論もしくは任意討論問題がかれにはいくら探しても見当たらないにしても、だからといってアルベルトゥスがだれとも衝突することはなく、何ものも拒絶せず、自分独自のものを何も押しださず、他人の哲学を「つまびらかにする」ことで満足していたという公認歴史学の神話を継承するわけにはいかない。アルベルトゥス・マグヌスの哲学があり、それは相互に結びついた、論理学、形而上学、心理学、倫理学に関する教説の統体であり、記述され分析されうる体系を形成している。

たんなる「祖述者」というアルベルトゥスのイメージは、すでに見たように、ジェルソンによって普及させられた。ケルンの学匠の正式の伝記作家であるプロイセンのペトルスは、このイメージをそのまま引きついだ。おそらくかれ自身が引用しているジェルソンの『神学化された占星術の妄言』か、あるいはパリの学長のほかの何かの著作からヒントを得たのだろう。[32] いずれにせよかれは、用心ぶかさもあってか、『福者アルベルトゥス大博士の生涯』という知的聖者伝の核心部分に、弟子の好意的まなざしというよりは、論敵の批判的評価の方を引き入れた。祖述家――これこそが、歴史上、「自然学者アルベルトゥス」[33] の全業績に随行し、それに刻印を押す言葉であるが、その言葉と並んで、一方が他方を自動的に呼びだすかのようにつきまとうのが、「ラテン・アヴェロエス主義」と「二重真理」とが断罪された一二七七年の険悪な雰囲気から生まれ、公認歴史学のなかに残った、懐疑家‐秘密主義者という言葉である。この、歴史的‐歴史学的なジェルソンの図式はどこにでも出没する。そのもっとも明確な表現はフランドルの神学者でカルトゥジオ会の修道士ディオニュシウス(五)――のりとハサミを持たせたら右に出るものはいない――の『命題集注釈』のなかの一節に見られる。かれはアルベルトゥス・マグヌスとその弟子たち（とくにかれが何度も丸写ししているシュトラスブルクのウルリクス(六)）に明らかな関心と共感を寄せていたにもかかわらず、アルベルトゥスの祖述を、信仰と理性、神学と哲学、超自然と自然とが領有権を争う土地へのペリパトス派の乱入によって引きおこされた諸問題に対する不充分な応答と決めつける。ひとことで言えば、アルベルトゥスかタンピエかのいずれかを選ばなければならないのだ。中間はないのである。信仰に反することをこころ安らかに「祖述する」ことはできない。法王庁を代表してディオニュシウスはきっぱりとつぎのように言いきった。

> かれ［アルベルトゥス］は自著においては神学者・真正なカトリック教徒として語り、目下の注釈書においてはペリパトス派の擁護者・模倣者を自任する哲学者・注釈家として、自然的理性の掟に従って語っていると返されれば、わたしとしては、そうした答えかたも可能であろうと認めざるをえない。アルベルトゥス自身が自著の『離在諸知性に関する論考』の第一章で「わたしたちはここでペリパトス派の意見を擁護するのであって、かれらは知性が場所によって限定を受けることを否定し、いかなる知性も永遠に遍在すると主張する」と書いているからである。［たしかに］アルベルトゥスはこの著作でもほかの著作でも似たようなことをくり返し述べている。しかし――ここで疑いを持つこ

とが不当であると言うならともかく――こうした答えかたで充分かどうかについて疑うことが可能である。実際、タンピエ司教は、あたかも逆向きのふたつの真理があるかのように、聖書と教会文書によらずに、自然的理性もしくは哲学者の教説もしくはペリパトス派の伝統によって或る事柄が真であると宣言する者に対しては、だれであろうとその意見表明を断罪し、排拒し、禁止したではないか。[34]

こんにち最良の解釈家たちは、むしろ、アルベルトゥスの構想の威光と実力とを強調する。L・ビアンキとE・ランディはアルベルトゥスの業績がギリシャ・アラブ思想に対処する「文化的政治」ならびに「知のイメージそのもの」に与えた影響の大きさを力説する。かれらによると、ケルンの学匠は「アリストテレスを合法化した」のであり、そのことが、「異教の哲学的・科学的遺産の摂取と、そうした摂取が内包するあらたな批判的反省が、キリスト教の知的解放にとって不可欠であるという確信」にみちびいたのである。[35] F・ファン・ステンベルゲンにとってアルベルトゥスの独創性とは、「世俗科学の自律的発展は必要不可欠であり恩恵をもたらすこと、神学其レ自身がそのことに利益を見出すだろうことを、そのあらゆるふるまいを通じて」宣言したことである。正確にはつぎのような文言による。

> アルベルトゥスは己の原理、方法、内的処方箋のなかに、ためらうことなく、もっぱら理性的な探求理念を受け入れる。かれは超自然的な知恵から区別された自然的知の合法性を承認する。[36]

合法性。すべてがはっきりとこの言葉のまわりを回っている。回勅「信仰と理性」のなかでヨハネ・パウロ二世は「哲学的手法の正しい自己規律の主張」と「あきらかに不当な思考の自己充足の要求」とを区別した（七五章）。しかし自己規律と自己充足を実際に分けているものは何だろうか。アルベルトゥスの時代において哲学の合法性を承認するにはふたとおりの様式が可能である。ひとつはアヴェロエスの様式である。アヴェロエスは、ひとりのカーディ（イスラム教国の裁判官）として、哲学活動はイスラムの地ではたんに許容されているにとどまらず、強制されてもいる（もしろん、哲学者に、ということであるが）ことを、なかば司法的なかば神学的な、合理的かつ解釈学的論拠によって立証する。明白な諸理由によって、これはアルベルトゥスの選ぶ道ではない。哲学の合法性を承認するもうひとつの様式は、それを「神学に還元する」ことであり、それを宗教的知の体系に統合することであり、それを宗教的知の従順な道具にすることであり、もしくは、批判の篩《ふるい》にかけて、それをロジャー・ベーコンが言うところの「キリストの哲学」のなかに「昇華する」ことである[37]。これもまたケルンの学匠のとる道ではない。それではアルベルトゥスの道とは何か。F・ファン・ステンベルゲンは、かれのうちに中庸の信奉者を認めて称賛する。かれは「ただちに哲学者に宣戦を布告したがっている保守的神学者と哲学者に盲目的に従うあまりそのもっとも深刻な誤謬をも共有しようとする人文学者[38]」とのあいだに身を持している、というのである。この位置づけは魅惑的ではあるが、しかし――カルトゥジオ会修道士ディオニュシウスの言を借りれば――「こうした答えかたで充分かどうかについて疑うことが可能である」。狂信と盲従とに中間などは期待できないことを経験が証明しているうえに、困難なのは、キリスト教的真理と哲学的真理との中間に身を持する思考がどのようなものでありうるのか――それこそが真の問題なのだ――を想像することである。ファン・ステンベルゲンによればアルベルトゥスの右の姿勢にはそれなりの真実味があり名前もある。「キリスト教的アリストテレス主義[39]」というのがその名前である。わたしにはこうした命名行為は難問を解決するのではなく、むしろ水で割るだけのように思える。「もし異教哲学がキリスト教思想家にとって価値も関心もないものであるとアルベルトゥスが考えていたとしたら、かれによるアリストテレスの注釈のくわだてはどれもこれも無意味で謎めいたものになる[40]」とファン・ステンベルゲンが力説するとき、わたしたちは肯くよりほかにしかたがない。しかし、この価値とは、正確には、どんな価値だろうか。この関心とはどんな関心だろうか。そして、とりわけ、異教哲学とはどんな哲学だろうか。キリスト教思想家とはどんな思想家だろうか。

　M・グラープマン[七]の登場以来、アルベルトゥスの哲学を新プラトン主義と性格づけ、その哲学を、やがてドミニコ会派に先導されることになる、ドイツにおける新プラトン主義哲学の復興運動の端緒に置くことは平凡な解釈になってしまった[41]。こうした歴史の読解は批判を容れる余地がある。第一に「新プラトン主義」という、近代的・文献学的・歴史学的知見はアルベルトゥスにとっても中世人の総体にとっても意味がないからである。第二に、そしてこれがむずかしい点なのであるが、アルベルトゥスとプラトン派哲学者は、たしかに、はなはだ特殊な関係にあり、その関係は平凡どころではない特異な現象を生んでいるのであるが、しかし、こうした現象自体が、当の現象と一見矛盾する枠組みのなかに立ち現れているからである。その枠組みとは、事あるごとにかれの口をついて出るペリパトス派ふうの信仰告白であり、全体の四分の三を「アリストテレスによって」占められている資料体系との頻繁な接触によって育まれた哲学の実践である。そしてその実践は或る具体的な背景から出ているのであって、その背景とは、一三世紀のパリという文化空間において哲学の理念が置かれた状況である。

　アルベルトゥスの哲学をその本質に引き戻せば、新プラトン主義的なところは何もないように思える。その実質は、むしろアリストテレス的であり、さらには「アヴェロエス的」であって、倫理的に完璧な生きかたとしての哲学の無条件的価値を肯定し、哲学的観想を人間の本質の実現と考え、思考こそが人間に固有でしかも最高の完全性であると考えている。やがて見るように、新プラトン主義とアリストテレス主義の矛盾は外見にすぎない。すでにほかの個所で暗示したように、「ラテン・アヴェロエス主義」と呼ばれているものが、その哲学至上主義という点からして、アリストテレスをアルベルトゥスふうに読むことから生まれ、他面では、こうした読みかたのなかにこそアルベルトゥスの「新プラトン主義」が住みついている——かれの模範であったアラブ・ペリパトス派の場合がそうだった——としたら、こうした矛盾は取り除きうるということがやがて示されるであろう。言葉をかえれば、アルベルトゥスがあちこちでアヴェロエス主義者と同じ言葉づかいをしても驚いてはいけないということである。それはかれがアヴェロエス主義者と考えが一致するからではない。おおっぴらに、もしくはこっそりと、アヴェロエス主義者がアルベルトゥスからそうした言葉づかいを借りているからである。「ドイツ新プラトン主義哲学」の創設者が、自分のことを頑《かたく》なに「ペリパトス派」と語ることに驚いてもいけない。かれの歴史カテゴリーはわたしたちのそれではないし、これは周知のことであるが、ペリパトス主義はアリストテレス主義ではない（八）。

まとめに入ろう。アルベルトゥスの思想のうちにパリ・「アヴェロエス主義」なる奥座敷があるにしても、それについてはアルベルトゥスを「アヴェロエス主義」によって説明するというよりも、むしろこのアヴェロエス主義をアルベルトゥスの側から理解しなければならない。同様にアルベルトゥスふうの「新プラトン主義」があるにしても、この「新プラトン主義」は正統新プラトン主義との直接の関係から生まれるというよりも、むしろギリシャ・アラブ人のアリストテレス注釈家の息がかかった新プラトン主義から長い時間をかけて熟成するものである。トマス主義に立つ公認歴史学は、アルベルトゥスの哲学作業が根をおろしていた、客観として両義的な土壌から、主観として両義的なアルベルトゥスなる伝説を引きだし、資料体系の不確定性を人間へと転移し、時代の困難を個人の特殊性に仕立てあげた。アルベルトゥスを読み直すという提案をすることにより、つまるところわたしたちは、序論で告知したとおり、或る具体的成果をねらっているのである。結果を原因と取りちがえる事態を引きおこしている読解上の約束事を見直し、その道すがら、中世の哲学地図に合わせて、ひとつふたつの「〜主義」に修正を加えることである。これをするためには検閲の問題に真正面から取りくまなければならない。

アルベルトゥスと一二七〇年の断罪

一二七〇年一二月一〇日、（一二六八年一〇月七日に着任して）まだ日の浅いパリ司祭が一三個の哲学命題を禁圧する。これは大学を標的にした最初の検閲ではない――アリストテレス主義は一二一〇年以来、逆風にさらされ続けてきた――が、しかしギリシャ・アラブ系ペリパトス主義のいくつかの基本命題を直接にねらったものとしては初めてである。この成功に味を占めたパリ司教は、すでに述べたように、七年後に中世ヨーロッパの歴史上もっとも恐るべき禁止措置を大だい的に執行することになるだろう。そのときは二一九個の命題が巻き込まれることになる。自身が以前にパリ大学の教師をしていたタンピエが作成した七年後の謬説表は、ほかのふたつの謬説表の延長線上にある。ひとつはこれまで何度も研究されてきたボナヴェントゥラの謬説表であり、タンピエの謬説表はそこから知性の単一性と世界の永遠性の命題を引きついでいる。この一覧表を再検討する必要はないだろう。もうひとつはレッシーヌのアエギディウスからアルベルトゥスに宛てられた『質問表』であり、タンピエの謬説表はその一五個の命題のなかの一三個を引きついでいる。この一覧表に関しては、もちろん、何も言わずにすますわけにはいかない。一三個の命題とは以下のとおりである。[42]

（一）すべての人間に対して数的に同一な知性がひとつあるのみである。（二）「人間が思惟する」という命題は偽であるかもしくは不適切である。（三）人間の意志は必然によって欲し、選ぶ。（四）地上に到来するあらゆるものは天体の必然に従っている。（五）世界は永遠である。（六）最初の人間がかつて存在したことはない。（七）霊魂は、人間であるかぎりの人間の形相であって、肉体とともに滅ぶ。（八）死後に、肉体から分離された霊魂が物体的な炎に焼かれることはありえない。（九）自由意志は欲望の必然に突き動かされた、能動的ならざる、受動的能力である。（一〇）神は個物を認識しない。（一一）神は自分自身以外を認識しない。（一二）人間の行動は神の摂理によって統御されない。（一三）神が可死的・物体的実在に不死性と不滅性とを与えることはありえない。[43]

一二七〇年に禁圧された一三個の命題は一二七七年五月七日の謬説表のなかにそっくりそのまま条文化されている。[44]一三個のなかのいくつかはアヴェロエスから直接に由来している。その最初のふたつの命題はトマスが問題視する知性の単一性理論の核心をなす。今回こそは「アヴェロエス主義」の存在に疑いがない、とひとは言うだろう。アルベルトゥスは一二七〇年以後にアヴェロエス主義を糾弾しているが、かれはその年以前からすでにアヴェロエス主義の存在に気づいていただろうか。これは提起する価値のある問題である。

すでに見たように、アルベルトゥスにとってすべては『質問表』から始まる。レッシーヌの若いドミニコ会修道士がドイツのむかしの恩師に宛てて或る一覧表を送ったのは、一二七〇年の、それも、同年の司教介入より以前であることは疑いがない。なぜなら、アエギディウスは『質問表』のなかで、アルベルトゥスも解答のなかで、司教介入を匂わすようなことは言っていないからである。その一覧表には、「哲学界の重鎮で通っているパリの教師たちによって提示されている一五の教説」[45]が載せられている。そしてアエギディウスは、すでに「多くの衆議会で攻撃されて」きたそれらの教説の挑発的な様相に触れたのち、アルベルトゥスに決定的な論駁を要請するのである。ここには「アヴェロエス主義」という言葉は使われていない。アルベルトゥスも、『一五の問題について』という標題の小著によって『質問表』に解答を与えるさいに、委任者同様に、アヴェロエス主義に言及していない。実際にかれがもはや直接の接触はなくなっていた「パリの教師たち」を批判しているにしても、それは「アヴェロエス主義」が理由なのではなく、かれらが、哲学者のテクストを読み考えるべき時間を、あまりに多く屁理屈に費やしているというのが理由である。もちろんアルベルトゥスとしても、「学部間の抗争」に巻き込まれたくはない。アエギディウスがアルベルトゥスに対して告発している「教師たち」は、たしかに、人文学部の教師のことであるが、アルベルトゥス本人がかれらを批判する段になると、かれらを哲学者としてではなく、無能な哲学者として、もっと正確には、論理学者（「詭弁家」）として批判するのである。かくしてアルベルトゥスは第一条――知性を単一とするあからさまな主張――に関してつぎのように注釈する。「かれらが言っていることは神学者にとって偽であるだけでなく、哲学者にとっても偽である。パリの教師たちの主張は諸哲学者の原典を知らないことからくるのであって、かれらの多くは哲学よりもむしろ詭弁に没頭している。[46]」こうした非難は目あたらしいものではない。トゥルネのステファヌス（九）にもあるし、[47]ロジャー・ベーコンにもある。[48]いずれにせよ、アルベルトゥスがアヴェロエスもしくはアヴェロエスの信奉者を名指しで非難しているのでないことは明らかである。

トマスがやがてアヴェロエス主義の誤謬の決定的な証拠になると考えるだろう第二条はどうであろうか。原典を分析してみよう。

> かれらのふたつ目の教説は「人間は思惟する」という命題は虚偽であり、もしくは不適切であるというものである。
> ［1］哲学に無知であり、また自己自身が何であるかに無知でなければ、こうしたことを言えるものではない。[49]事実、人間がただただ知性であり、思惟は人間に固有で天然な活動であることは哲学においてはっきりと確立されている。[50]こ

51 の活動は障害によって邪魔されなければ人間にとってこのうえない喜びとなる、ということもそうである。したがって「人間は思惟する」という命題以上に理にかなった適切な命題は世界にないことは言をまたない。そもそも「適切」という言葉は何を意味するだろうか。「それは何らかの種に適合し、それにのみ適合するもののことである。」ところでボエティウスがいみじくも語ったように、実体とその本質的諸特徴に注目するなら、人間の固有性は動物的感覚でも植物的活動でもなく、思惟であり思惟あるのみである。［2］さらに、固有で天然の活動を、そうした活動が固有であり天然である存在に帰属させる命題以上に真なる命題はない。したがって「人間は思惟する」――これは「光は輝く」あるいは「白は視覚像を解離させる色である」あるいは「熱は暖める」と同じ次元の命題である――はこれ以上に真なる命題はない命題であることは言をまたない。［3］しかし、おそらく、かれらは知性が人間のどのよう部分でもないと言いたいのだろう。もしそれがかれらの意図であるなら、それはまったくの不条理である。実際、それでは、人間が人間であるゆえんのものは人間のどのような部分でもないということになってしまうからである。だれもかつてそのように意見を支持したことはない。というのも、それは理解不可能な意見だからである。事実、ひとつの類のなかでひとつの種が同じ類に属する別の種と異なるとき、それはつねに、定義された種と論理的に換位可能な或る究極的な種差によるのであって、当該種はその種差を本質的に分有する――このことはアリストテレスが『形而上学』のなかで論証したことであり、いかなる反論をも免れている。ところで人間の究極の種差は思考である。このことはストア派もペリパトス派も全員一致して教えるところである。［4］しかし、おそらく、かれらは知性的存在が人間のうちに生まれつき可能性としてあるものの、当の可能性に対応する現実性すなわち知的活動それ自身は人間のうちに見当たらないと言いたいのかもしれない。これはあらたな不条理である。実際、それではひとつの種に固有の本性があらゆる活動を奪われているということになるからである。［5］しかし、おそらく、かれらは人間に固有の活動は思惟ではなく、たんなる推論であると言いたいのかもしれない。こうした主張は不注意な思索者の主張ですらなく、戯言《ざれごと》である。論証的思惟が成立するためにはその構成要素があらかじめ形式化されていなければならず、そのためには、知性の直観によって、［その直観の対象すなわち本質 essences ou quiddités が］合成もしくは分離されていなければならないことを知るために、それほど注意ぶかい考察は必要ない。したがって知性が本性においても理由においても「第一」である。ようするに思惟は論証的推論よりも人間に固有である。［6］しかし、おそらく、かれらは、思惟は上位の自然、たとえば天使的自然にのみ帰属するのであって、結局、人間のような下位の自然の固有性ではありえないと言いたいのかもしれない。この種の主張は哲学者のあずかり知らぬところである。哲学者は哲学の限界を越えるすべてを避けて通り、しかもそうしたすべてが自分の領分ではないからこそそうするのである。しかるに天使の位階の区別は、精霊のおかげで、啓示によって知られるのみであり、哲学のおかげで知られるのではない。たしかに、哲学者は［宇宙的］諸知性の位階秩序を容認しており、かれらによれば、思惟は、本来、「人間にではなく」こうした諸知性に帰属するのであって、そうした主張を反論の糧《かて》にすることも可能である。しかし、こうした主張もまた、完全に不条理である。実際、類比的に述定されるものは、異なる類型の諸実在に同じ様式で固有でないからといって、それらに固有でないことにはならない。［7］いまや、かれらは、おそらく、以前にアラブの一部の哲学者たちが言っていたように、霊魂のそとに能動的知性があり、この知性が太陽の機能にもくらべるべき、もしくは質料に対する形相の機能にもくらべるべき機能を果たしていると言いたいのであろう。しかし、これはとりわけ薄弱な論拠である。というのもこの主張を認めたからといって、人間が、適切に、また真理にたがわずに思惟しないと主張したことにはならないからである。実際、能動的知性が、光の唯一の源泉である太陽――己の光によってあらゆる事物を形成し、あらゆる事物に、照らしだす存在もしくは照らしだす能力を与える太陽――にくらべられ、また、能動的知性が、おのれのうちにあふれる形相を質料のうちに注ぎ込む芸術にくらべられるにしても、こうした光の流出は、能動的知性に帰属してはいながらも、霊魂のうちに達し、そこで存在の地位を得て、そしてまさにその資格において、霊魂を形相化し霊魂に知性と知的活動を与えることになるだろう。それはちょうど、輝きを放つあらゆる事物は太陽から形相を与えられ、太陽によって形相化されているのであって、そうした形相によって、今度は、事物が自分から照らしだして太陽の活動を完遂させるのと同じである。ところでこうした存在が、本来の意味で、真に「照らしだす」（luminaire）存在と呼ばれ、あるいは、真正な照明 illumination の能力を付与された存在と呼ばれている。こうした事情にかんがみて、わたしは、人間もまた知的活動能力を真正に付与された知的存在として考察していけない理由が分からない。同一の存在の働きを分有しているという観点に立てば、上位の存在の活動が、同時に、下位の自然の実体的あるいは本質的種差でもあることを妨げるものは何もない。この真理はおのれの形相と実体によって何ものかを産出するすべてのものにおよぶのではないか。［8］言いかえれば、そしてこれが結論であるが、「アラブの哲学者」の立場を支持しながら、同時に「パリの教師たち」がそこから引きだした教説に譲歩しないことが十分可能なのである。実際、かれらは何も証明していないのだから。［9］それゆえ、わたしは、かれらの立論があらゆる観点から不条理であると申しあげる。

テクストの構造は単純である。『質問表』第二命題の支持者に対してふたつの論拠が反証としてあげられている。［1］は（a）「人間が、ただただ、知性である」ことと、（b）思惟が「人間の固有性である」ことに言及する。［2］は「人間は思惟する」という命題を対象にとり、（b）に立脚して「固有性を述定する命題以上に真なる命題はない」と断ずる。続く［3］～［7］は一連の「おそらく」によって構成されている。アルベルトゥスはそこで『質問表』第二命題の支持者から返ってきそうなすべての反論を検討し、それらをつぎつぎに論駁する。［8］～［9］で、かれは支持者の立場と論拠を同時に拒絶して結論にいたる。

（a）の点はアルベルトゥス・マグヌスが理解するかぎりでのアリストテレス主義のもっとも基本的な主張のひとつである。表現そのものは『ニコマコス倫理学』第一〇巻第七章一一七七b二五以後と第九巻第八章一一六八b三〇～一一六九a三から引かれている。この表現自体、つぎにあげるいくつかの主張を内包している。（a1）「理論活動は人間のうちにあって神的な活動である。」そこから人間のうちには神的な何ものかがある、という主張も帰結する。（a2）「人間は可能なかぎり、おのれを不死化しなければならない。すなわち、おのれのうちにあるもっとも高貴な部分に従って生きるためにすべてを為さなさなければならない。」（a3）人間のうちにあってもっとも高貴なものは知性である。よって人間は「その存在の根本的かつ最良の部分であるこの部分」によって人間と知られる。（b）の点は『トピカ』第一巻第五章一〇二a一八～一九（トリコ版仏訳一一頁）の「固有なもの」の定義を説明するにすぎない。「固有なもの、それは事物の本質 quiddité は表現しないにしても、その事物にのみ帰属し、その事物と換位可能なもののことである。」換位それ自体はボエティウスの『イサゴーゲー注解』初版本第二巻第二章（PL六四、五〇A）を援用して正当化されている。［3］は思惟を人間に帰属させることに反対する最初の論拠を導入している。「知性は人間の何ものでもない」（*nihil est hominis*）すなわち人間の何ものか（*aliquid hominis* といったところか）ではない、換言すれば、人間の部分を構成しない、というのがその論拠である。これに対してアルベルトゥスはアリストテレス『形而上学』第七巻第一二章一〇三八a一九「最終的種差は事物の実体そのものであり、その定義である」を引用する。換言すれば、ひとつの種を定義する究極の種差は定義された種と換位可能である。ところでアルベルトゥスによると、すべての哲学者が人間の究極の種差は思惟であると考えている。それゆえ、くだんの教説を支持する者たちの論拠は無価値である。人間の本性が固有の働きを有しないという主張に帰着する第二の論拠［4］についてアルベルトゥスは、それが自然は何ひとつ無駄なことはおこなわないという規則、もしくは自然のなかに無益なものはひとつもないという規則に違背しているとほのめかす。第三の論拠［5］は、プラトンに起源を持つ、知的直観（*noēsis, intelligere*）と論証的推論（*dianoia, ratiocinatio*）との区別を援用する。[52] アルベルトゥスはその区別を逆手にとる。最初に可知的なもの intelligible を把握せずに推論はありえず、知性の第二、第三の働き（直接推理および三段論法）は第一の働き（単純な本質 quiddité の把握）なしにはありえない。ここで退けられた論拠は「アヴェロエス主義的」ではない。使われている用語は「知性 intellect」と「理性 raison」のあいだのギリシャ・ラテン的な区別を想起させるが、アラブ・ラテン的区別を想起させない。両者を混同する著述家もいるが、「知性」と「理性」との差異はアヴェロエスにおける「知性」と「認識能力」すなわち「弁別能力」（*vis cognitive, virtus distinctiva*）との差異と正確には重ならない。第四の論拠（［6］）は、知的直観が帰属する諸存在は、その思惟が感性的条件に従属していない諸存在すなわち天使的自然だけであることを示唆している。アルベルトゥスの回答は、ここではじめて、正真正銘の「アヴェロエス主義的」問題と嚙みあっている――実際、その回答のうちに、ダキアのボエティウスが論考『世界の永遠性について』[53] のなかで申し立てた、学の区分にかかわる自己規制の規則を想起しないわけにはいかない。しかし、いまの場合、リールのアラヌス[一〇]から継承され、哲学の独立性を保証するためにアヴェロエス主義者によって使われた格言（「いかなる巨匠も自分の専門の限界からそとに出る権利はなく、自分の専門から他人の専門に属する真理を演繹することも、他人の専門から他人に固有の原理に従って演繹されるものを否定することもいけない[54]」）がアルベルトゥスによって哲学者に投げ返されている。すなわち、天使の位階秩序の存在は哲学者の手に届きうるものではない。したがって哲学者にそれを援用する権利はないのだ。ちなみにダキアのボエティウスによれば自然学者は世界に始まりがあることを（そのことはかれの専門の限界内で証明できないから）証明してはならず、肉体の復活を（それは自然的諸原因によっては不可能であり、言いかえれば、かれの専門の枠内で証明することが不可能であるから）想定しない権利を有するのである[55]。学の区分の論理に合致している、第四の論拠の改訂版も、アルベルトゥスからすると、初版以上の幸運に恵まれているわけではない。すなわち思惟を宇宙的諸知性（それらはそれらで哲学者の専門に属する）にのみ帰属させても形勢は何ひとつ変わらない。思惟は離在する諸知性にも人間にも類比的に、十分、述定されうるのであるし、それはアルベルトゥス自身が「本質による知性」にほかならない離在知性と「取得による知性」を有する人間とを区別するときに支持している理論である[56]。こうした区別は「本質による存在」と「分有による存在」との区別にもとづいており、後者の区別形式のもとで、離在する能動的知性に関するアラブ哲学の教説の使用を排拒するために使われている（［7］）。すなわち能動的知性の離在は人間霊魂がその活動を分有することを妨げないのである。

　ご確認のとおり、論拠のどれひとつとして実際にアヴェロエスの業績に依拠しているものはない。アルベルトゥスの回答のどれひとつとしてアヴェロエスの業績を、本人や弟子の名をあげつらって、とくに問題視してはいない。結論は、おのずと、明らかである。アルベルトゥスの批判（［8］～［9］）は哲学に無知なパリの教師たちにかかわっており、「アヴェロエス主義者」というよりも「詭弁家」にかかわっている。能動的知性の現実の離在を信奉する「アラブ人の哲学者」へのほのめかしですら、とくにアヴェロエスが念頭に置かれているわけではない。アヴェロエス主義思考学の特殊性は、実際、能動的知性の離在と単一性を肯定することではなく、可能的知性の離在と単一性を肯定することにある。

レッシーヌのアエギディウスからの『質問表』のなかで、「人間は思惟しない」という命題のように、いかにもアヴェロエス主義的な教説に対面しながらも、アルベルトゥスが、どれもこれもアヴェロエス主義からは遠くかけ離れた一連の論拠を仮説としてあげるにとどめたことはどのように説明されるだろうか。説明は簡単である。一二七〇年にアルベルトゥスがドイツにいたということである。かれはパリ司教がまもなく制裁を加えることになる大学の現実との接触を失っていた。それがアルベルトゥスの『一五の問題について』とトマスの『アヴェロエス主義者の知性単一説を駁す』との原理的なちがいである——それはまた、一二七〇年を過ぎてなお、アルベルトゥスが自身の『神学大全』のなかに、その一五年以上もまえに書かれた「アナーニ論争」をいくぶん手直ししただけで組み込む理由でもある。アルベルトゥスはアヴェロエスを知っているが、アヴェロエス主義者を知らない。パリの教師たちについてのかれの情報は、「ラテン・アヴェロエス主義」が存在していなかった時点のものなのである。

アルベルトゥスとシゲルスと一二七二年の学則

学問が満たすべきアリストテレスの基準に合格した神に関する学知——これがアルベルトゥスによって擁護され宣揚された理念であり、アルベルトゥスはこれと並行して哲学の特殊性を擁護し、つまるところその自治権を擁護した。「神に関する学知」の理念、学問としての神学の理念はアルベルトゥスの独創ではない。これは一三世紀のすべての『神学大全』に共通の主張であり、「スコラ的」と言われる神学の本質そのものである。アルベルトゥスはオーセールのギヨームの『黄金大全』によって一三世紀に口火を切られた過程の飽和点に位置している。オーセールのギヨームは信仰を「信仰箇条ニ基ヅク見エナイ物ノ論拠」と定義した。この表現は『ヘブル人への手紙』の有名な一節を解釈したものである。聖パウロはそこでキリスト教徒によって告知されるロゴス、すなわち「十字架のロゴス」とは何かを定義する。このロゴスとは、パウロによれば「ユダヤ人が要求する前兆」とも「異教徒が探求する知恵」とも異なり、唯一の、信頼に足る言葉 λόγος πιστός である。なぜなら、それは「ユダヤ人にとっては躓《つまず》きであり異教徒にとっては愚かさである」ような「見えないものの論拠 *argumentum rerum non apparentium*」[57]であるからだ。だからこそ、そうしたロゴスには信じることがふさわしいのであり、『ゴルギアス』四五四eで言われている「見ることをいっさい求めない信頼 πίστις ἄνευ τοῦ εἰδέναι」がふさわしい。ちなみにジャン・ボーフレ（一一）はパウロの右の一節のうちに「わたしたちの生がその蛹《さなぎ》にすぎない、きたるべき生」の「先渡し」（『エペソ人への手紙』一章一四節）を構成する信頼を読みとり、その美しい解釈のなかで『ゴルギアス』のこの表現を引用している。[58] 旅の途上にある人間の中心的・構成的経験としての信仰は、オーセールのギヨームとスコラ学の成立を待って、「信仰箇条」にもとづく *propter articulos fidei* 見えないものの論証となり論拠となるのである。

アルベルトゥスは、学的三段論法についてのアリストテレスの定義によって補強された学問としての神学という概念をギヨームと共有している。「三段論法についての三段論法の熟達がわたしたちのための学問を構成する。」アリストテレスは論証的学問が「真であり、最初であり、無媒介的であり、結論よりもよく知られ、結論に先行し、結論の原因となる諸前提から」（『分析論後書』第一巻第二章七一b一八～二四）出発する必要があると主張した。この定めごとに意を強くしたギヨーム、ついでアルベルトゥスは「スコラ」神学の学問性を定義する四項間の類比関係を確立した。前提と学的結論との関係は信仰箇条と神学的結論との関係にひとしい。もっと正確に言うと、信仰箇条と神学との関係は、自明の原理と学問との関係にひとしい。こうした構造的な相似が哲学と神学によって共有された学問性のモデルなのである。

しかしながらアルベルトゥスの構想のなかでもっとも重要なのは、ある意味では一三世紀のほとんどの神学者に共有されていたこうした類比関係ではなく、かれがこの類比関係から作りあげた何ものかである。ケルンの学匠の独創性は、アリストテレス的な学問モデルのかれ自身による利用法とブラバントのシゲルスのような「アヴェロエス主義者の」著述家による利用法をくらべてみるとよく分かる。このベルギーの哲学者はアルベルトゥスをよく読み、何度も引用し、多くの点でかれに依存している。逆説的なのは、シゲルスがケルンの学匠から影響されただろうとだれもが予想するまさにその個所でシゲルスは影響されていないということである。アルベルトゥスによる厳格な領土画定によって惹起された哲学と神学との関係の問題を解決するために、シゲルス――かれにおいて問題は形而上学（自然神学）と啓示神学との関係の問題に移っている――は、トマス・アクィナスから多大な影響を受ける。かりにかれが哲学に自治権が欠かせないという観念をアルベルトゥスと共有している――シゲルスの有名な「哲学ニ蓋ヲスル事ハ正シク無イ」というスローガンは、この観念を支持すると見てよいだろう――にしても、シゲルスは哲学的神学の諸原理の射程を制限している。そうした諸原理はかれによれば「感覚器官や記憶といった自然的理性の光のもとでの経験」に発しているのであり、したがって、必然的というよりは、しばしば蓋然的にすぎないのである。それゆえシゲルスは形而上学の可能性に関しては、「ラテン・アヴェロエス主義者」が（公認歴史学から）懐疑的と見られているよりもずっと懐疑的である。かれは形而上学を支えている諸原理の起源が経験的ですらあることをあげつらって、形而上学の可謬的性格を延えんと力説している（「其ノ諸原理ノ認識ニ於イテ誤謬ガ生ヂ得ル」）。F・ファン・ステンベルゲンは、そのことから、「シゲルスは、おのれのアリストテレス主義それ自体の名において、理性を信仰に従属させている」[59]と結論づける。もちろん、こうした診断には議論の余地がある。F-X・ピュタラズとR・インバッハは、それなりの論拠を添えて、シゲルスのうちには従属ではなく序列があると主張している。従属ではなく序列があるということは「あきらかに［…］信仰は哲学的手法を制御する否定的な規範の役割を［演ずることはできない］ことを意味する」。事実、従属があるとすれば信仰は「誤った結論にみちびかれる哲学的過程のなかに介入する権利を得ることになろう」が、「序列しかないとすれば」「信仰が形而上学と対立するときには、整合性を保つために、信仰の真理の側に立つべきこと」が意味されるにすぎない、とかれらは強調する。結局どういうことか。「哲学的結論が、端的に *simpliciter* 誤る」にしても、だからといって、訂正までされる言われはない――どうやらこれが哲学者の言い分である。こうした奇妙な状況はふたつの異なる様相を呈する。（一）真理は、端的には *simpliciter* 信仰の秩序のもとにある。それは哲学者の手には届かない――哲学者は論理的必然性の使い手であって、おのれの秩序のもとで、おのれの専門分野の限界内に君臨するが、しかしその必然的結論は偽であるかもしれず、「少なくとも、絶対的に必然的ではない」。というのも、哲学の諸原理が「部分的であり、また偽でありうるからである。」（二）そうであるにしても、哲学的活動には、やはり、自治権がある。なぜなら、或る与えられた領野で論証された結論は、当該領野の認識論的制約のなかで修正することが不可能だからである。これは自治権についての一種独特な理解のしかたであって、パリ大学人文学部の「一二七二年の学則」のはなはだ複雑な戦略と完全に馬が合っている。F－X・ピュタラズとR・インバッハがかなり大胆に解釈し直した例の学則である。思えばシゲルスの奉ずる自治権も一種独特な自治権である。かれはたんに「哲学的結論は［…］最終段階において信仰と神学の判断に従属するのであって、神学は哲学的結論それ自身にまでおよぶ、より普遍的な学知である」ことを公言するだけでなく、「なぜ必然的な哲学的結論が場合によっては排拒されなければならないかを哲学的に説明する」ことも辞さないのだから。[60] 結局は、経験論の効力についての理解が一種独特である。シゲルスは、すべての際どい問題に関して、信仰と相容れない結論にいたりつく諸原理はたんに蓋然的でしかないことを強調したがるのであるが、その理由となっているのが「そうした諸原理は感覚器官に発して、記憶に委ねられ、理性の光のもとで経験として構造化されている」[61] ことなのである。こうして削りに削った果てに、哲学的探求の自治権の、いったい、何が残っているだろうか。一二七二年四月の学則の規定により哲学するあらゆる哲学者に、唯一、許された知的アクロバットを除けばほとんど何も残らないように思える。いずれにせよ、ヨハネ・パウロ二世が第一三回勅「信仰と理性」で言及した、「自己充足」とは区別されるべき自己規律以外、ほとんど何も残らない。そしてもし学者の世界を（理想化された理論競争という観点ではなく）現実の権力関係という観点から見ると、いよいよ、まったく何も残らない。というのも（大学がそのふところに原理主義的な神学者とシゲルス派の哲学者を集わせていると仮定して）いったい、どんな原理主義者が、哲学者は公人としてつねに前言を撤回する用意があるはずだという理由だけで、哲学者を泳がせておくだろうか。

　こうした下地を念頭に置いてアルベルトゥスに帰ろう。アルベルトゥスとシゲルスがともに哲学の自治権の支持者であるというのは正確だろうか。たしかに。では、アルベルトゥスがシゲルスの学説に影響を与えたというのは正確だろうか。それも嘘ではない。しかし、すべてはこの「影響する」という言葉で何を理解するかにかかっている。何かがふたりの思想家を修復不可能なまでに隔てている。事実が隔てているのである。事実とは、パリにおける大学の危機であり、エティエンヌ・タンピエの文化政策であり、一二七〇年の一二月から一二七七年の三月までのあいつぐ断罪のもとで人文学部に重くのしかかっていた検閲と自己規制の雰囲気である。[62] たまには、分かりきったことをもう一度噛みしめる必要がある。アルベルトゥス・マグヌスはパリ大学の人文学部教師ではない。かれは著作の大部分を大学外の生活・研究環境のなかで執筆した神学部教師である。あいつぐ断罪はかれに指一本触れることはなかった。かれは、すでに見たように、老境にさしかかってから、一二七〇年に断罪されることになる諸命題について自分の意見を述べなければならなかったが、それさえなければ、わたしはかれが断罪に関与していなかったと言いきってしまいたいほどである。基本的にアルベルトゥスは職業としての哲学のために職業人として戦わなければならない必要は露ほどもなかった。哲学者が啓示とのあいだでおこなう困難な対話は、かれにあっては、「人文学者」と職業的神学者との対決という、シゲルスの全活動に枠をはめていた、具体的で準政治的で実存的な形態をとらなかった。たしかにシゲルスはアルベルトゥスに「影響され」てはいる。哲学と神学に共通な学問性の模範をアリストテレスにとるシゲルスの学問観はアルベルトゥスのそれと合致している。神学は、シゲルスにとっては、「神の啓示によって認識される諸原理から出発して、人間的探求による彫琢を経て、一定数の命題に到達する」或る種の学問であって、「それらの命題は、学問的結論のようなもの」[63]なのである。しかし、アルベルトゥスとは異なり、シゲルスが神学者であったことは一度もなかった。神学における論証の役割に関するかれの理解は、そもそも、ひとづての理解である。だからこそかれは「この学問において、何でも論証的なやりかたで処理しようと欲するひとびと」[64]を非難するのである。かれは「神学に対する反感」を持っていない。自分では実践していないからである。職業化には職業化の限界がある。もし同じ言葉で言われているにもかかわらず、哲学のための自治権の要求という点で、アルベルトゥスの方がシゲルスよりも説得力に富むように見えるとすれば、それは、制度のなかでの身の置き場所からしても、注釈家としての二重の実践からしても、いかなる観点から見ても、アルベルトゥスはシゲルスよりも神学の根源的な合理化——だからといって神学に対して「破壊的」とはならない合理化——を自由に模索することができるからである[65]。信仰を純粋な人間的学知にしようなどと欲することなく神学を合理化することが可能である。信仰 *fides* は学知 *scientia* ではない。信仰は論拠 *argumentum* である。しかし信仰についての学知 *scientia de fides* があり、もっとさきで主題化する予定であるが、神についての驚きの学知 *mirabilis scientia de Dei* なる表現がアルベルトゥスにある。アルベルトゥスは哲学的論拠の必然性をどのように見るかについても自由であり、この点、シゲルスよりもさらに自由である。かれは哲学的原理の価値を、その大半が経験を起源にしているという理由で、値切ったりはしない。かれはむしろ哲学的原理が、同意を与えることも与えないこともできる前提として、事前仮説として、機能していることを強調する。仮説が一度受け入れられてしまえば、あとは哲学的立証を、いうなら、粛々と進めるだけでよい。このことが、たとえば、世界の永遠性の立証に当てはまる。自然的な生成にいかなる始まりもないこと、何ものも時間のなかでしか始まらないことを認めてしまえば、世界の永遠性を支持するアリストテレスの立証は有効かつ必然的である。そしてアルベルトゥスはつぎのように断言するのである。「こうした前提を受け入れるならアリストテレスの主張が必然的に帰結することを、わたしたちは正しく［＝十分な権利を持って］容認する。」シゲルスが、哲学的証明を形容して、それが条件カラノ証明であるという表現を用いるとき、まさに同じことを主張している、とひとは言うかもしれない。おそらくそのとおりだろう。しかし、シゲルスは、「信仰と衝突するような論拠を論駁し、もしくは少なくとも絶対的に虚偽であり全体的に誤謬であると宣言する」か、そうでなければ、発言をいっさい差し控えることが命じられている職業的世界のなかに生きている。[66] アルベルトゥスはそうした気づかいを免れている。そのことがちがいを生むのである。

　そうだとすれば、話ここにいたってなお、アルベルトゥスと「ラテン・アヴェロエス主義者」のあいだにほんのわずかの接点もない、と言い続けることには嘘があるかもしれない。ケルンの学匠は、確実に、かれらのうちに多元的認識論を生みださせたのであって、その結果、かれらは学知一般ではなく、おのおのが固有の前提を持ち、その前提の限界内で自律的に発展する、自然学、数学、形而上学といった特殊な学問に注意を払うようになった。[67] 同様に、シゲルスが、かりに、哲学文献を解明するための手引きをボナヴェントゥラやトマスにしか求めえなかったとしても、哲学の大義のための弁明を、実際におこなったとおりに、おこなうことができた、と想像することには無理があるかもしれない。アルベルトゥスとシゲルスとの本当のちがいは学説のなかにあるというよりは、それを公言するやりかたのなかにあるのだ。

　原理のレベルで哲学 *philosophia* と信仰 *fides* とのあいだにちがいがあるということは、アルベルトゥスにとって神学は学問として構成されえないし構成されてもならない、ということを意味しない。正反対である。信仰が学知であるべしとの要請は、当時の、キリスト教神学、聖人達ノ神学に課せられているだけではない。それは、一世紀のちにモースブルクのベルトルト（二二）が、プラトン主義者による知的神学 théologie sapientielle は――教父たちによる神的神学 théologie divine と同様に――言葉のアリストテレス的意味での学知である、ということを論証しようと努力するとき、かれに課せられる要請でもある。[68] それゆえ、アルベルトゥスのうちには、ふたつの神学が可能性としてある。それも、相互に矛盾する至高の真理がふたつあるという意味ではなく、第一原因についてのふたつの異なる把握にみちびくふたつの原理領域があるという意味においてである。ケルンの学匠にとっても、かれののちにくる「ラテン・アヴェロエス主義者」にとっても、啓示によって第一動者の必然性を論証することは、自然学の立証原理によって慈悲の神の存在を証明しようと欲することと同様に無意味であるだろう。こうした複数の神学の分離は、アヴェロエス主義に近いものではあるが、ベルトルトが証言するとおり、アヴェロエス主義抜きでも支持されうる。[69] こうした分離それ自身に何ら異端的なところはない。なぜならそれはキリスト教神学に対して、非哲学的な学知であることを、すなわち自律的な原理と方法はもとより固有の対象をも持つことを要求し、自然神学をふくむ哲学に対しても同じことを、すなわち合理的に立証されうる以外のいっさいを受け入れない哲学的学知であることを要求するからである。

　アルベルトゥスの同時代人のなかにこうした「方法叙説」の限界を越えてしまった者がいるということはありえないことではないし、それどころか大いにありそうなことである。しかしすべてはニュアンスの問題なのだ。一二七七年にエティエンヌ・タンピエに断罪された命題四〇（「哲学者の職業以上に善き職業はない」）と命題一五四（「この世界の知恵者は哲学者であり、哲学者のみである」）は、一二六〇年代に――それはアルベルトゥスの時代であり、シュトラスブルクのウルリクスの時代であり、或る程度までフライベルクのディートリヒの時代である――世俗的知恵（*sapientia mundane*）のための弁明が誕生して、キリスト教的知恵（*sapientia Christiana, sapientia nostra*）と並走し、さらにはこれと真っ向から対立しながら隆盛を極めたことをうかがわせる。しかしながらここでシゲルス以上に「純粋かつ強靭な」哲学の擁護者であったダギアのボエティウスが哲学の独立の名のもとにパリ司教に思わず本音をぶつけた、つぎの範列的テクストの真の意味を、アルベルトゥス主義の光のもとで検討してみる必要がある。[70]

信仰と哲学者とのあいだにいかなる矛盾もない。まったく、貴方（＝パリ司教）は相手と同じことを認めておきながら、なぜ、相手が哲学者というだけでぶつぶつ文句をおっしゃるのか。哲学者は一生を知恵の研究に捧げてそのあげくの果てに、どんな点についてであれ、カトリック信仰の真理に背いてしまう、などということだって信じてはいけない。そんな暇に勉強したらいい。というのも、かつて世界の知恵者であり、いまもそうである哲学者について、貴方はほとんどかれらの叙説を理解できるほどの認識を得ていないのだから。[71]

このテクストは、哲学者が理性の独占的使用権を持っているのだから、司教は哲学的題材について判断するにはおよばない、あるいは——これと同じくらい重たい意味あいがあると思われるのだが——いかなる合理的神学も可能ではない、という意味に解さなければならないのだろうか。それはR－A・ゴーティエの解釈である。ゴーティエによれば「聖人たちの知恵」すなわち教父たちの知恵は「哲学者たちの知恵を判断できず」、かといって「哲学者たちの知恵に合一」もできない。[72] こうした主張は、急進主義的と言われているが、もっとも急進的というわけではない。事実、この種の急進主義はランスのオーブリの挑発にくらべればまだしもおとなしく思える。一二六〇年ころ、パリ大学の人文学部教師だったランスのオーブリは聖ヒエロニュムスの一節[(一三)]を隠喩的に使用し、教父たちが聖書学に期待したすべてを、人文学すなわち言葉の学芸（論理学、文法学）に、あるいはより大まかに、哲学に期待し、ついには「哲学を知らない」人間を「曖昧な意味でしか人間ではない *Non est homo nisi aequivoce qui eam ignorant*」[73]と見なすことをためらわない。このテーマにわたしたちはのちにもう一度出会うだろう。ところでこうした解釈はアルベルトゥスになじむのか。言いかたという点からすると、おそらくなじまない——ケルンの学匠が断固とした言いかたを嫌っていない（すでに見たように、哲学における推論の放棄を「醜態にして恥辱 *foedum et turpe*」と書き記しているのはかれではなかったか）[74]にしても——だろうが、言われている中身からすると、けっしてなじまないとは言いきれない。なにしろアルベルトゥスは人間であるかぎりでの人間の完全性を哲学によって定義したはじめてのラテン人である。知的禁欲の第一人者であり、知性による神との合一の唱導者であったかれが、パリ司教に読書と勉強とが促されているからといって、そこに文句をつける筋合いがあるとは思えない。しかし、あらゆる「合理的神学」は不可能なりという主張の方はどうなのか。そうした主張は、わたしたちからすると、問題の立てかたに誤りがある。R－A・ゴーティエが信じている（らしい）こととは逆に、「合理的神学」が可能であるために「聖人たちの知恵」が「哲学者たちの知恵」に「合一する」必要はない。啓示にもとづく学知としてのキリスト教神学の可能性は、その学問性に関して、ひとつのことにしか依拠しない。論拠にもとづく学知というアリストテレス・モデルの採用である。しかるのちに固有の諸内容と諸原理が別のところから到着する。

それゆえ拙速にくだされる診断には警戒しなければならない。アルベルトゥスは哲学と神学のおのおのに学科たる権利を保障するようなかたちで両者を区別し、その両者に対して同じ学問性の要求を突きつけ続けた。もちろん学部間の抗争に火をつけようなどという意図はなかった。さらに、そしてこのことが肝要なのだが、神学の全体を自然的理性に屈服させることなくその合理性を承認し、あわせて、哲学を非合理的なものに関与させることなく、その精神性を承認した。こうした二重の要求のうちにかれに固有な独創性があるのであり、その独創性は、かれのアリストテレス理解の中核で作動しているすべての哲学――プラトン主義、ヘルメス主義、新プラトン主義、ペリパトス主義――を理解せずには真に説明されないし、鮮明にもならないだろう。これから、魔術の問題を再検討することによってわたしたちが試みようとするのはそうした理解である。

第三章

哲学者・占星術師・降霊術師

一九三一年にピウス一一世[1]によって聖人の列に加えられたほどの著述家が、民衆の想像力のなかで降霊術師としての別の顔を持ち、それがついには公認歴史学のなかに描き加えられるなどということがいかにして可能なのか。問わねばならないのはそのことである。すべての発端は、あきらかに、魔術の「熟知」を自分から持ちだしている『霊魂論注解』のなかの発言（「其ウシタ真理ニ、私達自身モ、又、魔術ヲ通ヂテ熟知シテ居ル」[1]）であり、その発言はアルベルトゥスの告白を真に受けたシュトラスブルクのウルリクスのたどたどしい賛辞のなかにも登場する。

嘗テラティスボンヌノ司教デアッタ我ガ師アルベルトゥス博士ハ、人々ガ、異口同音ニ、現代ノ驚異トモ奇跡トモ呼ブ程ニ諸学百般ニ通ヂタ神ノ如キ人デアリ、魔術ヲ熟知シ……[2]

アルベルトゥスは「魔術の熟知者」だったのか。この質問に答えるには、まず、魔術に「隣接する」ふたつの学科である占星術と錬金術をアルベルトゥスが吸収し展開する作業を検討することが欠かせない。そのことは、かれにとって利用可能だった関係資料や学的情報や、それらの入手経路を、またかれ自身の勘ちがいや限界をできるだけ正確に復元することを意味する。そのことはまた、或る気がかりな問題に先決的に立ち向かうことを意味する。すなわちアルベルトゥスとヘルメス・トリスメギストスとの関係という問題である。ここで、その問題に取りくむための入り口として、ヘルメス主義がアルベルトゥスに提示した中心的問題であり、哲学と神学、信仰と理性の双方にとって躓《つまず》きの石でもある運命の問題から話を始めようと思う。

1　アルベルトゥス・マグヌスとヘルメス文書——玉虫色の関係史

L・ストゥルレーゼは、一九八〇年以後、運命についてのアルベルトゥスの理解をアルベルトゥスの自然哲学を統一的に解釈するさいのかなめ石としている。実際、その解釈のなかで中軸的な役割を果たすのがヘイマルメネー εἱμαρμένη の概念である。アルベルトゥスは初期の著作でヘイマルメネーをラテン人の言うファートゥム *fatum* と同一視し、諸原因の撚《よ》り合わせ *implexio causarum* と定義する（『〈自然学講義〉注解』第二巻第二章一九節）。それは、しばらくのあいだ、アルベルトゥスによる「神の摂理の、もっぱら自然主義的な解釈の真の土台」[3]をなすのであって、その典拠は『アスクレピオス』である。そののち、ヘイマルメネーの概念は「人間は神と世界との紐帯 *nexus* である」[4]というヘルメス主義的定理と接触し「占星術の色合いをしだいに濃くする」[5]のだが、その注目すべき段階として『事物の六つの原理について』[6]で言われている「運命と星座との連結」の段階や、人間を舵取り *gubernator* とする理論の段階がある。舵取りとしての人間の性質は、運命に左右されながらも、「地上を支配する天の曲げえない法則」を「知性の機転によって予見し、回避し、その裏をかく」資質を人間に与える。「金属を変貌させ、魔法の言葉を刻印し、驚異の薬草を探しまわる世界の支配者」[7]という理論を「信頼する」アルベルトゥスの「開放的」態度は、「死者の骨が植物を繁茂させようとも」「人の血がバラを再生させようとも」何ごとにも「驚かされない」。そうした態度は、つまるところ、運命について長いあいだ省察した結果の「予言者的」態度であって、その価値を「続く数世紀がやがて認めることになる」。ストゥルレーゼはつぎのように力説する

アルベルトゥスは、その生涯のうちの三〇年間、間断なく、ヘルメスとヘルメス主義の問題に予断を持つことなく取りくんだ。かれは巧みな戦略を考案したが、それが戦争に発展することは一度としてなかった。かれは検閲ないしは

それに類する安易な解決に訴えるのではなく、しだいに親密さを増す対話のなかに引き込むことによってヘルメスを制御することができた。かれは、ときおり、司教冠とそれより三倍も大きい魔術師の鉢巻をあやうく混同しそうになっているが、わたしはそこに「時代の子」の無邪気な弱さを見たいとは思わない。それはむしろ或る哲学と或る文化運動に対する、誠実で、無類の先見性を備えた開放的態度であって、アルベルトゥスはそうした態度の重要性と行きつく先と両義的な意味あいを多くのひとびとに先立って把握していたのである。[8]

こうした読解について何と言うべきだろうか。ヘルメス文書がアルベルトゥスにとりついて離れなかったことに疑いはない。また、ケルンの学匠が、ふたつのヘルメス主義と対面したことにも疑いはない。ふたつのヘルメス主義とは『アスクレピオス』で展開される「学術的な」それと、ストゥルレーゼが「疑似学知」と呼ぶ領域に属するほかの一定数の文献で展開される、より「通俗的な」それである。[9] アルベルトゥスの立場が「こうした二重性を基盤にして成長してきた」がゆえに、「紐帯定理によってすら首尾よく解消されなかった内的緊張が」かれの著作活動の最初から終わりまでを「貫いている」ということも、また事実であって、それについては「神学的諸著作のなかに見られる故意の言い落とし」や「『宇宙の諸原因と過程について』が提示する疑念」が十分に証言している。この事実を説明するという課題が残っている。それどころか、或る意味では、事実の輪郭をよりくっきりと描きだすという課題が残っている。もう一度すべての関係資料を見直してみよう。

アルベルトゥスの見るところヘルメスにはふたつの顔がある。第一の顔は「学術的」というよりはむしろ宗教的である。それは観想的で、さらには神秘主義的な禁欲の顔であり、秘教的な「神との合一」の顔であり、長く困難な内面の「準備」と、肉体および可感的なものへの侮蔑と、英雄や神がみに固有の徳を要求する。『倫理学』のなかで、肉体ノ最大限ノ忌避（第一〇巻第二章二節）と、「獣性」の排除と、「人間の完全性の階梯における第四の完全性」への高揚――それによって「英雄即チ神々ノ威信」（同書第一巻第一章六節）が人間に授けられる――が称賛されるときに語られているのがこうした禁欲と徳である。こうした禁欲と徳は、また、ストゥルレーゼが着目する或る種の綜合によって、アラブ的知性理論と合流する。その理論は、最終的な拠りどころをヘルメスにではなく、むしろ、この章で示すつもりであるが、アルファラビ‐アヴィセンナ主義と、アリストテレスと、ディオニュシオス・偽アレオパギテースによって形成される特異な三幅対に求めているのであって、この総体にヘルメス主義が統合されるのだ。この場合、統合されるヘルメスとは、『アスクレピオス』を書いたヘルメス——すなわち偽アプレイウスのヘルメス主義——であることに議論の余地はない[10]。第二の顔こそ「疑似学知」の顔なのかというと、それもちがう。第二の顔は古代的および「中世的」科学の顔であり、それはラテン人があらたに入手したギリシャの、またとりわけアラブの科学である。錬金術がそれにほかならず、錬金術は占星術や星辰学といった、近代科学のひとつまえの「前菜」をなすほかの学知とさまざまに結びつき、その道すがら、より蠱惑的な諸技芸と危険な火遊びを演じてもいる。そうした諸技芸に、ケルンの学匠が「熟知している」と言われる「魔術」もふくまれる。いま報告しなければならないのはこの第二の「ヘルメス」である。アルベルトゥスの夜の顔に対応する「ヘルメス」である。アリストテレスの解釈家、ディオニュシオスの注釈家に、突然、西洋わさびとミミズのしぼり汁を混ぜ合わせるよう指示する「ヘルメス」である。アルベルトゥスは自著のいくつかの個所でそうした特異な実験に言及しているが、そのつど、ヘルメス・トリスメギストスが権威づけに持ちだされている。もっともよく知られている個所をつぎにあげる（『植物学注解』第六巻第二章一六節）。

ヘルメスハ、他方、『錬金術師列伝』ノ中デ次ノ様ニ伝エテ居ル。即チ、若シ、ミミズヲ潰シテ布デ漉シタ汁ニ西洋ワサビヲ混ゼテ、其ノ中デ白熱シタ剣ヲ冷ヤスト、其ノ剣ハ鉄ヲモ鉛ノ様ニ簡単ニ切リ刻ムダロウ、ト[11]。

アルベルトゥスは、あきらかに、このおぞましい混ぜ合わせの効能を支持している。自身で実験してみたのだろうか。問うということは、つねに、魅惑的である。答えは高が知れている。この錬金術的言明の実験的保証は「鍛冶屋」と「兵士」からもたらされていること（ということは、それが間接的知識であること）が、『気象学注解』のつぎのくだりを読むだけで確認できる。

他方デ、白熱シタ物ヲ冷タイ水ニ浸スト硬サガ増ス［…］。更ニ、著シク乾燥シタ水ガ有ルトシテ、其ノ中デ熱シタ鉄ヲ冷ヤスト、鉄ハ、後ニ他ノ物体ニ擦ラレテモ容易ニ磨リ減ラナイ程ニ硬サヲ増スノデアリ、又、此ノ水ノ中デ剣ヲ冷ヤスト、其ノ剣ハ他ノ鉄器ヲ難無ク断チ切ル。例エバ、ミミズト呼バレル虫カラ搾リ取ラレタ体液ヲ混ゼタ西洋ワサビノ汁デ、熱シタ剣ヲ冷ヤスト其ノ様ニ成ル。鍛治屋ハ此ノ遣リ方デ轆轤ヲ回ス軸ヲ硬クシ、又、兵士達ノ中ニモ、此ノ遣リ方デ自分ノ剣ノ刃ヤ槍ノ先ヲ硬クスル者ガ居ル。[12]

こうした作業それ自体と、その根底にある命題——熱い鉄を特定の水に漬けると大いなる乾燥が鉄に伝わる——は、いずれにせよ「驚異」でも何でもない。それはよくても瑣末な命題であり、悪くすれば虚偽の命題である。というのもR・アルーが指摘するように、「浸す液体の組成は、せいぜい冷却の速度を変える程度の物理的役割しか果たさない」[13]ことを、こんにち、だれもが知っているからである。結局、アルベルトゥスが描きだす「ヘルメス」なる人物の二面性を、そして、場合によっては、ケルンの学匠自身の二面性をも正確に測定するためには、つぎの諸要件が欠かせないのかもしれない。アルベルトゥスが占星術、錬金術、魔術という三つの技芸もしくは学知とのあいだに取りむすんでいた関係をより詳細に吟味すること。かれを別のひとびとのくわだて——いまの場合、かれの同時代人であり、ライバルであったロジャー・ベーコンのくわだて——との関係において位置づけるべく試みること。[14]最後に、ヘルメスの多様な顔の奥に少なくとも或るひとりの理論的人物もしくは学説が隠れていることを確認すること。ストゥルレーゼには申し訳ないが、この学説に対して『宇宙の諸原因と過程について』の著者アルベルトゥスは「疑念」以上のものを持ったのであり、その著者の「巧みな戦略」は「戦争へと発展する」ところまで行ったのである。その学説とは宇宙的汎神論である。すなわちアルベルトゥス自身の言葉でいうと、「神は存在するものの全体である」こと、神はおのおの個別的存在者のうちなる「質料の闇によって引きおこされる本源の光の遮蔽の程度に応じて」本質に関してではなく存在に関して諸事物のなかに多様化することを肯定する学説である。わたしたちは別の場所でヘルメス主義に対するアルベルトゥスの批判の、かれの第一哲学に由来する側面に接近する。いま、この場所でのわたしたちの関心は、アルベルトゥスが中世における理性と信仰とのあいだの論争を整理するために手広くかき集めたもろもろの科学やえせ科学の象徴的側面と、そうした側面が「スコラ学のドラマ」に与えたと想定される影響と、そうした側面がわたしたちによる「一三世紀の危機」の再構成におよぼすかもしれない波紋に向かっている。そこで、わたしたちは、次節で「科学的」側面に焦点を絞り、中世諸「科学」のなかでも持続期間があきらかにもっとも長かった或る「科学」を特権化することになるだろう。それが占星術であり、それとともに浮上するのが、ポストモダン的論文の審査委員会から巷間の一二宮星占いまでの広がりを見せる迷信市場を、いまだに活気づけて止むことがない問題、すなわち運命の問題である。

2　アルベルトゥス・マグヌスと占星術——摂理と運命

アリストテレスは運命について問い尋ねることがなかった。ἡ εἱμαρμένη（運命）という名詞自体がかれの全著作に不在であるといっても過言ではない。専門家の言によるとそれはたった一度しか登場しないそうである。[15] εἱμαρμένος という分詞形ならば、まだ検出可能である。とくに『自然学講義』と『気象学』にこの語が見られる。アルベルトゥスは、運命の問題に関するアリストテレスの沈黙は、この知見がアリストテレス主義の精神とは無縁であることを意味することにはっきりと気づいていた。アルベルトゥスは、この知見が、その起源の一端をストア派に持つことを見抜いていた。なぜならアプレイウスの熱心な読者であったアルベルトゥスは、アプレイウスの著作『プラトンの教説について』のなかに摂理と運命に関する学説を見つけることができたのであるが、その学説は（ひとりの中世人からすると）多かれ少なかれ、ストア派の運命観の代替物——わたしたちから見ると「中世プラトン主義的」

代替物――と見えていたからである。問題は、アルベルトゥスが正統ストア主義のいかなる正確な観念も持っていなかった[16]ということ、ストア派 *stoicus/stoici* という語のアルベルトゥスの用法のもとに何が分類されているかを洗いだしてみると、それが、しばしば、こんにち「プラトン主義」と呼ばれているものの同義語になっている[17]ということ、かれの「ペリパトス主義」についての理解はきわめて間口が広く、そのなかに（最古期ペリパトス派なる見出しのもとにではあれ）あろうことか「トリスメギストス、アポロニオス、エジプトのヘルメス、トリスメギストスの弟子アスクレピオス」を鎮座させている[二]ということである。もうひとつの問題は、運命を論ずるさいに正統ペリパトス主義の学説がこの点についてどのようなものでありうるかを規定するために欠かせなかっただろう唯一のテクストを、かれが知らなかったということである。それは、ストア派に対する文字どおりの戦争機械であり、あらゆる妥協を排した「純粋」アリストテレス主義の宣言であるアフロディシアスのアレクサンドロスの『運命論』である。アレクサンドロスを知らなかった――かれは（この件に関してはアヴェロエスに従って）アレクサンドロスの著作を、終始一貫、飽くことなく矮小化し曲解している――ために、アルベルトゥスは運命に関する哲学的情報のすべてを、アプレイウスやカルキディウス[三]やエメサのネメシオス[四]から引きだすしかなかった。これら三人ともが中世プラトン主義の源泉である。かれはモースブルクのベルトルトとは異なり、新プラトン主義者プロクロスの『摂理をめぐる三つの小作品』を読む手段をまだ持ちあわせていなかった。ようするに、かれは目隠しされた状態で作業を進めたのである。アルベルトゥスとヘルメスとの出会いは折り重なるこうした欠如や欠落や闇の領域からすべての意味を引きだすのである。

アフロディシアスのアレクサンドロス――アリストテレス主義者の運命論

ローマ皇帝がアテナイ市民の教育のために設けた職務――つまるところこれがアリストテレス哲学のディダスカロス（教授）である――にアフロディシアスのアレクサンドロスが就いたのはセプティミウス・セウェルスとアントニヌス・カラカラ（この両人にアレクサンドロスは『運命論』を献呈している）の治世のことである。そのこともあってアレクサンドロスは長いあいだアリストテレスの典型的な解釈家と考えられていた。アルベルトゥス・マグヌスは、反対に、いくつかの込み入った事情から、この点に関してはアヴェロエスの診断に忠実に、かれのことをつねにアリストテレス主義の改竄者と考えている。アレクサンドロスは運命に関係するふたつの論考を残した。ひとつは『運命論 Περὶ εἱμαρμένης』であり、もうひとつはI・ブランによって編集された論考集「霊魂論別書あるいは補遺」を構成する二七論文の最後を飾る、やはり「運命論」という標題の小作品である。[18] これらはともにラテン語に翻訳された。前者は「皇帝に捧げる運命論」という標題でP・ティエによって出版され、後者は「運命に関する小作品」(五)(以後、『小作品』と表記する)(六)という標題で出版された。[19] これら二書のラテン語訳はヘンリクス・アリスティップスやメッシーナのバルトロメオではなくムルベカのギヨームがおこなったと考えてよさそうである。しかし、ムルベカのギヨームが『運命論』の翻訳を完成させた、あるいは完成させたと想定される日づけについて決定的な仮説はない。ある論者は「ギヨームの翻訳活動の中期」すなわち一二六七年から一二七八年を示唆し（だとするとイタリアのオルヴィエトかヴィテルボに置かれていた法王庁にギヨームが滞在していた時期）、別の論者は、とりわけ、フランス語の定冠詞「le」に該当するギリシャ語 τό のラテン語訳が *scilicet*（既述の）になっていることを根拠に「この翻訳を一二六六年以前に位置づける」ことに傾いている。[20] この日づけがいつになろうとも、いずれにせよアルベルトゥスが『運命論』も『小作品』もどちらも手中にしえたとは思われない。どちらの著作も、アルベルトゥス自身の『運命論 *De fato*』の、本人によって明示され、もしくは明示されない典拠のなかに姿を見せないし、現在のところ、運命の問題に触れたほかの著作のなかにも検出されていない。にもかかわらずアレクサンドロスの『運命論』は、それが或る種の理想的なアリストテレス座標軸を構成するゆえに、わたしたちにとって貴重である。この座標軸に照らしてはじめて、アルベルトゥスの特異性が浮き彫りとなり、かれの「ヘルメス主義的な」逸脱の方向が説明でき、かれのペン先で——一時期——起きているペリパトス主義のふたつの「顔」の異常な接近および両者のそののちの意識的・意図的な背反の性質および諸原因を理解することが可能となる。ふたつの「顔」とは新世代ペリパトス派の正統ペリパトス主義と、「アレクサンドロスとヘルメス」の、道を踏みはずしたペリパトス主義である。この「座標軸」を手短かに性格づけてみることにしよう。

もしアルベルトゥスがアレクサンドロスの『運命論』のラテン語訳を入手していたら運命についてのアリストテレス的理解に関して何を学んだだろうか。まず最初に、アリストテレス主義者にとって、運命の問題は自然学的問題であり、四原因の理論の管轄に属し、まさにそのかぎりで、アリストテレス『自然学講義』第二巻の認識地平に組み込まれているということである。[21] つぎには、運命は或る種の現実であるが、まさに、その限界を設定しつつその本性を規定することが問題なのだということである。したがって、つまるところ、目的を有する出来事のなかに運命を数え入れることが必要であって、唯一の問題は「理性の所産」と「自然の出来事」というふたつの種類の出来事のうちのどちらについて、哲学的に、それが「運命に従って起きる」[22] と言いうるのかを知ることである。アルベルトゥスがもし『運命論』の第五、六章を読んだとしたら、つぎのような解答を見出しただろう。

Ａ１（アレクサンドロスの第一命題、以下同様）運命はわたしたちに依存する行為での原因ではない。すなわち意志的選択に支配される行為の、あるいは、別の言いかたをすれば「果たされるか果たされないかがわたしたちに依存する」行為の原因ではない。

Ａ２　運命は自然の出来事のなかにしか見出されない。その帰結として――

Ａ２・１　運命と自然は同一である。あるいは別の言いかたをすれば――

Ａ２・２　運命の産物は自然によってあり、自然によってあるものは運命の産物である。これはつぎのことを意味する――

Ａ３　自然と運命とは「あたかもこれらふたつの原因が言葉のうえでしか区別がないかのように[23]」自然もしくは運命に従って生起するものの収斂的原因である。これはつぎのことを意味する――

Ａ３・１「人間が人間の産物である[24]」ことはたんに自然によってそうなるのでもなく、たんに運命によってそうなるのでもなく、両方の原因によってそうなるのである。さらに――

Ａ３・２　各存在の自然的生成の第一原因は、また、「運命の原因」とも言われる。これらの原因は「規則的な公転をともなう神的存在」にほかならない。[25]

アルベルトゥスがさらにアレクサンドロスの『運命論』を読み進めたとしたら、かれは、自然的原因性と運命的原因性とのあいだにたんなる言葉のうえでのちがいしか置かないこの理論を背景にして、さらにその先に、「第一原因」に準拠して[26]自然かつ／あるいは運命に従って生起するものと、必然性に従って生起するものとのあいだに明確な区別を見出したであろう。この区別はつぎのように表現することが可能である。

Ａ４　自然かつ／あるいは運命に従って生起する事物は必然的には生起しない。実際、つぎのようなことがある。

Ａ５　自然かつ／あるいは運命に従って生起する事物は、「ときとして、その生成を妨げられうる」。これはつぎのことを意味する――

Ａ５・１　自然かつ／あるいは運命に従って生起する事物のなかには「自然に反するもの」のための場所がある。あるいは、同じことであるが――

Ａ５・２　自然かつ／あるいは運命に従って生起する事物のなかには「反‐運命」のための場所がある。[27]

アルベルトゥスはまた、「倫理的波及効果」に関するものとして、個人の「自然的組成」もしくは「自然的組織」についての反必然主義的理論を見出し、その理論が「医者の処方箋」や「神がみの忠告」を最大限に優遇する理論であることを理解したであろう。アルベルトゥスはまた、人間の「性格」（背後にあるのが「守護神」であれ「自然」であれ）についての反決定論的理説を見出し、「自然的傾向性」の盲目的で、非反省的で、それゆえ人間以下の機構によって、粗雑に、またまちがって説明されていたものを、この理説は、個人によって自由に選ばれた――その個人が「自分の自然的組織や気質に同調しようと」決めるにせよ決めないにせよ――「生きかた genre de vie」によって説明することを理解したであろう。必然論者の方はと言えば、対立者のいずれかを選びとる不滅の自由と能力を「自然的傾向性」のうちに吸収もしくは解消してしまうわけだ[28]。ようするに、アルベルトゥスは、正当な領域を越えて適用されている決定論に対して唯一可能なアリストテレス的応答を見出したであろう。それは徳行の実践による「性格」の支配という理論であって、そうした支配は、実践によって強化された習慣が「第二の天性」に高まることを可能にする「生きかた」の選択に端緒を有するのである。ところでこの「第二の天性」こそが「反‐運命」である。最終的に、アルベルトゥスは、実践と鍛練によって自分の「自然的類型」を免れた一個人を、欠くべからざる反‐例――このうえなく範列的な――として見出したことだろう。一個人とはソクラテスであり、ソクラテスの存在そのものが、必然性を教える諸学芸――たとえばゾピュロス(七)に代表される人相学――の虚妄性を証言して余りある。易者も人相学者も運命に合致する出来事の予示者にすぎない。こうした予示は近代的意味での科学的予言とは何のかかわりもない。ここでは「すべてが各人の自然とか運命とかの道にやすやすと従うとはかぎらない。運命に逆らう出来事もある」。そしてアレクサンドロスはつぎのように皮肉る。

> 人相学者ゾピュロスが哲学者ソクラテスについて語った話はかくのとおりである。その話は荒唐無稽でソクラテス本人がつとに選択していた生きかたから大きくかけ離れており、ソクラテスの弟子たちがしきりに揶揄していた話でもある。ソクラテスはゾピュロスがまったくまちがっていないと明言した。自分がもし、哲学の鍛錬によって自分の本性以上に善き者とならなかったとしたら、本来、ゾピュロスの言うとおりの者だったろう、というのである。運命に関するペリパトス派の学説をもし要約するとしたら、このソクラテスの言葉に尽きる[29]。

アレクサンドロスが説明するかぎりでの「アリストテレスの」天命や運勢や運命についての理論はきっとアルベルトゥスを深く満足させたことだろう。『運命論』の第五、六章にあるアレクサンドロスの命題1から5まではすべてアルベルトゥスの命題でもある。ソクラテスの例までがアルベルトゥス全典のなかに見つかる（ただしそこでかれは人相学ではなく占星術／天文学に関する文献に論拠を求めているので、ソクラテスとゾピュロスはほかの登場人物ほどは目立たない）。事実はどうかと言えば、アルベルトゥスは、自分の論考『運命論』を執筆していた時点でラテン語に訳されたアレクサンドロスの『運命論』を読んでいなかったし、かれがレッシーヌのアエギディウスの、『一五の問題について』の原型となった質問状に対して解答を寄せたときにもやはりこの翻訳の存在を認識していなかったらしい。このことによって、かれの運命についての理解のいくつかの特殊性にはっきりした説明がつく。

事実、もしアルベルトゥスがアレクサンドロスを読んでいたら、ヘルメスやプトレマイオスのうちに「アリストテレス」の理論を探す必要はなかっただろう。運命をめぐってペリパトス主義とストア主義とのあいだで戦われた論争の真の射程と争点とをより良く把握したであろう。運命の本性と諸限界をどう考えるべきかについてアプレイウスやアプレイウス偽書にお伺いを立てる必要はなかっただろう。[30] ようするに、山なす偽書や偽銘句を後ろ盾にして自然学と占星術／天文学と魔術とが接するあたりに位置づけを得ている神の摂理と運命についての問題提起を「アリストテレス的」と勘ちがいして、それと正面から向き合うことなど、おそらく、なかっただろう。

アレクサンドロスのストア派批判

ヘイマルメネー（運命）という語がアリストテレス的でないにしても、この語に特異なところは何もない。それはラテン語のファートゥムと同義である。したがってこのような用語を使うからといって、それだけで特殊な学説を唱えることにはならない。ヘイマルメネーにはいくつかの理解が可能なのである。ペリパトス派が攻撃する理解は明確である。その理解とは「ストア派の」理論である。[31] ストア派の運命に関する理論がひとつの公式に要約されうると考えさせる個所がアレクサンドロスの著作に散見される（その公式を「ストア派の運命理論」あるいはDSと表記する）。

DS――運命とは諸原因の連鎖（もしくは連結もしくは連関）である。

「ストア派の運命理論」はアレクサンドロスの『小作品』のラテン語訳のなかに、ファートゥムの定義をなすものとして、はっきりと姿を見せる（「ト言ウノモ、其レ［＝ファートゥム］ハ諸原因ノ連結デアル、ト言ワレテ居ルカラデアル」[32]）。同じ表現は『運命論』のなかにも見つかる（「［…］ソシテ其レハ諸原因ノ或ル種ノ連関ト連結ヲ成ス」[33]）。アルベルトゥスはこの公式を明らかに知っている。ボエティウスの著作に出てくるからである。ただ、かれは、ストア派が運命を「諸原因の連鎖」と定義したと考えるのではなく、ヘルメス・トリスメギストスを筆頭とする一群の「古代人たち」が諸原因の連鎖を「イマルメネ」（＝ヘイマルメネー）と呼んだと考えている節がある。いずれにせよ、かれにとってはヘイマルメネーの学説はファートゥムの学説そのものではない。それはファートゥムについての或る種の学説であり、くわえてストア派的というよりヘルメス主義的な学説である。アルベルトゥスの思想が位置する認識地平をしっかりと把握するためには、ストア派の運命観のアレクサンドロスによる説明（＝ＤＳＡ）と、ヘルメス主義の運命観――ここに言う「運命」は「ギリシャ人ガイマルメネト呼ブファートゥム」――のケルンの学匠による説明（＝ＤＨＣ）とをくらべてみるだけで十分である。アレクサンドロスは『運命論』の第二章でＤＳＡをつぎのように要約している。

それゆえ、かれらが言うことには、この世界は一であって、そのうちにすべての存在をふくみ、生命的で、合理的で、知的な自然によって支配されている。存在の有機的一体化は秩序ある連結に従って永遠に続く過程であり、そのため、先行する出来事は後続する出来事の原因であり、宇宙には、別のものが不可避的にそれから帰結し、かつ、結果が原因に対するようにそれに結びついていないような如何なる出来事もない。また、逆に、如何なる後続する出来事も先行する出来事からは分離されえないのであって、そのさまは後続するものが先行するもののどれかひとつにあたかも結わえつけられて、あとからついて行くかのようである。ようするに、あらゆる出来事からは、その出来事に対して結果が原因に対するように必然的に結びついている別の出来事が生じるのであり、あらゆる出来事は、その出来事に対して原因が結果に対するように結びついている別の出来事に先行されているのである。世界のいかなる存在、いかなる出来事も原因なしにはない。なぜなら世界において何ものもそれ自身に先行する出来事の全体とつながりを持たずに、それらから分離してあるものはないからである[34]。

DSAの内容は五つの命題に嚙みくだくことができる。

DSA1　神の世界統治は出来事と事物の秩序立った連結に現れている——内在的運命性。
DSA2　運命とはこの秩序立った連結にほかならない——諸原因の連鎖。
DSA3　「連鎖」があるのは、原因なしには何もない、というかぎりにおいてである。その意味することは——
DSA4　あらゆる出来事は結果であり同時に原因である。
DSA5　運命的であるすべては必然的である。

アレクサンドロスはこれらの命題に反対して、運命的であるすべてが必然的であるとはかぎらない（＝A4）ことを主張する。その理由は、すでに見たように、自然の秩序は「最頻的」（ὡς ἐπὶ τὸ πλεῖστον）[35]秩序であって、この世界のうちには「反‐自然」παρὰ φύσιν のための場所があり（＝A5・1）、「反‐運命」παρὰ τὴν εἱμαρμένην のための場所がある[36]（＝A5・2）からである。『運命論』のなかでは、とりわけDSA3が手ひどい扱いを受ける。アレクサンドロスの主張の要点はソクラテスの父ソープロニスコスが、自分の存在によって par son être 父であること、つまり、自分のあとから来るであろうひとびとのうちの誰かの原因であることは必然的でない、ということである。「自分の存在によって」という表現はギリシャ語の τῷ εἶναι の訳語であり、P・ティエは「自分が現に存在していることを理由に *du fait de son existence actuelle*」と訳し、ムルベカのギヨームは、既ニ存在スルガ故ニ *eo quod iam sit* と訳している。τῷ εἶναι は、プロクロスと新プラトン主義においては、神がみを「本質的原因」として、すなわち「自分の存在そのものによって（αὐτῷ τῷ εἶναι）作用する」原因として定義するさいに使われる言葉であるが[37]、アレクサンドロスの言う τῷ εἶναι にそのような意味を持たせないとすれば、かれのあげる例は、「存在するという事実」は

「原因であるという事実」を含意しないことを示すのに使われていると考えて差し支えない。少なくとも生成する世界においてあらゆる存在は原因を持つが、あらゆる存在は、それが存在するというだけで、それ自身が必然的に原因であるわけではない。[38]あげられている例を使えば、ソクラテスの現存することが必然的であったとするなら、たしかに、その場合は、ソープロニスコスがソクラテスの誕生の必然的原因であるだろう。しかしこの文の条件節は実態にそぐわない。この点を理解させるために、アレクサンドロスは、或る伝統的な例を、現存する先行事実（もしくは出来事）と現存する後続事実（もしくは出来事）のあいだに現存する関係という、より抽象的なレベルに引っぱり上げる。その例とは家とその土台の例である。[39]

> 実際、土台があるとしても、かならずしも家が建てられるとはかぎらないが、家が現存するとしたら、かならず土台がある。それと同じように、自然的事実は原因を欠くことはできないが、それは、最初にあるものは自分がその原因となっているそれを、かならず、あとにつき従えなければならない、という意味ではなく、後続する事実は先行する事実のなかにかならず自分の原因を有しているという意味である。[40]

この議論は先行者、抹消における先行者、後続者、現存における後続者についてのアレクサンドロスの定義を前提している。すなわち――

> 先行者の定義――或るものXは、もしXの抹消がXと同時に別のものYをも抹消し、Yの抹消がYと同時にXを抹消することがないならば、Yの先行者である。
>
> 抹消における先行者の定義――或るものXは、もしXの抹消が或るものYを抹消し、Yの抹消がXを抹消しないなら、抹消におけるYの先行者である。
>
> 後続者の定義――或るものZは、Zが現存しているときにかならず或るものXが現存し、Xが現存するときかならず

しもZが現存しないとき、Xの後続者である。

現存における後続者の定義——或るものZは、Zの現存がかならず或るものXの現存を含意し、Xの現存がかならずしもZの現存を含意しないとき、現存におけるXの後続者である。

『運命論』におけるいくつかの例では、ソクラテスの誕生はソープロニスコスの現存に、現存において後続すること（かつ、ソープロニスコスの現存はソクラテスの現存に抹消において先行すること）は明らかである。それは、家の現存が土台の現存に、現存において後続すること（かつ、土台の現存は家の現存に、抹消において先行すること）と同様である。しかしいずれの場合においても現存における先行者の現存は「自分のあとから来るもの」の現存をかならずしも含意しない。したがって「何ものかに先行するあらゆるものがこの何ものかの原因をなす作用者である」というのはまちがいである。[41]くわえて、ふたつの出来事はその第一がその第二の原因であることなしに継起的でありうる。ひとは床から起きあがったからといって歩くわけではないし、昼があったからといって夜があるわけではないし、夏があったからといって冬があるわけではない。ラテン・スコラ学が、のちに、「此ノ後ニ」ナラバ「此ノ故ニ」*post hoc, ergo propter hoc* という公式のなかに保存するであろう格率は必然的であることからはほど遠い。ふたつの継起的な出来事e^1とe^2はかならずしも因果関係によって結ばれていない。「$e^1 > e^2$ならば$e^1 \Rightarrow e_2$」は真でもないし必然的でもない。

わたしたちは、実際、多くの事例において、先行する出来事と後続する出来事が同じひとつの原因を持つことに気づく。たとえば、起きあがることと散歩することは原因が同じである。なぜなら、起きあがることが散歩することの原因なのではなく、起きあがった者が両方の原因であり、しかもかれ自身の選択が両方の原因だからである。[42]

自由な選択が介入しない物理的世界から例をとってきても同じであって、夜から昼への規則的交替も冬から夏への規則的交替もそれらのただひとつの原因は、夜でもなく冬でもなく、太陽が地球の周囲を回っていること、および黄道面の傾きが星座に回帰性を生じさせていることである。それこそアレクサンドロスが「神的天体の運動および回転と太陽が運動する黄道面の傾斜」と呼ぶところのものである。季節であろうと散歩であろうと季節の散歩であろうと、継起的なふたつの出来事e^1とe^2はかならずしも「鎖のなかの環のように」たがいに結びついているとはかぎらない。したがって、「何らかのものに続くあらゆるものはこの何かから自分の原因を受けつぐ」と言うことはまちがいである[43]。何ものも原因なくしては存在しないということからは、あらゆる先行者は、かならず、あとから来るものの原因であるということも、あらゆる後続者は、かならず、まえを行くものの結果であるということも引きだせない。証明終わり。

ストア派の運命についての解釈は、出来事もしくは事実の必然的「結合」――それは鎖とも連結とも連関とも呼ばれるが――の観点に立って「$e^1 > e^2$ ならば $e^1 \Rightarrow e^2$」という虚偽のモデルにもとづいている。その解釈に対する拒絶はDSA3に対する批判を基礎づける拒絶であって、ヘイマルメネー（運命）についてのアレクサンドロスの学説のなかでもペリパトス派に固有の要素である。アルベルトゥスは、アテナイの教授の書いたものを知らなかったために、「言葉」においても「物」においても、ちがう方向を向いている。かれは「運命」への向きあいかたにおいてペリパトス派たらんと欲している。しかしかれは、自分が使いえた資料の性格に引きずられて、イマルメネ（運命）を、なかばヘルメス主義的、なかば占星術的な学説のレッテルにしてしまうのであって、アリストテレス主義はその学説に、解消はされないまでも、吸収されることになる。

アルベルトゥスの「運命」概念――ヘルメス主義と占星術

運命の問題はアルベルトゥス・マグヌスの学者生活に、終始、つきまとって離れることがなかった。かれのたどった知的経歴のどの段階においても、ファートゥム（運命）の知見に直接立ち向かっているテクストがひとつやふたつは見つかる。そのうち主要なものをつぎにあげる。

『命題集第二巻注解』第一五区分第五問「星々ハ自由意志ニ対シテ支配権ヲ持ツカ否カ」（ボルニェ版、二七巻、二七七頁）

『神名論注解』第四四章、第四八～四九注解「（一）下位ノ諸物体ハ上位ノ諸物体ノ内ニ在ツテ、言ワバ上位ノ諸物体ニ規定サレ秩序付ケラレルカ否カ。（二）下位ノ諸物体ガ上位ノ諸物体ノ内ニ何ラカノ仕方デ在ルトシテ、原因ノ内ニ在ル様ニ在ルノカ、或イハ単ニ前兆 *signum* ノ内ニ在ル様ニ在ルノカ。（三）下位ノ諸物体ガ上位ノ諸物体ノ内ニ在ル事ハ十分ニ知ラレ得ルノカ否カ」（P・シモン版、二五三頁二二行～一五五頁七二行）。

『倫理学について』第三巻「出世時ノ星々ノ位置カラ何ラカノ凶事ガ必然的ニ作リ為サレルカ否カ」（キューベル版、一七四頁四二行以下）。

『〈自然学講義〉注解』第二巻第二章一九節「運命トハ何デアルカヲ、又、運命ガ否定サレルベキデ無イ事ヲ解明スル補足」（ホスフェルト版、一二六～一二七頁）及ビ同書第二巻第二章二〇節「如何ナル物ガ運命ノ支配下ニ在ルカヲ、又、運命ハ如何ニシテ事物ニ必然性ヲ課シ、又、如何ニシテ課サヌカヲ解明スル補足」（ホスフェルト版、一二七～一二九頁）。

『動物学注解』第二〇巻第二章二節「周期力 *virtus periodi* ト呼バレル、天体ノ形状ガ持ツ力ニ就イテ、其レガ如何ナル物デアリ、如何ニシテ自ラノ外ニ出テ物質ニ入リ込ミ、如何ニシテ作用スルカ」（シュタトラー版、一三〇八頁三八行以下）。

『宇宙の諸原因および過程について』第一巻第四章六節「諸原因ノ秩序ニ就イテ」（ファウザー版、四九～五二頁）。

『一五の問題について』第三問「人間ノ意志ハ必然性ニ従ツテ意欲シ、又、選択スルト云ウ事」（ガイエル版、三五頁五九行～三六頁二六行）および第四問「下位ノ事物ノ内ニ作用スル全テハ天体ノ必然性ニ従属スルト云ウ事」（同版、三六頁二七行～三七頁一二行）。

『規定問題集』第九問「職人ハ、天体ヲ動カス天使ノ助力無シニ、自然ノ秩序ノミニ拠ツテ手ヲ動カシテ何事カヲ為シ得ルカ」（ヴァイスハイプル版、五二頁三六行～七二行）。『運命論』「（一）運命ハ在ルカ否カ。（二）運命トハ何カ。

(三)運命ハ事物ニ必然性ヲ課スカ否カ。(四)運命ハ知リ得ルカ否カ。(五)運命ハ如何ナル原因ニ帰着スルカ」(P・シモン版、六五頁一行〜七八頁三八行)。

もっとも短いテクストのなかに引用されている典拠が、提示されている理論の核心を構成するという仮説を立てたうえで、『規定問題集』第九問と『一五の問題について』第三問と第四問のなかにそうした典拠の注目すべき回帰性がないかどうかを問うことができる。明示された典拠を詳細に数えあげるとつぎのような結果が得られる(アルファベット順に並べられ、かっこ内の数字は出現回数である)。

『一五の問題について』第三問――アリストテレス(一)、ヘルメス・トリスメギストス(一)、プトレマイオス『アラルバ』(『テトラビブロス』[八])(一)。

『一五の問題について』第四問――アリストテレス『生成消滅論』第二巻[=第二巻第一〇章三三六b二一〜二三](一)、アリストテレス『第一哲学』第六巻[=『形而上学』第六巻第二章一〇二六b二八以下](一)、ハリ『ケンティロクィウム注解』[九](一)、『天空観相術』[=偽アリストテレス『観相術の秘中の秘』](一)、プトレマイオス[=偽プトレマイオス『ケンティロクィウム』](一)。

『規定問題集』第九問――アリストテレス『生成消滅論』[第二巻第一〇章三三六b二〇〜二四]、アリストテレス『睡眠と覚醒について』[=『夢について』第二章四六三b二六〜二八](一)、ハリ『ケンティロクィウム注解』(一)、プトレマイオス『アラルバ』(『テトラビブロス』)(二)、プトレマイオス『ケンティロクィウム』[=偽プトレマイオス『ケンティロクィウム』](一)。

この調査結果を一瞥するだけでつぎのことに気づく。(a)天文学/占星術関係の資料文献がアルベルトゥスの思索のなかで重要な位置を占めていること。(b)ヘルメスとアリストテレスの自然的学知と占星術資料体系とを結びつける構想があったということ。『規定問題集』第九問と『一五の問題について』第三問と第四問がケルン版で占める一三五行のなかでプトレマイオスは五回、アリストテレスは五回（そのうち二回は『生成消滅論』からのものである）、「ハリ」は二回、「ヘルメス」は一回言及されている。（a）と（b）は、アルベルトゥスの関連するほかの諸著作も視野に入れれば、もっと頻繁に確認される。ほかの著作群には重要なちがいがひとつある。「ヘルメス」はヘイマルメネー（運命）がおおっぴらに問題になればなるほど、統計的に出現頻度が高い。事実、あたかも、ヒマルメネ（運命）は「ヘルメティック」のなまり、とでも言わんばかりに、「諸原因の連結」について証言する役割はひとり「ヘルメス」とその衛星的文献（とくにアプレイウスの『宇宙論』）にのみ任されるが、そうした因果性に立ちはだかる障害 *impedimenta*、つまり、「運命的」因果性の「衰弱」や「偏差」をあつかう段になるとプトレマイオスとプトレマイオスの注釈家「ハリ」が特別に召喚されるかのようである。確実なことがひとつある。アレクサンドロスが正統ストア主義を引き立て役として前景に置いたようなことをアルベルトゥスはしていない。まさにヘルメス文書のなかにこそヘイマルメネー（運命）についてのアルベルトゥス自身の知見を探るべきなのであって、アルベルトゥスの目からするとヘイマルメネー（運命）に引き立て役などないのである。運命に関するアルベルトゥスの理論を吟味するまえに、アルベルトゥスがどのような「ヘルメス主義的」文献に依拠しているかを探しだし、かれがそれらから借りてきた諸命題を突きとめるように努めよう。

3　アルベルトゥスの占星術資料在庫

占星術／天文学はパリ大学で教えられてはいたが、しかし拠って立つ資料体系がアルベルトゥスのそれとはまったく異なっている。Cl・ラフルールとJ・カリエによって編集された『占星術問題集』のなかで、占星術を代表するのはマルティアヌス・カペラ[一〇]（『マキアヌス式占星術』）であり天文学を代表するのはサクロボスコのヨハネス[一一]の『天球論』であった。[44] 前章で引用した「学生の手引き」（＝『パリ大学試験官必携』）の匿名の著者は「あまりに饒舌で難解な」天文学に代えて学生が占星術を正式ニ履修できることをはっきり述べている（「天文学ガ饒舌デアリ難解デアル故ニ、代ワリニ正式ニ占星術ヲ選択シ得ル」[45]）。アルベルトゥスが依拠する資料体系はこれよりずっと範囲が広く、天文学文献、占星術文献、そして両者の複合された文献を同時にふくんでいる。一二世紀について有効なシルヴァーシュタインの分類が[46]、一三世紀の大学についてもそのまま有効とは言えないが、かれの分類を受け入れるとすると、ケルンの学匠は、シャルトル派の「人文主義者に代だい伝わっていた文献」と、「あたらしい」資料体系を特徴づける「アラブ‐ラテン系参考文献」とをひとつの坩堝に溶かし込んでいる。前者はオウィディウスなどの「神話記述家」(一二)、カルキディウス、マクロビウス(一三)、『アスクレピオス』、偽アリストテレス、アプレイウス版『宇宙論』、マルティアヌス・カペラなどの文献であり、後者は作者不明の『ヘルメス・メルクリウス・トリスメギストスが事物の六原理を論ずる書』やダニエル・ド・モーリー(一四)が一二世紀の最後の四半世紀に執筆した『下位者と上位者の本性について』といった著作のなかに、一二世紀末に、登場する文献である。[47] 後者をなすアラブ‐ラテン系参考文献のなかには「ヘルメス主義」のレッテルがふさわしいものも、そうでないものもある。他方で『アスクレピオス』や『宇宙論』といった、元来「人文主義者」による伝承作業に支えられていた文献も、アルベルトゥスのもとで初ういしさを取り戻すのであって、大学世界がギリシャ‐ラテン系の「ヘルメス主義」資料体系——それは、つい数十年前までトゥールのベルナルドゥス(一五)のような人物の研究を支えていたのであるが——との接触を失うにつれてそれだけますますあたらしさを帯びるようになる。

『規定問題集』と『一五の問題について』のなかで引用されている著者——プトレマイオス、「ハリ」、「ヘルメス」はギリシャ‐ラテン系の情報源とアラブ‐ラテンの情報源がアルベルトゥスのなかでかなり錯綜していることを証言する。この錯綜を暴露するという点で「ハリ」ほどうってつけの人物はいない。この御仁は立ちどまって考察するに値する。

作者が作中人物を探す――「ハリ」の失踪

アルベルトゥスはいくつもの著作で「ハリ」を「アブバケル」某《なにがし》と同一視しているが、この「アブバケル」がそもそもだれなのかを、どうも、知らないようである。かれは『知性の単一性について』の、数行ずつ離れた個所で「アブバケルという名のムーア人[48]」「アブバケルという名であるがハリという名でも知られているムーア人哲学者[49]」「ハリ・アブバケル[50]」という人名をあげる。そしてそのことに格別な問題を見ていない。ところが、かれは『神学大全』では「アルバケルは、また、アルマソルとも呼ばれている」と指摘し、そのあとで、あろうことか、「ムーア人アルマソル」の教説は「同僚である別のムーア人のハリに受けつがれた[51]」ことを強調しているのである。アルベルトゥスが『規定問題集』と『一五の問題について』で語っている「ハリ」は『神学大全』の「アルマソル――別名アブバケル――の同僚ハリ」なのだろうか、それとも『知性の単一性について』のなかの「ハリ・アブバケル」なのだろうか。何はともあれこれはやっかいな問題である。アルベルトゥスは何人の人物に言及しているのか。まず、つぎのアブバケルは同一なのか別人なのか。

――『知性の単一性について』で、前後して「アブバケル」「ハリとも呼ばれるアブバケル」「ハリ・アブバケル」と言われているアブバケル

――『神学大全』で「アルマソルとも呼ばれるアブバケル」と言われているアブバケル

そして、つぎのハリは実際のところ何人なのか。

――『一五の問題について』で「ハリ」と呼ばれているハリ

――『神学大全』で「アルマソルの同僚のハリ」と呼ばれているハリ

――『知性の単一性について』で「ハリ・アブバケル」と呼ばれているハリ

パスポートをただ見比べるだけで、当然、つぎの問題に行きあたる。

問題一――アルベルトゥスが『一五の問題について』で語っている「ハリ」は『神学大全』で言及されている「アルマソル（別名「アブバケル」）の同僚ハリ」なのか。

『一五の問題について』の「ハリ」はアルベルトゥスが具体的な著作名に結びつけている唯一の「ハリ」である。このハリはアルベルトゥスによると『ケンティロクィウム』の注釈者である。このことから問題一はつぎのように具体化される。

問題二――偽プトレマイオス著『ケンティロクィウム』の注釈者の「ハリ」は『神学大全』で言及されている「アルマソル（別名「アブバケル」）の同僚ハリ」なのか。

問題一と二にどのような答がもたらされようと、さらに第三の問題が解決を待ち受けている。

問題三――『知性の単一性について』で言及されている「ハリ・アブバケル」とはだれなのか。

この込み入りようは尋常ではない。絡まった糸をほぐそうと思うなら、「アブバケル」という名前で中世人が指していた可能性のある思想家は、本当のところ、だれなのかをわたしたち自身が問うことから始めなければならない。

候補番号一――『独学の哲学者』（『ヤクザーンの息子ハイイ』）の著者アブー・バクル・ムハンマド・イブン・トゥファイル（二六）。

候補番号二――哲学上のアンダルシア学派の創設者で『孤独者の規範』『知性と人間との合体についての書簡』の著者であり、アヴェロエスの『霊魂論大注解』のなかの一節のラテン語訳（クロフォード版、三九七頁二九九行）にちなんで、ときに「アヴェンパケ」の名前で、ときに（まれには）「アブバケル」の名前で呼ばれるアブー・バクル・ムハンマド・イブン・ヤフヤー・イブン・アッサーイフ・イブン・バージャ。

候補番号三――一般にラゼスという名前で呼ばれるイランの哲学者兼医者アブー・バクル・ムハンマド・イブン・ザカリヤ・アッラージー[一七]。

これら三人のアブー・バクルのなかのだれに、わたしたちの「ハリ」を照合させたものだろうか。アルベルトゥス全集の近代になって編集された諸版は、異本比較を経たケルン版もふくめて、この点では大した助けになってくれない。問題一と二について言えば、出典注記から立ち昇る印象では編集者たちの考えるアルベルトゥスは『ケンティロクィウム』の注釈者の「ハリ」と「アルマソルの同僚のハリ」を区別していないし、両者のちがいを知っているとも思えない。問題三について言えば、読者はせいぜいアラビア語からラテン語への翻訳の過程で起きる固有名詞の表記のゆらぎに救いを求めるくらいしかできない。もっとも、それがハイゼンベルクの不確定性原理の文献学の領域への応用であるとでも言っておけば、いっぱしの意見として通るかもしれない。人文主義者はアヴェロエスがヘラクレスとヘラクレイトスとを混同していると皮肉った。その伝でいけばアルベルトゥスがアビ・バクルの最後のルまでたどりつけずアビで止まってしまい、それをハリと表記したとあざ笑うのは簡単なことだろう。しかし、そうしてしまうことは、少なくとも資料体系の歴史学という観点を受け入れるかぎり、拙速というものである。実際、比較的確実な根拠のうえに立って問題一と二に答えることが可能である。そのことは、アルベルトゥスにおいてしばしばそうであるように、介在的資料の洗いだしを前提とする。そのことはまた、ハリが登場する舞台たるＣＱＲ（問答複合体）に対して注意ぶかくあることを要求する。ただひとつ確実なのは、少なくともわたしたちにとっては、ラテン語で書かれた自然的学知に関する資料体系に登場する可能性のあるふたりの「ハリ」がいるということである。アルベルトゥスはふたりを混同しているというのは本当だろうか。

まず、「ハリ」は『ケンティロクィウム』の注釈者と呼ばれることによって、トマス・アクィナスからロジャー・ベーコンにいたる、当時のほかの多くの哲学者・神学者に仲間入りをすることになるということに注意しよう。この「ハリ」をわたしたちはハリAと表記することにしよう。ハリAは多くのCQRに介入しているが、そのなかに占星術的決定論や摂理や運命に関するCQRがあって、そうしたCQRにおいてハリAは高位の諸事物が低位の諸事物に必然性を課することはないという教説を支持するために引用されている。アルベルトゥス自身も『天空観相術』を援用してこの教説を擁護している。もうひとりの「ハリ」(ハリBと表記することにしよう)は、これとは対照的に、たったひとつのCQRのなかにしか登場しない。それは人間の魂の死後存続というCQRであって、そこにおいてはハリBは、人類の最終的な消滅にさいして、いかなる個別的な魂も存続せず、ただ、唯一の知性のみが残るという、アルベルトゥスが排拒した命題を支持するために引用されている。ハリAが出現する文脈は多岐にわたるが、その多くはファートゥムもしくはヘイマルメネー(ともに「運命」)の問題に関係する。ハリBが姿を現す認識地平はまったく別で、それは、ライプニッツ以後、不適切に「アヴェロエス的」と言われるようになる、知性の単一性と「単心論」の地平である。例をふたつあげよう。『一五の問題について』の或る一節(第四問)は、アレクサンドロスがソクラテスの例をあげて主張した、人間が出生時の星座の影響をはね返す可能性を擁護しているが、その一節で言及されているのがハリAである。[52] ハリBが言及されるのは、『知性の単一性について』のなかの「全テノ人間霊魂ノ死後ニ残ル物ハ同ヂデアリ一ツデアル」という命題を証明する[53]二八番目の方法、すなわち「潜勢においてすべての事物である可能的知性という知見」から引きだされる方法、「アブバケルという名前であるが、別名「すなわち」ハリで呼ばれることもあるムーア人哲学者の方法」[54]においてである。ハリBは、また、三〇番目の方法においても言及される。この方法は「人間はほかのすべての知性の原因である第一知性に依存する」という事実にもとづき、「またしてもハリ・アブバケルの言葉から引きだされる」[55]。またしてもというのは、二八番目の方法ですでにそうだったように、という意味である。

ＣＱＲのこうした相違には、呼称の相違がはっきりと対応している。ハリＡという名称は一義的であり、恒常的であり、透明であり、ただちに特定可能である。かれは「『ケンティロクィウム』の注釈者ハリ」なのである。ハリＢという名称は曖昧で、変化形を有し、一貫性がなく、或るときはアブバケル（「ハリ・アブバケル」）、或るときは「アルマソルとも呼ばれるアブバケルなる人物の同僚」に化ける。結論はおのずと明らかである。アルベルトゥスはハリＡの原典を自分の目で見て知っている。ハリＢの教説についてはひとづてに聞いて知るのみである。かれはハリＡとハリＢのふたりの「ハリ」がいることを知っているだろうか。知らないのではないかと疑われても無理はない。しかしアルベルトゥスにも弁解の余地はある。というのも、ハリがふたりいることなど、まだ、序の口にすぎないくらい、現実の状況は複雑なのだ。

ハリＡの身元を明かすことから始めよう。この点に関して、こんにち、あらゆる曖昧さを取り払うことが可能である。プトレマイオスの『テトラビブロス』および偽プトレマイオスの『ケンティロクィウム』の注釈者であるハリＡは最近の文献のなかでは「偽ハリ」もしくは「贋《にせ》ハリ」の名で呼ばれる人物であり、本名をアブー・ジャファール・アハマド・イブン・ユースフ・イブン・イブラヒム・アルーダヤーという。この件ではＲ・ルメの研究が参考になる。かれはアブー・ジャファール・アハマド・イブン・ユースフ・イブン・イブラヒムと、中世において「ハリ」の名で知られていた『ケンティロクィウム』の注釈書の著者が同一人物であることを立証した。[56]ルメによるとハリＡ――アブー・ジャファール――は「偽ハリ」であって、天文学／占星術の歴史に関する最近のいくつかの研究のなかでも「偽ハリ」の名で引用されている。アルベルトゥスをあざ笑おうとしていたひとには、英米系の文献のなかで「偽トレミーあるいは偽ハリもしくは偽アリ」と略記されている人物を専門に研究したモノグラフィーがあるのでそのいくつかを読んでみることを強く勧める。文法の世界にフォ・アミ――空似《そらに》言葉――がある。〔一八〕アラブ哲学史の世界にフォ・アリ――偽ハリ――がいる。諸資料文献から引きだされた情報をレイモンド・チャンドラーふうに綜合すると、つぎのことが言える。アブー・ジャファール・アハマド・イブン・ユースフ・イブン・イブラヒム（別名アブー・ジャファールあるいはアブー・ジャファール・アハマド・イブン・ユースフ）は偽プトレマイオス著『ケンティロクィウム』の真の著者であり、その注釈書の著者でもあること。[57]『ケンティロクィウム』と『キタブ・サマラ』すなわち『果実の書』[58]は同一であること。[59]『キタブ・サマラ』の五つの翻訳中のひとつの冒頭の書きだしの言葉は「アブガファルス」であり、[60]これはアブー・ジャファールという名詞のラテン語形であること。それにしても、ラテン語綴字法のどんな奇怪な運用によって、アブー・ジャファール・アハマド・イブン・ユースフ・イブン・イブラヒムがただの二音節語「ハリ」に縮まってしまったのか。「アブガファルス」を待っていたのに「ハリ」がやって来るのはどうしてか。この問題ひとつが残る。

ハリBの身元はこれよりもずっと多くの謎に包まれている。ハリBを話題に載せるたびに『神学大全』のなかで「アブバケル」と「アルマソル」がなぜ等値されているのかを解明したいという誘惑にかられないわけにいかない。「アルマソルの同僚ハリ」という思わせぶりな言いかた以外に、アルベルトゥスの主要な書き下ろし著作で「アルマソル」の名は一度も出てこない。ところが、アブバケルとアルマソルが同一人物ではないかと推測させるきっかけを作ったかもしれないラテン語標題を持つ或る書物が、たまたま、アルベルトゥス自身の著作のなかに出てくるのである。その著作とは『天文学の鏡』であり、アルベルトゥスは、「選択」を論ずる同書の第一〇章で、参照可能な典拠としてつぎの三つの書物を同時にあげている。「〝全テノ物ガ調和シテ居ル云々〟の書きだしで始まるハリの『選択の書』」「〝諸々ノ世界ノ云々〟の書きだしで始まる『ケンティロクィウム注解』」「〝星々ノ配置カラ言エバ云々〟の書きだしで始まる『マンソルに捧げる天文語録』」。『マンソルに捧げる天文語録』を特定することに困難はない。それは一一三六年にティヴォリのプラトンによって翻訳され、一四八一年にミラノで『アルマンソル天文判断集（アルマンソル天文語録）』という標題で印刷された『キタブ・アル－マンソリ』である。著者が当時のスルタンであったアル－マンスールに献呈した書物が、いつのまにか「アルマンソル」（もしくは「アルマソル」）の著作になってしまうことは、おそらく中世においてありふれたことであって、そのことは、アルベルトゥスが（『天文学の鏡』でそうした混同をおかしてはいないものの）『神学大全』のなかで或る具体的な哲学上の教説を「アルマソル」なる人物に帰属させた理由の説明として十分かもしれない。反面、そのことは「アブバケル＝アルマソル」という等式の説明としては十分ではない。しかし、『キタブ・アル－マンソリ』の著者が「ラゼス」であること、すなわち「アブバケル」という呼称の起源の三人の候補のうちのひとりアブー・バクル・ムハンマド・イブン・ザカリヤ・アッラージーであることを考えれば、そう突飛な話でもなくなる。アルベルトゥスが「アルマソル」と「アブバケル」を同一視しているのは、出版人がよくやる換喩的置きかえに従って、書物の献呈先と書物の著者を同一視したということかもしれない（あるいはアルベルトゥスは、すでに、たとえば、ラゼスの著作もしくは思想を継承／伝達するさいに起きていたそうした同一視にあざむかれたのかもしれない）。この仮説は魅力的である。しかしこの仮説は、アブー・バクル・ムハンマド・イブン・ザカリヤ・アッラージーという人物が、アルベルトゥスが用いた哲学関係の参考資料において、「ラゼス」もしくは「ラジ」という名前以外の名前で現れることがまったくないという事実と衝突する。くわえて『アルマンソル天文判断集（アルマンソル天文語録）』は『神学大全』のなかで議論されている具体的な哲学説をわずかでもふくんでいるとは見えない。とてもありそうにないことであるが、パウル・クラウスによって一九三九年に出版された『残存する哲学作品と断章』のおかげでわたしたちが知ることになったラジの哲学著作のうちのいくばくかをアルベルトゥスが知っていたとすれば話は別である。もしそうでなければ、アルベルトゥスは哲学者ラジについては『迷える者のみちびき』第三巻の有名な一節が伝える倫理に関する「スキャンダラスな」な命題以外にはほとんど何も知りえなかったはずである。マイモニデスは、実際、『迷える者のみちびき』第三巻第一二章で、悪の問題に関してラゼスの形而上学論考のひとつを引用している。サロモン・ムンクはそれをつぎのように翻訳している。

アッラージーには、「アル－イラーヒヤート」（「神的あるいは形而上学的事象」）という標題を付けられた有名な書物がある。馬鹿ばかしさと愚かしさに満ちたその書物のなかで、かれはつぎのような説をくどくどと述べている。すなわち、悪は世界において善よりも頻繁であり、人間の幸福とこの幸福が（人間に）与える快感を、人間を襲う苦痛、耐えがたい苦悩、身体の故障や麻痺、逆境、悲嘆、災害とくらべてみるならば、ひとは、自分の生つまり人間の生は人間に課せられた罰であり、大いなる悪であることに気づくだろうという説である。かれはこうした意見を自分のすべての不運をふり返りながら実証しようと努めるのであって、その目的は、真理の友が、神は絶対善であり神から流出するすべては不可疑的に純粋善である、と（断言するまでに）神の善意と、顕現する神の善性について信じていることとのすべてを攻撃するためなのである。[61]

アルベルトゥスがいかに想像力豊かであっても、このテクストのなかに等式「アブバケル＝アルマソル」を支える根拠を見出すことはできなかったはずである。かれがそこに見出すことができたのは、せいぜい、ハリの影ぐらいであっただろう。それも、「アル‐イラーヒヤートという標題を付けられた有名な書物」という表現が、かれが読んだ『迷える者のみちびき』のラテン語版では「アル‐イラーヒーという名で伝承された有名な書物」と意訳されていて、このアル‐イラーヒー（＝ハリ）を、かれが、著者アッラジの同僚と解釈したと仮定すれば、という話である。そのような仮説は、ルナンの言葉を借りれば、文献学の年報よりも精神医学の年報に載せるのがふさわしいシナリオであって、アルベルトゥスが『迷える者のみちびき』のラテン語写本のなかに読んだのは、わたしたちがこんにちS・パインズによる英語訳で読んでいるものと同じ一文、すなわち「ラジは有名な本を書いて、それに『神的事象』という標題を付けた[62]」のだと考えるのが妥当であろう。結局、ラジの足取りを追っていっても、等式「アブバケル＝アルマソル」は依然として謎のままであり、しかも「ラゼス」に関するラテン語で書かれたいかなる資料もハリという名前のかれの同僚のひとりについて手がかりを与えてくれないだけになおさら謎は深まるのである。だからといって、ハリBの身元の特定をあきらめなければならないのだろうか。

アルベルトゥスがハリBと「アブバケル」に関して得た情報の本質的部分そのものが、かれに「アブバケル」と「アルマソル」が同一人物であると考えさせている。そうした情報とは何だったのかが、同時に、明らかにならないかぎり、ハリBの身元の特定という問題は解決されたことにはならない。ラゼスは退けられ、（『ヤクザーンの息子ハイイ』）の著者アブー・バクル・ムハンマド・イブン・トゥファイルは（その著作の中世ラテン語訳が存在した形跡がないという理由で）その反対が証明されるまでは考察の対象に入れることはできないので、あとは三人の可能な「アブバケル」のなかの最後のひとりを熟考の対象にするしかない。すなわちアブー・バクル・ムハンマド・イブン・ヤフヤー・イブン・アッサーイフ・イブン・バージャ、「ラテン語名」アヴェンパケ。

そのためにもマイモニデスの『迷える者のみちびき』に帰ることが大切である。アルベルトゥスに固有の認識体系におけるこのテクストの重要性には語り尽くせないものがあるが、実際、このテクストには注目すべき特殊性がある。アヴェロエスの『霊魂論大注解』でもそうであったが、今度はより多様な文脈でイブン・バジャ（すなわちアヴェンパケ）が「アブバケル」の名前で呼ばれているのである。たとえば、第二部第二四章のなかでプトレマイオスの周転円および離心円の理論を批判するために割かれている一節がそうである。この濃密かつ難解な一節のなかに、「アブー・バクル・イブン・アッサーイフ」と呼ばれるアンダルシアの哲学者によるプトレマイオスに対する論駁の詳細な要約が読みとれる。ムンクの翻訳によるとそれはつぎのようになっている。

運動の規則性を納得し、あわせて、星ぼしの運行を目に見える現象とも一致させるためには、周転円と離心円とのふたつの仮説（のうちいずれか）を、場合によっては両方を同時に受け入れなければならないことをあなたはすでに知っている。しかしわたしの話を聞けば、これらふたつの仮説のいずれもが完全にあらゆる規則をはずれており、自然学のなかで説明されてきたあらゆることに背馳することにあなたは気づくだろう。まず、月と五つの惑星の動きを説明するために想定されてきたことだが、或る種の球体の球面上を移動するけれどもその球体の中心を軸として回転するわけではない周転円なるものを考えると、そこから、必然的に、脱輪 roulement が起こる、すなわち周転円が球面からそとに転がり出て、その場所を完全に変えてしまうという帰結が生じる。何であれ場所を変えるようなものが（天にあるということは、ひとびとが避けたいと思っていた、受け入れがたい事態である。だからこそアブ・ベクル・イブン・アッサーイェグは自分が著した或る天文学叙説のなかで周転円の存在は受け入れがたいと言ったのである。さらに（脱輪という）前述の帰結について語ったあとでかれは周転円の存在から帰結する、受け入れがたいこの事態に加えて、ほかにもまだ受け入れがたいことが帰結すると言っている。[63]

このテクストの続きの部分では、とくに周転円の存在に反駁するふたつの論拠が提示される。そのおのおのをここではＡｂ１、Ａｂ２と呼ぼう。

Ａｂ１――［もしそうであったなら］世界の中心ではないような或る中心を回る公転があることになるだろう。しかるに運動はつぎの三つのうちのいずれかであるということが、この宇宙全体の根本原理なのである。ひとつは中心からの（中心を起点とする）運動、ひとつは中心への（中心を終点とする）運動、ひとつは中心を回る運動である。しかし周転円なるものがあるとすると、その運動は中心からの運動でもなく、中心への運動でもなく、中心を回る運動でもない。

Ａｂ２――自然学においては、中心を回る運動には、その中心として何か固定されたものがかならずなければならない、というのがアリストテレスによって置かれた原理である。しかし、もし周転円が存在するとしたら、その運動は固定された何ものをも回らない円運動があることになってしまう。[64]

プトレマイオスの周転円の論駁を目的に書かれた「天文学叙説」をアリストテレスの立場から擁護する右のくだりをアルベルトゥスが読んだのだとすると、かれは、たしかに「アブバケル」なる人物を知りうる立場にはあったが、その「アブバケル」を『知性と人間の合体についての書簡（リサーラト・イッティサール・アル‐アクル・ビリンサーン）』の著者アヴェンパケもしくは「アヴェンペケ」とア・プリオリに同一視するいかなる理由もなかった。かれはアヴェンパケを或る『書簡』の著者として間接的に――アヴェロエスを介して――知るのみだったからである。[65] ところが、すでに見たように、『霊魂論大注解』のラテン語訳のなかの一節でアヴェンパケは「アブバケル」の名前で登場する。この瞬間に、大団円に向かうシナリオの、すべての要素がひとつにつながるように思える。アルベルトゥスは、アブー・バクル・ムハンマド・イブン・ヤフヤー・イブン・アッサーイフ・イブン・バージャというただひとりの人物のうちに（アヴェンパケとアブバケルという）ふたりの哲学者を見ていたが、長い学者生活の或る時点で、『霊魂論大注解』の「アブバケル」はふたりの人物、すなわちアブー・バクル・ムハンマド・イブン・トゥファイル（この人物はどこでもアブバケルと呼ばれている）とアブー・バクル・ムハンマド・イブン・ヤフヤー・イブン・アッサーイフ・イブン・バージャ（この人物はクロフォード版『霊魂論大注解』三九七頁二九行で一度しかアブバケルと呼ばれていない）を指すことに気づき、推理の糸をたどって、マイモニデスの言う「アブバケル」が、一般には「アヴェンパケ」と呼ばれ、『霊魂論大注解』の三九七頁二九行目一度だけ「アブバケル」と呼ばれている哲学者にほかならないことを突きとめる――これがシナリオである。しかしアルベルトゥスはこうした状況を想像するだけでもできただろうか。あわてて答に飛びつくことは避けなければならない。このことは、とくに、さきを急ごうとするあらゆる精神分析家（まがいの歴史家）にくり返し言われなければならない。アルベルトゥスは学術的に編集出版されたアヴェロエスやマイモニデスを読んでいたわけではない（ちなみにわたしたちがマイモニデスを読むときも同じであって、校訂を経ていない『迷える者のみちびき』をつかまされることもしばしばである）。ところで、イブン・バージャは、およそラテン語がアラビア語の固有名詞に対して加えるあらゆる陵辱をこうむったということはまぎれもない事実である。そのことを納得したければ、クロフォードが編集した『霊魂論大注解』のなかで編集者が列挙している異名の数かずを考えてみるだけでよい。B写本の音訳（アブバケル別名アヴェンパケ）のような良心的ないくつかの音訳の背後にどれほどの数の理解に苦しむ馬鹿げた異名があることか。そのまま引用しよう。「アブバケル別名アヴェンペレケ」（G写本）、「アブバケル・アイセペコ」（D写本――これはアブー・バクル・イブン・アッサーイフのつもりだろうか）、「アヴェリペケ」（A写本）、そして極めつけは「アネウペテル」（C写本）。[66]『迷える者のみちびき』の伝承においても事情が同じだっただろうことは想像にかたくない。何しろ著者のマイモニデスですら、「ラテン語名」アヴェンパケを指して「アブ・ベクル・イブン・アッサーイェグ」と言ったり「アブ‐ベクル」と言ったりしているからである。たとえばＡｂ１、Ａｂ２を報告する前述のテクストの続きの部分でもそうした異名が使われている。

ところで、その一節は重要である。実際、その一節はわたしたちをさらなる混乱に陥れるどころか、意外にも、アルベルトゥスにふりかかった災難にいくばくかの光を当ててくれるかに思える。その一節で「ラビ－モーセス（＝マイモニデス）」はイブン・バジャが一度は離心円の仮説に傾いたことを指摘している。

わたしはアブ－ベクルが周転円のない、離心的諸球体のみによる（それらによってすべてが説明される）天文学の体系を見出したと語ったことを聞いた。しかしわたしはこのことをかれの弟子たち（の口）からは一言も聞いていない。しかしかりにそのことに成功したとしても、かれは大きな成果をあげたことにはならない。というのも、離心円の仮説を立ててしまうと、だれしも、アリストテレスが置きすえ、つけ加えるべき何ものもない原理から離れることになるからである。そしてアリストテレスの原理こそがわたし自身に帰属する所見なのである。[67]

このテクストの或る細部が読者アルベルトゥスの注意を引いたにちがいない。それは「アブ－ベクル」に「弟子たち」がいたという言及である。実際、この点は重要である。というのもこの弟子グループは『迷える者のみちびき』のなかの注目すべき別の個所で、もう一度、具体的なかたちで出現し、その具体性にかんがみて、その出現こそは、ケルンの学匠がプトレマイオスの注釈者の「ハリ」を「アブバケルの同僚ハリ」と「合体させる」にいたった文献学的三段論法の隠された媒概念らしくわたしたちには思えるのである。問題の個所は第二部第九章の、金星と水星は太陽の上方にあるのか下方にあるのかの問題をマイモニデスが議論するくだりである。

つぎに［すなわちプトレマイオスのあとに］アンダルシア地方に、最近、数学にはなはだ長じたひとびとが現れ、プトレマイオスの原理に従って金星と火星［原文ノママ］が太陽の上方にあることを説明した。[68] セヴィリャのイブン－アフラ――かれの息子とわたしは面識がある――はこの点に関して有名な著作を残した。さらには、卓越した哲学者アブ－ベクル・イブン・アッサーイェグがこの件を吟味して、いくつかの論拠を構築した。わたしは、かれの弟子のひとりが開講する授業を受け（その論拠を弟子から聞き書きし）た。[69] アブー・ベクルは、それらの論拠に立って、金星と水星が太陽の上方にあるとする説を信じがたい説として紹介している。しかしかれが語ったのは、信じがたいとする論拠であり、不可能性を証明したわけではない。なにはともあれ（真実はどうあれ）すべての古代人は金星と水星を太陽の上方に並べ、そしてそれを根拠に、かれらは天球を（種類としては）五つと勘定したのである。地球にもっとも近いことが疑いえない月の天球。必然的に月の上方にある太陽の天球。五つある（ほかの）惑星の天球。恒星の天球。そして最後にすべてを包み込み、そのうえ表面にいかなる星もない天球。[70]

このテクストを見るかぎり、ひとつの仮説を受け入れざるをえない。わたしたちがもう少しさきで吟味するように、アルベルトゥスは、たとえば、『天体論注解』第二巻第三章一一節の全体を使ってマイモニデスの論駁を試みている。そのアルベルトゥスがマイモニデスの著作『迷える者のみちびき』を読んでいて、（かれの目からすると）誤った学説を論述するふたつの主要な節のなかに「アブバケル」なる人物への多方面の論及とその「弟子たち」への二度にわたる言及を見つけたとする。しかもそのうちの一度は、はっきりと顔の見える弟子への言及である。このとき、アルベルトゥスには、プトレマイオスの体系に関するアブバケルの教えを「継承した」かれの氏名不詳の仲間が、中世においてそれまでのあいだ、そしてそれ以後も、プトレマイオスの『テトラビブロス』と『ケンティロクィウム』の注釈書の著者であると考えられていたあの「ハリ」にほかならないと信じてしまういくばくかの理由があったのだ。

アルベルトゥスを快く思っていない多くのひとびとは、こうした「文献学冒険談」を支える歴史‐考証学が空回りしていることを強調するだろう。たしかに、このたびの冒険は「アブバケル＝アルマソル」という二人羽織のわけを説明していないのだから謎のすべてを解き明かしてはいない。かれらはそこにアルベルトゥスの自己顕示欲と、博識の誇示と、偏屈な情熱しか見ないだろう。プラントル[一九]といっしょになってあざ笑うだろう。[71] そしてまちがえるだろう。

実際、そろそろ単刀直入に尋ねてもよいころである。アルベルトゥスが言っていることはむちゃくちゃなのか、と。答ははっきりしている。ケルンの学匠は『知性の単一性について』のなかで「アブバケルという名であるがハリという名でも知られているムーア人哲学者」を引用したときにまちがっている。『神学大全』のなかでアブバケルを、自分がおそらく何も知っていなかった「アルマソル」なる人物と同一視したときもまちがっている。これに対して、この同じ『神学大全』のなかで「アブバケル」の教説が「かれの同僚のハリによって受けつがれた」と指摘したとき、かれは正しい。じつを言えば、「受けつがれた」ではなく「集められた」ないしは「編まれた」と、ひとことで言えば「編集された」と理解しなければならない。「アブバケル」すなわちアブー・バクル・ムハンマド・イブン・ヤフヤー・イブン・アッサーイフ・イブン・バージャすなわちアヴェンパケにはまさしくひとりの友人がいたのだ。その友人が『ケンティロクィウム』の著者でないことは明らかである。『ケンティロクィウム』の著者は死んですでに数世紀が経つ。その友人はアヴェンパケと同様にアンダルシア地方出身の別の「アリ」である。アヴェンパケすなわちイブン・バジャの主要著作集を編んだのはこの同僚であり、この著作集はこんにち、オックスフォード・ボドレイアン図書館ポコック蔵書写本二〇六に保存されている。この弟子の名前は何だったのか。S・ムンクはその写本を読んだことがなかったので、もしその名を聞かれたら、「イブン‐アビ‐オケイビア」の証言にもとづいて、「グラナダのアブル‐ハサン‐アリ」なる人物であると答えたことであろう。ムンクは自著『ユダヤ・アラブ哲学雑纂』のなかで実際そのように答えている。A・バダウィであれば「アブー・アル‐ハサン・イブン・アリマーム」と答えるだろう。かれは自著『イスラム哲学史』のなかでポコック蔵書写本二〇六の著作集の筆者をそのように呼んでいる。『イスラム百科事典』は、さらに滑舌さわやかに、「アブー・ル‐ハサン・アリ・イブン・アブダル‐アジズ・イブン・アリマーム」の名をあげることだろう。アルベルトゥスはそこにどんな音を聞きとるだろうか。おそらく「ハリ」であって、「イブン・アリマーム」ではあるまい。後者がこの人物の、こんにちもっとも通用している呼名であるにしても。

まとめに入ろう。イブン・バジャの弟子のなかには確かに「ハリ」がいた。アブー・ル‐ハサン・アリ・イブン・アブダル‐アジズ・イブン・アリマームである。アルベルトゥスはこの点ではまちがっていなかったわけだ。イブン・バジャの同僚を、プトレマイオスおよび偽プトレマイオスの注釈書の著者と考えたことはまちがっていた。それらの注釈書はルネサンス期に「ハリ」という著者名で出版されたが、著者の本当の名はアブー・ジャファール・アハマド・イブン・ユースフというのである。くわえて、「アブバケル」と「アルマソル」を同一視したこともまちがっていた。関係書類の錯綜ぶりを考慮に入れて綜合的に評価すれば、帳尻はそんなに悪くない。

「現実の」学知と「現実の」理性——或る事例研究

わたしたちが文献学の滑稽譚をここまで詳しく語るのはなぜか。コーパス（資料体系）およびレゾ（典拠網）の歴史という観点から一二〇〇年代のラテン人が翻訳と摂取に乗りださなければならなかった「学術文献」の、とりつく島もない「よそよそしさ」を知らしめるためである。「一三世紀の危機」とは異文化適応の危機である。公認歴史家によって最初から目的論的に方向づけられた物語のなかで取っ組みあいをさせられている学知というものと信仰というものは、その物語に沿って裁断された抽象物にすぎない。学知とは言うが、どのような学知か。理性とは言うがどのような理性か。合理性とは言うがどのような合理性か。歴史家はアルベルトゥスと格闘するなかで、だれが書き、だれとだれが同一人物であり、どう解釈すべきかが少しずつしか明らかにならない、テクストと、著者と、言表からなるひとつの世界を発見する。そこは、アリストテレス関係の偽書・外典だけですでに数十を数え、ギリシャとアラブの哲学者がいくつもの身分証明書を所持してうろつきまわり、信じがたい苗字と奇想天外な分類学が、「意見」を体系的に「整理」しようとするあらゆる試みに寄生する広大無辺な大洋である。そこは、語彙・文法体系の多様性や、直訳語の乱発や、新語造語の氾濫が、終始、学者をゆさぶって、或る種の記号論的船酔いを起こさせる風変わりな国、不思議の国である。未刊行の資料や新奇な理論や飽くことのない好奇心の産物に、うかつに手を出そうものなら、こうした船酔いに襲われずにはすまない。この世界は大学文化の世界ではない。この世界は大学文化の世界をかぎりなくはみだしている。この世界を、それが検閲の歴史とか学部間の抗争とかからはみ出す刹那《せつな》において、考慮しなければならない。「一三世紀の危機」のさなかに神学者が理性と学知の観点に対置したとされる信仰の観点は「形成途上にある」学知の全体に正面から対峙しているわけではない。それはむしろ「既成の」学知に対処しているのである。「諸学の区分」や、学生の手引きのような「教授用」資料のなかでいくばくかのそっけない記述が見られるほかは、パリ大学はあたらしい学知に対して、すなわち主要にはアラブの知に対してほとんど場所を設けていない。

こうした窮屈さと、アルベルトゥスのパレットの色の多さと豊かさは鮮やかな対照をなす。「現実の学術文化」は、その広がりもその限界も、大学で普通に実践されていたことのなかに反映されていない。そうした「文化」を測定するためにアルベルトゥスの人物像はかけがえのないものである。デュルケームが言い立てる「スコラ学のドラマ」の実態とは、ほとんど思考の産物でしかない哲学と神学、学知と信仰がふたつの陣営に分かれて対峙することではなく、おのおのが自分の文化を有するふたつの専門家集団——一方に大学人としての哲学者、他方に神学者——が対峙することなのである。ここで哲学と神学、学知と信仰という二種類の論争が正確に重なりあうわけではないことを示してみたい。証拠はつぎのとおりである。アルベルトゥスは、占星術の領域および運命の問題への介入によって、あとで見るように、ふたつの陣営のあいだに立つ第三者たる地位を得るのであり、そのことによって「人文学者」に対して、かれらが哲学者として遠くまで行きすぎたということではなく哲学において十分遠くまで行かなかったことを非難する資格を得ている。パリの「教授連」は占星術に無知なのだ。このことがレッシーヌのアエギディウスに対するアルベルトゥスの解答の骨子である。虚心坦懐に耳を傾けるなら、この論争は筋向いにねらいを定めている。制裁に身をさらす無知者は、自由思想の英雄、法王庁に行く手を阻まれた「ガリレイの先駆者」というわけにはいかない。かれらはたんに無能な学者というにすぎず、まず学知の領域において批判されるべきなのだ。アルベルトゥスのこうした診断は、あきらかに、支配的見解ではなく、また、たしかに、エティエンヌ・タンピエが一二七〇年と一二七七年に告示し断罪した本物の占星術を擁護するためのものでもない。だからといってアルベルトゥスの立場を煮えきらないと言うことはできない。かれは、結局、公益を選びとっているのであり、それは、つまるところ、非‐代表的であるという理由で最初から不受理を宣言することはいかなる知の考古学にも許されていない「古文書」という要素を支持することである。「アルベルトゥスの主張は、変エルベキヲ変エレバ、アヴェロエスの主張そのものである。それは第三の道の探求という主張であり、第三の道とは、アルベルトゥスにおいては、宗教的正統性とにせ学知との仲介であり、イブン・ルシュドにおいては、詭弁的神学と素朴な信仰との仲介である。もちろんアルベルトゥスはアヴェロエスによる「中間の道」の称揚については何も知らなかった。それが登場する文献はそれまでラテン語に訳されたことがなかったからである。かれは「危機」の性格それ自体にみちびかれて同じ立場に到達する。危機とは、根底において真の学知に対する同じ無知をさらけだすふたつの派閥の、多かれ少なかれ盲目的な対立のことだったのである。

以上を念頭に置いて、「現実の」占星術に話を戻そう。かれの認識のレベルと大学で要求されているレベルとのどこがちがっているかを示すためには、さきほど暗示しておいたひとつの例があれば十分だろう。それは天体の数に関する諸理論の歴史的説明にあてられた『天体論注解』のなかの長い一節であって、そこでは「アルファルガヌス」[＝アル－ファルガニ]（一〇）と「アルペトラウズ・アブイサック」[＝アルペトラギウス、アル－ビトルジ]と「プトレマイオス」と「マイモニデス」の四つのモデルがあいついで吟味されている。アルベルトゥスは、そこで、歴史家として十分にすぐれた情報収集能力を発揮している。年代確定に不確かさはあるが、それはいつものことである。かれによれば、プトレマイオスに先行するすべての学者――旧時代人――は八つの天球を支持し、そのなかにアリストテレスとアル－ファルガニがふくまれる。かれらがこの点に関して旧時代人に従っているのはつぎの一節が示すとおりである。

　プトレマイオスノ時代ニ至ルマデ全テノ旧時代人ハ天球ノ数ガ八ツデアル事ニ同意シテ居タ様ニ思エル［…］。他方アリストテレスモ、又、屡《シバシバ》、彼等ニ賛同シテ居ル様ニ思エル［…］更ニハ彼等ニ追随シテアルファルガヌスモ、又、天球ノ数ガ八ツデアルト語ツテ居ル。72

アルベルトゥスはアル－ファルガニの生きた時代を正確に特定していないとはいえ、その著作をじかに読んでいる。73アル－ファルガニの『天文学綱要』は一一三五年にセヴィリヤのヨハネス（一一）によって『数種の天文学体系のあいだにある差異』という標題で翻訳され、つぎには一一七五年以前にクレモナのゲラルドゥス（一二）によって『天文学の諸体系および天体運行の諸原理』という標題で翻訳され「プトレマイオス天文学の綜合的説明」となっている。その第一二章は諸天体の列挙のしかたを提示しており、アルベルトゥスの指摘を裏づけている。

星ぼしのすべての運動を網羅する軌道の数は八つであって、惑星の軌道は七つあり、もっとも高い位置にある八つ目はすべての恒星（一二宮）の軌道すなわち黄道である。これらの軌道をすべて合わせた形状は、一方が他方の内側に包み込まれている多くの球体のそれである。もっとも小さい球体は地球にもっとも近いそれであり、それが月の球体である[74]。

こうした旧時代人の理論を揺るがした功績は「アルペトラウズ・アブイサック」別名「アルペトラギウス」［＝アル‐ビトルジ」に帰せられる。アル‐ビトルジはアヴェロエスと同時期のひとで、アヴェロエスと同じ「スペイン人」であり、かれと同じくイブン・トゥファイルの「弟子」[二三]である。その天文学概論『天体運行論』は（イブン・トゥファイルが没する）一一八五年と（ミハエル・スコトゥスの翻訳が出る）一二一七年のあいだに執筆されているので、アルベルトゥス自身の活動期と数十年しか離れていない「現在進行中の」学知に属していた。『天体運行論』の呼びかける武装蜂起をＡ・Ｉ・サブラは「プトレマイオス天文学に対するアンダルシアの反乱」[75]と名づけているが、たしかにこの概論はプトレマイオスに対する綿密詳細な批判である。アル‐ビトルジはアヴェロエスとは別の道をたどりながら、しかもアヴェロエス同様、離心円や周転円という着想をきっぱりと退ける。それらは円運動に関するアリストテレスの原理と矛盾し、「自然学的不可能性」を帰結するからである[76]。アルベルトゥスは難解なこの著作が大好物で、『天体論注解』のなかで何度もくり返し引用している[77]。とはいっても、かれは批判すべき点については批判している。事実、「アルペトラウズ」の「あたらしい占星術」は、かれの目に映るかぎり、「アリストテレスの観点からして偽である」。

…己ガ構築シタトアルペトラウズ・アブイサックガ述ベテ居ル占星術ハ、アリストテレスノ観点カラシテ偽デアル事ハ明白デアル[78]。

おそらくアヴェロエスの占星術を「真ノ占星術」と呼ぶのに合わせて「偽ノ占星術」と呼んでいるのだろう。[79] それにしても、アルベルトゥスが、この「アルペトラウズ・アブイサック」なる人物のいくつかの「あたらしさ」を本物と見ていることに変わりはない。「アルペトラウズ・アブイサック」の名前は『一五の問題について』のなかで、もっと曖昧な「アヴェナルペトラウズ」という苗字で見出される。[80] この複数の名を持つ人物の偉大な功績は天球の数が八つより多いことを証明したことである。

…他方、彼等［即チアル‐ファルガニトアリストテレスヲ含ム旧時代人達］ノ後ニヤッテ来タアルペトラウズ・アブイサックハ、彼ガ導入シタ新シイ占星術ノ中デ天体ガ八ツヨリモ多イ事ヲ必然的ナ理由ニ基ヅイテ証明シテ居ル。[81]

アルベルトゥスはこの証明をていねいに吟味し、それが、哲学を理解する者には、はなはだ強力な証明（「哲学ヲ良ク知ル誰ニトツテモ此ノ上無ク強力ナ理由」）であると評価している。[82] そのあとでかれはアル‐ビトルジが九つの天球を支持していることを明かす。[83] 正しい学説は、しかし、「一〇個の天球」を数えるプトレマイオスの学説である。はなはだ奇妙なことに、ケルンの学匠がプトレマイオスの説で評価するのは、それが数学的ではなく真に自然学的な証明に依拠している、という点である。

…［彼ノ意見ハ］私ガ彼ヲ理解シ得ル限リデ言ウト、天球ガ一〇個デアルト云ウ事デアリ、而モ其ノ理由ハ数学的デハ無ク自然学的デアル。[84]

いずれにせよケルンの学匠は天球の数に関するプトレマイオスの説を臆することなく真と宣言するのであり、しかもその説が——保証人が必要だと考えたのだろうか——「メセラハ」に受けつがれていることを強調する。

…ソシテ私ハ此ノ意見ガ真デアルト判断スルノデアリ、メセラハモ、又、天球ノ回転ニ関スル自著ノ中デ此ノ意見ニ従ツテ居ル。[85]

メセラハ（アラビア語名マサラハ）に対するこの（暗黙の）賛辞は、アルベルトゥスが、別の案件で、この『天球運動論』の著者を非「自然学的な」推論に固執しているという理由で非難し、そのゆえをもってかれを「数学者」すなわち占星術師のグループに割りふっているだけに驚くほかはないだろう。[86] このような割りふりからすっきりした人物相関図を作成することはむずかしい。前例に反する言葉づかいがひしめいているからである。ところで、周知のとおり、アルベルトゥスにとって「数学者」とは、プトレマイオスの離心円および周転円を無批判に、あるいはむしろ真の、認識論的なねらいを無視して操作する学者のことである。ここで、ケルンの学匠が題材ごとにちがった取りくみをしていることに思いがいたれば、矛盾は解消する。いま重要なことは天球の数を確定することである。それは八でも九でもなく一〇である。プトレマイオスの説が好ましいのは、そのことが、この件にかぎって、「自然学」に依拠して自然学者の立場から表明されているからである。だからといって「数学」が優位に立つべき場面でまで自然学者でいることは批判を免れない。そもそも、アルベルトゥス主義の哲学者は、もし「議論の都合上」必要なら数学者の観点を採用することができる。つぎに示すように『天体論注解』のなかですらアルベルトゥスはそれをおこなっている。

…喩エ私達ガ、議論ノ都合上、離心円ガアツテ惑星ヲ運ンデ居ルト云ウ数学者達ノ申シ立テガ真デアルト仮定スルニシテモ、其ノ時、私ガ申シ立テルノハ…[87]

これで見るかぎり「数学」と「自然学」の使い分けは是々非々であるように思える。そのことが意味するたったひとつのこと、それはアルベルトゥスの理論上のゆらぎではなく、一般には天文学的・宇宙論的諸問題についての、特殊にはアリストテレスとプトレマイオスの対立についてのアヴェロエス文献の深い読み込みである。アルベルトゥスの学識は、少なくとも『天体論注解』を読むかぎり、アヴェロエスという（アリストテレスの）濾過装置もしくは使用説明書を経由している[88]。アルベルトゥスは、天球の数をめぐる諸理論の歴史を通覧するときに具体的なひとつの目標を持っている。プトレマイオスの「唯一真正な」「一〇天球」理論を擁護するために「星の数だけ多くの天球」を数える「エジプトのモーセス」（＝マイモニデス）の新時代理論を排拒することである。

…他ニモ、星ノ数ダケ天球ガ有ルト語ッテ来タ何ト多クノ哲学者ガ居ル事カ。其ノ中デ最モ新シイ者ガエジプトノモーセスデアッテ、彼ハ今日、尚、其ウシタ意見ヲ有リ得ナイ事デハ無イト語ッテ居ルガ、私ノ見ル限リ、其ノ言葉ハ不条理デアル[89]。

したがってかれはこうした理論的もくろみに役立ちそうなものなら何であっても天文学者（「数学者」）から引きついでいる。こうした借りものは、しかし、哲学的に根拠づけられている。根拠となるのは、真ノ占星術というアヴェロエス的知見と、「プトレマイオスの天文学体系の改革」を唱えるアンダルシアの試みと、いわゆる「占星術師と自然学者との分業」についてのアヴェロエス的理解である。

　アルベルトゥスの天文学／占星術関係の学識が、アヴェロエスの手引きに沿ったものであろうと自由に活用されていようと、あるいは相対的年代特定の不在や文献伝承の中世的特異性によって、どのみち、改竄され歪曲されてしまっているテクストの実際の内容に忠実であろうとなかろうとも、いずれにせよ、それは「大学における」天文学とは共通の尺度では測れない。後者はわたしたちが以前に紹介したように基本的にはギリシャ・ローマの色合いに染まっているからである。一二七〇年代の「危機」における現実の学問的争点を突きとめたいと欲するなら、運命に関するアルベルトゥスの占星術的思考を、「学生の手引き」とか「哲学入門」とかいった教授用資料とではなく、また、そもそもアルベルトゥスの注釈に多かれ少なかれ依存しているアリストテレス自然哲学全典とではなく、タンピエの検閲と突きあわせてみなければならない。或る側面においては「アヴェロエス主義」の父のようにも見えかねないアルベルトゥス自身もまた、一二七七年のいわゆる「反哲学的」策動の隠された標的なのではないかと問う必要がある。つぎにはそれをやってみよう。

4　アルベルトゥスの運命論は一二七七年に断罪されたか

一二七七年三月七日エティエンヌ・タンピエは謬説表第一九五条でつぎの教説を断罪している。

運命は、宇宙の配置であって、神の摂理から無媒介的に生じ来るのではなく、［むしろ］諸天体の運動を介して［生じ来る］。そして、地上の諸実在はこうした運命に抵抗しうるがゆえに、運命は地上の諸実在に必然性を課すのではなく、天空の諸実在に［必然性を課す］[90]。

この教説はR・イセット[91]とL・ビアンキ[92]によって研究された。この件に関してはふたつの問題を提起しうる。（一）この教説はどのような点が異端なのか（なぜ断罪されるのか）。（二）この教説をあげることで標的にされ攻撃されている著述家はだれなのか。たしかに、ここでは人間の自由は疑問視されていない。決定論は月よりうえの世界にしか当てはまっていない。この異端禁圧は、外見上、神慮 *providence divine* ‐ 神治 *gouvernement divin* という神学的対概念を摂理 *providence* ‐ 運命 *destin* という哲学的対概念によって置きかえた結果に対して発動されているように見える。しかしどのような意味での、どのような尺度での置きかえなのか。それを理解するためにはキリスト教的意味での摂理についての神学内部における標準的な既知事項から再出発しなければならない。一三世紀において神学者は、神治が中間者を介して実現すると信ずることがしばしばである。逆に、かれらは神慮が、それ自身、媒介されていることは認めない。それが、たとえば、トマス・アクィナスの立場であることは明らかであり、その立場は摂理 *providentia* という語のふたつの意味の区別にもとづいている。摂理とはまず神による宇宙の秩序の事前構想であり、これが厳密な意味での「神慮」である。つぎに摂理とはそうした事前構想がおのれを実際に実現することである。これが「神治」である。神慮は無媒介的であるが、神治は媒介されている[93]。第一九五条は何を主題にしているのか。神慮を主題にしているのか、神治を主題にしているのか。もし運命という言葉が神治を指すなら、そして摂理という言葉が神慮を指すなら、イセットが言うように、タンピエによって異端排斥された同条は「明々白々に」神治を主題にしているということになるだろう。しかし、もし事情がそのとおりであれば、同条を禁圧する理由は何もない。イセットがそのことをだれよりもさきに意識している。というのも、かれはこの条文の発する、言葉からは読みとれない或る「目くばせ」のうちに禁圧の理由を見出そうと努めているからである。月下の世界の偶然性の肯定は「神慮の無謬性に対する脅威」として、天空の世界の必然性の肯定は「天使の自由と相容れないもの」として理解することも可能ですよ、と言いたげな目くばせである[94]。イセットの、そうした気のまわしかたに文句をつけるつもりはない。しかし、このさい、それで何かが説明されるだろうか。「明々白々に」神治を主題にしている条文があるとして、その条文の内容「それ自身のうちに何ら異端的なところがない」ならばそれを禁圧するいかなる理由もないのだ。検閲者が介入するのに理由はひとつしかない。検閲者にとってこの条文は神治を主題にしているのでも何でもないのであって、このことこそ、かれらの目からすると「明々白々」なのである。わたしが思うに、検閲の意味を理解するためには、検閲者がねらっていることと、検閲された文書に書いてあることをできうるかぎり区別しなければならない。ここで俎上に載っているのは、哲学者によって神治に帰属させられていること――媒介による成就――ではなく、神慮‐神治という神学的対概念を摂理‐運命という哲学的対概念によって置きかえることそのものである。したがってこの置きかえの結果が問題を生むのではない。キリスト教なる座標軸の排除が問題を生むのである。神学者が「統治」と呼ぶ「配置」によって秩序づけられている宇宙が、哲学者が「運命」と呼ぶ「配置」によって秩序づけられている宇宙と同一である、ということを神学者として容認するわけにはいかない――これがタンピエの介入の意味である。哲学者とキリスト教徒とでは宇宙がちがう。学知と信仰とでは宇宙がちがうように。キリスト教徒は運命という言葉で宇宙を語るわけにはいかず、哲学者が語る世界は創造された世界ではない。「哲学者の意図に沿って」宇宙を語ることは、創造という根本的な前提とは相容れない教説をあやつることであり、そしてこのことはいつの世でもそうであり続けるだろう。検閲者による一九五条のあつかいは一二七七年の検閲そのものを象徴する。P・マンドネがやったように[95]、断罪された命題がおそらく「ブラバントのシゲルスの『必然性について』に着想を得ている」ことを明かしても何かの役に立つわけではない。その第一部はもろもろの被造物が第一原因から段階的に遠去かるさまを描きだしているが、それは、哲学者ノ意図ニ沿ツテ、のことである。そうした被造物は神の創造物ではなく、その宇宙は『創世記』の宇宙ではない。つまりシゲルスの何が非難されているかと言えば、「偶然性は、物質の無配置性によって天体の原因性の作用が妨げられている地上の世界においてはじめて現れる」ことを主張するからではない。そうではなく、かれが黄道一二宮と天体の因果性が問題になっている宇宙を語り、しかもこの宇宙があたかも同時に「神治」によって「秩序づけられた」宇宙、わたしたちの宇宙、キリスト教徒の宇宙であるかのように語るからである。認識論的に並行する諸宇宙などはない。同一の宇宙について可能なふたつのモデルなどはない。世界はひとつしかない。それは『聖書』と教父たちの言い伝えが語っている世界である。一九五条ならびに自然的学知に関連するほかのほとんどすべての条文に対する検閲を説明してくれるのは、このようにそっけない神学的命題である。したがって、R・イセットに準じて「シゲルスの教説は、新プラトン主義的な流出論を解説する授業で提示されたために、検閲者たちには、地上の世界の出来事に対する第一原因の影響をそこなう懸念があると感じられたにちがいない。そのことから神の原因性という正しい観点に鼓吹された検閲者たちの反撃が始まったのだ」と言っておくだけでは十分ではない。タンピエとかれの委員会には第一原因の諸権利に対する何らかの侵害を懸念する必要などなかった。かれらが気づかっていたのは第一原因ではなく、信仰の対象たる神である。かれらにとって「第一原因の影響」についての言及と同居する「神の原因性という正しい観点」などあろうはずがなく、またあってはならなかった。ただひとつの正しい観点は、「第一原因の影響」という観念それ自体を放棄し、その観念が説明の責任を負わされている世界を放棄することであったはずである。すなわち流出と流入の世界、新プラトン主義化されたアリストテレス主義の世界、ギリシャ－アラブ的ペリパトス主義の世界、ヘルメスと偽アプレイウスの世界、「哲学者たちの」世界、ようするにアルベルトゥス・マグヌスの世界である。こうした理解のもとに、さきに提起したふたつの問題の必然的な結びつきがあらわとなる。（一）なぜ一九五条が断罪されるのか。解答。それが世界および、こんにちの言葉でいう、世界の「存在論的備品」についての哲学的理解の有効性を想定しているからである。（二）この検閲を通じて標的にされ攻撃されている著述家はだれなのか。解答。直接的にはシゲルスであり、間接的には古代「哲学者」および古代哲学の刷新者――ここにアルベルトゥスは入る――である。もちろん一二七七年の時点でアルベルトゥスはパリにいない。またもちろん、ロジャー・ベーコンの証言によれば当時の「権威者」であり「博士」と見られている神学者を悩ませようなどとだれも考えないだろう[96]。しかしここで問い直されているのはアルベルトゥスの思考回路の中核そのものなのであって、その回路は、宇宙の哲学的記述の、それなりの、有効性を要求しているのである。

マンドネとイセットが一九五条の「着想の蓋然的な」源泉としてあげたブラバントのシゲルスのテクストを、しばしのあいだ、考察してみよう。問題になっているのは『必然性について』の一節であって、天体が「地上ニ」(*hic*) およぼす原因性のふたつの様態の区別にもとづいて月下の世界の偶然性が議論されている。「ふたつの様態」とは、一方は、それ自体による、しかし、たんに「大数的に」(*ut in pluribus* = ὡς ἐπὶ τὸ πολύ) すぎない原因性であり、他方は偶発的な原因性である。

…又、天体ハ其レ自体ガ原因ト成ツテ地上ニ何物カヲ生ゼシメルガ、天ノ最初ノ兆シガ物質ノ無配置性ニ拠ツテ妨ゲラレルノデ、其ノ何者カヲ大数的ニ生ゼシメルト言ウニ過ギナイ。更ニ又、天体ハ偶発的ニモ何物カヲ生ゼシメル。此ノ偶発性ハ、物質ノ内ニ或ル種ノ配置ガ有ル故ニ常軌ニ従ツテ天ノ兆シノ実現ヲ妨ゲルカ、若シクハ、地上ノ何物カヲ常軌ニ反スル向キニ駆リ立テルノデアルガ、何レニセヨ、其ウシタ偶発性ハ、何ラカノ天体ノ内ニ其ノ原因ト言ウベキ物ヲ求メ得ルノデアル[97]。

検閲者がここに表現されている教説を断罪したのだとしたら、それはやや拙速だったのではないか、同じシゲルスの『形而上学第七巻の根本問題』（ウィーン転写本）を注意ぶかくひもといた方がもっとよい「着想」が得られたのではないか、という評価がたしかに可能である。そうしていれば、必然性と偶然性の多様な様相についても、神の摂理および予知についても、妨ゲラレル原因性や妨ゲル原因性についても、おあつらえ向きの解説がすべて見つかったことだろう。[98] しかし、そのようなことがタンピエの関心事でなかったことははっきりしている。かれをみちびいている懸案は摂理と運命についての哲学的理論を根こそぎにしてしまうことである。皮肉なことに、いわゆる「正統的」理解からのズレを平均化したようなモンタージュ映像を作ってみると、それにもっともよく合致する立場は、一二七〇年にレッシーヌのアエギディウスがアルベルトゥスに裁定を求めて委ねた第三問題に対する回答のなかでアルベルトゥス本人がとっている立場である。レーゲンスブルクの元司教が回答するようにうながされた問題は「人間の意志は必然性の影響のもとに欲し、選択する」こと*Quod voluntas hominis ex necessitate vult et eligit*を肯定する教説の適切性の問題である。それはエティエンヌ・タンピエが一二七〇年の一二月一〇日に一三条からなる最初の謬説表のなかで断罪することになる教説である。アルベルトゥスの回答は――何はともあれ――かれの哲学的な世界観が、この決定的な時期に、すでにもはや検閲者の観点とはそりが合わなくなっていることを物語っている。

『一五の問題について』第三問

第三問はまぎれもなくただひとつの問題を提起している。星辰決定論をめぐる問題である。第三問は、やがて、タンピエ謬説表の一三三、一三四、一六〇、一六一、一六二の各条文のかたちをとって詳細化されることになるだろう。それらの内容を読み返してみよう。

一三三条　意志と知性は、現実態において、それら自身によってではなく、不断に作用する諸原因によって、すなわち天体によって動かされる。[99]

一三四条　欲求は、障害が消え失せると、欲求をそそるものによって必然的に動かされる。[100]

一六〇条　いかなる行為者も選択肢のまえに立つことはない。むしろ逆に、いかなる行為者もその行為を決定されている。[101]

一六一条　自由意志に対する星辰の影響は謎に包まれている。[102]

一六二条　わたしたちの意志は天体の力に従属している。[103]

したがって、アルベルトゥスにとっての難題は輪郭がくっきりしている。自然の規則性という哲学的要請を人間の自由の要請と調和させることである。ケルンの学匠の戦略はパリ司教の戦略とは異なる。そもそも、ここで俎上に載っているのは哲学者の教えではない。第三問のなかに伝えられている教説は哲学的教説ではない。それは完全ナル無学者（*penitus illiteratus*）の教説である。それに、当の教説はあらゆる哲学に反している。なぜなら、魂についての哲学的知見と相容れないからである。

> かれらの第三教説は人間の意志は必然性の強制のもとで欲し、選択するというものである。完全に無学な者でなければこうしたことを言いえなかっただろう。すべての推論と、学校におけるすべての倫理教育が、ストア派のそれであろうとペリパトス派のそれであろうと、わたしたちはわたしたち自身の行為の主人であって、だからこそわたしたちは称賛もしくは非難の対象たりうるのだということを高らかに宣言している。哲学者が魂とは何かということを論じるときには、かれらは全員一致してそれを自然とは区別するのであって、その理由は、自然はそれ自身からただ一種類の結果しか産出しないのに対して、魂は独力で多種多様な、ときには反対の、ときには矛盾した行動を起こすことができ、そしてまさにそのような行動のあいだで選ぶことができるからである。もし人間が自分の欲するものを必然性の強制のもとで欲し、自分の選択するものを必然性の強制のもとで選択するのだとしたら、こうしたすべてが嘘となる。

こうした迷妄に対抗するためにアルベルトゥスは教父たちの証言を引いたりはしない。かれが訴えかけるのはヘルメス・トリスメギストスであり、アリストテレスである。

> くわえて、かれらの教説が真だとしたら、意志はもはや意志ではないことになるだろう。そのことを納得したければ、ヘルメス・トリスメギストスか、アリストテレスか、あるいは一〇個の原因系列を区別したひとびとのもの――その区別のなかでは意志はつねにはっきりと必然性から区別されている――を読み返してみるだけで十分である。

ここに言及されている「一〇個の原因系列」の信奉者については、アリストテレスの『形而上学』のなかに説明がある。ピュタゴラス派の一部がそうなのであり、スタゲイラの哲人はその学説をつぎのように要約している。

> この同じ哲学派には、ほかにも、一〇個の原理を認め、それを並行的なふたつの系列に整理する者たちがいる。一〇個の原理とは、制限と無制限、奇数と偶数、一と多、右と左、男と女、静止と運動、直線と曲線、光と闇、善と悪、正方形と長方形である。[104]

しかし原理が一〇個あるということが議論の要点ではない。決定的な点はヘルメスの権威である。この点に関して、右の記述のなかではつまびらかにされていないが、アルベルトゥスがいかなる「ヘルメス的」理論を念頭に置いているかを突きとめることはやさしい。かれはそれを『〈自然学講義〉注解』ではっきりと表明しているからである。それは「運命」を、第一原因の摂理に依存する諸原因ノ複合と解する理論である。この理論に関してヘルメスとアプレイウスがたがいに一致している。

> ト言ウノハ、ヘルメス・トリスメギストスハ『神々ノ本性ニ就イテ』ノ中デ、ファートゥム即チギリシャ人ノ所謂イ

マルメネ（＝ヘイマルメネー）ハ、第一原因ノ摂理ニ依存スル諸原因ノ複合ト同ギ物デアルト言ッテ居ルカラデアル。

他方デ此ノ事ニ哲学者ノアプレイウスモ同意シテ居ル。[105]

言いかえれば、パリ司教の最初の反哲学措置の数ヶ月前に、アルベルトゥスによって、人間の意志と欲求にまで拡張された普遍的決定論に対置されたものは、一二七七年に一九五条によってはっきりと問題視された摂理‐運命の対概念にほかならないのである。タンピエによって断罪された理論の究極の源泉は、R・イセットが語る、「新プラトン主義的流出論の流れを汲む」謎めいた理論ではない。それはアプレイウスであり、より正確には、偽アプレイウス（アルベルトゥスによれば「ヘルメス・トリスメギストス」）の『アスクレピオス』であり、[106]また偽アプレイウスがアリストテレスの『ペリ・コスム（宇宙論）』を翻訳‐敷衍した『デ・ムンド（宇宙論）』である。[107]その直近の源泉は、おそらく、ブラバントのシゲルスの『必然性について』であろう。その真の源泉こそはアルベルトゥスが打ちだした摂理と運命の理論であって、それが公認歴史学の言うところのすべての「急進的アリストテレス主義者」によってひそかに剽窃されたのである。諸原因の複合、錯綜、織り合わせ、編み合わせなどと理解されるヘイマルメネー。これこそがあらゆる運命の理論の根底にある——アルベルトゥスの見るところヘルメス主義的な——概念なのである。

或る戦略的テクスト——『〈自然学講義〉注解』第二巻第二章一九節

『〈自然学講義〉注解』第二巻第二章一九節というテクストはアルベルトゥスにおける摂理と運命の問題の最も体系的な展開をなす。分析はファートゥム（運命）の四つの定義に始まり、そのそれぞれの帰属先がつぎのように明かされる。定義一——ヘルメスおよびアプレイウス。定義二——フィルミクス・マテルヌス。[二四]定義三——プトレマイオス。定義四——セネカ。定義一は、すでに見たように、ファートゥムを第一原因の摂理に従属するヘイマルメネー（ギリシャ的運命）の諸特徴を持つものとして描きだす。定義二は諸原因の内的な結合によって運命を定義するのであって、その結合の力と効能は星ぼしの運動に由来する。[108]定義三は、アルベルトゥスによると定義二と同一である。ふたつの定義のあいだの唯一のちがいはフィルミクスが「運命」と呼んでいるものをプトレマイオスは「星座の力」と呼んでいることである。[109] 定義四はカエキナ（二五）の説を紹介するものであって、「運命」と「必然性」を同一視し、しかも必然性は「ユピテルによって［決定された］配置に依存しており」、その配置は、さらに、「神がみの評議」を経ているものとされる。[110]

つぎにプロウィデンティア（摂理）を表象するためにアルベルトゥスが向かうのがボエティウスである——かれはノステル・ボエティウス（われらがボエティウス）と呼んでいるが、その呼称によってボエティウスがキリスト教徒であることを印象づけたいのか、それともかれがラテン人であることを強調したいのか、ただちには明らかではない。いずれにせよ、運命‐摂理の対概念は、『哲学の慰め』の権威をこれ見よがしに（そしてひとりこれのみを）後ろ盾にしている。「運命ハ動ク物体ニ内在スル配置デアリ、摂理ハ其ノ配置ニ拠ッテ己ノ指令ヲ各物体ニ結ビ付ケル。」[111] つぎに「摂理は運命を超越する」という教説を正当化するためにアルベルトゥスは一二一行からなる『哲学の慰め』第四巻第六散文を一行も残さずにそのまま書き写している。[112] こうした切り貼り作業の意味は明白である。ボエティウスの語る摂理はあきらかにエティエンヌ・タンピエにとって大切な、神の摂理ではない。それはフィロソフィア（哲学）の摂理である。摂理と運命の連結を表沙汰にし、しかもこころ安らかであるために、アルベルトゥスにはしなければならないことがひとつだけある。そしてかれは実際にそれをする。すなわち、かれはボエティウスの理論の哲学的側面を覆い隠すために、『哲学の慰め』の著者に、場ちがいな所有形容詞をかぶせる。それが「われらがボエティウス」である。

このように典拠を照合することによってヘルメスとボエティウスとの提携が確認されたあと、今度はこの提携によって可能となる「事ノ真相ニ即シタ」論述が始まる。この論述はタンピエの謬説表の一九五条のなかで異端排斥された哲学理論の骨子をなすものである。

此レラ全テノ事カラ運命ニ就イテ何ガ事ノ真相ニ即シテ居ルカガ結論サレル。即チ、諸原因ノ第一番目ハ神デアリ、又、神ハ知性ヲ介シテ事物ヲ生ゼシメ、且ツ、神ノ知ガ諸事物ノ原因デアル限リデハ、神ヲ原因トスル全テハ摂理ニ従ッテ居ルニシテモ、神ハ事物ヲ生ゼシメルニ当タッテ、普遍的ナ媒介原因ニ拠ッテ特殊的媒介原因ヲ産出シ、特殊的媒介原因ニ拠ッテ自然及ビ意志ノ企テカラ生ヅル各々ノ事物ヲ産出スルノデアル。其レ故、神御自身カラ最初ニ生ヂ来ル事物ハ、天体ト其ノ運動ノ様ニ必然的デアル。他方、地上ニ於イテ天体ト其ノ運動カラ生ヂ来ル事物ハ反対物ヲ有シ、其レ故、其レナリノ頻度デハ起コルガ、妨害サレル事モアリ得、必然性ヲ欠イテ居ル。ソシテ正ニ此ノ事ガ諸元素ノ混合ノ内ニモ、種子的諸原因ノ内ニモ在ル。斯ウシタ諸原因カラ、自然ノ事物ト作用ノ全テガ生ヅルノデアッテ、其レト云ウノモ、下位ノ事物ノ内ニ在ル結果ト運動ハ、原因トシテノ上位ノ事物ニ依存シ、上位ノ事物ハ摂理ニ依存スルカラデアリ、斯クシテ諸原因カラ成ル斯ウシタ織物ノ全体ニ織リ込マレタ摂理ノ配置ガ運命ト呼バレルノデアル。[113]

このつづきの部分でアルベルトゥスは哲学者の観点と「数学者」の観点とのちがいを説明する。数学者は運命をその「最初の起源」に従って考察するのではなく、たんに、「運命づけられた存在を自然的諸原因の錯綜のなかに巻き込まれているかぎりで」考察するにすぎない。したがって、哲学者との比較で言えば、数学者は摂理に準拠することはなく、むしろ「星ぼしの秩序とそれらが取りむすぶ関係に準拠する。というのも、第一動者であるかぎりでの星ぼしのうちにこそ、それ［＝運命］はその端緒を植えつけられているからである。」したがって、アルベルトゥスによれば、運命を考察する三つのやりかたがあることになる。一、その「最初の出どころ」に注目すれば、ファートゥム（運命）は「摂理から生じ来るもの」であり、「宇宙の総体を、ひとつの律法に従わせるかのように、統治する」。二、「運命がその存在を得る諸事物の秩序」に注目すれば、運命は「上位の原因と下位の原因との連結によって生ぜしめられた現実のなかに作用している力」である。三、「それが結果とのあいだに結んでいる関係」に注目すれば、運命は「すべての結果および作用を支配する規則であり、この規則は原因をその特殊な結果に結びつけることから生じ来る」。[114]

それでは、言葉の哲学的意味での運命とは何だろうか。アルベルトゥスはここで個人的な回答を与えることを恐れない。それが真の回答であり、正しい回答であり、かれによればキリスト教的真理に合致する（「われらがボエティウス」という表現の「われらが」の機能に合致する）回答である。たしかに「キリスト教的」という言葉が発せられているわけではない。しかし「キリスト教的」という言葉は同じ『〈自然学講義〉注解』の、右の引用より少しまえの第二巻第二章一〇節に出てくる。ヘイマルメネー（運命）の「数学的」概念をはじめて解明するその個所では、占星術とキリスト教信仰とが、ともに偶然と幸不運を否定する点で一致しているように思える。

> 此レニ対スル数学者ノ応答ハ、運命ヲ主張シ、其レ故又、偶然ト幸不運ヲ否定スル事デアッテ［…］。加エテ、偶然ト幸不運ガ主張サレルナラ信仰ニサエ反スル様ニ思エル[115]。

『〈自然学講義〉注解』第二巻第二章一九節でアルベルトゥスは自説を明快に述べる。運命についての正しい理論は、さきほど典拠としてあげられたヘルメス・トリスメギストスや「哲学者アプレイウス」（Apuleius philosophus）という哲学者による理論である――「天文学者フィルミクス」、プトレマイオス、「学祖カエキナ」（Caecina pontifex）による理論は「わたしたちが哲学者と一致して受け入れている真理」（「引用サレタ哲学者達ハ私達ノ真理ト同一ノ真理ニ同意シテ居ル」）そのもの、もしくはその変形にすぎない[116]。この真理とは――（a）運命が存在する、（b）運命は或る種の関係のもとで（quodammodo）必然的である、（c）だからといって運命は事物に対して必然性を課さない。（c）の点は正しく理解された（すなわち「数学的」にではなく哲学的に理解された）ヘイマルメネー（運命）の知見と偶然および幸不運の知見との両立可能性を語っている。『〈自然学講義〉注解』第二巻第二部二一章はこのことをつぎのように説明する。

> …運命ハ、事物ニ必然性ヲ課サナイ事ニ拠ッテ、偶然及ビ幸不運ニ余地ヲ与エル[117]。

（c）の理由はかりに第一作用者 *Primum influens* が「必然的」であり「不変的」であっても、それが「下位の事物のうちに存在を得るときには、偶然的・可変的な流れ *influx* として作用する」からである。この非対称性は夢判断をおこなう「神官」や「卜占官」の教えるところである。

…何故ナラ、運命ハ、上位ノ事物カラ下位ノ事物ニ移リ来ル程度ニ応ヂテ諸物体ノ特殊的本性ヲ身ニ纏イ乍ラ、其レ等ノ内ニ注ギ込マレル、ト夢判断ヲ行ナウ神官ガ言ウカラデアル。他方ニ於イテ、物体ハ、本性上、魂ニ映像ヲ刻ミ付ケルノダガ、物体ノ宿命的ナ配置ガ既ニ運命ヘト向カウ傾キヲ有シテ居ルノダカラ、其ウシタ映像ハ運命ノ実現ノ予兆デアッテ、夢ガ意味スルノハ此ノ事デアル。ソシテ、其レニモ拘ワラズ、夢ハ、物質ノ中ニ生起シ物質ヲ反対方向ニ牽引スル障害ノ為ニ、必然的ニハ実現サレナイノデアル。[118]

第二巻第二部二〇章で指摘されたように、物質の抵抗はアリストテレスの『睡眠と覚醒について』でも強調されている。

実ハ、此ノ事ハアリストテレスガ『睡眠ト覚醒ニ就イテ』ノ第二巻デ暗示シテ居ル事デアリ、其処デハ次ノ様ニ言ワレテ居ル。即チ、上位ノ事物ノ働キハ下位ノ事物ノ矛盾シ対立スル配置ノ為ニ、屡《シバシバ》、異ナル結果ヲ生ムノデアッテ、其レハ、丁度、衆知ヲ集メタ考エノ方ガ咄嗟ニ思イ付カレタ考エヨリモ異ナル助言ニ振リ回サレル事ニ似テ居ル、ト。[119]

したがって、運命の存在を退けるいかなる理由もない。運命を語ることは絶対的決定論を語ることではないのだ。その線に沿って『〈自然学講義〉注解』第二巻第二部一九章の論述が進み、ついには、よい哲学と悪い哲学との区別を許す、諸説の交通整理をもって頂点に達する。三つの学派がそこで突き合わされている。エピクロス派とストア派とペリパトス派である。素朴唯物論的なエピクロスの教説は受け入れがたい。ストア派の方が正しい。というのもストア派は「エピクロスが物体的イメージによって肯定していたものを精神的力の属性と考える」からである。ペリパトス派の教説が三つのなかでもっとも正しい。その教説をアルベルトゥスはつぎのように要約する。

Ｐ１　世界ノ全体的配置ハ天体ノ運動ニ依存シ、世界ヲ運動サセ支配スル天体ノ配置ハ第一原因カラ天体ニ注ギ込マレル。

Ｐ２　其ノ際、天体ノ配置ハ、其ノ運動ニ拠ツテ、生成可能ナ物ノ質料ノ内ニ在ツテ動カス物デアル形相ニ注ギ込マレ…

Ｐ３　…其レ故、第一原因ノ内ニ在ツテハ単純デ単一デ、其ノ本質カラ区別出来ナイ物モ、諸天体ト其ノ運動ニ注ギ込マレルト、多様化シ多数化シ序列化スルノデアツテ…

Ｐ４　…ニモ拘ワラヅ、其ノ物ハ、天体ガ全体ニ於イテモ部分ニ於イテモ、更ニハ其ノ運動ニ於イテモ、結果ヲ生ヂナクサセル様ナ反対物ヲ有シナイ限リデハ、必然性ヲ破ル事ハ無ク、或ル天体ニ於イテ生成消滅ガ可能ナ物ノ質料ノ内ニ注ギ込マレル時ニ必然性ヲ破ルノデアル。

Ｐ５　更ニ付ケ加エルト、其ノ物ハ、主体ガ多様化スレバスル程、其ノ存在ニ関シテ、ヨリ多クノ変種ヲ生ミ、ヨリ細カク分類サレ、反対物ヲ得テ、斯クシテ、妨害ヲ受ケ易ク成ルノデアル。[120]

アルベルトゥスによれば、この学説のなかに「神への信仰もしくは神の予知に反している」ような何ごともない。たしかに、わたしが別書で示したように、ケルンの学匠は、『〈自然学講義〉注解』——哲学的補足というスタイルをはじめて確立したのはこの著作である——よりもあとの著作で、右の要約のなかに表明されている「本質における同一／存在における差異」なるモデルの適合性を再検討し、それに大きな修正を加えることになる。それを差し引いて考えても、アルベルトゥスのペリパトス派に対する肯定的評価は見すごせない。もちろん、アルベルトゥスはＰ１からＰ５までをそっくり留保なしに支持しているわけではない。かれは、たんに、それらが偶然と自由意志とを保全できる哲学的に唯一のやりかたであると、判断しているにすぎない。[121]根本的なことを言えば、ストア派の道はペリパトス派の道と対立しているわけではない。ストア派もまた運命が「妨げられ」うることを認めている。ただストア派はこうした障害を運命が「質料のうちに注ぎ込まれる」という事実によっては説明せず、「賢者」から非物体的な神がみに対しておこなわれる「供犠や祈禱や哀願[122]」の効力によって説明するのである。

此ノ故ヲ以ツテ、アッタロス（二六）トカエキナノ両学祖ハ、悪運ニ対スル不安ノ中デ、汚レノ無イ白イ雌ノ子羊ノ頭ヲ捧ゲレバユピテルノ怒リガ静マルダロウト予感シタ。何故ナラ頭ハ知恵ヲ想起サセ、従順ナル子羊ト雌ナル性ハ提案ニ易々ト心ヲ動カサレ、白ハ嘗テハ幸運ヲ意味シタカラデアル[123]。

アルベルトゥスは『〈自然学講義〉注解』のなかでマテマテキ（数学者）に対して或る程度の警戒の念を持ち、その諸理論を摂理と運命についてのより一般的な学説に統合することによって再展望してはいるが、かれにとって、自然哲学と「あたらしい」学知とのあいだに調和が存在していることに疑いはない。『一五の問題について』はこうした読解の正しさを証明している。第四問を構成する「地上ノ諸事物ノ内ニ起キテ居ル全テハ天体ノ必然性ニ従ツテ居ルカ否カ」という問いに対して、かれは偽プトレマイオスの『ケンティロクィウム』のハリによる注解とアリストテレスの『生成消滅論』および『天空観相術』――すなわち偽アリストテレス著『観相術の秘中の秘』――に依拠して答えている[124]。

上位ノ事物ガ下位ノ事物ニ必然性ヲ課ス事ハ無ク、又、数学者ノ中ノ誰カガ斯ウシタ事ヲ言ツタト云ウ事モ全ク無イ。仮ニ其ウダトシタラ、椿事ハ滅ビ、自由意志ハ滅ビ、衆議ハ滅ビ、偶発性ハ滅ビ、官位ヲ求メル東奔西走ニモ意味ガ無イ事ニ成ル。此レハ全クノ不条理ト言ウ他ハ無イ[125]。

人間はつねに選択する自由を持っている。自然学も、「数学」ですら、人間に対してこの可能性を否定していない。

それを否定するほどに無知なひとびとはファートゥム（運命）をひたすらエピクロスの流儀で思い浮かべているのである。

再び『一五の問題について』第三問

これまでのところで、意志の決定論に反対するアルベルトゥスの最初の論拠はもっぱら「哲学者たち」にもとづいていたことが分かった。哲学者とは「ヘルメス・トリスメギストス」（すなわち偽アプレイウス著『アスクレピオス』）と「アリストテレス」（すなわちアリストテレス著『ペリ・コスム（宇宙論）』の、マダウラのアプレイウスによる翻訳‐補足である『デ・ムンド（宇宙論）』）である。さきに言及した融和戦略に忠実に、あとに続く諸論拠も自然哲学と天文学／占星術の両方から借りられている[126]。

二番目の論拠は、もし、第三問が提示する命題（「人間ノ意志ハ必然性ニ拠ツテ欲シ、且ツ選択スル」）を容認するなら、他方で、幸不運は必然性と両立不可能である以上、幸不運を選択の領域に介入する原因として考察できなくなる、と論ずる。その結果どうなるだろうか。『自然学講義』第二巻のほぼ全体が根拠のないものと考えざるをえない。こうした診断はやや極端であるが、だからといって、アリストテレスが『自然学講義』第二巻第五章一九七ａ五～七で「幸不運は、何らかの目的を目指し、しかも、選択の領域に属することがらのうちに突然現れるところの偶然性による原因である」と論じている事実を無視することはできない。アリストテレスはそうした立論をさらに推し進めて「選択は思考がなければ成り立たない以上、思考と選択は大よそ同じものである」と語るにいたる。もし徹底的な決定論の主張が基礎づけられたとしたら、危機に瀕するのはアリストテレス『自然学講義』第二巻だけではないだろう。人間的自由と人間的思考の本質そのものが危機に瀕する。しかし心配することはない。二番目の論拠は、その一字一句を修正する必要もなく、有効である。その要点は、まずもって、（第四問で使われている表現によると）パリ大学人文学部の「哲学教授連」の主張があまりに非哲学的なので、アリストテレスの学知の或る重要な側面をまるごと台無しにしてしまっている、もしくは台無しにしかねないことを知らしめることである。

選択はけっして意志の所産ではないのに、第三問の提示する命題が意志と選択（*electio*）とをいっしょくたにしている事実に関して、アルベルトゥスはそのような同一視は「哲学的でない」、「手短かに言ってしまえば、その馬鹿さ加減は応答にも値しないほどである」と応酬する。それが三番目の論拠である。事実、やがて『倫理学』ではっきりと語るように「選択ト意志ハ互イニ似通ツテ見エルガ、選択ハ意志ト異ナル」（« neque electio voluntas est, quamvis propinqua esse videatur »）[127]。非反省的な衝動と熟慮された行為を同列にあつかうわけにはいかない。「教授連」がこれを知らないと言うことには、ただただ、啞然とさせられる。

残るところはパリ大学の教師たちの強力な――あるいは強力と考えられている――論点、すなわち占星術への訴えである。アルベルトゥスの返答はここでも手加減がない。詩人の言によれば運命と星座の影響が意志を抗いがたい力で牽引するとのことであるが、もしそうしたものについて語りたいのなら、「かれらは」ずる賢い下心が見え隠れする「無学者の言葉を語るにすぎない」。

> 他方、彼等ハ、意志ヲ不可避的ニ牽引スル、ト詩人ガ言ウ、運命ヤ星座――ト言ウノモ詩人ハ「貴方ノ運命ガ貴方ヲ牽引シテ、乗リ掛ケタ船カラ降リラレナクスル」[128]ト歌ツテ居ルカラデアルガ――ヲ擁護シテ居ルガ、其ノ言葉ハ無学者ノ言葉デアリ、ズル賢イ慰安デアル[129]。

にわかに「数学者」になろうとしても、うまくいくものではない。そもそもパリ大学の「教授連」は占星術について何も知らないのだ。それもそのはずである。プトレマイオスの講読はかれらのカリキュラムに入っていない。そこでアルベルトゥスはかれらにその講読を焚き付けることを自分の義務と心得るのであって、そのさい、「アラビア語でアラルバと呼ばれているが、ラテン語でクァドリパルティトゥムという標題の書物」から引用された三つの議論をかれらにぶつけるのである。ところでこの書物こそプトレマイオスの『テトラビブロス（四書）』である。事実、「この書物の冒頭から早くも」星座から生じ来る運命は「いささかも必然性を課さない」ことがはっきりと証明されている。

Ｐｔ１　運命の影響は、直接的にではなく、もろもろの中間者を介して［人間に］および、また各個人に固有の性格の不等性によってはね返されることもありうる。

Ｐｔ２　運命はかくかくの星座のもとに生起する事物に自分から直接に作用するのではなく、その作用様式は偶発的にすぎない。実際、運命は物体のもろもろの第一性質を介して作用し、物体は星ぼしから流出する効能もしくは力を自分から直接に受けとるのではない。

Ｐｔ３　最後に、そしてより一般的に、運命の影響は、それが効力をおよぼすすべてを考えれば、たがいに異質で、潜在能力もちがっている質料におよぶのであって、そうした質料は、天体から流出する力を、そうした力の源泉が天体にあるからといって、均一に受けとるのでない。[130]

教授連の主張を形容するにはたったひとつの語があれば足りる。「滑稽」という一語である――「彼等ノ語ル事ハ滑稽ト言ウ他無イ。」星ぼしの影響は受容者の状態によって条件づけられ、偶発的である。「哲学者」の名に値するいかなる哲学者も、いかなる数学者も第三問で俎上に載せられている決定論にくみすることはできないはずである。アルベルトゥスの批判からひとつのあたらしい知見が生まれている。社会的・職業的地位とは区別された、そしてそうした地位によって自動的に保証されるのではない、哲学の専門性という知見である。続く数十年のあいだに、とりわけ当時はまだ大学というものがなかったドイツの地で、非職業的な哲学という理念が、もしくは哲学の「非職業化」という理念が獲得することになる正統性は、おそらくこの知見にさかのぼるのである。もし職業的な哲学者が無能でありうるとしたら、優秀な哲学者がかならずしも人文学部の教員であるとはかぎらない。「教授連」の哲学に対する哲学的批判は、いずれにせよ、いわゆる理性と信仰との対立のなかで、職業的神学者と職業的哲学者という制度内的な主役たちだけが、角を突き合わせていたのではないことを教えている。「優秀な哲学者」という、地位を持たない、第三者がいるのである。優秀な哲学者は、アルベルトゥスがその証人であることから分かるように、神学者であってもかまわない。哲学的理想すなわち「生きる流儀」となると問題は別である。それは、一二六〇年代の人文学部で組織され、規範化され、自己解釈されていた職業生活から分離はできない。そうした流儀もまた、「理論的」誤謬同様にタンピエの委員会からの激しい攻撃にさらされることだろう。このことは、後段で「学部間の抗争」を再検討するさいに念頭に置かれなければならない。

5　あいまい戦略――アルベルトゥス・マグヌスと錬金術

第一次異端説摘発があった一二七〇年の時点で、アルベルトゥスは、いやしくも優秀な哲学者が「啓示」の諸原理と明白に相容れない教説を支持することはないだろうと考えていたようである。少し踏み込んで言えば、優秀な哲学者とは情報に通じた哲学者であり、学識者であり、科学者であって、論理ゲームに長けた単なるソフィスタ（詭弁家）ではない。哲学者と論理学者との境目をなす学術的教養には錬金術がふくまれる。したがって、占星術がそうであったように、「大いなる技」（＝錬金術）も、必要とあらば、決定論の挑戦にさらされた信仰の救援に駆けつけるのである。いかに意外と思えようとも、ケルンの学匠は、優秀な哲学、もしくは真の哲学の概念から生じるこうした帰結をまえにしてたじろがない。レッシーヌのアエギディウスの質問表の第一三番目――「神は可死的で消滅可能な事物に不死性と不滅性を与えうるか」――に対して寄せられた回答がそのことを立証する。『一五の問題について』のなかのその議論を吟味するまえに、しばし、錬金術という分野におけるアルベルトゥスの教養の在庫を調べてみよう。

アルベルトゥスの錬金術資料在庫

アルベルトゥスの「錬金術に対する」貢献は、G・H・アラール[131]、N・F・ジョージ[132]、R・アルー[133]、P・カイバー[134]、

J・R・パーティントン[135]らの研究対象となったわけだが、その貢献のほぼすべてが、L・ストゥルレーゼによってアルベルトゥス著述活動の「認識論的転機」（*svolta*）と形容された一時期——一二五〇年から一二五四年にかけて——に執筆されたふたつの書物に出尽くしている。それは『気象学注解』と『鉱物学』である[136]。「大いなる技」の一定数の例証が『植物学注解』に散見される[137]とはいえ、R・アルーによれば、「万学博士が錬金術師の意見をあおぐのは、もっぱら、気象学という枠内においてである[138]」。そして錬金術師への諮問は「或る意味でアルベルトゥスが注釈をくわだてた資料体系の伝承のありかたによって本人に課せられていた[139]」。アルベルトゥス錬金術の「現前の領野」を定義する資料体系を特徴づけているのはつぎの三つの事実である。（三巻からなる）アリストテレスの『気象学』は鉱物に関する章をふくんでいない、ということがひとつ。アリストテレス直筆のこの著作といっしょに伝承されている第四巻に「化学的」な題材がふんだんにふくまれている、ということがひとつ。伝承の過程で、そもそも雑纂的であった『気象学』の旧訳に、アヴィセンナの『石の凝固および膠着について』がつけ加えられることによって、アリストテレスが補完されたということがひとつ。アルベルトゥスは、自分が思い描く自然的学知の全体像に忠実に、とりわけ、当時、入手可能であった錬金術関係の文献からひとつの「完全な学知」の開陳に役立つものを、文字どおり錬金術師のように、引きだそうと努めた。アリストテレスの原テクストのうえに構築された自然的学知の学的優秀性を担保することがかれの主要な関心事である。だからこそかれは『気象学注解』ではアリストテレスの言明を確証（もしくは反証）しうる「専門的事実」だけを情報源のなかに求め、他方、『鉱物学』では、とりわけ、アリストテレスが企画はしていただろうが、「自然学小論集」のなかには伝えられていない、さまざまな知を「アリストテレス的」な方向に沿って一冊にまとめることに心を砕くのである。この観点からすると、ロジャー・ベーコンとの対比が興味ぶかいだけでなく、意義ぶかくもある。この件に関してはR・アルーがまったく分かりやすい表現でつぎのように指摘している。

ロジャー・ベーコンにとってと同様、アルベルトゥスにとっても錬金術は凋落しつつあるアリストテレス主義復興の鍵である。しかし、ベーコンが無生物の研究をそっくり錬金術に託してしてしまったのとは異なり、アルベルトゥスは、たしかに、より広い範囲から集めた資料を厳選する労をとって、錬金術の技術的な成果を考慮に入れてはいるものの、その理論的な獲得物ということになると、つねにアリストテレス主義の一般原理に従属させている。[140]

アルベルトゥスによる自然的学知の分類において『生成消滅論』の直後に置かれている『気象学』第四巻は「まぎれもない化学論考」である。なぜなら鉱物に関する特殊な問題に手をつけるに先立って、複合物における第一性質のふるまいを研究する必要があるからである。[141]この第四巻は、こんにち、少なくとも一般に知られているかたちでは、アリストテレスの著作と考えられてはいない。ある研究者はスタゲイラの哲人が書いた下書きにテオフラストスが手を入れたと見ており、[142]別の研究者はランプサコスのストラトン(二七)の著作と見ている。[143]なかには、それがアリストテレス直筆の論考であり、「伝承」の過程で『気象学』に付加されたとする者もいる。[144]そもそも起源がはっきりせず、雑纂的で欠落も多い『気象学』本体は中世において二度、翻訳の対象となった。最初は一一五六年にヘンリクス・アリスティップスによって、第四巻付きでギリシャ語から訳された。[145]二度目はクレモナのゲラルドゥスによるアラビア語からの訳であるが、これには第四巻が付いていない。[146]一二〇〇年頃、サレシェルのアルフレドゥス(二八)がアリストテレス自身のテクストの欠落を取りつくろうために第四巻に「鉱物学」に属する三つの章を付加する。[147]これらの章は、アヴィセンナの『治癒の書』の一部の翻訳-要約にすぎないのだが、アルベルトゥスを裨益することになる最初の情報源である。これら三つの章は、『石の凝固および膠着について』というラテン語の標題で知られており、[148]「岩石の形成、山塊の起源、鉱物の分類（岩石、可溶物、硫黄、岩塩）」をあつかっているが、同時に金属の起源をもあつかっている。錬金術の範囲に属するのはこの最後の部分である。実際に、アヴィセンナは伝承に則って、金属が「水銀と硫黄質の土壌との結合」から、すなわち、近代の用語では、「可溶性原理と可燃性もしくは可酸化性原理」との結合から生成すると説明する。[149]『気象学』という「アリストテレス直筆の」資料体系のなかに錬金術関連の題材が挿入されていたからこそ、アルベルトゥスもまた原テクストを書きかえるにさいしてつぎのような事実を集めて流し込むのである。

すなわち、灰吹方による鉛からの銀の分離であり、鉄の焼き入れであり、ワイン蒸気の引火であり、贋造者による金属の重量水増しであり、最後に忘れてならないのは、ワイン果汁の発酵である。『気象学注解』のために集められたこうした関連資料は、やがて、『鉱物学』のなかでも幅を利かすことになるだろう。こうした資料の出所はどこなのだろうか。三つの名前があがるだろうが、もちろん、これですべてというわけではない。（A）ジャビル・イブン・ハイヤン[二九]が著し、クレモナのゲラルドゥスが訳した『セプトゥアギンタの書』[150]、（B）アルノルドゥス・サクソ[三〇]の『自然的諸事物の境界について』、（C）『ニコラウス・ペリパテティクスの問題集』。一三世紀前半に執筆された百科全書である『自然的諸事物の境界について』はアルベルトゥスの知識の文字どおりの宝庫である[151]。アルノルドゥスは、実際に、つぎのふたつのテクストを伝達している。（一）偽アリストテレス著『宝石鉱物誌』（アルベルトゥスは、それをアリストテレス直筆と信じて探してみたが見つからなかった、と語っている）からの抜粋[152]。アルノルドゥスはその抜粋をふたつのラテン語訳——一一世紀にコンスタンティヌス・アフリカヌス[三一]（もしくはかれの仲間たち）によって項目がアルファベット順に並べかえられた『ディオスコリデス・ラティヌス[三二]』と、実物がいまだ発見されていない（はずの）『ゲラルドゥスの翻訳によるアリストテレスの宝石鉱物誌』——を使って引用している。（二）『ヘルメス錬金術の書』という標題の錬金術の入門書。わたしたちが知るかぎり、いまだ刊行されたことがない[153]この書物を、アルベルトゥスは、（かれの情報源は明らかに『自然的諸事物の境界について』だけだというのに）あたかも手元に持っているかのようにくり返し参照している[154]。「アヴェロエス著作集のラテン語訳と相前後して一三世紀初頭に偽名で流布した論考集[155]」である『ニコラウス・ペリパテティクスの問題集』は「アラブの学問現況に精通した或る好奇心豊かな精神によってまとめられた鉱物学、医学、植物学、錬金術に関する覚書と小論考からなる論文集[156]」である。アルベルトゥスはこの「好奇心豊かな精神」をほとんど評価しておらず、その「精神」がイブン・ルシュドの翻訳者であるミハエル・スコトゥスであると見ている。かれの目からすると、スコトゥスは哲学者としては凡庸で、右の論考集の著者ではないかと疑わせるに十分である。

『ニコラウス・ペリパテティクスノ問題集』ト呼バレテ居ル書物ヲ読ンデ居ルト嫌悪スベキ文言ニ出クワス。私ハ、常日頃、ニコラウスデハ無ク、ミハエル・スコトゥスガ其ノ書物ヲ書イタノダト言ツテ来タ。スコトゥスハ、自然ヲ其ノ真相ニ於イテ知ラヅ、カト言ツテ、アリストテレスノ著作ヲ良ク理解シテ居ル訳デモ無イ。[157]

アルベルトゥスが『鉱物学』のなかで使っている錬金術資料体系に属する書物として、さらに、つぎの名前をあげることができる。R・スティールが編集した『アルミニウムと塩について』[158]、アヴィセンナの書とされ、アルベルトゥスが『哲学者アルハーゼンに宛てた錬金術に関する書簡』なる標題で引用する『アルハーゼン学匠への書簡』[159]。同様にアヴィセンナの書とされるが、おそらくは偽書であろう『錬金術の魂について』[160]。ハリド・イブン・ヤジドの書とされる『三つの呪文についての書』[161]。最後にラゼスの著作から派生するテクスト体系、たとえば偽アリストテレス著『完全なる訓導について』[162]。こうした情報源の多様性を少し考えてみるだけで、アルベルトゥスが「錬金術ノ技」の領域で渉猟した書物の範囲を、十分、見積ることができる。こうした教養（それは「実践的な」熟練をかならずしも意味しない）がアエギディウスの第一三問によって試されることになるのである。

『一五の問題について』第一三問――ストア派と錬金術師

神は「可死的で可滅的な事物に不死性と不滅性を与えうるか否か」。これがレッシーヌのアエギディウスからアルベルトゥスに提出された第一三問の文言である。キリスト教からの回答は自明である。この問いに否定形で答えることが、エティエンヌ・タンピエによって二度、一二七〇年と一二七七年に、断罪されるはずである（二度目の謬説表の第二五条の場合、神ハ変化シ消滅シ得ル事物ニ永続性ヲ与エ得ナイ事、となっている[163]）。アルベルトゥスは肉体の復活の否定につながるような異端命題をもちろん支持してはいないが、しかし、つぎのように言う。哲学的には、ペリパトス派の学理に従って、この問題について何も言うべきでないことを容認せざるをえない、と。かれのこの指摘は重要である。それは「玉虫色の戦略」の出発点である。実際、ケルンの学匠はキリスト教の命題がペリパトス派の命題とはまっこうから対立しているのではなく、たんに、右の問いに否定形で答える命題は、「ペリパトス主義哲学に従えば、哲学的言明ではない」（*non est dictum philosophicum secundum philosophiam Peripateticorum*）[164]と主張しているのである。そうだとしたら、復活の不可能性を主張する命題を概念的に解明するためには、復活の「知見」を「ストア主義」哲学から借りてこなければならない（*oportet huius dici rationem ex Stoicorum accipere philosophia*）[165]。換言すれば、プラトン主義哲学から借りてこなければならない（すでに見てきたように、アルベルトゥスが「ストア主義」と言えば、それはほとんどの場合、わたしたちがこんにち、正しく「プラトン主義」と呼んでいるものと同一である。いまの場合も、まさにそうだということは明白である）。自分の回答の、プラトン主義的な核心にいたりつくまえに、アルベルトゥスは、しかし、長い回り道をしているように思える。かれは『形而上学注解』の第六巻で立証したように、消滅可能なものと消滅不可能なもの（後者は、頻繁ニ生み出される、という程度の意味である）は「常在するものによって秩序立てられる」ことを指摘することから始める。こうした前提条件を設定することによって、「こうした秩序立てられた関係の第一原因［の本性］は何か」と問うことが可能となる。実際、この第一原因から出発するかぎりにおいて、派生者［が第一原因とのあいだで取りむすぶ］関係の知見（ratio）が読みとりうるものとなるのである。こうした第一原因の本性とは知的合理性である。それゆえ、すべての事物の秩序は第一者が「普遍的に」作用する知性であるかぎりにおいて、この第一者のなかにある。したがってその秩序は第一者の知恵のなかに基礎を持つ秩序であり、アリストテレスの言葉を使えば、知恵アル秩序である[166]。このような秩序もしくは関係の性格はどういったものなのか。

　アルベルトゥスはこの問いに対して、かれの著作の戦略的に重要なさまざまな個所に登場する或る定理を導入することによって答える。新プラトン主義的でもあり、ディオニュシオス的でもあるこの定理を「距離の定理」と名づけて格段の不都合はないように思う（以下、この定理をＴＤと表記する）。この定理をアルベルトゥスは「第一三問への回答」のなかでつぎのように表現する。

TD　知恵ある秩序は、ある事物は第一者から遠いが、ほかの事物はそうではないといった秩序である。大きかったり小さかったりするこうした距離は、近いものが不滅であり、遠いものが可滅であることの原因である。第一者の命令と能力が不滅なものと可滅なものの区別の唯一にして真なる原因であり、そこでは、知恵ある秩序に従属する諸事物の質料および実体は、間接的・二次的な――結果的ナ――役割を除けばいかなる役割も演じない。[167]

TDから何を引きだすべきか。第一者が不易であり、その権限もしくは能力が不変であるとしても、にもかかわらず、第一者は創造の時点で与えたものを、いまの時点でもう一度、与えることができるということである。序列的宇宙の法則は神の能力に対してまで強制的ではありえないのであり、その法則は神の能力そのものなのである。それゆえ神は「或る種の」介入によって、可滅的な事物を「自分のより近くに置く」ことができ、「自分のきわめて近くに置くことによって、ついには、それを、可滅であったものが不滅となるほどに、近づけることさえできる。距離、すなわち「遠ク離レテ立ツ事、若シクハ、近クニ居ル事」は神の意志の表現にほかならない。秩序とは神の意志と能力以外の何ものでもない。この観点は、通常であれば、神学者の精神に、神が絶対的能力を有するというキリスト教的知見と、自然の合法則性を、秩序づけられた能力として理解する解釈を想起させるだけであろうが、最初の指令――復活ノ知見ヲストア主義哲学カラ借リヨ――を忘れなかったアルベルトゥスは、この観点に到達したればこそ、約束どおり、プラトンを介入させる。神の意志が自然法則の実体であって自然法則は「距離の秩序」として解読されるべきことを哲学的に立証する役割を担う、その引用された一節とは『ティマイオス』のなかのデミウルゴスの言述である。この一節はアルベルトゥスの著作にくり返し出てくるが、ここではアエギディウスの質問状に答えるかたちに脚色して引用する。

ソシテプラトンハ書イテ居ル。私ガ其レ等ノ父デアリ製作者デアル神々ノ神々ヨ、汝等ハ自然ニ拠ツテ可死可滅的デアルガ、私ノ意志ニ拠ツテ不死不滅的デアル、ト。[168]

しかしもっと驚かされるのはこのあとである。言うも愚かなことであるが、わたしたちは、普通であれば、仲裁者の立場に甘んずるものである。レッシーヌのアエギディウスが期待したのも、アルベルトゥスが肉体の復活の不可能性を主張する命題を論駁するか、あるいは少なくとも、キリスト教的命題の可能性を明示することである。序列的「距離」という論拠がプラトンという哲学的権威によって保証され、かれの『ティマイオス』に嫌疑がかけられたことはないのだから、その論拠をあげてもらえれば、原則的には、それで十分なはずである。ところがアルベルトゥスはそこでやめない。かれは何か証拠を提示する必要を感ずるのである。それが、あろうことか、錬金術なのだ。かれは付け加える——

錬金術ノ或ル種ノ達人達ハ、可滅的質料ガ不滅ナル物ノ配置及ビ秩序ヘト還元サレ得ルノダカラ、天空デ或ル元素カラ別ノ元素ヘト実体ガ変ワリ得テモ不思議デハ無イ、ト言ッテ居ルガ、其ノ言葉モ右ノプラトンノ一節ニ端ヲ発スル[169]。

こうした言明は、アルベルトゥスの全著作のなかでここだけ、というわけではない。それは、また、『鉱物学』にも登場する[170]。対象そのものがアラブの錬金術資料体系に色濃く染まっている論考のなかでそうした言明にめぐり合っても不思議はないが、ひとりの神学者が同僚の若いドミニコ会修道士に宛てた正統と異端を鑑定する文書でなかでそれに出くわすと、ほとんど自分の目を疑いたくなる。しかもそれが書かれたのはパリ司教がパリ大学にギリシャ・アラブの学問と知識が蔓延することを阻止しようとして最初の行動を起こす数ヶ月前の、ひょっとしたら数週間前のことなのである。アルベルトゥスはその動きに気づいていないのか。はっきり言ってしまえば、高齢のために口述筆記させたアルベルトゥスの回答は、F・ファン・ステンベルゲンの論考[171]「『一五の問題について』について」で言われているほどに、論ずるに足りない、ピントはずれのものだったのか。わたしたちにはそうとは思われない。アルベルトゥスの「錬金術師的な」回答はかれの哲学様式の個人的特異性を立証する以外の何ものでもない。ケルンの学匠は、何よりも、ひとりの自然哲学者、ひとりのナトゥラリス（博物学者）たらんと欲する。最初の難題で早くも降参してしまう理由などこれっぽっちもない。教父たちの権威に依拠する神学者としての態度決定を期待されるまさにその場面で哲学者として語ることによって、アルベルトゥスはひとつの教説――復活の教説――を支持するために哲学および科学――これには錬金術もふくまれる――がもたらし得るあらゆるものを活用するのである。その教説が、かりにも、哲学的に否定されるようなことになれば、実在的・潜在的な検閲者の目から見た哲学の地位は決定的に危険にさらされる。しかし、プラトンと「或る種の錬金術師」との融和によって、要所がしっかり押さえられている。要所とは、信仰と融和しうる哲学であり、良質の中立性のうちにとどまりうるペリパトス主義である。一二七〇年と一二七七年の措置はこうした態度や戦略といったものに対する文字どおりの陰画であり、知的制裁である。いずれにせよ、哲学とアラブの知との融和を明確化させることはアルベルトゥスの思考の恒常的特徴である。この点に関しては『規定問題集』からひとつの例を引いておけば十分だろう。それは土星および諸他の惑星に関するプトレマイオス、ゲベル(二三三)、アブ・マシャル(二三四)、アル＝バッタニ(二三五)の学説によって、ある哲学的法則――「上位者が下位者に歩み寄ることありえず、下位者が上位者に歩み寄る」という『原因論』のなかの規則――を説明し立証する例である。

> 然シ、劣ツタ理解力ハ、優レタ理解力カラノ光ノ流入ヲ受ケ入レ、此レヲ己ノ存在及ビ活動力トスルノデアッテ、其レハ、丁度、光ガ他ノ物ヲ光ル存在トシ、他ノ物ニ光ル能力ヲ植エ付ケタ後モ尚、光リ続ケル事ニ似テ居ル。而モ、其ノ遣リ方ハ受動的ナ遣リ方デハ無ク、形相ガ形相ノ外ニ流出スル事ニ拠ツテ、形相化スル力能トシテ己ヲ完成サセル遣リ方デアル。此ノ故ニ『原因論』デ、上位者ハ決シテ下位者ニ歩ミ寄ル事ハ無ク、常ニ下位者ガ上位者ニ歩ミ寄ル事ガ証明サレテ居ル。其レト言ウノモ、上位者ガ下位者ニ拠ツテ形成サレル事ハ無ク、寧ロ、逆ニ、下位者ガ上位者ニ拠ツテ形成サレルカラデアル。其レ故、又、星々ノ世界ニ於イテモ、プトレマエウス[172]、ゲベル、アルバテニ、アルブマサル等々、全テノ権威者ガ言ウ様ニ、土星ハ如何ナル惑星ニモ歩ミ寄ラヅ、全テノ惑星ガ土星ニ歩ミ寄ルノデアル。[173]

「哲学者」という言葉によってアルベルトゥスがたんにアリストテレスだけを指しているのでないことは明らかで

ある。アルベルトゥス的思考が身を投じようとする多面的な対立抗争——信仰と理性、宗教と哲学、啓示と学知、等々——のさなかで、「教義」に対抗してアリストテレスひとりが入る塹壕を掘っても、哲学の全体を収容するためには十分でない。ケルンの学匠の並はずれた巧妙さは、自然的学知を、すべてがアリストテレス的とはかぎらない「テクスト」と見る包括的な観点と結びついているのであって、諸他のテクストが前線に立つべき場面、また、立ちうる場面でアリストテレスをあえて投入することはしないのである。あるときには「ストア派」と錬金術師が、あるときには真の占星術師すなわち数学者が前線に立つ。哲学は大家族である。それはペリパトス主義に集約されるようなものではない。対立抗争にさいして、スタゲイラの哲人が戦争の全努力を下から支えるなどということにはならないだろう。アリストテレスと理性とを同一化してはならないのだ。結論。哲学パラダイムの特徴を「アリストテレスの姿をした理性」なる図像のもとに示すことは、ほかの著述家についてなら可能だろう——トマスはたぶんそうだし、アヴェロエスもおそらくそうだろう——が、しかし、アルベルトゥスについては無理があるだろう。アルベルトゥスの哲学は、すべての知とは言わないまでも、少なくとも一三世紀の或る「ラテン人」に入手可能であったかぎりでのすべての知の十字路において成立している。現在、或るときは「ラテン・アヴェロエス主義」と呼ばれ、或るときは「急進的アリストテレス主義」と呼ばれ、さらには「異端的アリストテレス主義」と呼ばれてきたものを、資料にもとづいて冷静に評価することを気づかう歴史家が、信仰「というもの」というモノリス（一枚岩）に対抗するために学問的な言説や実践の「断片化」とか「特殊化」という知見を援用している。こうした知見も右の全体的もしくは全体化的展望のもとでこそ意味を発揮するのであり、「物語的歴史」を転覆させる現実の力を持つのである。ずっとのちの、一五世紀の亜流たちのアルベルトゥス主義ではなくアルベルトゥスのアルベルトゥス主義は、人文学部の哲学への権利要求と実際の成果と具体的な争点とを関係づけるべき測定単位であり座標軸である。こうした関係づけをこそ、わたしたちは次章でやろうとしているのである。

第四章　教授たちの哲学

アルベルトゥス・マグヌスやブラバントのシゲルスが、自分たちのおこなっている哲学文献の注釈と解釈の仕事の究極のねらいは、真理ではなく、ひたすら、哲学者たちの意見の報告であり、つまるところ学説誌であると訴えるのを聞かされた現代の読者は、かれらの誇りとするそうした活動が「哲学」の名に値するのかと疑うかもしれない。[1] さらにはヨハネ・パウロ二世の回勅「信仰と理性」の読者は、回勅のなかで「相対主義」の名のもとに断罪されている病の実例に、自分が一三世紀のどまんなかで出会っているのでないかと思うかもしれない。しかし他方で、ボナヴェントゥラが人文学部の教師・学生に対して「哲学者の過ち」や「哲学的探求の怖いものなしの慢心」を警戒するようにと注意するのを聞いていると、いわゆる「学説誌家」による、一見、慎ましい活動も神学者にとっては危険として体感されており、「現実」のなかに置いてみると、たしかに危険なのだということもよく分かる。ここで争われているることは、よく言われる分析的と大陸的とのふたつの「哲学文化」との対立に、こんにちの言いかたでは「立論の文化 **culture de l'argument**」と「注釈の文化 **culture du commentaire**」との衝突に帰着し、もしくはそれを予兆している。そうだとすれば、シゲルスとボナヴェントゥラの正反対の態度が歴史家に提起する問題は単純である。中世哲学者は——そのなかにはアルベルトゥスが公然と非難した哲学者もいれば、かれが願いをこめて訴えかける「優秀な」職業的哲学者もいるが——内面的にも「真理探求」を放棄し、「祖述」という、ケルンの学匠自身が引き受けたのだとしばしば指摘される、当たり障りのないくわだてに自分の意志で閉じこもり、そして、結局、熟慮のすえに「アリストテレスのものまね猿」という役割に徹したと信じて誤りがないかどうか、ということである。歴史家はこころの底まで探るわけにはいかないから、問題を観察可能な事実の基盤に載せて答えるほかはない。そのとき、問題はおのずとふたつに分かれる。ひとつは、一三世紀に人文学部でおこなわれていた教育は哲学の教育であったかどうかを突きとめることである。すなわち、たんに、哲学の章句と主題と学説の総体に哲学の資料体系を合わせたものを対象とする教育ではなく、同時に（注釈の文化と立論の文化は切り離せない以上）内容を研究し提示し議論する様式においても哲学的な教育であったかどうかを突きとめることである。もうひとつは、人文学部の教師と学生がこうした活動について持っていた理解を、いうなれば「生きかた」としての哲学の受容を記述し、分析することである。そして、これらふたつを元どおりに組み合わせることが必要である。このことは、しかし、当たりまえにおこなわれているわけではない。

R‐A・ゴーティエとL・ビアンキ[2]による研究以後、わたしたちの取りくむこの問題を載せるべき具体的な土俵が与えられている。それは一二六〇年代の危機、すなわち、一方で、人文学者による知的自治権の要求運動[3]が、他方で、公認歴史学が「ラテン・アヴェロエス主義」を云々する根拠となるいくつかの事実が浮上する危機である。それは、約言すれば、ランスのオーブリ[4]（一）とブラバントのシゲルスが同居する空間であり、こののち一二七七年の検閲によって制裁を受けることになる空間である。この空間は「哲学的」と特徴づけられている。たしかに、ゴーティエやビアンキの研究に見られるように、そこには哲学的生の構想がそっくり露呈しているのであって、その構想は、「テオーリア（観想活動）としての生」の熱狂的な称揚となって現象し、魂と離在知性との合一という、アル‐ファラビ、アヴィセンナ[5]、偽アル‐ガザリ[6]的な観点から解釈された独自の観想の倫理をともなっている[7]。こうした理想から、さらには、職業としての哲学を正当化するこうしたイデオロギーから、一二六〇年にもそれ以後にも、人文学部は真の哲学部であるという観念が生ずるのはなぜか。或る種の資料がそのように促すからである。最重要の資料はパリの人文学者に宛てたマンフレート（二）の『書簡』であり、その宛先は、はっきりと、人文学者ではなく「哲学者」となっている。正確に言うと、「哲学教育のカドリージュ（四頭立て二輪戦車＝教壇）に君臨する博士たち」と「前途洋々たる哲学徒」であり、かれらは「古代の哲学者たちを言葉の力で蘇らせ、また、教え教わることで、その昔日の栄光をこんにちに伝えている」[8]。そのように促すもうひとつの動機が教師自身の言説によってわたしたちに与えられている。かれらは、一二六五年頃、旧約聖書の『箴言』および『詩編』が「神を否定する者たち」に投げつけている言葉を逆手に取って「哲学を中傷する者たち」を罵倒し、聖なるものと俗なるものとの混同を原理の地位にまで高めるような、哲学についての「尊大な」（magistraliter）定義を提唱する。[9] このことを証言するのが、右に引用したランスのオーブリの一句あるいはG・ダアンによって編集された作者不詳の『トゥルリウスかく語る』[三]の一節である。そこで哲学は「徳ノ学舎（まなびや scola）［ランスのオーブリは徳ノ階（きざはし scala）と言っている］、人生ノ師表、聖性ノ理想、公正ノ規範、純潔ノ亀鑑、慈愛ノ模範、貞淑ノ寝床、平和ノ大道、加ウルニ信仰ノ規律」と語られている。こうした、逆手取りや書きかえに基礎づけられ、領域侵犯にも基礎づけられた哲学の称揚が、わたしたちの立場からして、人文学部を哲学部に変えるのに十分なのだろうか。或るひとつの対象――理論の総体としてだけでなく、実践あるいは「生きかた」としても理解される、教授たちの哲学――を（一二六〇年代の）イデオロギー圧力と（一二七〇年代の）検閲圧力との相乗効果にもとづいて構築することが正当性を得られるだろうか。それを疑うひとびともいることだろう。実際、多くの歴史家にとって中世は、古代において貴重であった哲学的生きかたと哲学的語りかたが切り離された時代であって、創始され、組織され、制度化されたそうした分離のなかで、そうした分離として、そうした分離によって定義されているのである。哲学的生きかたはキリスト教の到来に強いられるようにして、主要には修道僧的な「霊性」に吸収され、哲学的語りかたは神学のたんなる「道具」の地位に引き下げられる。[10] したがって「中世哲学」が問題になるとき、少なくともふたつのシナリオがせめぎ合う。ひとつはデュルケームが言う「危機」のシナリオ、理性と信仰の対立のシナリオである。そして、ここに言う理性と信仰とは、無際限に使いまわしが可能であるがその「製造年月日」が中世を示している或る象徴的ドラマの二大俳優であり、実在化されたふたつの抽象物である。もうひとつは、古代哲学の消失、煎じ詰めれば哲学そのものの消失のシナリオであり、教父によってまず着手され、ついで中世神学者によって、生きかたの選択とその理論的正当化の解離という形式のもとに完遂される消失のシナリオである。その解離は、大学によって完成の域に高められる。大学とは、神学が哲学を監督する場であるわけだが、それ自体「霊性」を削ぎ落とされた神学‐論理学的 théo-logique なあたらしい学問が、下女としてこの学問に奉仕するたんなる予備学となった哲学を監督するということだからである。しかしこれらふたつのシナリオは本当にせめぎ合っているのか。右のふたつの説明が一本化できることを看取するために深遠な知識は必要ない。スコラ学の scolastique ドラマは、底を割ってみれば、学校の scolaire ドラマという、れっきとした現実のドラマの、抽象的な形式にほかならない。哲学は、キリスト教の制度としての大学がそうであるところの知の装置に編入された時点で、必然的にあらゆる実体を失う定めを負わされた。ところでこうした一本化それ自体はさらに無残なもうひとつの仮説に通じている。神学の自己破壊という仮説である。理性がすでに制度によって「臨検され arraisonnée（＝非理性化され）」その発祥の地から移住させられ、その生きた源泉から切り離され、決定的な従属を強いられているのに、はたして「ドラマ」はありうるだろうか。答は言うまでもない。ドラマは存在しない。なぜかと言うと、主役たちがいないから。

もちろん、こうした答でわたしたちが満足しているわけではない。わたしたちは「観察可能な事実」を選択することによって、実際、人文学者によって一三世紀に生みだされた哲学への賛辞が何らかの実践の存在を示していると想定している。問題は、その実践が、哲学的生の「賛美」の事実をわたしたちに伝えてくれた学習用教材が提示する哲学観によって汲み尽くされるのかどうかを知ることである。それゆえ「哲学者たち」の、あるいはむしろ「教授たち」の声に耳を傾けよう。『箴言』に罵倒／祝福された哲学について、「徳の階《きざはし》／学舎《まなびや》」となり「純潔の亀鑑」となった哲学について、かれらがどう言っているかを聞いてみよう。そのあとで、かれらが実際におこなっていることを考察しよう。そのときに、そしてそのときにのみ、教授たちの哲学が「一三世紀の危機」の必須の要素なのか、それとも歴史の近代的な書きかたから分泌する歴史学上の虚構なのかを尋ねることができるだろう。

1　「哲学入門書」の哲学

わたしたちはG・ダアンが指摘した現象から出発することにしよう。それは、あらたに教授資格を得た人文学部の教師たちが、教室で、アル－ファラビ本人の論考やアル－ファラビの翻案といったアラブ起源の文献をふくむ「知の区分」から入るのをやめ、文字どおりの「導入講座」や「入門講義」を気前よくばらまくようになったという現象である[11]。そうした講義が実在したということは、「聖書原理」という講義がいくつかあったという証言からも類推できる。入門書と哲学書が合体している事例や、そうした入門書が哲学書のなかで置かれている場所――それはしばしば『エイサゴーゲー』への手引書の冒頭であって、この『エイサゴーゲー』自体が（その正式名は『アリストテレス範疇論入門』であるから）アリストテレスを教授するカリキュラム全体の導入部に位置する――を考えてみると、およそ一二五〇年ころ、人文学部教師は哲学研究のための入門的講義をするよう義務づけられていたことがうかがえる。一二五五年五月一九日のパリ大学学則［ドニフル／シャトラン『記録集』第一巻、一八八九年、第二四六番二七八頁］からは『エイサゴーゲー』が、学則上、パリ大学人文学部における学士教育の冒頭に置かれていたことが知られている。この事実は示唆に富んでいる。たとえば古代末期と中世との連続性もしくは断絶ということに関して言えば、生きかたとしての哲学と理論的な語りかたとしての哲学の解離のシナリオを貫いている「非連続主義的」診断は緩和されなければならないことを、この事実は意味する。教授タチの哲学と古代の哲学とのあいだには或る連続性が、すなわち「カリキュラム」の連続性がある。哲学研究を『エイサゴーゲー』の読解から始めることによって、中世教育はアリストテレス哲学の新プラトン主義的解釈を引きついでいる。この解釈は、すでに学校公認の scolaire 解釈であっただけでなく、じつは、すでに「スコラ学的 scolastique」解釈でもあったのだ。Cl・ラフルール、G・ダアン、C・マルモの三人は、一三世紀の写本を調べて、入門講座が、たぶん、設けられていたことの物証である「哲学入門」書と、学士修業の具体的な第一歩である『エイサゴーゲー』への手引書がひとつに合体している数多くの例をあげた。とりわけ重要なのは、「イサアクの証言によれば」（パリのニコラウスの著と見られる。ブルージュ写本四九六、f° 七九ｒａ～八〇ｖａ）と「アリストテレスかく語る」（アイルランドのペトルス著、ヴァチカン・ラテン語写本五九八八、f° 六三ｒａ～六四ｖｂ）と著者不詳の「トゥルリウスかく語る」（国立図書館北館所蔵ラテン語写本一三七四、f° 一一ｖａ～ｖｂ）と「アリストテレスにより語られしこと」（国立図書館北館所蔵ラテン語写本一三七四、f° 一二ｖｂ～一三ｒｂ）であって、これら四つはすべて『エイサゴーゲー』の或る注釈書の巻頭を飾っている序言である[12]。哲学入門なるジャンルは、それが、部分的にではあれ、人文学者たちの基礎教養 *Principia* を現代に伝えているという点では、一二四〇年から一二六〇年にかけての大学における哲学教育についての重要な資料である。もちろん、哲学入門書は「基礎」という格づけに解消されてしまうのではない。それは独自の意味を持つ存在でもあり、Cl・ラフルールの業績が明らかにしたところでは、哲学入門書が完全な演習テクストとして受けつがれたこともあれば、『エイサゴーゲー』以外の文献のための序言としてあつかわれたこともある。後者の例としては、プラトンの『ティマイオス』の注釈書の序言となっている「最多数の哲学徒へ」（オックスフォード大学コーパス・クリスティ・カレッジ写本二四三、f° 一三五v～一八八va）もしくはアリストテレスの『ニコマコス倫理学』の注釈書の序言となっている「わたしたちは人間的善を探求した」（オックスフォード大学コーパス・クリスティ・カレッジ写本二四三、f° 一二vb～一四ra）がある。[13] G・ダアンはさまざまなテクスト――『トゥルリウスかく語る』はそのひとつである――によってあつかわれているテーマを調べることによって、本来の意味での「入門」講義と「知の分類」講義とを区別する基準を提案している。一二世紀に盛んに作られた「諸学の区分」講義の改訂版であるこうした「知の分類」講義においては、哲学にあてられた部分が導入講座におけるそれよりも緻密であるか、もしくはその傾向があり、それに対して、「入門」講義では、ほかの題目がより多くの時間をとり、より重要視される傾向がある、ということである。ほかの題目とは、とりわけ、（一）哲学の賛美（哲学ノ勧メあるいは哲学ノ喜ビ）、（二）哲学の必要性あるいは効用（何故欲セラレルベキカ）、（三）哲学の定義、（四）哲学の起源（如何ニ此ノ世ニ来タカ）である。

　哲学入門書と、こんにち、わたしたちに内容が伝わっているいくつかの入門講義の文献学的実体は「資料の切り貼り」にあるわけだが、その複雑な詳細はさておいて、これらの文献がいかなる哲学観を反映しているかを調べてみよう。この問題の扱いかたにはいくつかの異なるレベルがある。[14] 哲学入門書が伝える哲学のイメージを、Ph・ホフマンが「五、六世紀の新プラトン主義スコラ学」と呼んでいるもののイメージとくらべてみると、五、六世紀のスコラ学と、いま問題にしている一三世紀のスコラ学のあいだに或る種の不変量の存在が確認される。五、六世紀の新プラトン主義者はプラトン全典によって伝えられている「真の」哲学の省察のために欠かせない「予備学的」研究として、アリストテレス研究に取りくんでいた。『エイサゴーゲー』を注釈したギリシャおよびラテン世界の新プラトン主義注釈家はすべて「一般的な意味での哲学とは何かに関する委曲を尽くした予備的説明」から始めていた。こうした「哲学入門」が『エイサゴーゲー』に先行したのであって、そのなかで『エイサゴーゲー』それ自体はアリストテレスの論理学的言語世界への最初の手引きとして、それゆえ、「オルガノン（アリストテレス論理学著作群）」読解の最初の不可欠の段階として、したがってまた、哲学的教養を身につけるための最初の関門として紹介されたのである。エリアスとダヴィド[四]は予備的説明としてつぎの四点を論じた。（一）哲学は存在するか否か。（二）哲学とは何か。（三）哲学はいかに存在するか。（四）哲学はなぜ存在するか（これら四点はアリストテレス『分析論後書』八九b二三を踏襲している）。アンモニウスは（二）と（三）の二点のみ論じた。いずれにせよ哲学入門書のすべてが哲学の六つの定義（ピュタゴラスの定義が三つ、プラトンの定義がふたつ、アリストテレスの定義がひとつ）と哲学の区分を載せている。こうした哲学一般への序論のあとに『エイサゴーゲー』への特殊な序論が続くが、そちらは六つもしくは八つの要点からなる。（一）本書の目的、（二）『エイサゴーゲー』の効用、（三）その真正性、（四）原典講読における『エイサゴーゲー』の順位、（五）その標題の存在理由、（六）『エイサゴーゲー』は哲学のどの部分に帰属するか、（七）『エイサゴーゲー』の章分け（これはボエティウスにはない）、（八）『エイサゴーゲー』の教授形式（これはエリアスとダヴィドだけにある）[15]。このあとにくるのが、プロクロスの[五]『シュナナゴーシス』（意味は「師の指導下での原典注釈」）という標題の著作ではじめて論じられた一〇の要点からなる『範疇論』の読解のための一般的序論であって、それはアリストテレス哲学への一種独特な入りかたを伝授するものである。これに『範疇論』への（六つの要点からなる）特殊的序論が付加されたのであって、このようにして構造化された総体が哲学教育の文字どおりの道程表に組み込まれていたのである[16]。アリストテレス哲学への序論は学生に将来のアリストテレス研究の指針をつかませ、自分の取りくむ著作（オートプロソーパ、すなわちアリストテレス本人の著作）を解釈するさいに立つべき観点へと向かわせる。こうした観点は、さきにあげた四つの要点の四番目、すなわち「哲学の目的」のなかに示唆されており、『形而上学』第一二巻一〇七六a四で引用されるホメロスの詩句というかたちをとっている。それは「あらゆる事物の唯一独自の原理へと遡行すること」であり、新プラトン主義における「一者」を語ることに帰着した。それゆえアリストテレス哲学の研究目的はだれの目にも明らかだった。それは学生に「大いなる神秘」を受け入れる準備をさせることであり、諸「対話編」に表れているプラトン哲学の研究を準備させることだった。

ここで目を一三世紀に転ずれば、右のように入念に積みあげられた基礎工事の石組みが竜巻か何かによって四散させられたような印象を受ける。たしかに一三世紀の哲学入門書も、すでに見たように、全部とは言わないまでも、大部分は『エイサゴーゲー』の研究と関連づけられており、その意味ではたしかに、新プラトン主義スコラ哲学への一般的な入門書と等価であって、それ自身も、哲学のいくつかの定義とひとつの区分を有している。しかし教育学的文脈はもはや同じではない。すなわちアリストテレス研究はもはやプラトン全典の研究を目指してはいないのである。さらに重要なのは、にもかかわらず、アリストテレス哲学への導入として新プラトン主義を用いることによって、アリストテレスに加えられた「ねじれ」が別のかたちで残存していることである。大ざっぱに言うと、新プラトン主義者によってかつて区別されたふたつの基礎的部分（哲学への一般的手引きとアリストテレス哲学への特殊的手引き）は文字づらで区別されているだけで中身は融合しているのである。この、文字づらだけ、という事実のうちに、アリストテレス全典およびそれに編入もしくは付加された文献の読解を支配すべき観点が暗示されている。嵐が去ったあとのこの風景を眺めていると、うす気味の悪さを禁じえない。著述形式だけが、その実体部分をくり抜かれて生き残っているかの感がある。その実体は、古代文献の伝承に欠落部分があったことにわざわいされただけでなく、別の図式や観点――新プラトン主義の世界観が、別の風土や別の時代のもとで、とりわけアラブの伝統のもとで新展開を見せ、その結果、継承することになった図式や観点――に寄生され、もしくは、それらを組み込む過程で歪んでしまったのである。

Cl・ラフルール、G・ダアン、R・インバッハは、哲学入門書と入門講義によって伝えられてきた哲学の定義と区分を研究し、その学説的内容や、さらには社会的・イデオロギー的機能を把握しようと努めてきた。一二四〇年から一二五〇年にかけての資料体系のなかでこねくり回されている哲学の定義を読めば、だれしも同じことを問うだろう。このような定義から出発する、実際の哲学カリキュラムは、いったい、どうなっていたのか、と。

哲学の典拠が異常なほど多岐にわたっていることは、もはや新プラトン主義者が意識的に作りあげたピュタゴラス[六]ｰプラトンｰアリストテレス型モンタージュ写真の比ではない。それはセヴィリャのイシドルス、グンディサリヌス、サレシェルのアルフレドゥスあるいはイサアク・イスラエリといった天と地ほども異なる著述家の多種多様な原典から、とくにこれといった脈絡もなく借りてこられた引用文の嵐であって、しかもその引用文はしばしば出典の指示をまちがっている。たとえばイシドルスからの引用文（「哲学トハ神及ビ人間ニ関ル事柄ノ認識デアル」）が『トゥルリウスかく語る』でアルｰガザリからの引用文とされたり、イサアクのプラトン主義を表す引用文（「哲学ハ人間ニ拠ル自己自身ノ認識デアル」）がやはり『トゥルリウスかく語る』でアリストテレスからの引用文とされるといった具合である。[17] 哲学研究の目的を規定する個所にも、こうした学説上のあやふやさが尾を引いている。したがってわたしたちとしては、イデオロギーと現実の実践とを比較対照すべし、という従来の原則に戻って、教育学的文脈をふくむ本来の文脈のそとで準自律的に伝承されている著述形式上の紋切り型と、具体的制度の文脈のなかでの生の形式の意識的な限定もしくは要求とを区別しなければならないことを確認しておきたい。

　哲学入門書の著者たちは人文学教師である。入門書は人文学部の産物なのだ。それらは哲学の賛美をふくみ、哲学とは何か、哲学研究に与えられた目的な何か、についての記述をふくむ。そのことからふたつの問いが提起される。入門書の著者たちは自分たちを哲学者として考察している、もしくはかれらは哲学者である、と結論づけなければならないのか。かれらがしていることは、はやりの言葉でいえば「哲学する faire de la philosophie」ことであり、かれらが学生に対する教育のなかでおこなおうとくわだてたことは、哲学を教えることである、と結論づけなければならないのか。

　一見すると一二四〇年代から一二五〇年代にかけての人文学教師の哲学文化は化石哲学の領分に属するように思える。もっとも化石にも色いろな種類がある。地質学者はエネルギー化石すなわち化石燃料があることを教えている。しかし、一般的には化石とは（あえて言うなら）死のなかに永遠に凝固している生物である。ここではわたしたちはどんな種類の化石にかかわっているのだろうか。人文学教師の実際の仕事においては、論理学が固有の方向性と方法を備え、自律的で予測不可能な成長——すでに見てきたアルベルトゥス・マグヌスによって手きびしく非難された詭弁的推論の実践のような——をとげて、主要な位置を占めるにいたっているだけに、哲学入門書とそうした仕事とが乖離しているという印象がある。そうした印象は、哲学入門書で展開されている哲学の賛美が教育制度上の現実および当時の大学における哲学的な生の形式とは噛みあっていないのではないかという疑念をいだかせる。しばしばそうであるように、旧い著述図式があたらしい実践を包み隠しているのだ。一三世紀中葉に哲学にかかわっていた教師・学生の（ということは、また、部分的にではあるが、哲学文献の）独創性は、まさに、哲学者である、ということではなく、人文学者であることであり、人文学者として哲学するということであり、言いかえれば、「哲学者」すなわち過ぎ去った一時代と一世界の人間としてではなく、現代の人間として哲学するということである。一二世紀以後の文献が描きだす（たとえばアベラルドゥスの『対話』が証言する）フィロソフスの風貌が異国的な特徴を持ち、あるいは、一三世紀の大半のスコラ学者においてフィロソフスという言葉は（たぶんアベラルドゥスにおいてもすでにそうだったのだろうが）一般には「アラブ人」あるいはもっと広くは「古代人」を指す[18]という事実は、人文学者は固有の知的・職業的・社会学的・イデオロギー的自己意識を持ってはいるだろうが、自己理解の根源的地平を切りひらく者としての「哲学者」という肩書を、一見スルト、要求していないことをはっきりと物語っている。著述形式の残存は生の形式の連続性を含意しないし、具体的な集合表象および集合理想の不変性を含意しないのである。

　もっとさきまで話を進めよう。人文学部に哲学のための場所が与えられているのは、人文学部が「哲学者」の学部ではないからである。学部間の抗争がありうるのは、人文学者が人文学者だからである。「哲学者」とは、まずもって、神学者の言葉——知的自由を断罪し検閲し牽制するために作られた言葉——である。もし人文学部が制度的に哲学部であったとしたら、抗争は不可能だっただろう。というのも、もし抗争が本当にそうした制度を基盤として生まれたとしたら、その途端に、哲学部は、あっさり、消え失せただろうからだ。言葉の近代的意味での哲学部は一三世紀初頭の数十年間にはとんでもないものであり、考えられもしない。なぜなら、哲学部は、あったとしても、乗りこえ不可能で、糊塗しようのない矛盾を構成する二極の一方となるほかないだろうし、そうした矛盾は、いみじくも「哲学」

と「神学」と名づけられている両立不可能なふたつの要素のあいだの、完全に外在化された矛盾であろうから。人文学部は存続の主要な保証を未来の神学者の形成を準備する場所であることに負っている。哲学は、それが過去に生きた現実であったときの姿のままに表現され、承認され、引き受けられるのではなく、諸学芸の多彩な色を塗られた現代的な仮面をかぶって実践されるという条件ではじめて、人文学部のなかに生き残ることができる。仮面はその道具としての機能にもとづいて、かぶり手の安全を保証する。学部間の抗争は、そうした道具を介してしか存続できないのであり、この道具がその制度上の使用者および用途に対して従順でなく反抗的だったわけだ。ようするに、人文学部 **la faculté des arts** は、それが制度的に諸学芸の能力 **une faculté des arts** であり、またそうあり続けるという条件でしか、哲学のために場所を空けることはできないのである。

　制度がはらむこうした逆説は、見てそれと分かるほど鮮明ではない。それは、同じひとつの総体に伏在し内在する矛盾だけが知を構成する要素間の矛盾たりうる、という現実を表現している。学部間の抗争はアリストテレスの定義による運動――「可能態にあるものが可能態にあるかぎりにおいて有する現実態」――のようなものである。一三世紀の大学を蝕むどころか、むしろ築きあげている矛盾の再生産を人文学者が確実におこないうるのは、人文学者であり続けることによってである。ラテン中世の大学の特殊性をなし、やがてイスラム世界およびギリシャ正教世界を尻目に西欧的思考の飛躍を約束してくれるはずの独創性は、まさにふたつの両立不可能な座標系を、相互に外的なままに捨て置くのではなく、一方を他方のための道具とすることによって連結することにある[19]。

　しかし、つぎのような疑問の声があがるだろう。一二五〇年代から一二六〇年代にかけての哲学の賛美が帯びている独特のかたちをどうあつかうつもりなのか。J・ル＝ゴフ(七)、R＝A・ゴーティエ、Cl・ラフルール、L・ビアンキ、R・インバッハといった、たがいにまるでちがう諸精神が、かくも多くの卓越した、しかも発想を異にする研究を捧げた人文学者の権利要求をどうあつかうつもりなのか。たとえば、ダキアのボエティウスと「職業としての精神的幸福」――これはL・ビアンキが一九八七年の草分け的な論文で使った表現である[20]――という主題をどのようにあつかうつもりなのか。そうした声に応えてみよう。

「最高善」の哲学

ダキアのボエティウスの『最高善について』はアリストテレス主義が或る種の自己理解に到達したことの証しである。そうした自己理解によって、五、六世紀に新プラトン主義者が執筆した哲学入門書が提起したふたつの大問題――ひとつは、一般的な、哲学はなぜ存在するのか、という問題、ひとつは、特殊的な、アリストテレス哲学の目的は何か、という問題――が、はじめて、正面から受けとめられ、レトリカルな大言壮語や伝統的な論点を適当につなげるご都合主義からではなく、具体的な研究活動から生まれてきた首尾一貫した回答をもって応えられている。ここで注意が必要なのは、ボエティウスが、かれの時代に固有の認識体系のなかで問題に応えているということである。提示された回答は、アヴィセンナの『第一哲学』や、これを補強する「哲学スル者ノ信条」という知見（この起源が定かでないことを、第七章で見るつもりである）など、それまで知られていなかったアラブ世界の典拠にもとづいて主張された哲学観に通じている。このことは、ボエティウスが、テオーリア（観想）の本性と機能に関する『ニコマコス倫理学』の諸命題を軸にして、哲学の本質と目的についての「ペリパトス主義的」とも言うべき理解を明確に体系化することに成功していることを意味する。このような体系化は哲学者のそれであって、学説誌家のそれではない。しかも、こうした体系化は、「導入講座」や「知の分類」でおこなわれた哲学賛美の実体をなす学者ぶったレトリックの習慣とは、或る程度まで、手を切ってさえいる。手を切る理由は、はっきりと限定された教育的・制度的宇宙のなかにある資料体系を実際に渉猟することによって、哲学的命題なり哲学的生の構想なりを築きあげるためである。手を切る理由は、また、学芸の実践にまつわる制約と自己規制の問題を、自己自身についての認識論的自覚に達している学科内部からの要請と折りあいがつくかたちで、引き受けるためである。ここに言う「自己規制」は外部から課せられる学則上の制約より強くても弱くてもいけない。このように諸学芸の学科内的現実を、学則に規制される学問実践の制度的な状況にすり合わせるからこそ、哲学的生のあたらしい賛美が充実した意味を得るのである。ボエティウスは『最高善について』を書くことで哲学の弁明をおこなっているが、しかし、そのさい、哲学はすぐれて人文学的な生のかたちとして展開されるという条件でのみ、生き残りうるということを意識している。それゆえかれは、人文学者としての哲学者がいかにあらねばならないか、何をすべきか、から出発して哲学に何ができるかを記述したのである。『最高善について』は『世界の永遠性について』と切り離すことはできない。哲学的生の賛美は哲学的諸学知の認識論をめぐる反省と切り離すことはできない。だからといって、このことは人文学部の「人文学的」本性を何ひとつ変えるわけではない。そして、とりわけ、ボエティウスの語る哲学者をつねにその認識論的な役割分担――論理学者、自然学者、博物学者――の多様性によって定義するロールプレイング・ゲームに何ひとつ変更を加えるわけではない。人文学者が、自然学はいかに定義されるか、ということではなく、自然学者の仕事とは何か、を問いはじめるや否や、そこに本物の哲学が存在するのである。[21]

人文学者だけが、博物学者ノ様ニ語ル事ニ拠ツテ、真に語ることができる。この「博物学者ノ様ニ語ル事」こそすべての勇断と決別の合言葉であって、この合言葉の出現と機能を研究したのがL・ビアンキである。[22] 人文学者が真に語ることができるのは、自分の語ることが何を意味するかを職業的に知っているからであり、テオリック（理論的）な闘争とテオーリア（観想）を求める闘争がともに、あくまで認識論的に、人文学部のカリキュラム[23]によって定義された学科の枠内においておこなわれるからである。哲学のイデオロギー的な宣揚と、人文学者の専門的な研究をごっちゃにしてはならない。前者は中世文化の一般的枠内にある新プラトン主義的スコラ学の化石化した産物であるが、後者は、内的自己定義のなかで実践される規律と、制度によって課せられた外的規制とが交差するところに生まれる諸規範に従っている。

精神的幸福の賛美が、中世哲学実践史に、ためしに、載せてもかまわないだけの価値を有しているとすれば、それはこうした賛美が、ある特定の時代の、人文学者の研究と、その資料体系――『ニコマコス倫理学』とエウストラトス[八]によるその注釈書とアラブ・ペリパトス主義に立ついくつかの主要文献が中心に位置して全体を組織している資料体系――によって伝えられた哲学観との出会いを表現しているからである。事実、この出会いこそが、戦う哲学という旗印のもとに参集を求められているすべての言説、すべての著述家に見られる唯一にして真の共通点である。アルベルトゥス・マグヌスとブラバントのシゲルスのような、社会的にも、制度的にも、哲学的にも異なる役者がこの旗印のもとに肩を並べ、本物や偽物のアヴェロエス主義者や人文学者や神学者が何年にもわたって（なかには一二七七年の断罪さえ乗りこえて）ひとつの集団のなかで出会いを重ねている。その集団が、「雑然」とまでは言わないまでも「寄せ集め」の観をぬぐえないという事実は、人文学部の哲学的自覚とは、まずもって、人文学部でおこなわれている仕事に、したがって、学問的方法と、学知としての学問の理念に結びついた生のかたちの自覚であることを雄弁に物語っている。それゆえまた、精神的幸福の専門家としての人文学者の職業意識は知の職人としての職業意識でもある。好きな場所で自由演技にいそしむ者もいれば、決められた場所で規定演技にいそしむ者もいるだろうが、持ち場がどこであろうとも、そうした自覚が模範演技としての力をふるっているのである。L・ビアンキは最近の研究で一二一〇年から一三三九年にかけての知的進化の原動力を、あいつぐ検閲を経て、アリストテレス主義が禁圧の対象から奨励の対象へと移行したことに求めているが、そうした移行も、認識の快楽として理解された哲学的幸福感の伝播をともなう、学知についてのアリストテレス的理念の伝播ぬきで理解することはできないのである。[24]

したがって、一二四〇年代から一二六〇年代にかけてのパリ大学の状況から研究を始める場合に重要なことは、パリであろうとどこであろうと、諸学科をめぐる言説と、職業的実践の現実と、人文学者・神学者双方の管轄権の要求と、自己理解・自己正当化のための伝統的題目とのからみ合いという観点から進化を研究することである。例をひとつあげよう。プラトン主義とイデア学説の例である。一二六五年当時、神学者は、或る種のアウグスティヌス化されたプラトン主義の名においてアリストテレス主義を激しく糾弾している。このことは「イデアヲ否定スル者ハ神ノ子ヲ否定スル」という謎めいたことわざを思いだせば分かる。一五世紀になると状況は一変する。今度は人文学者が、神学者を敵にまわして、哲学の名のもとにプラトン主義を権利として要求するのである。同じ抗争が続いているのであるが、それはあたらしい形式のもとでの抗争であり、異なる哲学観のもとでの抗争である。この件についてはプラハのヒエロニムス[九]と「形相化論者たち[一〇]」に関するZ・カルザの研究[25]を読み返してみれば、納得が得られるだろう。イデア論という伝統的題目の変貌のうちに「教授たちの哲学」という本節の標題が何を問題にしているかが如実に表れている。人文学部の本質をなす両義性が問題なのである。そして人文学部とは、道具化され、制度的な従属を強いられるかぎりでしか、自己を自律的すなわち「哲学的」と述定できない、そのような実践の場所なのである。人文学部はキリスト教国における哲学実践の可能性そのものを基礎づける矛盾が制度化されている空間である。中世におけるほかの世界（イスラム世界もしくはビザンツ世界）にそうした空間はない。その一事をもって、そうした世界は、学校制度の発展のレベルがどうあれ、これまで「大学」の核心をなす現象を知らずにきたし、したがって、抗争がもたらす果実を享受できずにきたと言えるのではないか。

ジルソンのシナリオ

一二四〇年代から一二六〇年代にかけてのパリ大学の「哲学主義」を一般化してはならない。それは異文化受容のための装置である。この装置は、そののち、自己展開の装置となる。ふたつの装置のうち前者は古代人および異邦人がもたらす素材の段階的摂取の枠組みとしてあるが、後者は、自分に必要な資料体系を自前で調達できるようになった大学が、自分に固有の認識地平を画定するためにある。神学部が、或る意味で、哲学を求める競争における、人文学部のライバルと成り代わったと言っておけばこのちがいを要約したことになるだろう。事実、学問性の規範として奨励されたアリストテレス的な知が、啓示と教義の側から提供される規格外の対象と接触してしだいに機能不全に陥るようになるのは、まさに、神学においてである。たとえば、論理学の分野がそうである。ペトルス・ロンバルドゥスの『命題集』の注釈書群は変化の論理学や認識論理学や義務論理学の出現に、アリストテレスの注釈書群以上にということはないにしても、同じくらい貢献している。若きM・ハイデガーの言葉を信じるとすると「より以上に」貢献したことになる。なぜならロンバルドゥスの著作およびその解釈の伝統がなければ、「中世神学の学的構造をなすその解釈主義・注釈主義を生の解釈として理解する」（傍点引用者）ことはできなくなってしまうだろうからである。そして将来の『存在と時間』の著者は綱領的宣言（かつ悲観的診断）をくだす。すなわち「ペトルス・ロンバルドゥス『命題集』の注釈書がルターにいたるまでの神学の真の自己展開を采配してきたのだが、いままでのところ、その解釈学的構造がありのままに分析されたこともなければ、そのために要求される発問と評価の可能性自体が完全に欠落している」と、一九二二年にかれは述べているのである。[26] ハイデガーの主張をどのように考えようとも、いずれにせよ、もろもろの抵抗を押しのけ、幸福についての哲学的な理解を自己の内心に熟成させ、ついには「純粋人間学」を構築し、自分自身を止揚するための諸条件を整備するところまで進むのは、たんに哲学というものがそうだというだけでなく神学もまたそうだということを確認しないわけにいかない。[27] この観点からすると「一三世紀の綜合」の「解体」を記述するためにE・ジルソンによって考案されたシナリオはもはや維持できないように思える。わたしたちは回勅「信仰と理性」の背景を説明するさいに、ジルソンがトマスとスコトゥスという対照的な両巨人に与えた役割を見てきた。ジルソンによると、かれらは、ふたりながら、一四世紀のはじめにアヴェロエスとアヴィセンナというアラブ－イスラム世界のふたりの先駆者と決別するという役割を演じたのである。[28]「トマスは哲学者として哲学の地平でアヴェロエスと決別した。」「スコトゥスは［…］アヴィセンナが不当にも神学の文彩によって形而上学を飾り立てたことを［…］非難することにより」、また「自然神学の有効性の範囲を最小限まで［…］縮小させることによって、神学者としてアヴィセンナと決別した。」こうした正反対の戦略から、神学の介入様式という点に関して、ジルソンがどのような帰結を引きだしたのかは周知のとおりである。トマスは「哲学を改善したのだから、哲学に絶望してはいなかったことになる。かれの業績は哲学による神学の勝利である」。対して「スコトゥスは純粋哲学をひとつの事実として公式に認めているのだから――そしてそれを改善しなかったのだから――哲学に絶望していたことになる」。「かれの業績」は、したがって「哲学に対する神学の勝利であり、それ以外では有りえなかった」[29]。こうした過程の果てにオッカムに対してはジルソンがどのような奇妙な役割を割りふったかも周知のとおりである。それは「哲学と神学との分離を強調した」という役割である。ここで、あえてフロイトの用語を使うとすれば、ジルソンはオッカム主義の勝利を起点として一四世紀を思い描き、オッカム主義自体を「抑圧されたものの回帰」として思い描いていると言えるかもしれない。ちなみに、つぎに示すとおり、かれはこの表現を、部分的にではあるが、たしかに使っている。「オッカム主義の勝利は、それが神学的思考と宗教的感情の或る種の形式に与えた満足によって、おおむね、説明がつく。そうした形式は一三世紀の偉大な綜合によって抑圧されていたのだが、オッカム主義のうちに正当化の根拠を見出したのだ。[30]」換言すればオッカム主義は、トマス主義が、一時、武装解除した神学者たちの反哲学の動き――トマス主義は哲学によって哲学を攻撃するから――の、たんに反動的な色彩を一掃することに役立つのである。「神の本質を自然的理性の思弁的分析の手に委ねないことの強力かつ緊密に結びついた諸理由［をこそオッカム主義はもたらすのである］[31]」。したがってオッカム主義がもたらすのは、たんに「一三世紀の夢の崩壊」ではない。「夢」とは何であったかを思いだそう。それは「すべての理性的認識とすべての信仰与件をひとつ残らず唯一無二の知的体系の欠かせない要素と見る観点を打ち建てる」ことにより「自然神学と啓示神学とを堅固な綜合のうちに結びつける」[32]ことである。オッカム主義がもたらすのは、こうした夢をこなごなに打ち砕くための哲学的道具そのもの、すなわち形而上学の平価切下げ **dévaluation** である[33]。一四世紀は、オッカム主義に、すなわち「哲学と神学との連携を断ちきる傾向」に支配されるか、もしくは、ジルソンからするともっとよくないことであるが、「哲学を神学から分離しようとする傾向」に支配されるかのいずれかである。前者はアウグスティヌス主義の復活に始まり、反形而上学的神秘主義の開花にいたる神学的分離主義の多様なかたちをまとい、後者は、わたしがアヴェロエス主義と名づけた、かれの率直な言いかたによると「保守的」な運動である。「保守的」というのは、もしその代表者が、普通信じられているように、本当に近代的精神を吹き込まれているとしたら、一四世紀前半以降はオッカム主義に解消されてしかるべきだったのに、事実は逆で、アウグスティヌス主義の陰画としての、理性と信仰、哲学と神学との哲学的分離主義――「強情で偏狭なアリストテレス主義という評価が相当な」[34]哲学的分離主義――に閉じこもってしまうからである。こうしたシナリオは、よく練られてはいるものの、忘れていることがひとつだけある。そのことは、かたちを変えて、ヨハネ・パウロ二世の回勅のなかでも忘れられている。すなわち、神学者は哲学者のなわばりに介入できるが人文学者の方は神学のなわばりに介入できないという事実に固執するとすれば、自明の理によって、神学と哲学との論争は（「アヴェロエス主義」は例外として）徹頭徹尾、神学において神学者によって遂行されるはずだということである。神学者の特権はすべてを神学に変換できるということ、信仰の領域に属しそうだと思うことであれば何でも自分の畑に引っぱり込むことができる、ということである。神学における神学者による哲学的介入能力の好例はエティエンヌ・タンピエが召集した委員会のメンバーのひとりのガンのヘンリクス[二]を襲った災難がそうである。ヘンリクスは一二七七年のクリスマスに法王特使シモン・ド・ブリオン枢機卿（将来の法王マルティヌス四世）によってかけられた、あけすけな脅しによって、或る純粋に哲学的問題――人間における実体形相が一であるか多であるかという問題――に関する立場をおおやけに変更するように強いられた。シモン・ド・ブリオンはこの件に関してすでに同年の三月時点でパリ司教タンピエ、パリ大学文書局長ジャン・デ・ザルー、タンピエの将来の後継者ラニュルフ・ド・ラ・ウブロニエールに簡単な根回しをすませている[35]。たしかに、実体形相の問題には神学的射程がないわけではない。わたし自身もこの問題がフライベルクのディートリヒおよびマイスター・エックハルトにおいてキリスト論へと発展する経緯を研究したことがあるし[36]、この問題がオックスフォード大学でのトマス説断罪や種々の「異端譴責文集」で演じている役割を知らない者はいない。それにしても、そもそも、ひとりの法王特使‐枢機卿シモン・ド・ブリオンが「純粋に形而上学的な論争を信仰の事案として提示しよう」と決め、具体的な命令を発したからこそ、ひとりの神学者ガンのヘンリクスが、それがなぜ法王庁の専管事項なのか、こんにちなお、理解に苦しむ哲学的問題に関して見解を修正するのである。こうした「介入」の効力を否定しようとするだれにしても、このベルギーの神学者がつぎのようなあからさまな恫喝の言葉に怖気づいただろうことを本気で疑うわけにはいかない。

> 人間には複数の実体形相があることをはっきりさせ、また、おおやけにするように努めなさい。というのも、わたしは信仰に触れることではだれにも手心を加えるつもりはないのだから。

それゆえ「学部間の抗争」と、それを神学部の内部において反復する「転移形」とを区別しなければならない[37]。ある意味では、ふたつの学部のあいだの「外的」矛盾の重さそれ自体が内面化された場所は人文学部ではない。それは権力が存在した場所、すなわち哲学と神学との対峙を構成することが許されていた場所であり、それ以外ではありえない。人文学者は神学にかかわる事案に決着をつける権力を一度も所有したことはなく、神学者は哲学の領域や方法や概念を――それらを歓迎するか批判するか無力化するかはともかく――権利なしにわがものにする権力をつねに所有してきたのである。

こうした指摘は別のもうひとつの指摘を引き寄せる。こちらの方はだれも傷つけないだろうという期待が持てる。歴史家というものは、文献のいかに注意ぶかい消費者ではあるにしても、値札 étiquette をまさぐることで満足することは許されない。つまり、批判的な歴史文献学は時間によって凍結乾燥された古文書の倫理的 éthique 消費に甘んずることは許されない、ということである。制度や力関係というものは、ときに、わたしたちが現におこなっていることと、現におこなっていると信じているのとは別のことを、同時に、おこなうことを可能にしてくれるものである。そのことはわたしたちの遠い先達の場合でも同じである。歴史家が反省を加えなければならないのはそうした制度や力関係の本性である。人文学者たちは、かれらの栄光の数十年間というもの、マンフレートが称えた「哲学教育のカドリージュ（四頭立て二輪戦車）」に自分たちが君臨しているものと思い込んでいたらしいが、じつのところ、かれらは人文学という慎ましい役割を果たしていたときほどに哲学者であったことは決してない。神学者たちは、しばしば、自分たちを哲学の侮蔑者と喧伝したが、しかしかれらの多くは、相手を的確に論駁するための道具の選びかたと使いかたにおいて、そのお定まりの敵対者よりもずっと哲学者だった。それゆえ、おそらく中世の大学に、かつて、本来の意味での哲学部が存在したことはなかったろうし、かりに存在したにしても、それが人文学部でなければならなかった理由はない。ましてや、それが神学部だったとしたら、神学部は遺産を独り占めすることになるだろう。この、どこにも見当たらない学部とは、結局のところ、競合するこれらふたつの学部の非対称な組み合わせがそうであり、中世大学そのものだということになるだろう。こうした競合関係は「一三世紀の危機」の、どまんなか、もしくは頂点に位置する一二七七年の検閲のさいに顕著に現れるのだが、そうした競合関係の本性と射程とを、つぎに評定しなければならない。

2　一二七〇～一二七七年のパリ危機

一二七〇年に始まる一連の出来事と措置の流れは、ついに、一二七七年三月七日の、二一九の教説の断罪にいたりつくが、その間、哲学についての或る種の理解が確立した。何人かの歴史家がこれまでに試みてきたのは、ひとつに、「検閲者の言説」によって構築されたこうした哲学像の輪郭を際立たせること、ひとつに、パリ司教エティエンヌ・タンピエが召集した委員会の仕事を特徴づけているのは一貫性のなさと場当たり主義である、という通説を越えて、当の仕事のうちにそれなりの論理を突きとめること、ひとつに、司教介入の真の理由と本当の標的――人文学部なのか神学部なのか――を白日のもとにさらすことである。これと並行して、一二七七年の措置そのもの、その意味、その実際の効力についてさまざまな評価が提示されてきた。わたしたちは一二七〇年一二月一〇日の、一三の教説に対する最初の断罪と一二七七年三月の断罪をワンセットと考えて、人文学者たちの哲学的言説が、その原理および帰結の両面にわたって制度自身から包括的に試練を受けたこの時期を「一二七〇～一二七七年の危機」と呼ぶことを提案している[38]。この試練をどのように分析すべきか。

ひとつ可能な道は、わたしたちが『中世を考える』（＝邦訳『中世知識人の肖像』）のなかで提起したふたつの主要な仮説――検閲者の介入の一貫性および粘着性（それは俎上に載っている問題や理論の有機的連関のうちに読みとれる）と検閲の創作性（それは断罪されている諸教説と一二七七年以前にそうした教説の信奉者を見つけがたいという事実との食いちがいのうちに見てとれる）――に帰ることであって、その道は、拙著の出版から一〇年以上を経てなおわたしたちにとっては避けえない道である。ルナンによれば、「教会史のなかでのあらゆる異端摘発は何らかの謬説が公言されたということが前提である」。わたしたちとしては、一二七七年の断罪を、それに歴史的観点から意味を与えている、理論的であると同時に制度的でもある総体――わたしたちが「一二七〇～一二七七年の危機」と呼ぶ総体――のなかに位置づけ、トマス・アクィナスの『アヴェロエス主義者の知性単一説を駁す』が提供した問題と、一二七二年四月一日にパリ大学人文学部に公布された学則が提供したその解決が、結局は、検閲者の介入を不可避的にした次第を明らかにしようと思う。その結果、ルナンの原理がここで、注目に値する、意義ぶかい例外にぶつかることを示せるのではないかという期待をこめて。

検閲者の創作性

エティエンヌ・タンピエの『謬説表』は歴史家のあいだで評判がよくない。一二七七年の検閲こそが近代科学の飛躍的発展を可能にしたと論じたＰ・デュエムの疑わしい学説――Ｊ・マードックが一九九一年にその学説が与えた影響の歴史をたどった[39]――を除けば、この司教文書を分析した歴史家の大半は同じ否定的診断に到達している。有名な表現で言えば、「拙劣な行動、拙劣な作業」。あるいは、拙速で無定見・無思慮なつぎはぎ細工。急場しのぎに召集された委員会が、方針もなしに任務をこなそうとして、雑多な資料体系から手当たりしだいにかき集めた抜粋の切り貼り細工[40]。タンピエの仕事のこうした見かたは、一方で、検閲活動の性急で場当たり的な性格を、他方で、検閲者の作業における一貫性もしくは論理の欠如をふくんでいるが、これらふたつの要素の関係性は、ほとんどの解釈家にとって自明のものであるらしい。つまり、最終結果のうちにある理論的不備は事前調査をあまりに急ぎすぎたことの反映である、と見なされているのだ。事前調査を急ぎすぎたという点については、ほぼ、衆目が一致している。つまり、Ｐ・マンドネが言いだして以後、ほとんどだれもが一二七七年のパリ大学における措置を或る命令書の執行と見る点で一致しているのである。この線でいけば、三月七日の検閲は、当時パリに蔓延していた「或るいくつかの謬説」の起源について「調査を実行する」ようパリ司教に厳命した法王ヨハネ二一世の一二七七年一月一八日の手紙に対するパリ司教の、やっつけ仕事による回答だということになる。こうしたシナリオは最近Ｊ・Ｍ・Ｍ・Ｈ・ティッセンによって疑問視されている[41]。かれに道理があるだろうか。調べてみよう。

かりにティッセンがまちがっているとして、三月七日の検閲がたしかに一月一八日の法王命令書の執行であると仮定しよう。そうすると、タンピエが命令書で与えられた使命を実際に達成したかどうか、が問題になる。その答は否定的なものでしかありえない。法王は「パリで蔓延している」らしい異端説のうわさに接して、その異端説の名称、発祥地、創唱者、社会的・制度的定着地点を尋ねているのである――誰カラ、又、何処デナノカ、と。タンピエの『謬説表』はこのうちのどれにも答えていない。したがってタンピエの法王に対する答えかたが（あまりに性急すぎて）まずかった、というだけでは足りない。かれはまったく答えていないと言わなければならない。J・ミートケのような一部の批評家は、こうした食いちがいに気づいて、パリ司教が与えられた任務を逸脱し、熱意のあまり過ちをおかしたこと、そして、結局、かれにたんなる官憲の取り調べ以上のことをさせた、この熱意の過剰のうちに、司教権と法王権とのあいだの潜在的競合関係が露呈しているのだと示唆する。[42] 一二七七年の検閲についてのテイッセンの解釈は節約原理にもとづいて状況を説明する。その解釈は問題自体を抹消する。『謬説表』は一月一八日づけの法王書簡とは何の関係もない。一二七六年一一月二三日からすでに、フランスを管轄する異端審問官シモン・デュ・ヴァルがリエージュ（ベルギー）の三人の司教座聖堂参事会員、すなわち、シジェ・ド・ブラバン（＝ブラバントのシゲルス）、ヴェルニエ・ド・ニヴェル、ゴスウィン・ド・シャペルに対する審問活動に着手していた。直後にその情報をタンピエにもたらしたのは、さる「高位の（『謬説表』の「前書き」によると、大ニシテ重キ地位ノ）ひとびと」である。『謬説表』が、ひとつの返答、あるいはむしろ反応であることにちがいはないが、それは、右の情報に対する反応だったのである。言いかえれば、タンピエによってとられた行動は法王庁とはかかわりがない。それは一月一八日の手紙とはかかわりがないし、最初の要請をより正確にもう一度くり返している一二七七年四月二八日の法王の二度目の書簡「生ケル水ノ流レ」とも関係がない。しかも、この二度目の手紙は司教の検閲が執行されてのち四〇日以上も経って出されているのに、司教とその委員会が作成した異端命題一覧表に対してひとことも言及していない。テイッセンの解釈は、かくして、問題をひとつ節約するわけだが、解決がより困難な別の問題を生む。

もし一二七七年の断罪のきっかけとなった要因がシモン・デュ・ヴァルによるシゲルス、ヴェルニエ、およびゴスウィンの審問であり、司教の動きかたと法王の動きかたを別べつに考えるべきであるならば、タンピエによって召集された委員会は一二七六年に作業を開始したと認めなければならない。そうなると一二七七年三月に作成された一覧表のなかの重複や矛盾や全般的な順序の混乱を説明するために期限の切迫を口実にすることは、もはや、できなくなる。司教委員会の作業の理論的な不備に説明を付けるとしたら、委員会を構成するメンバーたちの知的特異性に求めるか、かれらが意見を述べる場の概念的雰囲気に求めるしかなくなる。しかしこのとき、わたしたちが一九九一年の『中世を考える』で提出した疑問がふたたび頭をもたげる。すなわち一二七七年三月の『謬説表』は、言われているほど、一貫性がなく、表面的で当てずっぽうなのか、という疑問である。わたしたちの解答は否定的だった。検閲のこうした名誉回復には多くのひとは態度を保留したし、それを支える分析があまりにフーコー的すぎると批判されもした。それでもわたしたちは依然として、エティエンヌ・タンピエが取りあげた二一九条からなる一覧表にほころびが目立つのは、まずもって、その資料が三つの競合する分類に委ねられているという事実に由来すると考えている。ひとつはドニフル／シャトランによって編集された『パリ大学記録集』の分類であり、ひとつは、タンピエによる摘発の少しあとで『アングリアトパリデ断罪サレタ教説集』──これはデュプレシス・ダルジャントレがはじめて編集した──によって試みられた主題別の（「章」分けされた）分類[43]であり、ひとつはP・マンドネが『一二七七年三月パリで断罪された二一九の教説についての調査』でおこない、R・イセットが引きつぐ分類である[44]。一貫性がないという印象はこれらの、相継起し、競合する三種の一貫性に由来するのである。つまるところその印象は一貫性の過剰から結果するのだ。

　例をひとつあげよう。マンドネの分類は二部に分かたれ──一七九の哲学謬説と四〇の神学謬説──、おのおのの部に一連の項目が設けられ、それらの項目は、前者について言うと、哲学の本性に関する謬説に始まり、倫理学上の謬説で終わっている[45]。言われていることとは逆に、こうした分類に概念的な絆は欠けていない。タンピエによって糾弾された諸謬説は、このように分類されると、真の体系としてのつながりを得ることになる。この体系とはペリパトス主義哲学のそれであり、別の風土、別の文脈のもとで、もうひとりの哲学の敵対者アル゠ガザリが陳述した体系である。すなわち、思考学を介して形而上学として（つまり「第一原因」および主要な原因としての「離在的諸知性」

に関する自然神学として）始まる哲学が、倫理学すなわち人間霊魂と離在知性との「邂逅」理論のうちに――この「邂逅」が「至福」のみなもとと理解された特殊な生の形式としての「観想的生」を生むかぎりにおいて――完成を見る体系である。[46] かくしてタンピエの一覧表は、マンドネが再構成するかぎり、対象を欠いているという非難を免れている。それはひとつの首尾一貫した或る哲学構想の本質を捕捉している。それはラテン人が知りえたかぎりでの、そしてかれらの一部が受容し同化し、場合によっては脚色したかぎりでのギリシャ‐アラブ・ペリパトス主義の本質である。タンピエの一覧表に非難できる点があるとしたら、それはこうした構想をまったく順序を無視して提示したということである。この非難は正当だろうか。

　わたしたちは委員会がどのような状況で作業を進めたのかを具体的には知らない。テイッセンにはお気の毒だが、三月七日の一覧表が「創唱者と発祥地」（誰カラ、又、何処デナノカ）をめぐる調査命令の結果であるという基本から出発して、わたしたちは委員会が膨大な量の資料体系を渉猟しなければならなかったと想定してみよう。その場合、タンピエが、集められた山のような文書に順序を設けようとしなかったことが腑に落ちない。逆に、テイッセンが主張しているように、委員会が、少なくとも部分的に、シモン・デュ・ヴァルが作成したにちがいない立件書類を参考に作業を進めたのだとすれば、目をとおすべき文書の量はたかが知れていただろうから、『パリ大学記録集』のなかに復元されている条文の最初の順序は、吟味された文献中に断罪すべき命題がたまたま実際に出てくる順序を正確に反映しているものと想像できる。もしそうだとしたら、タンピエの一覧表に「順序の混乱」や無用な「反復」があるとしても、それらは、こうした類の手続きにおいて、通常、墨塗りの対象となる文書の順序を忠実に守ることからくる倒置や反復の域を大きく越えるものではない。一三二六年にマイスター・エックハルトに対する告発者によってケルンの審問官に提出された一覧表にも、同じような重複が見られ、また、あきらかに推敲を経た形跡がない。つまり異端説の嫌疑を受けた諸命題は、吟味された著作のなかでそれらが出てくる順番どおりに並べられているのである。テーマ別の分類もなければ、メタ言説的な編集もないが、反復はいたるところにある。反復は類（ジャンル）の法則であり、書き言葉（エクリチュール）の法則であり、さらに言えば宣教（プレディカシオン）の法則である。著者は反復によって生みだされる。よい意味でも悪い意味でも著者が「生き残る」のは反復によってである。ちがいと言えば、エックハルトの場合は、著者が知られており、問題となる著作が特定され、名指しされ、入手可能だということである。[47] 一二七七年三月七日の一覧表はそうではなく、パリ国立図書館ラテン語写本四三九一（fº六八）と一六五三三（fº六〇）に残るふたつの見出し――前者は「異端者シゲルスとボエティウス」と、後者は「ボエティウスなる或る聖職者」とある――を除けば、いかなる具体的な著者も著作も名指ししていない。たしかに、シモンの立件書類のなかにどのような「著者」が名を連ねていたかを、わたしたちは、タンピエの一覧表から知るすべはない。しかし、それというのも、シモンが公式に訴追した面めんは、タンピエの一覧表が公表された時点で無罪を証明されていたからであり、また、三月七日に公表された一覧表によって墨塗りの対象となった書物については、その著者を名指しする必要がなかった（司教検閲の目的は、あきらかに、個人に制裁を加えることではなく、おそらくは集団を威嚇することによって、或る種の観念、或る種の教説がパリ大学に広まることを牽制することにあった）からである。そうだとすれば、一二七七年の検閲が匿名的な様相を持つからといって、そのことがことさら、さきの仮説――タンピエが少数の特定の文献に限定して作業を進め、それらの文献において一連の命題が『パリ大学記録集』に見られる順序に従って登場するという仮説――を妨げるわけではない。

立件書類に関する右のふたつの考えかたのいずれかに裁定をくだすことは不可能である。しかし、かりに墨塗りの対象となる資料の数がかぎられていたという仮説が維持できなくとも――それはきわめてありそうなことであるが――三月七日の一覧表が、言われているほど「雑然とした」ものでないという主張はあいかわらず維持できるものと、わたしたちには思える。『謬説表』の「パリ大学記録集」版には、或る種の首尾一貫性を示す一連の論法が、それらの起源はどうあれ、存在する。『中世を考える』で、わたしたちは、『パリ大学記録集』に飛び飛びに出てくる、性道徳にあてられた一六六、一六八、一六九、一七二、一八一、一八三の六つの命題が、それらの言表枠組みとなっている諸命題――すなわち性倫理の問題とは直接関係はない、第一六七、一七〇、一七一、一七三、一七四、一七五、一七六、一七七、一七八、一七九、一八〇、一八二の各命題――を同時に考慮に入れることによってより首尾一貫した体系をかたち作る[48]ことを示そうと努めた。ここでは、その分析の詳細をむし返すことはせずに、わたしたちの所見の要点を想起しておく。

まず最初に、検閲者によって張りめぐらされた或る種の概念網 réseaux conceptuels の現存が「言説 discours」とでも呼ぶべきもの――この言葉のM・フーコーにおける意味に近い意味で――を構成するのであって、言説とは、いまの場合、性に関する言表 enoncés の、自然および自然的秩序に関する諸命題の総体という、より大きな枠組みへの書き込みである。このことは、性の地位を或る永遠的世界の構造のなかで考えざるをえなくさせる。その世界とは、制度化された諸宗教の神が寓話を起源とし（命題一七四）[49]、キリスト教が思考の障害として提示され（命題一七五）、秘蹟が無益である（命題一七九、一八〇）ような自然主義的世界であり、また、死が世俗化され（命題一七八）、人間的幸福が称揚され（命題一七六）、古代人の徳の尊厳がキリスト教徒の徳よりうえに置かれている（命題一七〇、一七一、一七七）世界である。あきらかに、こうした概念網の存在は、あたかも唯一独自の経験的モデルがあって、そこから性に関するくだんの言表が機械的に引きだされたかのごとき事態を含意しない。一二七〇年代の、わたしたちに知られているいかなる文献にも、非難されている言表の総体が、右の順序で、あるいはほかの順序でも、書き連ねられているものはないのである。つぎのような声があがるだろう。それは、司教委員会が墨塗りの対象とされた、そう多くない文献に載っている命題の並びかたを、そのまま踏襲することに満足できなかった証拠であって、さきほど提出された仮説をくつがえすものであると。そうかもしれない。そうだとすると、わたしたちは個々別々には果たせないふたつの説明責任を兼務するしかないのか。ありえないことではない。実際、一定数の異端的言表を指摘した立件書類に依拠しながらも、其レラガ語ラレル順序ヲ変エヅニ、あちらこちらに、穴埋めの用をなす諸言表を差しはさむタンピエを想像することに何の不都合もない。そうした諸言表には、実在する言表もあれば、実在する言表と類縁の、すなわち、概念的に関連する言表もある。はっきりしていることは、性道徳にあてられている諸命題は自然主義的哲学の構想のなかに書き込まれているということである。その構想の核心を構成する要素が命題一六七、一七〇、一七一、一七三、一七四、一七五、一七六、一七八、一七九、一八〇、一八二によって掬《すく》いとられており、それらが性に関する言説に具体的地平と総体的意味とを提供している。また、これらの構成要素の多く——たとえばキリスト教徒の謙遜の徳を哲学的高邁のうえに置く道徳観の拒否、もしくは哲学者の純潔の賛美を主張する命題——がブラバントのシゲルスから借りられた可能性が濃厚だということもはっきりしている。哲学者の純潔は、禁欲主義の非キリスト教的形式の権利を要求するさいの隅石であって、人間存在の戴冠としての「精神的幸福」という、人文学者にとってとくに大切であったテーマと、あきらかに、表裏一体をなすのである。命題一六六から一八三までに見られる内容の連続性はパリ司教によって召集された委員会がどのようなやりかたで作業を進め、また、その原資料が何であったにしても、「性急で雑然とした調査」の結果をたんに、並べたものではない。[50] 委員会は、むしろ、一連の「類型的な哲学説」とでも呼びうるものを入念に構築したのであって、そのために「権威の言葉 *magistralia*」と「正典の言葉 *authentica*」を組み合わせ、また、後者のなかでは一人称で主張された（*asserando*）言表と祖述された（*recitando*）言表を組み合わせ、さらにおそらくは、こうした「構築」に欠かせない命題であれば、どんな権威者も著者もかつて主張したことがないような命題までも捏造したのである。

その点を踏まえてエルネスト・ルナンの原則に戻ってみよう。「教会史のなかでのあらゆる異端摘発は何らかの謬説が公言されたことが前提」という原則である。この偉大な文献学者は著書『アヴェロエスとアヴェロエス主義』のなかにこの原則を導入してタンピエによる最初の断罪を論じ、一二七〇年から一二七七年にかけての危機を「アヴェロエス主義」による危機として読み解く端緒を作った。検閲された諸命題を再検討したあとでかれが事実上おこなったのは、或る種の、一見して驚きを禁じえない歴史学的虚偽をおかして、罪があったという前提から罪人がいたという結論を引きだすことである。

> これが一三世紀の中葉にパリを騒がせた大胆な学説である。その学説の出どころにいかなる疑いも残らないようにするため、アヴェロエスの著作にエティエンヌ・タンピエの検閲が添付された。あたかも病気に対する治療法を示すかのようなそうした検閲を、わたしたちは、何冊かの写本で読むことができる。教会史のなかでのあらゆる異端摘発は

何らかの謬説が公言されたことが前提である。それは、あらゆる改革の措置が何らかの綱紀のたるみを前提するのと同様である。それゆえ、一三世紀の中葉に、パリ大学でアヴェロエス主義に立つ破廉恥な諸命題が教師たちの一部に影響をおよぼし、多数者の信仰が危うくなったのだと信じなければならない。[51]

司教委員会の作業を一二七六年に着手された異端審問活動の延長線上に置き戻すというテイッセンの仮説の価値はどうあれ、一二七七年の措置のあらゆる公正な評価を、ルナンの原則を拒否するところから始めるということは、いまや義務のように思える。中世に関して、より特殊には、中世の大学に関して、さらにより特殊には一二七七年の検閲に関して言えば、異端説断罪という現象が、「公言された謬説」よりは、むしろ検閲者の側の或る種の創作性を含意することは明らかであるようにわたしたちには思える。C・G・ノーモア[52]を代表とする一群の歴史家がタンピエによって禁書目録に入れられた命題の多くは直接に古代末期のギリシャ世界とアラブ－イスラム世界の文献からとられている事実を強調するときに、かれらは、R・イセット[53]やJ・F・ウィッペル[54]のあとを追って、わたしたちが「検閲の発見的機能[55]」と呼んできたものに確証を与えているように思える。ガンのヘンリクスほどの人物が所属していた委員会が、同じひとつの一覧表のなかに、ギリシャ・アラブの「哲学者」から借用されたことが明らかな命題をはじめとして、ブラバントのシゲルスやダキアのボエティウスや三人の匿名の教師（ツィンメルマンの匿名者、デレイの匿名者、ギーレの匿名者）の著作からとられた蓋然性が高い──その高さはまちまちだが──命題までも混ぜこぜにしたのは、どう考えても、無知や批判的知性の欠如からではない。[56]このことは「本当らしさ」の域を越えている。というのも検閲者の目的は、決定的に重要な或る一定数の問題をあつかう哲学的観点に見当をつけて、そこに含意されているさまざまな概念網を構築することだったからである。かれらの目的は、「新時代人」によって引き受けられていた、あるいは、もっとざらには、まだ引き受けられていなかったあらゆる哲学の内容を、或る意味で、また、あらかじめ、囲い込むことだったからである。そうした新時代人のなかに、当時、もっとも嫌疑をかけられていた教師たちがいたわけだが、かれらは人文学者とはかぎらず──とりわけ、とまで言わないが──神学者もいたのである。この観点からすると、作者が知られ、あるいは知られていない具体的な、どの中世の書物へも出典をたどることのできない命題が数多くあるということは驚きでも何でもない。そうした命題をふくむ書物のなかには、ひょっとして、というより、おそらく、物理的に毀損されたものもあっただろう。[57]しかし、R・イセットのどんぴしゃりの表現を借りれば、アリストテレスのもしくはペリパトス主義——とりわけアラブ・ペリパトス主義——の命題の「理論的延長」にすぎない命題も数多くある、ということなのである。

したがって、一二七七年三月の一覧表が伝える哲学の観念は、パリの人文主義者によって公言された教説の写真（「スナップショット」）ではなく、その一部分だけが——たしかに、もっとも大きな部分にはちがいないが——哲学に、直接、かかわりがあるにすぎない諸謬説の切り貼り（「コラージュ」）である。しかも、そうした謬説を、なんびとも破門の危険に身をさらさずに「いかなるやりかたであれ、公言も、弁明も、擁護もできない」（*dogmatizare, aut defendere seu sustinere quoquo modo*）。かくして、或る意味では、議論可能な——ということは立証もしくは反証が可能な——総体として理解された哲学が何であるかをもっとも包括的に言表するのは、人文学者ではなく、検閲者の方である。問題は、訴追案件の受理可能性の尺度が哲学的次元の尺度ではない、換言すれば、内部的でなく外部的尺度だ、ということである。ほとんどの案件において、立証もしくは反証基準は、あらかさまに、信仰の領域に属しており、考察される言表の正統性もしくは非正統性によって決定される。異端性が唯一の基準なのであって、だからこそ、司教の一覧表は、結局、だれのものか分からない言表、経験的に発見不可能な言表、さらにはゴドフロワ・ド・フォンテーヌ（二二）がすでに指摘したように、矛盾し、理解できず、文字面《ヅラ》ノ意味スル所ヲ考エタダケデ「不可能かつ非合理的」な言説をも考察の対象にしはじめるのである。[58]

それゆえ一二七七年の措置の意味を理解するためには、一二七六年のシゲルスの審問のはるか以前に始まったひとつの過程の或る種の増幅である、と見ることが望ましい。タンピエの一覧表は、その一〇年前にボナヴェントゥラによって記述された病巣の転移の記述にすぎない。[59]その一覧表は或る包括的資料体系に注がれた神学者のまなざしにほかならず、ボナヴェントゥラの『六日間討論集』で大局的に告発された教説の細部や含意や前提を洗いだそうとするまなざしである。[60] その一覧表は、一二七〇年の第一回目の断罪のさいに同じタンピエによって、もしくは、同時期にレッシーヌのアエギディウスからアルベルトゥス・マグヌスに宛てられた『一五の問題について』のなかの一覧表によってその中核が陳述されていた異端教説の、水も漏らさない、すなわち全面的な展開である。さらに言えば、多くの点でタンピエの介入は、トマス・アクィナスが『アヴェロエス主義者の知性単一説を駁す』で大きく踏みだした一歩を継承するものにほかならない。

一二七〇～一二七七年の危機と「ラテン・アヴェロエス主義」

一二七七年の謬説表は、実際に公言された「あたらしい」教説と、古代の哲学素――哲学に実際に介入する口実として活用可能な、一般には、ペリパトス主義の哲学素――の在庫と、それまでだれにも公言されず、検閲者の都合によって捏造されたほかの諸教説という三者を同時に見すえながら、一三世紀後半における哲学の一般的立場だったかもしれないものの核心を言表しているという仮説を受け入れるとしよう。したがってまた、ルナンに対抗して、断罪されたあらゆる命題に対応する、実際に公言された謬説を探し求めることはやめることにしよう。そのとき、哲学とは、本来、何なのかを表明する役割を全面的に、検閲者と検閲に、この場合、神学者と神学に委ねるという、目もくらむような展望が開けてくるのであって、その厚かましさは、こんにち、回勅「信仰と理性」が「哲学の領域への法王庁の介入」(「信仰の観点から哲学に課せられる要請を表明する」)を正当化するやりかたの比ではない。検閲によって告発されたすべての特徴を呈するような、いかなる哲学体系も人文学教師によって教えられていなかったということと、むしろこのことの逆が証明されるということは、パリ司教の委員会の作業がまずかったことを意味しない。そのことは、現実によって、事後的にしか満たされないような、それもきわめて部分的にしか満たされないような或る枠組を委員会が準備することによって、観念の運動を先取りしたということなのである。したがって、わたしたちはここで僭越ながら『中世を考える』で提起した命題の正確化をくわだて、ルナンの表現をひっくり返して、つぎのように主張しようと思う。すなわちほかの異端摘発措置もおそらくそうであろうが、とりわけ一二七七年の断罪は「教会史のなかでの異端摘発は何らかの謬説の公言を先取りしうる」ことを示していると。歴史の流れのこうした逆流に驚くべきことは何もない。実際、これまで長いこと一二七七年三月の措置の出発点にあると考えられてきて、それと解きがたく絡みあってしまっている或る歴史的・歴史学的対象の構成のうちに、そうした逆流が典型的に観察されるのである。この対象とは「一三世紀ラテン・アヴェロエス主義」である。このテーマについてはこれまで、さんざん、書いてきたので、ここではひとことだけ言っておけば大丈夫だろう。

　エルネスト・ルナンがどのようにラテン・アヴェロエス主義を創作したかは、G・フィオラヴァンティ[61]とR・インバッハ[62]の論文が、最近ではR・インバッハとF‐X・ピュタラズ[63]の共著が明らかにしている。かれらは、ルナンが、一三世紀中葉における或る「真に不信仰な思想」の調査によって、解釈の対象となるべき、実在する「著作の存在が知られる以前から」すでに或る現象を想定して、その現象の研究を「あらかじめ条件づける解釈図式」（G・フィオラヴァンティ）を準備するにいたった次第を明らかにしている。シゲルスの『世界の永遠性について』と『知性的霊魂について』の最初の編集者であるP・マンドネは、シゲルスの思想のあらすじを、自分自身が原典のなかに読み込んだものからではなく、一二七〇年一二月一〇日にタンピエによって断罪された一三項目から描きあげることによって、みずから、ルナンの先取り物語の続編を書いてしまっている。このように、歴史家自身が検閲者の事業を、簡略化しつつ、継承しているのである。つまり、マンドネは、シゲルスを、そしてとくにアヴェロエスを一行一行読むことによってではなく、タンピエの一三命題を四つの一般的題目のもとに再編成することによってアヴェロエス主義症候群を構成する四つの徴候――「摂理の否定、世界の永遠性、人類における知性の単一性、道徳的自由の抹殺」――を析出したのである。それらはシゲルスの著作によって裏づけを得られようと得られまい（得られなくとも、まったく、不思議はない）と、ルナンの例の原理により、シゲルスの思想のなかに必然的に現実態で見出されなければならなかった。アヴェロエス主義をめぐる公認歴史学は、もともと、一二七七年の検閲の、別の手段による継続にほかならない。それは一連の図式、基準、題目の自動更新であって、こんにち、それを破壊し、あるいはむしろ「脱神話化する」ことが歴史家に求められている。実際、一二六五年から一二七〇年のあいだ、いかなる教師もいかなる文献もルナンやマンドネやファン・ステンベルゲンによって「アヴェロエス主義的」と見なされた教説の全体を講じてはいないという、ファン・ステンベルゲン自身が強調した単純な理由によって、一二七七年の断罪がアヴェロエス主義に対する断罪ではないと主張するだけでは十分ではない。もっとさきまで行って、三月の検閲が実際の資料の裏づけにもとづくアヴェロエス主義の断罪ではなく、あるいは、これとはまた別の、「急進的」もしくは「異端的」アリストテレス主義の断罪ですらないとするなら、それは検閲が、端的に、それらを創作する途上にあり、それらの理論的・概念的可能性を切りひらく途上にあるからだと論じなければならない。中世における「ラテン・アヴェロエス主義」の敵対者たち――かれらの先頭にはライムンドゥス・ルルス(一三)がいる[64]――がタンピエの謬説表から何を借りてきたかをここに再記することは不可能である。謬説表をそっくり引用しなければならなくなるから。ルルスが多くの類書のなかでもとくに『ウィタ・コエタネア』でおこなった幻影――実在として告発された幻影――の構築にあたって、謬説一覧表が演ずる役割は圧倒的であって、そのことは二一九の命題を注釈しつつ論駁する『対話様式による宣言』が『ボエティウスとシゲルスを駁する書』なるもうひとつの標題を持っていることからも分かる[65]。したがって、ルルスが執拗に喧伝する一二七七年の措置が、いかなる意味で、それ自体、ラテン世界のアヴェロエス信奉者に対するトマス・アクィナスの攻撃を継続するものであるかをここではっきりさせることは無駄ではない。

　アヴェロエスの『霊魂論大注解』がミハエル・スコトゥスの拙劣な訳業に委ねられたために、一行進むごとに、それだけ、ラテン語の破壊も進む観のある、かれの翻訳を見るにつけ、読者は中世スコラ学によるアヴェロエス思想の理解可能性についての、恐ろしいけれども、抑えきれない疑念に直面する。すなわち、おそらく、アヴェロエスの信奉者であろうが、敵対者であろうが、こうした「やせ細ってごつごつした翻訳言葉」が恐るべき「認識論的障害」――どちらもルナンの言葉である――として立ちはだかっているような著作を、何世紀ものあいだ誰も実際には読んではいないし、本当には理解していないのではないか、という疑念である。アヴェロエスは、こんにち、わたしたちが手にとってすぐに読解できるものではなくなっているが、おそらく先人にとってもそうだったのである。そして「アヴェロエス主義」とは、一二三〇年代に『霊魂論大注解』のうちに、正統アリストテレス主義がアヴィセンナ主義に対抗するためのもっとも堅固な城壁を見つけた初期の読者に始まり[66]、一二六〇年代の終わりに、そこに、もはや、霊魂と知性についてアリストテレスが語り、考えたすべてのことがらの改竄しか見ることのなかったトマス・アクィナスにいたるまでの各人が、自分の無理解に応じてその石積みに協力してきた或る種の理論的構築物 *ens rationis* だったのである。ブラバントの教師が、当初、アヴェロエスの教説を自分で理解するにさいしてトマス・アクィナスからの恩恵があったのであり、あとになって、トマスは『アヴェロエス主義者の知性単一説を駁す』および同種の著作でシゲルスによるその教説の使用を非難したとする、R‐A・ゴーティエの主張――それはシゲルス聖人伝にとっては「スキャンダラス」であるが――はスキャンダルでも何でもない。シゲルスは、当初、「間接的な」アヴェロエス主義者であり、アヴェロエスの読解に関してはトマスの――そしてアルベルトゥス・マグヌスの――弟子であったことにまちがいはない。ゴーティエはこうした依存関係から或るひとつのシナリオを引きだしたのであって、『中世を考える』の「フーコー主義」を批判する批評家諸兄は、そのシナリオを、いまからでも精査してみるとよいだろう。それは、神学者とくにアルベルトゥス・マグヌスによって準備されたアヴェロエスの「アヴェロエス主義的」読解は、トマスのおかげで広まったのであって、「それをトマスはボナヴェントゥラのなかに嗅ぎつけて、自身の『命題集注解』のなかで告発した」というシナリオである。「そうした読解をトマスの熱心な読者であったシゲルスが」アヴェロエスのうちにでは（まったく）なく「トマスの著作のうちに見出した」というシナリオである。したがってラテン・アヴェロエス主義はシゲルスによって創始されたのではなく、「神学者によって創作されて」ブラバントの教師によって採用されたというシナリオである。神学者が告発する以前には現存しなかった「単心論」なる異端説は、かくして、「神学者のおかげで」現存しはじめたというシナリオである[67]。わたしが主張しているのも、これとは別のことではない。ただわたしはつぎのように言う。もしこうした「再構築」に欠点があるとすれば、それは、或るひとびとが言うように、トマスにあまりに多くを預けすぎているからではなく、むしろ預けかたが十分ではないからである、と。一三世紀末にいたるまで、『霊魂論大注解』のスコラ学的読解の全体――「アヴェロエス主義的」読解であろうがなかろうが――が、本質的にトマスに依存しているのである。一二三〇年から一二四五年にかけての最初の勘ちがいの時期が過ぎたあとで「アヴェロエス」を読み、引き受け、もしくは捨て去ったすべての者が、一二六〇年代の神学的読解から直接に由来する或る理論的構築物を読み、引き受け、捨て去ったのである。その読解とは、まず、ボナヴェントゥラの読解であり、ついで、アルベルトゥス・マグヌスの読解であり、最後にトマスの読解である。「アヴェロエス主義的」思考学を可能ならしめたものは、アヴェロエスの著作の、原則的にトマス主義的なこれら三つの読解である。わたしは、その証拠として、トマスは――だれでもそうであったように――イブン・バジャの知性論をアヴェロエスの『霊魂論大注解』のなかに読みとれたかぎりでしか知らなかったのに、こんにちなお、ひとびとはそうした知性論をアヴェロエスよりもむしろトマスのうちに読みとろうとしているという事実を提出する。一二七七年の検閲が「アラブ」哲学とその、仮定上の、ラテン人信奉者を直接の標的にしたものであるかぎり、あの検閲は、アヴェロエスを、アヴェロエス本人の著作ではなく自分たちの著作のなかで「読みうる」ものにした神学者たちに、ほとんどすべてを負っているのである。

　中世人がアヴェロエスの著作よりも（言葉の分析的意味でそれを「再構築」した）アルベルトゥスとトマスの説明のなかで親しんできた、知性の単一性に関する「アヴェロエス主義的」学説についてはこれくらいにしておいて、事前検閲および事後検閲が生んだもうひとりの大スターをより注意ぶかく考察することにしよう。すなわち「二重真理」と呼び習わされている学説である。それは一三世紀の危機の再構築にとっても、いわゆる「スコラ学のドラマ」の脱構築にとっても根幹をなす学説である。事実をふり返ろう。一二七七年の謬説表の「まえがき」に見出される解釈図式が決定的な形式を得るのは、一二七〇年一二月の検閲のまえに書かれた『アヴェロエス主義者の知性単一説を駁す』においてである。のちに「アヴェロエス主義」に成長するすべて、もしくはほとんどすべてはトマスのこの著作の最後の数節にその原型がある。まず「知性の単一性が信仰に反するのかどうかを自問するふりを装う」ねこかぶり。つぎにキリスト教徒が「自分自身をラテン人の宗教とは無縁であるかのように紹介する」つまずき。そして「教義」を「カトリック信徒」によって採用された単なる立場におとしめる厚かましさ。さらに「神は多数の知性を存在させることはできない。なぜならそれは矛盾を含意するから」と主張するまでに全能の神に制限を課そうとする思いあがり。

最後には、すべての仕上げとして、そしてこれがもっとも重大であるが、「理性によって、わたしは、必然性にもとづいて、知性は数的に一であると結論するが、信仰によって、この逆を強く支持する」[68]という格率の採用。「一二七〇～一二七七年危機」のシナリオは「スコラ学のドラマ」というデュルケームの知見が本当の意味で準拠可能なただひとつの事実上の出来事であるが、それは『アヴェロエス主義者の知性単一説を駁す』を透かして見ると単純なシナリオである。トマスが危機かどうかの解読表を提供し、エティエンヌ・タンピエがそれを適用した。ところがパリ司教は謬説表の「まえがき」で「相反する真理」というテーマを特権化し、当時だれも唱えてはいなかった学説――「二重真理」――を際立たせるために、一三世紀の「アヴェロエス主義者」がかつて共有していた、アヴェロエス主義の唯一にして真の特徴をぼかしてしまったのである。その特徴とは、神ノ絶対的能力ノ制限である。実際、「ラテン・アヴェロエス主義者」が、はからずも、神をアリストテレスの存在論‐論理学の基底をなす原理に従わせ、あらゆる知性単一説にとって決定的な「神は多数の知性を存在させることはできない、なぜならそれは矛盾を含意するから」という命題を支持するのは、たしかに、アヴェロエスの名においてであり、「神ハ質料ヲ欠イタ一ツノ種ニ属スル個体ノ数ヲ増ヤス事ハ出来ナイ」という原理の名においてである。単心論が敵対者の目からすればきわめて高くつく思考学を提案している――（それはあらゆる信賞必罰を無益もしくは無意味にするのだから）社会的・倫理的もに高くつく――にしても、単心論が攻撃されるのはとりわけその思考学が理由だというわけではない。単心論が攻撃されるのは、あえて言えば、不信心を完成の域に高めかねない或る命題に基礎を置いているからである。それは神の全能の否定という命題であって、その命題のうちで単心論は、もうひとつの別の命題――これもまたアヴェロエスにあと押しされている――と出会うのである。すなわち実体の偶有性があらゆる実体から遊離して自然的に存続することは不可能であるという命題であり、これはこれで、聖体の秘蹟を哲学的な意味で不可能にする。

　この辺ではっきりさせておこう。エルネスト・ルナンは、自著の、歴史家からもっと注目されてもよい或る個所で「単心論」と「二重真理」の内容の馬鹿ばかしさたるや、それらをまともに取りあげる場所としては「精神医学年報」がふさわしいほどだと、と言っていた。しかしラテン・アヴェロエス主義はそうした公認歴史学上のふたつの教説の組み合わせからなっているのではない。もし、アヴェロエス主義が、ジルソンが考えていたように、「頑迷で偏狭な」アリストテレス主義の一形態として、否定的に、定義されるのだとしたら、その肯定的定義を探求するためには、別の土俵にあがる必要がある。哲学においては不可能であるが、或る種の神学者によって「奇跡」もしくは「神の絶対的能力」の名のもとに肯定されるものに対する哲学的拒絶という土俵である。もしひとが注意ぶかくあれば、ここで、公認歴史学の規格に合ったふたつの教説（「単神論」と「二重真理」）に、歴史そのものに合ったふたつの教説を対峙させることができるだろう。その第一は、神ご自身は矛盾を含意するものを産出できない（その逆を信じることが信者のつとめであるとはいえ）とする教説であり、その第二は、ある何らかの実体の偶有性はその実体なしに存続はできないし、その実体からほかの実体に移動することもできない（その逆を信じることが信者のつとめであるとはいえ）とする教説である。[69] いずれの場合も、「アヴェロエス主義的」教説が、哲学的に、攻撃され、もしくは攻撃されうる素地を有するとしても（ということは、つまり、キリスト教信仰との両立不可能性という唯一の動機によってではなく、哲学的諸論拠によって攻撃されるとしても）、そして（場合によっては）信奉者によって神学者の介入から防御されるとしても、それは神学的理由によるのである。第一の教説の場合、こうした介入は人間の行為に最終的な報いをもたらすために起こされるのであり、それが社会生活の可能性を、想定上、担保する。トマス・アクィナスが『アヴェロエス主義者の知性単一説を駁す』の冒頭で単心論を告発するさいにおこなっているのがこうした介入である。[70][一四] かれは、まず、アリストテレスの権威を借りて——そのギリシャ人注釈家（アレクサンドロスからテミスティオスまで）や「アラブ人」注釈家（アヴィセンナとアル－ガザリ）も総動員して——解釈学的に反論を展開し（第一章）、つぎに、自説ニ基ヅイテ議論し（第三～五章）、最終章の最後の数節で、目下の事案において何が本当に問題視されているのかを白日のもとにさらすのである。それは神の能力の制限（第五章一一八節）である。

［2］わたしたちの論じかたの本質は、こうした立場がキリスト教信仰の真理に反しているがゆえに誤りなのだということを示すことではないだろう。たしかに、こうした立場がキリスト教信仰の真理に反していることはだれの目にも

明らかである。実際、人間から知性――知性こそは魂のあらゆる部分のなかで唯一不滅であり不死であることは明らかである――の多様性を奪いとってみたまえ。そうすれば、死後、人間の魂のなかで残るものとは、唯一の知性の唯一無二の実体だけだということになるだろう。かくして賞罰の分配は、それどころか、賞と罰の区別まで、廃棄されてしまうだろう。しかし、わたしたちの意図は、そうした立場が教理に反するだけでなく哲学の原理にも反していることを示すことにある。そして、目下の案件において、或るひとびとが、ペリパトス学派の学頭であるアリストテレスの著作を除けば、この案件に関してペリパトス派が書いた本を一冊も読んだことがないのに、いかにも自慢気に、自分はラテン人の言うことなど何も知りたいとは思わない、自分はペリパトス派の言うことにもっぱら従うつもりであると、言っているがゆえに、わたしたちは、まず、そうした立場がアリストテレスの言葉にも、かれの学説にも絶対的に反していることを示そうと思うのである。[71]

第二の教説の場合、神学者は聖体の秘蹟の可能性を救うために介入する。[72] 中世末期に、文字どおり、炸裂する哲学－神学キアスム（交差的相互不信）という時限爆弾にスイッチが入るのはこのときであって、エティエンヌ・タンピエやシモン・ド・ブリオンらによる懲戒的な介入以外に、もはやそのカウントダウンを止められるものは何もないだろう。法王庁が打開策を講じるまでの数年間、神学者の哲学への介入を押し返すかのように「神学者の論拠」を名指しで難詰する人文学者の対抗－運動が展開される。このことは、一二七〇年代を中心として、一般には、聖体の秘蹟の神学に、特殊には、実体変化の教義に結びついている偶有性の分離可能性の問題がパリ大学の人文学教師たちのあいだで議論の対象になっている事実が証言している。ブラバントのシゲルスがそうした対抗－運動の前哨をつとめたことは明らかであって、かれは一二七七年の摘発の一年以上もまえに、アリストテレス形而上学の最後の締めくくりと見なされていた著作（『原因論』）を対象とする『原因論問題集』のなかで実体変化の問題を論じ、[73] 偶有性の分離可能性を哲学的に正当化するためにトマスによって援用された「無媒介性原理」の有効性を、それ自体としても、聖体の秘蹟とのかかわりにおいても、異議申し立ての対象とした。「無媒介性原理」とは、『原因論』の第一命題を根拠に、第二原因（実体）の、その結果（偶有性）に対する作用が存在をやめても、第一原因（神）がその作用に取って代わって、原因が不在のときにも結果を保存できる[74]ことを主張する原理である。R・インバッハは一二七〇年代におこなわれたこうした議論に注意を喚起する[75]ことにより、またS・ドナティはこの同じ研究の範囲を一三世紀末にも広げる[76]ことによって、ともに、人文学者たちが、法王庁の圧力のもとでも引きさがらなかったこと、偶有性の、奇跡による分離は、信仰の真理としては容認されるといえ、哲学的にはいかにしても正当化されえないとする主張が、検閲に遭ったにもかかわらず「一三世紀の第四-四半期の人文学教師たちにほぼ共通の」意見となったことを論証している。事実、シゲルスの説は、あらゆる予想に反して、一四世紀アヴェロエス主義の定説たる地位を守り続けた。これに対して、パリの唯名論者をふくむ、非アヴェロエス主義の人文学教師たちはふたつの極に分裂するのであって、そのことが哲学-神学キアスムをさらに加速させることになる。ふたつの極とはビュリダンの極とインヘンのマルシリウス（一五）の極であって、前者は、信仰の名のもとに、哲学的には、アリストテレス存在論から距離を置き、一二七二年の学則と一二七七年の措置が命ずるところに従って、神学の領域にあえて足を踏み入れることはしない。後者は、ビュリダンの主張のうちに「神学者の共通見解」の特徴が表れていることを明示して、それをアヴェロエス主義によく似た「より形而上学な」主張によって置きかえ、同時に、実体の性向であるかぎりでの偶有性がそれ自体で存続することは哲学の観点からはまったくありえないが、偶有性を実体とは別個に存続させることが神には可能であることを、信仰の観点から認めなければならないと主張する。偶有性を分離不可能とする説が、ジャンダンのヨハネスのようなアヴェロエス主義者とインヘンのマルシリウスのような唯名論者のもとで、ともに、神学者の見解に逆らって支持を得ることができたということは、別段、その説が現実のアヴェロエス主義を定義するのにふさわしい基準でないことを意味しない。というのも、そうした説が最初にかたちをなしたのはアヴェロエスの説としてであるし、のちにもういちど担ぎだされたのもアヴェロエスの説としてであるからだ。

　一部の人文学者がアリストテレスとアヴェロエスという「哲学者」の学説を受けついだことに対抗して、一二七〇年代に、神学者が介入したふたつの土俵は、注目すべき「すれちがい劇」の舞台となった。神学者たちは、純粋形而上学のうちに神学的考察を入れることによって、哲学的「分離主義」への扉を開いた。なぜなら神学者たちは、人文学者に対して神学的問題を議論するよう焚きつけながら、同時に、人文学者が申し立てずにはいられないこと、すなわち信仰という論拠の、哲学における哲学的な非‐関与性を、実際に、申し立てたときに、かれらを黙らせようとしたからである。結局、こうした神学者たちの唯一の成功は、皮肉にも、ビュリダンのような人文学者に、ドゥンス・スコトゥスのような神学者と同じ道を歩ませたことだった、ということになるだろう。ビュリダンは、実体と偶有性については、かりに信仰の教えがなかったら自分もまたアリストテレスの学説に従っていただろう、ということに気づかされたのである。これを除けば、神学者の先制攻撃は、人文学者の側に、純粋に哲学的なるものに対する或る種の権利意識を喚起して終わることになるだろう。スコトゥスに対するジャンダンのヨハネスの恐れを知らぬ批判がそれを証言する。その批判をＰ・バッカーはつぎのように要約する。

ジャンダンのヨハネスによる批判の最重要点はスコトゥスによって使用された方法に対する攻撃のうちにある。かれは、スコトゥスが、おのれの主要な所説――現に内属しているということと、偶有的であるということは、実際には、同じでないという命題――に固有の意味で哲学的な論証を与えていない、と批判する。より正確には、かれは、スコトゥスの議論の本質が、自然的すなわち哲学的な学説を支持する目的で超自然的現象すなわち奇跡に訴えることにある、と批判するのである。ヨハネスは聖体の秘蹟においてパンの有する諸偶有性が、主体がなくとも、奇跡的なしかたで存続することをおおっぴらに認めながら（「私達ハ、事実ハ其ノ通リデアル事ヲ、堅固ニ信ヂ［…］ナケレバナラナイ」）、信仰と奇跡の平面から哲学の平面に移行することを拒否する。ヨハネスからすると、聖別されたパンの有する諸偶有性が主体無シニ存続するという神学説は、経験的に立証されうるものではなく、したがって、哲学理論のなかで論拠としては使用できないのである。かれは、アリストテレスとアヴェロエスの権威に依拠してスコトゥスに対抗し、実体に対する偶有性の現実的内属がこの偶有性の本質そのものを構成することを主張するのであって、聖体の偶有性の分離可能性と主体なき存続の説明に対して一顧も与えることをしない。[77]

いずれにせよ一二七〇年代の危機が、「精神医学年報」の領分には属さないことは決定的に明らかである。それは、神の能力の制限という、ひとつの根本的問題に引き戻しうる真の危機であって、その危機は、回勅「信仰と理性」で法王庁が保持するものとされている「信仰の観点から哲学に課される要求を表明する」（五〇節）という特権を行使しようとすれば、まず抵抗というかたちで、さらには「分離主義」というかたちで、遅かれ早かれ表沙汰にならざるをえない。「危機」を語るにしても、争点を取りちがえないようにはしたい。「二重真理」という、いつわりの光源に目をくらまされて、また、言うまでもなく、トマス・アクィナスが『アヴェロエス主義者の知性単一説を駁す』の一一九節で、だれも支持していない二重真理の教説に対して、それが、神の全能を制約する者たちの「思いあがり」――これはこれで一一八節にはっきりと掲げられて告発されている――よりも「たちが悪い」と判定しているくだりに強い印象を受けて、歴史家は「神の矛盾排除律への服従」という教説を見すごしている。この教説をこそ、ルナンは「一三世紀のどまんなかに隠れている悪魔」と呼ぶべきだった。その結果、「一二七〇〜一二七七年危機」を性格づけて「一三世紀の危機」を語ることに根拠を与えているものが、さらには、この実在上の危機と、想定上の「一四世紀の危機」――オッカム的およびポスト・オッカム的な「懐疑主義」や「批判主義」によってもたらされた「スコラ学の解体」としてジルソンが把握する危機――とを分かつものが、歴史家によって、頑固なまでに無視されてきたし、いまだに無視されている。それほど、かれらは、ほとんど無意識のうちに、一二世紀を「約束の時代」、一三世紀を「黄金の時代」（「偉大な綜合」の時代）、一四世紀を「衰退の時代」として設定する時代おくれのカトリックの三分法的歴史観に縛られているのである[78]。本当の「一三世紀の危機」は「信仰と理性」一般の危機ではない。それは「神の能力」の危機である。そうした危機としてなら、主役たちが待ちかまえている。そして、そうした危機のなかにこそ、おそらく、アヴェロエスの――さらにはそれを引きつぐシゲルスの――居場所がある。

証拠をふたつだけあげておけば十分だろう。ブラバントのシゲルスのどのような文献も対立するふたつの真理の存在を主張していない。他方で、トマスの攻撃が首尾一貫し有効であるためには『アヴェロエス主義者の知性単一説を駁す』（以下『駁論』とも略記）の一一九節の冒頭で告発されている哲学者は、必然的に、一一八節の末尾で言及されている哲学者と同一人物でなければならない、ということに注意するなら、「二重真理」のあらゆる支持者は、神が矛盾するものを同時に実現する可能性を否定しなければならないことが分かる。もし一一九節を一一八節の観点から読むならば、トマス検事によってまとめられた立件書類のなかにシゲルスが名を連ねていることは明白となる。しかもそのことには正当な理由があるのであって、その正当性を、「思いあがり」という烙印のそっけなさが逆説的に物語っている。「神ノ能力」を制限する教説だからこそ「思いあがり」なのである。シゲルスは、トマスが『駁論』のなかに山と積みあげた訴追理由に深ぶかとこうべを垂れているかによそおい、アヴェロエスの旗印を、あらかた、引っこめてテミスティオスのそれを押し立て、その教説を『知性的霊魂について』第七章のなかに延命させることに成功する。シゲルスがトマスに反論するこの著作で、シゲルスは、つぎのように書く。

自我のうちに何らかの知的霊魂がある以上、神はそれに似たほかの知的霊魂を作ることができ、かくして複数の知的霊魂があることになるだろう、とひとが言おうものなら、そのときこそ、つぎのように答えなければならない。神は矛盾するもの、もしくは対立するものを同時には実現できず、複数の知的霊魂のどれもがこのソクラテスでありうるようにすることはできない、と。実際、もしそのようであるなら、知的霊魂は一であると同時に多であり、多であって多ではなく、唯一であって唯一でないことになるだろう。[79]

このシゲルスは、自説に固執しているかに見えて、じつは、おのれの人格を越えた或る教説の代弁者である。それはトマスが『駁論』一一八節で非難した教説であるが、トマスはたんに非難するだけで満足していないということが、知性の単一性を支持する「制限論者」の「論拠」を同書九五節および九六節で詳細に記述していることから分かる。

［九五］…もし知性が離在的であって、身体なる質料の形相でないとしたら、それは物体の増殖によって増殖することはありえない。

〔九六〕かれらはこうした論拠をあくまで信頼しているので、神は多種多様な人間のうちに同一種のいくつもの知性を作りえないだろう、と言う。実際、かれらが考えるに、そのことは矛盾を含意することになるからである。というのも、数的に増殖しうる本性を所有するという事実は離在的形相の本質にそぐわないからである。しかもかれらはそのことでは満足しない。というのも、かれらは、そこから、いかなる離在的形相も、数的に一ではないし、個体化された何ものでもないという結論を引きだそうというのであるから。

この教説は『駁論』一〇一節でも同じ言葉づかいでくり返され、そこでは単心論の支持者による主要な「証明」がどのようなものであるかが、はっきりと書かれている。あらゆる増殖は知性の本性に反する、というのがそれである。

> 神はいくつものの知性を作りえないことを立証するために、そのことが矛盾をふくむだろうから、と主張する者たちはきわめて粗雑な議論をおこなっている。実際、増殖することが知性の本性に属さないとしても、知性のあらゆる増殖がかならず矛盾をふくむ、というものでもない。

ところで、わたしは断言してもよいが、知性の不可増殖性の原理をはじめて援用したのがシゲルスである。それは『〈霊魂論第三巻〉問題集』ですでに援用されている。

> 言っておくが、数的に増殖するということは知性の本性にはない。実際『形而上学』第七巻には、産出者が、数において多で種類において一である何ものかを産みだすのは質料によると書かれている。[80]

そしてシゲルスは『知性的霊魂について』のすでに引用した個所で、はっきりと念を押す。

もし知性的霊魂が、その定義そのものによって、たとえばソクラテスのように、それ自体で存続する個別的な何ものかならば、この瞬間に存在する知性的霊魂と同じ種類の別の知性的霊魂を作ることは、それが、同じに、かつ、別個に作られるという結果になりかねない。実際、質料から離在する諸存在において個体は、それ自身が、それ自身の種であり、だからこそ、このような個体にとって或る種のもとにふくまれるということは別の個体のもとにふくまれることなのであって、このことは不可能である。[81]

かくしてつぎの結論が避けられない。すなわち『駁論』の九五、九六節および一一八節で告発され、さらに一〇一節の議論に暗黙のうちに顔をのぞかせている著述家こそブラバントのシゲルスであって、この著述家は、「二重真理」というよりも、むしろ神自身が矛盾排除律を逃れることの不可能性を公言しているのである。

このような教説はエティエンヌ・タンピエの目にもとまった。一二七七年の謬説表の第九六（四二）条がこの教説を対象としている。

神ハ、一ツノ種ノ下ニ在ル個体ヲ質料ニ拠ラヅシテ増殖出来ナイ――謬説。

神の能力の制限という問題が、不適切にも「アヴェロエス主義的」と呼ばれている「危機」のなかで中心的役割を果たしたということは、Cl・ラフルール、D・ピシェ、J・カリエが編集した、謬説表の注釈集「クォド・デウス」にはっきりと表れている。この注釈集をまとめた匿名者は、全体を通じて、つぎのふたつの根本原理 principe に依拠している。

P1――「三位一体」がそうであるように、知性の認識能力を越えているために、わたしたちが知性では把握できないが、にもかかわらず、わたしたちが信じ、カトリック信仰によって真であると知っている現実がある。

Ｐ２――「子」の産出のような、神の或る種のおこないが、わたしたちには不可能に思え、神が単純性と最大限の知恵を基盤として設けた宇宙の秩序に合致しているものから見ると、実際、考えることすら不可能であるとしても、だからといって、性急に、神に対して、そのようなおこないを実行する能力を否認してはならない。神は、その絶対的能力にかんがみて、人間の思考が想像しうる以上のことを為しうるからである[82]。

断罪された謬説表第九六条の「虚偽理由」を点検するために「匿名者」が依拠するのはＰ２である。

第九六条ガ虚偽デアル理由ハ、栄光アル神ハ、其ノ絶対的能力ヲ行使スレバ、其ノ時、全テヲ為シ得、又、人間精神ガ考エ着クヨリモ多クヲ為シ得ル、ト云ウ事デアル。従ッテ、第二条ノ虚偽理由カラ明ラカナ様ニ、神ハ何ラカノ種ノ下ニ在ル個体ヲ、其ノ質料ヲ増殖サセヅニ増殖サセル事スラ出来ル[83]。

しかしＰ２は、タンピエの謬説表第二条（一八六条）（「神ハ御自身ノ似姿ヲ産出スル事ハ出来ナイ」）を構成する「子」の産出の不可能性にかかわる、純粋に神学的な最初の制限に対する反応にすぎない。第二条に突きつけられた、確かな、また、たったひとつの虚偽「理由」は、何世代もの教師たちによってペトルス・ロンバルドゥスの『命題集』第一巻第四二～四四区分から引きだされてきた、神のふたつの能力に関する健全な神学説である。

第二条ガ謬説デアル理由ハ、神ハ、其ノ絶対的能力ヲ行使スレバ、其ノ時、己ノ似姿ヲ、更ニハ、己ヨリ大ニシテ強ナル何者カスラ産出出来ル、ト云ウ事デアル。然シ、其ノ産出ノ様式、及ビ、其レガ如何ニシテ可能ナノカハ私達ニ知ラレテ居ナイ。従ッテ、『命題集』第一巻第七区分ニ明ラカナ様ニ、神ニハ二重ノ能力ガ在ッテ、其レハ、言ウマデモ無ク、絶対的能力ト秩序アル能力デアル。絶対的能力ヲ行使スル時、神ハ人間精神ガ考エ着クヨリモ多クヲ為シ得ル。然シ秩序アル能力ヲ行使スル時、神ノ単純性ト最大限ノ知恵ニ合致スル事柄ダケガ為サレル。其ノ上更ニ、「父ナル神」

ハ、幾世紀モ前ニ、己ノ似姿ニシテ、永久ニ齢ヲ共ニスル「子ナル神」ヲ己ノ内ヨリ生ミ出シタノダカラ、従ツテ、其ノ条文ノ虚偽ハ火ヲ見ルヨリ明ラカデアル。[84]

奇妙なことに一部の歴史家は、実在の論争の、実在の当事者たちでは満足せずに、架空の論争の架空の当事者を探すことにこだわり、かれらを特定できないことを不審に思っている。「アヴェロエス主義的」危機としての「一二七〇〜一二七七年危機」をアヴェロエスに結びつける余地があるとすれば、それは或る明確な理由による。若干の人文学者が、さらには少数の神学者が、矛盾をはらむ事柄を「為す」能力を神に対して拒否した、というのがその理由である。ほかでもないその理由のもとでこそ、わたしたちはシゲルスに出会うのだし、かれが「三段論法によってファール通りで見つけた不都合な真実」――ダンテの言いかたである――に出会うのである。そうだとすれば提起すべき問題は単純である。ブラバントの教師はつぎのふたつの具体的な命題 thèse を支持するだろうか支持しないだろうか。T1「知性の数的な増殖は知性の本性に反する」。T2「それゆえ、神の介入があったとしても知性の増殖は不可能である」。

現在知られているかぎりでは、シゲルスは、トマスの『駁論』が世に出る以前に、あらゆる増殖が知性の本性に反すると主張した唯一の「人文学者」である。[85] したがってシゲルスはT1に同意している。だからといって、かれはT2にも同意しているのだろうか。出発点をなす『〈霊魂論第三巻〉問題集』の段階では、手がかりは何も得られない。トマスの（暗示的な）証言があるきりである。ということは、アヴェロエス主義者とは何者なのかをわたしたちに語るのは、またしても、アヴェロエスの敵対者なのである。しかし到着点をなす『知性的霊魂について』の段階にいたると、より確かな証言が得られる。それを可能にしたのが――二度同じことを言うようだが――トマスなのである。

トマスの論法に容赦はない。アクィノの聖人は、最初、質料のみが増殖をもたらすという原理が支持されていることを告発するのであるが、そののち即座に告発の対象を広げる。かれは、論敵が、複数の知性を存在させることは神自身にも不可能であることを主張する命題を唱えている、と非難する。しかも、かれはそれで満足しない。かれは、神の全能を制限するこうした命題から、論敵に代わって、「信仰は不可能なる虚偽を信じることである」（なぜなら、信仰が信じるのは、その反対命題を必然的に導出しうるような諸命題だから）という結論を引きだす。理論的には「二重真理」にすでに手が届いている。シゲルスもボエティウスも二重真理を支持していないことは、事実として確立されている。そうでしかありえない。なぜなら、二重真理という学説は、トマスが論敵に仕かけた論理的罠を、タンピエが謬説表「まえがき」で実証的な――「相反するふたつの真理」の現存という――学説に変貌させることによって創作されたものだからである。それにしても、シゲルスがはたして、T2を支持していたかどうか、アクィノの聖人によってそそのかされた死への跳躍を実際におこなったのかどうかという問題は残る。その問題が提起されているのである。それは答える価値のあるただひとつの問題である。答えることは可能だろうか。おそらく。というのも、知性の単一性という主題が、無矛盾的なものへの神の全能の制限という主題に結びつくのは、シゲルスが『〈霊魂論第三巻〉問題集』で、知性の数的増殖についての自然的な naturelle――知性の本性 nature もしくはその知見自身にもとづく――不可能性を立証するために提起した論拠を、トマスが拡大解釈するからである。『〈霊魂論第三巻〉問題集』でシゲルスは哲学者として語り、神学の領域を侵犯することは慎重に避けている。トマスは神学者としてシゲルスを補足し、シゲルスが言っていないことをかれに言わせる。すなわち神の能力はすべてを為しうるわけではない、と。これは、わたしからすると、重要な事実である。トマスの『駁論』は、シゲルスの哲学的命題に神学者の見地から評価を加え、シゲルスの黙秘内容を裁く。両人とも何が問題なのかを承知している。トマスは、アヴェロエスがシゲルスほどの細かい気配りを持たず、神の全能という神学的命題におおっぴらに挑戦したことを知っている。トマスは、シゲルスがそれを知っていることを知っており、トマスがそれを知っていることをシゲルスは知っている。しかし一方は人文学者であり、黙ることしかできない。他方は神学者であり、相手をより深く追いつめるために黙る。「二重真理」が問題であろうと、神の全能の制限が問題であろうと、カードを配るのはトマスである。シゲルスはその配札を受け入れるか、テーブルを立ち去るか、どちらかしかできない。タンピエはタンピエで、チップを最後にかき集めるために待機している。一二七二年四月一日の学則は、一二七〇年一二月一〇日のピンポイントの空爆が一二七七年の三月の地上軍の投入にエスカレートすることを押しとどめられなかったが、それももっともなことである。罠にはまっていないふりをしても、罠から抜け出ることはできないのである。

この話にはつづきがある。実際、すでに見たように、シゲルスはトマスの『駁論』が世に出るまえは神ノ能力の「制限者」ではなかった。かれは知性の非物質性を理由に、その増殖の不可能性を支持したにすぎない。しかしかれは『駁論』が世に出てのち、神ノ能力の「制限者」となる。かれはテーブルを立ち去らなかったわけだ。いかに信じがたいことに思われようと、シゲルスはトマスの配札を受け入れたのである。一二七〇年以前であれば、神について語ることがなかった、そのシゲルスが、『知性的霊魂について』では、学則も何のその、あらゆる気配りをかなぐり捨て、神について語っている。その文言に十分に注意を払っていただければ、読者諸兄もお気づきになると思うが、シゲルスは、それを一二七七年の謬説表の第二条（一八六条）（「神ハ御自身ノ似姿ヲ産出スル事ハ出来ナイ」）と第九六条（四二条）（「神ハ、一ツノ種ノ下ニ在ル個体ヲ質料ニ依ラヅシテ増殖出来ナイ」）で告発されている命題にはなはだ近い言葉づかいでおこなっているのである。このうえは、その文言をもう一度読んでみるほかはあるまい。

わたしのうちに或る種の知的霊魂があるのだから、神はそれと類似した別の霊魂を作ることができ、かくして多くの霊魂が存在することになる、とひとが言うのであれば、そのひとには、神は矛盾するもの、もしくは対立するものを同時には実現できない、と答えなければならない。

想定外の展開だ、とひとは言うかもしれない。想定がまちがっているのである。『駁論』は、検閲によって創作された虚構の学説――ライムンドゥス・ルルスがその学説に反応して、やがてそれを「我、信仰ハ真成リト信ヂ *credo*、真ニアラヅト知ル *intelligo*」なる格率に簡略化するだろう――の源泉になっただけではない。『駁論』と「謬説表」から組まれたスクラムが或る哲学的態度を誕生させたのであり、その態度は、一六世紀になると、哲学と信仰という敵対するふたつの真理のいずれに対しても、みせかけの忠誠をよそおうことを、信条とは言わないまでも、戦略に昇格させたのである。それが一二七七年の断罪の「創作的な」側面である。しかしこの断罪より以前の、トマスの介入とタンピエの措置のあいだの時期についてはどう考えたらよいだろうか。あえてガルシア・マルケス[一六]ふうに言えば、「予告された一六世紀の記録」を読者がそこに見出されんことを。テーブルでやりとりされるカードは、いまや、表が上である。アヴェロエスの絵札もある――『駁論』の最終節で素描されたシゲルスの似顔絵にその面影はなかったというのに。トマスがパンドラの箱を開けたのだ。結果が出るのに時間はかからない。ブラバントの教師は、知性の数的増殖の不可能性という、おのれに突きつけられた問題に対して、それを引き受けることによって応答する。しかしそのように応答するのはかれだけではない。ファン・ステンベルゲンが紹介する一二七〇年代の或る匿名者も、また、しかりである。そしてわたしたちを驚愕させるのは、匿名者がこれをするにあたって、『駁論』に反論するための根拠を、直接、アヴェロエスに求めている点である。こうした反撃の本性を考えてみることは、この論争の哲学的意味と同時に、論争に枠をはめ、あるいは論争にまとわりつく現実の制度的賭金を理解する助けになる。匿名者は個人的誠実から抗議するのではなく、シゲルスが――それを望んだかどうかはともかく――最終的にそうしたように、熟慮のすえに「学部間の抗争」の観点を選びとる。かれは、不当にも信仰を疑われているキリスト教徒として反論するのではなく、職業的神学者に対してアヴェロエスの名において哲学教授として応答する。

> 神学者の論拠はつぎのとおりである。その能力に減衰も不完全もありえない或る作用者は、同一種のなかに複数の別個の形相を在らしむることが可能である。これが「第一作用者」の場合である［…］。この論拠に対しては、信仰に依拠するなら確かにそのとおりである、と言わなければならない。しかし『天と地について』で「注釈者」（＝アヴェロエス）が問題の解決を与えている。じつに「注釈者」は、そこで、不可能なことを為しえないということは、「第一者」の能力をいささかも減ずるゆえんではない、と主張している。それゆえ「注釈者」は、同一種のなかに複数の別個の形相を作ることは不可能であると言う。なぜならそれは矛盾したものを作ることになるからである[86]。

そればかりでなく匿名者は『駁論』九六節の最後のくだり（「しかもかれらはそのことでは満足しない。というのも、かれらは、そこから、いかなる離在的形相も、数的に一ではないし、個体化された何ものでもないという結論を引きだそうというのであるから」）に反論し、トマスが同書一一九節で告発した筋書――信仰が教えることは、哲学の見地からするとまったく不可能である――を、たじろぐことなく引き受ける。つぎの文言がそれを語っている。「注釈者（＝アヴェロエス）の立場の根拠は、いかなる離在する形相も数えられたり増殖されたりはしない、ということである。」[87] こうした命題はあきらかに信仰に反しているが、その、信仰の命題である反対命題は哲学の見地から不可能である。すなわち「信仰によれば同一種のうちに複数の離在する形相が存在することは真であるが、アリストテレスをはじめとするすべての哲学者によるとそのことは不可能である。」[88] 結論はつぎのようになる。アヴェロエスの「命題の逆そのものは信仰によって真であるが」、アヴェロエスの論拠は「論駁不可能」である。ブラバントの教師自身は信仰の対象を「虚偽かつ不可能」と言ってのける「死への跳躍」を敢行しなかった。その点ファン・ステンベルゲンの匿名者は度胸がある（というより、あまり器用でない）。かれはトマスがすでに作成した「アヴェロエス主義者」資格細目に載っているすべてをわが身に引き受けたのである。

こうして謬説もしくは異端説がどのようにして生まれるかが分かってくる。シゲルスの原典を材料にしてトマスがこねあげた一連の教説もしくは原理をシゲルス自身が引き受けることから生まれるのである。そうした教説なり原理なりは、シゲルスの原典にはないが、あとから、批判者に対する答弁のなかに姿を見せることになる。検閲者によって創作された謬説が、後日、検閲者に答弁するために公言される謬説のモデルとなる。こうしたすれちがい劇は、シゲルスの場合に桁はずれだったというだけで、探そうと思えばほかの文書や書類のなかにも見つかる。ここでは、ギーレの紹介する匿名者が、類似の問題で、やはりトマス本人に対しておこなった答弁を思いだすにとどめておく。『駁論』によって産みだされた過程が興味ぶかいのは、それによって、トマスの反‐「アヴェロエス主義」が「アヴェロエス主義」という一現象の発生に果たした役割が明らかとなる、という点である。その現象は、逆説的にも、トマスに告発されることによって産みだされたのである。必要ナ変更ヲ加エレバ、一二七〇年一二月一〇日と一二七七年三月七日の謬説表も、それらが作成されるまえには存在しなかった理論的な態度や手法や立場取りを存在させるのに貢献したのではないかとわたしには思える。

3 「パリ危機」を総括する

理論的綱領としての、生の形式としての哲学が勃興するにさいして検閲が貢献したように思えるということが、一三世紀のパリ大学で哲学が置かれていた状況の典型的特徴である。こうした特徴のうちに、関連資料の総体を要約することができる。哲学入門書群に明記されている哲学の理想はエティエンヌ・タンピエの介入に先んじて存在していた。それは、まず、アヴィセンナとアル゠ガザリの著作の読解によって養われ、ついで、アヴェロエスの『霊魂論大注解』から引きだされた散発的な情報を手がかりにして、のちの諸世代によって再コード化されたペリパトス主義的理想だった。アルベルトゥス・マグヌスが、神学者であるにもかかわらず、この点で決定的役割を演じた。とくにかれの著した小品『知性と叡智的なものについて』には、アヴェロエスがアル゠ファラビにならって表明した哲学者ノ希望という綱領が全面的に露呈している。ひとが「アヴェロエス主義」と呼ぶものは、最初、アラブ・ペリパトス主義に特有な思考学に基盤を置いた倫理的綱領だったのだ。それは『ニコマコス倫理学』第一〇巻のなかで「観想的」生という呼名によって称揚されていた生の形式を、離在知性との合一という知見のなかに吸収することによって成立した綱領だったのである。こうした綱領がシゲルスのような教師たちを鼓舞し、ついで、アヴェロエス主義者であろうとなかろうと、一四世紀において、なお、精神的幸福という理想――M・コルティやL・ビアンキが分析した理想――に執着していたひとびとを鼓舞したことは疑いをいれない。しかし、もしその綱領が、一二七七年の断罪のうちに、立ちはだかる障害と耳目を集める好機を同時に見出したのでなければ、そして、とりわけ、神学者と人文学者との抗争のなかで検閲によっておのれが悪用されていると感じたのでなければ、それが身にまとっている歴史的重要性を現実に身にまとうことはなかったろうし、それが後世に伝えた理論的・実践的争点を実際に伝えることもなかっただろう。というのも、検閲は、そうした綱領の発展を奨励する一方で、それが大学のなかに実際に実現することを阻止し、ついには、そうした綱領の、別の形式における再現の場を大学のそとに設定する結果を生むからである。その例がダンテによるノビリターデ（高貴性）の賛美であり、あるいは（のちにふたたび論ずるつもりであるが）エックハルトによるエーデルカイト（高貴性）の賛美である。[89] したがって（1）人文学者が思い描いていたような哲学の観念や、学知としての哲学の定義や、その立法領域の限定や、その原理や方法と、検閲者が神学の見地から哲学について持っていた観念や哲学に課した観念とを区別する必要がある。しかしそれだけではない。同時に（2）そうしたふたとおりの哲学の表象と、アリストテレスやアラブ世界でのアリストテレス注釈家を模倣する人文学者によって公言されていた哲学的生の理想とを区別する必要がある。一二七七年の断罪はふたつのレベルで役割を果たした。すなわち（a）ペリパトス派の主知主義的倫理学を、戦術的に、攻撃するというレベル。（b）哲学に固有の立法と主権がおよぶ領域がある、という観念を、戦略的に、攻撃するというレベル。最初の攻撃の方がよく知られている。離在知性との合一および観想的な生の形式という理想が、人文学教師はもとより、アルベルトゥス・マグヌスなどの神学者によっても追求されればされるほど、その攻撃の矛先《ほこさき》はにぶった。第二の攻撃には神秘の部分が、少なくとも、両義性の部分がつきまとう。

　事実、一二七七年三月の検閲措置を、もし哲学的生の理想の表明に即してではなく、哲学の学知としての内容に即して考えるとしたら、その主要な争点は何なのだろうか。エティエンヌ・タンピエの介入を、ボナヴェントゥラによって着手され、トマス・アクィナスの『アヴェロエス主義者の知性単一説を駁す』によって継承されるとともに概念的に分節化されたひとつのプロセスの完成として考察するなら、答はおのずと明らかである。争点は、哲学と神学とに共通の概念領域における哲学者ノ自然的理性の使用である。一二七七年の断罪を理解する鍵は、たんに哲学の倫理的側面だけでなく、その学問的側面を考慮するかぎり、一二七〇年から一二七二年までの時期のうちに探さなければならない。一二七〇年を起点とすることが妥当なのはだれの目にも明らかである。それはトマスの『駁論』とタンピエの最初の断罪とアルベルトゥスの『一五の問題について』があいついで世に出る年である。一二七二年を終点とすることにはさほど妥当性がないように思えるかもしれない。

一二七二年四月の学則は、多くの点で、『駁論』で惹起された諸問題に対する制度的な解決であるように思える。なぜなら、それはトマスによって非難された敵対者の行動を、あるいは、不可能に、あるいは、難攻不落にするからである。不可能にするというのは、学則は、たんに、「パリのどこかで信仰と哲学とに同時にかかわりを持ちかねないような問題」を議論するあらゆる教師が、もし「その問題を信仰に反するかたちで決着するなら」「異端者という名目のもとに」教師組合から自動的に追放されるだろうことを定めるにとどまらず、「いかなる仕方であれ信仰を論駁しかねないような微妙な文言や案件に対面した」教師あるいは学生がとるべき態度をも規則化しているからである。難攻不落にするというのは、そうした規則の構成をよくよく見ると、抑圧的な権威が、発言の自制をもっておのれの誠実を担保しようとする者すら譴責する手段を見つけるかもしれない事態を想定しているからである。規則化されている三つの態度とはつぎのとおりである。(1) 信仰に反する文書もしくは推論を論駁するか、もしくは (2)「それらが少なくとも絶対的に虚偽であり全体的に誤謬であると宣言する」か、もしくは (3) 発言を差し控える、すなわち、注釈の対象となっている文書もしくは文言が難問を提起するにしても、それを、あたかも何ごともなかったかのように、黙ってやり過ごす (*praetermittere*) こと。これらは、たしかに、非の打ちどころのない連鎖をなしているように思える。しかし、少なくとも、こうした三重の規則の現実の意味あいは、けっして、自明でないということだけは言える。はっきり言うと、そうした現実の意味あいは、歴史家が規則の発起人について持つイメージに大きく左右されるのである。もし学則が神学者によって外部から人文学者に課せられたものとイメージされるならば、一二七二年の規則化は一二七〇年のいくつかの出来事によって大前提が作りあげられた或る種の抑圧的三段論法の制度的小前提であることは明らかである。そのさい、一二七七年の出来事が結論ということになるだろう。しかし、もし、R・インバッハやF－X・ピュタラズが示唆するように、学則が自己防衛の手段として内部から公布されたのであって、しかもその主唱者のなかに、やがて一二七七年の断罪の対象となるだろう教師自身（シゲルスやボエティウス）がふくまれているのだとしたら、司教による検閲は、もはや最初の統制の試みの継続ではなく、人文学者によって神学者が、いわば、「一杯食わされた」ことに対する、神学的権威の側からの反応ということになるだろう。実際、自然的理性の観点からは「論駁不可能」であるとだれもが一致して判断する論拠を、教師であれ、学生であれ、論駁できるものだろうか。そして、その場合、「それらが、絶対的には、虚偽であり、全体的には、誤謬であると宣言する」以外の何ができるだろうか。しかし、或ル意味デ *secundum quid* 真であると論証されていることが、ひとたび、絶対的には虚偽であると宣言されてしまえば、そのあとどんな口実で哲学者の探求に足かせをはめ、かれらを制御したらよいのか。ファン・ステンベルゲンの匿名者はアヴェロエスの論拠が「論駁不可能である」——ただし、或ル意味デ、すなわち、関係する合理的学科の見地から——と主張すると同時に、かれの命題の「反対」が「信仰によって真である」と主張することによって、たんに、一二七二年の学則を実践したにすぎないのである。これでは神学者は満足できない。

ひとがどんなやりかたで学則を解釈しようと、ひとつの定数は残る。学則が掲げる諸規則は、その本性そのものからして、検閲の扉をあけるということである。学則は、文字どおりにとるなら、どのみち、信仰の保証人の武器であり、あるいは武器となる（この点は採用される解釈による）。実際、絶対的に真であると考えられる信仰のかくかくの肯定と、合理的ではあるが、そうした肯定に反し、或ル意味デ（すなわち或る専門領域の限界内で）真と考えられる別のかくかくの肯定を、概念的に、共存させることは可能であるにしても、そうした共存は、政治的には、不可能である。一二七二年の学則の主唱者がだれであろうと、かれらの憧憬が何であろうと、学問規律上の、理論上の、制度上の目標が何であろうと、かれらは（意識的か無意識的かは別にして）トマスが「アヴェロエス主義者」に対して仕かけた概念上の罠に管理運営上の罠をつけ加えたにすぎなかった。この意味で言うなら、一二七七年の断罪は、結局のところ、ボナヴェントゥラの説教とトマスの『駁論』と一二七二年の学則によって始動した過程とくらべると、比較的小さな出来事である。一二七〇年代に潜伏している本当の問題はひとつの謬説表——その条文の数が一三であろうと、二一九であろうと、一〇〇〇であろうと——によって解決できたわけではない。それは「微妙な案件」に直面したときに、信仰ヲ括弧ニ入レテ、対処することが適法であるか――学的に適法であるか――否かを知るという問題である。すでに見たようにアルベルトゥスが聖ベルナルドゥスの『雅歌の教えを説く』から借用した「私ガ自然的諸事物ニ就イテ論究スル時、神ノ奇跡ハ私ニ何ノ関リモ無イ」というスローガンのうちに孕《はら》まれているのがこの問題である。このスローガンを受けついだシゲルスの「博物学者ノ様ニ語ル」という表現――L・ビアンキがその後の消長をたどった表現――のうちにもこの問題が孕まれている。一三世紀の人文学者はこの問題を突きつめて考えることも、その本当の意味を理解することもできなかった。その意味とは、信仰の観点の中立化（*circumscriptio*）であって、たとえば、こののち、ジャン・ビュリダンが実践することになる。そのときビュリダンは「仮ニカトリック信仰ヲ括弧ニ入レタトシテ、自然的理性ハ、人間知性ガ人間身体ニ内属スル形相デアルト告ゲルカ否カ」[90]という問いに、職業人トシテ、答を与えるであろう。一三世紀の人文学者は、哲学スル自由を要求することによって、「自分たちが全面的に独立し、専門人として動きうる不可侵の領土を画定」しえたと信じた。かれらは、専門化された自分たちの知の「相対的な性格を強調する」ことによって、それを果たした[91]。一二七二年の学則がこうした戦略の一環だとすれば、状況はつぎのように要約できるだろう。人文学者は神学者に手の込んだ取引を申し出た。神学者は、それが取引であることに気づくのに少し時間がかかった。そしてそれに気づいたとき、神学者は人文学者にゲームの規則を思い知らせた。すなわち神学者は人文学者に対して、権利上その立法領域にいかなる制限も課せられない神学知の絶対的な性格を思い知らせたのである。一二六五年から一二七〇年にかけての人文学教師が、ペリパトス主義的理想という、古代の記憶をひきずったまま哲学を熱狂的に賛美したにしても、わたしたちは現実を忘れてはならないだろう。すなわち権力が実在し、場所を占め、行使される、ということを。

　学の規律に関する人文学者の自己規制は或る戦略的機能を有していた。その戦略はおそらくまちがっていなかった。失敗した、というだけのことである。その戦略は論理的洗練を経ていた。すなわち、端的ナ真理 *veritas simpliciter* と或ル意味デノ真理 *veritas secundum quid* の区別[92]、もしくは、ボエティウスもシゲルスもドゥエのヤコブスも留保なしに承認していた「真理の唯一性」と、かれらが、専門知への細分化の名のもとに拒絶した「知の統一性」との繊細な概念的区別がそうである。しかしその戦略には「二重真理」という汚名を晴らす能力がなかった。というのも、その能力は概念の管轄ではなく単なる力関係の管轄に属していたからである。人文学者の繊細な論拠に対して、鈍感に、粗暴に反応しつつ、実際の言表を戯画化し、故意に歪曲しているタンピエの介入のうちには、制度のなかにあった哲学者の立場の弱さが露呈している。検閲者の第一の職権とは、これから検閲しようとする文言をあらかじめ被検閲者のうちに埋め込むことである。一二七七年三月の検閲が、一般に信じられているように、ヨハネ二一世の要請に端を発していようと、テイッセンが主張するように、シモン・デュ・ヴァルの立件書類にもとづいてパリ司教によって自発的に開始されたものであろうと、あるいは、ボナヴェントゥラによる、ついでトマスによる対アヴェロエス主義論争の後日談に属する——そのため、その理論的骨格のかなりの部分がトマスによって提供されている——ものであろうと、いずれにせよ、それは、原理があまりに繊細で、制度的基盤があまりに脆弱な或る立場に対する避けがたい制裁措置だったように思われる。その立場が生みの親となって誕生したと判断しうる——この判断には説得力がある——くだんの学則は、最初、その立場を擁護するはずだったのに、最後にはその同じ立場を糾弾する手助けをするはめになったのである。エティエンヌ・タンピエの介入について留意すべきなのはつぎのことである。一二七七年三月の措置は、それがやっつけ仕事であろうと、よく練られていようと、首尾一貫していようと、支離滅裂であろうと、制度的には避けられないものだったということである。その勝利がピュロスの勝利（＝犠牲の大きすぎる勝利）とは言わないまでも、少なくとも、玉虫色の勝利だったということは、また、別の話である。その別の話の、一番教訓的なところではないにしても、一番味わいぶかい最終章を、つぎに、お聞かせしなければならない。

哲学と教会当局——トマス・アクィナス訴追案件

トマスは法王庁のために多くのことをおこなった。タンピエが「二重真理」という疑似学説を引きだすもととなった論法を案出したのはかれである。それで満足せず、アヴェロエス主義からその最初のウィルス——神の全能の制限——を抽出したのも、おそらく、かれである。法王庁は、一三二三年七月にかれを列聖したヨハネ二二世に始まり、回勅「信仰と理性」のなかで「その思考の、つねに変わらぬあたらしさ」(四三節)をひとびとに思いださせたヨハネ・パウロ二世にいたるまで、かれの労に手あつく報いてきた。だからといって、読者は、この将来の教会博士が一二七〇年代の危機を無事に乗りきったと信じてはならないだろう。検閲が施行された一二七七年三月七日は、トマスの三回目の月命日である。一二六八年の一〇月七日から一二七九年の九月三日までパリ司教の地位にあったエティエンヌ・タンピエは、法王特使であり将来の法王(マルティヌス四世、在位一二八一年二月二二日～一二八八年三月二八日)でもあったシモン・ド・ブリオンに、当時、支援され、督励されて、アクィノの聖人を検閲対象に連座させようと試みた。[93]トマスがイギリス・フランチェスコ会からの執拗な攻撃の対象であったこと、また、オックスフォード大学のキルウォードビーのいくつかの論文――その最初の日付は一二七七年三月一八日――のなかで、ついでギヨーム・ド・ラ・マール(一七)の『対トマス修道士譴責文集』――その第一版が完成したのは、おそらく、一二七九年八月以前[94]――によって批判されたこと、キルウォードビーの後継者であるジョン・ペッカム(一八)が反トマス運動を飽くことなく支援し続けたこと[95]、ドミニコ会修道士のなかでも最良の面めんが一四世紀初頭に、誹謗中傷の嵐から同僚修道士を守るために『譴責文集』の「譴責文集」を何冊も書かなければならなかったことは、こんにち、ひとも知るとおりである。カトリック教会がつねにトマス主義を是認してきたことを理由に、一二七七年の断罪はトマスの罪まで問うてはいないし、問いうるものでもないことをはっきりさせるために、ドミニコ・イエズス両修道会士が、一四世紀の始まりから終わりまで、巧知を競いあったことも、L・ビアンキの業績のおかげで、つい最近、知られるようになった。[96]ここでそれをくり返すまい。中世史を飾る理論闘争にはいくつかあるが、とくに、わたしたちがさきに言及した、実体形相が一であるか多であるかの問題はよく知られている。その問題を突きつけられたガンのヘンリクスは、衆目の一致するところ、中世で最初の「びしょ濡れ水まき人 arroseur arrosé」である。いまわたしたちの関心をそそるのはもっと限定された問題であって、トマスがアヴェロエス主義者を告発するために自分でそろえた書類を使ってトマス本人を審査するという問題である。結果によっては、ガンのヘンリクスは中世で二番目の「びしょ濡れ水まき人」だったことになる。わたしは「断罪」とは言わずに「審査」と言う。事実、トマスはふたとおりの審査の対象になっている。

ひとつは、一連の人文学者と、ひとりの神学者すなわちローマのアエギディウスに対してあいついで実施された司教の検閲（人文学者に対しては一二七七年三月七日、アエギディウスに対しては同年の三月七日から二八日の間）であり、ひとつは、パリの神学者たちが、とりわけ、実体形相が単一であることを主張する命題および質料が形相なしに現存することは不可能であることを主張する命題に対して開始した、ジョン・ペッカムによって言及されている独自の制裁手続きである。後者は、ペッカム自身が言うには、最終的に検閲まで持っていくことができなかった[97]。それは、司教によって宣言される正式の公的断罪ではなく、私的で、かつ（ガンのヘンリクスによれば、ふたりを除く）全員一致の「指導者裁定」によって宣言された検閲であって、トマス・アクィナス訴追案件として一般に認識されているのが、これである。その余波は政治的である。まず、一二七七年三月にたまたまパリにいたドミニコ会総長ヴェルセイユのヨハネスが、介入して「トマス立件書類」を法王庁に送付するように指導者たちを焚きつけたようである。ついでヨハネ二一世が死去すると、枢機卿ジョヴァンニ・ガエタノ・オルシニ（のちの法王ニコラウス三世）とジャコモ・サヴェッリ（のちの法王ホノリウス四世）がタンピエに圧力をかけて「検閲の実施を延期せよとの命令を申し渡し」、ついには、最初はタンピエの支持者であったシモン・ド・ブリオンが法王になったとたんに反対側に寝返ってしまう[98]。この経過のすべては、至上の法王権が、便宜上の理由（この理由は、トマス聖人伝の作者による対抗‐物語に取り込まれないために、今後、明らかにしていく必要があるだろう）で、自分たちの司教にも神学者たちにも従おうとは欲しなかったことを示唆している。いずれにしても、トマスが三月七日の検閲で本当に審査対象になっていたということに変わりはないのであって、その事実こそ魅惑的である。実際、タンピエの補佐人たちが、人文学教師の教授内容から抜粋された謬説一覧表を作成するにあたって、トマスも、いくつかの点で、同じ謬説を唱えていることを知っていたのかどうかを問うことは、問う方が愚かである。かれらがそれを知らなかったはずはない。ガンのヘンリクスは、一二七六年のクリスマスにすでに書き終えていた最初の『任意討論集』で、トマスからの「引用を大量に使って」[99]或る命題に批判を加えているが、その命題が、翌年、パリ司教が作成した謬説表の第二〇八／一五七条（「眼前ニ提示サレタ二ツノ善ノ内、ヨリ強力ニ人ヲ動カス善ガ、ヨリ強固デアル」）となった。トマスが直接に検閲対象に連座させられか、たんに間接的に非難されただけなのかは、二次的な問題である。検閲された条文がかれの著作から引用されたという事実はなくとも、かれの著作がその下地として役立ちえたというだけで、こじつける側にはこと足りる。

回勅「信仰と理性」は、「とりわけ、いかなる哲学的前提や結論が啓示された真理と相容れないかを教示する権限は法王庁に帰属する」から「信仰の見地から哲学に課せられる諸要求を表明する」権限が法王庁に帰属する、と述べている（五〇節）が、「トマス訴追案件」はそれをなるほどと思わせる格好の例である。実際、トマス訴追案件が証明しているのは、良識あるいかなる精神もうなずかざるをえないこと、すなわち法王庁のものの見かたの並はずれた弾力性である。理性と信仰の関係にまつわる諸問題を語るときには、それをつねに念頭に置かなければならないのだ。タンピエがトマスを別個に訴追する手続きに入るために「啓示された真理と相容れない」との判断をくだしたトマスの教説は、一三二五年二月一八日に「啓示された真理と相容れない」ことをやめていた。アクィノの聖人が列聖されて一九ヶ月ののちのことである。その日、短命に終わったもうひとりのパリ司教エティエンヌ・ド・ブレ（司教在任一三二五年七月二〇日～同年一一月二四日）が、一二七七年三月の検閲措置を、そのいくつかの条項が「福者トマスノ学説ヲ毀損シ、若シクハ毀損シタト言ワレテ居ル」（CUP、Ⅱ、パリ、一八九一、二八一頁）ということのみを理由として、そっくり無効化したのである。ジルソンがド・リュバック神父[一九]に宛てた一九六五年六月二一日の手紙は、一九五〇年代の雰囲気を、とりわけ回勅「フマニ・ゲネリス」が公布されてすぐあとに開催されたローマ・カトリック教会の諸会議の雰囲気をそこはかとなく伝えている。ド・リュバック神父は、その手紙を出版するさいに付した注で、ジルソンがボワイエ神父[二〇]やガリグ－ラグランジュ神父[二一]と対立していることを明記している。ジルソンは『存在と本質』で形而上学の「豹変」について語ったばかりだった。ほどなくして「ガリグ－ラグランジュ神父が、公会議開催の直前に、出席者のなかにたまたまジルソンを見つけ、あなたの最近の著作『存在と本質』を批判しようと思っていたところです、あの著作は形而上学的真理が変化しうることを肯定しているが、それは、はなはだ、危険な主張です、というのである」[100]。ジルソンはその口ぶりのうちに、禁書目録に入れるぞ、という脅しを聞きとって、神父に「そんなことをなさるなら、わたしは会議を欠席して、今日中にパリに帰ります」と応じる。神父は、法王庁の代弁者として、形而上学には歴史があるし歴史がありうる、という観念を支持しない。形而上学的真理は、法王庁がその保管所をつとめているのであって、万古不易である。そのはずなのに、法王位がヨハネ二一世からヨハネ二二世に移るあいだに、形而上学は豹変したのである。というのも、二一九の命題――その大半が明白に異端である――の断罪は、あえて言えば、たらいの水（哲学）といっしょに赤ん坊（トマス）を捨ててしまう愚を避けるために、取り消されなければならなかったし、また、取り消すことができたからである。これこそ皮肉である。ガリグ－ラグランジュ神父と言えば偉大なトマス主義者であるが、そのかれはエティエンヌ・ド・ブレを知っていただろうか。その件についてわたしにはまったく分からない。しかし、ジルソン自身も、『存在と本質』の検閲者からそれほど遠いだろうか。なにしろかれは、神学の観点から、「聖トマスによって、再三、記述された形而上学的真理の進展は」かくして「救済の対象をプラトン（「一者」）、アリストテレス（「原因」）、アヴィセンナ（「存在」）にしぼる神の経済学のなかに場所を見出す」と主張している。反復があるところには、ほぼ確実に、目的論がある。

それゆえトマスが一二七七年の検閲の網に引っかかったことを覚えておくのはつねに有益である。そしてかれが――はしなくも――叩きつけられた土俵が何であるかを明るみに引きだすことはさらに有益である。この土俵は、ほかならぬトマスが法王庁に提供し、法王庁がもっとも強硬かつ執拗な反哲学十字軍を開始するために、即座に、利用した土俵である。すなわち神の全能の制限という土俵である。次章でアヴェロエスとトマスを比較するに先立って、ここで、アクィノの聖人と、かれの、かくも華ばなしい貢献によって汚名を着せられたひとびととの意外な出会いに注目することにしよう。理性と信仰を話題にするや、ひとは、つねに、どこかで、そのひとなりに、アヴェロエス主義者であることが分かるだろう。

タンピエが断罪する第九一／八〇条は「天体ノ運動ガ永遠ノ存在デアル事ヲ論証スル哲学者ノ論法ハ詭弁デハ無イノニ、深イ洞察力ヲ持ツ人々ガ此レヲ理解シナイノハ驚クベキ事デアル」[101]となっている。この命題はふたつの断言をふくむ。第一。天体の運動の永遠性を論証するアリストテレスの論法は詭弁ではない。第二。「深い洞察力を持つひとびとがこれを理解しない」のは驚くべきことである。[102] 標的にされているこの教説の支持者はシゲルスやボエティウスのような人文学部の哲学者であると考えられても、たしかに、無理はない。かれらはともに世界ノ永遠ナル事を書き記している。しかしこの検閲がトマスをも標的にしうることは明らかであり、また、人文学者たちを経由してではあれ、トマス自身に的中していることは確かである。実際、トマスの著作活動のなかで、終始一貫、主張されていることは何だろうか。時間における世界の始まりを合理的論証によって立証するのは不可能だということである。世界の始まりという「真理」へは「信仰によってのみ *sola fide*」到達しうる。こうした教説を「アヴェロエス主義者」もまた共有している。めずらしい取り合わせである。しかし驚くにはあたらない。一二一五年の第四回ラテラノ公会議以降、すべてのキリスト教徒は、時ノ外デ創造された「世界には最初の瞬間がある」という教説を「強力に支持し」なければならないが、他方、一三世紀のパリ大学で哲学を多少ともかじったことのあるいかなる思想家も、世界の新生性の論証が可能であることを本気で支持してはいない。しかしそれだけではない。トマスは「新生性」の論証の不可能性を断言するだけでは満足せず、『神学大全』第一部第四六問一項で世界の永遠性を支持するためにアリストテレスによってもたらされた論拠は、もはや絶対的で、端的ナ、説得力は持たないにしても、それは「世界が、実際ニ、或ル不可能ナ方法デ始まったと主張した」古代人の論拠に対抗して勝利を収めている、という意味で、相対的で、或ル意味デノ、説得力を持つと主張しているのである。

このことをよく噛みしめるときに分かってくることは、永遠性を支持するアリストテレスの論拠を「詭弁」として性格づける余地はまったくない、ということであり、そのことは、トマスが、一二七七年に断罪された謬説第九一／八〇条の前半部分によって、自身もまた、打ちすえられる危険にさらされているし、実際さらされていたことを意味する。残るは後半部分である。争点をよりよく把握するために、さかのぼって何が問題なのかを考えてみよう。問題になっているのは永遠なものとして創造された世界という概念のなかに矛盾、すなわち、知的理解ヘノ抗《アラガ》イ *repugnantia intellectum* があるということである。トマス自身が、一二七〇年頃に、「世界ノ永遠性ニ不満ヲ持ツ人々ニ対シテ」という、ボエティウスが書いたのかと思わせるような標題の小作品で、この点について述べていることを考察してみよう。

本文の構造は明快である。それは「カトリックの信仰に従って」著者が譲歩的に前提した命題——世界の持続には始まりがあった——で始まり、そのあと、ひとつの疑念が表明される。「それ（世界）が永遠のむかしから在ったということがありうるか」という疑念である。この疑念を払拭し真理を露呈させるため、トマスは或る区別が必要であると説明する。かれ自身と、かれが「わたしたちの論敵」と呼ぶひとびととが一致している点と、両者を分け隔てている点との区別である。一致している点とは、神によって作られることなしに何ものも存在しえない、ということである。アクィノの聖人は、傍論で、信者も哲学者も、万人がこの点に関しては一致すると指摘する。したがって、一致しない点が、まさに、解明サレルベキ事、すなわち問題というかたちで表明される。何ものかが永遠のむかしから在り、かつ、神によって産みだされたことを支持しうるか否か、という問題である。「疑念」から「問題」へと土俵が変わる。あらたな出発点は、もはや、信仰ニ従ウ譲歩ではなく、永遠主義的教説そのものである。すなわち、何ものかが永遠のむかしから在ったと仮定して、にもかかわらず、それが神によって産みだされことを支持しうるか、ということが問題である。

「わたしたちの論敵」とのあいだで、この問題に対するひとつの明確な回答が議論される。すなわち「そのことは、不可能なるがゆえに、支持しえない」という回答である。トマスの標的となったのは、この不可能性を証明するために持ちだされる論拠である。不可能性の責めを神に負わせる者はだれもいないわけだから、問題は、C1「何ものかが神によって創造された」とC2「にもかかわらずそれは永遠のむかしから在った」という、ふたつの概念conceptのあいだの矛盾という、あらたな土俵に移される。この土俵の歴史的重要性を過小評価することは許されない。「矛盾問題」と呼ばれることになるこの問題に対して、トマスはつぎのように答える。（一）矛盾の存在という「この点に関する真理が何であれ」「神によって創造された何ものかが永遠のむかしから在ったように神ご自身が為しうると考えることは異端ではないだろう」。（二）もしこれらふたつの概念のあいだに矛盾があるとしたら、神によって創造された何ものかが永遠のむかしからあったように神ご自身が為しうるということは虚偽となっていただろう。（三）

もしこれらふたつの概念のあいだに矛盾がないとしたら、神によって創造された何ものかが永遠のむかしから在ったように神ご自身が為しうるということは虚偽でもなければ不可能でもない。

ご覧のように、トマスは、神の全能の肯定が、いずれにせよ、異端とは考察されえないだろうこと（回答一）を前提としているが、事実上は、こうした全能が、あたかも矛盾排除律によって制限されている、もしくは制限されうる（回答二、三）かのように論を進めている。そうでなければ、かれはどうしてＣ１「何ものかが神によって創造された」とＣ２「にもかかわらずそれは永遠のむかしから在った」というふたつの概念のあいだに矛盾がないことを示そうと努めたりするだろうか。そこから三つの問題 question が生ずる。Ｑ１「回答一から回答二・三への移行をいかに解釈すべきか」。Ｑ２「神の能力が矛盾排除律によって制限されることを主張しているのはだれなのか」。Ｑ３「創造と永遠という、ふたつの概念のあいだに矛盾があると主張しているのはだれなのか」。目下のところ、わたしたちの関心を激しくそそる問題は明らかにＱ３である。この問題にはトマス自身が遠まわしに答えている。かれは最初に「何ものかが神によって作られて、かつ、それがかつて非存在だったことが一度もない、という事態にはいかなる概念的矛盾もないことは明白である」と言う。ついでかれは、矛盾がもしあるとしたら、アウグスティヌスがそれに気づいただろうと申し立てる。さらにかれは、矛盾があるとして「哲学者のなかでももっとも高貴なひとびとがそれに気づかなかった」というのは驚くべきことだと申し立てる。そしてつぎの文言で締めくくる。「其レ故、斯クモ繊細ニ知覚スル人々ノミガ人間デアリ、其ウシタ人々ニコソ知恵ガ現レル。」その文言を翻訳すればつぎのようになるだろう。「したがってそれほど繊細に矛盾を知覚するひとびとだけが理性的存在であり、そうしたひとびとのもとに知恵が姿を見せるのだ。」この回答は『ヨブ記』一二章二節――「真ニ、貴方ガタノミ、人デアル。知恵ハ貴方ガタト共ニ死ヌデアロウ」――をもじったものであり、なかなか鋭い皮肉である。なにしろ、以前には、アウグスティヌスも哲学者たちもだれひとりとして気づくことができなかった差異に気づくひとびとが、唯一、人間――その特徴は理性の所有である――の名に値するのであって、かれら以前には賢人も知恵も一度も存在したことがない、と言いたいのだから[103]。こうした大思想家とはだれのことだろうか。同じことだが、タンピエの謬説表の第九一／八〇条を構成する命題の後半にある「深い洞察力を持つひとびと」とはだれのことだろうか。答は明白であり、イセットが言うとおり、そうしたひとびととは「当時の神学者の大半であり、そのなかにフランチェスコ会総長ボナヴェントゥラとジョン・ペッカムがふくまれる」。トマスが、この点で、三月七日の検閲の直接の標的にはなっていないにしても、かれは、十分、標的になりえたし、しかも検閲された条文の前半と後半がともに譴責理由になりえたと言ってまちがいはない。

残る問題はQ２である。神の能力が矛盾排除律によって制限されると主張しているのはだれなのか。『世界の永遠性について』は『アヴェロエス主義者の知性単一説を駁す』とは対をなしているとよく言われる。前者が、とりわけ、フランチェスコ会神学者との論争の書であるとするならば、トマスが、両著をとおして、右（フランチェスコ会）を切り、返す刀で左（アヴェロエス主義）を切るかのように見える。しかもいずれの場合も出発点は物議をかもすアリストテレスの命題――神学者にとっては世界の永遠性を意味し、人文学教師にとっては知性の単一性を意味する――である。そのかぎりで、両著が対をなすというのは、大局的に、正しい。事実、これらふたつの小品は深く結びついているのであって、しかもその結び目になっているのは、神の全能を矛盾排除律によって制限することになりかねないアリストテレスの命題である。

すでに見てきたように、トマスが急進的な、あるいは、いわゆる「アヴェロエス主義的」な人文学者の原罪を定義したのは『アヴェロエス主義者の知性単一説を駁す』においてである。原罪とは、知性の単一性を証明するために「神は、知性が多数あるようには為しえない、なぜならそのことは矛盾を含意するだろうから」と主張することである。そのことは、アクィノの聖人のなかで、ふたつの観点が、すなわち何ものも神の全能を制約できないという信仰の観点と、神は「矛盾を含意することを為しえない」というアリストテレス主義者の観点が衝突していることを意味するのだろうか。真相は見た目よりも複雑である。トマスは同一種の非質料的な個体の増殖は不可能であるという、アヴェロエス主義者の論拠を退けたのは、そうした論拠が知性の単一性という虚偽の命題に奉仕しているからであり、こうした奉仕を実現するために、右の論拠が神の全能に制限を設けていることを非難するのである。しかし、トマスが、アリストテレスに準じて同一種の個体は質料によって増殖するという原理を支持していることは周知のとおりである。したがってトマスはふたつの異なる態度を使い分けていることになる。非質料的な実体における増殖の問題に相対するときのかれの構えは、その原理が知性の単一性を証明するために用いられているのでないかぎり、つぎのとおりである。すなわち（あらゆる多数性が質料からくるとして）神が同一種の個体を質料によらず増殖させうることに矛盾があるのは確かだろうから、神の全能は、かりに実現すれば形容矛盾 contradiction *in adiecto* となってしまうもの（非質料的増殖）を実現できないという事実によって損なわれない全能でなければならない。これは、理論のレベルで、「必然を徳となす」構えである。

「一三世紀の危機」は神の全能と矛盾排除律の問題を中心にして回っていることが、こうして、当の危機のまったき両義性のうちにあからさまとなる。教訓を引きだす、これはよい機会かもしれない。トマスはアヴェロエス主義者の顔面を張るようなことをしたが、非質料的な諸実体と質料による個体化に関するトマス自身の教説はアヴェロエス主義者のそれと何ら変わりはない[104]。そしてたしかにトマスのそうした教説は、それを知性の単一性を証明するために使用するという文脈とは無関係に、それ自体、断罪されている。具体的には「知性は質料を持たないのだから、神は同一種の内部でそれらを増殖させることはできない」（« Quod quia intelligentie non habent materiam, deus non posset facere plures eiusdem speciei »）ことを主張するタンピエの謬説表第八一条によってである。この件に関してわたしたちは一二七七年当時パリで学んでいたギヨーム・ド・ラ・マールとゴドフロワ・ド・フォンテーヌの証言を得ている[105]。したがってトマスが「手傷を負う」のはこれで二度目である。アクィノの聖人の論敵は、神の全能の制限に関する聖人の命題とブラバントのシゲルスのそれとのちがいをよく見極めていただろうか。かれらは、適用点がちがっている同じ命題にしか見えないものが、じつは別べつの命題であると分かっていただろうか。このことは、非質料的実体の多数性に関する自分の命題を擁護するためにトマスが好む論拠――神の全能は矛盾を実現することの不可能性によって損なわれない――が、すでに見たように、「不可能を為しえないことは第一者の能力をいささかも減じない」というアヴェロエス主義者の論拠とほとんど変わりがないだけに、ますます疑わしい。敵味方も定かでないこうした理論的乱戦は、われわれに反省の種を与える。

トマスが人文学者のうちに神の能力を制限する議論を読み込むことによってかれらを「二重真理」という土俵に引きずりだしたとき、かれはおそらくは知性が単一であるという命題をくつがえす決定的な一点を探りあてたと考えただろう。しかしそれはうかつにも自分を窮地に追い込んでしまうことだった。『駁論』のなかの一一八～一一九節で才気あふれる筆致によって結びつけられたふたつの命題は、直接的にか、暗々裏にか、トマス自身の体系においても結びついていると思われかねず、世界の永遠性の問題――この問題でかれが当時の神学者を恐れなければならなかったことは人文学者の場合と何ら変わらない――をあつかうかれ自身のやりかたにも危険な負荷を与えていると思われかねなかった。急進的アリストテレス主義者とフランチェスコ会神学者とを同時に敵にまわしたために前者を論駁するのに役立ってくれた諸原理が、部分的に、かれ自身を後者の大砲の射程範囲内に引きずりだしてしまったのである。結局、かれは急進的アリストテレス主義者といっしょに実際に検閲こそされなかったものの、少なくとも被検閲可能者のなかに組み入れられてしまい、おまけに、その組み入れは、かれ自身が組み立てに貢献した道具の助けを得ているのである。アヴェロエス主義者に対するもっとも毅然としてもっとも有能な論敵であったかれが、もっとも強烈な打撃を与えたまさにその刹那に、アヴェロエス主義者といっしょに訴追されそうになったのである。信仰の保管所たるカトリック教会と相容れるものが何であり相容れないものが何であるかを決める権限が法王庁に属し、法王庁にのみ属しているとき、なんびとも法王庁の鉄槌を免れないということ以外、このさい、何を言うべきだろうか。双方に信奉者はいるものの、事態をよくよく眺めてみれば、トマス主義者の立場と急進的アリストテレス主義者の立場を分かつものは何もない。かれらの立場は哲学上の不可知論であって、その主張の要点はつぎのとおりである。理性は世界が永遠であることを論証できないが、かといって世界が始まりを持つことも論証できないこと。最初の命題は、論証できたにしても、偽であり異端であろうこと。二番目の命題は、真であるが、信仰によってしか知られないこと。そのように主張することが一二七〇年代の理性にも良識にもかなっていたのである。トマスをアヴェロエス主義者から引き離すものは、二重真理案件がすべてそうであるように、不可知論的命題がどのような論理的様相において言表されるかに由来するのであって、もっと掘りさげて言うと、アヴェロエス主義者が自然学者として語っているのに対して、トマスが理性の名において語っていることに由来する。アヴェロエス主義者は、自然学の原理に従って、世界の新生性を主張する命題は虚偽であり、不可能であることを主張する。トマスは理性もしくは哲学一般のために、世界の新生性は不可能ではないことを主張する。なぜなら、信仰によって肯定されているように、自然の諸原理には合致しない産出（創造）が起きたことは不可能ではないからである。世界の根源的由来を対象とする「哲学的」と称される命題の真理値を測定する尺度となる知もしくは合理性の領域の確定以外に、これら両者の主張を分け隔てるものはほとんどない。こちらに、自然学の特殊的原理が支配する領域があり、あちらに理性のより一般的な、メタ自然学的な（＝形而上学的な）領域がある。しかし、つまるところ、最終決着は信仰がくだすことを知らない者はいない。自然学者として語る哲学者は、自然にかかわる問題について自然学者として語る以外に、自分で考えたとおりに、語ることはできないのであって、トマスによって形而上学的理性の原理と両立不可能ではないと信ずることが哲学的に適法であると考えられたことについては、これを、哲学的理由なしに、信じなければならない。「尊崇博士（トマス）が、だれからの異論もなく列聖され、ついで〝すべてのスコラ学博士の第一人者にして指導者〟たる教会博士としての承認を得ることができた」（R・イセット）のは、すでに見たように、いくつかの曖昧な理由により、法王庁がキルウォードビーやペッカムに従わずにタンピエの熱意にブレーキをかけたからである。この二重の決定は、どんな意味で、理性‐信仰関係の現実の深まりを例証しているのだろうか。あるひとびとから誤謬もしくは異端の疑いが濃厚と判断されたことが、別のひとびとから、さらにはシモン・ド・ブリオンの寝返りの例が示すように、ときには、同じひとびとからさえ、たんに正統的であるばかりか、とこしえに順守すべき戒律であると判断されえたということは、いったい、どのような厳密な概念的な基盤があってそうなったのだろうか。シゲルスやその同類が書くと断罪されたことがらが、告発人自身が書くと、突然、断罪されなくなったのはなぜだろうか。これらの問いに、だれも答えることはできないのではないか。法王庁が、ふたつの哲学的不可知論――その一方は形而上学の一般的性格だけで満足している分、信仰の諸規定に対してより開放的であり、他方は戦闘的なまでに専門分化が進み、相対主義のきざしを宿しているために決定的に懐柔不可能である――のうち、トマスのそれに軍配をあげたのではないか、と想像することはできる。真実味のある答が欠けているだけに、トマスをアヴェロエス主義から隔てているものを歴史家としてより正確に突きとめる余地がある。次章でトマスをアヴェロエスと、直接、比較するさいにわたしたちが試みるのはそのことである。

第五章

信仰と理性
アヴェロエス対トマス・アクィナス

一三世紀の後半に書かれたすべての神学大全は神学の対象と方法を学的に定義しようとする配慮を共有している。アルベルトゥスがそうであったことはすでに述べたが、いみじくも「強い神学」と呼ばれてきた神学の主要な証言者としてのトマス・アクィナスも、当然、そうである。[1] 次章で「第二のパラダイム」に話を戻すに先立って、本章では、イブン・ルシュドの強い神学と対比するためにトマスを取りあげようと思う。ルシュドこそ、或る種の公認歴史学によって「一三世紀の危機」の中心に置かれ、ラテン・「アヴェロエス主義」なる思想動向を裏であやつったと見なされている黒幕である。一二七〇年の検閲を一二七七年のそれへと結びつける呵責ない判断の連鎖を説明するために、わたしたちは「抑圧的三段論法」なる呼称をひねりだした。そうした三段論法の大（小）前提になっているのが、トマスの著作『アヴェロエス主義者の知性単一説を駁す』である。くわえて、「アヴェロエス主義者」に起源を持つとされる「二重真理」なる学説は、『霊魂論大注解』の諸命題に対するかれらの忠誠心の産物である以上に、アヴェロエス主義者によるアリストテレス解釈と、その解釈をかれらに吹き込んでいる、見たところ、ルシュド的な諸原理の双方に対してアクィノの聖人がおこなった敵対的読解の産物である。そうだとすれば、いまこそ、覆面を捨てた対決がどうなるかを想像すべきである。露はらいや太刀もちは放っておいて、真のチャンピオンを決める主役どうしの取っ組みあいに注目すべきである。ようするに、『対異教徒大全』の著者と『哲学と宗教の調和についての決定的論考』の著者との、かつて開催されたことがなかった対戦を企画すべきである。

1　公認歴史学のふたつの神話

ジルソンの中世観の中心にはトマスという人物像が置かれている。このことに、本気で異議を唱えられる者は、まず、いないだろう。わたしたちがすでに言及した三段階説を支配しているのはこうした「中心化」である。三段階説によれば一二世紀は再生と約束の時代であり、一三世紀は「綜合」と実現の時代であり、一四世紀は退廃と衰微の時代である。ジルソンの立論を支えるアルキメデスの一点は、かれが一二七七年のパリの断罪に、すなわち「アヴェロエス主義の断罪」に与えた役割の性格のうちにある。ジルソンによれば、この断罪は、事実のうえで、世代の分断という、予期しない余波をもたらしている。「トマス・アクィナス［の世代］とドゥンス・スコトゥス［の世代］とのあいだに一二七七年のアヴェロエス主義の断罪という亀裂が走っている。」こうした亀裂の決定的な意味は、一二七七年を過ぎると、神学者はもはや哲学に信頼を置かなくなってしまった、ということである。

一二七七年以後、中世思想全体のありさまが変わってしまう。短い蜜月ののち、神学と哲学は自分たちの結婚がまちがいだったと気づく。遠からず始まる別居を待つかたわら、かれらは財産分割に取りかかる。おのおのが財産としておのおのの問題を手元に引き寄せ、相手がそれに手を触れるのを禁ずる。

すでに述べたように、ジルソンの見立てでは、スコトゥスは「哲学に絶望していた」（本書二三三頁参照）。それがよくない結果をもたらした。ジルソンのシナリオでは、ドゥンス・スコトゥスは、「固有の管轄領域を厳格に制限しつつ」も、なお、哲学に「信頼を寄せていた」のに、「一四世紀の革命」は「神学的綜合の補助者」としての哲学をつれなくもお払い箱にし、スコトゥス主義自身がその渦中に巻き込まれることになるだろう。哲学「者」について言えば、タンピエが根こそぎにしようと意図した「アヴェロエス主義者」のみが生き残ることになるだろう。ここに言うアヴェロエス主義者とは、まさにアリストテレスやアヴェロエスに関する空疎な繰り言を除けば、オッカム主義と何ら変わらない説を奉じる偏狭な「分離主義者」のことである（アヴェロエス主義を、よくても「怠け者の哲学」悪ければ「退廃したスコラ学」になぞらえたルナンを思いだしてほしい）。一二七七年の断罪に関するジルソンの読解は、回勅「信仰と理性」が告発し、超克しようと意図した「哲学的分離主義」という問題設定に端緒を与えている。かれの読解は、同時に、デュルケームが語る「スコラ学のドラマ」に内容を与えてもいる。こうした読解には、こんにち、大いに異論の余地があるように思える。それは少なくともふたつの理由による。（一）こうした読解はパリ司教による介入の諸帰結について思いちがいをしている。一二七七年以後、問題は哲学に「信頼を寄せる」か否かではなく、「強い」神学というモデルを選択するか否か、「立論の文化」に基礎づけられた神学を選択するか否かということである。というのも、ジルソンが「懐疑主義」や「批判主義」――かれはこれらをオッカム的思考のうちに感じとった――にまで矮小化してしまった「イギリス新神学」による神学の実践以上に「哲学的」実践がほかにあるだろうか。（二）一二七七年の措置はアヴェロエス主義に対する断罪ではない。一三世紀にはジルソンが言う意味でのアヴェロエス主義は存在しない。というのも、哲学に関する――ましてや哲学と神学との関係に関する――包括的アヴェロエス主義なるものの自覚が、ジルソンが引きあいに出す論敵のなかにあるわけでもないし[2]、そうした立場の全体もしくは部分を支持する哲学者が――そのきっかけを作った哲学者でさえ――いるわけでもない。そもそもかれらは、かれらのお手本と目されているアヴェロエスが、宗教と（哲学的）知恵との関係について自説を開陳した文献をひとつも知らなかったというのに、どうしてそんなことができただろうか。この点については再度言っておかなければならない。アヴェロエスがイスラムの地における哲学の法的地位について自分の考えを述べた著作と真正なイスラム神学の内容について述べた著作のどちらも一三世紀のスコラ学者のもとに届いていなかった。『ファスル・アル＝マカール』（『決定的論考』もしくは『哲学と宗教の調和についての決定的論考』）も『アル＝カシュフ・アン・マナーヒジャル・アッラディージャ』（『教義を論証する方法の開示』）もアルベルトゥスとトマスの時代にラテン語で読むことはできなかった。[3] したがって、アクィノの聖人の教説をアンダルシアの賢人の教説と突き合わせるまえに、ジルソンのシナリオに影を落としている公認歴史学のふたつの神話を一掃しておくことが大切である。まずラテン世界のためにスコラ学の「黄金時代」という神話を、すなわちトマスによる現存在（純粋現実態ニ於ケル存在者）の形而上学が、先行するすべてが知らず知らずにそこを目指し、後続するすべてがただそこから転げ落ちることしかできない頂上として機能している歴史モデルを一掃すること、つぎにアラブ‐イスラム世界のために「二重真理」という神話を、すなわち「ラテン・アヴェロエス主義」を記述した初期の歴史家たちがイブン・ルシュド自身のうちに回顧的に投影し、かれこそがその後見人であるかのように見なしている神話を一掃することが大切である。

スコラ学の「黄金時代」

これまでに述べたことだが、オーセールのギヨーム（一）は、ペトルス・ロンバルドゥスの『命題集』についての講義を、一二二〇年代から三〇年代にかけて、みずから書物化した『黄金大全』のなかで（第三巻第三部第一問題一項）、神に関する学知――ラテン・スコラ学が専売特許を持つ学知――の全体の構成原理として、のちに、機能するようになる比例関係をすでに提言していた。すなわち論証不可能な前提と学的結論との関係は、信仰箇条と神学的結論との関係にひとしい、あるいは、信仰箇条が神学に対して持つ関係は、自明的に認識される原理が学知に対して持つ関係にひとしい、という提言である。このように、アリストテレス的学問観を、論拠としての信仰に統合するということは、古代末期以来、哲学に対抗すべく、神聖知と世俗知とのあいだに積みあげられてきた、すべての障壁を乗りこえるものであった。ビザンツ帝国でヨハネス・イタロス（二）がアリストテレスの三段論法の方法を神学に導入しようとして譴責され、ニカエアのエウストラトス（三）が「受肉を正しく語る」ために学的立論 ἐπιχείρησις に依拠する必要があることを認めたせいでニケタス・セイドス（四）に非難されたというのに、[4] オーセールのギヨームは、「信仰」は「それ自体で明証的なこと」から出発して、「一見して明らかでないことがらを推理する」と主張して、見たところ、物議をかもすことはなかった。そして、「それ自体で明証的なこと」とは、右に述べたように、その明証性を神ご自身から得ている信仰箇条のことであり、神こそは、わたしたちがそれに同意する唯一独自の原因とされる。こうしてギヨームは理性と信仰との諸関係をめぐる問題をスコラ学的に論じるための認識論的な地平を切りひらいたのである。

　明証性についてのスコラ学的理解はわたしたちの理解ではない。スコラ学の明証性概念は、デカルトに始まりフッサールにいたる系譜のなかで、何度か修正をこうむった。しかし、中世に関するかぎり、それがあらゆる「強い神学」を彫琢するための枠組みをなすことに変わりはない。スコラ学の明証性概念は、のちの数世紀ものあいだ、強い神学の可能性の諸条件をめぐる反省を主導するであろう、ひとつの知見にもとづいている。それは同意 *assensus* という知見であって、この知見によって中世思想の三つの「時代」（約束、綜合、解体）に関するジルソンの「破滅主義的」シナリオによって闇のなかに置き去りにされた連続性が確保される。実際、一見シテ明ラカデ無イ事柄の領域における明証性とは何だろうか。もっと大きく問うなら、理性と信仰の関係の領域における確実性と明証性の基準とは何だろうか。こうした恐るべき問題が一三世紀から中世の終わり（この「終わり」をどこに位置づけようとも）までの中世後期の全体を貫く神学的発問を定義するのである。『命題集』を注釈したすべての神学者が、職業人として、遅かれ早かれそうした問題に直面する。ここでかれらによる回答をすべて提示することは無理であろう。回答の数が多すぎるからではない。類型が存在するので、それを浮きあがらせればよい。本当のむずかしさは、神学における明証性問題「というもの」がわたしたちに提示されるのは、一連の問題提起や先導的発問、すなわち一連の「問答複合体」をとおしてであって、しかも、それらは、永続的もしくは「永遠な」唯一の問題のたんなる転調というわけではない、ということからくる。[5] 信仰と理性の関係についての「中世的」問題「というもの」の土俵にあげられている「問答複合体」は、世紀が変わるにつれて、差異を生ずる。そうした差異についての近似的観念を得るために――これからまな板に載せようとするトマスは最後にもう一度忘れることにしよう――「一三世紀の綜合」の、いわゆる「崩壊」の「時代」にひとつの例をとることができる。その例とは、一四世紀の「唯名論」哲学者ジャン・ビュリダンが、信仰と理性の関係の問題と格闘した問答複合体である。そこにはビュリダンに固有の認識体系が露呈している。

「衰退」というジルソンがあらかじめ与えている図式に頼らずに一三世紀と一四世紀を大局的に区別しようと欲す

るなら、理性と信仰の関係に関するかぎり、それら両世紀を掛け値なしに「断絶」させているものはひとつしかないと理解すべきである。それは信仰箇条の明証性の地位である。このように限定すれば、考察すべき現象は単純にな（り、わたしが「観察可能な事実」と呼ぶものを構成することにな）る。「同意 *assensus*」の概念は、その概念を援用する著述家に問題を提起するだろうか。その概念は自明だろうか。それとも事前の哲学的分析／正当化を要求するだろうか。ようするに、その概念は、使用するまえに「推敲する」べきだろうか。答は明確である。オーセールのギヨームにとっては同意の知見は特殊な処置を要求しない。それは神学的言説の「根本概念」である。一世紀のち、パリ大学の人文学教師であったビュリダンの場合はそうではない。実際、ビュリダンはこんにちで言う「分析哲学的」問題を哲学者として引き受けているのであって、わたしに言わせれば、その問題が同意の知見の帰属する問答複合体を性格づけている。それは精神が或る命題に同意を与えるように規定される諸条件は何か、という問題である。哲学者ビュリダンが「人知の領域において」存在しうる二種類の明証性を区別するのは、こうした同意の概念の真正な「推敲」によってである。二種類の明証性とは（一）「認識能力（*virtus cognoscitiva*）が、それ固有の本性によって、もしくはある明証的理由に依拠して、いかにしても、神の介入によってさえ、偽とされることができないある真なる命題に同意するよう規定されるゆえんの明証性」、（二）「わたしたちの認識能力が、それ固有の本性によって、もしくはある明証的理由のおかげで、自然的には（*naturaliter*）」すなわち事物の現実的秩序においては「偽とされることができないが、超自然的には（*supernaturaliter*）」すなわち神の介入によって「偽とされることもありうる真なる命題に同意するよう規定されるゆえんの明証性」である。[6] ビュリダンは、学知と意見との明確な区別を要求するアリストテレスの『分析論後書』の一節を注釈していることから知られるように、同意（*assensus*）を自分なりに定義するにさいして、[7] お決まりの問題にお決まりの回答をあてがって恬淡としてはいない。かれはアベラルドゥスがボエティウスにならって着手し、アルベルトゥス・マグヌスがアヴェロエスにならって続行した諸知見の網の練りあげ作業の終点に、したがって、ギリシャ‐ラテンの伝統とアラブ‐ラテンの伝統が合流もしくは交差する地点に立ち位置を定めるのであり、しかも、あらたな枠組みのなかでそうするのである。なぜなら、まさに、厳密な意味での学知の定義で使われる明証性の知見の意味を介して、キリスト教信仰と自然的領域において真である人知（*vera scientia*）との差異の本性ならびに射程が争点になっているからである。神の介入に関する諸知見と世界の現実の秩序に関する諸知見とが、先立つ諸世紀に知られていなかった中心的役割を果たす、こうした、あたらしい観念配置図のもとで、「同意」は、アヴェロエスがアラビア語で*tasdīq*と呼び、アルベルトゥスがそのラテン語訳を使って*fides*と呼んでいた地味な観念の——あえて言えば——リサイクルであることに甘んじてはいない。それは、L・M・デ・レイクが指摘したように「真知（*scientia*）と意見とを識別する」ことを可能にする「試金石」に化ける。すなわち、真知は「ゆるぎない同意」として、意見は「反対命題が真ではないかという危惧をともなった同意」として記述されるのである。[8]信頼と危惧——これらは学問性をめぐる中世的反省の原理としては思いもよらぬ知見かもしれない（とりわけアリストテレスのいくつかの表現様式が、いわゆる「アラブ的」ペリパトス主義と、西欧の伝統そのもののなかでたどった運命について無知なひとびとにとっては）。[9]「反証」いう知見にも同じことが言える。しかしここでさらに決定的なのは、神の全能という知見の介入であって、その知見こそ明証性問題「というもの」を可能的諸世界という理論の枠組みのなかに書き入れることを可能にする、文字どおり操作的な概念である。こうしたもろもろの概念網が、相互に作用しあうことによって、ビュリダンの問答複合体の輪郭をなしているのであり、それらは一三世紀の概念網と完全に重なりあうということはない。というのも、ここで語っているのは、ひとりの人文学者であって、その人文学者が、一二七七年の検閲の後遺症などまったく感じさせることなしに、このうえなく神学的な道具——神ノ絶対的能力——をも操っているのである。オーセールのギヨームのおっかなびっくりのデビューや、「私ガ自然的諸事物ニ就イテ論究スル時、神ノ奇跡ハ私ニ何ノ関リモ無イ」という原理に沿って自然研究においては神の能力という神学的概念を介入させないように、哲学者と神学者双方に、自己規制を求めたアルベルトゥスの慎重さとくらべると、そこには、あらたな言語、あらたな概念、あらたな問題、そしてとりわけ越境的な実践がある。したがって一四世紀の神学というものをスコラ学というものの破綻の苦い果実として提示するのは馬鹿げたことだ。個々の神学者や哲学者にとっての一四世紀とは「批判主義」の時代でもなければ「懐疑主義」の時代でもないし、信仰と理性との「大いなる綜合」の破局の時代でもない。それは信仰なり理性なりといった言葉と、それらが指示する現実と、それらが引き受けている概念にあらたな方向から接近する時代なのである。ヴィア・モデルナ（新時代主義）はスコラ学の老化現象というわけではないし、ヴィア・アンティカ（旧時代主義）こそ「真の」神学だというわけではない。イスラム世界とキリスト教世界における哲学と宗教との出会いをそれぞれのやりかたで代表するふたとおりの流儀を大局的に比較するために、わたしがここでトマスを選び、結局、トマスの流儀とイブン・ルシュドの流儀を比較するからといって、スコラ学の「黄金時代」という図式を継承するつもりはない。わたしの確信が正しければ、一四世紀は、こんにち、地中海世界のいたるところで提起され醸造されている問題や主題や議論が、哲学的な意味で実り豊かな対決となるための、よりよい土俵を提供してくれることだろう。あえて嫌な言葉を使うようであるが、一四世紀の分析道具はいわゆる「黄金時代」の分析道具以上に「ソフィスティケート」されており、或る意味では一二世紀の分析道具と同じ程度にソフィスティケートされている。ということはジルソンの表現を発見的意味に受けとるとすれば、そこから明らかとなる結論は、かれが自分で引きだした結論とは別のものになるだろう。「約束の時代」が本当にあったとすれば、一二世紀の分析哲学の「約束」が、一三世紀によってではなく、一四世紀によって守られたのであり、トマスによってではなく、アルベルトゥスによってでもなく、オックスフォード論理学とその武装部門であるアダム・ウォッダム[五]やリミニのグレゴリウス[六]らの「イギリス新神学」によって守られた[10]のである。「約束」を守った何世代にもわたる思想家たちは「批判主義者」でも「懐疑主義者」でも「分離主義者」でもない。かれらはオックスフォードの分析様式の価値を認めさせることに成功した精神たちであって、法令によって守られた身分のままで旧時代人の権威をたてに解釈学的実践をいつまでも続けようとしていたパリ大学の精神たちがそうした様式の伝播に歯止めをかけようとしたが、抑制は利かなかった。「トマスの世紀」は中世の「頂点」ではない。「同意」概念の取りあつかいについても、ドゥンス・スコトゥスに始まり一六世紀初頭にパリの神学校につどったスペイン唯名論者にいたる長い期間の方が、哲学的にも神学的にも、より理屈っぽい[11]。にもかかわらず、わたしたちがここで力点を置くのはトマスである。なぜか。まさにわたしたちの考察対象が「一三世紀の危機」であるからであり、区別が必要であるとわたしたちには思われるトマス的とアルベルトゥス的のふたつの「パラダイム」はこうした危機の産物だからである。また、イブン・ルシュドの思想と比較対照させるべき思想として「アヴェロエス主義」の創作とその内容の推敲に、すでに述べたやりかたで、加担した人物のそれ以上にふさわしいものはほかに見つからないだろうからである。一二七七年の検閲からペトラルカ(七)の『己自身と多くの事についての無知』までを一貫し、ライムンドゥス・ルルスの呪詛の言葉から一六世紀のイタリア・アヴェロエス主義者の複雑な執筆戦略までを一貫しているアヴェロエス主義に対する断罪や告発や、あげくの果てのその再生産は、そうした創作と推敲がもたらしたのである。さらに、ヨハネ・パウロ二世の回勅が証言するように、理性と信仰についての「スコラ学的論争」についての言説を組織する中心としてかつて機能し、いまでも機能しているのは、ウォッダムやリミニのグレゴリウスの問答複合体ではなく、トマスの問答複合体だからである。これで理由は三つになった。三つで十分だということにしていただきたい。

二重真理

よそで明らかにしたように、「二重真理」の学説は、自分のキリスト教信仰を否認し、自分のラテン性を軽蔑することを生業にしているラテン人のキリスト教徒に対してトマスの『アヴェロエス主義者の知性単一説を駁す』(=『駁論』)が仕かけた論理的陥穽の産物である。それをアヴェロエス本人の説と見なすことに、そもそも、無理がある。こんにち『ファスル・アル-マカール』(『決定的論考』もしくは『哲学と宗教の調和についての決定的論考』)を読んでみれば、だれもが難なくつぎのことを確認するだろう。すなわち、信仰によって語られ、あるいは、信仰によって真とされることのなかに哲学的に不可能なことがある、もしくは対立するふたつの真理がある、と述べているくだりは一個所もないことを。『ファスル・アル-マカール』の世界をなす認識体系は「ラテン・アヴェロエス主義」のそれとは何のかかわりもない。この書物が大学なき世界から生まれ出たという事実(そのことは「学部間の抗争」という図式がこの書物には当てはまらないことを意味する)を除けば、この書物をラテン世界から隔てているちがいが四つあり、にもかかわらず、「一三世紀の危機」はこうしたラテン世界をアヴェロエスの名のもとに揺さぶることになるのである。その四つとはつぎのとおりである。（一）『ファスル・アル゠マカール』が信者の観点と神学者の観点とを区別しているのに対して、ラテン人は両者を同一と見る傾向がある。（二）『ファスル・アル゠マカール』は「相反する真理」を、たがいに対立させるのではなく、「啓典」についての異なる解釈と考える。（三）『ファスル・アル゠マカール』の直接の目標は「啓典」で言表されていることが何であるかを学的に規定することであって、その解釈は哲学者に対して法的に義務づけられているが、平信徒に対しては法的に禁止されている。（四）いかなるときにも哲学者――より正確には「啓示の源泉の合理的な吟味に徹底して従事するよう」「啓典」それ自身によって厳命されている者――は、トマスが『駁論』の一一八節でラテン・アヴェロエス主義者の状況として記述している状況にはない。すなわち「信仰に関して敬意を欠いたやりかたで自分の考えを表明し」、そのさい、かくかくの哲学説が「信仰に反しているか否かを」（自分では、反していることを確実に知っているのに）「問うふりを装い」、あるいは「自分を、あたかも自分自身の宗教に対して無縁であるかのように描きだす」状況にはない。イブン・ルシュドが『ファスル・アル゠マカール』でふたつの対立する真理の存在を主張していると断ずることはたんに虚偽だというにとどまらず、この書物のエピステーメー（認識体系）から言って不可能でもある。『決定的論考』がイスラム哲学者を信仰者としての義務から免除する余地はきわめてわずかで、（理性は自分のくだす結論の必然性を逃れる権限を持たないことを強調しながら）哲学者に誤謬をおかす法的資格を認められないものかと自問しているほどであり、また、この書物は、終始一貫、（「啓示」に到達する複数の道があることを強調しながら）「啓示」にほかならない唯一無二の「真理」の観点に身を置いている。したがって「信仰」と「理性」との関係の問題を展望するイブン・ルシュドの観点とトマスの観点を比較するまえに、ふたつの予断的誤謬を排除しておかなければならない。ひとつは、一般的な誤謬で、自民族中心主義である。もうひとつは、特殊的な誤謬で、あえて言えば、イブン・ルシュドの、アヴェロエスと名づけられた理論的人物への矮小化である。つぎのように言った方がよいかもしれない。アヴェロエスのうちに「アヴェロエス主義者」の筆頭を見ることは、これをかぎりにやめなければならない、と。

　イブン・ルシュドが「二重真理」の観念からいかに遠いかということは、かれが、「真なるもの」の単一性を「神学者」に対するすべての攻撃のかなめ石にしていることからも分かる。ひとが『決定的論考』のなかに二重真理説への賛同のわずかな気配をも見逃すまいとしているのは、この書物の真の目標を勘ちがいしているからである。こうした勘ちがいの出どころを指摘したければ、勘ちがいにとらわれているひとびとは「相反するふたつの真理」という西欧的図式をこの書物の標題（『哲学と宗教の調和についての決定的論考』）の解釈に逆流させている、と言っておけばよい。結局、かれらは『ファスル・アル‐マカール』を、信仰の真理と哲学の真理の融和の母型として読みかえる読解格子を選びとるのである。それはイブン・ルシュドの観点からすると馬鹿げた任務であり、むしろ『決定的論考』の構造全体はそうした任務を告発しようともくろんでいる。実際、『ファスル・アル‐マカール』が追い求めるのは調停したり和解させたりすることではない。それではまるで標題の語る「知恵」と「啓示」は調停される必要があった、と言わんばかりではないか。そのような前提はイブン・ルシュドの諸学説のなかでも、終生、変わらなかった学説と矛盾するし、また、まさにそうした前提を壊すことにこの論考の全体が取りくんでいるのである。念のために言っておくが、調和的読解という新プラトン主義的原理をイスラム世界に持ち込んだのはアル‐ファラビだが、そうした原理は、たしかに『ファスル・アル‐マカール』のなかにもないわけではない。イブン・ルシュドはその原理をよく認識し、それが、古代末期の新プラトン主義の継承者たる東方哲学のうちに起源を持ち、そこで或る機能を果たしたことを認識している。すなわち、アリストテレスの哲学とプラトンの哲学という「ふたつの偉大な哲学」を調和させる、という機能である。かれはまたそうした原理を活性化する前提を認識し、そうした前提によって、アリストテレス論理学および自然哲学の研究がプラトンの「対話編」で展開される神学的な「大いなる神秘」の予備学となっていることも認識している。しかし、こうしたすべてを認識しているとは言え、かれは哲学においてそれを受け入れることはない――哲学におけるかれの努力は、挙げて、アリストテレスを脱プラトン化することである――し、それを『ファスル・アル‐マカール』で「知恵」と「啓示」の関係に適用することはない。かれが融和という主題に接近するのは、ペリパトス主義とプラトン主義とを話題にする同書三二節であって、しかもその接近は、ペリパトス派とプラトン派の主張を調停するためではなく、まず、両者のあいだに哲学的共通理解がないことを強調するためであり、ついで、アシュアリ派（八）神学者と非イスラム系哲学者との対立にも限界があることを指摘するためである。というのも、アシュアリ派は、論争のなかで、ペリパトス派の主張が哲学的であるという理由で、それに不信心の烙印を押しているが、そのアシュアリ派もプラトン派という別の哲学者たちとは意見が一致しているのであって、かくして知恵と啓示のあいだの論争ではなく、ふたつの哲学のあいだの論争という文脈で意見表明がおこなわれているからである。

言いかたを変えれば、イブン・ルシュドを理解し、トマスとの位置関係でかれにふさわしい場所を与えるためには、『ファスル・アル＝マカール』についての、ともに誘惑的ではあるがともに誤っているふたつの解釈図式と手を切らなければならない。融和と二重真理というふたつの解釈図式である。両者とも不適当であるが、知恵と啓示との本質的で先験的で不可避的な矛盾を前提しているという同じ理由によって不適当である。こうした矛盾はイブン・ルシュドによって明白に否定されており、『ファスル・アル＝マカール』が存在理由を持つのは、まさに、少なくとも、かれから見て矛盾が存在しないからである。『ファスル・アル＝マカール』の目的は宗教を哲学と和解させることではなく（哲学を宗教と和解させることでもなく）合法的な基礎のうえに両者を関係づけ接続することによって、哲学自体を「合法化する」ことである。接続することと調停することはちがう。このことは、しかし、『決定的論考』の性格を正しく定義することによってしか明らかとはならない。『ファスル・アル＝マカール』は、その第一節ではっきりと告知しているように、哲学活動がそれに専心する適性を有するひとびとにとって法的に義務である行為に属することを示す目的を持つ法学的論考である。そのうえで「知恵」と「宗教」とが調停されなければならないとしたら、いったい、そう長くもないこの作品の整合性とは何なのか。疑わしきは原著者の利益に、という解釈原理からすると、わたしたちは、少なくともイブン・ルシュドの側に「整合性」があると信じてかからなければならない。しかし、その場合、ルナン以降に構築された「歴史物語」が、あらかた、破綻する。アンダルシアの賢人を一三世紀のスコラ学博士と比較することは、戯画化や自民族中心主義の色眼鏡や当て推量の積みかさねを基盤にしてできることではない。イブン・ルシュドの目標は明確である。それは「宗教を合理化する」ことでもなく、「哲学を聖化する」ことでもなく、[12]宗教的真理を哲学的真理に対して従属的な立場におとしめることでも、[13]哲学者を預言者になぞらえることでもない[14]。とりわけそれは、「黄金時代」のあらゆる善良な神学者のように、理性と信仰の出会いをお膳立てすることではない。『ファスル・アル－マカール』は「スコラ学のドラマ」とは無縁である。それは「教義を否定することを拒否しつつも教義のなかに理性を導入」などはしない。それはデュルケームが言うように「伝統に対する敬意と自由な吟味の魅力のあいだを、信仰心を持ち続けたいという欲望と理解したいという募りゆく欲求のあいだを揺れ動く」ことなどない。だからこそわたしたちはここで『ファスル・アル－マカール』に関心を持つことができるのであり、また持たなければならないのである。

2　トマスとアラブ思想

アラブ世界と、わたしたちの研究に、直接、関連する西欧イスラム世界は、ギリシャ思想をキリスト教西欧に移植するにあたって主要な役割を果たした。すべてがオリエント地方のバグダードで始まったことは周知のとおりである。ビザンツ帝国――東方ローマ帝国――で迫害を受けた多くの（エデッサ出身の）ネストリウス派(九)キリスト教徒もしくは（アンティオキア出身の）ヤコブ派(一〇)キリスト教徒が、そこで、シリア語を介してギリシャ語をアラビア語に翻訳するという、学問移植活動に欠かすことのできない役割を果たした。とくにフナイン・イブン・イスハクとヤフヤ(一一)・イブン・アディ(一二)がそうである[15]。学問移植の、時間的にも空間的にも長いこうした連鎖の末端に位置する一三世紀のラテン人は、やがて、一二三〇年代以降、自分たちを圧倒することになる、ギリシャ的要素とアラブ的要素が渾然一体となった哲学の歴史的生成に、キリスト教徒のアラブ人が歴史的に貢献したことについて何も知らなかった（アルベルトス・マグヌスもフナイン・イブン・イスハクを引用しながらかれのことを「ハセウベン・フシャイン」と呼んでい[16]るのであって、かれについて何も知っていないことは明らかである）。同様に、オリエント地方において、ギリシャ人、キリスト教に改宗したギリシャ人、シリア人、キリスト教徒のアラブ人、イスラム教徒のアラブ人を結びつけている複雑な関係網は、一三世紀のラテン人にとって、依然、未知の領域であった。唯一の例外はマイモニデスであり、かれは『迷える者のみちびき』第一巻七一節で、ギリシャ人キリスト教神学者（ヨハネス・フィロポノス）[一三]とシリア人キリスト教神学者（イブン・アディ）とが異教徒の哲学者に対して挑んだ論争のうちにイスラム神学の先駆を見て、その論争を「アシュアリ派神学およびムータジラ派神学」[一四]の形成に関係づけている。[17] この例を除けば、宗教的弁明（カラーム）と哲学（ファルサファ）とがせめぎ合う歴史に連続性――オリエントと西欧とが対話しあう、真に文化横断的な連続性――があるという明確な認識が、世の東西を越えて、あったかどうかは疑わしい。というのも、こうした認識には、弁神論の方法に或る種の一致があることを、歴史的現実と論証構造の双方から洞察することが前提されるからである。西欧キリスト教徒は「学問移植」――言ってしまえば、バグダードと東方イスラム世界を起点とするギリシャ学知の移住――の複雑性について、おおむね、無知であった。だからこそアラブ人は西欧キリスト教徒にとって、異教徒すなわち別の律法（ラテン語の *lex* すなわち宗教）の信奉者であるか、哲学者というものすなわちギリシャ思想の継承者であるか、その両方であるか、そのいずれかとして認識されていたのである。とはいえ、ラテン人がファルサファ（イスラム哲学）に接触するのは西欧においてであり、西欧イスラム世界においてである。この出会いの場所と経緯は周知のとおりである。それはイスラム教徒支配下のスペインであり、とくにトレドであり、また、ノルマン人ついでドイツ人支配下のシチリアである。ところでシチリアでおこなわれた研究の重要性がどうあれ、わたしが別の著作で中世キリスト教ヨーロッパの「哲学的文化変容」と呼んだものが産みだされるのは、とりわけスペインにおいてである。

トマス・アクィナスはこうした文化変容の黄金時代を生きている。それも、発見の黄金時代ではすでになく、議論と批判と解釈の黄金時代である。かれは宗教と哲学というふたつの前線に身を投じているが、だからといって、これらふたつの領域で、それぞれ同じ程度に重要な貢献をするわけではない。より正確に言えば、異教と哲学との二重の出会いは、ある明確な枠組みのなかに、ある十分に限定された問題設定のうちに、位置づけを得ているのであって、その問題設定とは信仰ト理性 *fides et ratio* の有機的連関という、こんにち、法王庁の省察をつかさどっている問題設定である。トマスがイスラム教それ自体を語ることはまれであるが、そうしたまれな発言が位置づけを得るのは、あきらかにこの枠組みのなかにおいてである。その要点は、当初の標題が「カトリック信仰の真理と、異教徒の誤謬に関する書」であったろうと推測され、こんにち、『対異教徒大全』という標題の方がよく知られている著作に表れている。一二五七年から五八年にかけて書きはじめられたこの大作でトマスは、回教徒が「イスラムの預言者」と呼ぶ人物すなわちムハンマドについて、とくに、紙幅を割いている。『対異教徒大全』がムハンマドに与えている理論的肖像について述べるまえに、ムハンマドの分析がこの著作の全体構成に占める場所を強調しておかなければならない。問題のテクストは第一巻の冒頭に置かれた「序論」の第六章四節にある。この場所は「理性によって到達不可能な真理が信仰の対象として人間に提示されているのは適切なことである」という言明を章題に置く第五章と、「理性の真理はキリスト教信仰の真理と対立しない」ことを言明する第七章にはさまれている。どちらの言明も、イスラム教についてトマスがくだした診断を理解するのに必須である。第六章の章題は「信仰に属する事柄に同意を与えることは、そのことが理性を越えていても、軽率の証しにはならない」となっている。トマスがイスラム教を性格づけるのはこうした三重の土台に立ってのことである。

　トマスがイスラム教を読解する観点ははっきりしている。イスラム教はセクトであり、トマスが解釈するかぎりでのキリスト教の歴史そのものが証言する方向性とは「逆向きに進んできた」数多くの「迷えるセクト」のひとつである[18]。アクィノの聖人によるとキリスト教の不思議中の不思議は、「凡人だけではなくこのうえない賢者をもふくむ無数のひとびと」が、「キリスト教信仰に飛び込んだ」ということであり、こうした回心の運動にあたって「剣による暴力」も「快楽の約束」も、これっぽっちの役割も果たさなかったということである。「死すべき精神」が「あらゆる知的理解を超越し、肉の快楽を抑制し、この世のすべての財貨を軽蔑する」ことを教え説く信仰に「同意」できたということ、これこそがトマスにとって「奇跡中の奇跡」であり「神による明白な触発のわざ」である[19]。結局これこそがキリスト教をイスラム教から区別する点なのだ。実際『対異教徒大全』によれば、イスラム教は「ひとが肉欲に駆られて求める快楽を約束すること」による「民衆の誘惑」に基礎を置いている。このように理解されたイスラム教の戒律は、端的に、「この約束に反しない」もの、また、だからこそ肉欲的人間のふるまいをそれだけますます効果的に規制するものとなる。というのも、「肉欲的人間は」自分たちの欲望の満足を究極的に保証してくれそうなものには「ただちに従う」からである。[20] イスラム教は「その教える真理」につねに「もろもろの寓話とこのうえなく見当ちがいの学説」を混ぜ合わせ、「真理の証拠」（*documenta*）も純粋な真理も提出することなく、ましてや「超自然的証拠」を提出することもなく、さらに、その創唱者の言によれば、「剣の力」に分かちがたく結びついている。トマスの注釈によれば「これでは山賊や暴君と区別できない」。結局イスラム教はすべての絵柄において罪ぶかい。空しい誘惑という罪があり、剣の暴力という罪があり、真理の捏造という罪がある。というのも——これは最後であるが最小ではない非難である——「ムハンマドに先立つ預言者が語るいかなる神の言葉もかれに有利な証言はしていない」からである。それどころか、ムハンマドは『旧約聖書』および『新約聖書』の「ほとんどすべての証言を伝説へと」故意に「歪曲し」、さらに、そうした寓話化に「機転」を加えて信奉者が「『旧約聖書』や『新約聖書』を読むことを恐ろしいほど巧みに禁じている。それによって信奉者におのれの虚偽性を悟らせないようにするためである」[21]。

とても魅力的とは言いがたいこうした肖像画は、『対異教徒大全』で次から次へと厚塗りをほどこされるのであって、サラセン人は、その第三巻第二七章一一節で、ユダヤ人と並べられてエピクロス主義者の横に置かれ、同一二節でケリントス派（二五）もしくはキリアストすなわち千年王国論者（二六）の横に置かれたあと、同一三節で、「徳行の報酬を快楽のなかに」求めるひとびとのあいだに描き込まれている[22]。こうした肖像画に何ひとつ独創的なところはない。それは時代精神に同調している肖像画であり、トマスが、かれの同時代人のすべてと、もしくは、ほとんどすべてと共有していたイスラム教に関する事実関係についての無知を証言している。このさき、こうした事実関係について、ひとこと、述べる機会があるだろう。いまのところは『対異教徒大全』第一巻第六章四節でトマスが追求している目標に注意を払うことにしよう。イスラム教徒すなわちムハンマドの「言葉を信ずる」ひとびとが「軽率に」信じていることを説き明かすことだけがかれのねらいである。したがって、あえて言うなら、イスラム教とは、トマスからすると、規則を規則たらしめる例外のひとつである。規則とは、信仰に属する事柄に同意することは、かりにそれが理性を越えていても、軽率さの証しではない、という規則である。（真なる）信仰と（自然的）理性が必然的に嚙みあう構造のなかに、イスラム教は居場所を持たないのである。本当のことを言えば、イスラム教はかれが保存しようと欲している二重の要請――信仰ト理性――のうちに何の問題も見ていないからである。トマスが見るところ、イスラム教は信仰をも理性をも代表していないため、結局、その居場所は蚊帳のそとである。トマスが立証したいと欲していることの本質、すなわち「キリスト教信仰の真理が人間理性の能力を越えているにしても、理性がもともと生得的に所有しているものはこうした真理に反するものではありえない」ということ[23]――したがって、信仰の真理と理性の真理との無矛盾性、キリスト教と哲学との無矛盾性――は、イスラム教の存在によっていささかも傷つけられも損なわれもしない。それがメッセージである。それが目標である。トマスは、信仰の真理とキリスト教信仰の真理とを無理やり同一視して、キリスト教にしか真理はない、と言いたいわけなのか。憤慨するまえに、問題点を整理した方がよさそうである。

一三世紀のキリスト教神学者がキリスト教信仰の真理のほかに信仰の真理はないと考えていることに驚かないでいただきたい。それが驚きだとしたら、こんにちの或るキリスト教神学者すなわち法王ヨハネ・パウロ二世が、回勅「信仰と理性」を、「カトリック教会が、キリストの復活という奥義のうちに、人間の生についての究極の真理を授かってからこのかた」（序論二節）教会に託されてきた使命をめぐる談話として執筆したことも驚かなければならないだろう。さらには法王が、カトリック教会を「イエス・キリストの啓示の保管所であるという事実に由来する権限に守られている」と考えていることにも驚かなければならないだろう。その権限のおかげで、カトリック教会は「真理について反省する必要性を再確認する」ことができ、この目的のなかで、カトリック教会は「真理を明らかにする」（『コリント人への第二の手紙』四章二節）使命をともに分かち合っている司教たちに問い尋ね、同時に、「真理のさまざまに異なる様相を探究する義務を負う」（序論六節）神学者ならびに哲学者に問い尋ねることができるのである。つまるところ、法王の回勅と『対異教徒大全』第一巻第七章がもくろんでいることのあいだに大したちがいはない[24]。トマスのキリスト教信仰についての考えかたのなかに驚くべきこと――歴史家にとって――が何もないにしても、しかし、イスラム教についてのトマスの認識不足には驚いた方がよさそうである。とはいえ、そうした診断には微調整が必要である。

トマスの時代、『コーラン』の二種類の翻訳が存在している。（一）尊者ペトルス[一七]の金銭的支援を受けた、一一四三年のケットンのロベルトゥス[一八]の訳。（二）一二〇九～一二一〇年ころに作られたトレドのマルコの訳。トマスがこのどちらも読んでいないことは明らかである。『対異教徒大全』のなかにも『コーラン』からの正確な引用はひとつもない。かといって、トマスは中世の反イスラム論争書を利用しているわけではない。たとえば尊者ペトルスのよく知られた論争書（『サラセン人の宗教に反対す』『異端キリスト教およびサラセン人の悪魔的宗教の要点』）を利用していないし、ましてや、一〇世紀のバグダードのキリスト教徒によって書かれた、入手困難な著作（たとえばトレドのペトルスが訳した偽キンディ――ヤフヤ・イブン・アディのことか？――の『知性と叡智的なものについて』）を利用していない。利用していれば『コーラン』についての間接的情報がいくばくかでも得られただろう。したがって『対異教徒大全』は、たとえば、やがて、一二七〇年代になって、別のドミニコ会修道士トリポリのギヨームが自著『サラセン人とその偽預言者ムハンマドならび宗教と信仰について』で展開することになる反イスラム論争を予告するものではない[25]。しかも、聖トマスのうちには、これまであちらこちらで言われてきたこととは反対に、イスラム教徒を改宗させようとする「宣教的」意図はない。トマスは、たとえば尊者ペトルスが一世紀まえにおこなったように、イスラム教徒を理性に立ち帰らせる――イスラム教徒は、ペトルスからすると、たんに分別ある *rationales* 存在であるばかりでなく、とりわけ推論に長けた *rationabiles* 存在として理性を有するのである――ために執筆したりはしない[26]。実際、トマスにはカラーム（イスラム神学）に向きあおうとする気配がほとんど感じられない。かれはカラームについてまったく無知なわけでないことははっきりしている。というのもかれはマイモニデスのようなユダヤ人の論敵や、アヴィセンナやアヴェロエスといったイスラム教徒の論敵のかなりの著作を読んでいるからである。しかしかれがイスラム教「神学者」に反対して発言することは、はなはだ、まれであるし、その発言も機械原因論に対する批判に集中している。トマスがムタカッリムーン（ヘブライ語の「メダベリム」があいだに入ったためラテン語では「おしゃべり好き *loquentes*」と訳されてしまったが、「メダベリム」はカラームの信奉者という意味であって、「イスラム法に則って語るひとびと」という意味ではなく、ましてや、「おしゃべり好き」とか「口舌の徒」という意味——トマスの弟子のローマのアエギディウスがのちにそのように誤解する——ではない）についての議論のなかで、もっぱら、あつかっているのがまさにこの論点である。かれが批判の矛先を向ける著述家たちはイスラム教神学のもっとも有名な学派のひとつを出身母体にしている。その学派とはアル‐アシュアリの弟子からなるアシュアリ派である。[27] トマスがくり返し攻撃するのは、普遍的原子論（「すべての物体は不可分者からなる」）に立脚して、すべての物体形相をたんなる偶有性に還元し、同一の偶有性が一瞬より長く持続することを否定し、そのことから、同一の偶有性が或る主体から別の主体へ移行することを否定し、さらにそのことから、物体間のすべての他動的作用を排拒することによって、或る物体から他の物体に移行するようにわたしたちには見える偶有性は、神によって、直接、創造される——物体が或る偶有性を受けとるかに見えるのは、神がそれを現在化するからであり、物体がそれを与えるかに見えるのは、神が同じそれを不在化するからである——と主張するひとびとであって、そのとき槍玉にあがっているのはアシュアリ派である。[28] とはいえ、アシュアリ派神学に対するトマスの批判は、それがどれほど容赦ないものであっても、所詮、トマスが進めたい話の本筋からすれば異国ふうの挿話にすぎない。

アラブの哲学者に対する批判はおもむきを異にする。ここに真の対立がある。事実、『対異教徒大全』は過去もしくは同時代のイスラム神学に対する論駁ではないにしても、アラブ・ペリパトス主義によって推奨されている心理学（霊魂論）と思考学（知性論）に対する、このうえなく精力的な論駁をふくんでいる。論駁の対象はイブン・バジャの知性学説（第二巻六七節「知性と想像力を同一視するひとびとを駁す」）に始まり、アヴェロエスのそれ（第二巻七三節「可能的知性はすべての人間において数的に同一ではないこと」）におよんでいる。論駁の対象は、また、哲学的至福を「離在する諸実体の観想」と理解する「アラブ的な」発想（第三巻四三〜四五節）に始まり、アラブの占星術および哲学によって表明される心的決定論（三巻八四〜八八章）におよんでいる。アラブ哲学についてのこうした批判的議論は、一三世紀でもっとも明確で厳密で方法的であって、アリストテレス主義的でありかつアリストテレス主義的たらんと欲しているこの（アリストテレスの名が四〇〇回以上あがっている）著作の意味が収斂する大きな中心のひとつである。あきらかに、トマスのアリストテレス主義はアラブ・ペリパトス主義およびギリシャ-アラブ・ペリパトス主義に対する批判から生まれている（アフロディシアスのアレクサンドロスでさえアヴェロエスを介しアヴェロエスとの対比で考察されている）のである[29]。そうであるにしても、ここでトマスの真意を見失わないようにしなければならない。アラブの心理学および思考学理論を検討することはアリストテレスの解釈家としては当然である。こうした理論は、アリストテレスの『霊魂論』を注釈するスコラ学者が一三世紀に手中にする諸文献の本質的部分を構成している。教師トマスも、アリストテレスの職業的な解釈家として、アラブ思想家と対決することを、いわば、職業的に強いられている。かれは大学における全活動を通じてその仕事を——しかも何の過不足もなく——やりとげている。そしてかれがアラブの先人たちのかくかくのアリストテレス主義解釈と切りむすぶのは、アリストテレスの名においてであり、より正統的でより確かな根拠にもとづいた、つまるところ、より「忠実な」、あるいは、より「正確な」読解の名においてである。しかし、そうした読解において信仰は問題ではなく、信仰と理性の関係も問題ではない。だからこそ、もし霊魂と知性に関するアラブの諸哲学説についての議論がキリスト教神学者——トマス・アクィナスは『対異教徒大全』においてはもちろんのこと、『アヴェロエス主義者の知性単一説を駁す』のような論争の書においてもつねに同時にキリスト教神学者であり、そして、まずもってキリスト教神学者である——にとって持つ意味と射程と機能を十分に理解したいと思うなら、『命題集注解』とか『霊魂論問題集』といった、文字どおり哲学的な著作はわきに置いて、『対異教徒大全』に立ち返り、その全体をみちびいている観点と、その著作に固有の発問と、特有な争点を読みとらなければならないのである[30]。

トマス・アクィナスによる信仰と理性

トマスは『対異教徒大全』でアヴェロエスの思考学に対して克明かつ重厚な一貫した批判を展開する。ちなみにアヴェロエスはこの著作のなかでアリストテレスについで引用回数の多い著述家である（四二回）。アリストテレス主義者としてのトマスがアヴェロエスに浴びせる主要な非難はアリストテレスの思想を歪曲したという非難であることは周知のとおりであるが、しかし正統的アリストテレス主義とは何かという問題は、ここでは、わきに置こう。その代わりに、『対異教徒大全』を支配する中心的な観点——信仰と理性の関係という観点——に身を置くならば、トマスの批判はイブン・ルシュドの心理学にあってキリスト教信仰と両立不可能なものを対象にしていることが確認される。その対象とは、おのおのの人間の魂の個体性の排拒であり、その人格の不死性の否定であり、至福の本性についてのアヴェロエス的理解である。そのことも周知ではないのか。そうかもしれない。しかしトマスの足取りが興味をそそるのは、それが、だれでもするように、アヴェロエスの教説とカトリック信仰の或る種の要素との両立不可能性を確認するからではない。キリスト教徒たるもの至福を離在する知性との或る種の非人格的結合に限定することなどできない——至福とは哲学者の、いわゆる「知的幸福」などではない——のであって、至福とは、本質的に、神の直観であり、それも、トマスが「栄誉ある光」の助力と呼ぶものを前提とする直観であることは、いまさら、言うまでもないのだ。読者に強い印象を与えるのは、アクィノの聖人がキリスト教信仰の内容の一部分は合理的に論証される可能性があることを主張するその執拗さである。より正確に言えば、『対異教徒大全』は、信仰の真理の一部は合理的に論証もしくは展開されうること、そしてその系として、信仰の真理に対立する論拠、とくに、「信仰の証言」(*documenta*)を否定するために援用される論拠は、これはこれで、論駁されうることを主張しているのである。(肯定的)論証と(否定的)論駁。これらは一二六〇〜一二七〇年代以後の一三世紀に威信を増すふたつの言葉である。トマスの穏やかな自信を納得するためには、『対異教徒大全』第一巻第七章の全体を支えているつぎの定理にさかのぼる必要がある。

定理一——理性によって、本来、生得的に所有されているものがキリスト教信仰の真理に反することはありえない。

この定理一がヨハネ・パウロ二世の回勅「信仰と理性」の、つぎに掲げる基調命題を支持していることは明らかである。法王が「一九八〇年一一月一五日の訴え」以後、「アルベルトゥス的な」言葉づかいで表現するようになった例の命題である。

理性と信仰のあいだに根本的な対立はありえません。理性は、その本性が神から来たのですから、真理に適合もしくは合致し、真理を認識できますし、信仰は、あらゆる真理の同一の源泉すなわち神に拠りどころを求めることなのですから。

トマスにとって、理性が、本来、生得的に所有するものとは自然的認識の諸原理である。二種類の認識がある。自然的に認識される諸原理と啓示によって認識される諸原理である。オーセールのギヨームが「其レ自身ニ拠リテ知ラレル原理」と信仰箇条とのあいだに置いた区別がここに認められる。こうした基盤に立てば、『対異教徒大全』が逐条的に述べているように、理性と信仰との関係の問題は容易に制御される。この問題を制御するためには四つの定理をつけ加えなければならないが、その四つが、同時に、法王の一九八〇年の呼びかけと一九九八年の回勅によって擁護された観点を明確化する。

定理一――自然的に知られる諸原理は神ご自身によってわたしたちのうちに導き入れられている［なぜならそれらは理性のうちに、すなわち、わたしたちの本性のうちに、生来、書き込まれている（第一節）のであって、しかも神ご自身がわたしたちの本性の作者だからである（第二節）］。

定理三――理性のうちに、生来、書き込まれているものは神の知恵自身にふくまれている。

定理四――したがって、生来、理性のうちに書き込まれている諸原理に反するものは神の知恵それ自体に反している。

定理一から四までを後ろ盾にトマスは「神の啓示に発して信仰によって守られていることは自然的認識に反することができない」（第二節）と立論する。こうした立論の帰結――あるいは、前提と言った方がよいかもしれないが

――は明らかである。すなわち信仰の真理と理性によって自然的に認識される諸原理のあいだでいかなる矛盾も不可能だということである。誤解がないようにしておきたいのだが、トマスは信仰の内容が余すところなくこうした単なる諸原理だけから理解可能だと主張しているわけではない。むしろ逆である。トマスが言おうとすることは、神は、真理を認識することを「わたしたちに妨げるような」諸認識をわたしたちのうちに置いたということはありえない（第三節）ということである。人間理性が啓示の内容を余すところなく理解するのに十分ではないにしても、人間理性のなかに信仰の真理に反するようなものは何もないのであって、これこそは回勅「信仰と理性」の基調をなす命題である。

言葉をかえれば、トマスは『対異教徒大全』第一巻第七章からすでに、のちにかれが――とくに『アヴェロエス主義者の知性単一説を駁す』で――アヴェロエス主義に対抗して掲げる読解格子をわがものにしている。それはふたつの命題に表されている。

トマス命題一――理性のうちに、生来、書き込まれているものは絶対的に真であり、それゆえ、偽であると考えることは不可能である。

トマス命題二――信仰によって守られていることは神ご自身によって証拠つきで à l'évidence 立証される（それが以前に言及した信仰の証言 *documenta* である）のであり、それゆえ、偽であると信ずることは許されない（第一節）。

いうまでもなく、トマスは人間による自然的理性のあらゆる使用が絶対的に真であるとは主張していないし、ましてやそれが信仰の真理に合致するとは主張していない。しかし誤謬の可能性は自然の欠陥にではなく――自然的に認識される諸原理に問題はない――そうした原理の悪い適用にある[31]。肝腎なのは、人間の合理的本性は真理への合理的接近を最初から人間に禁じてしまうということはなく、むしろ、誤謬に対する論駁を可能にするものだということである。このことから第七節でくだされた診断が出てくるのであって、その診断は、「信仰の証言に反して提示される論拠」を、「自然のうちに書き込まれ、それ自身によって認識される第一原理から正しく導出されていない」という、文字どおり、合理的な動機から却下する。そのような論拠は「論証の力を持たない」とトマスは明言する。その言葉はふたとおりの意味に理解しなければならない。すなわち、そうした論拠は第一原理からまったく導出されることがない、すなわち第一原理に基礎を置いていないか、あるいは、導出のされかたが悪い、すなわち第一原理に基礎を置いているものの途中でそこから逸れているか、どちらかである。どちらの解釈も可能である。というのもトマスは信仰に敵対する者たちのあげる「理由」すなわちかれらに前提として役立っている諸原理もしくはそこから引きだされる諸論拠は「蓋然的もしくは詭弁的」であるという事実を強調しているからであって、この表現は、「蓋然的」が悪い原理の選択を、「詭弁的」がよい原理から出発した推論の失敗を修飾する形容詞と見て差し支えないだろうからである。それはともかくも、肝腎なのは、信仰ノ証言に敵対する者たちは——原理的に——論駁が可能だということである。論証はキリスト教信仰の側にあり、弁証法（たんに蓋然的というだけの推論）と争論術（公然と詭弁を弄する推論）が敵対者の側にある。したがってトマスが想定しているかぎりでの理性は、真正かつ乗りこえ不可能なかたちで自分自身との対立関係に入ることはありえない。そうした理性に、デュルケームのいわゆる「スコラ学のドラマ」を育むようなものはない。デュルケームの言うドラマとは「教義を否定することは拒否しつつも教義に理性を導入し「これらふたつの権威のあいだでどちらにも傾かないバランスをとろうと試みる」ことだったからである。きっとトマスは信仰との関係における自然的理性のこうした解釈を、大いなる誤解として、退けたことだろう。したがってこうした解釈は、アナクロニスム（時代錯誤）という理由で、無視してさしつかえない。これにくらべて、トマスの立場がアヴェロエスおよび／もしくはアヴェロエス主義者の立場と結んでいる関係という問題は、歴史家からすると、さらに立ち入って考察する価値がある。

トマスとアヴェロエス主義

トマスのアヴェロエス主義者に対する態度には曖昧さのかけらもない。アヴェロエス主義のもくろみをはっきりと言語化したのはトマスであり、トマスがはじめてである。職業的哲学者は、大学で哲学を教えるとき、キリスト教徒というものがアヴェロエスの意見とは「反対の意見」を持つ理由を、まるで自分自身は信徒ではないかのように、つまり、争いの渦中に巻き込まれないように、局外から、提示するものだが、トマスがとくに浮き彫りにするのは、その、拠って立つ前提である。そうした職業人の最初のあやまちは「信仰箇条」であろうと哲学的「意見」であろうと、すべてを同一平面に置くことである。つぎには、信仰箇条と哲学的意見を同等の立場で戦わせることである。最後は、かれらの本当の私的な選択が露呈もしくは露見しないように、公的には、両方を選択することである。信仰をあまたある意見のひとつに還元する以上に「はるかに深刻なことがある」とトマスは言う。「それはかれらが使う〝理性によってわたしは知性の単一性を必然的に結論づけ、信仰によってわたしはその反対を固く守る〟という常套句である。」通約不可能なふたつの真理の分裂という外見のもとに、アクィノの聖人は、論理の糸をたぐって、真相を探しあてる。すなわち無神論。「もしかれらがそう言うのなら、それは、かれらが、信仰［かれらの信仰］というものは、必然的推論によってその反対をひとが［ひととは、まぎれもなく、哲学者であるかぎりでのかれらを意味する］肯定しうる内容を対象とすると考えているからである。」その論理法則は単純である――或る命題とその反対は同時に肯定できない。トマスが観察するかぎりでのアヴェロエス主義者は神学者および法王庁を罠にかけようとし、にせの妥協案を検討するように持ちかけている。アヴェロエス主義者は自然的理性の或る種の真理を思考することを許してほしいと要求し、その代わりに、その真理の反対を、すなわち同じ案件についての信仰の真理を信ずる約束をする。トマスは答える、わたしはだまされない、と。アヴェロエス主義者は守れない約束をしており、その約束をした時点ですでに罪をおかしている。知性がすべての人間について唯一無二であることの証明の必然的、論証的、学的性格を肯定することによって、自動的に、アヴェロエス主義者は、個人の魂の数だけ個人の知性があることを肯定するキリスト教の主張の虚偽性ばかりでなく不可能性をも述べていることになる。言葉をかえれば、トマスは哲学者たちの立場を急進化するのである。つまり、ふたつの真理の肯定をふたつの相反する真理の肯定としたあとで、トマスは、二重真理の信奉者をうしろから追い立てて、かれらが自分で自分を閉じ込めた論法を果てまでたどらせる。そこにあるのは「信仰は虚偽にして不可能な何ものかを対象とする」ことの肯定である。

考えることと信ずることの、まことしやかな区別が生む諸帰結のなかにパリのアヴェロエス主義者を閉じ込めるこうした推理が、アヴェロエス本人に当てはまるかどうかは別の問題である。トマスは、イブン・ルシュドの弟子たちに無理やり認めさせた罪状の責任をルシュド本人に求めたことは一度もなかった。そのことには少なくともふたつの理由がある。ひとつは、トマスが宗教と哲学との関係に関するアヴェロエスの真の立場を知らなかったということである。もうひとつは、かりにトマスがそのことを知っていたにしても――かりにトマスがこの問題に関してアヴェロエスが意見を表明したふたつの著作『哲学と宗教の調和についての決定的論考』と『教義を論証する方法の開示』を読みえたにしても――トマスはアヴェロエスにそうした非難を浴びせることはできなかっただろう。というのも、トマスとアヴェロエスの立場は、ある一点で、動機は異なっているにしても同一だからである。ふたりはともに「真なるものは真なるものに対立しない」と考え、したがって、信仰と自然的理性とのあいだに絶対的矛盾はありえない[32]と考えている。これは法王ヨハネ・パウロ二世の観点でもある。ヨハネ・パウロ二世は法王庁科学アカデミーのなかに設けられた「ガリレイ訴訟事件」審議会の委員に対する一九八一年一〇月三一日の挨拶で、レオ一三世が回勅「プロウェンティシムス・デウス（露ホドモ隠レ無キ神）」でガリレイ事件についてとっていた立場[33]――『聖書』の真理と科学の真理が矛盾することはありえない。もし『聖書』が科学と矛盾するように思われるとき、それは『聖書』が誤解されているからである。問題となるのは『聖書』ではなく、そのひとつの解釈である――を想起させるために、先任者のつぎの言葉を引用する。「真理は真理と矛盾することができないのであって［かりにそうした矛盾があるように思われるなら］わたしたちは、聖句の解釈もしくは異なる解釈間の議論それ自体において、何らかのまちがいがおかされたことに確信を持ってよい[34]。」ふたりの思想家のただひとつのちがいは――つまるところ――身もふたもない次元に属する。すなわちトマスはキリスト教徒であるがアヴェロエスはそうでないというちがいである。もちろんかれらそれぞれの問題提起を、逐一、重ね合わせるというわけにはいかない。しかしそうした留保をつけたうえでなら、哲学と宗教に関するアヴェロエスのふたつの主要な著作は、哲学と宗教の相互補完性の論証という、『対異教徒大全』

のくわだての一部を、イスラム教の観点から或る程度まで実現していると、逆説でも何でもなく、言いきることができる。

『哲学と宗教の調和についての決定的論考』は、真の信仰に敵対する者たちへの、明確な哲学的根拠にもとづいた批判をふくんでいる。それは弁証法と詭弁術の、度を越した使用に対する批判である。イブン・ルシュドは、カラーム（イスラム神学）の信奉者が、イスラム教の教義の、「弁証法的な」屁理屈による解釈をすべての信者に押しつけようとしてムスリム共同体を分断したことを非難している。屁理屈によって平信徒の支持は得られず哲学者の問いかけにも答えられない。[35] かりにトマスがそうした批判を知っていても、かれ自身がキリスト教神学者一般に同じ批判を向けることはなかっただろうが、しかし、その真価を認めるのにやぶさかではなかっただろう。『教義を論証する方法の開示』は、こうした諸解釈そのものを吟味し、逐一、方法的に論駁し、そのうえで伝統的神学が定めた教義箇条のひとつひとつについて代替的解釈――ひとりそれのみが、アシュアリ派の解決に反して、『コーラン』の字句に即しペリパトス派の学説にも即している（この場合『コーラン』の言説が『決定的論考』で言及された厳密な規則によって解釈されなければならないことは言うまでもない）と見なしうる解釈――を提示する。したがって『開示』は、その形式からしても内容からしても、あやまって「正統的と考えられている」学派の信奉者たちに、かれら自身の土俵で、反撃を加えることをねらっているカラーム論（すなわちイスラム神学論）であって、そこで、かれらの基本的な立場が、論証によって確立された哲学的命題とは矛盾していることが明かされるのである。

アヴェロエスのくわだてがトマスのそれとまったく無縁なわけではないという理由はこの点にある。結局、トマスもまた「アリストテレスの理性と『聖書』にふくまれている啓示――神の神秘――との同盟」を提唱しているのであり[36]、しかも一三世紀のすべての神学者がこうした同盟の可能性すら検討していないこと、また、トマスがあらゆる機会をつかまえてこうした同盟に反対する者たちに仮借なき戦いを挑んでいること、さらには、トマスの死後ただちにタンピエやドゥンス・スコトゥスが、のちにはオッカムがこうした同盟に反対するために動員されることは、いまや、明らかである。かくしてトマスとアヴェロエスは、「アリストテレス的理性」に対する共通の愛着を持っているゆえに、或る意味では、それぞれがぞれぞれの伝統的宗教のうちにとてもよく似た敵対者を抱えている。これだけでもふたりを接近させるに十分である。それでもやはり、ふたりは、それぞれの合理主義の理解において、また、神学との関係において哲学に構造的に割りふる機能において乖離がある。もし、ジルソンが書いているように「トマス主義のすべての秘密は、哲学と神学との事実上の和合が、たんなる和解の欲望の偶然的な結果というのではなしに、理性それ自身の要求の帰結として立ち現れるという構想にもとづいて哲学を再構築するために傾けた知的誠実の途方もない努力のうちにある」のだとすれば、アヴェロエスの態度を性格づけることは簡単である。それは正反対かつ対称的である。実際、ジルソンの言いまわしをひっくり返して「アヴェロエスのすべての秘密は、神学と哲学との事実上の和合が、たんなる和解の欲望の偶然的な結果というのではなしに、啓示それ自身の要求の帰結として立ち現れるという構想にもとづいて神学を再構築するために傾けた知的誠実の途方もない努力のうちにある」と書くこともできるだろう。[37]

実際、アヴェロエスにとって、哲学は「啓示されたもの」の余すところない展開のために必要不可欠であって、哲学することの責務は「啓示」それ自身によって命じられており、その責務を通告されたひとびとは、或る種の言表の難解さそのものに反応し、その哲学的解釈を——逐語的に——求めるひとびとである。哲学的解釈とは、ひっきょう、『コーラン』なる「啓典」の意味を、合理的に論証された真なる必然的命題と適合させることにほかならない。知恵と宗教との調整は哲学者の欲望の対象なのではなく、「啓示」それ自身によって哲学者に命じられた積極的任務であり、「個人的努力」を傾注する機会であって、そうした努力の究極的受益者が人間社会なのである。

この点でトマスはアヴェロエスから根本的に乖離する。トマスにとって哲学は究極的に「啓示」を必要とするのであって、それというのも、哲学は、その自然的な欲望の対象であるはずのもの——すなわち至福——に自然的に到達する保証を人間に与えてくれないだろうからである。逆にアヴェロエスにとって「啓示」は、それが至福を保証すべきであるなら、哲学を必要とする。トマスにとって知性は、神の超自然的認識という、おのれの自然的目的を実現させるために、現世にあっては信仰の恩寵により、来世にあっては神の栄光によって、おのれの自然を超えた地点にまで高められなければならないのである。アヴェロエスにとって、人間が知性の仲介を得て、神と宇宙の自然的認識というおのれの自然的目的を実現させるために、知性は、学知と知恵によって、その自然的可能性の究極までみちびかれなければならない。トマスにとって、いくつかの啓示された真理が論証されうるにしても、自然的に機能する自然的な理性によっては到達不可能な真理がほかにいくつもあることは自明の理である。したがって、社会の存在の最終目的にしてその存在を正当化する唯一のものは、そのふところにおける哲学の存在であると主張するアヴェロエスとは反対に、トマスは哲学者が上位の人間もしくは精神の階層を形成するとは考えないし、哲学者が到達する至福も人間存在の実現の最高形式とは考えない。ヴェネツイアのアヴェロエス主義者を批判したペトラルカと同じように、[38] トマスにとっても、小さな老婆 *vetula* の方が、哲学者がそのあらゆる学知を傾けてそうであるよりも、神についてつねに多くを知っていることになるだろう。[39] したがってトマスが最終的に理性に割りあてる逆説的な任務には、アヴェロエスの合理主義とははっきりと異なるもうひとつの合理主義が刻印されている。理性はその最終目的——神の直観——をなす対象に理性自身のみでは到達できないことを、理性のなかにある手段を用いて示すということがその任務である。このことがトマスをアヴェロエスの対極に置いていることに疑いはない。すなわちアヴェロエスにとって、「啓示」はその最終目的——『コーラン』なる「啓示」にもとづく人間共同体の構成——をなす目標に哲学なしでは到達できないことを、「啓典」のなかにある手段を用いて示すことが問題なのである。これらふたりの思想家の論争はいまだに決着がついていない。少なくとも或る緯度のもとでは。こんにちの哲学者は、自分がどのような緯度のもとに生きようと、理論的には、この論争から抜けだす自由を（もしくは、理論によってこの論争から抜けだす自由を）所有している。そうした自由を行使し、そして可能なら、伝染させることが哲学者の任務ということになるだろう。

3　イブン・ルシュドと一二七二年の学則

前節で企画されたかぎりでのトマスとアヴェロエスの対戦は、或る意味で、引き分けに終わっている。論争に決着がつかないのは開始されたことがないからだ、と言うひとびともいることだろう。しかし、これを無期限延期試合と考えて安閑としていることは公平ではないように思う。イブン・ルシュドに必要なのはリターン・マッチであり、ホーム・ゲームであり、自分の土俵での試合なのだ。このさい『対異教徒大全』の宇宙はわきに置こう。そして、このたびは、アンダルシアの賢人が敵を自国に迎えたと想定して、その実力のほどを見てみよう。わたしたちは、一挙に、大学もなく、スコラ「神学者」も人文学者もいない世界に立つことになる。そのような寄る辺ない場所で、パリがわたしたちに突きつけた問題を、とりわけ、一二七二年四月の学則の問題を再考してみよう。問題は単純である。「アリストテレス的理性」と「啓示」との矛盾という、帰趨の明らかな事案に「ルシュド的」解決があるだろうか、という問題である。わたしたちは、その案件について人文学者が（制度的に）何をなしうるかを知っている。哲学者の典拠もしくは論拠に反論を加えるか、もしくは「それらが少なくとも絶対的に虚偽であり全体的に誤謬であると宣言する」か、もしくは何ごともなかったかのようにそれらを「スルーする」（黙過スル）かのいずれかである。アヴェロエスならどうするだろうか。『哲学と宗教の調和についての決定的論考』にその答はある。こんにちなお、驚きを与え続けてやまないその答を、つぎのように言い表すことができる。

アヴェロエス命題――「類まれな啓典」のなかの或る言表が文字どおりの意味にとられた場合に哲学的結論と明白に矛盾すると思われるなら、その言表を、適切な釈義によって、哲学的結論に「適合させ」なければならない。[40]

「哲学的結論」のもとに三段論法によって論証された命題を理解するなら、哲学者――アヴェロエスがアリストテレスの見かたに従って哲学者と見なす哲学者――は、哲学者としては、そうした哲学的結論の論駁をくわだてることはできない（真であり必然的であるものは、そうであることが一度論証されてしまえば論駁されえない）し、絶対的に虚偽であると宣言することもできない（真なる命題は二値性の原理を放棄しないかぎり、したがって、あらゆる哲学を放棄するというのでないかぎり、哲学的には、虚偽とは「宣言され」えない）はずである。かといって哲学者はたんに「黙過する」こともできないのであって、しかも、普遍的「啓示」であるかぎりでの「啓示」との関係に立つ哲学者――イスラム法学者イブン・ルシュドが哲学者と見なす哲学者――の役割に帰属する、非アリストテレス的な理由によって黙過できないのである。この点に理解を行き届かせよう。ルシュド的哲学者はダキアのボエティウスやブラバントのシゲルスのような「教育者」でもないし「教授」でもない。哲学者が論証された命題を「放置」したり「骨抜き」にしたり「無効」にしたりできないということは、かれは自分の判断ではそれを黙過できないということを意味する。哲学者は「適合化作業」から逃げるわけにはいかないのだ。これが驚きの種である。なぜなら、一二七二年の学則が――字句ニ多少ノ違イハ在レ――欲しているように哲学的結論を「啓典」に合わせることではなく、釈義によって「啓典」を哲学的結論に合わせることが大切だということになるからである。もちろんイブン・ルシュドにとっては驚きでも何でもない。かれは自分自身の大胆さに驚き、おもわず尻込みする必要などないのである。なぜなら、かれにとって「適合化作業」は哲学者に二重に課せられているからである。かれをうしろから追い立てる哲学と、前から引き寄せる「啓示」によって。

アヴェロエス命題は『コーラン』の言表のすべてが哲学的解釈にかけられなければならないことを意味しない。或る種の類型の、限られた数の言表が問題なのであって、それらが釈義を、いわば、要求しているのである。ましてやアヴェロエス命題は、哲学的解釈を要求している言表がだれにでも整合化可能だということを意味していない。アヴェロエス定理は、論拠に三つの階層（修辞的・弁証的・論証的）を区別するアリストテレスの三分法をヒントに『哲学と宗教の調和についての決定的論考』が定めた精神の三つの区別（平信徒・神学者・哲学者）の有効性を前提している。厳密に言えば、アヴェロエス命題は「論証する人間」に送られた「サイン」としての「啓典」の章句のみを念頭に置いているのであって、そうしたサインが、「論証する人間」に本来の道を歩みはじめるよう呼びかけている。

かくして、神からわたしたちにくだされた「啓典」が、三つの方法を提案して人間に呼びかけているのだから、言葉じりをとらえて頑《かたく》なにそれを否認する人間、あるいは、かれら自身に責めがある怠慢のために、神――御名が称えられますように――の認識を促すために啓典に埋め込まれている方法をおのれの精神のうちで有効に機能させていない人間を除いて、「啓典」は、かならずや、すべての人間の同意を産みだすはずである。だからこそ「預言者」――御身に平安がありますように――の布教活動は白人であろうと黒人であろうとあらゆる人間に差し向けられてきたという特殊性を有するのである。なぜなら「預言者」によってもたらされた「啓示」は神――御名が称えられますように――の認識を促す三つの方法のすべてをふくんでいるからである。ちなみにこのことはつぎの章句ではっきりと言われている。「知恵と美しき勧奨によってひとびとを汝の主の道に呼び入れ、かれらと最良のやりかたを競いあえ。」[41]

アヴェロエス命題は、したがって、「啓示」の普遍的性格にもとづいた強固な主張を前提にしているのであって、かりに「啓示」が、哲学者や科学者にも差し向けられて、かれらの「本性と精神的資質」に適合する「個人的努力」のための素材を提供しなかったとしたら、普遍的たりえないことになるだろう。

「啓示」が自明な言表と謎めいた言表の両方をふくんでいる理由は、人間は生まれついての性向にちがいがあり、整合性を読みとる精神的資質に異なりがあるからである。そしてもし文字どおりの意味にとると矛盾する言表があるとしたら、それは「深い学知がある人間」に解釈の余地があることを知らせて整合性を回復させるためである。[42]このことを暗示するのが「啓典を汝にくだされたのは神である。そこには一義的な章句が見出され」に始まり「および深い学知がある人間でなければだれも啓典の解釈をなしえない」に終わる神の言表である。[43]

一二七二年の学則は「ラテン・アヴェロエス主義者」を産みだすのに貢献したかもしれないが、この学則が命じていることはイブン・ルシュドにとって規範としての価値は――一二世紀のムワッヒド朝スペインでかれに規範を強制すべく共謀していた、パリの大学世界とはとても同列には論じられない枠組みや権威や状況がどのようなものであれ――これっぽっちも持ちえなかっただろう。イブン・ルシュドはかれが生きていた世界では「アヴェロエス主義者」

である必要はなかった。かといって、かりに、かれが移民労働者の長い系譜の第一号として当時のパリに移り住んだ——専門技能労働者！——としても、そこでアヴェロエス主義者になったはずはない。結局、かれがコルドバでわたしたちを待っていようが、あるいはほかのどこで待っていようが、そこでかれが立ち向かっているのはボナヴェントゥラでもトマスでもタンピエでもない。かれが立ち向かっているのは、二種類の言表——大衆にもエリートにも解釈される必要のない言表と、解釈されうるし、しかも、解釈されなければならないが、しかし、かれらによってではない言表——をいっしょくたにして奇想天外な解釈の餌食にする不当な権利を主張し、自分たちにこそ宗教的「正統性」があると豪語する偽チャンピオンたちである。アヴェロエスが『教義を論証する方法の開示』を執筆するのは、『哲学と宗教の調和についての決定的論考』で全般的に告発されているこうした不法で錯誤に満ちた解釈に反対してであって、それらを破り捨てもしくは差しかえるためである。したがってアヴェロエスのやりかたは、字義どおりの意味を擁護し、同時に、神学における哲学の使用を称賛するものとなる。アヴェロエスのやりかたは哲学する理性をエリートにではなく——エリートに対しても斬新で貴重な解釈を提供しただろうが——大衆に奉仕させるのであって、それというのも、大衆はイスラム神学者の行きあたりばったりの解釈学によって懐疑主義か狂信かのいずれかに引きずられているからである。大衆に、直接、話しかけることなく大衆のために尽くすこと、これが真のアヴェロエス主義の逆説であって、アヴェロエス主義とは地下‐哲学でも放埓思想でもなく、このさき、まず、敵対者の筆下で否定的に、つぎには、継承者の筆下で肯定的に「ラテン・アヴェロエス主義」と書かれることになるものとは似ても似つかない。[44] マンフレートはパリの教師たちに宛てた『書簡』でかれらを「哲学教育のカドリージュ（四頭立て二輪戦車）に君臨する博士たち」と称えた。その哲学は、のちにエックハルトの章で見ることになるように、「カドリージュに君臨する」博士などひとりもいない世界で、「神秘的」と呼ぶのがふさわしい現実と接触し、そこではじめて職業であることをやめる。しかしアヴェロエス主義は、こうした哲学の脱職業化に先行する哲学の職業化のことではない。かといって、アヴェロエス主義は、神学に対する哲学の介入能力を警戒した学部最高権力が、嫉妬ぶかい線引き作業によって、その能力にそとから設けた制度的限界のことでもない。ここで権力は、ラテン世界の大学のそれとは配置がちがうのである。ここで権力は政治的かつ宗教的である。ルシュド的理性の行使の唯一の保証となっているのは、暴力的ではあるにしても徹底的な改革に取りくんでいるムワッヒド朝の権力である。[45]それがアンダルシアの賢人の社会‐宗教的信条に現実味を与えているのであって、その信条は、言ってみれば、神学は神学者に任せきりにしておくにはあまりに重大な案件である、というはなはだ単純な表現に収まる。現実政治の庇護のもとにある多数者に奉仕するということ――それは一三世紀スコラ学のあずかり知らぬ条件である。イブン・ルシュドの宇宙において神学を改革することは哲学の責務である。ひとつの改革がもうひとつの改革を隠すことがままある。正統アヴェロエス主義は神学上のムワッヒド主義なしでは理解不可能であって、前者は後者に由来し、後者に随行し、後者を推進するのである。『教義を論証する方法の開示』で「カラーム派の」中道路線の排除にもとづいて展開された改革神学は、たったひとつの目標しか持っていない。根本的問題に関して「啓典」の字義どおりの意味とペリパトス主義の教説とのあいだに響きあいがあることを明示するのがその目標である。そのことによって伝統的な弁証的神学者の解釈戦略は無用となり、その有害性が際立ち、その論争的態度の過激性があらわとなる。党派主義的な神学者の無用性は神学そのものの無用性を含意しない。ムワッヒド朝社会はあたらしい神学を必要としている。それというのも理想的なイスラム社会――アヴェロエスからするとムワッヒド朝が理想的イスラム社会なのだろう――は哲学を必要とするからである。理想的イスラム社会はマフディ・イブン・トゥマルト（一九）の遺産の理論的掘りさげを必要とし、かつまた、政治権力によって遂行される宗教改革運動を邪魔する神学者と有効に戦うための道具を必要とする。したがってイスラム哲学者の任務はイブン・トゥマルトの著作によって基礎が築かれ、最初の理論的弾みを与えられた「中間の道」について大論考を書くことである。『開示』を書いたアヴェロエスの目的は、大衆のために、弁証家が字句から根こそぎ引き抜いてしまった字義どおりの意味を字句に返すことであり、そのことは、弁証法によって非合法化されていたものを哲学によって再合法化することに帰着する。[46]この哲学者の神学上の任務は「大衆」に対してかれらに固有の限界内でなお「字義どおりの意味」に拘泥してよい根拠を与えることである。解釈の乱用にあらがう『コーラン』の字義どおりの意味のこうした再合法化は、大衆に、直接、提案されれば矛盾をきたすことになる。大衆はあくまでそうした再合法化の受益人 bénéficiare であって受信人 destinataire ではないからだ。ルシュド的な意味での哲学者は、哲学しようと神学しようと、政治的主権者のほかに聴衆を持たない。こうした主権者のみが党派主義的神学者に自分の意志を押しつけることができる。党派主義的神学は、解釈する余地のないものを解釈することによって大衆を信仰から遠去け、堕落させる――これが党派主義的神学の唯一の欠陥というわけではない。なぜならそうした神学は解釈する余地のあるものも、たしかに、解釈するが、それを普遍的に（すなわち論証に長けたすべてのひとびとに受け入れられるやりかたで）解釈する手段を持たずにそうするからである。そうした診断がくだされたからには、神学に介入する哲学者の目標は、政治的かつ宗教的なものにならざるをえない。こうして一三世紀のキリスト教世界がそのふところに真正アヴェロエス主義を存在させるために何が欠けているかが分かる。すべてが、もしくはほとんどすべてが欠けているのである。手短かに言えば（もっとも手短かなのは、キリスト教にはイスラム教が欠けている、という言いかたである）構想と媒介が欠けている。まずルシュド的構想が欠けている。大学を与えられている社会においてそれはいかなる意味も持ちえない。というのも、そこでは哲学と神学は必然的かつ非対称的関係にあって、いわゆる「哲学者」が哲学と神学に共通の論題に介入することが原理的に禁じられているからである。しかし媒介も欠けている。ふたつの学科（哲学と神学）の生ける絆であるような、ましてやふたつの学部（神学部と人文学部）の生ける絆であるような政治的現実がない。役に立たないし容認もできないという理由でアヴェロエス主義が一三世紀の大学に固有な認識体系のなかに不在であるがゆえに、かえって、スコラ学は、アヴェロエスとは名前がたまたま同じという以外の関係を持たない、化学的合成の産物である「アヴェロエス主義」を存在させることになる。ジルソンが奇妙にもバシュラール[二〇]の術語を用いて「アヴェロエス主義を断罪した一二七七年の切断」と呼ぶ現実が、かれが主張するように「中世思想の足取りを全面的に変えて」しまったとしても、少なくとも言えることとして「ルシュド主義」はそこでいかなる適切な役割も演じていない。中世の大学はすべてを自己資金から引きだしたのだ。足らない分を公認歴史学が引き受けたわけだが、その歴史叙述は、別の手段によって継続された検閲以外の何ものでもない。こうして、なぜ、回勅「信仰と理性」が「スコラ学のドラマ」を裏返しにして「ポストモダン」のドラマに仕立てあげ、しかも、トマス的綜合をけっして古びない拠りどころという地位に復帰させるのかが、おそらく、より明快に分かってくる。まさに、回勅のタイトルの起源となった一三世紀に上演されたドラマが、言葉の強い意味で、アカデミック（大学内的）だったからである。そうだとすると回勅のタイトルが告知する問題を、こんにち、提起することは、タイトルそれ自体とそれが告知する問題が、ともに、蒸発するとは言わないまでも溶解してしまうような地平の拡大を要求するはずである。もっとも、法王庁にとってあらゆる危機は、それがどのような危機であれ、無際限に更新される「一三世紀の危機」というものであり、そうでしかありえない、というのであれば話は別である。法王文書にイスラム教が不在であることを考えれば、その可能性は濃厚である。回勅によって告発されている「哲学的分離主義」の系譜をたどって考古学者は厳密な意味でラテン的な「アヴェロエス主義」にみちびかれるわけだが、そこには真正アヴェロエス主義、もしくは真正アヴェロエス主義がイスラムの地で哲学と宗教と神学とのあいだに確立した連携をうかがわせるようなものはまったく、もしくはほとんど、ない。一二七〇年の「出来事」の喧騒にかき消されてしまった「宗教」と「知恵」の連携についてのイスラム教徒の問いかけは、そうした連携をまさに見あやまり、もしくはたんに見すごしてしまった談話のなかに蘇るはずもない。まことに「一三世紀の大いなる綜合」は不死身である。それゆえトマスとアヴェロエスの対比について、まだ、つぎのこと――最後に言われるからといって、けっしてつまらないことではない――が言われていない。アヴェロエスがすべての「啓示」の接点を認めるのに対して、トマスは「ムハンマド派」が『聖書』の権威に関してユダヤ人ともキリスト教徒とも意見が一致しない[47]（なぜなら、かれらは異教徒であって、『旧約聖書』も『新約聖書』も認めないから）と考えて、かれらを「やり込める」ため以外に自然的合理性の空間への立ち入りを拒む。こうした理性への訴えはエキュメニズム（教会統合主義）とは何の関係もない[48]。ようするに説き伏せること *mise à la raison* が問題なのだ。「説き伏せること」から「黙らせること」まではほんの一歩である。この一歩が越えられるのをわたしたちは日常的に目にしている。くわえて明らかなのは、トマスにとって理性はキリスト教に到達するのに対して、アヴェロエスにとって理性は哲学者を預言者の伝統の連続性／についての／のなかにある／真理にみちびく道である、ということである。哲学者が、たがいに異なる「啓示された律法」にあいついで帰依する理由はそのことで説明がつく。賢者には「各人の時代」に存在する「最良の」宗教をそのつど選択し直す責務があるわけだ[49]。歴史家は選択する必要がない。しかしすべてが袋小路であることを見極めたあとで、話題を変えることはできる。スコラ神学のわたしたちの「もうひとつのパラダイム」であるアルベルトゥス・マグヌスと、かれがライン川の向こう岸に開拓したトマス主義的でもアヴェロエス主義的でもない道に立ち帰ること。わたしたちが次章でおこなおうとするのはそのことである。

第六章

哲学と神学
アルベルトゥス・マグヌスによれば

アルベルトゥス・マグヌスがトマスの師であり、同時にラテン・アヴェロエス主義の実証的な源泉のひとつだったからといって、かれはトマス主義のさきがけというわけではない（アルベルトゥス－トマス主義という知見はキリスト教的アリストテレス主義という知見以上のものをほとんど意味しない）し、自分でも気づかぬうちにアヴェロエス主義者だったというわけでもない。そのこともあって一三世紀というチェスボードのうえで、かれが占めていた位置には、なかなか興味ぶかいものがある。トレドの翻訳家たちの活躍によって一二世紀末に開始されたラテン人の哲学的文化変容の過程が巡航速度に達した一二四〇年代にパリに暮らし、そののち、一二七七年の断罪のはるか以前にパリを離れたアルベルトゥスは、ドイツに或る種の神学観を持ち込んだ。そうした神学観はパリ大学での徒弟修業から生まれたとはいえ、ケルンの地の、ドミニコ会総合学問所という枠のなかで、はじめて、実を結ぶことができた。一五世紀になって、この特殊合金に、ジェルソンがどのような批判的なまなざしを向けたかをわたしたちはすでに見た。すなわちジェルソンは一二七七年三月の断罪と一三八九年のジャン・ド・モンゾンに対する断罪に挟まれた期間に記録されているすべての神学上の異端思想――その筆頭に、「知性のあらゆる本性の、本性的に幸福な性格」を主張し、一三一一年にクレメンス五世によって断罪されたベガルド会の教説があるが、それは至福直観における（トマス的な）「栄誉ある光」の無用性（「知性ノ如何ナル本性モ、其レ自体、本性上、祝福サレテ居リ、各々ノ魂ハ、神ヲ観想シ、其レヲ幸福裡ニ享受スル境地マデ己ヲ高メル為ニ恩寵ノ光ヲ必要トシナイ」）を主張していた――がアルベルトゥスの或る具体的な著作『知性と叡智的なものについて』から流れ出ていると指摘する。ほかのひとびとが――ジェルソン以後――哲学主義と神秘主義との自然に反した癒着しか見ていないこうした合金に対して、わたしたちは「ディオニュシオス的ペリパトス主義」[1]の名を与えた。それこそが「一三世紀の危機」の心臓部に隠された理性と信仰の関係の、非トマス的、非ジェルソン的な「もうひとつのパラダイム」であり、もうひとつの接近方法である。

それがどこに通じているのかを知るために、いまこそ、それに近づくべきである。

最初にアルベルトゥスの「哲学主義」についてひとこと述べておく。すでに語られたように、哲学は、かれにとって、それなりの要求を持つ学問である。そのことは、当然、いくつかの重要な帰結を生まないわけにはいかない。L・ストゥルレーゼの最近の著作はそうした帰結の、周到な一覧票を作成した。わたしたちは、まず、発見的に、その一覧表を案内人と見なし、そのあとで、わたしたち自身の読解を提示することにしよう。

ストゥルレーゼによると、アルベルトゥスの科学的世界観は、現実世界への神の自由な介入にまつわる問題設定の方法的排除を要求する。その結果、「啓示」によって証言されるそうした介入の事蹟は「かたっぱしから〝奇跡〟の名で片づけられ」、「信ヅベキ事柄の領域に囲い込まれ」、神学者による検討にのみ付されることになる。アルベルトゥスにとって「奇跡」は科学的な言説を基礎づける自然の秩序の「規則性の想定」をいささかなりとも否認するものではない。例外は規則を認証するという原理を、或る意味で、先取りするかのように、「奇跡」は、逆説的に、自然の秩序を証拠立てる。それというのも、奇跡は「一回限りの」「例外的な違背」として現れるからだ。したがって、哲学者が奇跡の問題を、ストゥルレーゼの言う、神学的案件についての「無資格宣言」によって解決することには正当性がある。このイタリア人歴史家によると、それは「ブラバントのシゲルスを筆頭とする〝ラテン・アヴェロエス主義者〟と呼ばれるひとびとがやがて採用するであろう」立場そのものにほかならない。アルベルトゥスの立場は、ストゥルレーゼの見るところ、科学的・哲学的思考に「自由と自律の広大な余地」を認める。それは「異教徒の学知を原則的に合法化する」のであって、唯一の難題は古代盛期および末期の知の膨大な集積のなかに真と偽を識別することである――それが批判的注釈家の任務であり、アルベルトゥスはアリストテレスおよびアラブ・ペリパトス主義者の哲学的著作のすべてを解説することでこの任務を引き受けている。

こうした諸観念が、或る「一触即発の可能性」を隠し持っていることに疑いはない。それが白日のもとにさらされるのは、一二七〇年代に「パリ大学人文学部の内部で同一の諸立場が台頭し」、それが危機的段階に達して、エティエンヌ・タンピエの断罪によって制裁されるときである。アルベルトゥスの教説はひとつの明確な目標と、予見可能ではあったけれど予期されていなかったひとつの帰結を持つ。神学的案件についての哲学者による無資格宣言は、自然の通常の経過についての合理的研究における哲学者の管轄権を合法化するねらいがあるが、しかしそうした宣言が、言葉を入れかえただけで、哲学的案件についての神学者の管轄権を非合法化する帰結を生むことに気づかない者がいるだろうか。「奇跡」を「科学的・哲学的言説の認識論的枠組み」から放逐することは、世界の自然的経過を神学の束縛から外すことである。神学はこの領域ではもはや「例外に関する学知」にすぎなくなり「『聖書』によって、より一般的には、啓示によって伝えられた神の偶発的な決断の解釈」に関する「学知」にすぎなくなる。したがってストゥルレーゼにとって、アルベルトゥスの教説は、せんじ詰めれば、神学を『聖書』および神によって自然と歴史のなかに蒔かれた表徴についての学知と理解する、「一二世紀象徴主義」によって愛された古い神学観を、哲学のために、ひっくり返したものである。もし神学者の「自然」が超自然的なものの表徴や象徴の基体にすぎないなら、神学者は、極端に言えば、哲学者の「自然」に介入するまでもなくなってしまう。先立つ世紀に、クレルヴォーのベルナルドゥスやサン-ティエリのギヨーム[一]が「自然」についてのキリスト教的定義を使用し、それに則って「自然の規則性」についての科学的研究を「真の知恵」のためには無益で無関係であると宣言していたのに対して、アルベルトゥスは「科学を神学的原理主義のくびきから解放し、かつまた、科学万能主義によるあらゆる不当な干渉から自由な神学を構築する」ために、トポス（常用概念）を「ひっくり返す[2]」。

お分かりのように、ストゥルレーゼの描くアルベルトゥスはジェルソンの描くアルベルトゥスではない。ふたりのうちどちらかがまちがっているとも、前者のイタリア人歴史家によって描かれた哲学者は自分の晩節を汚したとも想像できる。後者の場合、アルベルトゥスは、最初は、哲学者として、科学と、その任務や権利や限界についての明晰な観念を持っていたが、最後は、ありとあらゆる擬似-神秘主義的な誤謬や憶断と共謀もしくは癒着した結果、暗愚な神学者として終わってしまったのであり、そうした擬似-神秘主義が、中世の秋に、パリの学長によって正当にも告発される運びとなった、ということになる。いったい、どちらなのかをこれから解明してみよう。

1　『命題集注解』と『倫理学について』の哲学と神学

アルベルトゥスは、神学をどのように理解すべきか、という点で進化を見せた。この進化を考慮に入れなければならない。かれはまた、哲学的著作の注釈においても神学的著作の注釈においても、ある決定的な一点において、古代末期の新プラトン主義注釈者の標準に合致する釈義スタイルを実践した。すなわちテクストをその σκοπός（もくろみ）の見地から説明するという一点である。[3] 解釈学的なこうした制約を考慮に入れなければならない。この制約によって、あきらかに、かれは、ペトルス・ロンバルドゥスを注釈するのか、ディオニュシオス・偽アレオパギテースを注釈するのかによって、ましてや神学者ペトルス・ロンバルドゥスを注釈するときと哲学者アリストテレスを注釈するときで、神学についてのはっきりと異なるイメージを提示しているからである。こうした関係で見ると、『命題集注解』と『倫理学について』のあいだには意義ぶかい揺れ動きがある。[4]『命題集注解』は哲学と神学の関係についての準アウグスティヌス的な理解を提示している。信仰に触れるあらゆる問いかけに関して、哲学者はまちがった案内人である。アウグスティヌスをこそ「信じ」なければならないのだ（「信仰ト戒律ニ関スル事ニ就イテハ、哲学者以上ニアウグスティヌスガ信ゼラレルベキデアル」）。[5] おのおのの信仰「箇条」のための規則は、「キリストに厳格に従って」知性とその「虚構」を「檻に閉じ込めておく」ことである（「全テノ信仰箇条ニ於イテ空想的知性ガキリストヘノ恭順ノ内ニ閉ヂ込メラレルベキデアル」）。[6] このことから直接に、もし何らかの哲学説がカトリックの信仰が述べることと対立する――もしくは対立するように見える――なら、そうした哲学説は捨て置かれるべきことが帰結する。たとえばペリパトス派の宇宙論の根幹をなす、離在的諸知性の体系がそうである（「[…] 従ツテ、又、私ハ離在的諸知性ガ存在シナイト言ウ [︙] 何故ナラカトリックノ見地カラ此ノ事ハ主張サレ得ナイト私ニハ思エルカラデアル」）。[7]『倫理学について』の立場はまったく別である。アルベルトゥスは、アリストテレスを注釈しながら、「啓示」

が与える命題とは相容れない諸命題に直接に向きあうことになる。もしケルンの学匠が『命題集注解』で規定されている態度を維持するなら、かれはいついかなるときにも、此ノ事ハ主張サレ得ナイ、と厳格に明言すべきであるだろう。しかしそうした回答はかれの釈義方法の根本原理と、許容限度を越えるまでに、矛盾することになるだろう。注釈される著作の「もくろみ」の限界内にとどまるために、『ニコマコス倫理学』の解釈者は、いわば、その著作に固有な認識体系の宇宙を保存しなければならない。だからといって、啓示された真理に反する哲学的命題の真理性を肯定するわけにはいかないので、このアリストテレスの注釈家は論理的には解決策をひとつしか持っていない。L・ストゥルレーゼが、いみじくも、哲学者による神学的案件についての「無資格宣言」と呼んでいる解決策である。『倫理学について』にはその種の方法論的撤退の事例が山ほどあるが、そうした撤退はかならずしも『ニコマコス倫理学』についての学知にのみかかわるのではなく、場合によっては哲学それ自体に拡大される。それにしても、そこにふたつの表現形式を区別できる。（a）哲学はかくかくの（自分の領分、自分のもくろみと疎遠な）問題にかかわる必要はない。（b）そうした問題を解決するために哲学だけでは十分でない。このふたつである。形式（b）はつぎのような陳述のうちに表れている。「死者ノ魂ガ死後モ存続スルト云ウ事ハ、哲学ニ拠ツテ十分ニ知ラレ得ナイ」[8]もしくは「如何ニシテ神ノ配慮ガ神ヨリ外ノ物ニ押シ及ボサレルノカハ更ニ高度ノ問題デアル」[9]。形式（a）は哲学の側からの自己規制を語る陳述のうちに現れ、枚挙にいとまがない。たとえば、「哲学者は肉体から分離した魂のありかたについて何も考察する必要はない」[10]もしくは『ニコマコス倫理学』のもくろみが定めるところに沿って「神にほかならない絶対的な最高善はそこ（＝『ニコマコス倫理学』）では問いかけの対象ではない」[11]ことを主張する命題である。（a）と（b）のふたつの動機が融合しうる（し、実際、融合すべきである）ということは言うまでもない。アルベルトゥスが『ニコマコス倫理学』の注釈で「来世の至福については、哲学的推論によって吟味することができないので、論じる必要はない」[12]と説明しているのはこの例である。

　こうした自己規制の機能は明らかである。それは、哲学と神学が哲学の土俵でたがいに矛盾しかねないときは、いつでも哲学に関する純粋に哲学的な言説の可能性を保存することである。したがって、アルベルトゥスはアリストテレスを注釈するときにこそ、離在的諸知性について遺憾なく語るだろう。『命題集注解』は、絶対的な主張と端的な放棄との二者択一に、「デアル」と「カトリックノ見地カラ其ウシタ事ハ主張サレ得ナイ」との二者択一にとどまっていたが、『倫理学について』においてはもはやそうではない。一二五〇年以後、アルベルトゥスにとっては、個別の哲学者の、自然ノ秩序ニ従ウ相対的な立場と「神学者というものの観点」とが選択肢を構成するのである。離在的諸知性についての「個別の哲学者の意見に従う」語りかたが一方にあり、他方には「神学者というものに従う」まったく反対の語りかたがある。とはいっても、アリストテレスの注釈家は、もはや、個別の哲学者を退けて神学者というものを選択する必要はない。神学者というものによって語られることは『ニコマコス倫理学』に固有な認識体系の宇宙とはかかわりがなく、さらには、自然哲学とはかかわりがない――それは言葉の厳密な意味で「場ちがい」[13]なのであって、哲学的言説のもくろみの埒外にある。離在的諸知性についてはふたつの語りかたがある。「哲学者たちがそれを語るときのように自然の秩序に従う」語りかたと、神学者が語る「九つの明確な段階に分かれる神の輔弼者の秩序（＝天使の位階制）に従う」語りかたである。[14]このように『倫理学について』でアルベルトゥスは認識体系の異なるふたつの秩序（*ordines*）に対応するふたつの言説様式（*modi loquendi*）を明確に区別する。

ふたつの秩序の区別は、やがて、フライベルクのディートリヒによって改名されることになるだろう。かれは摂理の二形式に「自然的摂理」と「意志的摂理」という名を与えるからである。一二五〇年代の時点でアルベルトゥスの区別は、むしろ、神ノ秩序ヅケラレタ能力と神ノ絶対的能力の区別を想起させたにちがいないが、区別の前者は後者とこれ以上ないくらい根本的に対立している。というのも、自然の秩序は、自分で自分を秩序づけ制限するかぎりにおいて神の意志ではなく、自分自身の規則性と自分自身の存在論的備品――それらは、ともに哲学者によって記述される――を有するひとつの宇宙の可知的な構造にほかならないからだ。[15]『倫理学について』における区別は哲学的区別であり、ふたつの「能力」の理論における区別は神学的区別である。哲学者は後者を採用する必要はない。そこには注目すべき実力行使がある。ふたつの言説様式――「ふたつの語りかた」――に準拠して哲学者と神学者それぞれの手法を具体化してみせるということも、負けず劣らず、急進的である。おそらくアルベルトゥスの発明ではないだろう。『パリ大学試験官必携』を見ると、一二四〇年代にパリ大学の教師たちは同じひとつの問題について自説を述べるのに、通常、ふたとおりの述べかたを区別していることが分かる。興味ぶかいことに、まさに『ニコマコス倫理学』第四巻から出題される問題について、『必携』の匿名の著者は教師側の区別を説明しており、学生は回答するにさいしてその区別を踏まえていなければならない。人間が「善の全体的原因であるのか、ならびに悪の全体的原因であるのか」を問う問題に対して、期待される回答は「哲学的に語るなら人間は」善ならびに悪の「全体的原因」であるが、「神学的に語るなら」人間は「神学者が良心と呼ぶ」「神の恩寵の注入」がなければ、善をなす原因として「十分」とは言えない、というものである。[16]

じつを言うと、同じような表裏二面性がすでに『ニコマコス倫理学』第一巻から出題された一連の問題に表れている。肉体は「霊魂と同様に至福を受け入れ」、したがって霊魂と同様に「功徳の対象となる」資格があるのかを問う問題に対して、匿名者は、事実、アルベルトゥス本人以上にアルベルトゥス的なつぎの文言を記している。

> わたしたちは神学者に従ってこのことが真であると答える。というのも、かれらは霊魂が、死後、肉体と結合することを認めているからである。しかし、このことは奇跡によるのであって自然によるのではない。絶対的意味で語るなら、こうした結合は、実際、自然に反しており、だからこそ哲学者に認められていない。だからこそ、また、厳密な意味では、至福は、本性上、肉体ではなく霊魂にのみ帰すべきものなのである。というのも、この著作で著者が論証するとおり、至福は死後のものであり、さらに哲学者もまた霊魂が、死後、肉体と結合することを認めていないからである。[17]

こうして一二五〇年代のアルベルトゥスの立場を注意ぶかく考察するならば、そのうちに一二四〇年代のパリ大学人文学部の教師の立場にも教育計画のイデオロギーにも反するものは何もないということが分かる。こうした符合は、実際、「一触即発の危機をはらんでいる」。というのも、哲学者が哲学者として「復活を容認し」えないとする主張は、まさに、一二七七年にエティエンヌ・タンピエが謬説表の第一八条で断罪することになる主張なのである。司教の言い渡しの語句に注目すれば驚きはさらに大きなものとなる。というのも、結局、検閲によって摘発された異端説は『倫理学について』におけるアルベルトゥスの哲学的宣言に対応しており、これに対する正統説の応答は『命題論注解』の立場をそのまま踏襲したものであって、アルベルトゥスの神学者宣言に対応している。『コリント人への第二の手紙』が暗に引用されているところまでそっくりである。

来世での復活は理性によって吟味することが不可能であるから哲学者によって追認されてはならない――謬説。なぜなら、そもそも哲学者はおのれの知性を信仰に固くつなぎとめておかなければならないからである。[18]

アルベルトス・マグヌスは「哲学的ニ語レバ」という論法を自分で発明したのでないにせよ、『倫理学について』以後、哲学的言説と神学的言説とのあいだの、理解しうるかぎりもっとも厳密な境界設定を実行に移している。かくして急進的アリストテレス主義の基本的態度ならびに「自然学者トシテ語ル」という格率が、或る意味で、一二五〇年代以後のアルベルトゥスの哲学研究活動のなかに組み込まれることになる。「ラテン・アヴェロエス主義」と呼ばれるものは（この言葉によって、「信じることと理解することのあらゆる弁証法の綜合としての、キリスト教的・キリスト中心主義的叡知についての、まずはアウグスティヌス的な、ついでベーコン・ボナヴェントゥラ的な理念」に対抗してダキアのボエティウスやブラバントのシゲルスが擁護した或る種の「認識論的多元論」のみを理解するなら）アルベルトゥスの哲学研究観のなかにとっくに準備されている。そうである以上、Ｌ・ビアンキが一二七七年の断罪が始まるまえの薄暗がりのなかでケルンの学匠が果たした役割に言及したつぎの一節に同意しないわけにいかない。

アルベルトゥスが「二重真理」の学説を支持していたとして非難することはおそらく行きすぎであるにしても、かれが哲学と神学との関係についてのあたらしい反省の起源に位置していたことは確かであって、その反省が、ブラバントのシゲルスやダキアのボエティウスといった教師によって展開され、その究極の帰結にまで推し進められたのちに、その最後のかたちが、エティエンヌ・タンピエによって論争的かつ強引なやりかたで解釈されたのである[19]。

アルベルトゥスが観想を哲学的と神学的のふたつの様態に区別したことは『倫理学について』が陳述するとおりであって、そうした区別は急進的アリストテレス主義の徴候のひとつである。アルベルトゥスによると、神学的観想は「部分的には哲学に合致するが部分的にはそれと相違する」。相違は哲学者と神学者それぞれの習態（ハビトゥス）と目的と対象にかかわる。

ふたつの観想は習態において異なる。というのも神学者は神によって注ぎ込まれた光の助けを得て観想するが、対して哲学者は獲得された知恵なる習態によって観想する。ふたつの観想は目的によって異なる。というのも神学的観想は天国での神の観想を究極目的に掲げるが、対して哲学者はこの世の旅の途上でわずかでも神を直観することを究極目的に掲げるからである。ふたつの観想は、対象の実体によってではないにせよ対象の様態によって異なる。というのも哲学者は論証の結論において到達するかぎりでの神を観想するが、対して神学者は理性や知性を越えて現存するかぎりでの神を観想するからである[20]。

このように差異をあげつらうことは逆説を生む。そのことは、ふたつの生きかたの個々別々の発展の可能性を開くが、同時に、そのいずれもが優位に立てずに競合することからくる「葛藤」の可能性を開くからである。至福の生を語るエックハルトの神学は、神についての天国デノ観想と地ノ途上デノ或ル程度ノ直観との対立を乗りこえるかぎりで、こうした暗黙の逆説に対するひとつの回答である。ダンテが唱えるふたつの「究極目的」の理論も、『倫理学について』に或る幸福の二形式の分析に暗にもとづいているのであって、右の逆説に対するもうひとつの回答である。そして中間段階を飛ばして、競合から「分離主義」まで一気にさかのぼることにすれば、あの「ラテン・アヴェロエス主義」でさえ、『ニコマコス倫理学』のうちに隷属なき住み分けを読み解く第三の方法を提供している。

とにもかくにも、アルベルトゥスは一二五〇年代に哲学の方法に関してひとつの着想にいたるのであり、それは「アヴェロエス主義者」が一五年のちに所有権を要求する着想と非常によく似ている。その着想をキーワードふうにひとことで言えば、論証である。哲学者は「論証の確実性に立脚している」。神学者の確実性は別のところからくる。「神学者が理性を所有し」推論を「所有しているにしても」神学者が立脚するのはそうしたものではない。神学者ハ理性ノ為ニデハ無ク、自己ノ為ニ第一真理ニ立脚スル。[21] したがってアリストテレスが哲学的探究の起源に置こうと欲したもの、すなわち驚愕という根本的情動は、「奇跡」と「絶対的能力」を語る人間としての神学者に、そして神学者にのみ、帰属するのである。アルベルトゥス的哲学者は何ごとにも驚愕せず、何ごとにも驚嘆しない。驚嘆は神学者の感情であって哲学者の感情ではない。神学者ハ驚クガ、哲学者ハ驚カナイ。神学が、そして神学のみが、驚嘆すべきものから、並はずれたものから生じるがゆえに、「驚キカラ生マレル」と言われるに値する。[22] こうした事情が分かれば、アルベルトゥスの『神学大全』の正式標題 *Summa de mirabilis scientia dei*（『驚異神学大全』）のなかに「驚異」という言葉を見つけてもだれも驚かないだろう。驚異学というのが神学を指す固有名詞なのである。

2　神学とは何か

フィロソフィア（哲学）という言葉は、伝承の過程でさまざまに定義されてきたとはいえ、アルベルトゥスにおいてどういう意味だったのかを見定めることは容易である。フィロソフス（哲学者）という言葉にも同じことが言える。テオロギア（神学）という言葉は一義的だろうか。ケルンの学匠がテオログス（神学者）について語るとき、かれはだれのことを言っているのか。答は自明ではない。トマス・アクィナスには三種類の神学があることが知られている。

神学（一）――哲学者ノ神学すなわちアリストテレスが『形而上学』で定義するような、神および離在的諸実体についての哲学知であるかぎりでの神学知。

神学（二）――「聖なる学説」（*sacra doctrina*）もしくは聖人ノ神学すなわち旧約および新約聖書の啓示にもとづく、教父と教会「聖博士」の神学。

神学（三）――「福者の学知」さらには神の本質の直観として理解された、神自身についての学知。[23]

同じ分類がアルベルトゥスにも見出せることははっきりしている。神学（一）と神学（二）のちがいは、アルベルトゥスにとっても、かれの読者である急進的アリストテレス主義者にとっても火を見るよりも明らかである。この点はあとでまた触れる。しかしまさにこの理由で、「聖博士」という意味でのテオログスについてアルベルトゥスが述べていることをパリ大学の神学者に当てはめないことが肝要である。アルベルトゥスが、中世の大神学者――旧時代派であれ、新時代派であれ――に言及するとき、かれは、一般に、マギステル（教師）の、場合によってはマグヌス・マギステル（大教師）のことを言っている。たとえば神ニ関スル述語という古典的問題に対するポレタヌス派の教師の解答に言及する――それを排拒するためであるが――ときがそうである。それは、神がもし単純であり複合的でないとすれば、いかにして神に帰属されるもろもろの名詞と神との複合が神において「立証される」のか（*qualiter possit verifcari compositio nominorum cum deo qui non est compositus*）という問題である。

其ノ上、幾人カノ大教師ガ与エタ解決ハ、先入観ヲ持タヅニ此レヲ考察スレバ、甚ダ不充分デアルト言ワレルベキデアル。[24]

また、かれが恩寵による人間の創造についてのアンセルムスの観点および「すべての聖人に共通の学説」を「教師たちの意見」（おそらくはサン＝ヴィクトルのフゴの意見）に対置するときもそうである。[25] したがって聖人と職業的神学者とを、とりわけアルベルトゥスと同時代の職業的神学者とを混同してはならない。フィロソフスとテオログスとの対置は、学部間の抗争に巻き込まれている大学内の職業人相互の対置というよりは、むしろアリストテレスとアンブロシウス[二]の対置に近い。さらに神学と神学者を対象とする陳述の文脈的枠組みに注意を払わなければならない。アルベルトゥスは『命題集注解』を執筆しただけではなく、ディオニュシオスの注釈――『天上位階論』『教会位階論』『神名論』『神秘神学』『書簡集』――も試みたことを忘れてはならない。かれの「神学」観からディオニュシオス文書への沈潜に表れているその絶頂部分が切り落とされてはならない。É‐H・ウェベルがいみじくも書いているように、「アルベルトゥスとディオニュシオス文書との特権的関係は［…］かれの教育を先行者や同時代人のそれとはっきりとちがうものにしている」[26]。ここに言う「先行者や同時代人」とは「ほかの職業的神学者」という意味である。はっきりさせておきたいのは、「驚異学」としての神学を実現するためには神学を教えるだけでは不充分だということである。アルベルトゥスが理解するかぎりでの神学は『神秘神学』が記述する非‐見と非‐知による観想においてしか達成されない[27]。『倫理学について』第一〇巻第一六章が語る「地ノ途上デノ或ル程度ノ見神」や、「注ぎ込まれるもの」と「獲得されるもの」との対立、「何らかの論証の結末としての（*ut quaedam conclusio demonstrative*）神の観想」と「理性ならびに知性を越えて在るものとしての（*ut supra rationem et intellectum existens*）神の観想」との対立が、ここにいたってそれらの真の意味を明かすのである。こうした対立は、大学人としての人文学者と大学人としての神学者の対立ではなく、あきらかに、フィロソフスと神秘家の対立である。

大学人としての神学者は、教師になるためにディオニュシオスを注釈する必要はない。アルベルトゥスはどうかというと、かれは瞑想によって真の神学に接近し、完成された神学者の研究のありかたと生きかたの目標と結末を見定め、それらを記述し正当化するためにディオニュシオスを注釈する。神学者の必読文献のなかにディオニュシオス全典を、しかもそうした必読文献群の頂点に組み込むことはひとつの革命である。アルベルトゥスによれば神学者の原型はエティエンヌ・タンピエではない。それはモーセですらなく、非‐見と非‐知によって観想する者、従属的理性[28]にではなくディオニュシオスが語る *unitio*（合一）に到達する者、ようするに、こんにち「神秘家」の名で呼ばれる者であって、そのモデルはヒエロテオスである。神学のすべては、合一的で言表不可能な「経験」との、ディオニュシオスの言うところでは、神からかれの師にくだされた知恵ナル賜物 *sapientia donum* との関係においてしか、その意味を得ることはない。こうした経験こそ、神学が「驚異学」と言われるときの意味で「驚嘆に値する」。それは「驚くという、わたしたちの能力を越えた驚き」の果実であり核心である。[29] それゆえアルベルトゥスが哲学者と神学者の対立を構築するのは神秘神学もしくは合一的観想のうちに成就する神学に関してであって、神学一般に関してではない。そのことを明らかに示しているくだりは枚挙に暇がないほどであるのに、解釈家はそれらを一貫して無視している。例をひとつあげよう。非‐見を語るテクストが生む問題に対してアルベルトゥスは解決を与えている。まず、非‐見のようなものがあるとしても、それによって神を認識することはできないという主張が吟味される。そうした主張はいくつかの論拠にもとづいている。一番目と四番目のふたつの論拠は三段論法的な方法に準拠するという共通点を持っている。わたしたちの関心事からすると一番目がもっとも興味ぶかい。

論拠（一）――「媒介」（*medium*）として機能するほかのものを経由して認識されるあらゆるものは、ちょうど三段論法の場合のように、そのほかのものから結論を推理することを可能にする或る種の関係を、もしくは、少なくとも、ちょうど信仰において注ぎ込まれた光がわたしたちを信仰箇条にみちびくように、結論に達することを可能にするような或る種の「道」（*via*）を所有していなければならない。しかるに非‐見および非‐知はこうした特性を持っていない。したがって非‐見および非‐知によって神を認識することはできない。

論拠（一）はひとつの神学的論拠である。それは、また、三段論法を問題とする、それ自体が三段論法であるような論拠である。こうした論拠を展開する職業的神学者は、ディオニュシオス『神秘神学』第二巻（PG三、一〇二五A）に関して問いを立ててはいるものの、この点で、アリストテレス全典に問いかける人文学者と何ら変わりがない。ここで活用されている神学的方法はスコラ神学の方法であり、さらに言えば、「強い」神学の方法である。したがって哲学者と神学者が対置もしくは区別されるのはこのレベルにおいてではない。区別はまさに、そして、ひたすらに問題のソルティオ（解決部）が陳述することにかかわっている。

> 神に関するかぎり、わたしたちに、生来、備わり、わたしたちに諸学知を獲得させてくれるどのような認識様式もすべて空しい。実際、神は［一］原理として、自明的に、認識されることはない。［二］神は原因を持たないのだからその「なにゆえ *propter quid* を問うて」認識されることはない。［三］しかも神は、そのいかなる結果もご自身に釣りあってはいないのだから「結果によって *quia*」認識されることもない。［したがって神がもし認識されるとすれば］それは、［四］わたしたちの精神が神からの或る種の光を受けとり、わたしたちの精神の本性を超越したその光が精神をあらゆる自然的な直観様式のかなたに引きあげるからであり、そして［五］精神が神の直観に到達するのはその光によるのであり、そのさい、わたしたちは、混雑した、不安定なやりかたではあれ、神を事実によって *quia* 認識するのである。[30]

アルベルトゥスの主張は明確である。『聖書』の神、『旧約聖書』および『新約聖書』の神、キリスト教徒の神は自然的理性によって、それ自身、認識不可能である。なぜならアリストテレスによって分類された認識様式はどのひとつとして神には有効でないからである。神が認識されるのは「真にして第一で、無媒介的で、結論よりもよく認識され、結論の原因となる前提」――『分析論後書』第一巻第二章七一b一八～二四によると、これが「学的三段論法を、すなわち、その占有がわたしたちに学知をもたらす三段論法」を基礎づける命題類型である――であるようなものとしてではない［＝一］。神には原因がないのだから、その原因もしくは「なにゆえ」を問うことによって認識されない［＝二］。神は、そのいかなる結果も類比的に神をふくむことがないのだから、事実もしくは結果によって認識されない［＝三］。つまり神は、**τὸ διότι**（なにゆえ）を見せつつ、何なのかを、すなわち **τὸ ὅτι**（「かくあること」）を示す、『分析論後書』が記述するような論証的学知の手続きによっては認識不可能である。アルベルトゥスは *quia* の語を「結果によって」と「事実によって」というふたつの意味に使い、アリストテレスの **τὸ ὅτι**（「かくあること」）

を「結果が示すとおりであること」と解釈しているが、そのことを除けば、ここで、哲学における自然的理性の手法が可能なかぎり正確に記述されていることは明らかである。

アルベルトゥスの主張は「驚異学」としての真の神学は哲学的論証の道を経由しないということである。というのも神は所産者の圏域（τὸ διότι の圏域）とは無縁であって、創造された結果からさかのぼって、その ὅτι ἔστιν（デアルガ故ニ）として到達することはできない。神はのちにマイスター・エックハルトが言うように、文字どおりなにゆえにということがなく存在するのであり、自然的結果からさかのぼってその存在に到達することはできない。それゆえ神学者は、神の光それ自体から出発して、自然のかなたにおいて、知恵なる賜物としての注ぎ込まれた光のなかで、その ὅτι ἔστιν（デアルガ故ニ）において神に到達するほかはないのである［＝四］。こうした認識が混雑した認識であることに変わりはない――『倫理学について』も哲学的観想のことを或ル程度ノ見神と言っていた。それゆえ、神は論証の対象ではなく、神について語るとき、神ノ内ニ、論証に必要とされる「なにゆえ」とか、理由とか、原因はない。すなわち、その本質から引きだされ、その定義のなかで媒介的・無媒介的に認識される中間項はない。神が、それ自身、何であるかは、三角形が二直角に等しい角の和を持つことが論証されるようには論証されない。何であるかが知られるときは、人が神とひとつになるときだからである。

わたしたちの見解では、アルベルトゥスが『倫理学について』で哲学者と神学者それぞれの習態や目的や対象という観点から哲学と神学の差異を説明するときに言いたいことはこれに尽きている。神学は最初から哲学に対立しているわけではなく、或る類型の観想のなかで、理性および知性のかなたで実現する。その類型とは神秘的観想であり、そうした観想はディオニュシオス全典の研究によって可能的経験の対象として、それ自身、省察されうる――それが職業的神学者の仕事である――のであり、さらに、注ぎ込まれた賜物によって現実の体験[31]のなかに到来しうるのであって、そうした賜物の受け手が、職業的であろうとなかろうと、結局、換喩的に「神学者」の名に値するのである。

3　神学は学知なのか神秘体験なのか

アルベルトゥス・マグヌスに関して筋ちがいの論争があるとすれば、それは矛盾すると想定されたつぎのようなふたつの要請のきっぱりとした分離から発生する論争である。一方に、丸まる一世紀のあいだ通用した合言葉――「学問ノ次元デノ探究」――に敬意を払って、神に関する学知としての「強い」神学を構築しようとする憧憬があり、他方には、「驚異学」としての、神についての「体験的」あるいはむしろ「合一的」認識としての神学観があって、そうした認識は神への信仰の光によって呼び起され、「認識にあらざる認識」として定義され、「精神の本性を越えた認識作用」のなかで「あらゆる認識の閑暇」もしくは「空白において」成就するとされる。アルベルトゥスの神学はひとつの目的しか持ってはいない。信仰による義認なるものがこの世の旅人にとっていかなる意味を持つかを解明することである。L・ストゥルレーゼは、『倫理学について』から引用された「現世における見神」の「神秘的かつアヴィセンナ的」解釈にもとづいたアルベルトゥス哲学の或る種の解釈を断固として退けた[32]。しかし、それを言うなら、アルベルトゥスが、哲学的観想を「精神の至福」と語り、それを、地ノ途上デノ或ル程度ノ見神と性格づけていることのなかに、規格はずれの、まことに尋常でない何かがあることに、もっと、注意を払う必要がある。神学者のおしゃべりだと、と言いたくもなるだろう。哲学の本質と目的についての、非哲学的な言語による、非本質的な規定である、と。しかし重要なのはそのことではない。重要なことはむしろふたつの学問の記述が提示する構造的な並行性にあるのだ。哲学は学知であり、自然的規則性についての学知であり、世界の秩序についての学知である。哲学は必然性を前提し、自分固有の原理に依拠する。しかしそれは、知恵という究極の目的を有している。学知は知恵のうちに成就するのである。神学も、同様に、或る種の学知であり、「啓示」された素材という、自分固有の対象を有し、啓示によって提供された自分の原理を有する。しかしそれはまた、神の合一的認識という目的を持っている。或る意味で、これらふたつの目標は、ちがった道をたどりながらも、たがいに出会うのである。それはちょうど、「学知」の構築そのもののレベルで、論証手続きに（三段論法、背理法、無限後退、発問技法、規定討論といった）範型があるという認識と、哲学と神学のふたつの言説に通じる一般的「合理性」があるという推定とが出会うのと同様である。学知のふたとおりの実践に、同じ緊張が宿っている。その緊張には「アナゴジー」（上向釈義）という名前があり、もっぱら文献事情にほかならない論述事情に応じて、多様な表現形式と理論形態のもとに姿を現す。自然哲学の注釈においては形相の遊離理論や「天体の動者」の影響理論があり、自然神学の著作においては「善の呼びかけ」（*advocatio boni*）の理論があり、驚異学の産出へと向かう神学の著作においては恩寵の光や「神的使命」や注ぎ込まれた賜物についての理論がある、といった具合である。

地ノ途上デノ或ル程度ノ見神はアルベルトゥスのすべての哲学探究ならびに神学探究が収斂する一点である。「原因系列 *causarum series*」の認識は、哲学的至福の条件をなすのであって、アル＝ファラビが語る「取得された能動的知性」、アヴィセンナが語る「聖なる」知性、アリストテレスが語る「神的」知性にまで自分を高めうる知者がそうした至福に到達する。三位一体における神ノ外化ト内化ノ構造および関係の認識は、神学者が恩寵の呼びかけに応じられる地点まで自分を引きあげようとする、忍耐強く理論化された上昇運動に属する。それゆえ、哲学構想の総体から見れば自然哲学と知性の神学が異なっていないように、神学構想の総体から見ると、学的神学と神秘神学とは異なっていない。アルベルトゥスの思想の強みは――読者の観点によっては、弱みということにもなるだろうが――「神的知性」に向かう哲学的上昇過程と、「合一」に向かう神学的上昇過程が、たがいに相手を認証しあう、平和的な展望を提示することである。ここでどうして「第二のパラダイム」という言葉を出さずにいられるだろう。そうした提示は、予断のない観察者にとっては、「スコラ学のドラマ」を決定的にお蔵入りさせる体のものであって、アルベルトゥスにそこまでの危険をおかす権利を与えているのは、神学帝国主義ではないし、その裏がえしの、哲学構想による神学構想の無茶な書きかえでもなく、文字どおり神学的な――学知としての神学の――与件であり、言いかえれば、神への信仰の、知的な（*intellectuel* もしくは *intellectif*）性格の承認であり、もしくは、同じことになるが、そうした信仰が、注ぎ込まれた思考の（*noétique*）賜物という性格を持つことの承認である。

天国における至福直観、神の顔貌直観、神の本質直観は神学の理論化の究極的対象であるとともに、栄誉ある光のうちにある人間の最終目的であるとすれば、この世の旅人にとっては、もうひとつの「最終目的」がある。それは神への信仰のなかであらゆる人間に提供され、「神秘的」体験として規定されている、現世における、神との合一経験である。[33] 哲学者と神学者がおのおのの畑で、一方は「啓示」にみちびかれ、他方は自然的理性という唯一の手段をたよりに、ひたいに汗するのはこのレベルにおいてである。しかし、いずれにせよ、人間を人間としているゆえんのもの、すなわち「知性」が分析と反省に介入してくる。[34]

神学の地位に関するアルベルトゥスの見解の揺れがどうあろうと、神学が「敬愛」の学知であろうと、「実践的」あるいは「感情的」学知であろうと、言葉のアリストテレス的な意味における学知であろうと、少なくともケルンの学匠にとって「年老いた敬虔な女中」の神学である弱い神学を、「教師」の神学である強い神学に対置することはまったく問題にならない。神学は学知であるほかはないが、しかし神学知は信仰による義認を押し広めるという機能しか持たないし、この世の旅人に対しては、かれらを合一的観想に、そしてそのような観想を通じて「よく生きる」ことに備えさせるというねらいしか持たない。[35] 見すごすとアルベルトゥス主義全体の意味が見えなくなってしまうがゆえに注目する必要のあるこうした構想は、ところで、ふたつの資料体系に依拠してその実現が可能となっている。こうした、テクストのかたちで配られた二枚の神学カードは、ふたつのはっきり異なる使命を果たすことを可能にしている。ひとつは大学教育であり、もうひとつは修道院における宗教人の養成と、さらにそれを越えて俗人への説教である。もし、わたしたちが信じているように、アルベルトゥスが本当に「ラインの」という形容詞が付く「神秘主義」の「父」であるとするなら、それは、まず何といっても、かれが問題となっているふたつの資料体系を研究したからであり、かれがパリ大学の教師として『命題集』を注釈したからであり、また、おそらくは、後日、ドミニコ会修道士たちに、事実上、託されることになる魂ヲ気遣ウという使命に促されて、ディオニュシオス文書の総体を注釈したからである。以前、別の著作で、わたしはつぎのように書いたことがある。

（一）ディオニュシオス文書がエックハルトに対して持つ意味は、あたらしい論理学に関するアルス・マグナ（大いなる術）のひらめきが同時代人のライムンドゥス・ルルスに対して持つ意味と同じである。すなわち俗衆を回心させるための、唯一とは言えないまでも、主要な手段を意味している。

（二）エックハルトは、あらゆるキリスト教徒が「神の子が自然によってそうであるところのものに恩寵によってなる」という経験へといざなわれていると考えていたが[36]、そうした経験を、あたらしい言葉で、それどころか前代未聞の言葉で伝えようと努力したのはディオニュシオス文書によってである[37]。

（三）エックハルトにとってキリスト教の教えの根底をなすのは、マクシムス・コンフェッソル（四）に由来し、エックハルト自身の著作集の随所に見られる「神は人間が神となるために人間となった[38]」という表現に凝縮されている、「受肉」の恩寵と「住みつき」の恩寵の連結であったが、そのことを、かれが文字の読めないドイツ人にドイツ語で理解させようとしたのはディオニュシオス文書によってである。

俗語でおこなわれたエックハルトの説教のもっとも「スキャンダラスな」部分、少なくとも、検閲者のまなざしが、周到かつ緻密に、拾いあげた部分はディオニュシオス的部分である。これはわたしの意見であるが、いま、読者がこの意見に同意してくれるなら、つぎのことも理解してもらえるはずである。すなわちアルベルトゥスからライン神秘主義への遺産のなかで中心的と思える現象は、かれが教師神学や大学神学のための教科書的資料体系を包括的に代替するものとしてディオニュシオス文書を提示するそのやりかたである、ということ、を。

アルベルトゥスの打ちだすもっとも重要な新機軸は、ディオニュシオス文書が神学者の職業的責務を果たすのに「十分である」かどうか、結局、ディオニュシオス文書が「神学の仕事 *negotium theologicum*」の全体をカヴァーしているか、という問いかけに対して然りと答えたことである。こうした主張に敵対するひとびとはディオニュシオスが三位一体神学における三つの位格の「固有化 *appropriations*」の主題をあつかっていないこと、ペトルス・ロンバルドゥスが表明した要請[39]に最初から背いて神の意志、予知、予定の項目に関して沈黙を押しとおしていること、そして神の三位格の時間的発出（恩寵の秩序に属する発出）に関して何も語っていないことを申し立てる。アルベルトゥスはこれら三つの論拠を退ける。『神名論』は善性と知恵と能力をあつかっている。したがって、神の固有性 *appropriata* の、三つの位格のそれぞれと「符合する」（「自然的」すなわち自然に相対的な）側面をあつかっている。また『神名論』は知恵をあつかうかぎりで予定と予知をあつかっている（なぜなら予定 prédestination も予知 prescience も、pre なる前置詞によって表される先行性の観念もしくは様態によってしか知恵とは区別されないからである）し、善性をあつかうかぎりで（善性は意志の「傾向性」にすぎないのだから）意志についてあつかっている。最後に、時間的発出は永遠の発出を啓示するにすぎないのだから、『神名論』は、後者をあつかうかぎりで前者もあつかっている。『神名論』は、したがって、時間的発出を、神ノ発出ガ被造物ヘト限定サレル際ノ結果ニ依拠シテ（創造は永遠の発出の、神ご自身における顕現にほかならず、そうした顕現には、時間的使命の次元で考察される神の三位格の、恩寵による現前という被造的様相が結びつく）語っていることになる。[40] しかし、より一般的には、たんに神の、「ひとつの結果、もしくは、ひとつの賜物における（傍点引用者）」（*in aliquo effectu vel dono suo*）顕現だけに注意を払うのではなく、むしろ、とりわけ神ノ、御自身ニ於ケル顕現を重視するなら、神学ノ仕事という要請に応えているのは、アルベルトゥスによると、ディオニュシオス文書の総体がそうだということになる。[41]

　それゆえ、アルベルトゥスにとっては、強い神学と弱い神学があるというよりは、ふたつの神学資料体系があることになる。教師的・大学的なロンバルドゥス資料体系とディオニュシオス資料体系である。このどちらを使っても神学を論述できるが、両方を同時に使っても何ら悪いことはない。大学教育のレベルでも修道士養成のレベルでもアルベルトゥス以後の神学教育を特徴づけるものは、研究と釈義のカリキュラムのなかでディオニュシオスに与えられた場所である。こうした事情からアルブレヒト・シューレ（アルベルトゥスの学校）と呼ばれるようになったケルン総合学問所に固有の雰囲気は、このドミニコ会チュートニア管区の知的・文化的装置の中枢にディオニュシオスがどっしりと居座っていることから醸しだされている。ドイツ・ドミニコ会の文化が最初からディオニュシオス的でなかったとすれば、エックハルトの説教はそれが実際にあるとおりのものではなかっただろうし、かれの同僚（フライベルクのディートリヒ）や後継者（モースブルクのベルトルトや、かれに連なるヨハネス・タウラー[五]）の新プラトン主義への方向性はあれほど根強く顕著ではなかっただろう。多くの点で、ディオニュシオスはドイツにプロクロスの種をまいいた。自身は『驚異神学大全』を執筆するまでプロクロス主義的なところをほとんど見せていないが、わたしたちの見地からすると、ほかに類例を見ないこの運動の先導者は、異論の余地なく、アルベルトゥスそのひとである。

『驚異神学大全』の学的構造

アルベルトゥスのなかに強い神学と弱い神学との対立がないとすれば、それはケルンの学匠が、その活動の全時期にわたって、自分が教える神学の学的側面と、自分の教育の神秘主義的目的とを区別しているからである。ひとつの学科の方法とその実践的目的を対立させたのでは意味がない。ディオニュシオス文書を説明することは、『命題集』にある、あるいは何らかの哲学書にある文言を説明するときに使われるのと同一の論証的な解釈方法の管轄に属している。それが哲学者であり、神学者でもあったアルベルトゥスの学的なクレド（信条）である。そしてその信条についてひとから何を言われようと、かれがそれを変えることはない。こうした関係のもとで「一二五〇年の知的転回」は、晩年の活動のなかでも継続される。そうした転回は、ますます重苦しくなるパリの雰囲気のなかでも、それよりましなドイツの雰囲気のなかでも多くの分野を、ひとつまたひとつと、巻き込みつつ、その「一触即発の可能性」を増すばかりである。アルベルトゥスは『命題集注解』[42]で「至福感情を与える真理」を「最終目的」とする「感情的学知 *science affective*」として神学を定義したことから知られるように、当時から、かれが実践していた神学は「学的 *scientifique*」であった。そうした神学は『倫理学について』によって大まかに定義され、『神名論』の注釈によって余すところなく展開されたことから知られるように、一二五〇年代に依然として学的であった。そうした神学はいよいよ『驚異神学大全』が書かれるときになっても、あいかわらず、学的である。このようにアルベルトゥスが一二七〇年代に構想する神学が論証的な言説であり、L・ストゥルレーゼの言葉を借りれば「哲学的認識論と異種同形的構造を持つ」[43]学知であるということは、くり返し言っておかなければならない。こうした異種同形性は立ちどまって考察するに値する。というのもそのことがアルベルトゥスの神学様式を、トマスの、周知の神学様式との関係で位置づけることを可能にするからである。ひとが有効な比較基盤なしに、アルベルトゥスの神学様式を正当に評価しようとか、トマスの神学様式と対置しようとかするとき、あるいは、もっとよくあることとして、前者を排除したいと思うとき、えてして前者を後者に還元しがちである。わたしたちとしては、アルベルトゥスの言葉の独創性と自己充足性に確信を持っているので、両者の比較に精力を使い果たさずにすむように、ここでは、アルベルトゥスの言うことに注意を集中させ、道みち、いくつかの対立点に簡単に触れるにとどめたい。

『驚異神学大全』は神学的言説の形式的な三つの構成要素をつぎのように記述している。（一）信仰箇条ニ先行スル要件、言いかえれば、信仰箇条の根源的価値を基礎づける、神学に固有の認識体系における真理の推定、すなわち『聖書』の真理の想定（『聖書』ガ真理デアル、ト云ウ事）。（二）信仰であるかぎりでの箇条そのもの、言いかえれば、信仰デアル限リデノ信仰、信心の対象であるかぎりでの信心の対象（信仰サレテ居ル事柄）。（三）信仰ニ後続スル要件、言いかえれば、信仰与件から概念的に由来すること（アルベルトゥスが例としてあげる「姦淫ハ死罪デアル、即チ永遠ノ死ニ拠ッテ罰セラレルベキデアル」等々）。[44]「先件／信仰箇条／後件」という構造は学知としての三段論法についての『倫理学について』の指摘を想起させるけれども、そうした外見にもかかわらず、純粋に三段論法的ではない。より正確に言えば、アルベルトゥスの配慮はさらにそのさきまで行っている。先件は、たしかに、命題のかたちで表現されうる。たとえば

命題一――『聖書』は真実を語る。

もしくは

命題二――『聖書』は神に由来する。

しかしこうした命題が表明しているのは、信仰箇条／後件の連鎖を神学に固有の認識体系において支配しているのは何なのか、信心の対象であるかぎりでの信仰箇条に「おのれを固く縛りつけ」「かたときも離れない」ことを精神

に義務づけているものは何なのかということである。アルベルトゥスが三要素（一）／（二）／（三）を、あたかも三段論法を駆使して推論するあらゆる学知に求められる要件を満たすかのように（前件と媒介と後件の連鎖によって）提示しているにしても、かれは、たんに神学もひとつの三段論法的学知であるということを示したいのではない。かれのねらいはもっと巧妙である。かりに、アルベルトゥスが理解するかぎりでの神学が、ストゥルレーゼが言っているように、哲学的学知と異種同形的な学知であるとしても、神学における前件の特殊な地位は、その特殊性のままに、省察されなければならない。アルベルトゥスにとって、こうした省察はひとつの論証的学知のなかにある二種類の立論の区別——注釈者によって指摘されていない区別——に支えられている。それは（a）事象ニ即シタ立論 *argumentatio ad rem* と（b）立場ニ即シタ立論 *argumentatio ad positionem* である。かりに立論する者が神学者であれば、かれの立論が事象ニ即スルことは不可能である。かれが相手にする *res*（事象）は立論されえない。それは、徹頭徹尾、『聖書』なる「第一真理」に基礎を置いている。そのかわり、神学者には、立場ノ慣例ニ従ツテ立論する、すなわち、アルベルトゥスが言うには「『トピカ』第八巻で」アリストテレスが記述した方法で立論する責任が課せられる。この方法とはいかなる方法だろうか。もしわたしたちが勘ちがいをしているのでないとしたら『トピカ』第八巻一五六b二七〜三〇に記述されているその方法は、「わたしたちが必然的に採用しなければならない」命題を、あらかじめ、直接に言表するのではなく、その命題を「必然的な後件」として帰結するような（先件）命題を言表することに本質がある。「論敵もこうした命題には簡単に同意する。なぜなら、その帰結が何であるかに、わたしたちほどはっきりとは、気づいていないから。」もしこうした命題が「採用されたなら、最初の命題も採用されたのである」[45]。言葉をかえよう。神学者の立論とは、或る *positio*（立場）から帰結を引きだすことを言うのであって、そうした帰結は、自動的に後続することが明らかであるかぎり、容認されなければならない。他方で「当の立場に反するあらゆること」すなわち当の立場との関係で後続しないことは「拒否されなければならない」[46]。規定討論という論理ゲーム[47]における *positio* の記述を部分的に想起させるこうした言葉づかいは、アルベルトゥスが「神学ハ立論様式ヲ持ツカ否カ」を自問するときに、「立論的学知」のもとにまさに何を理解しているかを示している。それは、トマス・アクィナスが『対異教徒大全』で別の言葉づかいで言表していた一連の目標を――それにはまったく準拠せずに――実現している神学なのである。

　アルベルトゥス神学は、或る意味で、オーセールのギヨームの『黄金大全』の中心的な懸案を共有している。その懸案とは「信ゼラレルベキ事象 *credenda* ノ理性ニ拠ル証明」である。しかしアルベルトゥス神学において重要なことは、まさに、信仰の対象（信仰箇条、信仰与件）を推論によって証明することではなく、むしろ逆に、神学の対象を信仰の対象によって証明すること、すなわち信ゼラレルベキ事象 *credenda* を立場カラ *ex positione* 証明することである。他面で、トマスにとってと同様、アルベルトゥスにとっても神学は合理的護教学という側面を持っている。実際、『驚異神学大全』の著者にとって、信仰の真理の一部が、立場カラ、合理的に論証されうる、あるいはむしろ展開されうると断定するだけでは十分ではなく、その系として、立場に反するすべての論拠は反駁されなければならない（し反駁されうる）ことを示すところまで行かなければならない。「立場」の擁護は、疑いもなく、立論的学知として理解された神学においてはもっとも重きをなすものである。信仰が問題になっているときに哲学的論拠に出る幕はないと聖アンブロシウスが書く（「信仰ガ求メラレテ居ル場所デハ立論ヲ遠去ケヨ」[48]）とき、かれはたんに神学は信仰与件にもとづくのであって、「理性を根拠とする」のではなく「啓示を根拠とする」ということを言いたいのである（「理性ノ故ニデハ無ク、第一真理ノ啓示ノ故ニ」）。アルベルトゥスが言うには、理性は第一真理に関しては権能を持たず、「前提に属する事柄に関しては第一真理に絶対的に依拠する」が、逆に、「帰結によって納得させること」（*persuasio ex posterioribus*）は理性の領分である。つまり、帰結（*posteriora*）は演繹されるがゆえに、わたしたちにとってより明証的（*priora quad nos*）なのである。それゆえ神学的立論は、アンセルムスがおこなったように、信仰の探究そのものである「知性と合理性」の探究を、信仰与件カラノ帰結ニ拠ツテ確保する機能を持つ。アルベルトゥスはつぎのように続ける。「『聖書』が語ることを疑うのは神学的立論の領分ではない」（« *de dicto* sacrae scripturae non licet dubitare »）が「語られていることの意味を疑うのは神学的立論の領分である」（« *de ratione dicti* dubitare licet »）。とりわけ「反論者を論駁する」ために（« ut contradicentem revincatur »）「立論を試みること」は神学的立論の領分である。

『驚異神学大全』によって定義されるかぎりでのアルベルトゥス神学は、トマス神学とくらべてみると、注目すべき特殊性を示す。それは反論者の人物像がきっぱりとキリスト教神学の内部に設定されているということである。潜在的論敵は「異教徒」ではない。信仰与件ニ先ンヅル前提を否定する者と神学的に議論する余地はない。というのも『聖書』の真理を前提することなしにいかなる議論も不可能であって、そのことはあらゆる哲学的真理を一括して否定するような者と形而上学的に議論することが可能でないのと同様である。「何ものかが容認されている」のでなければ議論というものはない。形而上学において名が何かを意味している――ただし相互に排斥しあう述語の組み合わせ（アルベルトゥスが「アヴィセンナ」にならって矛盾者 *contradictoria* と呼ぶもの）はこのかぎりではない――こと、神学においては『聖書』が真実であることが容認されていなければならない。それゆえアルベルトゥスは自然的理性の地盤にのみ立脚するあらゆる戦闘的護教論を排除するように思える。必然的に、立論的神学は、信仰与件ニ先ンヅル前提と、したがってまた、信仰与件（信仰箇条）そのものからなる、神学に固有の同じ認識宇宙を共有する反論者と議論する。神学者は「『聖書』が語るすべてのことを否定する」者と議論はできない。神学者はもうひとりの神学者としか議論はできないのであって、そのことは、哲学者が全テヲ――事実ニ関スル事を除いて――否定スル[49]（その場合、言語や、言葉ニ拠ル議論は、事態と何のかかわりもなくなる）懐疑家とは議論ができないのと同様である。神学と哲学は、それゆえ、おのおのに固有の認識体系において同じ状況にある。両者は同一の第一原理を共有はしていないが、同一の立論構造を持っている。両者の先件が同一ではなく、哲学的立場は、本来の意味での神学的信仰与件の次元には属さないにしても、この両者に対して先件／信仰与件／後件の図式が議論の規範として課せられているのである。

実際、ほかの諸学問において、原理を否定する者とではなく原理を容認する者と議論がおこなわれるのと同様に、神学においても、『聖書』が真実を語っていることを否定する者とは議論にならない。逆に、そのことを容認する者に対してこそ、多くの論拠を持ちだすことができるのである。[50]

神性学と神学

哲学と神学の立論構造の異種同形性はひとつの前提に支配されている。哲学者の前提は矛盾排除律の有効性であり、神学者のそれは『聖書』の真理の有効性である。そうした異種同形性は、哲学においては事象ニ即シタ立論が、神学においては立場ニ即シタ立論が排他的な優位を有するという、抜きがたい区別を背景として展開される。両者とも、観想という、同じ類型の精神の実現のうちに成就するのであるが、しかしこの観想は同じ対象におよぶのではない。神学者の観想の対象は、理性と知性を越えた存在として（*ut supra rationem et intellectum existens*）、非‐見・非‐知によって観想される啓示された神であり、哲学者のそれは形而上学の神、もしくは、わたしが別の著作で書いた神性学 theiologie[51] の対象としての神であり、言いかえればギリシャ・アラブ的宇宙論における諸天球の「第一原因」「離在知性」「動者」である。ここで予断を持たない観察者は評価をくだすだろう、神がひとり余ってしまう、と。「離在知性」を認めるということは、実際のところ、たとえば、流出させ、かつ流出する諸実在からなる宇宙を誕生させる流出過程において離在的諸実体が媒介的役割を果たすという主張を認めることである。それはひとり神のみが――『聖書』が語る神――創造し、しかも媒介なしに創造することを否定することであり、一カラハ一以外ハ生ヂナイというスローガンにくみして、言葉のキリスト教的意味での創造の観念それ自体を否定することである。思えば一二七七年のパリの断罪はこのスローガンに真正面から斬りつけたのである[52]。たがいに排斥しあう述語の組み合わせが哲学者の容認しえない唯一の事象であることを公言している手前、そうした矛盾とどのようにして折りあいをつけたらよいのか。この問いは重要であり、決定的ですらある。というのも、もしその問いが、あたらしい、満足できるやりかたで解決されないなら、「第二のパラダイム」が理性と信仰についての「スコラ学的」な対立をそっくりそのまま引きついでいることになるだろうし、結局のところ、アルベルトゥスは、制度的「アヴェロエス主義者」のアヴェロエス主義以上に饒舌で、混乱した、或る種の「アヴェロエス主義」を提案するしかないことになるだろう。アルベルトゥスの回答が絶対的に満足できるものかどうかを判断することは、わたしの手に余る。しかし、わたしからすると、歴史家がその回答を、少なくとも、析出させ、性格づけ、記述しおおせたら上出来であるように思われる。アルベルトゥスの立場は、わたしが理解するかぎり、「現世ニ於ケル或ル程度ノ見神」という一句に収まる。この立場は神学的である。つまりこの立場は神の認識を人間存在の「現世における」最高目的と規定している。しかし神の認識は程度を許す。ということは、神の認識は、非‐見・非‐知（ἀγνωσία）による最高形式へと通じる、予備的認識としての或ル程度ノ直観をも容認するということである。言葉をかえよう。哲学者たちによって蓄積された認識の財宝は、ひとたびディオニュシオス的意味での神学者の手に渡ると、『神名論』や『聖書』のなかの象徴、寓意、比喩がそうであるように、否定 apophase の道に奉仕させられ、否定のうちに成就されうる。哲学者は、自分の秩序においては自律的なままで、真の神学に統合されうるのである。だからこそ哲学は「隠蔽されたり」「秘匿されたり」はできない。むしろ哲学は知的禁欲を養うもっとも滋味ゆたかな糧である。スコラ神学――ロンバルドゥスとその流れを汲む神学者の神学――も哲学と呉越同舟の関係にある。哲学が自然についてわたしたちに教えることと神学が恩寵について教えることは超越者についての合一的認識へと通じている。神性学と神学は、こうした認識に接近するふたつの可能な道を記述している。フィロソフス（哲学者）は第一の道しか知らない。「弱い」神学の信奉者は第二の道の一部しか知らない。真の神学すなわち「強い」神学の支持者は、第二の道の現世ニ於ケル区間を果てまでたどるために、第一の道を認識しなければならないことを知っている。アルベルトゥスはディオニュシオス神学をすべての「方法 méthodes」の頂点に位置づけることによって大学の人文学者と神学者とを背中合わせにして送りだす。かれらの喧嘩は制度内のものであって、制度にしかかかわりがない。それはケルンのドミニコ会総合学問所から見れば、文字どおり、対岸の火事である。アルベルトゥスがふたつの『位階論』から『書簡集』にいたるディオニュシオス文書を余すところなく注釈しようと思い立ったときにあらたな神学が輪郭を現しはじめる。ケルンの学問所はその実験室にほかならない。

自然に関する諸学知と『聖書』的で『命題集』的な神学とをディオニュシオス的宇宙に収斂させることによって、

アルベルトゥスは、以後、哲学と心おきなく交歓することにならないのか。神学を「アリストテレス的理性」に従属させることによって、かえって、アルベルトゥスは「キリスト教的アリストテレス主義」という、本章冒頭で却下された旗印のもとに帰るお墨つきを神学から得ることにはならないのか。こうした反論はたしかに筋がとおっている。もしアルベルトゥスが自然的理性と化学的に純粋なアリストテレス主義の等値化を基盤にして哲学を考えているとしたら、こうした反論の正しさは決定的であるだろう。しかし、すでに見てきたように、この仮定は成り立たない。アルベルトゥス哲学は拡大された資料体系にもとづいている。それはどう使おうとも自由な道具ではないが、しかし、一度作られたら変えられない道具でもない。アルベルトゥス哲学は読み込みと書き直しの果実であり、しかもアリストテレスはその原本の一部をなすにすぎない。それは『〈自然学講義〉注解』第一巻第四章一節で記述された構想と戦略にもとづく、ひとつの探究の産物である。一二六〇年のパリのほとんどすべての人文学者とは異なり、アルベルトゥスは自分が自然学の全体構造を語るとき何を語っているのか、そして自分がなぜ自然学に沈潜しなければならないのかを知っている。従来は教師が最初の授業であげる哲学系推薦図書のたんなる一項目にすぎなかった占星術と錬金術から、かれが何を作りあげたかだけでも想起されたい。それらはアルベルトゥスにおいては哲学的討論の強力で不可欠の道具となったのである。ケルンの学匠の apophase（否定）の実践に滋養を与えているのは実在する哲学の鑑定作業である。そうした鑑定作業があるために、また、かれには哲学姫 dame Philosophie と「心おきなく交歓する」ひまなどないとも言える。アルベルトゥスの手法の特異性をなし、それを「第二のパラダイム」の地位にまで引き上げているものは、かれの著作のほとんどどの頁にも顔をのぞかせている、哲学は、その頂点において、ディオニュシオスが師ヒエロテオスにその実相を見た「神を感じる théopathique 状態」に達するという確信である。この確信を支えているものは何か。ラテン世界の最良の神学者群と哲学者群のあいだに存在している調和、もしくは哲学者を預言者から分かつ差異の小ささである。長ながとした論述よりもたったひとつの例がこうした逆説的な邂逅／収斂をよく描きだすだろう。それは「流れ」の概念の取りあつかいにかかわる例であって、わたしは、かつて、ほかの著作で、この概念がアルベルトゥス思想において中心的・構成的役割を果たしていることを明示した。

4　流れの形而上学

「第一原因」の影響 influence もしくは流れ込み influx は、アルベルトゥスが理解するかぎりでの第一哲学の完成にほかならない哲学的神学、すなわちペリパトス主義神学の根本概念である。それは『知性と叡智的なものについて』における思弁的な思考学を基礎づける概念である。その著作では同化的若シクハ神的知性の見出しのもとに認識にあらざる認識／における／による／神格化の状態が論述されており、さらに『神秘神学注解』は、その状態を此ノ世ノ途上デ達成可能な合一の頂点としている。こうした概念は透明と言うにはほど遠い。その源泉は、数が多いだけでなく、たがいに異質で、その「ペリパトス主義的」側面がただちに明らかであるとはとても言えない。影響 *influentia* というのは、周知のように、占星術の枢要語である。アルベルトゥスにおいてこの語が介入するのは、多くの場合、あきらかに、占星術の枢要語としてであるが、しかしまた、かれにとってこの語は、自然学の、より広くは自然哲学の術語であり、形而上学の鍵語であり、ついには、知性神学の鍵語である。この概念もしくは術語に、いまだ語られていない仔細はないだろうか。この問いは、普通に言われていることとは異なり、影響 *influentia* という複合概念――この概念を、流れ *fluxus* とか、流れ込む *influere* といった術語をもふくむ星座のごときものと解するとして――はアラブ・ペリパトス主義だけを唯一の起源にしているわけではないだけに、ますます先鋭化する。実際、流れ *fluxus* の知見は、文字どおりのラテン世界のうちにも歴史を有しており、その消息が命名 *denominatio* や転喩 *transsumptio* の消息と、したがって存在者の類比 *analogia entis* の消息と交差しているだけに、ますます曖昧なままにしておくことが許されないのである。流れの形而上学と存在の類比の理論との絡みあいはアルベルトゥス思想を解釈するにあたってもっとも困難な問題のひとつである。[53] この点に関しては僭越ながら読者には『形而上学と思考学』を参照していただくようお願いする。ここではつぎのことを言っておけば十分だろう。すなわち、ケルンの学匠が自分の存在論‐神学の中心的主張を定式化したときに何が念頭にあったかということは、かれの存在論‐神学のなかで中世形而上学のふたつの伝統が、あるいはむしろふたつの時代が出会っていることを知らなければ本当に把握できたことにはならない、ということを。そのふたつの時代とは、ボエティウスの伝統を引くギリシャ‐ラテン時代と、「ペリパトス派」の伝統を引くアラブ‐ラテン時代である。「哲学者たち」とラテン世界で最良の神学者たちのあいだに調和があったという観念がアルベルトゥスのもとに生まれるのはこうした出会いによってである。この観念の出典の位置に『〈自然学講義〉注解』第二巻第二章一九節で「われらがボエティウス」（*noster Boethius*）と名づけられた人物がいる。アルベルトゥスはこの人物をヘルメスに引きつけて解釈し、そこから摂理と運命についての哲学的理論を紡ぎだすのであるが、この理論が、やがて、一二七七年にエティエンヌ・タンピエの謬説表の一九五条で断罪されることになる。

「流れ」のラテン的知見——ボエティウスのけもの道

fluxus（流れ）という、形而上学的な、あるいはむしろ存在論‐神学的な概念がラテン世界に存在したことを証明する、はじめての大きな実例は、筆者の知るかぎり、ボエティウスの『神学小作品集』である。事実、この知見は『デ・ヘブドマディブス』（『七について』）で中心的役割を果たしている。この著作は、アリストテレスとそのアラブの衛星たちが西欧への二回目の「デビュー」を果たすまえの中世において、存在と存在者についての中世的反省を創始したとは言わないまでも、その基礎をきずいた文献である。「七について」は『神学小作品集』が中世に流布したときの標題であって、多くの写本を突き合わせたのちに確定されたその原題を« *Quomodo substantiae in eo quod sint bonae sint cum non sint substantialia bona* »（「如何ニシテ実体ハ実体的ニハ善デ無イ時ニモ存在スル限リデ善デアルノカ」）という。この懇切丁寧な方の標題が暗示するように、ボエティウスがあつかっている問題は明確である。それは諸事物は善である（なぜなら事物は善を志向し、それゆえ何らかのしかたで善に類似しているから）として、「現存するそれらはいかにして実体的に善でないときにも存在そのものにおいて善であるのか」を見極めることである。『範疇

論』の読者にとってボエティウスの言説の宇宙とアリストテレスのそれを分厚い壁が隔てている。両者のちがいは、ボエティウスが自分なりの回答を書きあげている濃密な数頁をたんに一瞥するだけで目に飛び込んでくる。実際、ボエティウスは問題の立てかたにおいてもそれに対する解決においても、アリストテレスには知られていなかった存在と本質の区別を前提しており、とりわけ、かれは非アリストテレス主義的な「あたらしい」もうひとつの観念を導入することによってアリストテレス存在論の核心部分の模様替えをおこなっている。やがてアルベルトゥス・マグヌスの思想のなかで触媒としての役割を演じることになるこの観念こそ *fluxus*（流れ）の観念である。「流れ」の知見は、ボエティウスの表現を見るかぎり、「発出 procession」という新プラトン主義的観念にほぼ正確に対応するように思われる。『七について』は「流れ」と「流れ出る *defluere*」という術語により、実際上、「最高善」の意志をみなもととする、現存する諸事物すなわち「第二善」の或る種の流出 émanation を指し示している。提起された問題――如何ニシテ実体ハ実体的ニ善デ無イ時ニモ存在スル限リデ善デアルノカ――に対するボエティウスの回答はまったくアリストテレス的ではない。その回答のなかにあるのは、キリスト教の色合いを帯びているとはいえ、あきらかに、こんにちであれば「新プラトン主義的」と言われるような教説である。現存する諸事物はその実体的本質によっても分有によっても善なのではなく、その起源それ自体によって善である。なぜならそれらの存在は「創造者」によって欲せられ、創造者の意志から「あふれて」「流れる」からである。[54]

流れの理論のこうした最初の定型化は注目に値する。なぜかというと、まず、それが、アヴィセンナやアル－ファラビから継承され、一三世紀にラテン西欧を席巻することになるエマナティオ（流出論）のギリシャ－アラブ・モデルが現地に到着するに先んじて、流出論の文字どおりのキリスト教版を構成しているからである。つぎには、それが固有の性格を示しているからである。実際、ボエティウス様式の流出論は、アラブの競合相手のそれとは異なり、ペリパトス派の宇宙論および思考学の領野に踏み込むことなく、「存在」と「第一善」とを同一化するプラトンの存在論の厳密な枠ぐみのなかに断固としてとどまっている。ボエティウス様式の流出は、アラブの競争相手のそれとは異なり、叡智的宇宙――第一原因としての、或る種の神と、月下の世界とのあいだを階層化する離在諸知性と諸天球の体系[55]——の発生の説明を引き受けようとはしない。ボエティウス様式の流出論は、「おのれの存在と本質とを統一的に所有する」唯一のものである単純存在から合成的存在者をみちびきだす因果的展開には好意的なそぶりを見せつつ、たんに存在と存在者の存在論的差異の水準で創造者と被造物の関係を解きほぐそうと目指すのみである。ボエティウスの流出理論は自然の産出まで降りてくることはない。すなわち、ボエティウスの流出理論が被造物の圏域に存在論的次元の差異を指摘する場合も、それは、因果性の問題を「善」の道理 raison のもとに神学的に考えるためであって、自然の道理のもとに自然学的に考えるためではない。「第一善」およびその意志からの「第二善」の流出は具体的存在の内面にその現場があり、存在と存在者の差異それ自体の問題に送り返され、分有という「プラトン的」言葉で表現されている。

善き事物が「それ自体で」、その存在そのものにおいて、ようするに「実体的に」善いのか、それとも分有によって善いのかを問うことによって、そしてつぎには、善き事物が善いのはそのどちらによるのでもなく、ただ、その存在がいかに「第一善」の意志から発出するかぎりで善いのだと答えることによって、ボエティウスはアリストテレスのカテゴリー体系に風穴をあけた。つまりボエティウスはそこに存在の純粋に因果的な観念を導入したのであって、そうした観念は、わたしたちが別の著作で明らかにしたように、アリストテレスの『範疇論』第一章に記述のある語音類似 paronymie の現象がのちに解釈されるさいに決定的な影響をおよぼすことになる。しかし、アルベルトゥスのような碩学にとって、こうした存在の因果的理論は、ディオニュシオスから受けつがれた神秘的解釈にすでに深く染めあげられている存在の類比という問題設定に形而上学的な補足を与えるものでもあった。とりわけ、それは、アルベルトゥスをはじめとして、ラテン・ギリシャ・アラブ世界の形而上学関係の文献にあまねく通じている読書家を、アラビア語版のプロティノスやプロクロス全書を迂回して——当人たちはそのことに気づいてはいなかったが——構造化されたペリパトス主義の地平にみちびく結果となった。実際、わたしたちの見るところ、アルベルトゥスがボエティウスの『七について』とプロクロスの『原因論』を、一方の意味を他方のうちに探るようにして読んでいたこと、また、ペリパトス主義についての、自分なりに首尾一貫した理解を構築するために必要なものをこうした交差的読解から汲みとっていたことに疑いはない。このようなペリパトス主義は、近代人からすればアリストテレスから遠く離れているものの、現実に、アリストテレス主義とプラトン主義とを和合させる読解構想の趣旨には十分合致しているのであって、そうした構想が、ギリシャ語圏の新プラトン派にはポルフュリオスを、アラビア語圏のペリパトス派にはプロティノスやプロクロスを読む動機を与えていたのである。わたしたちがくり返し語ってきたことであるが、アルベルトゥスは、自分自身、その発生も構造も理解できていない認識体系の宇宙、すなわちアリストテレスの新プラトン主義的解釈と、その奇想天外な化身たちの宇宙のなかで悪戦苦闘してきた。かれは、或る意味で、つねに同じ解釈学上の困難にぶつかった。アリストテレスのものではないテクストをその歴史的由来を知らずに「アリストテレス直筆」であるかのように読む困難、アリストテレスのものではない教説を「アリストテレス直伝」であるかのように説明する困難である。こんにちの資料研究によって発見された、（アリストテレスの）『霊魂論』への（プロティノスの）『エンネアデス』の闖入は、準拠すべき資料体系の当時の状態にあざむかれていたアルベルトゥスにとっては、はからずも突きつけられた出来事のひとつである。「思弁」の奇跡とでも言ったらよいか、かれ自身それを予感し、何とか制御しようと努めたわけだが。その結果が、アルベルトゥスの知性理論である。それは、準拠資料という点で、よくも悪くも、アレクサンドロスの思考学とプロティノスの思考学からアル－ファラビが作りあげた切り貼り細工に多くを負うことになってしまった。アラブ人によって仲介されたペリパトス学派の宇宙論および自然学理論のなかに、流出についての、新プラトン主義による正統的理解が、ボエティウス経由で到着したことは、もうひとつの出来事である。こうなると溶液は内容物をいつまでも溶かし込んだままでいることはできない。表面に内容物が析出してくる。その徴候が、アルベルトゥス思想における「流れ」の知見の、異常なまでの膨張である。アルベルトゥスのどのような著作を読むにしても、まず「流れ」の知見そのものに省察を加えて、しかるのちに読解に着手するのがよい。とくに、かれが形而上学的観点から、その概念的綜合を試みた著作――とりわけ『宇宙の諸原因と過程について』――を読む場合はなおさらである。この点についてはこれからの研究に待つ部分が大きい。ここでは「アラブ世界にある」源泉をいくつか指摘するにとどめよう。

「流れ」のアラブ的知見——いくつかの道しるべ

『七について』から読みとれるいくつかの基本概念と共振しうるかたちで「流れ」と「影響」が原理的に肯定されているのはアヴィセンナにおいてである。もっとも分かりやすい一節は『第一哲学』における摂理の一般的定義にあてられたそれである。アヴィセンナの原典のラテン語版で *cura* と表記されている「摂理」（アラビア語の *al-'ināya*）の定義には「本質によって善の原因」である「第一者」からの善の流れという知見がはっきりと介在している。

既ニ述ベタ様ニ［…］第一者ガ自己自身ヲ知ツテ居ル事、第一者カラ善性ノ秩序ノ必然性ガ由来スル事、第一者ノ本質ガ、事物ニトツテ可能デアリ第一者ノ意ニモ適ウ限リデノ善性ト完全性トノ原因デアル事、斯ウシタ事ガ、就中、摂理ヲ構成スルト知ラネバナラヌ。第一者ハ、従ツテ、ヨリ善ナル存在ガ可能ト成ル様ニ善性ノ秩序ヲ構想スル。其ノ故ニ、第一者ガ秩序ト善性ヲ構想シ、第一者ガ構想スル限リデ其ノ善性ガ更ニ善イ物ニ成リ得ルトシタラ、可能ナ限リ完全ナ秩序ヲ来ラセル流レト成ツテ善性ガ流レ出スノデアリ、此レコソガ摂理ノ意図デアル。[56]

しかし、こうした「摂理」なる表現の使いかたは、ボエティウスが「実体的には善でない善」を指し示すために使った漠然としたいくつかの表現を越えている。つまり摂理はこの世界で産みだされるあらゆるものにふくまれる「あまたの驚キノ刻印」を指し示すのであって、「驚クベキ刻印」は金属の——構造とは言わないまでも——秩序のうちにも、植物や動物や人間の秩序のうちにも、果ては、知られているかぎりでの天体の秩序のうちにもある（« tum in partibus metallorum, tum in partibus vegetabilium et brutorum et hominum, et in hoc quod intelligitur de partibus caeli »）。[57]「流れ」の知見は（あらたに「刻印」の知見と組み合わされて）天体と天体の霊魂が月下の物体および霊魂におよぼす「影響」の説明にもひとしく介入する。これはペリパトス主義の色彩のより強い図式——ボエティウス・モデルには不在であるが、『原因論』のなかに点在する——であって、アルベルトゥスは、こののち、占星術的動機に促されて自然哲学関係の著作集の各所でこの図式を構成しては再構成する作業を果てしなく繰り返すことになる。こうした二重の意味での「影響」はアヴィセンナ『第一哲学』第九巻第五章に明確に表現されている。

> ［…］天体カラ、此ノ世界ノ物体ノ中ニ、天体ニ固有ナ性質ニ応ヂタ印象ガ刻マレルノデアッテ、其ウシタ性質ハ天体カラ此ノ世界ニ流レ込ムノデアル。而モ天体ノ霊魂カラサエ、此ノ世界ノ霊魂ニ印象ガ刻マレル。其処デ私達ハ、斯ウシタ天体ノ意図カラ、世界ノ物体ノ指揮者デアル自然ハ、完全性ヤ諸形相ト並ンデ［…原文消失…］遍在スル霊魂若シクハ其ノ輔弼者カラ産ミ出サレル事ヲ推シ量ル。[58]

当然のことながら、アヴィセンナの神が個体的諸存在を認識するのは、それら「第一原理」たる自己自身から流出する諸原因の網に組み込まれているかぎりでしかない。G・ヴェルベケが正しく指摘したとおり、神は、自分が厳密な意味で直接に創造した唯一のものである「第一知性」しか直接には認識しないのであって、「現存するあらゆるものは従属的諸原因を媒介として把握するのである」。それが、さきに引用した『第一哲学』第九巻第六章で、流れの知見を借りて展開された、摂理という宇宙論的概念の意味である。

> 天体の霊魂は、わたしたちが感覚と想像力によって個別的諸存在を認識するやりかたで、直接にそれらを把握する。すなわちこうした霊魂は天空の物体に結合しているのであって、それゆえに、個体を把握しうるのである。天体の霊魂は何が善であり可能であるかを知ってそれを月下の世界で実現する。つまりそれは神の摂理の活動の一部をなし、摂理は天体の霊魂を介して被造物に気を配るのである。かくして創造のいとなみのうちに産出可能な善の全体が実現する。[59]

世界が偶然の産物であり、空虚のなかを無秩序に運動する原子の偶発的な出会いの産物であることを肯定する原子論的主張をしりぞけることが、二番目の引用のなかで小銭化されている摂理概念の中心貨幣である。「［…］存在するすべてのものは神の恒常的な創造活動のおかげで現存する。月下の世界の質料は天体の運動に由来し、可感的存在の形相は能動的知性から流出し、能動的知性は諸他の天体知性から発出し、最終的には神から発出する。」[60]

アヴィセンナの書をつねに枕頭に置いていたアルベルトゥスは「流れ」の機能に関するアヴィセンナの主張のほぼすべて――「仲介者による創造」というアヴィセンナに固有の中心的教説を除いて――を自分のものとしている。その結果、流れの知見はアルベルトゥスにおいてはたがいに大きくかけ離れた領域を覆っているのであって、その領域のひとつひとつが、いわば、アヴィセンナの *cura*（摂理）という一般的図式を、その多様な支払い要求に応じて小銭化したものである。流レル *fluere* ことの範囲には、実際、次の四つがふくまれる。（一）本質と自然的能力 *potentia* もしくは無能力 *impotentia* の関係。[61]（二）実体と偶有性の関係。それは、さらに、実体と偶有的運動の諸原理の関係の理論的モデルとして役立つ。[62]（三）諸元素の本質とそれら諸元素の作用の関係。それは、アヴィセンナによれば、複合物ニ於ケル複合可能なものの存在様態を規定することを可能にする。[63]（四）最後に、いわば自明のことであるが、「天体」が諸元素の圏域におよぼす作用。この領域において「流れ」の概念性は星辰的因果性という占星術的問題群に避けがたく遭遇する。[64] これらの領域のおのおのは「流れ」についてのボエティウス的でラテン的な理解とは疎遠であるが、アルベルトゥスによる「流れ」と「影響」の形而上学的洗練のなかに顕在的・潜在的に存在していると考えるべきである。

隠れプロティノス主義の宇宙モデル

『原因論』は、パリの人文主義者たちが、アリストテレス『形而上学』の「第三巻」と見なし、アリストテレス自身が構想した「神学」と考えていた文書であって、文字どおりの「流れの形而上学」の基本概念を提示している。アルベルトゥスは自著『宇宙の諸原因と過程について』第一巻第四章の標題（*De fluxu causatorum a causa prima et causatorum ordine*）が示すように、この形而上学の「第一原因から結果する諸存在の流れとそれらの秩序について」関心を集中させつつも、その多様な側面を展開している。第四章は八つの節からなる。（一）事物カラ事物ガ流レルトハ何カ、（二）流レ込ムトハ何カ、（三）流レ込ミノ様相ニ就イテ、（四）何ガ流レ、何ニ流レ込ムノカ、（五）第一原因カラ流レル物ノ秩序ニ就イテ、（六）第一原因カラ最終者ニ至ルマデノ流レヲ生ゼシメル諸原因ノ秩序ニ就イテ、（七）天体ガ動カサレルノハ霊魂ニ拠ツテカ、自然ニ拠ツテカ、知性ニ拠ツテカ、（八）存在スル諸宇宙ノ全テノ段階ヲ経テ第一原因カラ流レル物ノ秩序ニ就イテ。流れと流れ込みについてのこうした問題提起は神学的であり、かつ宇宙論的である。それは『〈自然学講義〉注解』の「運動について」の章が提示する純粋に自然学的な問題設定とは異なる。流れの形而上学が何についての話なのかを理解し、アルベルトゥスの第一哲学における「影響」と「流れ」の知見の重要性を把握するためには、まず、『宇宙の諸原因と過程について』の形而上学がどのような宇宙を表現しているかを突きとめなければならない。実際、『原因論』のパラフラスト（敷衍家）であるアルベルトゥスの宇宙が、『原因論』の宇宙と端的に同じということはありえない。というのも、まさに、ケルンの学匠は、アフロディシアスのアレクサンドロスの『宇宙の原理に関する書簡』なる著作を『原因論』の種本と考え、しかも（あらゆる形跡からして自分で読んではいないこの）『書簡』の著者を、周知のように、アリストテレスと考えたがために、『原因論』を超え出ることを自分の義務と心得ているからである。[65] かれは実際に『原因論』を超え出る。こうした超出の成果として流れの形而上学にあたらしい枠組みが提供される。それが隠れプロティノス主義の宇宙 *univers crypt-protinien* である。アルベルトゥスのくわだてに逆説はつきものだが、この逆説もそれなりに魅惑的である。アルベルトゥス的な「流れ」の解釈に正しく入っていけるように、そうした宇宙のいくつかの要素を押さえておこう。

　アルベルトゥスは晩年にプロクロスを読んだことはあったが、プロティノスはまったく読んでいなかった。しかしもし隠れプロティノス主義と呼びうる思想があるとしたら、かれはそのもっとも味わいぶかい所産のいくつかを堪能することができた。イサアク・イスラエリの『定義論』とアル‐ファラビの『知性と可知的なものについて』である。わたしは、最近、前者がアルベルトゥスに与えた影響を指摘した。[66] 今回、わたしが後者の影響を指摘できるのはM・ジョフロワのおかげである。アル‐ファラビには人間知性が現実化する心理学的過程についての記述があるが、ジョフロワは、その記述を条件づける宇宙の諸原理の序列的理解のうちにプロティノス的側面があることに注目したのである。ケルンの学匠が『原因論』を読解するさいに従っていた指針を理解し、アヴィセンナの『形而上学』の影響圏で彫琢された「流れ」と「影響」の知見が、そのさい、帯びるようになった意味を解釈し、そしてそのことによってアルベルトゥスの哲学体系における流れの形而上学の地位を把握する条件をととのえるためには、右の二著作の影響を取りだすことが欠かせない。そしてこのことが神性学と神学との関係の正確な解釈のための必要不可欠な条件なのである。

流れの形而上学が哲学的な解明を引き受けているところの宇宙は、月より上位の世界に関して言えば、原因の四つの階層から合成されている。「第一原因」「離在知性」「高貴な霊魂」そして「自然」である。系列をなす最初の三つは、直接に、『原因論』の宇宙論から借用されている。四番目だけが起源を異にする。第四の階層が加わっていることが、アルベルトゥス哲学に引き受けられた宇宙におけるプロティノス主義のきざしである。そうした宇宙はイサアク・イスラエリが『定義論』（の第六定義および第九定義）で提起した理論をもとに構成されている。ということは、「自然」を「普遍的霊魂」より下位の位格と見るプロティノスに起源を持つ宇宙観と「天球」についてのアリストテレスの知見を同一視する、アル＝キンディを先蹤とする一学説をもとに構成されているということである。

アルベルトゥスの言う *natura*（自然）は、言葉の当たりまえの意味での自然（すなわち生成と消滅の世界であるかぎりでの「自然」）とは明らかに異なる。それは *natura caeli*（天の自然＝天体）を意味することが、原因の四分類法を論じた『宇宙の諸原因と過程について』第二巻第二章一五節ではっきりと述べられている。

［…］第一原因ガ最モ強力ナ原因デアリ、此レニ次イデ強力ナノガ知性デアリ、三番目ガ高貴ナ霊魂デアリ四番目ガ天体 natura caeli ト其ノ運動デアル。[67]

階層的宇宙、すなわち諸原因の階層的秩序 *ordo in causis* であるかぎりでの宇宙の記述は「自然」なる語の多様な用法の実験場である。たとえば『宇宙の諸原因と過程について』第二巻第一章二節における「遍在」の記述（「他方、第一ノ形相デアリ能力デモアル自然ガ全テノ天体ニ遍在シ、天体ノ運動原理ハ、其ウシタ自然ノ内ニ在ル」）[68]に呼応するかたちで同書第二巻第五章一六節では「諸天体ニ遍在スル普遍的自然」[69]が述べられている。しかし言葉づかいは多様であっても、観念は同じでありその源泉も同一である。源泉はイサアク・イスラエリの『定義論』（マックル版三〇四頁一～七、三三三頁二二～二七）である。アルベルトゥスの著作のなかでイサアクの正体はかなりぼかされている。おそらくイサアクがユダヤ教徒であったからであり、そのため、しばしば「神学者」のひとりとしてしかあつかわれていない。しかしこの人物がかれにもたらしているものがプロティノス的実体のひとつ、すなわちプロティノスの宇宙観のなかで普遍的霊魂の下位に位置する第三の実体である「自然」にほかならないことは明らかである。ただしこの位格はイサアクによって「天球」（「天体」）もしくは「天球」の能力と同一化されることによって土台から修正され、そのことによって摂理による統治を保証するものとなっている。アルベルトゥスはそうした摂理による統治の痕跡をアヴィセンナの『形而上学』のうちに見出していたのであって、その『形而上学』が、流れのアルベルトゥス的知見を理解するための最初の手引きとしてわたしたちの役に立ったのである。Ａ・アルトマンとＳ・Ｍ・スターンは、こうした、プロティノスの言う自然とアリストテレスの言う（かつアレクサンドリア学派の言う）天球を結ぶ等式の存在をはっきりと立証した。ここでは二ヶ所を引用しておけば十分だろう。

> 自然は天体に属する能力であり、天体は、普遍的霊魂と人間の肉体のあいだに天球が介在することによって、人間の肉体のうちにもある。[70]
>
> イスラエリにとって重要なのは自然＝天球の能力という等式である。というのも、かれは自分ではっきりと「自然は、実際、生成と消滅に影響を与えるように創造者の指図を受けた天球の能力である」（『実体論』）と述べているからである。こうした表現は『定義論』第二節第一項四〇～四四、第六節第一項二一～二四および『卜占術』第一節でくり返される。こうした自然概念が自然を普遍的霊魂のあとにくる位格として理解する新プラトン主義理論に由来することは明白である。しかし、こうしたプロティノス的位格が天球と同一化されているのである。[71]

こうして、いかに信じがたく思えようとも、アルベルトゥスの宇宙には、プロティノスの宇宙――それもイサアクとアル‐キンディの観点から見られたプロティノス――が寄生している。ということはアラブ版プロティノスの宇宙が、つまるところ「アリストテレス神学」の宇宙が寄生していることになる。こうした隠れプロティノス主義が『原因論』で記述された宇宙のアルベルトゥスによる理解のなかに、本人も知らないうちに組み込まれている。もっとも『原因論』が記述する宇宙自体、最初からすでに、アラブ・ペリパトス主義のほぼ全体を突き動かしているプラトン‐アリストテレス和解構想の所産なのではあるが。アルベルトゥス自身はこうした組み込みに責任はない。真の下手人はクレモナのゲラルドゥスである。かれは『原因論』と『定義論』を同時に翻訳し、しかも、ラテン語の同じ訳語を用いることによって二著作それぞれの認識体系のあいだに照応があるかのような印象を誘導し、後者を前者の用語集のように使って、いわば、前者の傷口を後者によって縫合するように読者を促している。M‐Th・ダルヴェルニがこうした現象を明快に語っている一節がある。このうえは、アルベルトゥスがイサアクに強く依存するあまり『原因論』の解釈においても天ノ自然についての「アリストテレスの」知見の再構成においても、両書の類似に影響されたという事実をダルヴェルニの分析につけ加えてさえおけば、ケルンの学匠が「ペリパトス派の」宇宙を解読しようと試みながら、どんな隠れん坊遊びに、こころならずも、没頭してしまったのかを理解するのに十分だろう。

［…］重要な点は、「霊魂」なる「存在」の、三段階を有する「精神的」秩序と、その運動が生みだす物体的で移ろいやすい諸存在すなわち四元素とのあいだに置かれた、天球の役割の強調である。［…］（クレモナの）ゲラルドゥスはもっとも有名でもっとも流布していたアリストテレス偽書、すなわち『純粋善の書』すなわち『原因論』と、『定義論』にふくまれている、アリストテレス〝神学〟の一部門を再現もしくは増補する諸節を翻訳した。このことが『原因論』と『定義論』の両翻訳で類似する用語が使われている理由である。[72]

プロティノス的要素がアルベルトゥス思想にひそかに持ち込まれる第二の経路は、アリストテレスの教えとして知られている異種の諸形相のアル－ファラビによる再分類である。実際、アル－ファラビの『知性と可知的なものについて』が伝える複雑な形相分類学のなかに、アルベルトゥスがのちに「諸原因の秩序」という名目で受けつぐことになるつぎのような記述が見出される。頂点に位置するのが（一）知性形相。これにはつぎの区別がある。（一・一）諸天体を完成にみちびく第二原因もしくは第二知性。（一・二）離在知性の最終者としての「能動的知性」。その固有の機能は摂理（アラビア語名 *ʿināya*。これはラテン語版アヴィセンナでは *cura* の名で、すでに、おなじみである）を惜しみなく行きわたらせることである。つぎに位置するのが（二）霊魂形相。これはつぎのものをふくむ。（二・一）天体形相。（二・二）理性を欠いた生物の形相（言いかえれば植物的・栄養摂取的・感覚的・想像的能力）。（二・三）理性を付与された動物の形相（言いかえれば理性的能力）。そして最下位に位置するのが（三）非生物形相すなわち「自然」（*aṭ-ṭabīʿa*）。M・ジョフロワの言葉を借りれば、こうした階層的な配置は「アル－ファラビが『アリストテレス神学』から教わった線にそって、アリストテレス的諸形相を知性、霊魂、自然というプロティノスの三つの実体図式に組み込むことを、文字どおり、可能にする[73]」のであって、この点に当該配置の隠れプロティノス主義的な側面がある。

こうして『原因論』と『定義論』の宇宙を構成するすべての実体の、アルベルトゥスによるプロティノス主義的再階層化を、解釈学的慈愛原則（疑わしきは原著者の利益に）のもとに眺めるとすれば、そこからさらに、ドイツ・ドミニコ学派について、またアルブレヒト・シューレ（アルベルトゥス学派）という、あやしげな概念についていくばくかの洞察が得られる。哲学者アルベルトゥスの宇宙は、明らかな迷走の果てに、そこそこの精度でペリパトス主義の本質に追いついている。自然 *natura* を天球と同一視することは、アレクサンドロスが『宇宙の原理に関する書簡』で表明した神学――思えばあの神学も「天体」への賛辞に終始していた――とのあいだに接点を保つことを可能にしている。これも手探りの文献学が生む、なかなか味わいぶかい逆説のひとつである[74]。異種の諸形相に関するアル－ファラビの図式を採用することは知性の神学のために必要不可欠であり、人間知性が実現される準神秘的な心理学的過程を記述するために必要不可欠であって、そうした過程が公言される『知性と叡智的なものについて』のなかのくだりでは、アリストテレスとアヴィセンナとディオニュシオスが感動的な和解を果たしている。こうしたモデルが、それゆえ、アルベルトゥス主義の基本にかかわる。シュトラスブルクのウルリクスが継承するのはこのモデルである。しかしそれはフライベルクのディートリヒが継承するモデルではない。ドイツ・ドミニコ学派でアルベルトゥスとウルリクスの隠れプロティノス主義のつぎに登場するのは開放的・戦闘的な、或る種のプロクロス主義であり、パリ大学の神学教師となった二人目のドイツ人（＝フライベルクのディートリヒ）の著作を読みながら読者が感じざるをえないパラダイムの変化の印象はそれによって説明がつく。実際、ディートリヒによって引き受けられた宇宙のモデルはどのようなものだろうか。答は簡単であって、プロクロスの『神学綱要』の第二〇命題で四種の実在――一者、知性的諸実体、天体の霊魂をふくむ諸霊魂、天体の、もしくは消滅可能な諸物体――からなるとされている宇宙である。こうした四分法からディートリヒは実在するものの全体を理解する。全体とは、明確な関係によって秩序づけられた実在の総体にほかならない四つの存在者ノ溢《アフ》レ出シ *maneries entium* であり、かれはそのことによって因果的依存と、原理から発出するものの原理への回帰とを重ね合わせる。諸事物を結びつける階層的秩序の力学が流レ *fluxus* もしくは注ギ移シ *transfusio* もしくは噴キ出シ *ebullitio* という名を得るということはディートリヒがアルベルトゥスに固有の認識体系に属していることの証しである。しかしフライベルクのドミニコ会修道士は自然に対してくだす評価の面でアルベルトゥスから離反する。実際、ディートリヒにとって自然 *natura* は「天球」の別名ではなく、特殊的存在者の総体であって、それを全体として考察することには意味があるにしても、それ自体は「哲学者の関心をひく唯一のものである理性の秩序において（にとって）さしたる意味はない」[75]。ディートリヒはアルベルトゥスと同様に、或る種の「離在知性と天体霊魂の魅惑」[76]に服しているとはいえ、その気持ちを満足させてくれるものを、イサアクやアル＝ファラビよりもむしろプロクロスに求めている。このことがアルベルトゥス稜線の、ディートリヒに代表されるケルン斜面とウルリクスに代表されるシュトラスブルク斜面への或る種の分岐の始まりとなる。こうした分岐は完全な決裂までにはいたらない。モースブルクのベルトルトが「ドイツ・ドミニコ学派」としての統一性を、こののち回復することができたからである。しかし一三・一四世紀のドイツ哲学の舞台を独占する、アルベルトゥス型とディートリヒ型の新プラトン主義のふたつの様式をよりよく評価するために、こうした分岐は考慮に入れておく値うちがある。どちらも、言葉の中世的意味での「ペリパトス主義」であるとは言え、だからといって、なんびとも隠れプロティノス派であると同時にプロクロス派であることはできない。アルベルトゥスは後ずさりしながら『神学綱要』のなかに入っていった。『原因論』とその衛星たちの宇宙でかれには満足だったのである。ディートリヒは、すべてを知って、プロクロスを選択した。かれはもうひとつの道を開いたのである。そうした役割分担を念頭に置きながら次章を読んでほしいものである。

第七章

知的幸福を経て至福の生へ

哲学を神秘神学に統合することが「アルベルトゥス・パラダイム」の核心を構成するのであるが、そうした統合は、アルベルトゥスがアラブやユダヤの原資料から継承した形而上学的宇宙観を哲学的に支配する「隠れプロティノス主義」によって多大の便宜を得ている。もし、ケルンの学匠をディオニュシオスへみちびいてくれたのが、たとえば、モースブルクのベルトルトの弟子のタウラーの場合がそうであるように、プロティノスではなくプロクロスだったとしたら、学匠の思想はもっと分かりやすいものとなっただろう。学匠の思想はぜんぜん分かりやすくはない。アルベルトゥスに固有の認識体系はシュトラスブルクの説教師（＝ヨハネス・タウラー）の思考体系よりも豊かであり、また、あえて言えば、より混沌としている。ジェルソンは、或る意味でそのことを知っていて、かれが非難するのは、韜晦趣味と背中合わせの――ジェルソンにはそう見える――こうした知的豪奢である。アルベルトゥス主義が「一三世紀の危機」を無事に乗りきったとしても、あるいはもっと正確に言えば、アルベルトゥスがタンピエの断罪の標的にされず、間接的にすら手傷を負うことがなかったとしても、ジェルソンの批判は歴史家に対してひとつの正真正銘の問題を提起することになるのであって、ストゥルレーゼのようにアルベルトゥスの科学者像を前面に出してもそれを消去しきれるものでない。その問題とは、アルベルトゥスが敢行した「一二五〇年の知的転回」――中世が科学に賭金を投じたという出来事――が、『聖母賛美歌論集』や『栄光誦の歌詞と旋律の奥義』のなかで、是非はともかく、糾弾されているどっちつかずの混ぜものにいたりついた理由をどう説明するかということである。アルベルトゥスが構想した自然的学知の探求が、ジャン・ド・モンゾンに対するピエール・ダイイの攻撃に触発されたジェルソンによってアルベルトゥスのうちに回顧的に投影された、矛盾の固まりのような学説やいかがわしい仲間づきあいにいたりついた理由をどう説明するかということである。説明がつかなければ、結局、パリの学長が正しかったことにもなりかねない。さらに、かりに学長がその批判において性急で極端だったとしても、アルベルトゥスの学説が、一方は哲学者としての「ラテン・アヴェロエス主義」の立場、他方は神学者としてのマイスター・エックハルトの立場という、一見して、まっこうから対立するふたつの断罪された立場を支援しえた——このことなら歴史学のデータのみで検証されている——ことをどのように説明したらよいのか。この問題に答えるには、ジェルソンとストゥルレーゼがまったく異なる解釈を展開するもとになったテクストに戻らないわけにはいかない。そのテクストとは『知性と叡智的なものについて』である。パリの学長の基本的な主張は、この著作でアルベルトゥスによって構想されたディオニュシオス化されたペリパトス主義は、考えるだけなら可能であっても、端的に実行不可能だ、ということである。ひとは「自然に従う *naturam sequi*」と同時に恩寵を要求することはできない、すなわち『知性と叡智的なものについて』の「自然主義的」学理はディオニュシオスとの和合に達することはできない。というのも哲学の道は「神との合一」に通じてはいないからである。ストゥルレーゼにとってはそうした和合の観念そのものがアルベルトゥス的ではなく『知性と叡智的なものについて』の構想に属していない。わたしたちはすでに、ふたりのどちらかが誤っていたにちがいない、と言っておいた。わたしは資料を再検討するにあたって、アルベルトゥス主義が抱え込んでいるふたつの悪名高い不良債権——ひとつは、哲学に関する、ジェルソンによればアルベルト-ガザリに象徴される不良債権、ひとつは神秘神学に関する、ベガルド会修道士に象徴される不良債権である——の再検討から始めることを提案する。これをおこなうために、わたしは『知性と叡智的なものについて』を読みつつ、一三世紀末から一四世紀初頭にかけてのアルベルトゥスの宇宙をさかのぼり、そこに、実際に、ふたつの不良債権に該当する学説を見出すだろう。すなわち、哲学的立場としての大学的・アリストテレス的主知主義を特徴づける「知的」もしくは「精神的幸福」の学説と、マイスター・エックハルトによって、非大学的な、あたらしい表現を与えられた「至福の生」の学説である。

1　アルベルトゥス主義のマニフェスト――『知性と叡智的なものについて』

『知性と叡智的なものについて』は大量の（おおむね断り書きなしの）引用と（おおむね典拠を特定しうる）借用によって特徴づけられるにもかかわらず、アルベルトゥスの書き下ろしである。したがって問題は『知性と叡智的なものについて』がもろもろの哲学者の意見を「祖述」しているのか、それとも、支持しているのかではない。最初に知っておかなければならないのは、それが『〈睡眠と覚醒について〉注解』で例証されている方法に沿ってアリストテレスに欠落している一論稿を代替しているということである。ちなみに『知性と叡智的なものについて』は（夢と予言の解釈に関して）『〈睡眠と覚醒について〉注解』と密接な関係を保っている。アリストテレスの原テクストの欠落部を縫合するために、アルベルトゥスによってこのうえなく広範囲な哲学資料がこれほど狭い土俵のうえに動員されなければならなかったということは意義ぶかい。『知性と叡智的なものについて』はすべての哲学体系が収斂する一点である。それは、また、自然と思考とが邂逅する一点であり、したがって神学者アルベルトゥスからすれば、自然と恩寵とが暗々裏に邂逅する一点である。というのも（このことは『知性と叡智的なものについて』では展開されなかったが）哲学者たちが語る神的知性 *intellectus divinus* とは、かれにとっては、神の或る種の顕現 une théophanie であり、神学的に言うなら、キリスト教徒の神への信仰の原理としての注がれた光であるからだ。この原理が、啓示によって「来世に」約束されている「至福直観」の成就の方へ信者を招き寄せる聖書解釈機能を果たしている。神的知性の可能性を説明し、それへの到達条件を記述するために哲学資料の総動員を発令することによって、『知性と叡智的なものについて』は、満たされた神学（山上の垂訓に言う「さいわいびと」の叙事詩としての神学）を、現世ニ於イテ、先取りするためのふたつの前提の基礎固めをおこなう。それが知的幸福と至福の生である。知性の貴族主義とエックハルト主義がそこに指定席を持っている。しかし劇場は広大で、しかも闇の底にしずんでいる。案内嬢はストライキ中だ。自分がどこにいるかを知ることにさえ若干の困難が予想される。シゲルスやエックハルトは客席にいるのか、それとも舞台にあがっているのか。しかしかれらの姿を探すまえに、プログラムにもう一度だけ目を落とし、批評家の文章を読み返してみよう。アルベルトゥスの原典にあたってみよう。『知性と叡智的なものについて』をひもとこう。

典拠網と認識系

すでに見たように、『知性と叡智的なものについて』はアリストテレスの何らかの著作をもとに構成されたのではなく、その原テクストはギリシャ・アラブのペリパトス主義よって伝承された知性に関する多種多様な論考からアルベルトゥスによって構築されたものである。章がひとつしかない第二巻は、アル‐ファラビが『知性と可知的なものについて』で論じた取得 *adeptio* および上昇 *ascensio* の観念から原動力を得ている。しかしそれを別にすれば、はっきりと名指しされている諸典拠はより広大でより複雑な典拠網の存在を暗示するのであって、そうした典拠網は、すでに見たように（同じアル‐ファラビの）『至福へいたる訓練の書』のラテン語訳写本を作成するときに、通例、抱き合わせにされたテクスト群に、おおむね、対応している。そうした典拠装置をよく伝えているのが「一三世紀における学説間の闘争の無言の証人」と言われるパリ国立図書館ラテン語写本六二八六番である。この番号のもとに『至福へいたる訓練の書』が収められているが、同時に「ヘルメス・トリスメギストス」の『アスクレピオス』やアヴィセンナの『霊魂論』も収められている。アルベルトゥスが依拠する著述家は（その引用回数を算用数字で表すとして）以下のとおりである。

アブバケル2。アレクサンドロス1。アルガゼル1。アルファラビウス4。アプレイウス1。アリストテレス15。アヴェロエス3。アヴィセンナ6。ボエティウス3。ディオニュシオス・フィロソフォス1。ディオニュシオス・偽アレオパギテース2。エウストラトス1。『ヘルメス文書』2。ヘルメス・トリスメギストス1。ヨハネス・ダマスケヌス(一)。1。イサアク・イスラエリ1。『心臓運動論』(二)1。『命の泉』の著者(三)1。ペリパトス派13。フィロソフィア派26。プラトン13。プラトン派1。(『イサゴーゲー』の著者)ポルフュリオス2。プトレマイオス3。ピュタゴラス1。ストア派1。テオフラストス2。

(「フィロソフィア派」のほぼすべてがペリパトス派の弟子であることを勘定に入れると)ペリパトス派が一人勝ちしている。つまり、第一巻第一章で告知されている構想(「更ニ我々ハ其ノ語ル所ガペリパトス派ノ命題ニ「学知ニ‐LY写本」全ク矛盾シナイ事例ニ於イテハ、プラトンヲモ、時折、考慮ノ対象トスルダロウ」)を真に受けるとすれば、アリストテレスとプラトンは、いわば、「同等」であるはずなのに、ペリパトス派がプラトン派を圧倒しているということである。ペリパトス派のなかでも最上位に位置するのはアラブ人――アヴィセンナ、アル‐ファラビ、「アブバケル」、アル‐ガザリ――である。キリスト教徒――ディオニュシオス・偽アレオパギテース、ヨハネス・ダマスケヌス――について言えば、かれらは(半分哲学者で半分神学者のエウストラトスもそうだが)「ギリシャ人」でありラテン人ではない。ペリパトス主義の守護聖人と目されている人物ヘルメス・トリスメギストスと占星術の権化プトレマイオスが、ともに完璧な市民権を持っている。こうした典拠網(アプレイウスが固有名で一度、プラトン派のひとりとして一度、姿を見せているのは、アヴィセンナやアル‐ファラビがペリパトス派とフィロソフィア派の両方の項に入っているのと同じである)はジェルソンが記述した典拠網とたしかに一致する。それはさておき、アルベルトゥス自身が『知性と叡智的なものについて』はアリストテレス『霊魂論』の教えにもとづいていることを強調しているのだから、その典拠網を心理学や思考学を論じた、かれのほかの著作の典拠網とくらべてみるのはよいことだ。はっきりと名をあげられている『霊魂論注解』の典拠はつぎのとおりである。AがBを介して間接的に引用されている場合をA⇓Bで示す。

アブバケル1⇓アヴェロエス『霊魂論大注解』。アレクサンドロス9(『知性論』2、『感覚と感知可能なものについて』

1⇓アヴェロエス『霊魂論大注解』５＋著者・著書不詳1）。アルファラビウス6（『知性と可知的なものについて』1⇓アヴェロエス『霊魂論大注解』5）。アルガゼル『形而上学』5。アルペトラギウス2。アヴェンパケ（アヴェンペケ）4⇓アヴェロエス『霊魂論大注解』。アヴェロエス『霊魂論大注解』19。アヴィケブロン（アヴェンケブロル）2。アヴィセンナ33（『四種自然論』29、『第一哲学』4）。ボエティウス6（『哲学の慰め』3、『七について』2、『ポルフュリオス・エイサゴーゲー注解』1）。キケロ『友情について』1。コスタ・ベン・ルカ1。エウクレイデス2。エウストラトス1。ガレノス（四）『体質論』3⇓アヴェロエス『霊魂論大注解』1。ニュッサのグレゴリオス（五）（＝エメサのネメシオス）（六）1。フケム・ベン・フタキム1。イサアク・イスラエリ『定義論』4。ラテン人5。『原因論』3。マクロビウス『スキピオの夢』2。医術者たち1。エフェソスのミハエル（七）1。新時代人1。エメサのネメシオス『人間の本性について』3。ニコラウス・ペリパテティクス1⇓アヴェロエス『霊魂論大注解』1。ペトルス・ロンバルドゥス1。プラトン35（『メノン』［八一C－D］1、『パイドン』［七八A－八二］2、『パイドロス』［二四五C］2、『ティマイオス』30）。テミスティオス『霊魂論』6。テオフラストス⇓アヴェロエス『霊魂論大注解』1。トリスメギストス1。

すべての心理学著作群のなかで、その典拠が「プラトン派」、ヘルメス派、ペリパトス派、偽アリストテレス派の同盟／野合をもっとも顕著に示しているのが『霊魂の本性と起源について』である。

アルファラビウス『知性と可知的なものについて』1。アルガゼル3（『論理学と哲学』1、『形而上学』2）。著者不詳（『アレクサンドロス王とディデュムス王の比較』［二九、六八節］）1。アプレイウス『弁明』1。偽アリストテレス2（『元素および惑星の固有性の原因について』1、『神々の本性について』1）。アヴェロエス『霊魂論大注解』1。アヴィセンナ2（『四種自然論』1、『第一哲学』1）。ボエティウス『哲学の慰め』1。ディオニュシオス『神名論』2。イサアク・イスラエリ『定義論』1。マクロビウス『スキピオの夢』1。プラトン12（『パイドロス』1、『ティマイオス』11）。プロティノス『もろもろの徳のちがいについて』1⇓マクロビウス『スキピオの夢』［第一、八巻］5。

『知性の単一性について』は、周知のように、自然的学知の資料体系には属していないが（なぜならそもそもが「注文」テクストであるから）、その体系に加わるべく予定されたテクスト群と同じ類型の典拠網のうちに根をおろしていることに変わりはない。すなわち（アヴェロエスに媒介された）ペリパトス主義、ヘルメス主義、占星術がそこでは主要な位置を占めている。

ムーア人アブバケル（すなわち「ハリ・アブバケル」）3⇓アヴェロエス『霊魂論大注解』2（アブバケルの名で）。アヴェンペケ2⇓アヴェロエス『霊魂論大注解』2。アヴェロエス6（『霊魂論大注解』5）。アヴィケブロン2。アヴィセンナ（『形而上学』）1。ハリ1。ラテン人1。プラトン派1。或る者3⇓アヴェロエス『霊魂論大注解』2⇓イサアク・イスラエリ『定義論』1。テミスティオス1⇓アヴェロエス『霊魂論大注解』1。テオフラストス2⇓アヴェロエス『霊魂論大注解』2。

「心理学」／思考学の典拠網の総体を第一哲学および哲学的神学のそれと比較してみると、アルベルトゥスの認識体系がいたるところ均一であることが目をひく。実際、『形而上学注解』はつぎのテクストを援用している。

アビハミディン（＝アルガゼル）1。ムーア人アブバケル1。アルファラビウス1。アルガゼル7（『論理学と哲学』1、『形而上学』5＋著書不詳1）。アルペトラギウス1。アプレイウス3（『ソクラテスの神について』1⇓アウグスティヌス『神の国』2）。天文学者（星々ニ精通セル者）3。アヴェンゾレト[八]2（正しくはアヴェモレト）⇓アヴェロエス『倫理学問題集』第一巻第三六章。アヴェロエス25（『霊魂論大注解』1、『天体宇宙論注解』2、『形而上学注解』20、『〈自然学講義〉注解』1、『天空の実体について』2）。アヴィケブロン（アヴェンケブロル）2。アヴィセンナ17（『医学正典』1、『第一哲学』16）。ボエティウス20（『算術論』2、『哲学の慰め』4、『エウテュケスとネストリウスを駁す』2、『七について』4、『アリストテレス・範疇論注解』1、『ポルフュリオス・イサゴーゲー注解』7）。キケロ2（『発明のオについて』1、『神がみの本性について』1）。ディオニュシオス5（『天上位階論』1、『教会位階論』1、『神名論』3）。エウクレイデス12。エウストラトス1。ヘルメス・トリスメギストス（＝偽アプレイウス『アスクレピオス』）3。イサアク・イスラエリ『定義論』4。『原因論』6。エフェソスのミハエル1。モーセス・マイモニデス『迷える者のみちびき』2。プラトン32（『ティマイオス』27、『パイドン』［一〇〇D］2⇒アリストテレス『形而上学』⇒ボエティウス『哲学の慰め』1＋著者・著書不詳2）。プトレマイオス（『アラルバ』あるいは『四書』1、『アルマゲスト』2、『ケンティロクィウム』第八箴言1）。テビト・ベン・コラト1。

他方、『宇宙の諸原因と過程について』の成立にはつぎのテクストが介在している。

アブバケル1。アルファラビウス16（『諸問題の源泉』7、『知性と可知的なものについて』7、『諸学の起源』2）。アフロディシアスのアレクサンドロス10（『知性論』5⇒アヴェロエス『霊魂論大注解』4⇒アヴェロエス『形而上学注解』1）。アルガゼル『形而上学』17。アルペトラギウス『天体運動論』28。アプレイウス5。偽アプレイウス『アスクレピオス』3。アヴェロエス43（『霊魂論大注解』8、『天体宇宙論注解』19、『形而上学注解』6、『〈自然学講義〉注解』6、『天体の実体について』4＋著書不詳1）。アヴィケブロン『命の泉』139＋『命の泉』ヲ捏造セル者1。アヴィセンナ83（『生成消滅論』1、『四種自然論』18、『論理学』1、『第一哲学』58、『充足論』5）。偽アヴィセンナ『天体宇宙論』2。ボエティウス35（『アリストテレス・範疇論注解』1、『哲学の慰め』10、『さまざまなトピカについて』1、『区分について』1、『エウテュケスとネストリウスを駁す』4、『七について』10、『算術論』4、『キケロ・トピカ論注解』1、『三位一体論』3）。キケロ（『神がみの本性について』）1。コスタ・ベン・ルカ1。ディオニュシオス26（『天上位階論』2、『神名論』19、『書簡』1、『神秘神学』4）。ヘルメス・トリスメギストス11＝偽アプレイウス『アスクレピオス』8⇒アウグスティヌス『神の国』2。イサアク・イスラエリ『定義論』5。モーセス・マイモニデス『迷える者のみちびき』14。プラトン56（『メノン』［八一C－D］1、『ティマイオス』39⇒アプレイウス『ソクラテスの神について』2⇓アリストテレス『ニコマコス倫理学』3⇓アリストテレス『形而上学』7⇓アウグスティヌス『神の国』2⇓カルキディウス『ティマイオス注解』2）。プラトン派7⇓アプレイウス『ソクラテスの神について』1⇓アリストテレス『形而上学』1⇓アウグスティヌス『神の国』1⇓カルキディウス『ティマイオス注解』⇓イサアク・イスラエリ（『定義論』1＋著書不詳2）。プトレマイオス6（『四書』4＋著書不詳2）。偽プトレマイオス『ケンティロクィウム』第八箴言1。ストア派26⇓アプレイウス『ソクラテスの神について』4⇓『プラトンの教説について』1⇓偽アプレイウス『アスクレピオス』1⇓アリストテレス『形而上学』7⇓アウグスティヌス『神の国』4⇓カルキディウス『ティマイオス注解』4⇓プラトン『ティマイオス』2＋著者・著書不詳3。

哲学・予言・神秘体験

アヴェロエスがそうだったようにケルンの学匠も人間の多様な類型を、人間の本性すなわち「精神的資質」によって区別している。しかしその分類原理はアリストテレスによる三段論法の分類（修辞的・弁証的・論証的）とは異なる起源を持つ。アルベルトゥスの場合、論証的三段論法における「媒概念の発見」――いわゆる *inventio medii*――に対する適性の優劣が分類原理である。こうした知見をアルベルトゥスはアリストテレス本人ではなく、アヴィセンナから借用している。これはささいなことではない。アヴィセンナによれば、三段論法の実践は、アリストテレスの『分析論』で言われているとおり、演繹に必要な中間項を発見する適性を必要とする。[2] ところでアヴィセンナにとってこうした適性は「能動的知性」を受容する能力にほかならない。これは三段論法についての、『分析論』に固有の認識体系とはまったく無縁な解釈であるが、わたしが宇宙の「隠れプロティノス主義的モデル」と名づけたものとは馬が合っている。こうした受容力は程度を有するので、そのことから、おのずとひとつの分類法が成立する。或る種の人間は、大した努力もせず、多くの訓練を経ることなく「能動的知性」から何ごとかを受けとるのに十分な程度において、くだんの「適性」を有している。かれらは自分のうちに、ラテン語版アヴィセンナ全書に、最初、*subtilitas* と書かれ、[3] のちに *intellectus sanctus*（聖ナル知性）と書かれるようになる第二種の認識能力を有しているのであって、これは質料的知性[4]の能力にはちがいないが、この場合の質料的知性は、同時に、もっとも高い程度の習態ニ於ケル知性 *intellectus in habitu* である。[5] *subtilitas* の原語はアラビア語の *hads* であり、この語をバコスは « intuition intellectuelle »（「知的直観」）と翻訳し、ファン・リートは « éclair d'intuition intellectuelle »（「知的直観のひらめき」）と翻訳している。同じこの言葉——*subtilitas*——がラテン語版アヴィセンナ全書の後段で、今度は、アラビア語 *dhakā'* の訳語として登場する。後段のアラビア語の原文はつぎのとおりである。

知的直観（*hads*）は精神が独力で媒概念を発見する作用であって、慧眼（*dhakā'*）は知的直観の能力（*quwwa*）である。[6]

ラテン語版はこれをつぎのように訳している。

更ニ、精神 *ingenium* ハ理性ノ作用デアッテ、其ノ作用ニ固有ナ力ニ拠ッテ媒概念ガ見出サレル。他方デ、慧眼 *subtilitas* ハ精神 *ingenium* ニ勝ル。

アラビア語の原文は「知的直観ハ精神ノ力 virtus デアル」という程度のことを言っているにすぎない（ラテン語の virtus はアラビア語の *quwwa* の定訳である）のだから、ラテン語版はいたずらに文意をむずかしくしている。ジルソンが「精神を越えたところに慧眼がある」と言っているのは、クレモナのゲラルドゥスによる誤り多いラテン語訳にもとづいて考えているからである。しかもそれが（ジルソンが研究論文「アヴィセンナ的アウグスティヌス主義のギリシャ・アラブ世界における諸典拠」のなかで作成した一覧表が示すとおり）中世ラテン人の共通理解である。[7] アルベルトゥスと『知性と叡智的なものについて』にとって、こののち重要になってくるのは、*hads*（知的直観）という知見が自然的予言についてのアヴィセンナ理論を構築するにあたって決定的役割を演じるということである。「自然的予言」という言葉のもとに、ストゥルレーゼが「学知」という言葉で理解していたものの、少なくとも一部を理解しなければならない、とわたしは信じている。*hads* というのは多くの媒概念をすばやく発見する適性であって、人間はこの量的（発見の広がり）かつ質的（発見の速さ）な適性によって分類される。回勅「信仰と理性」が、「政治的に適切な」表現を使って、ひとことで「探究に従事するひとびと」と呼んでいるひとびとのあいだにも自然的不平等があり、それは、いかなる精神も有しないひとびととすべての（もしくは大部分の）問題に即応できる精神を有するひとびとという、ふたつの極端のあいだに分布している。ラテン語版アヴィセンナ全書はその最高段階をつぎのように記述している。魂が十分に純化され、叡智的原理に合一している人間はそうした原理から、いわば、霊感を得る。かれの精神（*ingenium*）に火がともされ（*accendatur*）、その結果、かれは自分の抱えるすべての問題に対する解答を「能動的知性」から受けとる。かれは瞬時に（*subito*）もしくはほとんど瞬時に（*pene subito*）にすべてを知る。諸問題（ラテン語版はたんに *quaestiones* と記している）に対するこうした解答はかれのうちに確然と刻まれる（*firmiter impressas*）のであって、たんなる蓋然性の様相において刻まれるのではない。しかもかれは必要なすべての媒概念を必要な順序で把握するのであり、盲目的に是認された（*probata*）信念としてではなく、合理的確実性（*intelligibilia*——このラテン語はアラビア語の翻訳としてはいかにもまずい）として把握するのである。実際、「信念というものは、原因が認識されてはじめて認識される事物を対象とするかぎり、いかなる合理的確実性も有しないのである」。こうした状態は予言の「諸様態」のひとつ、すなわちその諸条件のひとつである。それは聖なる力 **virtus sancta** であり、すべての人間的能力のなかでもっとも高度の能力である。[8]『知性と叡智的なものについて』が継承し展開するのはアヴィセンナのこうした理論なのだ。

　これは新発見ではない。人間の三類型の区別は、一二四五年から一二四八年のあいだにアルベルトゥスが討論形式で執筆した『予言に関する諸問題』のつぎの一節のなかにあることがすでに検証されている。「［…］人間相互ノ間ニ私達ハ次ノ階級ヲ認メル。即チ、或ル者ハ、指導者ト熱意ト学識ガ在ツテサエ、知性ヲ鋭敏ニ働カセル事ガ無ク、又、或ル者ハ、指導者ト熱意［ト学識］ガ在レバ［知性ヲ働カセ］、又、［或ル者ハ指導者モ熱意モ］学識モ無クテサエ［知性ヲ働カセル］。」[9]『知性と叡智的なものについて』は最初の階級に非才人 *idiotae* の名を、二番目の階級に凡才人

existentes mali ingenii の名を与えている。二番目の階級は、ひとりこれのみが予言的ナル物・神的ナル者にまで一挙に自己を高めることができるのであるから、予言者であり哲学者である。『知性と叡智的なものについて』では二番目の位置に置かれている哲学者／予言者は「能動的知性」を形相としてわがものとする。「あらゆる哲学者があこがれる幸福」（あとで分かるように、これは、アル‐ファラビの、一見、否定的な教説の真意を説明するためにアヴェロエスが使う表現である）として提示されるこうした能動的知性との合一は、アルベルトゥスが意図的にアヴィセンナとアリストテレスの二重の庇護のもとに置く精神状態である。アルベルトゥスはアヴィセンナからは語彙と理論を借り、そのことで、あえて言うなら、「予言」を確保する。また、アリストテレスからは神的ナル者についての合一的観想と理解された神学を、すなわち「哲学」を借りる。アヴィセンナ・アリストテレス経由のこうした予言者と哲学者の相互的な認証は、「聖なる」知性（アラビア語の *ʿaql qudsī*）もしくは「純なる」知性と「神的」知性なる術語によってそれぞれが指し示されるふたつの精神状態の等値化を経ている。

> 他方、三番目ノ人々ハ殆ド独力デカ、或イハ僅カノ学識ダケデ全テヲ知解スル様ニ生マレツイテ居ル。何故ナラ、其ウシタ人々ハ、単ニ、霊魂ノ能動的ナ或ル種ノ能力ヲ有シ、抽象作用ニ拠ツテ己ノ内ニ叡智的ナ物ヲ、言ワバ、作リ出シサエスルダケデ無ク、知性ヲ、言ワバ、形相トシテ有スルノデアツテ、其ウシタ形相ニ拠ツテ霊魂ガ全テヲ遂行スルカラデアル。更ニ言ウナラ、私達ガ『霊魂論注解』デ語ツタ様ニ、有ラユル哲学者ガ憧レル幸福ガ在リ、其レハアヴィセンナカラハ聖ナル、若シクハ純ナル知性ト呼バレ、アリストテレスカラハ神的知性ト言ワレテ居リ、此ノ知性ハ、僅カノ熱意サエ在レバ、予言ニモ、真実此ノ上無イ夢解釈ニモ通ヅル霊感ヲ受ケ取ルカラデモアル。[10]

哲学者像と予言者像が重なりあう傾向を示すこと、あるいは少なくとも区別される兆候がないことは、アヴィセンナのテクストがアルベルトゥスのテクストに落とす影である。人間は「生まれがよければ」[11] 知性を形相として獲得することができ、「その形相によって霊魂がすべてを遂行する」と言われても当惑する読者は少なくないことだろう。

「一二五〇年の知的転回」も何のその、ジェルソンはここでストゥルレーゼから最初の得点を奪うように思える。このことについてはあとでまた論じよう。しかし、いまの段階でさらにまずいことがある。哲学者は、アルベルトゥスが「同化スル *assimilativus* もしくは同化サレル *assimilatus*」知性と総称する精神状態において、知解し／知解される神的知性[12]それ自身にまで思考によって昇りつめるという、アヴィセンナとアリストテレスの語彙の合致に保証された主張である。「同化的」知性の記述にまるごと割かれた『知性と叡智的なものについて』の第二巻第九章はこの知性をつぎのように定義する。

他方デ同化スル［同化サレル－X写本］知性ガ存在シ、其ウシタ知性ノ内デ、人間ハ可能ナ、若シクハ、正当ナ範囲デ比例的ニ神的知性ニマデ昇リ詰メルノデアッテ、此ノ神的知性ガ万物ノ光デアリ原因デアル。事ノ次第ヲ述ベレバ、余ス処無ク活動的ト成ッタ知性ガ、自己自身ト能動的知性ノ光トヲ完全ニ取得シ、万物ノ光ト自己ノ認識トヲ起点ニ［万物ノ光ヲ起点ニ自己ノ認識ノ内デ－S］諸々ノ離在知性ノ光ノ中ヲ一段ヅツ昇ル事ヲ経テ、単一ノ神的知性ニ至ルノデアル。従ツテ、人間知性ハ能動的知性タル自己ノ光［自己ノ光ト能動的知性ノ光－PSX］ヲ起点ニ離在知性ノ光ヘト達シ、其処カラ神ノ知性ヘト至ル［神ノ知性ニ入ル－S］ノデアル。

人間知性の神的知性へ向かう段階的上昇は、proportionelle すなわちディオニュシオス的意味での「比例的に」（「そのものの構成規範に従って」あるいは「そのものが階層的宇宙のなかでたまたま有する能力／受容性に応じて」という意味）という限定語は付いているものの、これこそはジェルソンがアルベルトゥスのうちに暴き立てたペリパトス主義的かつディオニュシオス主義的な教説の核心である。ということは、わたしたちが本書の第一章で分析した謬説**C1**、**C4**、**C6**、**C7**、**C8・1**、**C8・2**、**C9**の核心である。『知性と叡智的なものについて』の続きの部分で与えられる詳細な説明は事態を深刻化させることにしかならない。あらゆるものがジャン・ド・モンゾンのうちにピエール・ダイイが嗅ぎつけた地下組織網を指し示すかに見える。同化サレル知性は哲学者のもろもろの権利要求を、まさに、同一化する機械なのだ。アルベルトゥスの筆のもと、アル－ファラビ、プトレマイオス、ヘルメス、アヴィセンナが天への一番乗りを競いあう。天において「それ自身も星であるかのように輝き」、偉大な「予知者」の地位に昇り、神の光に「思惟によって触れる」ことが可能で、「いったんそれと合一するや」「いくばくかの神性にあずかる」ことが可能な哲学者がいるかと思えば、「未来の出来事をあらかじめ定め、あらかじめ語る」哲学者がいる。或る哲学者などは「ほとんど神」である。

斯クテ人間霊魂ガ光ヲ受ケ入レル事ヲ機縁ニ、先ヅ、能動的知性ガ人間霊魂ニ合体シテ其ノ中デ照ラシ出サレ［其ノ中ヲ照ラシ出シ－SX写本］、次イデ、離在的諸知性ノ光ガ人間霊魂ニ合体スルト、人間霊魂ハ、其ノ光ノ中デ愈々明ルサヲ増シ、アルファラビウスガ言ウ通リ、其レ自身ガ天ノ星々ノ如キ物ニ成ルノデアッテ、確カニ、此ノ光ト純潔且ツ至福ノ［真実ノ－PX］交ワリヲ果タス知性ハ、星々ト、星々ノ内ニ在ル未来ノ予兆ニ精通スル様ニ成ル。プトレマイオスガ、天文学ハ人間ヲシテ天体ノ美ヲ愛セシムル、ト語ルノハ、実ハ、其ノ為デアル。更ニ知性ハ、其ノ光ノ中デ知力ヲ増シテ神的ナ光ノ中ニ立チ至ルノデアルガ、其ノ光ハ名ヲ持タヅ名状シ難イ。何故ナラ其レハ本来ノ名ニ拠ッテハ知ラレヅ、受ケ入レラレル時ニ知ラレルノデアリ、其レヲ受ケ入レル最初ノ物ハ、最初ニ産ミ出サレタ離在的知性デアッテ、従ッテ、離在的知性ノ名デ語ラレル時モ、本来ノ名デハ無ク、自己ノ所産ノ名デ語ラレテ居ルノデアル。ヘルメスガ、神々ノ神ハ、元来、本来ノ名デハ知ラレヅ、長年ノ熱心ナ努力デ肉体カラ解キ放タレタ人々ノ思考力ニ拠ッテ辛ウジテ触レラレル、ト語ッタノハ其ノ為デアリ、要スルニ、其ウシタ究極者ト其ノ光ニ繋ギ留メラレ、其ノ光ニ合一スル何者カガ幾許カノ神性ニ与ルノデアル。其ノ故ニアヴィセンナハ、其ウシタ光ト真ニ合体スル知性ガ時トシテ未来ノ出来事ヲ予メ定メ予メ語ルノデアッテ、殆ド［確カニ－J］神デアルカノ様ニ噂サレル者モ在ル、ト言ッテ居ル。トモアレ同化サレル［同化スル－SX］知性トハ斯クノ如キ物デアル。

アルベルトゥスが描きだす神との合一によって約束された奇跡と、職業的哲学者によるフィロソフィアの弁明を並べてみると、後者は前者の青ざめた影にしか見えない。しかしふたつの絵はキャンバスが同一なのである。Cl・ラフルールが描きだし、一二七〇年と一二七七年の断罪に先んずる数年間、パリ大学で一世を風靡した「神秘的合理主義」の教説は、アルベルトゥスが提示する人間知性の「神的な光」への「立ちいたり」の分析と同じ基盤を有している。アルベルトゥスの分析は発生論的と言ってよく、この点で、アリストテレスの沈黙を補ったわけだ。すなわち、かれはアラブ・ペリパトス主義の思考学の、とりわけアル‐ファラビ版によってアリストテレスを補ったのである。この点できわめて明快なのは、『知性と叡智的なものについて』第二巻第九章であって、そこでは可能的知性が神的知性にまで上昇するさいにたどる多様な段階が要約されている。アル‐ファラビ的な「諸形相」についての隠れプロティノス主義的な理論が、『原因論』から借用された何らかのニュアンスもしくは色合い（たとえば「敷き藁 *stramentum*」の知見がそうであり、これはギリシャ語の基体 hypostase を表すアラブ‐ラテン語の名詞である）[13]を加えられて、なお、アリストテレスのなごりでありうるようなものも何ひとつ取りこぼしていない。アリストテレスのなごりとは、とくに、この場合「すべての人間は生まれつき知ることを欲する」という命題——この命題に神秘主義の重りが付けられたことは否定すべくもないが——である。

加エテ、此レラ全テノ知性ノ中デ可能的知性ガ、言ワバ、基礎デアリ端緒デアル事ニ注意サレタイ。他面、可能的知性ノ内へ差シ込ム能動的知性ノ光ハ、原理的知性ヘノ準備、言ワバ、敷キ藁〔道具‐X写本〕ノ如キ物デアリ、原理的知性ハ現実的ト言ワレル知性ノ敷キ藁デアリ、現実的知性ハ取得的知性ノ敷キ藁デアリ、殊ニ此ノ取得的知性ノ内デ魂ハ自己自身ノ認識ヲ獲得シ、ソシテ此ノ取得的知性ガ同化的知性ノ敷キ藁〔「ノ敷キ藁」省略‐PJ〕デアリ〔「アリ」省略‐J〕、同化的知性ガ、下位者ノ〔下位ナル‐S〕光カラ上位ナル〔上位者ノ‐P、「上位ナル」が複数形‐S〕光へ向カウ、合体ノ諸段階ヲ経テ、遂ニハ神的知性ノ光ニ迄昇リ詰メ、神的知性ノ内デ、目的ニ達シタカノ様ニ停止スル。ソシテ、其レ故ニ、全テノ人間ハ生マレ付キ知ル事ヲ欲スルト言ワレル時ノ欲セラレタ目的トハ神的知性ノ内デ停止スル事デアル。何故ナラ何等カノ知性〔何等カノ物‐J〕ガ神的知性ヲ越エテ更ニ昇ル事ハ無イシ、昇ル事モ出来ナイカラデアル。[14]

事ここにいたって哲学者を予言者から区別するよう努める必要があるだろうか。アルベルトゥスが布告した総動員令は、事実上、この問いを無意味化している。実際、あらゆる予言者が哲学者ではないにしても、哲学者は疑いもなく予言者であるし、予言者以上にさえ思える。「世界の諸形相」（アル－ファラビの表現）のひとつにほかならない哲学者の知性は、ひとつの敷き藁から別の敷き藁へ、合一から合一へ、「形相」から「形相」へと知的諸基体をつぎつぎに乗りかえて神的光の敷居に到達する。こうした知性をホメロスは「死せる者の子というより神の子」と語り、ヘルメスは「世界と神の紐帯」と断言する。

更ニ、此処デ次ノ事共ニ注意スベキデアル。人間知性ハ、其ノ悉《コトゴト》クガ世界ノ形相ニ他ナラナイ、ヨリ上位ノ諸知性ト合体シ、其レ等ノ光ニ運バレテ、ヨリ上位ノ形相ナリ観念ナリガ人間知性ニ注ギ込マレル。結果トシテ、人間知性ガ其レ等ヲ受ケ入レル能力ニ応ヂテ、当該知性ノ内ニ、幾許カノ上位ノ［自己ノ－X写本］認識ガ生起スル。何故ナラ何物カノ内ニ生成スル全テノ物ハ、其レヲ引キ受ケル［受ケ入レル－X］能力ニ従ツテ、其ノ物ノ内ニ生成スルカラデアル。其レ故、或ル種ノ知性ハ上位ノ事柄ニ関シテ、常ニ、若シクハ、度々、諸他ノ知性ヨリモ［「諸他ノ知性ヨリモ」省略－X］微ニ入リ細ニ渡ツテ告知スルノデ、此レガ或ル人カラ予言ト看做サレル程デアル。更ニ、単純デ第一デ神的ナ知性ト結バレル知性ハ神的デアリ、且ツ、知ト徳ニ於イテ最高デアルノデ、ホメロスガ語ツタ［語ル－PSX］様ニ、死セル者ノ子ニハ見エヅ神ノ子ト見エル程デアルダロウ。其レ故、ヘルメス・トリスメギストスハ著書『神々ノ神ノ本性』デ人間ハ神ト世界トノ紐帯デアルト語ルノデアツテ、其ノ故ハ、斯カル知性ニ拠ツテ人間ハ神ト結バレル［繋ガレル－SX］カラデアル。而モ、此ノ知性ノ敷キ藁［道具－X］ニ成ツテ居ルノガ既ニ語ラレタ他ノ諸知性デアツテ、其レ等ノ知性ハ、成リ立チカラ言エバ、合体ト、現実化ト、取得ト、異ナル二ツノ同化ノ五ツニ収マルガ、然シ、種類カラ言エバ、可能的、形相的、原理的、現実的、取得的、同化的、神的ノ七ツ［五ツ－XJ］デアル。従ツテ［故ニ-J」、要約スレバ、此レ等ノ知性ト叡智的ナ物ニ拠ツテ霊魂ガ完成サレルノデアル。

哲学者が「神ト世界トノ紐帯 *nexus dei et mundi*」とまで言われるのは、かれが宇宙大の典礼で、或る役割を果たすからである。「第一原因」が「人間霊魂を」、さらに人間霊魂を介して、存在するすべてのものを「おのれのもとに連れ戻す」のは、哲学者においてである。アルベルトゥスは『知性と叡智的なものについて』の第二巻第一〇章でこの微妙な一点をつぎのように論証する。叡智的「諸形相」が「第一原因と離在諸知性から差し込む光に運ばれて質料のうちに絶えず流れ込む」のはなぜなのか。それは諸形相が質料のうちに存在を得ることが目的なのではなく、「世界の諸形相」の「雅量」もしくは寛容を誇示するためでもない。[15]「或ル種ノ神的存在ト神的作用ヲ成就サセル為ニ［…］」という文言が示すように「神のみわざ」をこの世で完成させるためである。こうした「みわざ」はあらゆる質料から分離されたものによってしか完成されないのだが、そのためには諸形相を「完全な分離作用によって」分離することにより、それらに「或る種の神的存在」を回復させなければならない。そのことは諸形相をすでに分離された状態で所有している「世界の諸形相」（離在諸知性）には為しえないことである。責任は人間霊魂にかかってくる。つまりは、人間知性は、諸形相を質料のうちに拘束されているままに受けとることによって、かえって諸形相を質料から解放する使命を負っていることになる。[16]かくしてすべてが知解可能となって神のうちに連れ戻されるのは人間知性によってであり、人間知性のみによってである。

他方デ、神的存在及ビ神的作用ハ、質料カラ分離サレルノデ無ケレバ成就サレナイ。ソシテ私達ガ知ル通リ、其レ等「其レ-J写本」ハ、人間霊魂ノ行ウ完全ナ分離作用ニ拠ツテ分離サレナケレバ、分離サレル事ハ無イ。従ツテ、其レ等ハ、知性ニ拠ツテ質料カラ分離サレル事ヲ通ヂテ、神的存在ニ連レ戻サレルベキデアル。他方、此ノ種ノ連レ戻シハ、世界ノ諸形相ノ［「諸形相ノ」省略-J］知性ニ拠ツテハ為サレナイ。何故ナラ、其ウシタ知性ハ神的存在及ビ神的作用トシテ分離サレタ諸形相ヲ持ツテ居ルカラデアル。従ツテ、其ウシタ連レ戻シハ、必然的ニ、質料カラ神的形相ヲ奪イ取ル力ト道具ヲ備エテ居ル人間知性ヲ通ヂテ為サレルダロウ。

形相に関するアレクサンドロスの学説と連携を持ちつつも、それをアル＝ファラビの術語で読みかえたアルベルトゥスの「神のみわざ」についての理論は、アリストテレス的抽象作用（ἀφαίρεσις）を、或る形而上学――新プラトン主義的と形容すればてっとり早い形而上学――によって膨らませたものである。アリストテレス的抽象作用は、「神ト世界ノ紐帯としての人間」という主題と出会うことによって、或る種の再創世 **palingénésie** をお膳立てするものとなるのであって、ラテン世界におけるその最初の表現はスコトゥス・エリウゲナに、そのもっとも注目すべき完成形はマイスター・エックハルトのものとされる説教「肉体ヲ打チ倒ス者達ヲ恐レル莫レ」に見出されると言っても過言ではない。エックハルトの説教にはつぎの一節が読みとれる。「すべての被造物はわたしの知性のうちに群れ集うが、それはわたしのうちで叡智的となるためである。ただわたしだけがそれらを神のもとに帰す手はずをととのえる。」[17]

かくして哲学的抽象 *abstractio* と神学的・神秘的切除 *ablatio* の融合が起こるのであるが、ジェルソンは『意味作用の諸様態について』でそれをアルベルトゥスのうちに見ることを拒んでいる。それは、こうした融合をアウグスティヌスやディオニュシオスやボナヴェントゥラのうちによりよく見出すためであって、ジェルソンの見地からするとこの三人だけが、キリスト教徒であり哲学者ではないという理由で、切除＝抽象を神との合一への道とする権利を持っているのである。ひょっとしてジェルソンが抽象作用を神秘的に解釈する権限を哲学者から取りあげることは正しく、「流れ」と「影響」の形而上学から創造の神学が出てくることはなく、したがって、アルベルトゥスが申し立てる「神のみわざ」は、被造物の神への環帰というキリスト教的観念をいかなる意味でも後ろ盾にはできない、ということなのか。しかしそれでは「われらがボエティウス」を忘れることになりかねない。すなわち「流れ」の形而上学のふたつの源泉――（ラテン世界における）ボエティウスと（アラブ世界における）ペリパトス派――のあいだでアルベルトゥスがたくみに編みだした妥協案を忘れることになりかねない。『七について』を異教の領域に捨て置くことにもなりかねない。アルベルトゥスにそのつもりはないことは確実である。なにしろかれは、『知性と叡智的なものについて』第二巻第九章で「プラトンの教説」に関するアプレイウスの或るテクストの紹介を締めくくるにあたって、この哲学者の神学的観想を描きだすために「神を語る」さまざまな表現をやつぎばやに繰りだしている。「ヘルメス的表現」（「神がみの神」としての神）あり、ボエティウス的表現（「すべてを動かす動かざる」神[18]）あり、果ては、新約的表現（「近づきえない光に住まう神」『テモテへの第一の手紙』六章一六節）まである。

…ソシテ其レ故、アプレイウスハプラトンノ教説ト称シテ次ノ様ニ語ッタ。地獄デ悪魔共ニ［地獄デ腹ノ中ニ－LW写本］理性ヲ飲ミ込マレタ人々［神々－J］ニモ知性ハ在ルガ、其レハ、明ルイ光ヲ受ケ入レル知性トハ異ナル。後者ハ、天体ノ諸知性ガ発スル光トノ合体ヲ通ヂテ、生キル事ニ付キ纏ウ苦悩ヤ雑事ヲ削ギ落トサレ、合ワセテ、肉ノ重シヲ取リ払ワレ、［且ツ又－J］天体ノ秩序ト美ヲ映ス明澄此ノ上無イ鏡ノ如キ物ト成リ、其ノ秩序ト美ニ浸ル内ニ遂ニハ神的ナ光ノ衣ヲ身ニ纏ツテ、能力ノ許ス範囲デ神的ナル物ヲ観想シ始メル人々ノ知性デアル。或ル程度迄ナラ、名付ケ得ヌ儘ニ、又、其レ等ガ神ノ内ニ有ル通リ無限ナル儘ニ、其レラ神的ナ物ヲ知覚スル事［分有スル事－J］、「ヲ知覚スル事」省略－S］ハ在ルニセヨ、然シ、如何ナル下位ノ知性モ、其レ等ヲ理解スル事ハ出来ナイ。ト言ウヨリモ、其レ等ヲ知覚スル［分有スル－SX］事ニ拠ツテ、神々ノ神ノ内ニ在ル物ハ何一ツトシテ下位者ノ内ニ在ル物ト同一ノ意味ヲ持タナイ事ガ、尚更、強ク納得サレルノデアル。ソシテ其レ故ニ、神々ノ神ダケガ必然的存在ト呼バレルノデアツテ、必然的存在ニ就イテ、私達ハ第一哲学ノ中デ、其レガ現ニ在ル以上ノ在リ方モ現ニ在ルノトハ別ノ在リ方モ出来ナイ事ヲ既ニ証明シタ［此レカラ証明スルダロウ－LSZ］。ソシテ此ノ事ハ神々ノ神ニノミ固有デアル。ソシテ其レ故ニ神々ノ神ハ全テヲ動カス動カザル者デアリ、単純デ、不可分デ、名付ケル事ガ出来ヅ、近ヅキ得ヌ光ニ住マウ者デアル。

このくだりを読むと「同化する／同化される」知性という知見は、あきらかにアルベルトゥスの創作であり、ギリシャ－アラブ・ペリパトス派の思考学を、いうなら、頂上において基礎づけるという確固たる目的を持った創作であることが見てとれる。その高さはアヴィセンナ、アリストテレス、ディオニュシオスの高さであり、換言すれば、「聖なる」知性、「神的」知性、「人間の神性化」（ギリシャ教父たちの言う「アポテオーシス」）の高さであって、この高所で「アヴェロエス主義」は問題にはなりえず、強いて言うなら、わたしがアラビスムもしくはファラビスムと呼んできたものの完成が問題となるにすぎない。アルベルトゥスの言う、今一ツノ生ノ落手 *caducum* を、ジェルソンは、今一ツノ生ノ落下 *occasus* と解釈し、Z・カルザは、これに「旅ノ途上デ神と合一する至上の瞬間に起きる」神秘的な「失神」という美しい表現を与える。いずれの概念もアヴェロエスの概念ではない。パリの学長はこの点をよく心得ていて、そうした概念の出どころを、本質的には、「プラトン派の哲学者」に求め、**C5**で、それが「アウグスティヌスの『神の国』によってすでに記述され断罪されている」として排拒した。アルベルトゥスとしては、ジェルソンの批判の標的となった一節で、同化される知性と神的知性のあいだの区別——実在的というより観念的な区別であろうが——を立てているように見える。それに加えて、こうした精神の段階が、伝統的哲学によってそれまで記述されてきた精神の状態には還元できないことを、「現実的」知性と「取得的」知性という術語の助けを借りて強調している。

他方デ、考慮サレタ全テノ事カラスルト、形相ハ、現実的トカ取得的トカ言ワレル知性ガ形成サレル事ヲ通ヂテ、十分ニ、神的ト成ルノデハ無イ。其ウデハ無ク形相ハ同化的知性ヲ通ヂテ、更ニハ神的ト呼バレル知性ヲ通ヂテ、神的ト成ルノデアル。斯クシテ神的ト化シタ形相ハ、自身ノ内ニ、神ノ存在及ビ作用ヲ集メル。他方デ、神ノ存在及ビ作用ヲ有スル実体ハ他ノ何物モ必要トシナイ。故ニ、他ノ物カラ［「他ノ物カラ」省略－J写本］其ウシタ実体ニ連レ戻サレタ霊魂ハ、神ノ存在［神ノ何等カノ存在－PSX］ニ連レ戻サレル為ニ一旦ハ質料的デ道具的ナ諸器官ヲ受ケ入レタニセヨ、本性上、其レ等ヲ受ケ入レル事ハ無イノデアッテ、可感物［感覚－PX］ヲ必要トセヅ、肉体ナル［諸物体ナル－J］質料ヲ必要トシナイ。[19] 其レ故、霊魂ハ、一旦、神ノ存在ト作用ノ内デ［一旦、存在ノ内ヘト－J］実体化サレ形相化サレルト、何処迄モ完全デアル。ソシテ此ノ事ヲ哲学者達ハ、今一ツノ不死ノ生ノ落手ト呼ンデ来タノデアリ、其ウシタ生ヲ通ヂテ人間霊魂ノ不死性ガ正シク証明サレルノデアル。

「神秘的失神」の理論は「立場」にほかならないのに、それを「哲学者の言葉を根拠にして」展開し、結局、「信仰に対する敬虔の念を捨てた *dimitendo pietatem fidei*」――そのことをジェルソンはアルベルトゥスに対して非難する。そのさいジェルソンはトマス・アクィナスがシゲルスを非難するために持ちだした論拠（シゲルスは信仰の真理をたんなる哲学的立場としてあつかっている）を蒸し返すわけではない。ジェルソンはアルベルトゥスが神学的立場を哲学的根拠によって論証したことを難詰するのである。こうしたキアスム（交差対句語法）にいら立ちを覚えたパリの学長は、さらにアルベルトゥスのうちにアヴェロエス主義という、より有害な特徴を指摘する――アルベルトゥスのテクストに、わずかでも、その根拠となる材料が見つかりさえすれば――こともできたはずである。しかしかれは「邂逅 **conjonction**」の観念に言及する（**C4**）という以外、そのようなことはしていない。しかも、「邂逅」[20]はアヴェロエスというよりアルベルトゥスそのひとの観念である。このことをうかつに見すごすことはできない。ジェルソンがねらう標的の中心に位置しているのは、降神術的な呪文や儀式をともなったプラトン主義――とくにアプレイウスの――である。つまりジェルソンがアルベルトゥスのうちに認めたいかがわしい交友関係は、トマスが一二七七年の断罪の犠牲者のうちにまえもって嗅ぎつけていた交友関係ではない。それはアヴェロエス主義者との交友関係ではなく、古代異教徒との交友関係である。『知性と叡智的なものについて』の著者から漂ってくるのは硫黄の匂いではなく香具師の雰囲気である。たしかに、ジェルソンはとくに識別の才に秀でているということはない。つまり、かれはレーゲンスブルクの元司教ともあろうひとが偶像崇拝者と水入らずの関係を持っていることを嗅ぎつけ（**C2**、**C6**）、「古代哲学者」の「秘法の伝授や哀願や祈願」をはねつけるだけの意志の強さを持たないことを暴露した（**C2**、**C4**）わけだが、それだけで、かれには批評のセンスがあるとか、ましてや正確な文体があるとかいうことにはならない。にもかかわらずパリの学長に帰せられている美点は美点として認めなければならない。かれが描いたアルベルトゥスの肖像画はアルチムボルドふう[九]ではあるが、その全体的印象や量感や特徴は本人のテクストからのみ汲みとられているのであって、テクストのなかにないものは何ひとつふくまれていない。それは、ほかのだれに似ていようとアヴェロエスにだけは似ていない[21]。そのことを、後段のために覚えておかないわけにいかない。こうしてひとつの問いが戻ってくる。わたしたちが第一章の末尾で、爾後の発見に期待して答えずにおいた問いである。「一三世紀の危機」をアルベルトゥスの立場から考えるために、わたしたちはトマスを忘れるべく努めたわけだが、アヴェロエスを忘れるようにも努めなければならないのか。アルベルトゥス主義がまさに「第二のパラダイム」を提供しているとするなら――ここではそのように信じたいのだが――トマスを忘れることに何ら背理はなかった。しかしこのたびの大掃除は危険をはらむ。「第二のパラダイム」が自分の役割を貫徹しようと思ったら、自分自身が舞台から完全に掃きだされるほかなくなるという危険である。実際、アヴェロエス主義者と反アヴェロエス主義者が全面的に対峙していた一二六〇年から七〇年にかけてのパリで、対立や抗争や検閲のどまんなかにあってアヴェロエスにもトマスにも帰着しない、トマスによるアヴェロエス批判にも帰着しない思想とはどんな思想だろうか。地方思想だろうか。代替思想だろうか。自由思想すなわち賭け金なしの思想だろうか。おそらく、もっと単純な、不遇な思想なのだろう。というのもそうした思想は、一三世紀が、まるごと、そうであるように、あまりに窮屈な公認歴史学の図式のなかに閉じ込められているからである。この思想をもっと大きな掌でつかむよう努めてみよう。そのために、この思想の影響下にあったひとびとを、はじめて見るかのように、眺めてみよう。

アルベルトゥスの仲間たち――アヴィセンナ・ヘルメス・ディオニュシオス

アヴィセンナにおいては「聖なる」知性という語で、アリストテレスにおいては「神的」知性なる語で示される心的諸状態を「同化的」知性の名で呼ぶことによって予言的認識と哲学的観想とを相互に認可させあうことが、神ト世界トノ紐帯としての人間というアルベルトゥスの知見を支配している。ジェルソンもストゥルレーゼも、そこにヘルメス文書の痕跡を見る。ふたりが意見を異にするのは錬金術の意味に関してだけである。前者は、道を踏み外した神秘主義の元凶としてアルベルトゥスを非難するために、後者は、逆に、そうした非難からアルベルトゥスを免責するために錬金術を持ちだす。『知性と叡智的なものについて』で構築されている哲学者像が一三、一四世紀の職業的・非職業的哲学にどのような種類の影響を行使しえたのかを問い尋ねるに先立って、こうした意見の相違を明るみに引きだし、これらふたつのいがみ合う解釈に仲裁案を提示する必要がある。これをするために、第一章で触れた『知性と叡智的なものについて』第二巻第一一章のテクストに戻ることにしよう。

…卓越シタ力ヲ有スル霊魂ガ世界ノ形相ニ合体スル時、其ノ力ハ己ニ固有ノ物体［＝身体］ヨリ大キナ範囲ニ及ブ。其レ故、身体ノ外ニ有ル物ガ、時トシテ、恰モ世界ノ形相ニ従ウカノ様ニ霊魂ニ従ツテ変貌スル。哲学者ガ、人間ト自然トノ逆転ノ中デ驚クベキ事ガ遂行サレルト語ツテ居ルノハ［哲学者ガ語ル様ニ、人間ト自然トノ逆転ノ中デ驚クベキ事ガ遂行サレルトハ－J写本］斯ウシタ事態デアル。

わたしがすでに述べたように、この一節の出典は明らかである。それはアヴィセンナが予言的能力を記述している『霊魂論』第四巻第四章のテクストであって、そこで予言的能力のおかげで「高貴かつはなはだ強力な霊魂の影響力は、おのれに固有の物体の限界を越え」、かくして「病人を癒し、悪人を病気にさせ、或る種の自然を打ち滅ぼし、別種の自然を打ち建て、火でないものが火となり土でないものが土となるように諸元素を変貌させる」と語られている。[22]『知性と叡智的なものについて』第二巻第一一章の宣言は、驚くべきことに、『動物学注解』のなかにも対応物を有している。アルベルトゥスは、しかし、『動物学注解』ではさらに加えて、神ト世界トノ紐帯と神的知性の観念を導入している。

人間ハ己ノ内ニ神的知性ヲ有スル限リニ於イテ、一人其レノミガ神ト世界トノ紐帯デアル。ソシテ人間ハ神的知性ニ拠ツテ、時トシテ、世界ヲ越エタ所ニ迄引キ上ゲラレルノデアツテ、其ノ結果、世界ノ質料迄ガ人間ノ構想ニ従ウ程デアリ、其ノ事ハ、高貴ナ生マレノ人間ニ見ラレル通リデアル。即チ、彼等ガ己ノ霊力ニ拠ツテ物体的世界ノ変貌ニ動ク事、奇跡ヲ行ウト言ワレル程デアル。[23]

L・ストゥルレーゼは、神ト世界トノ紐帯としての人間という論点が『動物学注解』にあることを根拠に、アルベルトゥスの主張を錬金術の口座に振り込む。そのさいかれが依拠するのは右の一節である。そのことによって、かれは『知性と叡智的なものについて』で展開された「人間の神性化」についての、あらゆる神秘主義的な読解と、あらゆる純粋ペリパトス主義的な解釈を、ともに、告発する。ストゥルレーゼによれば右の一節はつぎのことを証明するのである。

「神的人間」（『知性と叡智的なものについて』第二巻第九章、ボルニェ版五一七）あるいは「完全な人間」（『形而上学注解』第一巻第一章五節、ガイエル版七）はキリスト教の神の、直観的で無償の観想に沈潜する神秘家ではなく、アリストテレスふうの純粋で静寂主義的な観想に没頭する哲学者でもなく、科学者であり、予言者であり、錬金術師である[24]。

すべての（正しい）哲学を結びつけるべくアルベルトゥスによって発令された和議条文のなかで錬金術的な章句や主題が圧倒的な存在感を有していることを否定するつもりはないが、しかし、つぎのことは確認しておかなければならない。（一）ストゥルレーゼがあげているふたつの文章は、アヴィセンナの書物の同じ一節から（アルベルトゥスによって）引用されたものであって、『アスクレピオス』もしくはヘルメス文書に属するほかの何らかのテクストから引かれたものでもない。（二）それらふたつの文章のなかにアルベルトゥスが導入する哲学的観点は、知性についての「ペリパトス主義的」神学に帰着する。そのことは、「離在諸知性」を指示するために「世界の形相」というアル－ファラビの知見を使い、人間霊魂とそうした形相との邂逅の契機を記述するために「合一」という、これもアル－ファラビの知見を使っている事実が証言する。アルベルトゥスの言う神的人間もしくは完全な人間が「科学者、予言者、錬金術師」の特徴を示していることは疑いないにしても、しかしその顔のなかに家族の肖像がまるごと隠れている。すなわち、モンタージュ写真が、或る人物から鼻を、或る人物から頭髪を、また或る人物からは口ひげを借りてくるように、そこでは哲学者のすべての特徴が切り貼りされてひとつのまとまりを装っている。当然、その出来ばえはボッティチェリのようにはいかず、事実、ジェルソン学長にいくばくかの嫌悪を催させている。それにしてもこうした「神的人間」とは完成された哲学者のことであり、それゆえに、完璧なペリパトス派であることに変わりはない。アルベルトゥスを読むときは、*peripateticus*（ペリパトス派）という語が使用されるさいの分類法を忘れてはならない。三つの偉大な「道」（ストア派・ペリパトス派・エピクロス派）の鼎立のうえに構築された、哲学的神学の最高の論述である『宇宙の諸原因と過程について』のなかでペリパトス派を典拠とする引用を書きだしてみると、それが、多かれ少なかれ重なりあう、少なくとも五つの集団に区別されていることが分かる。［一］ペリパトス派*Peripatetici*、［二］古期ペリパトス派 *antiqui Peripatetici*、［三］最古期かつ／または原始ペリパトス派 *antiquissimi et/ou primi Peripatetici*、［四］改良ペリパトス派 *meliores Peripatetici*、［五］後期ペリパトス派 *posteriores Peripatetici* の五つである。引用された原典を明確にすることによって、これらの集団のメンバーをつぎのように特定することができる。

［一］ペリパトス派――アリストテレス、（アリストテレス偽書）『普遍的存在の原理について』、アフロディシオスのアレクサンドロス、アル‐ファラビ、アル‐ガザリ、アヴェロエス、アヴィセンナ、「イサアク」（・イスラエリ）、『原因論』、マイモニデス、ポルフュリオス。ちなみに『原因論』がこの標題で引用されることは一度もなく、つねに、この書物が編集されるさいに原本を提供したと見られる著述家――すべてペリパトス派――の名で引用されている。

［二］古期ペリパトス派――アル‐ファラビ、アル‐ガザリ、アヴェロエス、アヴィセンナ、『原因論』、マイモニデス、ポルフュリオス、テミスティオス、テオフラストス。

［三］最古期かつ／または原始ペリパトス派――アポロニオス（原文ノママ）、『アスクレピオス』、ヘルメス・トリスメギストス。

［四］改良ペリパトス派――アル‐ファラビ、アル‐ガザリ、アヴィセンナ、『原因論』、マイモニデス。

［五］後期ペリパトス派——［二］の古期ペリパトス派のなかでポルフュリオス、テミスティオス、テオフラストスよりも後代のペリパトス派、すなわちアヴェロエスを除いた、アル－ファラビ、アル－ガザリ、アヴィセンナ、『原因論』、マイモニデス（したがって［五］は［四］と区別されない）。

結論。ヘルメス文書自体がアルベルトゥスの見地からすると「最古期ペリパトス派」であるとすれば、「科学者であり、予言者であり、錬金術師である」者が「完成された哲学者」像のなかで「アリストテレスふうの純粋で静寂主義的な観想に没頭する哲学者」と合体することを妨げるものは何もない。残る問題は、神秘家とも、すなわち「キリスト教の神の直観的で無償の観想に沈潜する者」とも合体できるかどうかである。

自然的認識の最終審——そこで自然的認識は予言として成就する——をアラブ・ペリパトス主義という哲学的観点から記述するアルベルトゥスは、「予言者」の諸能力を肯定することにおいて、イスラム教徒の先達（アル－ファラビ、アヴィセンナ）と同じくらい遠くまで進んでいる。しかしかれは完成された哲学者を自然的予言よりも上位に置き、神的なものの観想を驚異現象の操作よりも上位に置いているように思える。もしそうであるならば、こうした「完全な」哲学者がまた、究極的には、ディオニュシオスの語る真の神学者の存在様式に憧れることができない（憧れるべきでない）理由はない。知恵ある哲学相互の和議は、哲学とキリスト教徒のあいだに交わされるもうひとつの和議に受けつがれるのでないかぎり、不完全であるだろう。だからこそアルベルトゥスは、教授たちの、すなわち「哲学者の原典研究よりもむしろ詭弁術に没頭する無知者たち」の（劣悪な）哲学と、説教師たちの、すなわち「あらゆる手段を使って哲学の使用を攻撃しようとする無知者たち」の（凡庸な）神学を同時に批判するのである。アルベルトゥスが哲学という「自分たちの知らないこと」を「侮辱する野蛮な獣たち」を告発するのは、ディオニュシオスの『第七書簡』への注釈書のなかでのことではなかったか。こうしたテクスト環境での（真の）哲学の擁護は些細なことであるはずがない。こうした擁護によって『知性と叡智的なものについて』の意味が余すところなく明らかとなる。その意味とは、学知と知恵が交流するまさにその場所で、哲学と神学との「縁故 connexion」を連続性として思考することである。ジェルソンはアルベルトゥスの言説のほとんどすべての成分を特定したが、しかしその構想を把握していない。ストゥルレーゼはアルベルトゥスの構想を完全に把握しているが、そのすべての成分を容認するわけではない。おそらくアルベルトゥスがお膳立てする協定が、よく言われるように（狂牛をふくめた）「すべての牛が灰色に見える」絶対者の闇のなかでおこなわれることをストゥルレーゼは恐れたのだろう[25]。かれの不安にももっともな節があるだけに、いまこそ、残された問題に、すなわちアルベルトゥス主義と知性の貴族主義との関係の問題に取りくまなければならない。これこそ、『知性と叡智的なものについて』におけるアルベルトゥスの哲学‐神学構想の解明によって解決の糸口が得られるのではないかと期待されていた歴史学（かつ公認歴史学）の問題である。

2　知性の貴族主義——アルベルトゥス主義の不人気な果実

わたしたちはこれまでのいくつかの章で、アルベルトゥスと「ラテン・アヴェロエス主義」の関係がどれほど入りくんでいるか、そして、哲学と神学の領土およびその境界を設定すると見られるアルベルトゥスのもろもろの言表——たとえば自然的学知の自律性を宣言する「私ガ自然的諸事物ニ就イテ論究スル時、神ノ奇跡ハ私ニ何ノ関リモ無イ」というスローガン——からなる網がどれほど解きほぐしがたいかを見てきた。シゲルスやボエティウスが、真理の唯一性をないがしろにしない（したがってそれと両立可能な）知の専門的分化を擁護し体現するさいに、アルベルトゥスにまちがいなく負っているものを明らかにすることがいかに難しいかを見てきた。一二七〇年と一二七七年の法王庁による介入にさいしてアルベルトゥス自身の関与が、実際、どのようなレベルのものであったか知ろうにも、当の介入がきわめてわずかな光しか投げかけてくれない——そもそもかれはそうした検閲において水を浴びせた側なのか、浴びせられた側なのか、ひょっとしたら自分で自分に水をかけてしまったのか——ことを見てきた。アルベルトゥスとアヴェロエスの関係は、アルベルトゥスにおけるアヴェロエス主義という問題が提起されえない場面でこそ緊密であり、そうした問題が提起されうるし、提起されなければならない場面ではかえって希薄であり、不在ですらある――この点に関してはアナーニ論争を顧みられたい――ことを見てきた。これまでのところひとつのことが、そしてそのことのみが揺らいでいない。すなわち「精神的幸福」の著作権はアルベルトゥスが持っているということであり、別の言いかたをすれば、『知性と叡智的なものについて』が、いましがた提示されたばかりの役割を、すなわち「一二七七年の司教による介入に先立つ一〇年のあいだ人文学者の心をとらえて離さなかった〝神的な生〟とは言わないまでも〝幸福な生〟の構想を余すところなく合法化する、前代未聞の聖俗和議 concordisme のための哲学的聖務日課書」としての役割を持っているということである。このことが揺らいでいないのは、ひとがもはやそれを根本から吟味しなくなったからなのだろうか、それとも、それが「第二のパラダイム」としてのアルベルトゥス主義という主張、ならびに「一三世紀の危機」におけるアルベルトゥスの代替的役割という主張をくり広げるに足るだけの堅固な土台を提供するからなのだろうか。それをこれから検証しようというのである。

最初に、「知性の貴族主義」という呼称についてひとこと述べておく。なぜ「アヴェロエス主義」ではないのか。理由は簡単である。「精神的幸福」の探求は、元来、アヴェロエス名義の哲学的財産目録に登記されていない。一二六五年から一二七〇年にかけての教師たちの「神秘的合理主義」――とりわけ哲学入門書『アリストテレスかく証言す』に現れているような――はアルファラビ-アヴィセンナ主義に起源を有する。すなわちアルベルトゥスが改良ペリパトス派／後期ペリパトス派と呼ぶひとびとの立場に起源を有するのである。それはアル-ファラビを経由する「隠れプロティノス派的」宇宙観と関連し、また、形而上学を、「取得された」知性（*intellectus adeptus*）の対象としての「離在的諸実在」（アル-ファラビの『知性と可知的なものについて』の表現によれば「それ自体、いかなる質料のうちにも、現在、存在せず、これまで存在しなかったし、これからも存在しないであろう」神的諸形相）についての「学」と規定する立場に関連している。こうした複合体のなかに「幸福」の知見が登場するのも、また、アル-ファラビの旗印のもとにおいてである。アル-ファラビの『至福へいたる訓練の書』のおかげでラテン人のあいだにM-Th・ダルヴェルニの言う「思弁的諸学による観想のうちにその本質を有する、純粋に知的な次元における至福」

という命題[26]が導入される。ちなみにこうした命題はパリ国立図書館ラテン語写本第六二八六番の末梢（こんにちの言葉では「削除」）の事例が示すように、一二一〇年から一二一五年にかけて早くも検閲の対象となっている。この写本六二八六番が「ヘルメス・トリスメギストス」の『アスクレピオス』、『二四哲人の書』、偽アリストテレスの『元素および惑星の固有性の原因について』、アヴィセンナの『霊魂論』、セネカおよびバースのアデラードの『自然の諸問題』とともに並んで『至福へいたる訓練の書』を後世に伝えているのである。アルベルトゥスもこうした宇宙に加担している、と言われてきた。しかしそれではとても言い足りない。こうした宇宙はかれの宇宙である。アヴェロエスはそこでいかなる重要な役割も果たしていない。精神的幸福と観想とがアル‐ファラビに固有の認識体系の枠組みのなかで余すところなく記述されているということは何ら驚くべきことではない。というのも、「取得知性」を語り手として言表される包括的な形而上学の立場を創始したのがアル‐ファラビであるということは、アルベルトゥスのもっとも堅固な確信であるからだ。哲学のすべての信奉者が一二六〇年代に宣言するように、「幸福」は人間と「離在知性」との「邂逅」に存するわけだが、かれらがこうした命題を見出すのはアル‐ファラビにおいてである。アルベルトゥスもこのことを『一五の問題について』のなかの一文で語っている。「此ノ事ハ、従ツテ、アルファラビウスニ拠ツテ命題化サレテ以来、全テノペリパトス派ノ古典的立場ト成ツテ居ル。」「精神的幸福」の理論は、基本的に、アラブ化された（ファラビ化された）アリストテレス主義の理論である。アルベルトゥスは、ニカエアのエウストラトスの筆を借りて[27]、この理論をギリシャ哲学の広大な地平のなかに再記入する一方で、このうえなく力強い表現をそれに与えた。すなわち、かれはその理論を各著作のなかで少しずつ彫琢し、ついには、いうなら、或る種の知性のオデュッセイア（冒険旅行）に「物語化」して、その各局面を『知性と叡智的なものについて』の第二巻で記述するだけではなく、原典注解や個別研究のなかで、その理論が要求する宇宙を実地に踏査してもいる。自分たちの実践する哲学を生の形式として擁護していたパリの教師たち――一二六九年からすでに『知性と叡智的なものについて』を引用しはじめているシゲルスもそのひとりである――が、そうした哲学のための弁明を正当化してくれそうな根拠を[28]、部分的にでも、また、時期はともあれ、アルベルトゥスから汲みとらなかったとしたら、その方が不思議である。わたしは、ちなみに、別の著作でこうした「哲学的生」を、L・ビアンキにならって「知性の貴族主義」と性格づけることが可能である理由を明らかにした。「知性の貴族主義」は、『中世を考える』（邦訳『中世知識人の肖像』）で表現されている諸観念の核心であるが、その点をここで蒸し返すことが有益であるとは思わない。むしろここでわたしは「知性の貴族主義」という表現が果たす機能を力説したい。それは、「アヴェロエス主義」という表現に――それがどうしても必要だというのでないかぎり――訴えることを回避させるという機能である。

　これほど曖昧で異論の多い案件をあつかう場合、筆者の多少の自己批判ですべてがぶち壊しになるとも思えない。「一三世紀の危機」の調査がほとんど終わりにさしかかっている、いまごろになって、わたしの自己批判にもチャンスがまわってきたようである。つぎのことを告白すれば、その要点を述べたことになるだろう。すなわち、本書に先立つ何冊かの本でわたしは「一三世紀の危機」に貼りつけるために「アルベルトゥス的アリストテレス主義」「完全アリストテレス主義」「倫理的アヴェロエス主義」というラベルのセットを推奨したが、そのセットが、こんにち、どんぴしゃりの表現とは思えない、ということを。その理由をひとことで言えば、一四世紀に、あるいは、ともかくも一二七七年よりあとの時代に当てはまることも、先行する時代にそのまま当てはまるわけではない、ということであり、もう少し正確に言えば、「倫理的アヴェロエス主義」のなかにアヴェロエス本人から受けつがれたものとそうでないものを注意ぶかく区別するかぎりでのみ、その表現は、おそらく一般的射程を有するだろう、ということである。「ラテン・アヴェロエス主義」という知見そのものが理論的にピンぼけであることは論をまたない。L・ビアンキやE・ランディ[一〇]が言うように、「ブラバントのシゲルスやダキアのボエティウスやドゥエのヤコブスやオルレアンのアエギディウスやブリュッセルのヘンリクスやジャンダンのヨハネスをアヴェロエス主義者の名簿に載せることによって、わたしたちはかれらを同じ理論的立場の扇動者として描きだし、でこぼこを平らにならしてきた」のであって、実際は、「かれらは、哲学および哲学する行為についての独特の理解によって結びつけられているだけで、たがいに異なる関心を掘りさげ、いかなる意味でも同じではない論理学や自然学や形而上学を育んだのである」[29]。かれらのあいだの調停不可能な意見の不一致が、去る二〇世紀初頭にシュールレアリストのグループ内に見られたのと同じくらいに激しい破門宣告の応酬を生み、最終的勝利は改悛したアゴスティノ・ニフォ（一一）の手に転がり込んだ。そのときかれはジャンダンのヨハネスが「哲学においても神学においても異端説をまき散らしている（*heresizavit*）」と、あるいは「かれの教えは、信仰にとって異端であるばかりでなく自然哲学にとっても価値のないものだ」[30]と主張している。そのてんまつが知られているこんにち、提起しなければならない問題――というよりも、意義ある唯一の問題――は、つぎのとおりである。「アヴェロエス主義者」と呼ばれてきたひとびとに共有されていた「哲学および哲学する行為についての独特の理解」は、はたして、アヴェロエスと何らかの関係があるのだろうか。

わたしたちがアルベルトゥスにめぐり合うのはこの場面である。この同じ場面で、いわば、アルベルトゥスを発見したB・ナルディ[31]は、とりわけ、ルーヴァン学派からの批判と強い抵抗に出会わずにはすまなかったが、そのナルディの発見以来「ラテン・アヴェロエス主義」と言われる潮流のいくつかの中心的教説のアルベルトゥス的側面が、幾人かの歴史家によって――なかでもE・P・マホニィ[32]とL・ビアンキ[33]によって――明るみに引きだされ、議論の的になっている。わたしとしても、ほかの著作で[34]、この件に関してアルベルトゥスが与えた影響を、つぎのふたつの命題に帰着させうることを示した。

命題（一）――「取得された知性」（*intellectus adeptus*）もしくは知性ノ取得的段階なる知見についての独自の解釈にもとづくアルベルトゥスの「至福 *felicitas*」理論は、本質的に、アル－ファラビおよびニカエアのエウストラトスから借用された哲学素を結合させたものであって、「アヴェロエス主義者」の大多数に継承された[35]。

命題（二）――純粋に知的な哲学的観想もしくは形而上学的認識が、研究と思考の鍛錬によって、この世において、神および離在知性と人間との合一を実現すると考えるアルベルトゥスの見解は、一四世紀にドゥエのヤコブス、オルレアンのアエギディウス[36]、トーマス・ワイルトン（一二）、ジャンダンのヨハネスなど、アヴェロエス主義者を自称し、もしくはそのように想定されるひとびとに引用され、一三世紀からすでに『ニコマコス倫理学』の匿名のアヴェロエス派注釈家によって引用されている。R‐A・ゴーティエによればそうした注釈家はアルベルトゥスを「聖トマス・アクィナスによって記述された愛の観想に対する反動から」援用している。[37]

こうした主張を読み返してみると、ひとつの疑問が頭をもたげ、それが自己批判に踏みきるよう促すのである。アルベルトゥス・マグヌスに、そしてかれを介してアルファラビ‐アヴィセンナ「複合体」からすべてを借用している学説もしくは潮流を形容するのに、なぜ「倫理的アヴェロエス主義」なる言葉を用いる必要があるのか。問題の著述家たちの「哲学および哲学する行為についての独自の理解」を借用物の方から定義するために、当の借用物を分析する必要があった。しかし、それをおこなう以前に、かれらが「アヴェロエス主義者」と名づけられたために、今度は借用物が特定された途端に、それが、外因的ナ命名ニヨリ「アヴェロエス主義」なるラベルを受け入れてしまったのである。それ以外この言葉を使う理由があるだろうか。わたしはさきに罪状の存在から罪人の存在をみちびきだしたとしてルナンを非難した。思えばあのときも「アヴェロエス主義」が問題だった。ルナンは罪人の名前を（というより罪人の系図を）知りながら、命名にさいして、罪状の名前を用いた。今回、方向性が逆であるが、同じくらいはた迷惑な「歴史学的虚偽」がおかされたと見てよさそうである。しかし、そうだとすれば、一二七七年の断罪を乗りこえて一四世紀中葉にいたるまでアルベルトゥス「複合体」のすべて、もしくは一部を護持し続けたすべてのひとびとをどう呼んだらよいのか。ダキアのボエティウス、ブルターニュのラウル（一三）、ピストイアのヤコブス、ジャン・ビュリダン[38]といった人文学者が、ダンテのような非職業的哲学者やオーヴェルニュのペトルス[39]（一四）のような、むしろトマス主義者と言うべき神学者たちと肩を並べている昴《すばる》を——それぞれにわが道を行き、したがって相容れることがない星たちの集まりを——どう呼んだらよいのか。

かれらの学説の、求めるところが多様ではあれ、資金源が同一であることに着目すれば、わたしにはつぎのことが言えるように思う。アリストテレスが『ニコマコス倫理学』の第一〇巻で論述し、わたしが少し前まで「倫理的アヴェロエス主義」と呼んでいた「思弁的幸福」もしくは「観想的叡知」の理論についてのアルベルトゥスの解釈の特殊的展開を、こんにち、「知性の貴族主義 aristocratisme intellectualiste」と呼ぶのが望ましいのではないか、と。[40] 事実、これまでの分析からすでに十分に明らかである――とわたしは期待する――ように、こうした幸福論は「アヴェロエス主義的」というよりは「ペリパトス主義的」であり、ラテン世界におけるその解釈はアルベルトゥス・マグヌスの先導性に分かちがたく結びついている。実際、倫理学であろうと、ほかの題材とりわけ形而上学や思考学においてであろうと、「新着アリストテレス著作集」およびアリストテレスがギリシャ・アラブ世界に与えた波紋の全面的読解にもとづいて「ペリパトス派命題集」を、いわば、編集したのはアルベルトゥスであって、以後、ひとが「精神的幸福」を称えるときには、その根っこにつねにアルベルトゥスが見つかることだろう。E・ランディとL・ビアンキが記述した「観想的生の情熱的で（同時に分裂的・両価的な）高揚」は、人文学者を「実存の究極目的および最高善についての一般的反省に」へとみちびき、「知りたいという自然的欲望」のくわだてを後押ししてついには「この地上で入手可能なもっとも大きな至福である知的幸福の体験（*delectatio ou voluptas intellectualis*）」にいたらしめる。[41] そのようなものは、たまたま、哲学の手引書から生まれたり、人文学部で与えられる入門講義から生まれたりはしない。それは「アルベルトゥス・パラダイム」の流布を前提にするのである。M・コルティは「精神的幸福」の学説がカヴァルカンティ（二五）からダンテにいたるイタリア詩に与えた影響を研究し、[42] L・ビアンキは同じ「知的幸福」が一三世紀後半からすでにパリの教師たちのあいだで或る種の職業的習態として定着していることを明らかにしたが、[43] それらはいずれも無から湧きだしたのではない。そうした幸福は、哲学の、生きた実践の理論的正当化を要求するのであり、哲学的人文主義の公式化を要求するのであって、そうした人文主義は、本来的意味でおのれが哲学であることを欲する、超越者との合一的体験と、『ニコマコス倫理学』から借りられた人間学的命題――「人間であるかぎりでの人間は知性以外の何ものでもない」――の双方に根をおろしている。[44] アルベルトゥスの「哲学宣言」である『知性と叡智的なものについて』を槍にたとえるなら、これらふたつの性格が出会うところにその切っ先がある。『ニコマコス倫理学』第一〇巻第七章にある、哲学的生としての「観想的」生の本性と地位に関する定義が、知的存在としての人間の存在規定に通じているのだとしたら、それはもっぱらアルベルトゥスのおかげである。もちろん、だからといって中世のすべての「哲学者」をアルベルトゥス主義の旗印のもとに連れてこなければならない、というわけではない。アヴェロエスについて言えることがアルベルトゥスについても言える。つまり、中世後期の哲学者を意外な連続性の糸で結びつけているのは、アルベルトゥス主義そのものではなく、アルベルトゥスの問答複合体なのである。

とはいえ「倫理的アヴェロエス主義」を語ることによってアヴェロエスをあまりに優遇したあとだけに、先刻、アヴェロエスに帰していたすべてを、今回、アルベルトゥスの「知性の貴族主義」に帰することは、あまりに多くをアヴェロエスから取りあげることにならないか、「倫理的アヴェロエス主義 averroïsme *éthique*」を「貧相なアヴェロエス主義 averroïsme *étique*」にすり替えることで、またしても誤った評価をくだすことにならないか——そうした反論が予想される。実際、結局のところ、一三・一四世紀の時点で精神的幸福の知見はルシュド的と見なされていたと言っても過言ではない。その知見とコルドバの賢人の結びつきは、かれが『アリストテレス語録』のなかで、その知見によって自己の人間観を定義するほどに強い。『アリストテレス語録』に、かれ自身の見解として、つぎの一文がある。

人間ノ究極ノ完全性ハ思弁的学知ニ拠ッテ完全タラムトスル事デアッテ、而モ、此ノ事ガ人間ニトッテ究極ノ幸福デアリ、完全ナ人生デアル[45]。

しかしここには、たんなる表現形式ではない、真に「アヴェロエス主義的」な何があるだろうか。定義されている完全性は、アリストテレス的観想者の完全性である。それは離在知性との合一については何も言っていないし、「邂逅」にはひとことも触れず、たんに完成された知において学者が完成するということを語っているにすぎず、ヘルメス的な予言者や魔術師から隔離されたストゥレーゼの言う *scienziato*（科学者）について語っているにすぎない。たしかに純粋で厳密な学知についてのアリストテレス的理想に対する愛着を「アヴェロエス主義」と呼ぶことは可能である[46]。しかしペリパトス主義哲学において頂点に達するこうした愛着が、一三世紀にその「真理」と思考学的基礎を見出すのは、アルベルトゥス的アリストテレス主義においてであって、イブン・ルシュドの思考学においてではない。霊魂を持つ生物についての学である心理学が、神学ともっとも自然に意見交換をするのはアルベルトゥスにおいてである。というのも、心理学は、最高の部分における人間の学であり、アリストテレス自身の言葉を借りてより正確に言えば「人間存在の根本的で最良の部分に関する学」だからである。事実、アルベルトゥス思想に尖端があるとすれば、それは、心理学と倫理学と神学とが自然的に——この点をジェルソンは非難するのであるが——合流する一点のことである。かくして人間の人間性についてのアリストテレスの解釈は本質的に実践的な解釈を受けとることになる。人間をなすところのものは、「おのれのうちにあるもっとも高貴な部分に従って（*secundum optimum eorum que in ipso*）生きるためにすべてをおこなおう」とする憧憬である。こうした「もっとも高貴な」（*principale et melius*）[47]部分は、哲学者を完成された人間と考え、この人間を世界ノ繋辞、永遠ナル者ト物質的事象トノ紐帯と考えるすべての理論[48]によって引き受けられている、根源的な人間学的両価性の証しである。すなわちそうした部分は「神的要素の人間における現前」であると同時に「もっとも高い程度における人間自身」であり、自然の、思惟のうちへの掬《すく》いあげであると同時に、思惟の、自然のうちへの刻み込みである。キリスト教徒ならそれを「住みつき Inhabitation」の恩寵と「受肉 Incarnation」の恩寵との邂逅と呼ぶかもしれない。事実、少なくともひとりのキリスト教徒が——マイスター・エックハルトが——このあと、そのように呼ぶことだろう。ダンテは、といえば、哲学者の語法に寄り添おうとするだろう。かれは『原因論』で「高貴な魂」のために保留されていた諸賓辞を「完全な人間」にために転用することによって、人間を世界の地平線にすることだろう[49]。それゆえ、アリストテレスの「観想的叡知」を最高ノ幸福、完全ナ人生と解釈する定義は、その定義をスローガンふうに予約した文言が「注釈者」によって編まれた『アリストテレス語録』のなかで「師の言葉」と同等の地位を得ているにしても、アヴェロエス主義からの賛同を示す標識ではない。それはむしろ「第二のパラダイム」と、それに命を吹き込んでいる一般的構想——すなわちアラブ主義／アルファラビ主義（f)arabisme——の活力を示すしるしである。

ほかにアヴェロエス主義からの賛同を示す標識が何かあるだろうか。「哲学する者の希望」（*fiducia philosophantis*）

の知見がそうした標識を提供するように思える。この知見は、人間の思惟する本質の実現という、心理学と神学と生物学が一致して高く掲げた主題を継承している。実際、わたしが別の著作で論じたように、こうした希望はキリスト教の三元徳に対抗しうる正統的な代替モデルを提供する。神学者に固有の希望と信仰があるように、哲学者に固有の希望と信仰があるのだ。人文学者たちは、一二七七年の検閲が、かれらに襲いかかるまでその甘美な雰囲気にひたっていたのであって、かれらはさらに、「愛」の対照点に、ギリシャ語のコイノーニア（分有）のラテン的解釈である「内面性の生活」を置いた。それには高潔な利己主義という知見が随伴していた。[50] 知性の貴族主義は、結局、アヴェロエス的貴族主義に落ち着くのだろうか。この問題は思った以上に複雑である。疑いえないのは *fiducia philosophantis*（哲学スル者ノ希望）という表現が、文字どおり「一触即発の可能性」を秘めているということである。*fiducia*（希望）という語がアヴェロエスのなかに、それも、このうえなく戦略的なテクストである『霊魂論大注解』第三巻第三六注解のなかに見られることは事実である。[51] しかし「哲学スル者ノ希望」という完全な表現はアルベルトゥス以外には見られない。「哲学スル者ノ希望ハ単ニ作用者トシテノ能動的知性ニ出会ウダケデハ無ク同時ニ、又、形相トシテノ能動者知性ニ出会ウ事デアル」と書いているのは、ほかならぬ、アルベルトゥスである。しかもアルベルトゥスはこうした説の創唱者としてアル-ファラビの名をあげている。[52] ここでふたつの点を言わずにすますわけにはいかない。第一点。アルベルトゥスは、もし人間が離在する能動的知性と合体できないとしたら、「アル-ファラビが『ニコマキア』[一六]のなかで陥った難問」に、ふたたび陥るだろう、というアヴェロエス『霊魂論大注解』の一節を、いわば、針小棒大に強調している。アヴェロエスが言いたいのは「能動的知性ハ単ニ私達ニ作用スル原因ニ過ギナイ」（クロフォード版四八五頁一八二～一八四）という命題（アヴェロエスによればその典拠はアル-ファラビの『ニコマキア』である）がはらむ難問のことである。『霊魂論大注解』はつぎのように続ける。

……人間の能動的知性との邂逅の可能性に対する希望は、能動的知性がたんに作用者の資格においてではなく、形相と作用者の資格において人間と関係することの論証のうちに存する。

第二点。アル‐ファラビは『ニコマキア』で能動的知性と人間との邂逅の可能性を懐疑的に見ており、アヴェロエスはそうした懐疑論に反撃するためにその可能性を支持する認識論的根拠を指摘するわけだが、アルベルトゥスはそうした指摘を、アル‐ファラビ自身が、賢者の希望を語りながらまるごとの人間存在に意味を与えているかのように書きかえている。[53]この書きかえには遺漏がない。かくして、少なくとも言えることは、「哲学スル者（達）ノ希望」という表現を「アヴェロエス主義」に特徴的な標識と考えることは危険だということである。事実、これまでもそうだったが、自分自身が権威者の原典や原文を操作して得た主題を、トポス（伝統的題目）であるかのように、のちの世代に勧奨するのがアルベルトゥスである。その一般的成果は説得的でもあり逆説的でもある。すなわちアルベルトゥスは、アヴェロエスとの思想対話を重ねるなかで、アル‐ファラビという理論的登場人物の周囲に構築されたペリパトス主義的な地平から出発しつつ、しだいに、アヴィセンナとアル‐ガザリの色合いの混じった「完全」アリストテレス主義の輪郭を刻みあげていくのであるが、そうしたアリストテレス主義は、それ自体として見ればアヴェロエス的なところは露ほどもない、観想する哲学的神学のなかにアヴェロエス主義を吸収する結果になる。一三世紀と一四世紀の境い目のあたりで哲学と神学との関係の問題が提起されるのは、こうした、化学的に不純なアヴェロエス主義の曖昧模糊とした――中世アリストテレス主義の総体がそもそも曖昧模糊としているが――文脈においてである。それは、パリ大学の神学者であると同時に「哲学者が唱える自然学的論拠」を支持するドイツ人マイスター・エックハルトが自分の流儀で対決し解決する問題である。一二六五年から一二七〇年にかけての人文学者にとっては形而上学の実相はアヴェロエス的というよりもアラブ的／アルファラビ的である。匿名の注釈家が書いているように、神と離在的諸実体についての形而上学的観想のみが「人間知性の渇きを癒し（*quietare*）」うる。[54]すでに見てきたように、ダキアのボエティウスの『最高善について』、および、G・フィオラヴァンティによれば、やはりこのデンマークの教師が書いたとされる『形而上学問題集』（ライプツィヒ大学図書館写本一三八六）が表明しているのも、やはりこの同じ、アルファラビ‐アルガザリ‐アヴィセンナ的命題である。一二七七年のパリ断罪のさいに、謬説表第一七〇〜一七二条で、直接に槍玉にあげられたのがこの命題である。[55]実際、ボエティウスが言うような「哲学者」すなわち「自然の真なる秩序に従って生きるあらゆる人間」が「人間の生の最善にして最高の目的を獲得する」などということをどうして認められようか。[56] ダンテが一三一〇年から一三一二年にかけて継承するのがこの命題である。そのときかれは、知性に従う生——すなわち「可能的知性によって把握されうる実存」——が「人間社会全体の目的」であることを主張する。今度こそは、おそらく、正統アヴェロエス主義的な主題と関係を取りむすぶわけだ。[57]

アルベルトゥスが推奨した「第二のパラダイム」としてのアリストテレス主義は、神学の観点から評価されるかぎりで、人文学教師という社会団体の権利要求に理論的正当性を与えるものとなる。その要求とは大学制度のなかに居場所を承認されているような生の形式を得たいとする要求である。つまるところ、アルベルトゥス的「哲学者」が知識人でありうるのは、かれが知性人だからである。アルベルトゥスは『一五の問題について』のなかで教授たちを滅多打ちにしたにもかかわらず、かれらが無益な詭弁の習慣から足をあらって自分の持ち場を守ろうと決心したあかつきには、なかなかどうして自尊心をくすぐるような肖像画を謹呈している。[58] しかしたった一冊の本だけで社会的立場を保証したり自由の行使を承認したりはできない。『知性と叡智的なものについて』も、結局は、検閲を止められないだろう。そもそも検閲を止めることが『知性と叡智的なものについて』の目的ではなかった。この著作の展開する諸観念は一二七七年からすでに断罪されていた、とジェルソンが語るのは、或る意味で正しい。しかし、だからといって、この著作をひそかに後ろ盾にしていたひとびとがこの著作を正しく理解していたわけではない。アルベルトゥスの観点は同業組合主義者のそれではない。哲学に対する賛辞は、かれの筆先からこぼれ出るかぎり、「アヴェロエス派のプリンス」と目された、かれの読者のひとり、ジャンダンのヨハネス[59]が書いたのだろうと長いあいだ信じられた賛辞とは異なり、パリ大学に対する賛辞となるように仕組まれてはいなかった。アルベルトゥスが『知性と叡智的なものについて』のなかであたらしい高貴性の理念を表明するかぎりで、「一三世紀パリにおける職業としての知的幸福」に対する権利要求はこの本のなかのいくつかの命題と結びつく部分を持っている。しかしこうした先導的概念——それは知識人のための高貴性の観念であって、その多様な名（魂の究極的な幸福、取得、身分、還帰、繋辞、紐帯）を見るかぎりキリスト教的な「至福直観」の観念には対立するように思えるにもかかわらず、すでに述べたように、アルベルトゥス自身の観点からすればそれと対立するというよりもそれを準備もしくは先取りするものであった――が、その真の適用地点を見出すのは、逆説的にも、大学のそとにおいてである。つぎのことは力説しておかねばならない。アルベルトゥスが主要著作を執筆していたときに読者として想定していたのは、哲学教授ではなく若いドミニコ会修道士だった。したがって、そのディオニュシオス的側面が薄められることと引きかえにパリにおける哲学の職業化という言説に枠組みと糧を与えることが可能であったその学説が、逆に、そのディオニュシオス主義の全貌が再発見されることを通じて、ケルンのドミニコ会学問所に始まる、「神秘主義」に向かう哲学の脱職業化の運動を担い、また先鋭化させることは不思議でも何でもない。これに注目することによって、わたしたちはアルベルトゥス主義パラダイムのもっとも注目すべき化身に、すなわちエックハルト主義にみちびかれる。

3　マイスター・エックハルトと至福の生

これまでパリの人文学教師がアルベルトゥス・マグヌスに負っているあらゆるものが語られてきた。ケルンの学問所に集っていた一四世紀初頭のドイツ・ドミニコ派もまた、時代が大きく隔たっているとは言え、同じだけのものをかれに負っている。哲学にかぎって言えば、チュートニアで説教師となってまだ日も浅い、非職業的な哲学研究者にアルベルトゥスから手渡された「哲学」関係書類の要点はつぎのように要約できる。（一）邂逅 conjonction すなわち観想的生の段階こそ、哲学者たちが人間存在の最高の目的と定義した段階である。（二）それゆえ、選ばれた者たちに天の祖国で約束されている至福を（少なくとも）先取りし（うまくすれば）充足する生の形式がこの世にある。アル－ファラビが『知性と可知的なものについて』のなかでの「もうひとつの生 *alia vita*」を哲学者と離在知性との合一として定義するのはこの意味においてである。（三）言葉の字義どおりの意味でこうした生の形式は獲得されるものであって、人間的営為の対象であり、段階的向上を想定する。（四）その内容はアリストテレスが哲学的神学の対象として定義したものと同じ内容であり、離在する諸存在の観想である。（五）哲学的観想に特有な生の形式は「知的幸福」と呼ばれうる。[60] ところで正統的アリストテレス主義との関係でアルベルトゥスの立場は注目すべきあたらしさを内包していた。それは人間霊魂が禁欲の進展によって、月下の世界の認識から離在的諸実在の知的直観へと少しずつ高められるという観念である。こうした進展は、アルベルトゥスにおいてしばしば「連続化ヘノ動キ」というアヴェロエスの用語を借りて表現されているが、一二七七年以前からすでにシュトラスブルクのウルリクスによって書きとめられている。かれは『最高善について』の規範的一節のなかで『知性と叡智的なものについて』の第二巻で記述された上昇の全段階をひと筆で描きあげ、アルベルトゥス自身の意を汲むかのように、最高の諸段階を聖化・同化・神性化というふうに区別する。

> 可能的知性は［第一の］名辞を胚胎するとき形相的となる。（わたしたちは名辞を認識することによって原理を認識するのだから）可能的知性はこうした形相的段階から諸原理を習態的に認識する段階に移行し、この段階は諸原理の知性とも呼ばれる。ついでこれら原理がひとつの学知に展開することによって、それは諸原理の知性から、現実的（*in effectu*）知性に移行する。さらにそれは現実的知性から取得される知性の段階に移行する。すなわち可能的知性は、学知のすべての可能的対象を探究したあと、自分自身の現実性を取得し、その結果、能動的知性が形相として全面的にそれに結合するときに（*coniunctus est ei totaliter ut forma*）取得される知性に移行するのである。そしてそれは取得される知性から聖なる知性、すなわちあらゆる質料性と不純な条件から純化された知性となる。そしてそれは聖なる知性から同化される知性となり［…］さらに同化される知性から神的知性となる。すなわち離在知性の光のなかで、わたしたち神ならぬ人間が神からの光を受けとる［…］ときに神的知性になるのである。[61]

しかしアルベルトゥスがたんにアリストテレス主義に対してだけでなく、アルファラビ－アヴィセンナ主義にもとづいて設計されたアリストテレス解釈装置の総体に対しても加えた第二の、より重要な変更がある。哲学者の最高完全性を——神的知性の力を借りて——神秘家の非見・非知による観想のなかに包摂することである。たしかに、こうした包摂は『知性と叡智的なものについて』のなかにそのまま明示的に告知されているわけではない。しかしこの小品のいたるところに顔を出すディオニュシオスの存在と『驚異神学大全』によって提供されている、哲学と聖書的・命題集的神学を神秘神学のなかに止揚せよとの明確な指示は、アルベルトゥスの意図の根本的にディオニュシオス的な方向性についていかなる疑いの余地も残していない。

いずれにせよマイスター・エックハルトはこの方向性に飛びつき、アルベルトゥスの言うところの「聖なる知性」——アルベルトゥスの知的源泉であったアヴィセンナが言うところの予言的段階の知性——と、かれ自身が場合に応じて「高貴なひと」「貧しいひと」「離脱せるひと」と呼び変える人間の段階を同一視することによって、この方向性に最大限の射程を与えたのである。こうした同一視によってエックハルトは「取得される知性」のキリスト教的定義を試みるのであって、これにより予言能力についてのアヴィセンナの理論をかさ上げして(「離脱の能力」とでも呼びうるような)あたらしい理解のなかに移しかえるのである。したがってアヴィセンナの言う、予言者の魂が昇りつめている段階(すなわちアルベルトゥスの言う神的人間の段階)は、エックハルトにおいて「離脱 *abgescheidenheit*」と言いかえられることによって、当初「観想」と記述されていた生の形式を成就することになるのである。

離脱と観想

批評家がかたくなに無視してきたひとつのテクストが、観想 *theoria* の概念の、「離脱」という本質的にエックハルト的なあたらしい概念への実践的な変容を証言している。

アヴィセンナという名の師が言うには、離脱を保つ精神の高貴さにはいちじるしいものがあって、それが観想するあらゆるものが真であり、それが欲するあらゆるものが許し与えられ、それが命じるあらゆることが実行されるほどである。実際、つぎのことを知らねばならぬ。すなわち、精神が真の離脱にあるとき、精神は神をおのれ自身の存在の方へと来たらせること、また、かりに精神がいかなる形相も偶有性も脱ぎ捨てたままでいられるとしたら、精神は神の固有性そのものを身にまとうことになるのだということを[62]。

エックハルトの言う「離脱」が、アルベルトゥス的観想に由来し、さらに後者はアヴィセンナの予言的認識を経由しているという主張は、アルベルトゥスの観想的な生の理解のうちにあるアヴィセンナ的側面に注意を払わなければ意外に思えるかもしれない。『知性と叡智的なものについて』第二巻第一一章および『動物学注解』第二二巻第一章五節を分析することによって「卓越したひと」の理論をストゥルレーゼの申し立てる地平――ヘルメス文書の地平――にではなく、ペリパトス主義の地平に置き戻すことを思いついたわたしたちは、「哲学的知恵どうしの和平協定」が、ケルンの学匠のもとで「哲学とキリスト教それ自体のあいだに」結ばれた「あたらしい和平協定」に引きつがれると主張してきた。哲学者によって取得される（知性の）段階のエックハルトによるキリスト教化、あるいはむしろ、「取得される」という言葉のキリスト教的な解釈が位置づけを得るのはこのあたらしい和平協定の延長線上においてである。一四世紀ドイツ・ドミニコ会修道士のだれもが、エックハルトと同じように、アルベルトゥスにつき従ってこうした領域に敢然と足を踏み入れたわけではない。例をひとりだけあげると、フライベルクのディートリヒがこの領域に片足を踏み入れただけであって、かれは「知を愛するひとびと」も、通説ヲ語ル人々（トマス・アクィナス）も、ともに批判し、研究生活に入るとすぐに邂逅 conjonction についての「哲学的」理論の技術的な再整理を提案したのであり、そうした再整理によって、最終的に――ということは『至福直観について』を執筆したあとで――哲学とキリスト教をはっきりと区別されたふたつの陣地に野営させるのである。ふたつの陣地とは「自然的摂理」の秩序と「意志的摂理」の秩序であり、哲学の世界の秩序（自然の秩序）と神学の世界の秩序（恩寵の秩序）であって、それらが出会うことはない。これはアルベルトゥスが『倫理学について』のなかで確立した戦略のドイツ的形式である。すなわち、ふたつの言説形式（*modus loquendi*）を区別して、そのおのおのに異なる認識秩序（*ordines*）を対応させ、よってもって検閲者から「二重真理」という罪状で断罪される危険をおかすことなく、離在知性について「自然の秩序に従って、哲学者が語るように」語るという戦略である。これに対してエックハルトの独自性は、かれが、二重真理と二重言語をともに避けるために、意図的に、アルベルトゥスが「聖なる」もしくは「同化された」もしくは「神的」知性として作りかえた「取得される知性」のキリスト教化という観念を究極まで推し進めることを受け入れたドミニコ会でただひとりの、とは言わないまでも、少なくとも主要な、神学者である、ということである。エックハルトの寄与は邂逅理論——したがって「取得される知性」の理論——を、この理論に付随し、しかも、賢者のいつわらざる希望（哲学スル者ノ希望）の対象であるこの世の浄福なる観念といっしょに継承し、それらを、旅人の至福、離脱（*abgescheidenheit*）、平静心（*gelâzenheit*）といった諸観念のなかに移しかえたことである。そうした観念が、アルベルトゥスや、とりわけディートリヒをさえ越えて（かれらは哲学と神学を異なる認識秩序のうちに並存させておいたから）両者を「高貴さ」（もしくは「慎ましさ」もしくは「貧しさ」）なる、あたらしい生の形式のなかで和解させるはずであって、こうした「高貴さ」こそがキリスト教的な「取得される知性」を定義するのである。この点においてエックハルトが、アルベルトゥス以上に、ジェルソンの悪夢を現実化していることは明らかである。

　パリの学長はアルベルトゥスが古代人のアパテイア（不動心）説に好意を示したことを非難していた。学長は、「人間的精励」（*per humanam industriam*）によって賢人は半神的なアパテイア段階に到達しうると主張するすべてのひとびとに対してアルベルトゥスが弱腰であることを告発していた。学長によれば「不動心は人間的活動によっても哲学者が語る道徳的力能によっても獲得されえない」のである。エックハルトは、ジェルソンが考えるアルベルトゥス（誤解だったわけだが）よりもさらに性質が悪い。なにしろエックハルトは、一部は「ストア派・プラトン派・エピクロス派の哲学者」から、一部は「特定の浄化的勤行と特定の鍛錬」によって不動心もしくは平静心に達しうると信じる「独住修士」からなる呪われた軍団の先頭に立っている。エックハルトにとっては離脱というただひとつの鍛錬で十分である。ここからベガルド会修道士までの道のりは遠くない。事実、チューリンゲンの説教師は、アルベルトゥスがディオニュシオスの言葉——曖昧ではあるが、時を経るうちにラテン語になじんでいた言葉——にくるんだままにしておいた観念に、赤裸々な表現を与えている。そして何よりも、エックハルトは、ジェルソンがアルベルトゥスと対抗するうえで確保したいと念じていた陣地のまっただなかで、これをおこなう。すなわち *Abgeschiedenheit*（離脱）なる術語でエックハルトはアリストテレスの ἀφαίρεσις（捨象）とディオニュシオスの ἀφαίρεσις（放下）とアウグスティヌスの *tolle hoc et illud*（「これもあれも取り去れ」）の同類性を暗示する。こうした同類化はパリの学長も欲していたことではあったが、エックハルトはそれを *gelâzenheit*（平静心）の名のもとに、もはやディオニュシオスの不動心とはいかなる点においても区別がつかない哲学的不動心のためにおこなうのである。ジャン・ド・モンゾンはピエール・ダイイから多くの謬説の責任を問われた。しかしエックハルトの同類化は、そうした謬説のすべてが流れ込むようにも思われるスキャンダラスな綜合であって、こうした綜合に対してかれは、「この世の生」それ自身のために、「至福」なる名を与えるのである。[63]

旅人の至福――のちにシレジウス（一七）はこれを「智天使のさすらい」と呼ぶだろう――という観念は説教集『区別の話』からすでに登場している。こうした「幸せな生 vie heureuse」は、のちの時代にサン＝ジュスト（一八）が唱えた bonheur（幸福）と同様に、当時、「あたらしいヨーロッパ理念」であった。それはペリパトス主義の生の理想を、ペリパトス主義のあずかり知らぬ倫理性において実現するキリスト教の理念だった。ここで「ペリパトス主義」と「キリスト教」を逆にすることは哲学者の手にあまった。なぜなら哲学者は、一二七七年以後、制度が指定した観点にもとづいて「二重真理」を語るよう強いられていたからである。哲学は、ひとつの職能（*status*）へと矮小化されていたため、自分が、権利上、普遍化可能な生の形式であることを主張できなかった。すなわち人間ノ究極ノ完成に、完全ナ人生に到達した賢者の精神段階である取得サレル段階は、必然的に、ひとつの社会団体の理想であり正当化であるほかはなくなっていた。エックハルトは、その段階を根本的にキリスト教化することにより、取得サレル段階 *status* を職業的地位 *status* から解放した。アルベルトゥス的邂逅からエックハルト的離脱へ――これこそ取得される知性の観念がドイツ・ドミニコ会においてこうむった概念的変容である。こうした変容は第二の、同じ程度に重要で、ひょっとしたら、より以上に重要な変容を隠し持っている。それはアルベルトゥスが真の神学の中心軸としてテオロギア・ミスティカ（神秘神学）を強調したことのうちに萌芽としてふくまれていたが、持続的な地殻変動を欠いていたために実現にはいたらなかった変容である。エックハルトがシュトラスブルクのドミニコ会教区学問所で、そののちケルンの総合学問所でおこなった教育活動のおかげで、ドミニコ会修道士とアルザス・ラインラントのいくつかの宗教団体とのあいだにあった絆が生かされて、知性理論にかかわる概念的な体制変化が、実際に、あたらしい聴衆のこころに届いたのである。それは大学外の聴衆であり、部分的には教会外の聴衆であった。「邂逅」は、アルベルトゥス・マグヌスによって職業化されたあと、エックハルトによって脱職業化されたわけである。

アルベルトゥスの弟子として、師と同様にアリストテレス主義と新プラトン主義の境界に位置し、かれと同様かつ同程度に神学者であり説教師であったエックハルトは、師が哲学において達成した業績を神学において引きついだ。かれが口にする主張や構想がいかに逆説的であろうとも、かれは幸せな生 vie heureuse の、本来の意味でキリスト教的な知見を発明したのである。まさにそこにこそ「つまずき」があると言うのなら、至福の生 vie *bien*heureuse と言いかえてもよい。神学的術語を厳密に運用する（しかし、それは何たる誤用であることか）チューリンゲンの説教師にとって、事実、「この世で到達可能な至福」があるのだ。すなわち哲学者の浄福はキリスト教化しうるのである。より正確に言えば、知的浄福という哲学的理念の神学への同化を提案することがキリスト教の伝言の意味そのものなのだ。こうした同化は、至福という神学的問題を旅の途上の人間の実存そのもののなかに設定し、至福というものの神学に対していくつかの至福の神学を断固として推奨することを通じておこなわれる。もし教会論という観点をもふくむさまざまな理由によって、法王ヨハネ二二世が至福直観を最後の審判の日までおあずけにする至福観の旗ふり役を買って出たのだとすれば、エックハルトは、かれもまた教会を気づかって、繰り延べられた直観の側にではなく、差しあたりの生の側に立つのである。かくして「山上の垂訓」は旅ノ途上ノ至福のための格率を展開するものとなる。もはや聖職者や思想を職業とするひとびとの高貴さではなく、俗人のであれ周辺人のであれ、脱職業化された高貴さのための格率を展開するものとなる。あたらしい貴族はいくつかの至福を与えられた人間であり、そうした人間はもはや「マンフレート書簡」で言われていたパリの教師たち――「古代の哲学者を言葉の力で蘇らせる博士たち」――といっしょになって「哲学教育のカドリージュ（四頭立て二輪戦車＝教壇）に」安座してはいない。かれは、みことばVerbeを聴きとってそれを教え広めるため、つましいひとびとに混じって「山上」に控えているのである。

こうした知的戦略の持つ切断力はほかに肩を並べるものがない。それはエックハルトを一種独特の場所に立たせる。その場所とは、アリストテレス主義者の神学的野心でもあり、神学者のアリストテレス主義的野心でもあるような、一三世紀末のすべての哲学的・神学的野心の十字路である。それは身を持するに困難な場所であり、一三二六年に疑義を持たれ、一三二九年に制裁を受けた。その輪郭をより際立たせるためには「この世で到達可能な最大の幸福」という問題に対するかれの発言の真意を考察すればよい。かれの或るドイツ語著作の最終部にそうした真意がよく表れている。

高貴なひと

『高貴な人間について』（*Von dem edeln Menschen*）は、一三二二年から一三二三〜二八年にかけて執筆されたと思われる『神のなぐさめの書』の最終部を構成する説教である。エックハルトは、同僚のドミニコ会修道士の大半がそうだったように至福直観についての主知主義的理論を擁護したが、一三一〇年ごろに至福直観に与えられていた新解釈には反対だったことがこの説教のなかに読みとれる。その新解釈とは、とりわけ、パリのヨハネス[一九]によって主張された「反省的直観」（*visio reflexa*）の理論であって、その内容は「或るひとびとが考えるには——ちなみにその考えは完全に信ずるに足るものに見えるのだが——至福の種と花とは、精神が神を認識していることを精神自身が認識する認識に存する」[64]というものである。事実上、至福からの疎外あるいは「退去」（*uzslac*）にほかならないこうした反省的至福に、エックハルトは、かれが「高貴な人間」と呼ぶ人間の至福を対置する。「わたしは確信を持って言う、そんなことはない［…］」と。高貴な人間は、神のみもとで、神のうちで、自分の存在と命と至福のすべてをひとり神のみから受けとるのであって、神を認識し、観想し、愛することを理由にそれらを受けとるのではない。」そしてあたかも、神学者たちにさんざん議論されてきた意見を退けるためにこれでは弱すぎる、と言わんばかりに、かれはつぎのように語気を強める。「それゆえわたしは言う、ひとは自分が神を見て神を認識していることを明確に意識し、知っているのでないならば至福はまったく存在しないだろうが、しかし、神は、わたしの至福がそうした知のうちにはないことを欲しておられる、と。そうした知で十分だというひとはそれを後生大事に取っておかれるがよろしかろう。わたしとしては憐れみを禁じえないけれど。」こうした譲歩と批判の独特な絡みあいは容易な理解を許さなかった。そこに矛盾を見るひとびとさえいた。

しかしひとは、ここで、エックハルト神学の中心に立っているのである。至福を神の直観と規定する古典的定義が姿を消し、かわりに、あたらしい「こころの貧しさ」の神学が現れる地点、あたらしい神学が神の直観を「自由な無一物」――平静心 *gelâzenheit* とはその境地のこと――のうちに解消する地点、それがエックハルト神学の中心である。高貴な人間というのも、ひっきょう、そうした自由の主体のことである。至福を意識的・反省的ならざるものと表象することはたしかに困難であるが、しかしエックハルトが聴衆に促しているのは、まさに至福のあらゆる表象を、ココデ、イマ、乗りこえることであり、鏡像的直観の持つ偶像性を、非知 *ἀγνωσία* と放下 *ἀφαίρεσις*――それらはディオニュシオス・偽アレオパギテースによればあらゆる表象の手前かつ彼方にある、認識にあらざる認識を特徴づける――のうちに滅却することである。かれのいわゆる「パリの大先生たち」――この言葉はあちこちで使われているが、ようするに知識人のこと――によって理解されている至福を軽蔑するよう聴衆に誘いをかけることによって、エックハルトは職業的言説には手が届かない、隠された、沈黙した場所に投資するよう非知識人をそそのかす。かくして否定神学は、哲学教師であれ、神学教師であれ、とにかく教師たちの理想の脱職業化に奉仕することになるのである。

「山上の垂訓」で言われている貧しさを、哲学者の要求する高貴さと等置することによって、エックハルトはすべての身分を横断し解体するような説教をおこなう。かれの説教活動はそれを収録した書物の標題（『身分別説教集』）の対極にある。すなわち説教師としてのかれは現世のいかなる特定の身分にも――教師という身分にすら――照準を定めない。かれが向きあうのは一人ひとりの人間である。エックハルトが提示するのは、あきらかに、取得ノキリスト教的ナ段階であり、哲学者の知的幸福と神学者の反省的直観という不毛な対立を乗りこえ、両者をそれ自身のうちに捨て去っている合一の段階である。エックハルトの語る単形的認識 connaissance uniforme は、厳密に解されるなら、そのいずれにも対立する。哲学者の観想も神学者の観想もキリスト教徒を満足させない。魂の渇望を「癒し」うるただひとつのものは離在的諸知性や『説教一五』の語る離在的諸精神の観想ではなく、自然の創造者たる神の、被造的媒体による似姿もしくは表象でもなく、神の誕生 théogenèse であり、「魂における神の誕生であり神における魂の誕生」である。すなわち主知主義的アリストテレス主義を成就して或る種の恩寵の神学のなかに止揚すること――これがエックハルト哲学の神秘主義的要素である。[65]

　エックハルトの諸命題に十全な意味を与えるためには、かれの説教を研究してきた解釈学の与件に、今後も、注意を払う必要がある。『高貴な人間について』で論じられた高貴な人間という主題は、あきらかに、『ルカ伝』一九章一二節（「或る身分の高いひとが、王位を受けて、そののち帰ってくるために遠いところへ旅立つことになった」）から借りられている。しかしエックハルトは、合一的経験という自分の理論が『エゼキエル書』一七章三～四節の喩話《たとえ》のなかにも同じように読みとれることを指摘する。こうした関連づけは、『ヨハネ伝』一章一節によって決定的なことが言われるまえからすでに、「帰ること」（*reditus*）の「とどまること」（*mansio*）への従属を示唆する。人間存在が連続的であるためには、あるいはそもそも人格が統一的であるためには、自己を省みる知という契機が必要である。しかし知は遠去け、切り分け、引き離す。そのことこそ、エックハルトのシュトラスブルク時代の弟子「修道女カトライ」（二〇）が「堅信」のまえにくぐり抜けた決定的経験である。[66]『エゼキエル書』一七章三～四節を『ルカ伝』一九章一二節のすぐあとに持ってくることの意図は、知を「みことば」の方に乗りこえることである。至福の生のモデルを、キリストを抜きに構築することはできない。『ルカ伝』一九章一二節の真の意味は反省的直観の弁明ではなく、『エゼキエル書』一七章三～四節が告知するところの、「みことば」の、魂への「住みつき」の弁明である。そうした「住みつき」こそ、キリスト教徒各人のうちに継続された「受肉」の恩寵にほかならない。キリストは離脱せる人間の祖型である。というのも神は、「受肉」においても「住みつき」においても、人間本性を離脱に結びつけるからである。

われらの主はいみじくも「ある高貴なひとが、王位を受けるために遠いところへ旅立ち、そののちわが家に帰ってきた」と仰っている。主がそう仰るのは、人間が自分自身であるためには、一であるべきだからである。そしてその一を人間は自分自身のうちにも、「一者」のうちにも探しに行かなければならず、それを「一者」のうちで受けとらなければならない。したがって、かれはひとり神のみを観想すべきである。しかるのち、「帰ってくる」べきである。すなわち自分が神について何ごとかを認識し、また知っているということを知り、また認識すべきである。

わたしがここで述べたすべてを、預言者エゼキエルが、すでに、かれなりに語っている。「大きな翼を持ち、堂どうたる体つきの、力の強そうなワシが峻険な山に飛んできて、もっとも高い木の幹に陣取り、一番うえの葉を摘み切り、それを下界に運んだ。」われらの主が「高貴なひと」と呼んでいるものを、預言者は「大ワシ」と呼んでいる。実際、一方で被造物のなかにある最高にして最善のものから生まれていながら、他方で神的な本性とその孤独の奥底から生まれたもの以上に高貴な者があろうか。

われらの主は預言者ホセアの声を借りて「わたしは高貴な魂をいざなって、荒野にみちびいていき、かの女のこころに語りかけよう[67]」と仰っている。「一者」が「一者」と、「一者」が「一者」について、「一者」が「一者」のなかで、しかも、とこしえに「一」なる「一者」のなかで語るのである。

『ルカ伝』一九章一二節の解釈がはっきりと示しているように合一の時間のなかに反省性は位置づけを持っていない。(自己への)還帰——ジェルソンの言う落下 *occasus*——は(神からの)退去である。「帰ってくる」こと、それは或る意味で「一者」を失うことである。カトライがそうだったように、真に高貴な人間は帰ってくることはできないし、それを望みもしない。神学者の反省的経験は高貴な人間にとって或る種の死であり喪失であり失態である。真に高貴な人間は神のもとに帰る人間であり、したがって、神から「立ち去る」ことのない人間、御詞《みことば》 Verbe, *wort* のもとにとどまりながら自分をその「副詞《そえことば》 adverbe, *bîwort*」に変える人間、「旅ノ途上デ神と合一する至上の瞬間にあっても」神秘的「落下」などは知らない人間である。

　したがって『出エジプト記注解』と『ヨハネ伝冒頭注解』に精神的なワシが登場するとき、それは論理的に「神を受けとる」知性の喩《たとえ》として語られるのである。その知性は「神を、その父たる言葉、神とともにあった言葉、はじめにあった言葉、初めそのものであった言葉のふところで受けとる」。『ヨハネ伝』一章一節と『ルカ伝』一九章一二節と『エゼキエル書』一七章三～四節を一直線上に並べてみることによってのみ、エックハルトが至福の生の知見を発明する神学的空間の本性が明確となる。精神的なワシ――アウグスティヌスやヨハネス・スコトゥス・エリウゲナによれば福音書作者ヨハネ自身がそうである[68]――とともに、あらゆるギリシャ的観想を乗りこえる神学的観想の神秘的運動が始まる。被造物のなかで最善、神性のなかで最奥のものから生まれたイエスとともに、受肉を継続するところの、キリスト教徒の神性化と魂への神の誕生（住みつき）の運動が始まる。エックハルトは、反省的直観に対抗して、真の観想は自分自身を知らないと主張する。真の観想は神秘である。すなわち、神のうちに秘められ、したがって、観想自身からも隠されている。高貴な人間の還帰は神のうちで、かれが取得した王国のなかで、果たされるのであって、かれ自身のうちで果たされるのではない。それは認識せざる認識、アルベルトゥスが唱えた非‐見・非‐知による認識であり、恩寵の生であり、キリスト教徒のこころへの「みことば」の内的な住みつき、受肉を戴冠する住みつきである。至福の生の神学は移動せざる旅の神学である。旅人たる人間はキリストが住みつくところに自分も足を止める。そこが王国であって、王国とは人間自身のうちにあって「みことば」によって引き受けられた純粋な自然のことである。「彼ハ自分ノ処ニ来タノニ、自分ノ民ハ彼ヲ受ケ入レナカツタ。然シ、彼ヲ受ケ入レタ者ニハ、彼ハ神ノ子ト成ル力ヲ与エタノデアル（『ヨハネ伝』一章一一～一二節）。」

　こうしてエックハルトは、高貴さと貧しさを等号で結ぶことにより、キリスト教的な取得 *adeptio* を養子化 *adoptio* と定義し、取得サレル段階を養子化サレル段階と定義することになる。真の邂逅は、この世で到達可能であるが神にまで高まることはできない哲学者たちの邂逅ではない。とはいえ、神学者の語る反省的観想も真の意味で哲学者の観想に取って代わることはできない。それは、地ノ途上デ到達不可能であるが、天ノ祖国ニあってさえ、結局、神のもとにとどまることはできないのだから。旅人たる人間に必要なのは、この世での、かつ、神のうちでの、神による、神ご自身への到達、神ご自身への逗留と定住である。それは、キリストにおけるふたつの本性の結合によってあらかじめ象徴されている上昇と下降の二重の運動の表現としての神の誕生 théogenèse でしかありえない。ひとも神も、キリスト－によって－ある être-par-le-Christ と考えられた、神－にとって－ある être-pour-Dieu 存在である。キリストご自身はそうした諸存在のモデルにほかならない。

エックハルトは至福についての自身の神学を「パリの大先生」たちにどのように提示しただろうか。どのように至福直観の問題を引っ込めて至福の生の問題を押しだしただろうか。わたしたちが引用したテクストや、かれの神学の真髄を教えてくれるテクストは、すべて一三一一年から一三一三年にかけてのパリでの教授活動よりのちの時期のものである。パリでの教育活動から、内容を引きだすことはできても形式を引きだすことはできない。しかもスコラ学の精神的宇宙のそとへの突破が敢行されたというのに、そうした主題が問題形式で *per modum quaestionis* 討論されたなどということは考えられない。たしかにエックハルトは「天の祖国で神を知的にほめ称えることは地の途上で神を愛することよりも気高い」か否かをめぐってフランチェスコ会の総長ヒスパニアのゴンサルウス（二二）とのあいだで討論をおこなった。しかしまさにこの『パリ問題集』の三番目の問題は、天ノ祖国デノ反省的直観か地ノ途上デノ神への愛か、という古くからある二者択一の再現である。あたらしい風景の是非をこうした古い観点から討論することはだれにもできなかった。あたらしい風景とは、認識せざる認識、すなわち、「合一化し」「単純化し」「神性化する」此岸的認識という風景であり、旅の至福とも「さすらう喜び」とも呼ばれる、愛と直観、意志と知性の二者択一を越えたところに展望される風景である。それゆえにゴンサルウスとエックハルトはこうした主題をめぐって対決したのではない。至福の神学が哲学－神学楽団のコンサート会場に乱入し、幸福と至福とを、哲学者と神学者とを、アヴェロエス主義者とフランチェスコ会修道士を背中合わせにして送りだすのは別の言語、別の形式によるのである。

『ドイツ語説教一五』と『同一四』のおかげで、わたしたちは、こんにち、エックハルトがどのような新パラダイムによって神学に革命を導入したのかを知っている。これらふたつのテクスト——一五のあとに一四がきているのは、それが実際の説教の順番だからである——はチュートニアでおこなわれた説教群に属している。チュートニアと言ってもとくにザンクト・メルエレン（ベネディクト会の聖マカベア修道院）とメレガルデン（シトー会の聖マリエンガルテン僧院）で説教がおこなわれたのだから、エックハルトの活動歴のなかでも「ケルン期」と呼ばれる時期にあたり、その時期の特徴は、ケルン総合学問所で教えるかたわら、ライン渓谷の盛式請願修道女とベギン会修道女の精神的指導にあたっているということである。酷似しているこれらふたつのテクストはエックハルトがパリで教えていたことを明示的に語っている。

わたしはパリの学校で、ひたむきに droitement 謙虚なひとのなかであらゆることが実現するだろうと語った（『ドイツ語説教一五』）。

わたしはパリの学校で、ひたむきで droit 謙虚なひとのなかであらゆることが実現するだろうと語った（『同一四』）。

言いかえれば、エックハルトのパリでの二度目の教授活動期（一三一一～一三一三年）の主要な教授内容は謙遜の学説であるということである。チューリンゲンの説教師が哲学者や神学者に至福の生についてのあたらしい理解を提示するまでにいたったのは、謙遜を語ることによってである。こうした選択は奇妙に思われるかもしれない。この選択は一三世紀終盤以降のパリにおける哲学と神学との対立がまとっていた特殊な形式によって正当化される。

この対立は謙遜論争という一般的な名称のもとに提示することができる。L・ビアンキは一二七七年の断罪に関する多角的な研究のなかで、たんに完全アリストテレス主義における知的邂逅の理論の神秘的側面を強調しただけでなく、ブラバントのシゲルスやダキアのボエティウス以後のパリの人文学者が大切にした哲学的生の弁明が有する特殊倫理的な側面に注意を喚起した。ところで一二七七年の断罪がまさに暗示するように[69]完全アリストテレス主義者の倫理的立場の本質は、最高の哲学的徳目である「高邁」の、最高のキリスト教的徳目である「謙遜」に対する優越を肯定することに結びついている。ランスのオーブリがアヴェロエスにならって「哲学を知らない者は、曖昧な意味でしか人間ではない」[70]ことを主張した命題が信じられないほど多くの数の後継者を得たことは周知のとおりである。エックハルトも、かれなりのやりかたでその星座に属するように思える。それにしてもけっして小さくはない差異がある。チューリンゲンの説教師にとって、人間に謙遜を授けるのは非知 ἀγνωσία である。『ドイツ語説教四四』はこの点に関して疑う余地を残していない。取得ノキリスト教的ナ段階 *status adeptionis chrétien* とは「知ある無知」のことであり、完全に謙虚な人間の無知である。こうした謙遜を欠いている人間は人間性を欠いている。*humilitas*（謙遜）の項目で、人間 homme が *humus*（土くれ）から作られたことを指摘し、*humiditas*（土の湿り気）の項目で、この語を「恩寵の満ち潮」に結びつけようとする語源学辞典は、右のことを言葉それ自体のうちに読み込んでいる。謙遜を欠いた人間は、曖昧な意味でしか人間ではないのだ。

謙虚な人間は直接に恩寵の満ち潮を受ける。こうした恩寵の満ち潮のなかから、ただちに、知性の光が立ちのぼり、この覆い隠すことのできない光のなかに神がとめどなく流れ込む。もしだれかがこうした光に囲まれた一点にいるとすればその者はほかの人間よりもはるかに高貴な者となるので、その者とほかの人間とは、生きている人間と壁に描かれた人間ほどもちがっていることになるだろう。

ここで「完全な謙遜」の説明にあてられた『ドイツ語説教一五』に目を転ずれば、この説教書が『高貴な人間について』と同一の出発点を聖書のうちに有している——『ルカ伝』一九章一二節——ことが偶然ではないと分かるだろう。高貴な人間と謙虚な人間は同一である。それがいくつかの至福の神学の内容であり、『ドイツ語説教五二』に受けつがれている「こころの貧しさ」の神学であり、エックハルトの生涯の最晩期に、その名も『離脱』なる論稿で提示された「離脱」の神学である。「離脱」に準拠して考えるかぎり、高貴さと謙虚さと貧しさは等価であって、これら最高の倫理的述語は或る意味でたがいに換位可能なものとなる。それはちょうど「在るもの *ens*」と「一なるもの *unum*」と「善なるもの *bonum*」と「真なるもの *verum*」の交換可能性が、これらもっとも一般的な存在論的述語の円環における神の存在 esse の離脱を想起させるのと同様である。事実、これらふたつの学説は呼応しあっている。

ἀφαίρεσις（捨象もしくは放下）はすべての形象からの退去でありすべての属詞からの超出である。神である存在を、思考がそれに着せかけるすべての名詞のかなたに把握すること、存在ノ純粋性 *puritas essendi* を容れるための、神にのみ到達可能な場所を、あらゆる存在者のかなたに空けるために、すべての形象を自己自身のうちで打ち砕くこと、それこそ真の貧しさである。至福の生は、存在そのものに向けての、存在者としての存在の完全な否定を実現する。この「底のない底 *sans-fond*」で純粋倫理学は第一哲学と出会う。哲学すること、観想することは「自分自身の底に帰ること」、そして、いったん、帰りついたら、「なぜと問うことなしに」「神のためでも自分自身の名誉のためでもなく、何であれ自己自身の外にあるもののためでなく、ひたすら自己自身のうちにあるものだけを気づかって自分自身の存在と生を」「駆り立てる」（『説教六』）ことである。こうした自己還帰は、人間の本来的なありかたによる人間の内面化であると同時に、神の内面的なへりくだりである。その次第は、『説教一四』『同一五』のまっすぐな延長上にある『説教五四の二』でつぎのように語られている。「ひたむきな謙遜とひたむきな放下によって、わたしたちの底に到達するためには」「わたしたちにあってもっとも低いものと、神のもっとも内うちにあるものに同時に分け入るべきであり、わたしたちの初め Principe と、神のうちにあってもっとも高いもののなかに分け入るべきである」。ところで「魂のなかでもっとも高いものは、もっとも低いところにあるものがそうである。というのもそれがもっとも内うちにあるからである」。自分自身の底に帰るということは、したがって、自己自身と神のうちを同時にのぼり、かつ、くだることである。至福直観に関する問題群のすべてに影を落としている分割や分離の必然性は、神的存在の純粋性のなかに被造物を無化することによって「一者」ための場所を開く完全な謙遜と離脱のなかで乗りこえ可能である。

純朴な多くのひとびとが、神は彼岸にあらせられ、自分らは此岸にあるものと考えなければならないと想像している。そんなことはない。神と私、すなわち私たちは一である[71]。

こうして、養子化 *adoptio* という神学的主題が、いかなる点で、取得 *adeptio* の問題に対する真の哲学的解答を構成しうるのかが見てとれる。両者の出会いはつぎの事実を基軸としている。すなわち、恩寵が人間の魂のなかに顕現するとすれば、それは、知性の或る種の存在的 - 存在論的純粋性のなかに、存在者であるあらゆるものと非類似とのなかに、ようするに、志向する無のなかに顕現する、ということである。それゆえエックハルトにとってキリスト教的な取得ノ段階は二重の非類似に基礎づけられるのであり、そのことをふたつの緊密に結びついた命題によって表現することができる。(一)何ものも神には似ていない。(二)知性は何ものにも似ていない。知性が神に似るのは、それが何ものにも似ていないことによって、すなわち、いかなる存在者でもないことによってである。その非類似が類似を基礎づけるのであり、その区別が無区別を、その分離が非分離を基礎づける。キリスト教の体制化においてディオニュシオス・偽アレオパギテースの放下神学のなかに継承された新プラトン主義的な純化と脱自が、すなわち存在者にまつわるすべての形象の「削ぎ落とし」[72]が養子化の恩寵に「哲学的意味」を与える。この意味で、K・フラッシュが別の観点から語っているように、養子化の哲学もしくは子受けの哲学について語ることができる。取得と養子化をひとしい段階とみる見地からすると、神が人間をわが子として引き受けることの本質は存在の純粋性にあり、何ものにも似ていない類似にある。アリストテレスから借用された志向的ニヒリズム――これによってエックハルトは人間と神との合一を知性によって思考することが可能となる――と、アウグスティヌスの存在論中心主義――これによってエックハルトは欲望であれ性向であれ、心的態度であれ物的移動であれ、あらゆる運動が存在そのものに対する文字どおりの飢餓感から生まれると解釈するように促される――のあいだに、或る張りつめた空間が開かれるのであって、その空間は、また、エックハルト神学のなかのディオニュシオス的要素とアウグスティヌス的要素のあいだにも読みとりうる。実は、存在論的飢餓感が神的無のなかで満足を得るということにいかなる矛盾もない。というのも、存在の欲望は、存在するいかなるものにも似ていないことがその存在にほかならない「だれか」に同化しようとする欲望だからである。そのことが理解されれば右の緊張は消滅する。というより真の意味を獲得する。高きにある無と低きにある無のあいだにあり、極と中心が一致するこうした遊びの空間が真の謙遜である。

人間の謙遜は、全被造物に対する無化作用と解されるかぎり、神がご自身のうちでへりくだりうる場所にほかならない空虚を作る。エックハルトが神の誕生の原理を探るのは、ディオニュシオス的な放下のこうした再解釈においてである。神秘神学は恩寵を呼び求める観想の方法である。かくしてエックハルトは、認識から知恵へと進む修行という観念をあたらしい光のもとに受けつぐことによって哲学者の要求に応じる。認識する主体に、認識される対象の叡智的地位を授けることによって知の蓄積を完成にみちびく知恵は、今度は、それ自身がさらにより完全な段階――自由な「無一物」――に場所を譲らなければならない。からっぽにされた魂のふところでの「みことば」の誕生を準備し介助するのはディオニュシオス的脱自である。魂のこのうえない完全性――エックハルトによって夢のなかで垣間見られた――は「無を懐妊するまでになる」ことである。志向的ニヒリズムには神的無の永遠の多産性が対応する。最高の哲学的知恵とはあらゆる知を滅却することにある。思弁的諸学知によって完成された人間と言えども、すべての表象を突き抜けて合一の戸口にまでみちびかれるのでなければ、究極の完全性には到達できない。離在知性との邂逅という、人文学者によって称揚された哲学理論は、アル‐ファラビにならって歩みを進めたアルベルトゥス・マグヌスの見解では、学的認識の、長く苦しい積み重ねのすえに素描され準備される、或る種の方向転換に由来するものであった。純粋に叡智的なものを認識するためには、質料にふくまれる叡智的な諸形相の事前の「取得」が要求されるからである。エックハルトの「貧しさ」も、これと同じように、諸表象を「突き抜ける」（原典には *durchbruch* とある）脱自的認識によって登攀される、或る最終段階として提示されている。実体のあらゆる誕生がそうであるように、「みことば」の発生にも何らかの質的変化が前提される。すなわち魂は「みことば」を迎える準備ができていなければならない。砂漠は自己を放棄することに成功した知に与えられる報酬である。マイスター・エックハルトが哲学者と神学者とを、高邁なひとびとと卑小なひとびととを和解させようと欲するのはこの砂漠においてである。こうした構想のその後の運命は、ひとも知るとおりである。

4　哲学者と世捨てびと

異端摘発のきまり文句に従って「しかるべき限度を越えて知ろうと欲した」として法王（ヨハネ二二世）からは断罪され、心霊派（チェゼーナのミケーレ[一二]）からは置き去りにされ、哲学者（ウィリアム・オッカム）からは蔑《さげす》まれ、結局、マイスター・エックハルトによる「一三世紀の危機」の解決の努力は徒労に終わった。かれの遺産は弟子たちによってその一部しか継承されることはなく、しかもゾイゼ[一三]からのちの世代によって決定的に歪曲された。[73] こうした悪条件のもとにありながら、なぜ、わたしたちは（理想どおりにいけば）スコラ学のドラマをあたらしい遠近法のなかに置くはずの本書の作業の終わりにあたってエックハルトを引っぱり出したのか。一三二九年の法皇勅書「イン・アグロ・ドミニコ（主ノ土地ニテ）」は多くの信者の内心の真の信仰を曇らせるたくさんの説を教えたとして、しかもこのことを大学ではなく、おもに、民衆をまえにしての説教でおこなったとして、パリ大学のこの元教師を非難している。とりわけ、この勅書こそは、これまで語れるかぎりのことを語ってきたにもかかわらず、神学者の信仰と哲学者の理性の対立が乗りこえ不可能であり、また、そうであり続けることの証しではないか。この勅書は、中世において、哲学がすでに学校制度の壁のなかで生きることに困難を感じていたにもかかわらず、そこから外に出ることが不可能である、もしくは、より正確に言えば、厳格に禁止されているという事実をもっとも明白に語るものではないか。この勅書は、そのなかで「神学スル哲学者」と「哲学スル神学者」というふたつの表現が——いずれも、ほとんど、蔑称と言わなければならない——同じ意味に使われているという事実が示すように、中世が、神学しつつ哲学したり、哲学しつつ神学したりということが禁止されていたのみならず、まずもって、哲学しつつ哲学することが禁止されていたヨーロッパ史のなかでもぞっとするような時代であったことの証しではないか。

本書のここまでの叙述は、哲学の或る種の職業化として規定される一二六〇年から七〇年にかけてのパリ大学における抗争に始まって、一三二〇年から二〇年にかけてのドイツにおける哲学の相対的な脱職業化にいたる伝播運動――哲学知の完全な総体の管理ではないにせよ、その倫理的本質の活用を目指していた運動――を記述しようとする野心を持っていた。こうして、わたしたちは読者の洞察がより鋭くなるようにと念じてきた。さて、いよいよ、回勅「信仰と理性」の勧告に、より深く思いをめぐらそうという段になって、その読者が、怪しげな扇動者の手にあっけなくも委ねられてしまったということなのか。そうした扇動者は、結局、ドミニコ会修道院やベギン会修道院の世界と大学文化を橋渡しする調停者を気取ることしか念頭になかったのか。「マグヌス（偉大な）」と呼ばれたアルベルトゥスでさえ、法王ヨハネ・パウロ二世がこよなく愛する「探究するひとびと」の探究を、認知症患者の「徘徊する喜び」にも似た「さすらう喜び」のうちに決着させることしかできなかったというのか。そうだとしたら、わざわざ「もうひとつのパラダイム」への乗りかえに着手し、トマスを、つぎには、アヴェロエスを忘れるべく努める必要があったのか。それらのことを考えてみなければならない。しかし、そのためには、ここにいたる道程の概略図を描いて、その本質的な諸段階を再確認しておかなければならない。

アルベルトゥス・マグヌスの創始した学派に固有の識別標は、心理学への、というよりも哲学的思考学への傾斜であって、そうした思考学は、「知性」（*intellectus*）の漸近的な取得を人間的生の目標としている。ここに言う「知性」とは、人間的というよりむしろ神的と宣言されている、「邂逅」と名づけられた段階であり、事実上、「聖なる知性」もしくは「神的知性」という非人称的な名称で呼ばれている。ほかに *applicatio*（接触）とも *connexio*（連結）とも呼ばれるこうした *coniunctio*（邂逅）に関する学説は、アラビア語‐ラテン語海峡の荒波に翻弄されながらも、アリストテレスの霊魂論から借りられた諸原理には何ひとつ背くことなく、アレクサンドリアの新プラトン主義者が大切にしていた *henôsis*（「合一」）についての古い学説の名誉を回復するものであって、これが少壮期のドイツ神学に霊感を与えたのである。

フライベルクのディートリヒ、エックハルト、モースブルクのベルトルトといった面々がラインラントにおけるアルベルトゥスの後継者と目されるようになるのは、こうした学説とのかかわりにおいてであり、人間は思考の鍛錬によって存在の階梯を一歩一歩昇っていくという観念とのかかわりにおいてである。それは或る種の知性の神学である。パリ大学やオックスフォード大学の同時代人の大半が、あるいは存在の問題に、あるいは言語の問題に身を任せていたそのときに、それこそがアルベルトゥスがゲルマニア諸邦にしっかりと植えつけた哲学類型であった。そのため哲学は生の正統的形式として喧伝される傾向を帯びていた。こうした生の形式の内容はアリストテレスが哲学的神学の対象として定義したもの、すなわち離在する諸存在の観想であり、こうした観想から帰結する状態は「知的幸福」と呼ばれることができた。

観想的な生の形式としての哲学というアルベルトゥスの哲学観は、思弁的でありながら同時に倫理的でもあり、折衷的と見えるまでに多様な源泉に由来していた。というのもそれはイスラム世界のペリパトス派からもビザンツの『ニコマコス倫理学』注釈家からもプラトン派からもヘルメス文書からも「星辰の支配者たち」からも資金を仰いでいたからである。取得される知性（*intellectus adeptus*）というアラブの学説と「所有される知性」（*intellectus possessus*）という「ギリシャの」学説を等号で結ぶことは、神的知性を、言いかえれば、人間の神性化を生の最高目的とする学説を権威づける機能を果たした。したがって「一三世紀の危機」という舞台設定のなかでアルベルトゥス主義は「上への」脱出の試みを代表するのである。

こうした理論的ふるまいに手きびしい判定をくだすことはいくらでも可能である。この「第二のパラダイム」は、いわゆる理性と信仰のあつれきを解消するはずなのに、理性がここまで「乗りこえられて」しまうと、いったい、そこに何が残っているというのか。「邂逅」や「所有される知性」や「合一」は、いかなる点で合理性と関係するのか。理性一般の合理性ではなく、「新時代路線」の代表者によって書かれた『命題集注解』のどの頁にも応用され要求されている、中世独自の合理性と関係するとでも言うのか。それならオッカム派やポスト・オッカム派が構築した一四世紀の新「イギリス神学」と、その化身であるウォッダムやリミニのグレゴリウスの神学のみが、唯一、アリストテレス主義神学――ジルソンがそこに中世思想の清華を見たと信じたのはまちがいだった――の無邪気さを卒業し、その袋小路から抜けだすことによって「一三世紀の危機」を打開したのではないか。パリ大学総長ジェルソンが、哲学と神学と霊性との三者同盟にもとづくアルベルトゥス的解決は、事実上、神秘主義という最悪の形態にいたりつくほかはないと考えたのは正しかったのではないか。

　これは手ごわい問題である。人間の魂が、修業を積むことによって、月下の世界の認識に始まり離在する諸実在の知的直観に向かって少しずつ向上するというアルベルトゥス主義の中心的観念は滅んでしまった観念の典型に見えても無理はない。わたしたちがしばしば言うように、もし哲学的理説がその理説の誕生に立会っていた世界に相対的であり、その理説が表明された目的としての世界に相対的であるとしたら、精神的幸福の理論は、その理解可能性とそれ自身の射程とを保証していた世界が滅ぶと同時に滅んでしまったのだ、と言いたくもなる。アルベルトゥスの命題は、その意味で、それを論議可能としていた宇宙とともに、取り返しがつかないかたちで滅んだのである。諸天球の世界にも歴史がある。それはコペルニクスの登場とともに世界であることをやめて、対象なき表象のパンテオンに納められた。こうなったらそれにもう一度生命を吹き込むことはだれにもできない。[74]「邂逅」の理念がひっそりと眠りについている。信仰と理性が両脇に横臥するその墓にいくら足しげく通ったところで、信仰にも理性にも生気が戻るわけではない。

　つまるところアルベルトゥスの精神的幸福は、かれに固有の認識体系のそとでは実現不可能なのだ。月下の世界が存在せず、離在諸知性が存在しなければ「取得される知性」が存在しない。「取得される知性」にカギかっこが付いていることが重要である。「取得される知性」という知見は、たんに充実した知見として現存しうるだけのためにも離在諸知性の現存を前提する。もし離在諸知性が存在しないとしたら「取得される知性」は無意味な知見にすぎず、空虚な概念にすぎない。それは時を超えた意味作用を持っているが、だからといってイマ、ココに指示対象があるわけではない。それをあたらしい文脈に適応させようとしても不可能だ。というのは、哲学スル者ノ希望は、たんに、神がみとの合一が可能だということを前提していただけでなく、それ自体、神がみが現存することを前提するのである。アル－ファラビは、かつて、「邂逅の可能性」について懐疑を公言したが、そうした懐疑も、めぐり会うべき相手が、即かつ対自的に、存在すると想定したうえでの懐疑だった。かりに離在諸知性が現存しないことをかれが知ったとするならば、このイスラム哲学者は疑うことをやめていただろう。精神的幸福が、こんにちもまた当時と同じように、諸天球の世界の現存を想定するのだとしたら、それは、こんにち、当時そうだったものではありえない。すなわち信仰と理性との関係の問題に対する解答ではありえないのである。あらゆるものに歴史がある。信仰にも、理性にも、両者の関係にも。

結論。こんにち、もし「スコラ学のドラマ」の有効期間を延長し、この言葉にひょっとしたら当時の世界を描写する力を与えていたかもしれない——すでに見てきたようにそんなことはないのだが——概念図式を現代世界に投影するのであれば、精神的幸福を回勅「信仰と理性」の提起する問題に適合的な解答として考えることは、ひとつの、蓋然的とまでは言えないにしても可能的な歴史学的虚偽に、もうひとつの、確実な歴史学的虚偽をつけ加えることになるだろう。こうした虚偽は、鏡のように敵手を模倣しあう社会学者と法王によって中世に関してくだされた診断のいずれもが対象を欠いているだけに、よけい悪質になることだろう。なぜ対象を欠いているかと言えば、社会学者の方は、昔日を語っていると思い込んでいながら現代を語っているからであり、法王の方は、現代を語っていると思い込んでいながら昔日を語っているからである。すなわち精神的幸福は、デュルケームがスコラ学と、いうものに別れを告げることによって基礎づけようとする世界に適合不可能なことはもとより、法王がそれを復活させることによってふたたび基礎づけようとする世界に対しても適合不可能なのだ。アルベルトゥス理論のような理論が実際に存在したという事実は、デュルケーム的診断がスコラ学の総体には当てはまらないことを教えている。だからといって、そのことは、法王が現代世界に関してくだした、部分的にスコラ学的な診断が現代世界に当てはまると教えているわけではない。「正当」と判断された「哲学的手法の自己規律の主張」と「あきらかに不当であることが暴露されている」「思考の自己充足の要求」とのあいだの選択は偏向した選択である。もはや選択ではない選択である。ふたつの理由からそう言える。ひとつは中世的理由であり、かつて制度は後者を断罪しつつ前者を検閲し、それによって歴史上の一時代を創始したのであって、近代は、その選択にはもはや帰らなくてもよいという条件ではじめてその時代から抜け出ることができた。当然、勝ち残ったのは自己規律の方であり、それが「自己充足」という問題それ自体を掃きだしてしまう。それが右の二者択一を拒否するもうひとつの理由となる。なにしろ、もはや、選択肢が成立していないわけだから。そもそも、考えるだけでは何ひとつ成就しないことにだれもが気づいているこんにち、いったい、だれが、考えることだけは考えるだけで成就する、などと思うだろうか。哲学は「離在する」ものでしか、すなわち法王庁によるその諸定義から独立したものでしかありえない。そして哲学は自己規律的でしかありえない。哲学の自己規律は「真理の唯一性」についてのあらゆる思弁からは独立に、知の断片化に立ち向かう能力のうちに存するからである。

こうした状況のもとで「第二のパラダイム」をどのようにあつかうべきか。つぎに述べることがひとつの回答である。提唱者が回答せずにだれが回答するだろうか。アルベルトゥスの提案は「諸天球の世界」とともに滅びた。それがわたしの「相対主義」——そう呼んでもおかしくはないと思う——の基盤をなす主張である。しかしこうした主張はいかなる意味を持っているのか。アルベルトゥスの提案が、いまは却下された提案のはずなのに、依然としてわたしたちのまえを去らず、あらたなデビューを待ち受けているのはいかなる意味においてなのかを理解しようと思ったら、かれに固有の認識体系に注意ぶかくならなければならない。アルベルトゥスが生きた時代には、ギリシャ-アラブ的宇宙が科学の世界であった。かれが精神的幸福について形成した観念はそうした世界抜きには抱懐されえなかった。しかし、あえて言えば、こうした幸福は、かれの見るところ、世ノ途上デノ或ル程度ノ見神にすぎなかった。かれに固有の認識体系のなかで、この世界は ἀφαίρεσις（捨象）の過程で汲み尽くされて乗り越えられるためにだけそこにあった。職業的神学者の世界としてだけそこにあった。アルベルトゥスが探し求めたものは、教師たち——哲学者であれ神学者であれ——によって調べ尽くされたふたつの世界のかなたにあった。それはキリスト教徒の知恵であり、二重の乗りこえのうちに出口を求める知恵であった。

信仰-かつ-理性のそとへのこうした二重の跳躍を明示的に主題化することがマイスター・エックハルトに任される。*ratio*（理性）の観念そのものをドイツ語化し、それを俗人に説き広めたパイオニアのひとりがエックハルトだった。そのため、ライン神秘主義と呼ばれる哲学の、降神術への逸脱に対抗する力をこの観念に期待するひとびとがいるほどである。エックハルトが使っている単語に注目しよう。*vernunft* はあまり使われないが、*vernünfticheit* とその

派生語の *vernünftic* と *vernünfticliche* がひんぱんに使われる。これらの語義は何か。まえから順に「理性」「合理性」「理にかなった」「合理的な」である。たしかにエックハルトは、とりわけラテン諸教父を引用するときはこうした言葉を頻用する。しかし、かれが自説を語るとき、もしくは哲学者を引用するときは、もはや「理性」ではなく、知性が念頭にあり、*intellect*（知性）、*intellectualité*（理知性）、*intellectuel*（知的な）、*intellectuellement*（知的に）という語が頻出する。エックハルト的理性とは知性であり、神に向かうところの上級理性である。いわゆるエックハルト的「神秘主義」とは、まずもって、知性の神学である。現代語訳を読めばだれもそんなふうには考えないかもしれない。しかしそのとおりなのである。例をひとつあげれば十分だろう。説教三七「主ヨ、私ノ夫デ貴方ノ僕デアル者ガ死ニマシタ――『ルツ記』四章一節に寄せて」の仏語訳である。そこで「魂のふたつの顔について」（*von zwein antlützen der sêle*）語るアウグスティヌスとアヴィセンナを注釈しながら、エックハルトはつぎのように説明する。「ひとつの顔はこの世界と肉体の方を向いている。」「もうひとつの顔は直接に神の方を向いており、神の光がその顔のうちにあってひとときも陰《かげ》ることがなく、その顔を内側から照らす。ただ魂はそのことを知らない。魂はわが家にいないから。」そしてエックハルトは Daz vünkelîn der vernünfticheit, blôz in gote genomen, dâ lebt der *man* と続ける。仏訳者J・アンスレ－ユスタシュはこれを「魂の小さな火花がむきだしで神につかまれるときにひとは生きる」と訳している。そうだろうか。「知性の小さな火花だけが神にもらわれて、そこがひとの生きる場所となる」ではないのか。ちがいは取るに足りないと言われるかもしれない。とんでもない。前者のように読むなら、エックハルトはアルベルトゥスの知性神学の系譜に位置づけられ、ペリパトス主義の長い持続のなかに戻される。後者のように読むなら、エックハルトは「思弁的神秘主義」というノー・マンズ・ランド（緩衝地帯）にそのまま置かれることになる。魂は知性のうちにあってはじめて「わが家にいる」（*dâ heime*）というのは詩的表現でも何でもない。アルベルトゥスの最初の弟子シュトラスブルクのフゴ・リペリヌスのラテン語著作『神学真理要綱』の古中世ドイツ語訳ではラテン語 secretum（秘密の）のドイツ訳語が heimlich であり、mysterium（神秘）の訳語が heimlicheit である。すなわちエックハルトの言う、魂のわが家、魂の内奥とは魂の秘密にほかならず、エックハルトが説教活動を開始する数年前からすでにフライベルクのディートリヒがアウグスティヌスの *abditum mentis*（こころの隠れ家）にならって「こころの秘めたる底」と呼んでいたものにほかならないのであって、これをディートリヒははっきりと哲学者たちの能動的知性と同一化していた。

　そうだとしたら信仰と理性との対立をどこに位置づけるべきか。マイスター・エックハルトの神秘主義が勃興し、のちにニコラウス・クサヌス[一四]がこれを継承し、アリストテレス主義が守勢にまわり、その結果「スコラ学が聖なる無知の帰還に場所を譲ることによって、理性的学知が感情的敬虔のまえから引きさがる」というのはよく言われることである。こうした診断は一五世紀の一時代については正しい。やがて新時代の敬神と呼ばれるようになるものの診断としては正しい。だからといってエックハルトの神秘主義をその端緒に置く必要があるだろうか。むしろ逆に、エックハルトが提案していることは、あきらかに、学知を知恵のうちに、自然を恩寵のうちに完成させることではないのか。エックハルトの「謎めいた語り口」に合理性――或る種の宗教的合理性――があるとすれば、それは、霊魂についての哲学的理論を恩寵についての或る種の神学のなかに理解し、知性についての（哲学的）神学を内的な住みつきについての或る種の（キリスト教）神学のなかに包み込むことを許す合理性ではないか。エックハルトの道は哲学的／神学的分離主義をたどることはないし、哲学の神学への従属化をたどることもない。それは「みことば」がたどらせてくれるメタ自然学（＝形而上学）の道である。

「御詞《ミコトバ》ハ肉体ト成リ、私達ノ内ニ住ミ着イタ」（『ヨハネ伝』一章一四節）。この聖句についてエックハルトの『ヨハネ伝注解』はつぎのように言いきる。「私達ノ内ニ住ミ着イタ **habitavit** ト云ウ事ハ、所有サレタ **habituavit** ト云ウ事デアル。」[75]「所有サレタルキリスト Christ *habitus*――「スキャンダラスな」この表現は、しかし、存在における同一性になぞらえることのできない或る種の所有関係 **un rapport d'***ayance* を強く予感させる。たしかにキリスト教徒であることは、まずもって「キリストによってであり、キリストのなかにある」（*esse per Christum et esse in Christo*）ことを意味する。しかしチューリンゲンの説教師はそれ以上のことを力説してやまない。「或るものが自分の名と自分の存在を受けとるのは、自分のうちに所有するものからである。」トマスは、全テノ存在者（被造物）ハ所有スル存在デアル、と言っているが、エックハルトはそうした所有の知見そのものを完成させる。人間とは「所有することによって所有せず、所有しないことによって所有する（*qui habens non habet et non habens habet*）そうした存在である」。『ヨハネ伝』一章一四節の解釈は、受肉の恩寵が住みつき／養子化の恩寵を目指していることを前面に押しだすことによって、神学との関係における哲学の位置取りを決定的に定めている。形而上学は宇宙の観想で終わるのではなく、それを超えて――神にまで――行くことを欲している。

「キリスト教信仰と新旧ふたつの契約をつづった聖書が表明することを哲学者の自然的理性によって解明すること」――これが、周知のように、エックハルトによる聖書解釈のねらいである。そうしたねらいは、いわゆる福音書の形而上学が発する個々の音色が哲学・神学「交響曲」を構成するという見通しに由来している。そうでないとしたら、読解の達人 *lesemeister* でもあり人生の達人 *lebemeister* でもあったひとりのキリスト教徒のねらいとしては何の意味もないだろう。たんに『ヨハネ伝注解』が主張するように「福音書が観想するものは存在であるかぎりの存在である」ばかりでなく、同じ注解書の四四四節が陳述するように「神学、自然哲学、道徳哲学、実践知あるいは理論知、さらには実定法でさえ、それらの真理と教訓とは同じ起源に由来する」のである。つまるところ、エックハルトはオリゲネスと別のことを語るわけではない。すなわち、哲学の全体がすでに聖書のなかにあったのである。そのうえでかれはとくに聖書の新約的局面を強調するのであって、それというのもかれは、とりわけ、形而上学に強いこだわりを持ち、しかもかれが念頭に置く形而上学とは福音書作家ヨハネの形而上学だからである。そうした観念はあたらしいものではない。それはトマスに由来する。トマスによれば、いかなる観想もヨハネの観想にはおよばないのであり、ヨハネによる福音書はギリシャ的観想の完成であり、成就であり、精華であって、言葉の普通一般の意味における道徳・自然学・形而上学に属するすべてを「福音」なる統一的様式で包み込むものなのである。アリストテレスが見ようと努めて果たせなかったものをヨハネの力を借りて観想すること――それがエックハルトのねらいである。説教師・キリスト教徒としてのエックハルトにとって、このことは、自然が恩寵のなかに成就するように哲学が福音書の観想のなかに成就することを意味し、かれの多くの論稿や説教のなかで称賛された高貴なひとが、たんに、ラテン・

アヴェロエス主義者にこよなく愛された知性のひとだというだけでなく、アルベルトゥスにおいてそうだったように、合一 *henôsis* のひと、それも、もはやたんに離在する知性との邂逅するではなく、一なる一者と一になる合一を果たすひと、すなわち神に養子化される人間だということを意味する。知恵へ向かって知識のかなたに達しようとするアルベルトゥス号の二重の航海が『説教一五』に記述されている。それは哲学スル者ノ希望の対象たる離在諸知性にペリパトス主義によって伝統的に課せられてきた制約の乗りこえとして語られるのである。

> アリストテレスが『形而上学』なる著作で離脱した精神について語っていることに注目しなさい。かつて自然に関する諸学問を論究したすべての教師のなかでもっとも偉大な教師が、この離脱せる純粋な精神について語り、そうした精神は、いかなる事物の形相というのでもなく、おのれの存在を神から流れ来るままに直接に受けとっている、と語っています。さらに、そうした精神はその流れを遡行し、諸天使も届かぬ高みで、おのれの存在を神から流れ来るままに受けとりながら、同時に、神の純粋な存在を、多様性を介さずに、観想する、と語っています。[76] アリストテレスはこうした明澄にして純粋な存在を「何か或るもの」と呼んでいます。それはアリストテレスが自然の認識について語ったもっとも気高いことであり、いかなる教師も、聖霊が言わせるのでないかぎり、これより気高いことを言えません。しかしわたしとしてはつぎのことを言っておきます。高貴な人間は離在諸知性によって形相を介さずに把握される存在で満足はしませんし、そうした存在に直接に依存することで満足はしません。唯一無二の一者だけがかれを満足させるのです。

「第二のパラダイム」とその諸帰結について、或る意味で、すべてがここに言い尽くされている。とくに帰結の方がジェルソンをひどく不安にさせた。どんなものでも喩《たとえ》になりうるのではないか、という不安である。パラダイムとはそうしたものだ。ロゴス（理性）に始まるものがミュトス（神話）に終わるのは世の習いである。「離在知性」しかり、天使しかり、存在しかり、純粋な「何か或るもの」しかり。知恵ある者は、信仰のさまざまな偶像を黙もくと打ち壊しながらも、理性の外見を示すさまざまな人物画や聖画像のどのひとつのまえにも足を止めない。真に在るものを在らしめ、沈黙を見出すために、理性がつぎつぎに繰りだす自己同一物を簡素化し、枝葉を切り、削ぎ落とし、捨て去る――「旅」とはそのことである。

結論

ビリーグラハム・チルドレンとメッカコーラ・チルドレン

回勅「信仰と理性」で使われた論述モデルの最初のひな型と考えられる「一九八〇年一一月一五日の呼びかけ」は、カトリック教会が第三ミレニアムの門出にあたって信仰と理性との関係を述べた談話を構成する三つの基本命題を、アルベルトゥス・マグヌスによって権威づけていた。これら三つの命題は、概念的レベルで普遍的な拘束力を持つと同時に、歴史的・経験的レベルでは、カトリシズムが自発的に現代世界と取りかわした或る種の憲章もしくは契約の大筋を定める撤回不可能な格率もしくは指導原理と考えることが可能である。それによれば現在および将来のいかなる状況下でも教会は――

命題一――信仰と理性とでは認識の秩序が異なることをはっきりと主張しかつ今後も主張する。
命題二――科学の自律と独立を承認しかつ今後も承認する。
命題三――研究の自由を支持する立場を選択しかつ今後も選択する。

アルベルトゥスのおかげではじめて満足な表現を得ることのできたこれら三つの命題は、ヨハネ・パウロ二世の見るところ、疑う余地のない或る事実にもとづいているのであって、その事実は「一九八〇年一一月一五日の呼びかけ」のなかで、第一人称を主語として、言及されている。「合理的諸原理にもとづき」しかるべき「方法論的誠実の要求を満たして追求される学知は」「信仰の真理と食いちがう認識に到達することはありえず」、そうした対立は「知の諸秩序の区別が見すごされ、もしくは退けられることから」生ずるにすぎない。ヨハネ・パウロ二世は、しかし、アルベルトゥス寄りの態度決定がカトリック教会の最近の歴史の流れから遊離することを恐れて、自分の学的処方箋の総体を第二ヴァチカン公会議によって権威づけるのである。

法王庁は第一ヴァチカン公会議以後、数回にわたり、そうした諸原理に、つまりアルベルトゥス・マグヌスの著作のなかにすでに認められる諸原理に注意を喚起しているのでありまして、最近では第二ヴァチカン公会議にはっきりとそれが出ております（回勅「歓喜と希望」三六節）。第二ヴァチカン公会議は信仰と理性のあいだにある、知の諸秩序の区別をはっきりと肯定しております。したがってそれは科学の自律と独立を承認し、研究の自由に味方する立場をとっています。合理的諸原理にもとづき、方法論的誠実の要求を満たして遂行される学知が信仰の真理と対立するような認識にみちびかれるかもしれないなどと、わたしたちは恐れてはいませんし、事実上、そうしたことを、わたしたちは否定します。そうした対立は知の諸秩序の区別が見すごされ、もしくは退けられる場合にしか起きえないのです。

回勅「歓喜と希望」への準拠は、しばし歩みを止めて考察するに値する。というのもそれは先代の法王の立場との関係で回勅「信仰と理性」の独自の寄与をよりよく把握させ、ヨハネ・パウロ二世のこの回勅の「中世的次元」と呼ばれてきたものに正確な意味を与えることを可能にするからである。「歓喜と希望」は「現代世界のなかでの教会」に捧げられた回勅であって、パウロ六世によって一九六五年一二月五日に公布された。第二ヴァチカン公会議の精神を引きつぐ「歓喜と希望」は学問の自律の問題を正面から提起している。「一九八〇年一一月一五日の呼びかけ」のなかで引用された第三六節は「もろもろの被造物およびもろもろの社会それ自体が固有の法と固有の価値を有している」という事実が教会によって承認されるべきであることを「完全に正当な」要請として提起し、あわせて、こうした承認がたんに「現代人によって要求されている」だけでなく「創造者の意志にも合致している」かぎりで、「人間がこうした法および価値を認識し使用し組織化するすべを少しずつ学ぶべきである」ことも要請している。科学と科学的研究のこうした自律――というのもそのことがまさに問題となっているのだから――は、科学の諸原理と「道徳の諸規範」の両方に敬意を払う研究と理解された正統的研究が信仰とは対立しえないというかぎりで、ひときわ、疑わしさを免れている。回勅「信仰と理性」の根本的原理を予兆するこうした主張は、「世俗的諸現実と信仰の諸現実」の起源の共通性によって、すなわち「同じ神」によって正当化される。かくして「歓喜と希望」はヨハネ・パウロ二世の法王在位期間を彩る多方面の悔い改めの業《わざ》を先取りして、「科学の正当な自律について不完全にしか認識していないキリスト教徒自身の態度のなかに存在する或る種の態度」が「緊張と対立の源泉」であって、それが「多くの精神をして科学と信仰とが対立するという考えにいたらしめる」ことを嘆くのである。ガリレイ裁判を暗示するこうした言及は[1]、一九八〇年代にヨハネ・パウロ二世によって遂行された一連の悔い改めの業《わざ》に十分な光を投げかけるのであって、このイタリアの科学者の断罪にしか焦点をあてられていないそうした業《わざ》には、法王庁科学アカデミーへのガリレイ裁判の立ち入った研究の委嘱や一九八〇年一一月の呼びかけのほかに、レオ一三世の準則（回勅「プロウェンティシムス・デウス（露ホドモ隠レ無キ神）」）を引用して理性と信仰との対立の不可能性を述べた一九八一年一〇月三一日の談話がふくまれる。それゆえ「歓喜と希望」に始まり「信仰と理性」にいたる議論の道筋はくっきりしており、ぶれはない。それは『対異教徒大全』第一巻第七章で論述された諸定理の総体（これらは、以前、定理一～四と表記された）と同じである。

定理一――理性が生まれつき自然的に所有しているものがキリスト教信仰の真理に反することはありえない。

定理二――自然的に認識される諸原理は、理性のうちに、したがってわたしたちの本性のうちに自然的に書き込まれ（一節）、かつ神ご自身がわたしたちの本性の作者である（二節）ゆえに、神ご自身によってわたしたちのうちにみちびき入れられたものである。

定理三――理性のうちに自然的に書き込まれた諸原理は神ご自身の知恵のなかにふくまれている。

定理四――したがって理性のうちに自然的に書き込まれた諸原理に反するものは神の知恵そのものに反する。

ヨハネ・パウロ二世が一一月一五日の呼びかけのなかでつぎのことを明言するとき、かれは右の諸定理を継承している。

理性と信仰のあいだに根本的な対立はありえません。理性は、その本性が神から来たのですから、真理に適合もしくは合致し、真理を認識できますし、信仰は、あらゆる真理の同一の源泉すなわち神に拠りどころを求めることなのですから。

しかしながら「歓喜と希望」と「信仰と理性」とのあいだには注目すべき変化が起きている。この変化には当然払われるべき注意が払われていない。実際、パウロ六世の回勅は、同じ三六節のなかで、よい自律と悪い自律を区別し、後者をつぎのような言葉で告発している。

もし、ひとが「時間的なるものの自律」という言葉で、被造的諸事物は神に依存せず人間は創造者への準拠なしにそれらを意のままにしうる、と言いたいのであれば、そうした話が虚偽であることは神を知っているどのようなひとにも気づかれずにはすみません。実際、被造物は創造者なしでは消滅するほかはないのです。そのうえ、あらゆる信者は、仮に、かれがどのような宗教に帰属していましょうとも、つねに神の声を聞いてきたのでして、被造物という言語のなかに神の声を聞きとり、その表れを見てきたのであります。そしてそもそも神の忘却は被造物それ自体を不可解なものにしてしまいます。

宗教が何であれ、それを「神の声」への応答として統一的に理解するというテーマは、それ自体、興味ぶかいものであるが、そうしたテーマはさらに注目すべき帰結に到達する。その帰結が五九節に表明されている。

すでに語ってきた諸理由によりまして、教会は、万人に対して、文化は人格の全面的発展と共同体および人類全体の善に従属すべきであることに注意するよう呼びかけています。また教会は賛嘆と観想の能力を発展させ、個性的判断力を形成し、宗教的・道徳的・社会的感覚を育成するという見地から精神を陶冶することに賛同しています。事実、文化というものは人間の理性的・社会的性格から直接に流れ出るものでありまして、開花するための程よい自由と、それ自身の原理に合致して行動するための正当な自律を、つねに、必要としています。それゆえ文化は、特殊的もしくは普遍的な人格と社会の諸権利を共通善の範囲内で擁護するという当然の条件のもとで　尊敬を要求する権利と、或る種の不可侵性を享受するのです。

ひとことで言おう。信仰と理性との関係の問題は文化の自律の承認というかたちで提起され解決される。ということは文化が諸学問を統括するのである。

この聖公会は、第一ヴァチカン公会議の教えを引きつぎ、信仰の知と理性の知という、異なる「知のふたつの秩序」が存在すること、「人間に関する諸学芸と諸学科がそれぞれの領域においてそれらに固有な原理と方法を享受すること」にまったく反対するものではないことを宣言します。だからこそカトリック教会は「こうした程よい自由を承認することによって」文化の正当な自律と、とりわけ、科学の自律を肯定するのであります。

諸科学の、それぞれの領域における自律を定めるアルベルトゥス的原理は、諸科学による神学の活性化を定める原理と結びつき、こののち六二節にいたって、歴史学と哲学に加えてあらたに心理学と社会学に或る種の賛辞が贈られるにおよんで頂点に達する。

教会は文化の発展に少なからず貢献してきたのですが、偶発的な諸理由により、文化とキリスト教とのあいだに調和を実現することがつねに容易だというわけではないことは経験が教えるとおりです。こうした困難は、かならずしも、信仰の生命力をそこなう結果をもたらすのではなく、むしろ信仰の、より正確でより深められた理解をかき立てうるものです。実際、最新の諸科学による探究・発見は歴史学および哲学による探究・発見と並んで、生それ自体に重大な影響をおよぼし、したがって神学者自身によるあらたな探求を要請するようなあたらしい問題を惹起しています。したがって神学者は、神学的学知に固有な方法と規則に敬意を払いつつ、同時代のひとびとに学説を伝達するのにもっとも適したやりかたをつねに模索するように促されているのです。というのも信仰の保管所そのもの、すなわち信仰の真理と、そうした真理が意味と意義とを守られながら表現される様式とは別物だからであります。司牧神学におかれましても、神学の諸原理についてのみならず、世俗の科学的発見とりわけ心理学と社会学による発見についても十分な認識を持ち、それらを使用されんことを。そのことが信者にもはね返って、かれらは、その信仰生活において最高度の純潔と成熟へとみちびかれるでしょう。

一九六五年から一九八〇年へと時が経て、パウロ六世がヨハネ・パウロ二世に代わり、「歓喜と希望」が「信仰と理性」に代わるにさいして、回勅の主軸となるひとつの用語が別の用語で置きかえられている。すなわち「文化」の代わりに「哲学」が使われるようになったのである。あるいはむしろ「文化」の名札のもとに集められた知のもろもろの実践のなかで「哲学」が抜きん出た地位を得るにいたったのである。一九六〇年代に哲学の衰退の結果として心理学・社会学系の諸学がにわかに株をあげると、それにともなって「汎文化主義」が着任するわけだが、その任期は、より思慮ぶかい別の時代——無邪気さを卒業してより成熟し、より社会参加的で、より正統的で、要求水準がより高く、より厳密な時代——によって引きつがれる。それが、理論的・道徳的・社会的な権利と特典と義務を回復された哲学の時代である。ほかのひとびとが、あちらこちらで、構造主義や精神分析に、さらには、よりきっぱりと「六八年思想」に別れを告げたように、人文諸科学を卒業するということがヨハネ・パウロ二世によって構想された哲学の帰還の意味——意味のひとつ——である。この観点から言えば、「信仰と理性」は人文諸科学と、それらが一九七〇年代に行使したとされる覇権からの解放を語る、ほかのどのような言説にも負けないくらい「新時代的」もしくは「今日的」である。いずれにせよ回勅「信仰と理性」がはっきりと認識していることは、「相対主義」は第二ヴァチカン公会議以後の或る種の漂流状態のにがい果実であることが露呈し、神学者ならびに、神学者を介して、もしくは神学者にならって「探究するすべてのひとびと」は人文諸科学よりも哲学を選びとるように促されている、ということである。

さらに、とりわけ「人文諸科学」との関係から起こってくる誤解をつけ加えなければなりません。第二ヴァチカン公会議は人間の神秘についてより深い認識を得るという見地から科学的研究の積極的価値を再三にわたり訴えています。神学者がこうした諸科学を認識し、場合によっては自分たちの研究にそれらを正しく応用するように促されているということは、しかし、司教の育成や信仰の準備にさいして哲学を遠去けたりそれをほかのもので代えることへの暗黙の許可と解釈されるようなことがあってはなりません。

ジルソンが『キリスト教哲学入門』のなかでつぎのように記したのは一九六〇年のことである。

キリスト教哲学の全未来はスコラ学の偉大な師父たちの時代にかつて、一度、花開いたことがある神学の真の知見の、待ち受けられ、欲せられ、望まれている復興にかかっている…

そののちジルソン自身がつぎのような或る種の呼びかけを発している。

神学を、それがおのれの本質の完全性を実現した当時そのままの姿で、わたしたちに返せ。というのもキリスト教哲学はそうした神学から切り離されたとたんに死へと運命づけられるのだから。

ヨハネ・パウロ二世が、ジルソンの言葉づかいをひっくり返すだけでできあがる、つぎのようなあたらしい診断をくだしたのは二〇世紀末のことである。

哲学を、それがおのれの本質の完全性を実現した当時そのままの姿で、わたしたちにお返しください。というのもキリスト教神学――それとともに信仰の知的理解――は、そうした哲学から切り離されたとたんに死へと運命づけられるのですから。

これこそ、結局、この間たどられた道程の真相である。すなわち人類の名においてキリスト教と哲学との絆を結び直そうと訴える「信仰と理性」の呼びかけはチェスタトンのつぎの言明に応えるものなのだ。「カトリック教会だけが、地上で唯一、理性を超えるものが何もないことを承認している。」なぜなら教会は「地上で唯一、神ご自身が理性によって支えられていることを肯定している」からである。逆説的なのは、信仰と理性、哲学と宗教との関係についての法王の見解が、一二七七年に法王庁によって断罪された自律のための戦略や原理をモデルにしていることであり、かつて「強い神学」に敵対するひとびとが「ラテン・アヴェロエス主義」という幽霊もしくは幻影を構築することによって罰した逸脱現象を合法化している、というよりむしろ正当化していることである。これは驚くべきことでも何でもない。法王庁は「哲学と神学の分離主義」を罰しようとして「理性と信仰の分離」をまねいた。一二七七年の断罪は法王庁が哲学に対してとったもっとも恐ろしいイデオロギー支配の措置である。それは諸学問の自律についてのアルベルトゥス的理解を制裁し、そのことによって、かえって、分離運動にはずみを与えた。こんにち法王庁はその運動に歯止めをかけようと提案している。どのようにしてか。断罪された立場を引き受けることによって。中世から引きつがれた問題に対する中世的解答である回勅「信仰と理性」には、それが精一杯というところである。では、回勅は「現代の」差し迫った課題には応えているか。それはまた別の話である。

信仰と理性をめぐる問題が、事実上、中世西欧に突きつけられた場所ははっきりしている。それは、キリスト教の制度としての「大学」である。きたるべき新世紀は同じ危機をふたたびくぐり抜けることはないだろう。皮肉な、とまでは言わないにしても、予想もしていなかった、しかもその影響が遠からず社会全体に波及して感じられるだろう、歴史のキアスム（交差対句語法）によって、こんにちの大学は、一二七七年三月七日を生きのびた人文学教師ドゥエのヤコブスが「神学者による哲学者の抑圧」と呼び、さらに教会当局による抑圧とまで呼んだ出来事の舞台であることを、もはや、やめている。こうした抑圧の諸原因――「一般人の悪意と羨望、関係者の無知と愚鈍」[2]――が時を越えるものであって、こんにちでも十分に作用しうるとしても、教会は、司教によってであろうと法王特使によってであろうと、学問の自由に圧力をかけることをとうの昔にやめている。世俗化の波は大学をも洗った。しかしそれこそが問題である。研究と学問の自律を創設時の憲章に盛り込んだ制度が、こんにち、その寛容を非難される破目になっている。歴史のキアスムとはそのことである。代がわりが起きているのだ。かつてタンピエと一六人の神学者（二）からなる委員会にこっぴどい目に遭わされた貧しい「パリ大学の人文学部の教師ならびに学生」はビリーグラハム・チルドレンとメッカコーラ（三）・チルドレンに場所を譲ってしまったのだ。こんにち異議を申し立てられているのは世俗の側である。「第三ミレニアムで最初の法王」によって夢みられたオリンポスの神がみ（信仰）と巨人族（理性）との戦いに取って代わったのは宗教共同体間の衝突である。或る日こんなことを知らされる。「国立東洋語学院アラビア語学科で、イスラム教徒でない女性がコーランを読むことは禁じられている、という理由で学生たちが、或る女性のイスラム学者がその一節を読もうとするのを制止した」[3]ことを。別の日には、かくかくの「宗教共同体」からの出席者とあつれきを引きおこすことを恐れて「教員が自分で自分の講義ノートに墨を入れている」ことを。また別の日には「宗教のしるしを身につけること」が一般化していることや、大学構内に礼拝室を設けるように働きかける圧力が日増しに強まっていることを。アルベルトゥス・マグヌスやトマス・アクィナスやイブン・ルシュドが、こんにち、講義要綱に名を連ねるとしたら、かれらは慎重のうえにも慎重に言葉を選ばなければならなかっただろう。マルローが言ったと伝えられる突飛な警句をだれもが知っている。« Le XXIe siècle sera religieux ou ne sera pas. »（「二一世紀は宗教的であるか存在しないかのどちらかだろう。」）じつは、それよりもっと心配なのはつぎのことである。二一世紀は、中世に実施されたすべての検閲を合わせたよりもっと悪い検閲へと、夢遊病者の足取りで、歩んでいくのではないか、そして、結局、向う端までたどり着けないのではないか。もし大学が、世界の再魔術化を押し進めようとする熱狂に再利用され、そうした熱狂が、いたるところで、教師のほんのちょっとした脱線——それが世界を脱魔術化するかもしれないのに——にも目くじらを立て、ついには、宗教共同体間の緊張や自己同一性の強制や破門宣告の恍惚が正面玄関を破るようなことにでもなれば。時間はまだある。

訳者あとがき

現代フランスの中世哲学史家アラン・ド・リベラが、たんに中世の思想家について語るだけでなく、わたしたちが住んでいるこの現代の世界についても主題的に語ったのはこれで二冊目である。一冊目は『中世知識人の肖像』（新評論、一九九四年）だった。どちらの著作も翻訳させてもらった訳者の感想を言えば、九年の歳月を経てド・リベラはずっと分かりやすくなった。スタイリッシュで韜晦な文体は影をひそめ、黙々と資料を積みあげる作業のあいまに、ときおり、ストレートな信仰告白を聞かせてくれるようになった。

本書の筋立ても、その長さのわりにきわめてシンプルである。現代世界の危機に正面から向きあうためには、現在の法王庁の教義体系では不十分である。いまこそローマ・カトリック教会は眠れる巨大なアーカイブス（資料庫）を揺り動かして、そこにもうひとつの教義体系が立ち現れるようにしなければならない。それをド・リベラは法王庁に提言する。しかもきわめて批判的に。

ローマ・カトリック教会が公認するキリスト教思想史をひとつの山脈にたとえるならその最高峰はトマス・アクィナスである。はるか手前にトマスと並び立つ巨峰アウグスティヌスがそびえ、ボエティウス、アンセルムス、アベラルドゥスといった秀峰がしだいに標高をあげてトマスに近づき、逆にトマスを越えてしまうと、スコトゥス、オッカムといった山塊が抵抗を示すものの、なだらかな下り坂がやがて近代の闇のなかに消えていく。法王庁にもし本心を言わせれば、トマスで歴史が止まってほしかっただろう。

しかし、これは、いわば、「南」斜面の話である。ローマ・カトリック教会の資料庫には「北」斜面の話をあらたに紡ぎだすのに十分な資料がひっそり息づいている。偽ディオニュシオス、エリウゲナ、エックハルトと続くいわゆる神秘神学の系譜がそこにある。

本書『理性と信仰』が全力を傾けているのは、古代末期から中世前期にかけてそっと歩まれてきた神秘神学の道がエックハルトに通じるように、一三世紀（中世スコラ学最盛期）という、最大の難所で、トマスを通らなくともよいバイパスを設けることである。そのバイパスがトマスの同時代人である本書の主人公アルベルトゥス・マグヌスである。

このような提言がやすやすと聞き入れられるとはとても思えない。そのことは著者アラン・ド・リベラがだれよりもよく承知しているだろう。しばしば揶揄される「公認」歴史学にしても、正統を異端から区別する、長年にわたる、精緻で粘り強い集合的思索の結果である。

しかし、危機に備えて「抜け穴」があることを知っているのは大切なことである。その強度を確かめ、その存在を多くのひとに伝え、その使いかたに慣れておくことはもっと大切である。本当の危機がくるときに、この抜け穴を使うのはローマ・カトリック教会の法王や枢機卿だけとはかぎらない。ひょっとしたら全人類がその受益者かもしれない。

だから訳者も本書の副題を、端的に、「法王庁の抜け穴」としたかった。アンドレ・ジードが自分の小説のタイトルにしてしまったので、やむなく「もうひとつの」を加えたのである。

しかしこうした提言がなぜ現代的意義を持つのだろうか。それを知るために提言者のアラン・ド・リベラの世界観を理解する必要がある。それは、かれの初期の著作から本書にいたる多くの著作のなかを、おおむね一貫して流れている、三つの特徴の交わるところに垣間見られるように思う。

（１）歴史学的唯名論あるいはフーコー主義

中世に盛んにおこなわれた「大全」という叙述様式を確立したのはアレクサンデル・ハレシウスで、かれの『神学大全』を皮肉ったロジャー・ベーコンの言葉が残っている。「馬一頭より重く自分の言葉はひとつもない。」ベーコンが言うとおり、アレクサンデルの『神学大全』のなかに先人からの引用とその注釈しかないとしたら、アレクサンデルは『神学大全』の「著者」だろうか。また『神学大全』はアレクサンデルの「著書」だろうか。少なくとも、自主自律的な叙述様式と、叙述されたものを正確に複製する印刷技術と、表現の自由の制度的保証が前提になっている近代的意味での「著者」でもないし「著書」でもない。中世の思索は近代の思索よりはるかに物質的・制度的偶然性にさらされていた。そうした準カオスのなかから「信仰」「理性」「神学」「哲学」といった自己同一的な概念や、「トマス神学」「スコトゥス神学」といった内的整合性と外的連続性を備えた諸学説が生まれるのだとしたら、それはきわめて怪しげなプロセスを経ているはずである。ド・リベラにはそうした常用的な概念や学説の実在性に対する強い懐疑のまなざしがある。それは歴史学に適用された唯名論であり、フーコーが古典主義時代の人文科学についておこなった考古学的研究を一三世紀のスコラ学において反復しようとするものである。

(2)宗教的自由主義

アラン・ド・リベラは中世哲学史の研究が諸宗教の——さらには宗教と世俗との——共存と相互理解に資するところがあると信じている歴史家である。かれの研究には西欧中世哲学の形成においてビザンツ・ユダヤ・イスラム - アラブの学知が果たした役割を丹念に跡づけるという大きな柱がある。これについてはぜひド・リベラの『中世哲学史』(新評論、一九九九年)を読んでいただきたい。もうひとつ特徴的なのは、諸宗教に内属する本質のように見えるものを時間 - 空間的な、あるいは歴史 - 社会的な偶然性に解体するという方向性である。たとえば現代のイスラム教はキリスト教にくらべて聖典の自由な解釈をより制限する傾向があり、そのため前近代的な社会構造を温存しやすく、また、政教分離に対する障害となりやすいことがよく指摘される。しかしアラン・ド・リベラによればそれはキリスト教やイスラム教という宗教の本質とはほとんどかかわりがない。むしろ中世西欧において「大学」という制度が確立し、しかもパリ大学に典型を見るように「神学部」のしたに「人文学部」(こんにちの「教養学部」)が置かれたことに関係がある。イスラム世界はついにこうした工夫を実現できなかった。この間の事情については本書第四章「教授たちの哲学」に詳しい。そこで展開されている議論は宗教間の区別と対立を相対化しようとするド・リベラの姿勢をよく表しているので、ぜひ味読をおすすめしたい。

（1）と（2）がたがいに通じあう特徴であることは見やすいだろう。ド・リベラにおいて不思議なのは、トマスやアルベルトゥスよりほんの少しあとに現れたドイツの神学者・説教家エックハルトに対する強い愛着である。

（3）エックハルト主義

ド・リベラの中世哲学史家としてのキャリアはエックハルト研究で始まり、こんにちなお、エックハルトはかれの思考空間の極北に居続けている。多弁で飛躍の多い著者であるが、かれがエックハルトについて語りはじめたら安心していい。もうその先には何もないからである。

キリスト教神秘神学にもいくつかの異なる系譜はあるが、エックハルトのそれは、古代末期の新プラトン主義哲学によってキリスト教の教義の再構成を試みた偽ディオニュシオスやエリウゲナの系譜に属する。それはおおむね神による世界創造を神自身の自己認識もしくは自己実現と理解する。このような聖書解釈はいくつかの危険をともなう。まず、神は自己を知るために、あるいは自己となるために、世界の創造を「強いられた」と理解され、創造における神の自由な意志がそこなわれかねない。また、こうした聖書解釈は被造的世界への神の何らかの内在を肯定するものであるから、神の絶対的超越を否定する汎神論の疑いが濃厚である。さらに、こうした聖書解釈はローマ・カトリック教会が彼岸にのみ留保している人間の至福を現世で約束するものとなり、仲介者キリストの存在理由を脅かす。したがって、こうした神秘神学はつねに正統教義の側から異端の嫌疑をかけられ続けてきた。先に「北斜面」と名づけたゆえんである。その系譜のなかでエックハルトをユニークなものにしているのが、キリスト論であるだろう。エックハルトは歴史的事実としてのキリストの誕生すなわち神の受肉を寓話的に解釈し、受肉は創造と同時に、すなわち永遠に起きていることであり、その場所は人間の魂（正確には「魂の尖端」もしくは「魂の火花」）であるという。人間はもしすべてを離脱して「尖端」もしくは「火花」となることができれば、現世でキリストすなわち神と合一しうる。

ド・リベラがエックハルトに賭け金を投ずるのはなぜだろうか。中世哲学史家ではないし、ましてや神学研究者ではない訳者にその論理を語る能力も資格もないだろうが（1）、（2）と照らし合わせて印象だけは語っておきたい。

キリスト教・イスラム教・ユダヤ教という三つの一神教はすべて「創造」の神秘を共有している。「受肉」の神秘を有しているのはキリスト教だけである。将来、この三つの宗教を奉ずる共同体間の経済・社会的利害が調整され、文化的相互理解が進むにしても、このちがいだけは棘として残るだろう。それはあらたな対立を引き寄せる核になりかねない。

エックハルトの聖書解釈は「創造」を「受肉」の見地から理解しようとするものである。「創造」のなかに最初から「受肉」が、いわば、埋め込まれている。いわゆる歴史的時間のなかで起きたキリストの誕生はそのことを思いださせるものであり、思いださせるものにすぎない。こうした理解は三つの一神教のそれぞれに譲歩を強い、それぞれを少しずつ傷つけるであろうが、しかし、同時に相互の垣根を低くし、歩み寄りのチャンスを与えるのではないか。

アラン・ド・リベラがエミリ・ツム・ブルンと共同で執筆した『マイスター・エックハルト――御言の形而上学と否定神学』(国文社、一九八五年)の補遺「マイスター・エックハルトの存在論と比較哲学」では、エックハルト思想と或る種のユダヤ・イスラム思想とのあいだの類縁性が指摘され、それだけではなく、ヒンドゥー教の母体であるウパニシャッド哲学や禅仏教との親和性も議論されている。ド・リベラが諸宗教の交差する地点にエックハルトを見ているのはまちがいないように思う。

グローバル化した世界の危機のひとつは、経済や通信のシステム化によって、まだ互いを十分に理解する準備のできていない世俗的・宗教的共同体が相互に依存せざるを得なくなっていることである。寛容を保証していた距離は急速に消えつつある。おだやかな無関心が、いつ、むきだしの敵意に変わってもおかしくない状況がいたるところにある。

そのスピードに追いつこうとするかのようにアラン・ド・リベラは多産な著述活動を続けている。その主なものつぎにあげる。

単著

Le Problèm de l'être chez Maître Eckhart, Genève-Lausanne-Neuchâtel, 1980

Ulrich von strassbourg. De summo bono, II, 1-4, Felix Meiner, 1987

La Philosophie médiévale, PUF, «Que sais-je ?», 1989

Albert le Grand et la Philosophie, Vrin, 1990

Penser au Moyen Âge, Seuil, «Chemins de pensée», 1991（邦訳『中世知識人の肖像』阿部一智・永野潤訳、新評論、一九九四年）

La philosophie médiévale, PUF, «Premier Cycle», 1993（邦訳『中世哲学史』阿部一智・永野潤・永野拓也訳、新評論、一九九九年）

La mystique rhénane d'Albert le Grand à Maître Eckhart, Seuil, «Points Sagesses», 1994

La querelle des universaux de Platon à la fin du Moyen Âge, Seuil, «Des Travaux», 1996

Eckhart, Suso, Tauler et la divinisation de l'homme, Bayard Éd.-Centurion, 1996

L'Art des généralités, Aubier, 1999

La Référence vide: théories de la proposition, PUF, 2002

Métaphysique et noétique Albert le Grand, Vrin, 2003

Raison et Foi Archéologie d'une crise d'Albert le Grand à Jean-Paul II, Seuil, 2003（本書）

Archéologie du sujet, I, Naissance du sujet, Vrin, 2007

Archéologie du sujet, II, La Quête de l'identité Vrin, 2008

Archéologie du sujet, III, L'Acte de penser, vol.1: La double révolution, Vrin, 2013

共著

Maître Eckhart. Métaphysique du Verbe et théologie négative (avec Emilie Zum Brunn), Beauchesne, 1984（邦訳『マイスター・エックハルト――御言の形而上学と否定神学』大森正樹訳、国文社、一九八五年）

Celui qui est. Interprétations juives et chrétiennes d'Exode 3, 14, Le Cerf, 1986

Les Grecs, les Arabes et nous Enquête sur l'islamophobie savante, Fayard, 2009

本書の翻訳作業に取りかかって八年が過ぎた。その間ヨハネ・パウロ二世は亡くなり、ベネディクト一六世は健康上の理由で退位され、そののち初の南米出身の法王フランシスコ一世が誕生している。しかし、著者にこの本を書かせた世界のありようは今も変わっていない。

いつものことながら訳業を粘り強く見守ってくださった新評論編集部のみなさん、とくに適切な助言や有益な情報をいただいた山田洋さんに深く感謝申しあげる。

二〇一三年五月

阿部一智

にすぎない」知性――との、アルベルトゥスが立てた区別を想定している（*De causis et processu universitatis*, II, 2, 26 ; éd. Borgnet, p.518b）。しかし、まさしく、エックハルトがこうした出発点をとるのはそれを完全にひっくり返すためにほかならない。すなわち高貴な人間とは自然を越えた高みにまで離脱する人間のことであって、そうした人間は、恩寵によって、本質による知性以上のものとなるために「取得による知性」であることをやめるのである（エックハルトは、通常の意味で離在的と言われる知性と、恩寵を授かっている人間との両方に離脱的 *abgescheiden* という同じ語をあてている）。高貴な人間は「魂の底をくだって神の根底と魂の根底がただひとつの根底である」唯一無二の一者にまで進む。このような「神性化 apothéose」に、もはやアリストテレスの面影はない。それはヨハネス・スコトゥス・エリウゲナが『自然区分論』で至高のものとして語る、神の顕現 théophanie である（*De divisione naturae* I, 9, PL 122, 449B-D ; Sheldon-Williams, p.52, 22-54, 14）。ちなみに『説教四三』のかの奇妙な文言 *Diu sêle gebirt ûzer ir got ûz got in got*（「魂は自分自身から神を出産するが、それは神のうちで神から出産することである」）はヨハネス・スコトゥスがマクシムス・コンフェッソルから引いてきた至福直観の記述（「神ノ完全性ノ、幸セ此ノ上無イ受ケ入レハ、己ノ外デ無ク己ノ内デ、神自身ト己自身カラ行ワレル」）を旅びとの境涯に当てはめたものであるように思える。

結論

（1）これがガリレイ裁判への言及であることは、法王庁の出版物 Mgr P. Paschini, *Vita e opere di Galileo Galilei*, Pont. Accademia della Scienze, Citta del Vaticano, 1964の注で確認されるのみである。

（2）Cf. ms. Paris, Nat. Lat. 14698. この個所を L. Bianchi が *Censure et Liberté*..., p.75-76で引用・翻訳している。

（3）C. Gabizon が *Le Figaro*, lundi 23 juin 2003, p.8 に載せた « Tensions communautaires à l'Université » を参照せよ。D. Bennani と M. Daïf がモロッコの週刊誌 *Tel Quel*（n°62, 25-30 janv. 2003）に載せた記事も見よ。

phiques et théologiques, 68/1（1984）, p.33, 86. Cf. *ibid*., p.29, 15-17（「人間という名詞は思弁的学知によって完全となった人間とそれ以外の人間とについて二義的に言われるのであって、それは動物という名詞が生きている動物と壁に描かれた動物とについて二義的に言われるのと同様である」）. この典拠は Averroès, *In Phys. Prol*., éd. Venise, 1562, t.4, fol. 1vaH である。人間の二義性なる哲学素の歴史は L. Bianchi, « Filosofi, Uomini e Bruti... », *loc. cit*., p.185-201で再構成されている。

（71）Cf. Eckhart, *Sermon allemand*, 6, trad. J. Ancelet-Hustache, *in* Maître Eckhart, Sermons, t. 1, Paris, Éd. du Seuil, 1974, p.86.

（72）Cf. K. Flasch, *Introduction à la philosophie médiévale*（Vestigia, 8）, Paris-Fribourg, Éd. du Cerf-Éd. universitaire de Fribourg, 1992, p.190-207.

（73）ゾイゼにおけるエックハルト思想の受容については *Einleitung* de L. Sturlese à *Heinrich Seuse. Das Buch der Wahrheit*, trad. R. Blummrich（Philosophische Bibliothek, 458）, Hambourg, Felix Meiner, 1993, p.VIII-LXXVII を見よ。

（74）M.-P. Lerner の見事な研究 *Le Monde des sphères*. I. *Genèse et Triomphe d'une représentation cosmique*（L'Âne d'or）, Paris, Les Belles Lettres, 1996 ; II. *La Fin du cosmos classique, ibid*., 1997 を見よ。第２巻の導入部でレルネルは世界の表象についての死学的見解をはっきりと打ちだし、第１巻「世界表象の創生と勝利」が諸天球の「誕生と存続を研究した」のち第２巻「古典的世界の終末」はそれら諸天球の死を対象とする、と語る。そしてさらにつぎのように解説する（« Avant-propos », *ibid*., p.ix）。「惑星天球と恒星天球の破壊の過程が開始され、進展し、完成されるまでにおよそ100年［コペルニクスの『惑星の回転について』が刊行された1543年からデカルトの『哲学原理』が出版される1644年までの］が必要となるだろう。この100年は、巨大な不可視の球体がいくつも存在し、そのひとつひとつが、比較の対象にもならないほどちっぽけな星ぼしを運んでいるという説が信じられていた時間の長さにくらべると、驚くほどの短期間である。」星球の死は宇宙についての人間の経験を変化させた。すなわち星球の放棄と同時に、人間は「たんに慣れ親しんだ宇宙モデルを失った」だけではなく、自分が「前代未聞のものに直面していること、骨格を抜きとられただけでなく保護する皮膚も剝ぎとられた、裏返しにされた解剖学の世界に沈められている」ことに気づいたのである。邂逅の理論は、消えた世界と本質的に連帯するものであるかぎり、諸天球の死とともに死んでいる。概念レベルでのこうした連帯性に疑いを持たれる読者諸兄には、M. ジョフロワが言うように「宇宙モデルこそが」アヴェロエスの思考学「理論のあいつぐ再展開に対して不変の基盤を提供している」（cf. Averroès, *La Béatitude de l'âme*, éd., trad et études par M. Geoffroy et C. Steel, Paris, Vrin［*sic et non*], 2001, p.75）ということを思いだしてご納得いただきたい。すなわちテミスティオスの言う離在実体とは異なる意味での質料的知性の観念は「その起源を、諸天球の運動を宇宙論的次元において省察することのうちに」（p.71）有しているのである。この点に関しては J.-B. Brenet, *Transferts du sujet..., loc. cit*. を参照せよ。

（75）Cf. Maître Eckhart, *Commentaire sur le Prologue de Jean*, §118, in *L'Œuvre latine de Maître Eckhart*, t.6, Paris, Éd. du Cerf, 1989, p.234-235.

（76）エックハルトはここで離在的諸知性について語っているのであって、あらゆる絆から解き放たれたこうした純粋知性と身体の形相としての人間知性――「本質による知性ではなく」、能動的知性の「取得」すなわち、それとの「連続化によってのみ知性である

士（女）の著述活動の一成果と思われる *Also waz schwester Katerei*（『カトライ尼かくありき』）という標題で知られる論考のなかで語られている。かの女が言うところの「堅信 *beweren*」に先立って神が直観されるが、それはかの女を「満たす」どころか、無理やりかの女自身のうちに追い返し、「別離」のうちに投げ込む。こうした転落は堅信のあとで二度と起こらない。カトライは「合一」にたどりついたあとで、聴罪司祭に「いっしょに喜んでください、わたしは神になりました」（*fröwent üch mit mir, ich bin gott worden*）と告げる。こうした「神性化」は認識の欠落をともない、その状態は聖週間最後の黙禱と同じく、ちょうど三日間続く。『カトライ尼かくありき』の後半で「神性化された」人間の精神のいとなみに記述がおよぶ。実際は「堅信」のあと神性化された人間には「行為においても言葉においても」もはやするべきことが何もないのである。神性化された人間はおのれが神性のうちにあると確信し、その確信はとこしえに揺るがない。「すべての像や形が廃棄されている」そうした境地はエックハルトが『説教四〇』で主題化した無知もしくは認識せざる認識の状態である。末尾では「自由心霊兄弟団」によって書かれた文書に特徴的な立場の逆転によって、「神性化された女性」が聴罪司祭のみちびき手となり、司祭に「自由」への道を教える。すなわち「万物の根源に帰る」ために「無に帰る」必要がある（*alle creaturen müssen alle zenicht wider werden, e si jn iren ursprung wider komen*）のだ、と。ここにあきらかに「離脱」と放下 *gelâzenheit* は転落 *occasus* の乗りこえとして提示されている。詳しくはつぎの諸文献を見よ。F.-J. Schweitzer, *Der Freiheitsbegriff der deutschen Mystik. Seine Beziehung zur Ketzerei der « Brüder und Schwestern vom Freien Geist », mit besonderer Rücksicht auf den pseodoeckhartischen Tractat « Schwester Katrei »*（Arbeiten zur mittleren deutschen Literatur und Sprach, 10）, Francfort-Berne, P. Lang, 1981 ; *Maître Eckhart. Telle était Sœur Katrei. Traités et sermons*, trad ; par A. Mayrisch Saint-Hubert（Documents spirituels, 9）, Paris, Éd. des Cahiers du Sud, 1954（d'après le texte non critique de F. Pfeiffer, *Daz ist swester katrei, Meister Ekehartes Tohter von Strasburg* in *Deutsche Mystiker des 14. Jahuhunderts*, Band II. *Meister Eckhart*, Leipzig, 1857 [réimr. Aalen, Scientia Verlag, 1962], p.448-475 ; H. Grundmann, *Religiöse Bewegungen im Mittelalter*, Darmstadt, Wissenschaftliche Buchgesellschaft, 1961 ; R. Guarnieri, *Il Movimento del Libero Spirito. Testi e Documenti*（Archivo Italiano per la Storia della Pietà, 4）, Rome, Edizioni di Storia e Litteratura, 1965 ; R. E. Lerner, *The Heresy of the Free Spirit in the Later Middle Ages*, Berkeley, University of California Press, 1972 ; P. Dronke, *Women Writers in the Middle Ages. A Critical Study of Texts from Perpetua（203）to Marguerite Porete（1310）*, Cambridge, CUP, 1984 ; O. Langer, *Mystische Erfahrung und sprituelle Theologie. Zu Meister Eckharts Auseinandersetzung mit der Frauenfrömmigkeit seiner Zeit*, Munich, 1987.

（67）『ホセア書』２章14節。

（68）Cf. Jean Scot Érigène, *Homélie sur le Prologue de Jean*, trad. E. Jeauneau, SC 151, Paris, Éd.du Cerf, 1969, p.200-209（= PL 122, 283B）.（『エゼキエル書』１章５～21節にならって）ヨハネを「ワシ」と同一視することは Augustin, *In Ioannis Evangelium*, tract. XXXVI, 1, PL 35, 1662に見られる。

（69）Cf. prop. 211, *in* R. Hissette, *Enquête..., loc. cit.*, p.300-302.

（70）Cf. Aubry de Reims, *Philosophia*, éd. R.-A. Gauthier, « Notes sur Siger de Brabant（fin）. II. Siger en 1272-1275. Aubry de Reims et la scission des Normands », *Revue des sciences philoso-*

679節（「先ニ言ワレタ事ニ拠リ、至福ガ反省作用ノ内ニ無イ事ハ明ラカデアル。因ミニ、此処ニ言ウ反省作用トハ、祝福サレタ人間ガ神ヲ知的ニ理解スル、即チ、自分ガ神ヲ認識シテ居ル事ヲ認識スル作用ノ事デアル」）と同書108節（「［…］此レニ加エテ、至福ガ知性ノ作用ノ内ニ在ル、其レモ、反省サレタ作用ノ内ニ在ルト云ウ謬説ヲ語ル人々モ居ルノデアツテ、此処ニ言ウ、反省サレタ作用トハ自分ガ神ヲ知ツテ居ル事ヲ知ル作用ノ事デアル。其ウシタ人々ニ就イテ、私ハ作品集デ、ヨリ詳細ニ問題ヲ指摘シタ」）に見られる。反省的直観の信奉者の見解を紹介したい研究者は Jean Quidort, *In Sent. I, proemium*, q.8 ; éd. Muller, 28 *sq.* のほかに Durand de Saint-Pourçain, *In Sent. I*, d.1, q.2（n.12）; Lyon, 1556. f° 12vb を、その敵対者については Jean Pouilly, *Quodlibetum*, V, 6, *Utrum beatitude hominis consistat in actu recto aut reflexo*（人間ノ至福ハ直接的ナ行ナイニ在ルノカ反省的ナ行ナイニ在ルノカ）を引用されたい。こうした情報については J.-P. Muller, « La thèse de Jean Quidort sur la béatitude formelle », in *Mélanges offerts à Auguste Pelzer*（Recueils de travaux d'histoire et de philologie, 3e série, facs. 26）, Louvain, 1947, 493-511 を参照せよ。『ヨハネ伝注解』108節での言及（同著678節に同じ言及がある）以外に、エックハルトがパリのヨハネスの見解に反対してその問題点を議論した形跡はないことに注意されたい。

（65）したがって神秘主義的という語がエックハルトにあてられる場合、その語義はどこまでも特異である。エックハルト的「神秘主義」とは恩寵に引きつがれる哲学のことなのだ。「神秘主義」を主題とする最近の文献を読み返したければ A. M. ハースが「ボッフム学派」（K. フラッシュ、B. モイジシュ、L. ストゥルレーゼ）の所説を（批判的に）紹介している A. M. Haas, « Aktualität und Normativität Meister Eckharts », *in* H. Stirnimann et R. Imbach（éd.）, *Eckardus Theutonicus, homo doctus et sanctus. Nachweise und Berichte zum Prozeß gegen Meister Eckhart*（Dokimion, 11）, Fribourg, Suisse, Universitätsverlag, 1992, p.214-217 を見よ。K. Flasch のもっとも代表的な文献は A. M. ハースが論じている文献ではなく、そのあとに書かれた « Meister Eckhart － Versuch, ihn aus dem mystischen Strom zu retten » *in* P. Koslowski（éd.）, *Gnosis und Mystik in der Geschichte der Philosophie*, Zurich-Munich, 1988, p.94-110 および « Meister Eckhart und die deutsche Mystik. Zur Kritik eines historiographisches Schemas », *in* O. Pluta（éd.）, *Die Philosophie im 14. und 15. Jahrhundert*（Bochumer Studien zur Philosophie, 10）, Amsterdam, p.439-463 であることに注意されたい。B.Mojsisich については、A. M. ハースが参考文献の筆頭にあげている *Meister Eckhart : Analogia, Univozität und Einheit*, Hambourg, Felix Meiner, 1983 が、たしかに、いまでもエックハルト研究の古典であり続けている。これに、つぎにあげる同著者の諸文献をつけ加えておきたい。« Die Theorie des Ich in seiner selbst-und Weltbegründung bei Meister Eckhart », *in* Chr, Wenin（éd.）, *L'Homme et son univers au Moyen Âge*（Philosophes médiévaux, 26）, Louvain-La-Neuve, 1986, p.267-272 ; « *Dynamik der Vernunft* bei Dietrich von Freiberg und Meister Eckhart », *in* Kurt Ruh（éd.）, *Abentländische Mystik im Mittelalter*, Symposium Kloster Engelberg 1984, Stuttgart, 1986, p.135-144 ; « *Nichts* und *Negation*. Meister Eckhart und Nikolaus von Kues », *in* B. Mojsisch et O. Pluta（éd.）, *Historia philosophiae Medii Ævi.*» Studien zur Geschichte der Philosophie des Mittelalters », Amsterdam/Philadelphie, Grüner Verlag, 1991, p.675-693.

（66）カトライ（カトリーヌ）の体験は、シュトラスブルク地区のベガルド・ベギン会修道と同一のものと見ている。グレゴリオスにとってアパテイアは倫理的主体の心理学的状態ではなく、魂への神的生の流出（*aporroia*）である。この種のアパテイアは、エックハルトにおける離脱と「似姿の形成」（*înbilden, verbilden*）との関係を定義している。グレゴリオスのアパテイアのもうひとつの残響は、エックハルトのいくつかの著作に見られる *abegescheidenheit*（離脱）と *conversio*（回心）との同一化のうちに聴きとることができる。魂は、だれに強いられるともなく、自分自身の無を足場にして、神自身にほかならない唯一無二の根拠に向かってあらゆる事物を、原因も理由もなく、乗りこえる。それなら純粋な離脱の目的は何なのか、と問う者にエックハルトは答える。「純粋な離脱の目的はこれとかあれとか言えるものではない。離脱は絶対無のうえに安らっている。なぜそうなのかと言えば、純粋な離脱は山頂に位置するからである。」山頂への上昇は「霊的」と呼ばれる。聖霊に由来するからである。ということは、上昇が終わるところに魂のうちへの御子《みこ》の誕生がある、ということである。こうした上昇は自由のあたらしい定義を前提する。エックハルトの言う *ledicheit* は空虚と意志の自発性を同時に意味する言葉であり、魂における神の、神における魂の自由な決断を意味する。このあたらしい概念は、恩寵のたまものをわがものとすることが自由であるとするキリスト教‐プラトン主義的理論を、自由な無一物という表現形式に移調するものであって、そうした概念にくらべれば主意主義と主知主義の対立はエックハルトにとっては神学の根拠そのものとは無縁なものにしか見えなかった。つまり、魂における聖霊の実在的現前を考慮せず、また、そのお返しに言葉を出産する——すなわち自己を「再生させる」——魂の受容力を考慮しない、或る種の能力学説に結びついた二次的な対立にしか見えなかった。ジェルソンが離脱に関するエックハルトの所説を読んだことがなかったのはさいわいである。読んだとしたら、アルベルトゥスの『知性と叡智的なものについて』が展開する所説よりもさらに悪い点数を付けただろう。

(64) エックハルトがここで反省的直観 *visio reflexa* の信奉者を念頭に置いていることは明らかある。周知のように至福の原因として理解される「単純で剝きだしの（*simplex et nuda*）直観」と、至福の完成として定義された「反省された」もしくは「反省的直観」の区別を導入したのはパリのヨハネス（ジャン・キドール）である。かれはすでに1282年から84年にかけてそれを言いはじめているらしい。こうした反省的至福に、エックハルトは認識の真の否定において（によって）定義される至福を対置するのであって、「そうした至福はおのれの何たるかを、ことごとく、神の根底そのものから汲みとり、知についても愛についても何ごとについても何ひとつ知らない」。このように認識せざる認識が明示的に語られるとき、それは、やがて至福に関する『説教五二』のなかで「貧しい人間」と呼ばれることになる人間——「神についても被造物についても自分自身についても何ひとつ知らない」人間——の「こころの貧しさ」と同じである。したがって、貧しさを論じた『説教五二』のなかで唱えられているいくつかの至福の神学は、『高貴な人間について』の中心的直観を継承していることは明らかである。高貴な人間の理論は、それゆえ、反省的直観の理論にまっこうから反対するために構成されたのち、わたしたちを天上の神学から街道の神学を経て、旅人の至福へとしっかりと移り行かせ、ついにはアンゲルス・シレジウスの詩集『智天使のさすらい』の主題のなかに——標題からしてそうであるが——ふたたび姿を見せる。反省的直観に対する批判は、エックハルトのラテン語作品集を貫くライトモティーフである。それは、とりわけ『ヨハネ伝注解』

想を得ていることを明らかにした（« Le pôle et le centre. Une doctrine de la divinisation », p.63 et 68-69）。その原理は単純である。上位にあるものは、本性そのものによって下位にあるもののうちに滴り、あふれ、流れ出るのであって、それ以外のことを為しえず、それ以外のやりかたを知らない、ということである。謙虚なひとは、エックハルトによると、全被造物を足下に投げ捨てひとり神のみに従うことにより、その神を「強いて」おのれのうちにあふれ来させる。というのも、ディオニュシオスの格言にあるように最高善の本性は「それがあふれ、それが在る」ということだからだ（*Bonum est diffusivum sui et esse*）。謙遜をめぐるエックハルト神学の真髄は、アヴィセンナの表現をもじって言えば、「高貴な諦念」のなかにすっぽり収まるのであって、それが、『説教一五』と『説教一四』にあるとおり、神に「命じて」あふれ来させる。そうだとしたら、「予言能力」の実効性をつかさどる「高貴性」（=「聖性」=「純粋性」）という、アヴィセンナ（とアルベルトゥス）の観念の同じ移調から「離脱」に潜在力を認める神学が生ずるのである。ただしこの理論装置には、離脱は、神が「おのれの純粋性と不変性とを得てくる」根底そのものである、とするエックハルト独自の命題がつけ加わる。そのことからふたつの帰結が生ずる。ひとつは、「被造物が神と似たところを持ちうるかぎり、人間も神に似たものにならなければならないとしたら、人間は離脱によって神に似たものとなるだろう」ということである。もうひとつは、「神は、とこしえに変わらない離脱のなかに、これまで在ったし、いまも在る」が、人間は「内的」と「外的」との二面性を持ち、「外的人間は活動性を所有してしまうかもしれないが、内的人間は全面的に自由で非感受的であり続ける」のであって、そうだとしたら、「受難 *Passion*」のときのキリストと聖母マリアにおいても「内的人間はとこしえに変わらない離脱のうちにあり続けるだろう」ということである。「かくして、キリストが“わたしの魂は悲しみのあまり死なんばかりである”と言おうとも、また、聖母が嘆きのあまり、何を語り、何をおこなったにしても、その内面性はとこしえに変わらない離脱のうちにあり続けることになるだろう。」あきらかにこの点で「離脱」の概念は、ジェルソンとアルベルトゥスとの争いの火種となる「非受苦性 *impassibilité*」の概念と一致する。エックハルトの主張はパリの学長の主張とは正反対である。実際、すでに見てきたように、ジェルソンの考えでは、非受苦性は、復活した肉体において（*in resomptis corporibus*）のみ達しうる境地であり、この世においてはイエスにもその母親にも許し与えられてはいなかったのである。

(63) エックハルトの離脱が、捨象的認識の手段としての禁欲という観念に加えて、神的生への参与という観念をふくんでいることに気づくならば、「スキャンダル」はより大きなものとなる。そうした参与は神のアパテイア（非受苦性）の人間の魂への流入もしくは流出と理解され、それによって、人間の魂が神の似姿となり、自分自身のうちに、と同時に、神自身のうちに、神を認識することが可能となる。この種の神学がどのような水路をたどってエックハルトまで届きえたのかを明確にすることは（それを信奉する宗教団体があったというだけでは十分でなく、実際に学説の伝承があったこと言わなければならないから）簡単ではないにしても、少なくとも、ニュッサのグレゴリオスによって練りあげられたアパテイアの神学の主要ないくつかの側面をエックハルトが引きついでいることには驚かされる。そうした神学は、とりわけ *De perfecta christiani forma*（『キリスト者の完全な形相について』）のなかに見られ、そこでグレゴリオスは、アパテイアを、まずもってキリストのうちに現存し、しかるのちにキリストが魂に伝える神的生福（完結的幸福）への「遡行」の序章にすぎないものとして論じている、という反論が可能である。それは疑いもなくアラブ的（ファラビ的）図式（「全体的もしくは準全体的」という表現そのものが有名な「すべての、もしくは、ほぼすべての可知的事象」という言い回しを思いださせるのであり、その獲得がアル－ファラビにとっては上昇の可能性の条件であった）であり、そうした図式がJ.-B. ブルネが示すように、ジャンダンのヨハネスにおいて模範的な実現を見るのである。

（59）「アヴェロエス派のプリンス」（princeps Averroistarum）という称号はジャンダンのヨハネスのいくつもの著作の出版にさいしてかれの名に冠せられている。たとえば1514年にヴェネツィアで刊行された *Quaestiones super libro de Substantia orbis*（『〈天空実体論〉問題集』）がそうである。もうひとりの「プリンス」はイギリス人のカルメル会修道士ジョン・ベーコンソープ（1290年頃～1348年）で、アゴスティノ・ニフォ（1470年頃～1538年）がかれをこの呼名で称えているがその真意は定かでない。この点に関しては B. Xiberta, « De magistro Iohanne Baconthorp », *Analecta Ordinis carmelitarum*, 6（1927）, p.3-128 および J. Etzwiller, « Baconthorp and Latin Averroism », *Carmelus*, 18（1971）, p.235-292 を参照せよ。

（60）Cf. Z. Kuksewicz, *De Siger de Brabant à Jacques de Plaisance, La théorie de l'intellect chez les averroïstes latins des XIIIe et XIVe siècles*, Wroclaw-Varsovie-Cracovie, 1968. 至福に関しては Jean de Jandun, *Quaestines in XII libros Metaphysicae*, I, q.1（知恵ハ至福デアルカ否カ）, Venise, 1553, f°1va「至福は離在する第一原理（＝原因）の、主要には神（＝諸原理の原理、諸原因の原因）の認識のうちに存する。そしてそれこそが知恵と呼ばれるものである」を参照せよ。また同著者の *Quaestiones super libros De anima*, III, q.36, Venise, 1587 を、Z. Kuksewicz による注釈 « A Mediaeval Theory of Felicity », *Dialectics and Humanism*, 2-3（1986）, 229-235 とあわせて参照せよ。

（61）Cf. Ulrich de Strasbourg, *De summo bono*, I, 1, 7 ; Mojsisch, p.18, 3-19, 22. こうした「上昇」はアヴェロエスの著作のラテン語訳に特徴的な用語である「思弁的」知性に取って代わられるわけではないことに注意されたい。アルベルトゥス・マグヌスはこの「思弁的 *speculativum*」なる語を何度か、とくに『霊魂論注解』のなかで「邂逅」へ向かう運動を記述するために、使っている。*De anima*, III, 3, 6 ; éd Stroick, p.215, 1. 70-72（「此ノ様ニ諸々ノ思弁ノ段階ヲ連続的ニ辿リ乍ラ上昇ヲ続ケタ末ニ、形相トシテ其レニ合一スルノガ能動的知性デアリ、此ノ知性ガ、既ニ述ベタ様式デ私達ニ合一スル離在実体デアル」）および p.222, 26-28（「ソシテ思弁的知性ノ内ニハ諸段階ガ在リ、其レ等ヲ辿ル事ニ拠ツテ取得サレレル知性迄、言ワバ、引キ上ゲラレルノデアツテ、其ノ様ハ恰モ自分カラ如何ナル物ニモ扉ヲ開クカノ如クデアル」）を参照せよ。しかし上昇はまだ予定のなかばであり、「取得された」（*adeptus*）知性を越えてさらに進むのであって、『知性と叡智的なものについて』の言葉づかいを見るかぎり、その過程では（第１巻第３章３節で形相的知性の下位区分として提示されている「観想的 *speculativum*」知性と実践的 *practicum* 知性とのアリストテレス的な対置を除けば）「思弁的」知性も「思弁的」可知事象も語られていない。

（62）Cf. Maître Eckhart, *Du détachement*, trad. A. de Libera, in *Maître Eckhart. Sur l'humilité*, Paris Arfuyen, 1988, p.34. わたしはこの翻訳選集のあとがきで、エックハルトの謙遜理論が『原因論』およびアヴィセンナの『形而上学』にある、流れ flux に関する形而上学理論に着

語に置きかえている。この間の事情に関しては Z. Kuksewicz, « A Mediaeval Theory of Felicity », *Dialectics and Humanism*, 2-3（1986）, p.229-235 を参照せよ。

（55）謬説表第170～172条を R. Hissette, *Enquête..., loc.cit*., p.263-264 の注釈とあわせて参照せよ。

（56）Cf. Boèce de Dacie, *Du souverain bien ou de la vie philosophique,* §31, trad. R. Imbach, *in* R. Imbach, M.-H. Méléard（éd.）, *Philosophes médiévaux..., loc. cit*., p.166. 同じ意味あいで *Quaestiones de generatione et de corruptione*, éd. G. Sajo, 1972, p.3, 1 *sq*. および *Tractatus de somnis*, éd. N.-G. Green-Pedersen, 1967, p.381, 21 *sq*. を参照せよ。

（57）Cf. Dante, *La Monarchie*, I, 3, 1 et 4-5 trad. R. Imbach, in *Philosophes médiévaux*..., p.258-259. ダンテの「アリストテレス的」哲学観のさわりが『饗宴』第３巻第11章14節で語られている（éd, Vasori, p.431「哲学の目的はいかなる中断も真の欠如もこうむることのない、このうえなく優れた愛であり、言いかえれば、真理の観想によって獲得される真の幸福である」)。このくだりの典拠として、編集者ヴァゾーリは前掲書 p.431-432で、アルベルトゥス・マグヌス『倫理学』第５巻第２章４節（「若シ人間ノ諸活動ノ中ニ神ノ活動ニ最モ縁ガ深ク最モ似テ居ル物ガ在ルトシタラ、其レガ最高ノ幸福デアル。処デ取得サレル知性ニ拠ル思弁ガ最モ此レニ似テ居ル。従ツテ、其レガ最高ノ幸福デアル」）を引用している。

（58）おそらく全員がそこに自分の姿を認めたわけではないだろう。とりわけラドゥルフス・ブリトの場合はそうではなかった。事実、とくに「哲学する者の希望」の定義と「離在知性との邂逅」に与えられている役割に関して、かれのうちにアルベルトゥス的なアラブ主義（ファラビ主義）は不在である。ブリトのうえの証言にもとづいて E. エッベセンは人文学教師の理想を「神秘主義的」に解釈するあらゆる読解に疑問を差しはさんでいる。エッベセンは、この点で、アルベルトゥスの『知性と叡智的なものについて』の、L. ストゥルレーゼによる解釈とも一致している。つまりエッベセンは哲学の目的は離在する何らかの知性との、多かれ少なかれ、曖昧な合一ではなく、実在の全体を網羅する科学的認識であるというのである。それゆえ、1277年以降の哲学のイメージを連続／連結の図式から解放したうえで、その全体が再考されなければならない。Cf. S. Ebbesen, « Radulphus Brito The Last of the Great Arts Masters. Or : Philosophy and Freedom », *in* J. A. Aersten, A. Speer（éd.）, *Geistesleben im 13. Jahrhundert*（Miscellanea Mediaevalia, 27）, Berlin-New York, Walter De Gruyter, 2000, p.237（「ブリトに先立つ世代は哲学がその奉仕者のために何を為しうるかということに関して豪勢な要求をしていた。1277年の断罪もあってか、学者は、すぐれた研究の究極の報酬は非人称的な超－知性との或る種の合一であるという趣旨の主張に耳目を集めようとする傾向があった。たしかに、そうした要求が持ちだされたことを否定するのは馬鹿げたことだろう。しかしこうした特殊な学説に注意を払うだけでは、もっと大きな図柄に対して鈍感になりかねないとわたしは思う。超－知性との合一を信じる人文学者もいれば、信じない人文学者もいたし、信じている学者も全員が同種の結合を信じているわけではなく、それどころか、同種の超－知性を信じているわけでもなかった。しかしかれらは、全員、知識の有益な効能を信じていたし、かれらの全員もしくはほとんど全員が被造的世界についての全体的もしくは準全体的知識が、少なくとも原理上、可能であると信じていた」). こうした分析に根拠がないわけではない。しかし或る種の著述家は観想的諸学知全体の獲得（相対的幸福）を絶対的幸るアヴェロエスのテクストの意味を把握する準備がなかった。こうした錯綜から「哲学する者の希望」の観念が転がり出るにしても、そうなるまでは結構な歩数を必要としたはずである。しかし疲れを知らない健脚家アルベルトゥスは両者の隔たりを軽がると跳び越し、かくして、ひとつの（いくつかの）誤読にのみもとづいて（老い先長い）概念を創出することになるだろう。最後に『ニコマキア』に関して留意事項がひとつ。L. V. Berman が « Ibn Rušd's Middle Commentary on the Nicomachean Ethics in Medieval Hebrew Literature », *in* J. Jolivet *et al.* (éd.), *Multiple Averroès , op. cit.*, p.287-321 で、アル‐ファラビによるニコマコス倫理学の注釈書のラテン語訳が存在する可能性を認めている。（ラテン語からさらに転訳されたと思われる）その注釈書の「序論」の一部がアヴェロエスの『ニコマコス倫理学中注解』に関するヘブライ語文献に登場するというのである（p.298-299）。D. Salman もまた « The Medieval Latin Translations of Alfarabi's Works », *The New Scholasticism*, 13 (1939), p.256-248 でそうした翻訳が13世紀に入手可能であったと示唆している。わたしたちが独自にその形跡をつかんでいるということはまったくないけれど。

(54) R.-A. Gauthier, « Trois commentaires... », p.290, n.2 に引用されている *Commentaire du Vatican*, q.20（「此ノ世界ニ在ツテ人間知性ノ渇キヲ癒シ得ル何等カノ善トシテハ、唯、第一原因ガ在ルバカリデアル。従ツテ認識ニ拠ル人間知性ト第一原因トノ合一ノ内ニ人間ノ至福ガ存スルノデアル。ソシテ此ノ事コソガ、思弁ノ内ニ、就中、第一存在者ニ就イテノ思弁ノ内ニ人間ノ至福ガ存スル事ヲ主張スル此ノ哲学者 X ノ言ワムトスル処デアル」）を参照せよ。この主題に関しては Z. Kuksewicz, *De Siger de Brabant a Jacques de Plaisance. La theorie de l'intellect chez les averroïstes latins des XIIIe et XIVe siècles*, Wroclaw-Varsovie-Cracovie, 1968, p.16 を参照せよ。至福について、前掲書以外に、Jean de Jandun, *Quaestiones in XII libros Metaphysicae*, I, q.1（知恵ハ至福デアルカ否カ）, Venise, 1553, f° 1va「至福は離在する第一原理（＝原因）の、主要には神（＝諸原理の原理、諸原因の原因）の認識のうちに存する。そしてそれこそが知恵と呼ばれるものである（Felicitas consistit in cognitione primorum principiorum et abstractorum et praecipue Dei, et haec est sapientia）」を参照せよ。同著者の *Quaestiones super libros De anima*, III, q.36（人間知性ハ離在的諸実体ヲ知解シ得ルカ）, Venise, 1587, col.417 は、つぎのように、取得を神的事象の観想の土台として提示している。「ソシテ注釈者（アヴェロエス）ハ、人間ノ此ノ様ナ存在様式、即チ、離在的諸実体ノ知的理解ヲ可能ナラシメル能動的知性ノ取得、或イハ、取得サレタ能動的知性ニ拠ル離在的諸実体ノ知的理解ガ至福デアリ、言イ換エレバ、人間デアル限リデノ人間ノ幸福デアルト主張シテ居ルノデアツテ、其ノ事ハ『形而上学注解』第一二巻三五注解デ次ノ様ニ語ラレテ居ル事カラ明ラカデアル。"此ノ事カラアリストテレスガ、人間ノ形相、言イ換エレバ、人間デアル限リデノ人間ノ幸福ハ、人間ト知性トノ連結ニ拠ルノデ無ケレバ存在シナイト考エテ居タ事ハ十分ニ明ラカデアツテ、斯ウシタ知性ハ『霊魂論』ノ中デ、駆リ出ス原理（＝*principium agens* 此ノ語句ノ前ニ、［潜在的ニ知解サレテ居ル物カラ現実的ニ知解サレル物ヲ］ヲ補エ）デアリ、ソシテ私達ヲ知的理解ヘト動カス原理デアル事ガ宣言サレテ居ル"。」第35注解という出典指示はまちがいで、本当は第38注解である。おまけにヨハネスは（少なくともかれの『霊魂論問題集』の1587年版は）アヴェロエスの原典で使われていた forma（形相）という語（「人間ノ形相、言イ換エレバ、人間デアル限リデノ人間ノ形相」）を felicitas（幸福）という

の半球の境界線」）は、高きにある世界と低きにある世界との紐帯（*nexus mundi*）にほかならない小宇宙としての人間という伝統的な主題を深いところで継承している。地平線もしくは境界線（*methorios*）という知見は、『原因論』を越えてニュッサのグレゴリオスやエメサのネメシオスにまでさかのぼるのであって、トマス・アクィナスは『対異教徒大全』第２巻68問（「人間の魂は、その思考活動が遂行される様式から推し量れるように、知的諸実体の最下位に位置している。それゆえにこそ知性的霊魂は物体界と非物体界の地平線とか境界線にたとえられるのである」）で、かれらから着想を得ている。ダンテによると人間の居場所は高きにある世界と低きにある世界のふたつの世界のまんなかにある。そのことは人間に対して、この世を生きるための倫理を課すのであって、その倫理とは哲学をおのれのうちに実現することにほかならない。

(50) この点に関しては A. de Libera, *Pensée au Moyen Âge*, p.224-245 を参照せよ。アリストテレス、アヴェロエス、アルベルトゥスにおける生物学、心理学、神学の関係については A. de Libera, « Psychologie philosophique et théologie de l'intellect. Pour une histoire de la philosophie allemande au XIVe siècle », Dialogue, XXXI/3 (1992), p.377-397 を参照せよ。

(51) Cf. Averroès, *De an.* III, comme. 36 ; éd. Crawford, p.502, 660-665.

(52) Cf. Albert, *De an.* III, 3, 11 ; éd. Stroick, p.221, 47-60.

(53) アルベルトゥスは、おそらく、アヴェロエスが『ニコマキア』（＝アル－ファラビによる『ニコマコス倫理学』注釈書）の諸命題を攻撃している多くのくだりを理解しなかっただろう。しかしアヴェロエスの議論の基本線は単純である。アル－ファラビは、産みだされたものが永遠なるものに（もしくは éd. Crawford, p.481, 55-57 の表現によれば、可能的なものが必然的なものに）おのれを同化しうることはとても受け入れられないと考えて、最終的には人間による純粋形相の知的理解という命題をあきらめざるをえなかった。そうしなければ質料的知性の消滅可能性を否定することになってしまうからである。アヴェロエスは『霊魂論大注解』第３巻第14章ですでにつぎのように述べていた。[a]アル－ファラビは（質料的知性の生成および消滅の可能性に関して）「アレクサンドロスによる解釈に追随している」。[b]アル－ファラビは『ニコマキア』で「離在知性との結合を否定する」（アレクサンドロスはそれを否定していなかった）という点で『ニコマコス倫理学』の解釈に「不条理をもうひとつ付加している」。この付加は、アヴェロエスによれば、アル－ファラビの或る特定の論拠によって決定づけられている。生成し消滅しうる実体が離在形相を理解もしくは「知解する」ことは不可能である。なぜなら、そうした知的理解は「可能的なものの本性が必然的となりうることを含意しかねない」から、というのがその論拠である。能動的知性ハ私達ニ作用スル原因 *causa agens* トシテノミ存在スル、というアル－ファラビの言いかたはアヴェロエスにとっては自説の真理の、文字どおりの引き立て役である。すなわちこのうえない誤謬である。それは作用的原因性だけのために（アヴェロエス主義に特徴的な命題である）能動的知性の人間霊魂に対する形相的原因性を否認するという誤謬である。『ニコマキア』によれば、能動的知性はわたしたちに可知的事象を抽象させるように作用する原因であって、いかなる意味でも、質料的知性の形相ではないし、質料的知性に習態として占有されて純粋な叡智的事象との結合を保証するわけでもない。アルベルトゥスはアル－ファラビの『知性と可知的なものについて』を読んではいたものの、そこでアル－ファラビは『ニコマキア』とは正反対の命題を主張していたため、アル－ファラビの懐疑主義を論難す

physicam に類似のくだりがある（in *Nine Mediaeval Thinkers*, Toronto, 1955, p.150-151）ことを根拠に、Celano の推定をかならずしも排除できないことを強調している。これらの点に関しては G. Fioravanti, « Desiderio di sapere e vita filosofica... », *loc. cit*., p.271-283（spéc. p.271, n.1）; L. Bianchi, « Filosofi, Uomini et Bruti... », *loc. cit*., p.187 を参照せよ。G. Fioravanti, « L'aristotelismo latino : Alberto Magno e i Magistri artium parigini（Sigieri du Brabante, Boezio di Dacia », *in* P. Rossi et C. A. Viano（éd.）, *Storia della filosofia, 2, Il Medioevo*, Laterza, Rome-Bari, Laterza, 1994, p.299-323 も参考になる。

（40）Cf. R.-A. Gauthier, « Trois commentaires... », p.331-333. アリストテレスの学説については『ニコマコス倫理学』第10巻第７～９章1177a12-1179a32を参照せよ。

（41）Cf. L. Bianchi et E. Randi, *Vérités dissonantes..., loc. cit*., p.28-29.

（42）Cf. M. Corti, *La felicità mentale..., loc. cit*., p.52-61.

（43）Cf. Bianchi, « La felicità intellettuale come professione... », p.181-199.

（44）『知性と叡智的なものについて』第１巻第１章１節に見られるこの表現（éd. Jammy, p.239b）は『ニコマコス倫理学』第９巻第８章1168b30-1169a3および第10巻第７章1178a9-10にある格調高い言い回しに起源を持つ。とくに1168b31-33 ; Tricot, p.458（「そして国家において最高の権威を有する部分はもっとも充実した意味で国家それ自身であると考えられる（そしてほかのあらゆる組織体についても同じことが言われるべきである）のであるが、人間の場合もちょうどそれと同様である」）および *ibid*., 1169a2-3 ; *loc. cit*.（「かくして各人がこの支配的部分そのものであるということ、もしくは少なくとも原理上そうであるということはいかなる曖昧さからも免れているのであって、よきひとはそのひとのうちにあるこの部分をほかの何にもまして愛するということも、また、同様に明らかなのである」）を参照せよ。

（45）Cf. *Auctoritates Aristotelis*,（2）, n.38, éd. Hamesse, p. 143, 59-60.

（46）F. ファン・ステンベルゲンがこのように呼んでいるのは、論文 « L'averroïsme latin au XIIIe siècle » のなかの、14世紀の「急進的」アリストテレス主義が哲学的に無内容であることを論じた批判的なくだりにおいてである（*loc.cit*., p.285-286「ジャンダンのヨハネスおよびイタリア・アヴェロエス主義者のアヴェロエス主義がまさに、とりわけ、急進的アリストテレス主義であると付言することが許されるだろう。かれらにとっては、13世紀の先達にとってと同様、「師」と言えばアリストテレスであり「哲学者」と言えばアリストテレスである。かれらのアリストテレス主義は“アヴェロエス主義的”である。なぜならコルドバの賢人をアリストテレス思想の正統的・無謬的解釈者と考えているからである。超保守的な哲学思潮がなぜこれほど強力で長命であったのかはこのことで説明がつく。先生たちは、自分たちこそ、神の摂理によってスタゲイラに生を受けた人間によって永久不変の基礎をすえられた真の哲学の継承者であり守護者であると考えていたのである）。

（47）Cf. Aristote, *Eth. Nic*. X, 7, 1177b30-1178a3, 178a3, *transl. Lincolniensis, recensio pura,* éd. R.-A. Gauthier, *Aristoteles Latinus*, XXVI. 1-3., facs. tert., Leyde-Bruxelles, Brill-Desclée De Brouwer, 1972, p.360, 20-361, 5.

（48）アゴスティノ・ニフォが1503年に著した『知性論』のなかにまで継承されているこの理論については L. Bianchi, « Filosofi, Uomini e Bruti... », *loc. cit*., p.195-196 を参照せよ。

（49）宇宙の地平線としての人間の定義（『君主論』第15章５～８節の表現によれば「二つ

思考学の真髄というわけではない。取得は、捨象的認識にほかならない予備学を終わらせて形而上学を始めさせるのである。この点で“取得される知性”はヨハネスにおいても、或る意味で、終点ではあるが、ふたつの世界の境界としての終点である。それは物質が終わり、神が始まるところに位置する。アヴェロエスはこのことを理解していなかった。」アルベルトゥスの方はアル－ファラビを介してこのことを理解していた、と付言したいところである。

(29) L. Bianchi et E. Randi, *Vérités dissonantes...*, p.35.

(30) Agostino Nifo, *In Averrois de animae beatitudine* I, comm. 35, éd. Venise, 1508, f° 9vb ; I, comm. 16, f° 5va. この点に関しては E. P. Mahoney, « John of Jandun and Agostino Nifo on Human Felicity (*status*) », *in* Chr. Wenin (éd.), *L'Homme et son univers au Moyen Âge. Acte du septième congrès international de philosophie médiévale, 30 août-4 septembre 1982* (Philosophie médiévaux, 26-1), Louvain-la-Neuve, Éd. de l'Institut supérieur de philosophie, 1986, p.477 を参照せよ。

(31) Cf. B.Nardi, *Studi di filosofia medievale*, Rome, 1960, p.143-150.

(32) Cf. E. P. Mahoney, « Albert the Great and the *Studio Patavino* in the Late Fifteenth and Early Sixteenth Centuries », *in* J. Weisheipel (éd.), *Albertus Magnus and the Sciences : Commemorative Essays 1980*, Toronto, 1980, p.552-554 ; « John of Jandun... », p.476.

(33) Cf. Luca Bianchi, « Filosofi, Uomini et Bruti... », p. 185-201. Cf., également, L. Bianchi et E. Randi, *Vérités dissonantes...*, p.35-36, n.47.

(34) Cf. A. de Libera, *Albert le Grand et la philosophie* (À la recherche de la vérité), Paris, Vrin, 1990, p.268.

(35) だからこそ E. P. マホニィはアゴスティノ・ニフォが『知性論』で展開した学説を「アルベルトゥス主義的」と形容してはばからないのである。Cf. E. P. Mahoney, « Albert the Great... », p.552.

(36) この著述家については Z. Kuksewicz, « Gilles d'Orléans était-il averroïste ? », *Revue philosophique de Louvain*, 88 (1990), p.5-24 と « Le problèm de l'averroïsme de Gilles d'Orléans encore une fois », *Medioevo*, 20 (1994), p.131-178 に詳しい紹介があるので参照せよ。また同著者の « Quelque problèmes ontologiques chez Gilles d'Orléans et la censure de 1277 », *BPJAM*, 3 (1998), p.87-98 および « La foi et la raison chez Gilles d'Orléans, philosophe parisien du XIIIe siècle », (Miscellanea Medievalia, 27), Berlin-New York, Walter de Gruyter, Berlin-New York, 2000, p.252-261 も参照せよ。

(37) R.-A. Gauthier, « Trois commentaires averroïstes sur l'*Éthique à Nicomaque* », *Archives d'histoire doctrinale et littéraire du Moyen Âge*, 16 (1948), p.290.

(38) この点については L. Bianchi, *Il vescovo...*, p.182 (n.46), 192 (n.156) et 194 (n.162-163) を見よ。

(39) *Quaestiones super Ethicam* (*libri I-II*) を見よ。この書物の作者がオーヴェルニュのペトルスであることが A. J. Celano, « Peter of Auvergne's Questions on Books I and II of the *Ethica Nicomachea*. A Study and Critical Edition », *Mediaeval Studies*, 48 (1986), p.32-34, 39, 72-76 et 80-81 で言われている。G. フィオラヴァンティは、この書物で主張されている諸命題の急進性にかんがみて、オーヴェルニュのペトルスの著作であることに疑いを差しはさんでいる。L. ビアンキは A. Monahan が編集したペトルスの著作 *Quaestines in Meta-*

拠ツテ獲得サレルカラデアル［…］。又、占有サレル、ト言ウノハ、ヘルメス・トリスメギストスガ其ノ様ニ言ウノデアルガ、其ノ訳ハ、魂ノ中デノ能動的知性ノ着座ハ、ヨリ後ノ部類ニ属スルカラデアル。ト言ウノモ、先ンヅル物ハ能動的知性ノ光デアリ、其ウシタ光ハ能動的知性自身ノ中ニ在ル。光ハ、他方ニ於イテ、能動的知性自身カラ出来シ可知的ナ諸事象ノ中ニ、其レ等ガ可知的ト成ル迄ニ、浸透スル訳ダカラ能動的知性ヨリ後デアリ、其ウシタ、ヨリ後デアル物ニ拠ツテ、又、其ノ中デ能動的知性ガ魂ノ中ニ着座スルノデアル。此ノ故ニ、其ノ様ナ知性ハ占有サレル知性ト、即チ、能動者ノ光ニ拠ツテ獲得サレル知性ト呼バレルノデアリ、其ノ光ノ中デ能動者自身スラモ占有サレルノデアル。」トリスメギストスへの言及はアルベルトゥスのうちに「ペリパトス的静寂主義者」と全面的ニ対立する「科学者・予言者・ヘルメス的魔術師」という人物像を見ることがやや不自然であることをよく表している。この点については、上記の個所以外に *Ethica*, VI, 2, 13 ; éd. Borgnet, p.423 et VI, 2, 18, éd. Borgnet, p.433 を参照せよ。

(28) 取得的知性がさらに神的知性まで遡行するあいだにアルベルトゥスがつけ加えた諸段階は、神的ナル物 divina や分離サレタル物 separata をふくむ離在的諸存在の直観的認識が捨象的認識に基礎を置く（したがって捨象的認識を前提する）という図式に対応している。こうしたアル－ファラビ的な図式は多くの著述家によって継承されており、かれらがこの点でアルベルトゥスの影響を受けなかったとは考えづらい。こうした「継承」のもっとも顕著な側面のひとつ——それは「アヴェロエス主義」についての公認歴史学の概念を「解体する」必要性を強く後押しするように思われる——はアルファラビ－アルベルトゥス図式が14世紀のアヴェロエス主義者のうちに見出されるということである。とりわけ「取得 *adeptio*」と「上昇 *ascensio*」とのちがいという形式のもとにジャンダンのヨハネスのうちに見出されるということである。かれの場合「結合へ向かう運動」（能動的知性の獲得）のあとには「純粋に叡智的なるものへの遡行」という第二の航海が続くのであり、それは文字どおりの形而上学である。まず抽象サレタル物へとみちびき、そののち分離サレタル物へとみちびく（そして、頂点においては神にみちびく）こうした二重の行程以上に「アヴェロエス主義的」でないものがあるだろうか。Cf. Jean de Jandun, *Quaestiones de anima*, III, 36, col.421. このテクストとその解釈については J.-B. Brenet, *Transferts du sujet*（thèse, École pratique des hautes études, 2002）, Paris, Vrin, 2003 を、とくにつぎの個所を参照せよ。「わたしたちが、いったん、能動的知性と結ばれると、それがわたしたちにとっての現実的形相となり、“そうした知性に固有の作用を、そうした知性の力を借りて、今度はわたしたち自身が遂行する”とアヴェロエスは考えているが、そうした考えをジャンダンのヨハネスは非アヴェロエス的モデルに従って解釈する。それは、離在諸知性のなかでもっとも低位に属する能動的知性を介して、人間の魂はより高位の形相に到達するのであり、ついには神に到達するという宇宙論的かつ流出論的なモデルである。ヨハネスによれば、第一原因と物体世界とのあいだで諸形相が宇宙的な階層をなしている、という観念は存在の遡行を含意するのであり、かれのテクストを読むかぎり、「取得」とは、そうした遡行の必要条件である。その最初の行程は、世界における可知的事象を抽象作用によって汲み尽くす観想の徒弟修業の行程であって、その終わりで人間は能動的知性を思考し、ついで、より高次でもっとも近接した非質料的実体を思考し、以下同様にして遡行する。その結果、世界を操舵するこれらの諸実体の因果的な連結を、順序正しく、反復する認識の連鎖が形成される。したがって取得が領域に属している。アルベルトゥスがあちこちから驚異現象に関する情報をかき集めているからといって、肝腎なのは神的事象であって「通俗的プラトン主義」は報告された経験的事実に対する哲学的に拙劣な説明（最悪ノ誤謬）にすぎない、と考えていないわけではない。蛇使いと「呪文の学」については Albert, *Dcpu*, II, 2, 26 ; éd. Fauser, p.120, 35-42（「加エテ彼等ハ次ノ様ニ言ツテ居ル。即チ、幻惑知ト言ワレ、降霊術ノ一部ヲ成ス学知ニ於イテ、或ル種ノ人間ノ魂ハ其ノ感覚器官カラ出テ行ク力《チカラ》ニ拠ツテ別ノ人間ノ活動ヲ阻害シ、更ニハ自然物ノ活動サエ阻害スルノデアツテ、例エバ、或ル種ノ人間ノ眼差シハ、屡《シバシバ》、別ノ人間ノ活動ヲ阻害シ、或ル種ノ人間ノ声音ハ別ノ人間ヲ縛リ付ケテ動ケナクスルノデアリ、後者ハ呪文的ト呼バレル降霊術ノ一部ニ於イテ明ラカニ見ラレル通リデアル。其ノ事例トシテ蛇使イノ呪文、其ノ他ガ在ル」）を参照せよ。

(26) M.-Th. d'Alverny, « Un temoin muet...», *loc cit*., p.243.

(27) アルベルトゥスによれば人間と離在知性との邂逅はアラブ世界に固有の観念というわけではなく、したがってアラブ哲学（アル－ファラビ哲学）に固有な観念というわけでもない。それはギリシャ－アラブ・ペリパトス主義憲章の第一条なのである。アル－ファラビが唱えた「取得サレタ知性 *intellectus adeptus*」――それが人間と離在知性との邂逅という哲学説の端緒をなす――は「ギリシャ諸賢人」のなかにあってポルフュリオスやアスパシオスと並び立つエウストラトスが唱えた「占有サレタ知性 *intellectus possessus*」に先例を見出す。本文で、いましがた、冒頭部を引用したアルベルトゥスの『一五の問題について』の一節を、つぎに、まるごと引用するが、そこでは、いかにもアルベルトゥスらしい並べかたで「ペリパトス派」の面めんが紹介され、その立場の融和主義的性格が確認されている。アヴェロエスが多くのペリパトス派のひとりとしてしか顔を見せていないことに注意しよう。「従ツテ、アルファラビウスガ明確ニシタ処ニ拠ルト、此レガ、全テノペリパトス派ノ古代ニ於ケル立場デアル。此ノ立場カラハ、可能的知性ハ全テノ叡智的事象ヲ映ス鏡ノ如キ物デアツテ、決シテ其レ等ヘ向カウ質料的ナ可能態デハ無イ事ガ帰結スル。此ノ後、ギリシャ諸賢人、即チ、ポルフュリオス、エウストラトス、アスパシオス、エフェソスノミハエル、及ビ、エピクロスニ同意スルアレクサンドロス以外ノ、他ノ多クノ者達ガ此ノ立場ニ加ワリ、彼等ハ口《クチ》ヲ揃エテ人間知性ハ占有サレタ知性デアツテ、知的本性ガ外ニ現レ出タ物デハ無イ、ト語ツテ居ル。其ノ後、ギリシャ諸賢人ガ占有サレタ知性ト言ツテ居タノト同一ノ物ヲアラブノ哲学者、即チ、アヴィセンナ、アヴェロエス、アブバケル、及ビ、若干ノ者達ガ取得サレタ知性ト呼ンダノデアル。何故ナラ、占有サレテ居ル物ハ占有スル物トハ異ナルシ、又、異ナル本性ノ物ダカラデアル（*De XV problematibus*, I ; éd. Geyer, p. 32, 62-71）。」これとあわせて、*De causis et processu universitasis*, II, 2, 32 ; éd. Fauser, p.126, 63-70 も参照せよ。そこではエウストラトスのつぎのテクストが引用されている。Eustrate, *Eth. Nic*. VI, 5, ed. Heylbut, p.314, 9-10 ; *trans. ant*., Vat. lat. 2171, f° 110va（「[…] 然シアリストテレスハ其ノ中ニ知性ガ実体的ニ現存スルト主張スルノデハ無ク、知性ハ不意ニ到来シテ占有サレ、且ツ、言ワバ、所有サレルト主張スルノデアル」）。また *De causis et processu universitasis*, II, 2, 20 ; éd. Fauser, p.114, 39-54 ではうえに名前があがったギリシャ－アラブ・ペリパトス派群像のなかにヘルメス・トリスメギストスがつけ加えられている。「此ノ故ニ、哲学者ノ中ニハ、斯ウシタ知性ヲ、獲得サレル、若シクハ占有サレル知性ト呼ブ者モ居ル。獲得サレル、ト言ウ訳ハ、徳ノ力ニ依ルノカ学ノ力ニ依ルノカハ兎モ角、努力ニでも取りあげられている（*Opus maius*, IV, *Astrologia*, I, p.399 et 402）ことを明らかにしている。また「物体的質料の精神的実体への」従属に関するアヴィセンナの主張はローマのアエギディウスによって「哲学者の謬説」のなかに数え入れられ（*Errores Philosophorum*, n° 6 et 7, éd. J. Koch, trad. angl., J. O. Riedl, Milwaukee, 1944, p.50)、トマス・アクィナスによって『対異教徒大全』第103章および『神学大全』第１巻第110問２項、第117問３項で論じられ、退けられている（第117問３項２節「物体的質料は、創造者の命令によるのでなければ、精神的実体に従属することはない」)。この点に関しては *La Parole comme acte...*, p.228-229 を参照せよ。

(23) Albert le Grand, *De animalibus*, XXII, 1, 5 ; Stadler, 1353.

(24) Cf. L. Sturlese, « Il razionalismo filosofico e scientifico di Alberto il Grande », *Documenti e studi sulla tradizione filosofica medievale, Rivista della Società Internazionale per lo Studio del Medioevo Latino*, I, 2 (1990), p.421.

(25) アルベルトゥスがいかに驚異現象に夢中になっているにしても、いかさま師とはちがうし、スウェデンボルクを揶揄して言うときの意味での「神秘家」ともちがうということは、ここで、ぜひ言っておかなければならない。「通俗的」もしくは「大衆的プラトン主義」に対するかれの批判がこのことを証明するのに十分である。ジェルソンはアルベルトゥスの『知性と叡智的なものについて』のなかに降神術に色濃く染まったプラトン主義を嗅ぎつけて非難するけれども、しかし、そうしたプラトン主義こそ、もっとも不条理な形態における単心論の硬い核を提供するのであって、知性と人間との「連続化」もしくは「連結」という、かれにとって中心的な知見を提供するわけではない。そのことを明らかにするのが、かれの言う自然的学知（これには心理学および形而上学がふくまれることを思いだそう）の目標のひとつである。「連続化」もしくは「連結」の知見は新プラトン主義にさかのぼり、より直接的には、アラブ・ペリパトス派にさかのぼるのであるが、じつは、それこそが、アルベルトゥスからすれば本来の意味で「プラトン的」な知見、複数の魂のなかに現実化している普遍的なるものの数的単一性、という知見、イデア的諸対象のイデア性を担保する知見なのである（この点に関しては *De anima*, III, 2, 7 ; éd. Stroick, p.186, 59-188, 6［spéc. p.186, 59-63］を参照せよ)。同じ知性もしくは同じ叡智的内容が、ひとつの魂から別の魂へ移ることは、アルベルトゥスによれば、輪廻の原理のなかにあるのと同じ誤謬である（*De anima*, III, 2, 11; éd. Stroick, p.191, 3-7「其ウシタ考エガ最大ノ不条理デアリ最悪ノ誤謬デアル。何故ナラ、此ノ考エニ拠ルト、或ル一ツノ魂ガ多クノ肉体ヲ受ケ入レル事ガ可能ニ成ルカラデアル。ト言ウノモ、知性ガ星ヲ去ツテ、対応スル或ル肉体ノ内ニ降リ立ツノダトスレバ、同ヂ理由デ、魂ガ、今、居ル肉体ヲ去ツテ別ノ肉体ノ中ニ入ツテ行ケル事ニ成ルカラデアル」)。催眠術の幻惑作用のからくりを説明するときに用いられるのも同じ原理である。眼差しから発せられる或る種の力が身体のなかに入り、あらゆる生命活動を阻害する、というのが降霊術の「見竦《ミスク》マセ oculus fascinationis」である（*Metaph.*, IV, 3, 2 ; éd. Geyer, p.187, 9-32 ; *In II Sent.*, 7, 7 ; *De anima*, II, 3, 6, ; éd. Stroik, p. 107, 5-7「プラトンハ力《チカラ》ガ或ル物カラ出テ別ノ物ニ入ツテ此レヲ幻惑スル事例ニ接シテ、自分デモ、“見竦マセ”ヲ認メタ」)。普遍的なるものの求めかたをまちがって迷走するプラトン理論が最後にたどり着くのが、蛇使いの「呪文」である。アルベルトゥスがそれらに寄せる関心は、ジェルソンが信じていることとは逆に、形而上学的というより心理学的であり、内的信仰というより宗教民族学のアヴェロエスによってか、それを翻訳したミハエル・スコトゥスによってか、省略されている。Théry 版ラテン語訳は（ad）intelligendum「知的ニ理解スル事（へ）」なる語をこれにあてている。同様にその直前の「あらゆる叡智的なもの」という語句もアヴェロエスの引用にはない。Théry 版の fiunt［formae materiales］intellectum in effectu「［質料的形相ガ］現実的知性ヘト生成スル」という語句がこれに該当するように思われる。質料的知性がこのように能動的知性の形相にまで高揚もしくは上昇するという、アヴェロエスがアレクサンドロスのなかに見出している観念は、ひょっとしたらアヴェロエスがアル－ファラビと接触した結果、アル－ファラビから乗り移ってきた観念かもしれない。アル－ファラビは、再三、*ascendendo*（「高まりゆくことによって」）という語を使っているからである。この点については、とりわけ、éd. Gilson,p.121, 226-227 を参照せよ。実際、アレクサンドロスの『知性論』のアラビア語訳のなかにアヴェロエスが注目した上昇という観念がふくまれているかどうかは定かでない。上昇に対応するアラビア語 *taraqqī* は推測にもとづいて使われている。編集者のバダウィが自分が使用した写本のなかからこの語を拾いあげた。しかしそのバダウィ自身が *bi-taraqqī-hi nahwa tilka s-sūra, bi-tawaffī-hi s-sūra*（「こうした形相にまで高まりゆくこと」p.34, n.1）の異文として写本 Escurial, H. Derembourg n°794のなかの一節を紹介しており、そこでは「こうした形相にまで高まりゆくこと」が「形相を余すところなく受け入れること」となっている。そうだとすれば意味はまったくちがうことになり、アレクサンドロスが言いたいことは、能動的知性が質料的知性におよぼす影響は徹底的なものであって、ついには、質料的知性が余すところなく能動的知性の形相となることによって、取得された能動的知性と言われるまでになる、ということである。こうした主張に「アル－ファラビ的な」ところはもはや何ひとつない。アレクサンドロスのギリシャ語原典が示唆するのは、アヴェロエスが読んだテクストがアル－ファラビ化されているということである。というのも P. モローによる翻訳が確証するように原典には「上昇」のいかなる観念も見当たらないからである。Cf.Moraux, p.187-188（「そうした実在はつねに現実的知性である。実際、現実的に知解可能なものが知性である。したがってこうした存在はそれ自身の本性によって知解可能であると同時に現実的な知性である。こうした存在が原因となって質料的知性をみちびくからこそ、質料的知性は、質料のなかにとらわれている形相のひとつひとつを、この種の形相に関係づけることによって、分離できるのであり、そのひとつひとつを模倣し、思考し、知解可能とすることができるのである。わたしが能動的知性と言いたい、こうした存在は“そとから到来する知性”と呼ばれる。それは、わたしたちの魂の一部もしくはその機能の一部とかではなく、わたしたちがそれを思考するときに、そとからわたしたちに到来するのである」).

（22）Cf. Avicenne, *De anima*, IV, 4 ; éd. Van Riet, 65, 35-66, 58. このテクストについては A. Elamrani-Jamal, « De la multiplicité des modes de la prophétie chez Ibn Sina », *in* J. Jolivet, R. Rashed（éd.）, *Études sur Avicenne*, Paris, Les Belles Lettres, 1984, p.137-138 を参照せよ。アヴィセンナの予言理論については、上記以外に、H. A. Davidson, *Alfarabi, Avicenna and Averroes, on Intellect*, New York-Oxford, OUP, 1992, p.116-123 を参照せよ。I. Rosier は *La Parole comme acte...*, p.214 で「世界の質料」の「高貴な魂もしくは聖なる魂」への従属に関するアヴィセンナの主張が、それを説明する――「予言能力」の理論の支柱をなす――実例（雨と嵐の到来、元素の変容、「幻惑作用」そのほか）とともにロジャー・ベーコンの著作

ニハ、自然ノ中デ能動的知性ニ最モ近イ非物質的実体ニ就イテノ知的理解ガ、更ニ、其ウシタ実体ヨリモ高位ノ知性ニ就イテノ認識ガ与エラレルダロウシ、斯クシテ、同様ニ上昇ヲ続ケテ、栄光ニ包マレタ神ニ他ナラナイ最高ノ実体ニ就イテノ認識ニ到達スルダロウガ、此ノ事ノ内ニ、可能的知性ニ取ツテノ此ノ上無イ歓喜ト、在リト在ラユル幸福トガ認メラレルノデアル。処デ、斯ウシタ全テノ認識ガ可能的知性ニ一瞬ニシテ与エラレルノカ、其レトモ、順繰リニ与エラレルノカハ、此処デ考察サレルベキ事デハ無イガ、然シ、私ハ単純ニ次ノ事ガ真デアルト考エル。即チ、能動的知性ニ就イテノ完全ナ認識ハ、当ノ認識ニ無媒介的ニ現前スル別ノ離在的実体ニ就イテノ知的理解ヲ受ケ取ル為ニ可能的知性ガ行ナウ準備ト配置デアリ、其ウシタ知的理解ガ、又、別ノ知的理解ノ為ノ準備ト配置デアリ、斯クシテ、同様ニ進ンデ神ニ他ナラナイ、此ノ上無ク完全ナ実体ノ認識ニ迄至ル、ト云ウ事デアル［傍点引用者］」).

(21) 知的「上昇」の観念がアヴェロエスの『霊魂論大注解』に見られないわけではない。たとえば *In De anima*, III, comm. 36, Crawford, p.484, 154-485, 155 に「ソシテ此ノ事ハ斯ウシタ形相ニ達スル質料的知性ノ上昇ニ拠ツテ起コルダロウ」とある。しかしこの表現はアフロディシアスのアレクサンドロスの意見を紹介するくだりに登場するのであって、その個所でアヴェロエスはアレクサンドロスの意見をつぎのように注釈している。「したがってかれ［= アレクサンドロス］はこうした陳述によってつぎのことを言おうとしているのは明らかである。すなわち現実的知性が質料的知性に固有の作用を起こさせる形相原因となっているとき（そのことはこうした形相に達する質料的知性の上昇を想定する）、現実的知性は“取得される知性”と呼ばれる。というのも、この段階において、現実的知性がわたしたちにとっての形相なのだから、わたしたちはこの知性の考えるとおりに考えるからであり、また、［この形相は］わたしたちにとって最終的（ultima）［に到来する］形相だからである（trad. A. de Libera, *L'Intelligence...*, p.153)。」注釈されているアレクサンドロスのテクストは、アヴェロエスによる引用ではつぎのようになっている。「したがって現実的知性にほかならない、この、本性上、叡智的なるものは、質料的知性があらゆる質料的形相の抽象と形相化によってこうした形相にまで高まりゆくことの原因であるかぎりで、取得される知性と呼ばれる。そしてそれは霊魂の一部でも霊魂の一機能でもなく、そとからわたしたちのうちに到来するのであり、そのとき、わたしたちはそれが考えるとおりに考えるのである。」ミハエル・スコトゥスによるアヴェロエスの著作のラテン語訳から判断すると、アヴェロエスはフナイン・イブン・イスハクによるアレクサンドロスの『知性論』のアラビア語訳をそこそこ忠実に引用している。そのアラビア語訳から問題の個所をそのまま引用するとつぎのようになる。「そして現実的な（*bi-l-fi'l*）知性にほかならない、この、本性上、叡智的なるものが質料的知性を動かして、それが、あらゆる質料的形相とあらゆる叡智的なものの抽象（*intizā'*）と受容（*taqabbul*）と形相化（*tasawwur*）［を完遂すること］によって、そうした形相にまで高まりゆくことの原因（*'illa*）になったときに、ひとはそれ（すなわち本性上叡智的なるもの）について、それが取得された能動的知性（*al-'aql al mustafād al-fā'il*）であるというのである。そしてこの知性は霊魂の一部でも一機能でもなく、そとから到来して、わたしたちのうちに生みだされる（*yahduthu*）何ものかであり、そのとき、わたしたちの知性はそれによって完全（*kamula*）なのである」(éd. Badawi, p.34, 1. 19-23 = Alexandre, *De intellectu*, Bruns, p.108, 18-23)。ちなみに、受容（*taqabbul*）という語は引用した

明する）のであって、かれの基本的観念とは、質料のうちに拘束されている諸形相はそれ自体では叡智的ではないが、何らかの知性が「a）それらを思考によって質料から分離し、b）あたかもそれ自体で存在するかのように把握することによって叡智化するときに」叡智的となる。こうした「抽象作用」が、存在するすべてのものの神への「還帰」を保証するという主張は、しかし、アレクサンドロスの主張ではない。それは抽象的知性の役割に関する救済論的な再解釈であって、そうした再解釈の「歴史的経路」を精密にたどることが今後の課題となるだろう。

（17）Cf. Pfeiffer, n° LVI, p.179, 10-181, 25.

（18）Cf. Boèce, *Consolation de Philosophie*, III, poème 9 ; *CC* 94, p.51,3.

（19）アル－ファラビが言う意味での「もうひとつの生」（＝来世）における肉体および物質からのこうした解放は『知性と可知的なものについて』の中心主題である。つぎの文言を参照せよ。「従ツテ霊魂ノ本質ト活動ト作用ハ同ヂ一ツノ物デアツテ、其ノ時（＝来世デ）霊魂ハ現存スル為ニ肉体ガ其ノ質料ト成ル必要ハ無カロウシ、其ノ諸活動ノ内ノ何ノ活動ノ為ニモ肉体ノ内ニ在ル生命力ニ助ケラレル必要ハ無カロウシ、其ノ作用ニ際シテ如何ナル物体的ナ道具モ必要無カロウ。ト言ウノモ、霊魂ノ諸段階ノ最低ノ段階ハ、現存スル為ニ、肉体ガ其ノ質料ト成リ其レ自身ハ肉体ノ中デノ形相ト成ル事ガ必要デアル様ナ段階デアル。他方デ、此ノ段階ヲ超エタ段階トシテ、現存スル為ニ肉体ガ其ノ質料デアル必要ハ無イニシテモ、其ノ作用ノ中ノ多クノ作用ノ為ニ物体的ナ道具ヲ使用シ、其ウシタ道具ノ力、即チ感覚ト想像力ニ助ケラレル事ガ欠カセナイ様ナ段階ガ在ル。霊魂ノ存在ガ更ニ、ヨリ、完全ト成ルノハ、既ニ述ベタ配置ニ従ツテ生成スル時デアル。」

（20）アルベルトゥスがアヴェロエスを後ろ盾にすることなく自分の考えを表明したという事実は、かれが、自分でもその構築に貢献した「アル－ファラビ・モデル」に賛同していることを意味する。取得サレル知性のうえに、さらに、ひとりそれのみが神的事象に通ずる同化サレル知性をかぶせたという単純な事実によって、「取得」（*adeptio*）を、叡智的事象に向かう上昇運動の最終項ではなく、篩《ふるい》とか通過点とか第二の出発点として理解するアル－ファラビの着想をアルベルトゥスもまた共有していたことが雄弁に語られている。この２段階モデル――抽象（これは「すべての叡智的事象」を物質から分離する作用であり、知性はそうした事象の認識において自己を現実化することが可能となる）と合一（純粋な叡智的事象の観想）との２段階――においては、「分離サレタル物」の知的直観が「抽象サレタル物」のそれを引きつぐというかたちで、プラトンがアリストテレスを引きつぐことになるのであって、このモデルは、アルベルトゥス以後、アヴェロエス主義者によって継承されるまでに強い力を発揮するにいたるのである。かくしてJ.-B. ブルネがジャンダンのヨハネスを論ずるさいに明らかにしたように「能動的知性との形相的結合というアヴェロエスの理論は、離在的諸存在の階梯の段階的上昇という、アル－ファラビが着想した別種の学説によって乗りこえられる」のである。Cf. *Quaestiones de anima*, III, 36, col.421（「…能動的知性ハ知的自然ノ部類ニ於イテ可能的知性ニ次イデ低位ニ属シ、従ツテ、他ノ全テノ離在的実体ハ能動的知性ノ目的デアルト云ウ点デ能動的知性ヨリモ高貴デアリ、能動的知性ハ何ラカノ目的ニ拠ツテ創造サレルカノ如ク、何ノ実体ニ拠ツテ創造サレテモ不思議デハ無イ様ニ私ニハ思ワレル。ソシテ此ノ故ニ、可能的知性ガ能動的知性自身ニ就イテノ完全ナ知見ヲ受ケ取ル時、可能的知性序で）区別されている（p.368）。すなわち、まず第一に学者であり、つぎに予言者であり、最後に政治家、易者、卜占官の類である（ただしp.367で預言者モーセがどれにも入れられてないことに注意されたい）。

（12）アルベルトゥスがアリストテレスに帰属させている「神的」知性という知見は、おそらく、『ニコマコス倫理学』に散見される、知性を人間のうちにある神的なものとして提示する個所から着想を得ている。そうした主張を根拠に、スタゲイラの哲人は「観想的生」を一種の神的生として提示するのである。アヴェロエスが「邂逅」に関するテミスティオスの意見を紹介している『霊魂論大注解』のなかのつぎの一節（第３章36注解）がアルベルトゥスの着想の第一の源泉であったとは考えにくい。「したがって人間は、この様態にあるかぎり、テミスティオスが言うように、神の似姿である。というのも、そのとき人間は或る意味ですべての存在であって、何らかの意味でそれら［すべて］を認識しているからである。実際、諸存在は人間の知以外のものではなく、諸存在の原因は人間の知以外のものではないからである。しかもこうした秩序の何と見事であることか。こうした存在様式の何と素晴らしいことか。」

（13）『原因論』第３命題33節（「故ニ第一原因ハ霊魂ノ存在ヲ創造シタ後、知性ガ其ノ諸活動ヲ遂行スル様ニト、霊魂ヲ、恰モ敷キ藁ノ様ニ知性ノ下ニ敷イタ」）を参照せよ。

（14）アル－ファラビの著作『知性と可知的なものについて』のラテン語訳で使われていた *subiectum*（基体）もしくは *materia*（質料）という単語を、アルベルトゥスは、アル－ファラビの説を補足解説するさいに、*stramentum*（敷き藁）という単語に置きかえている。*stramentum* = hypostase（基体）という等式を「能動的知性の光は原理的知性の敷き藁である云々」なる文言に当てはめてよいことはニコラウス・ペリパテティクスの著作中の一節（「光はさまざまな色の基体 hypostase である」）によって保証されている。

（15）「…全自然ノ中デ何一ツ、ヨリ悪シキ物ノ為ニ生起スル事ハ無ク、全テハ、ヨリ善キ物ノ為ニ生起スルノデアツテ、第一原因ト諸知性トノ光カラ質料ノ内ニ絶エ間無ク流レ来ル諸形相ハ、質料ノ内ニ在ルヨリモ第一原因ト諸知性トノ光ノ内ニ在ル時ノ方ガ遥カニ、ヨリ善ク存在シテ居ルノデアル［…］カラ、私達ガ『〈自然学講義〉注解』デ述ベタ様ニ、諸形相ハ、仮ニ質料ガ神的デ善ナル物トシテ其等ヲ欲シガルニシテモ、己ガ質料ノ内ニ持ツデアロウ存在ノ為ニ質料ノ内ニ流レ来ル理由ハ、一切、無イノデアル。又、世界ノ諸形相ト言ワレテ居ル物ガ泉ノ如キ己ノ雅量ヲ誇示スル為ニ流レ来ル、ト言ウ事モ出来ナイ。何故ナラ、ヨリ悪シキ事柄ノ為ニ資産ヲ食イ潰ス事ガ天晴《アッパレ》ナ雅量デアル筈ハ無イカラデアル。」

（16）抽象サレタル物 abstracta と分離サレタル物 separata というアル－ファラビの区別と並行的なこの区別は、さらに、アフロディシアスのアレクサンドロスが表明した、ペリパトス主義をもっとも正統的に代表する形相理論とも、一脈、相通じている。アレクサンドロスは、非質料的であることはもちろん非物体的でもある形相（アレクサンドロスの言う「離在知性」「不動の第一動者」＝アル－ファラビの言う、神「に極まる」ところの「分離サレタル物」）と質料のうちに拘束されている形相（＝抽象される以前の抽象サレタル物——こうした形相に関しては Περὶ ψυχῆς, éd. Bruns, p.85, 11-25 et *Quaest*. 1.25, éd. Bruns, p.39, 9-17 ; Sharples, p.82-83 を参照せよ）を区別している。アルベルトゥスはこの点でアレクサンドロスの基本的観念を継承している（その事実は、わたしが他所で「アレクサンドロスのエピステーメー」として語ったものに歴史的実体があることを証アルガゼル、アヴェロエス、アブバケル、他、多クノ人々ノ意見ガ一致シテ居ル。然シ、斯ウシタ見解ニ満足出来ナカツタラテン人ノ中ノ凡庸デ無イ権威ヲ有スル或ル者達ハ［ラテン人ノ中ニ…或ル者達ガ居テ－SJ］事物ノ内ニ専ラ或ル観点カラ把握サレル普遍的ナ物ガ在ルト付言シタノデアル）を参照せよ。

（2）Cf. Aristote, *Anal. post.* I, 34 ; Avicenne, *De anima*, V, 6 ; éd. Van Riet, p.152.

（3）Cf. Avicenne, *De anima*, V, 6, p.151, 79.

（4）Avicenne, *op. cit.*, p.151, 84.

（5）*Ibid.*, p. 151, 84-86.

（6）*Ibid.*, p.152, 96（cf. Aristote, 89b10-11）.

（7）Cf. E. Gilson, « Les sources gréco-arabe de l'augustinisme avicennisant », *AHDLMA*, 4（1929-1930）, p.62.

（8）アヴィセンナが予言の「諸様式」を語るとき、人間が予言者であるための三つの条件と、異なる能力に由来するその三つの様式とを、同時に、意味していることを思いだそう。そうした条件および様式はつぎのとおりである。(1)想像能力（これは知覚する力のひとつである。cf. *De anima*, IV, 2 ; éd. Van Riet, p.18, 46-62［spec. p.19, 61］）の完成。これに対応するのが「外的知覚に依存しない霊魂のうちなる想像的直覚の可能性にもとづいた」予言様式。(2)運動能力すなわち物を動かす力――これは情欲および憤怒へ発展する可能性をはらむ欲望（*aš-šawq*）のことであり、また同意（*al-ijma*', cf. *De anima*, IV, 4 ; éd. Van Riet, p.66, 59-64）のことでもある――の完成。これに対応するのが、可感的事象の秩序にありながら物質的因果性に依存しない、物質に対する霊魂の現実的活動様式。(3)「聖なる知性」の占有。予言と哲学との蓋然的接点が形成されるのはこうした知性のレベルにおいてである。この接点こそアルベルトゥス思想の特徴であり、ジェルソンがかれなりの、まったく、否定的な受けとりかたで言及し、さらに、わたしの見るところ、ストゥルレーゼの「科学主義的」解釈によって毒気を、あらかた、抜かれてしまった。

（9）Cf. Albert, *Quaestiones disputatae De proph.*, n.95 ; éd. Torrell, p.30, 11-14［réimpr. p.144, 11-14］. この区別は Avicenne, *De anima*, V, 6 ; éd. Van Riet, p.151, 75-153, 18 から借りられている。

（10）*De intellectu*, I, 3, 3（éd. Alain de Libera）.

（11）ここで「生まれがよい」とは、生まれつき「完全な」想像能力を持っていることを意味する。こうした条件――アヴィセンナがそれを定めたことをすでに見た――はマイモニデスからアルベルトゥスに引きつがれている（Maïmonide, *Dux seu director dubitantium*, II, 37（Paris, 1520）= 36 Munk, f° LXIIIv（reprint, 1964）。マイモニデスもアヴィセンナと同様に同書で予言の三つの条件を定めている（Munk 訳 p.367）。その三つとは、研究を通じての理性能力の完成と生まれつき形成されている想像能力の完成と「すべての肉体的快楽から思考を解き放ち」「強大さへの愚かで危険な欲望」を黙らせるときに（獲得される）品行の完全性である。三つの「様式」への分類作業は連鎖をなす実在の秩序にもとづく発生論的な解釈に余地を与えている。実在の秩序とは、まず第一に、幸運な先天的形成であり、ついで、研究であり、最後に品行の「純粋性」（p.365）によって強化された神への欲望である。これら三つのおのおのにおける優越性に応じて、完全な人間のあいだでも優越性の順位がある。『迷える者のみちびき』の38節（Munk 訳 37節）では『知性と叡智的なものについて』におけるように人間の３類型が（数が減っていく順

vina, 3), 2002, p.191-231.

(74) アレクサンドロスの宇宙論に識別される、ほかの体系からの複雑な影響関係や、その宇宙論に固有な神学的側面や、プロティノス的諸要素と抱きあわせでアラブ世界に受け入れられた、錯綜した経緯については Ch. Genequand, « Introduction », *Alexander of Aphrodisias on the Cosmos*, § 3, p.16-21 et § 4, p.20-26, spéc, p.19-20（「マバーディ（= アレクサンドロス）の際立ったふたつの特徴は［…］模倣の学説と宇宙を貫徹する神的力の学説である。アリストテレスの目的論と融合する、模倣というプラトン的観念は、マバーディにあって、宇宙の駆動力となり、宇宙の凝集性をたんに心理学的ではない、とりわけ宇宙論的なレベルで保証するものとなる。善のイデアと第一原理に向かうこうした普遍的衝動が［…］宇宙の上昇駆動を構成し、この上昇駆動はやがて後期ギリシャ新プラトン主義のなかで環帰 ἐπιστροφή の学説によって取って代わられることになるが、しかし［…］ファラーシファ（イスラム哲学者）のあいだでしばしば支配的となるのは、こうしたアレクサンドロスの同化もしくは模倣の観念である。宇宙のすべての部分に浸透して生気を与える神的力について言えば、それは模倣の、下降する相関者であって、摂理の学説に概念的基盤を与える。そうした神的力は、プロティノスの発出 πρόοδος と組み合わされてアラブ哲学のなかで特殊な形式を帯びることになり、その形式のもとで流出（*fayḍ, ḥudūth*）の理論の源泉となったと考えてもおかしくはない」）を参照せよ。また p.22（「形相付与者としての能動的知性という概念、すなわち、たんに人間知性のなかに生起する叡智的形相の源泉であるばかりでなく物質的世界のなかに埋め込まれた形相の源泉としての知性という概念そのものが、形相なき質料に形相を与える、神的力としての自然というアレクサンドロスの観念に、何らかの意味で、由来すると見ることができる」）を参照せよ。

(75) 詳しくは T. Suarez-Nani, « Remarques sur l'identité de l'intellect et l'altérité de l'individu chez Thierry de Freiberg », *in* F. Cheneval, R. Imbach, Th. Ricklin (éd.), *Albert le Grand et sa réception..., op. cit.*, p.99-100 を参照せよ。

(76) この表現をわたしは M.-R. Pagnoni-Sturlese, « Filosofia della natura e filosofia dell'intelletto in Teodorico di Freiberg e Bertoldo di Moosburg », *in* K. Flasch (éd.), *Von Meister Dietrich zu Meister Eckhart* (*CPTMA, Beihefte*, 2), Hambourg, F. Meiner, 1984, p.124 から拝借した。

第七章

(1) ここに言う「アブバケル」とは、アルベルトゥスがアヴェロエスを介して知ることになるアブー・バクル・ムハンマド・イブン・ヤフヤー・イブン・アッサーイフ・イブン・バージャである。『知性と叡智的なものについて』第1巻第1章7節（「私達ガ『霊魂論注解』デ述ベタ通リ、アブバケル、アヴェロエス、他、多クノ人々ガ、普遍的知性ハ自然的デアツテ［多クノ人々ガ、知性ハ普遍的デアツテ－J 写本］、想像力ヤ感覚ヲ介サヅニハ私達ニハ取得出来ナイト主張シタ諸理由ノ内、最モ重要ナ理由ガ此レデアル」）、同書第1巻第2章1節（［…］ヨリ多クノ事物［「ヨリ多クノ」省略－J］ノ内ニ同時ニ把握サレル事物ガ普遍的デアル。従ツテ、ヨリ多クノ［従ツテ、可能的ナ－J］事物ノ内ニ同時ニ把握サレル事物ガ普遍的ナノダカラ［「ヨリ多クノ」以後省略－PS］事象ガ専ラ形相ノ観点カラ、若シクハ質料ノ観点カラ把握サレルナラ、其処ニ普遍的ナ何物モ無イ。既ニ［然ルニ－P］此ノ点デ殆ド全テノペリパトス派、即チアヴィセンナ、く、星辰世界と元素世界（諸元素と元素的諸性質の世界）のあいだに存在する因果関係を理論的に精密化するために占星術の領域に外部から入ってくるのであって、新プラトン主義に起源を有する因果的思考の構造もしくは図式（「流出説」）のなかで、アリストテレスの生成観と結びついてできたものである。Cf. S. Caroti, « Note sulla parafrasi del *De generatione et corruptione* di Alberto Magno », *in* F. Cheneval, R. Imbach, Th. Ricklin（éds.）, *Albert le Grand et sa réception au Moyen Âge, Separatum* de la *Freiburger Zeitschrift für Philosophie und Theologie*, 45（1998）1-2, p.22-23（「わたしたちは流れ *fluxus* の知見がアルベルトゥスによって占星術から借りられたことを自明視したくはないのであって、むしろ逆に、アルベルトゥスは新プラトン主義の流出説に同調することで星辰的因果性の採用を基礎づけることができた、ということをひとつのアイデアとして強調したいのである。そして、そうした因果性は、それはそれで、まさにその作用的様相をアリストテレスの生成観から借りているのである」).

(65) この偽アリストテレス書簡とそれが『原因論』の想定上の典拠として果たした役割については A. de Libera, *Métaphysique et Noétique. Albert le Grand*, Paris, Vrin, 2003 を参照せよ。アレクサンドロスのテクストはアラビア語版のみが保存されて A. Badawi, *Arisṭū ʿinda 'l-ʿArab*, Le Caire, 1947, p.253-277 に収録され A. Badawi, *La Transmission de la philosophie grecque au monde arabe. Cours professé à la Sorbonne en 1967*（Études de philosophie médiévale, 56）, Paris, Vrin, 1987, p.135-153 でフランス語に訳されている。英語訳と注釈の付いた校訂版については Ch. Genequand, *Alexander of Aphrodisias on the Cosmos, op. cit* を参照せよ。プロクロスの『神学綱要』のアラビア語翻案である『カラーム・フィー・マハド・アル－カイル』にあるプロティノス的な特徴については R. C. Taylor, « The *Kalām fī maḥḍ al-khair*（*Liber de causis*）in the Islamic Philosophical *Milieu* », in *Pseudo-Aristote in the Middle Ages*. The *Theology* and Other Texts（Warburg Institute Surveys and Texts, XI）, Londres, The Warburg Inst.-Univ. of London, 1986, p.39 を参照せよ。

(66) Cf. Alain de Libera, *La Philosophie médiévale, op. cit.*, p.198-199.

(67) Albert le Grand, *De causis et processu universitatis*（*DCPU*）, II, 2, 15; éd. Fauser, p.109, 5-8. 「原因の力強さ」という知見は、これはこれで、『原因論』の用語から借りられていることに注意されたい。このことは多種多様な典拠をアルベルトゥスが切り貼りして用いていることの最初の証拠である。同じ階層化が *DCPU*, II, 2, 16; éd. Fauser, p. 109, 45-81 でも試みられているのでそちらも参照せよ。

(68) *DCPU*, II, 5, 16; éd. Fauser, p.181, 77-78.

(69) *DCPU*, II, 1, 2; éd. Fauser, p.62, 59-60.

(70) Cf. A. Altmann, S. M. Stern, *Isaac Israeli. A Neoplatonoc Philosopher of the Early Tenth Century*（Scripta Judaica, I）, Oxford, 1958, p.51.

(71) A. Altmann, S. M. Stern, *Isaac Israeli...*, p.52.

(72) Cf. M.-Th. d'Alverny, « Pseudo-Aristotle, *De elementis* », in *Pseudo-Aristotle in the Middle Ages, op. cit.*, p.63-83, spéc. p.73-74.

(73) Cf. M. Geoffroy, « La tradition arabe du *Peri Nou* d'Alexandre d'Aphrodise et les origines de la théorie farabienne des quatre degrés de l'intellect », in *Aristotele e Alessandro di Afrodisia nella tradizione arabe. Atti del colloquio « La ricezione arabe ed ebraica della filosofia e della scienza greche. Padova 14-15 maggio 1999 »*, Padoue, Il Poligrafo（Subsidia Mediaevalia Pata-

関しては D'Ancona Costa, *Recherches sur le Liber des causis*, Paris, Vrin, 1995（Études de philosophie médiévale, LXXII）を参照せよ。

(56) Avicenne, *Metaph.*, IX, 6; éd. Van Riet（*Avicenna Latinus*, Louvain-Leyde, Peeters-Brill, 1980), p.495, 46-496, 50. Anawati による仏語訳［Avicenne, *La Métaphysique du Shifā'*, IX, 5（Études musulmanes, XXVII/2), Paris, Vrin, 1985］p.149 をもとに引用するが、これで原文が理解しやすくなる見込みは薄い。「あなたは摂理が何に存するかを知らねばならない。すなわち、それは、すでに述べたように、第一者が、現実のなかに見出される善の秩序はおのれの本質によることを認識し、かつ、第一者が、その本質によって、諸事物にとって可能でもありその意にも適うかぎりでの善性と完全性との原因である、ということに存するのである。そのとき、第一者は可能なかぎり［程度の］高い善の秩序を思い描く。そのとき、秩序と善において思い描けるかぎりで最高の様相において第一者が思い描くものが第一者から流れだすのであって、可能性の点でこのうえなく完全な流出によって秩序にいたり着く。それこそが摂理の意味である。」

(57) Avicenne, *Metaph.*, IX, 6; éd. Van Riet, p.495, 36-40.

(58) Avicenne, *Metaph.*, IX, 5; éd. Van Riet, p.491, 70- 492, 76; trad. Anawati, p.147（「諸天体は、そのおのおのに固有な諸性質がそれらからこの世界に流れ入るというかたちで、この世界の物体に影響をおよぼす。そして天体の霊魂も、同様に、この世界の霊魂に影響をおよぼす。そこでわたしたちは、天体によるこうした"意図"から、この世界の物体を指揮する自然は、完全性や形相がそうであるように、天球に遍在する霊魂もしくはその援助者から生みだされることを推しはかる」). 天球 *sphère céleste* という表現はラテン語訳には欠けている。しかし、この欠損があっても、うえの一節の大まかな意味は十分に明白であって、アルベルトゥスもその内容に関して思いちがいをすることはなかった。

(59) Cf. G. Verbeke, « Introduction doctrinale », in *Avicenna Latinus. Liber de philosophia prima sive scientia divina, V-X*, éd. Van Riet, p.71*.

(60) Cf. G. Verbeke, « Introduction doctrinale », *op. cit.* p.70*.

(61) Cf. Albert le Grand, *De gen. et corr.*; éd. Hoßsfeld［*Alberti Magni Opera omnia*, t. V, 2 : *De natura loci*, *De causis proprietatem elementorum, De generatione et corruptione*, Münster/W., 1980], p.138, 7（「自然的能力及ビ無能力ハ本質カラ流レ出ル」).

(62) Cf. Albert le Grand, *De gen. et corr.*; éd. Hoßfeld, p.141, 62-142, 64（「他方デ運動ノ主体ハ常ニ実体ナル範疇ノ中ニ在ル。何故ナラ偶有性ガ実体ニ拠ツテ在リ、実体カラ流レ出ル様ニ、偶有的運動ノ原理モ実体カラ流レ出ルノデアリ、当然、実体ガ偶有的運動ノ主体ト云ウ事ニ成ルカラデアル」).

(63) Cf. Albert le Grand, *De gen. et corr.*; éd. Hoßfeld, p.171, 72-172, 76（「二番目ノ問題、即チ複合物ニ於イテ複合可能ナ物ハ如何ニ在ルカ、ト云ウ問題ニ就イテハ、アヴィセンナガ言ウ様ニ、諸元素ノ存在ハ二重デアル事、即チ第一ノ存在ト第二ノ其レトガ在ル事ニ注意サレタイ。第一ノ存在ハ諸元素ガ、其レ等ノ本質タル形相カラ得ル存在デアル。他方、第二ノ存在ハ諸元素ガ己ノ諸性質ノ作用ニ於イテ持ツ存在デアツテ、其ウシタ性質ハ各々ノ元素ニ固有デ其ノ本質カラ流レ出ルノデアリ、其ウシタ性質ニハ温熱ト寒冷ト湿潤ト乾燥ガアル」).

(64) 理論的用語のこうした「出会い」は S. カロティによって正確に記述されている。それによると、流れ *fluxus* というアルベルトゥスの知見は、占星術に起源を持つのではな

3 (1982), p.1-32 ; M. A. Brown, «The Role of the *Tractatus de obligationibus* in Mediaeval Logic », *Franciscan Studies*, 26 (1966), p. 26-35 ; E. Stump, « Obligations : from the Beginnings to the Early Fourteenth Century », *in* N. Kretzmann *et al.* (éd.), *The Cambridge History of Later Medieval Philosophy, Cambridge*, CUP, 1982, p.315-334 ; P. V. Spade, « Obligations : Developments in the Fourteenth Century », *ibid.*, p.335-341 ; E. J. Ashworth, « English *Obligationes*, Texts after Roger Swyneshed : The Tracts Beginning *Obligatio est quaedam ars* », *in* P. O. Lewry (éd.), *The Rise of British Logic. Acts of the 6th European Symposium on Medieval Logic and Semantics. Oxford 19-24 June 1983* (Papers in Medieval Studies, 7) , Toronto, Pontifical Institute of Mediaeval Studies, 1985, p.309-333 を参照せよ。

(48) Cf. Ambroise, *De fide*, I, 13 ; PL 16, col. 570-571（「信仰ガ求メラレテ居ル場所デハ立論ヲ遠去ケヨ［…］哲学者ノ信仰ハ信ヅルニ足リヅ、漁夫ノ信仰ガ信ヅルニ足ル」).

(49) そうなってしまえばあとは「真理の敵対者を火に投げ込むまでである」とアルベルトゥスは（冗談であってほしいが）語っている。「なぜなら、かれらにとって火のなかにあることと火のなかにないことは同じだからだ」(« non [...] restat, nisi ut adversarius veritatis proiciatur in ignem, quia secundum eum idem est esse in igne et non in igne esse »)。Cf. *Summa theol., ibid.*, p.20, 14-16.

(50) Albert le Grand, *Summa theol., ibid.*, p.20, 2-7 : « Sicut enim in aliis scientiis est, quod non est disputatio ad negantem principia, sed ad principia concedentem, ita et in theologia ad eum qui negat sacram scripturam verum dicere, non est disputatio de fidei articulis, sed ad eum qui concedit hoc, multae rationes possunt induci. »

(51) 神 Dieu についての学というよりは神的なるもの le divin についての学である神性学 theiologie の本来の概念については J.-L. Marion, *Dieu sans l'être*, Paris, Fayard, 1982, p.96 を見よ。

(52) 基本的には R. Hissette, *Enquête..., op. cit.*, p.70-72（この個所で謬説表第33条「第一者カラ無媒介的ニ生ヂ来ル結果ハ、唯ニ、一デナケレバナラズ、第一者ニ最モ似テ居ナケレバナラナイ」が論じられている）を参照せよ。

(53) 存在ノ類比 *analogia entis* の考古学的考察として J.-F. Courtine, « Aux origines néoplatoniciennes de la doctrine de l'analogie de l'être », *Métaphysiques médiévales. Études en l'honneur d'André de Muralt*, C. Chiesa, L. Freuler (éd.), *Cahiers de la revue de théologie et de philosophie*, 20, Genève-Lausanne-Neuchâtel, 1999, p.29-46 を参照せよ。

(54)「従ツテ、諸事物ノ存在ハ、善カラ自発的ニ流レ下ツタガ故ニ、善デアルト言ワレル。実際、第一善ハ、存在スルガ故ニ、存在シテ居ルト云ウ点デ善デアル。更ニ第二善ハ、其ノ存在自身ガ善デアル存在カラ流レ来ツタガ故ニ、其レ自身モ、又、善デアル。然シ、全テノ事物ノ存在自身ガ、"存在シテ居ルト云ウ点デ善デアル" ト正シク言ワレルマデニ善デアル第一善カラ流レ来ツタノデアル。ト云ウ事ハ、其ノ様デアル限リ、諸事物ノ存在自身ガ善ダト云ウ事デアル。此レデ問題ハ既ニ解ケテ居ル。而シテ、諸事物ハ、存在シテ居ルト云ウ点デ善デアルニセヨ、第一善ニハ似テ居ナイ。何故ナラ、諸事物ハ、如何ニシテモ諸事物ノ善ナル存在自身デハ無ク、第一存在カラ、即チ、第一善カラ流レ下ツタノデナケレバ、諸事物ノ存在自身デアル事ハ出来ナイカラデアル。従ツテ、存在自身ハ善デアツテ、且ツ、己ガ、拠ツテ以ツテ存在デアル当ノ物ニ似テ居ナイ。」

(55) 偽アリストテレス著『原因論』の形而上学にほかならないこうした形而上学の記述に

ている」）を参照せよ。『説教六六』でエックハルトは、とりわけ、この主題につぎのようなふくらみを与えている。「人間は、神への愛のために自分自身を放棄し神に合一するかぎりで、被造物というよりはむしろ神である。人間が神への愛のために自分自身から完全に解放され、神以外の何ものにも、もはや、帰属せず、神以外のいかなるもののためにも生きないとき、かれは、まさしく、神が、生来、そうであるものに恩寵によってそうであり、神でさえ、ご自身とこうした人間とのあいだにちがいを認めない。わたしは“恩寵によって”と言う。というのも、神があり、また、神とは別に、こうした人間もあるのであるが、神の存在と善が余すところなくそうした人間のうちにあるがゆえに、神が、生来、善であるのと同じくらい、こうした人間も恩寵によって善だからである。それだからこそ神はそうした人間を“善き”人間と呼ぶのであり、また、そのことこそ、われらの主が“善きしもべ”を語ったとき意味されていたことである。というのもこのしもべは神ご自身を善たらしめる善性によってしか神のまえで善ではないからである。」こうした神学がアルベルトゥスの義認観に負っているものを見ないわけにはいかない。

(38) エックハルトはおそらくこの命題をサン・シェルのフゴが『ヨハネの第一の手紙』に付した傍注にある「神は自然によってではなく恩寵によって人間を神とするために人間になられた」（*Postille* VI, f°285ra）から借用しているが、しかし、これこそアルベルトゥスの神学思想の中心的主題である。

(39) たしかに「命題の師匠」（＝ペトルス・ロンバルドゥス）は、神学者に対して、こうしたさまざまな知見を論じる特別な論考を要求しているのであって、そうした論考は神の本質について「普通一般の」観点から言われていることに重きを置くすべての論じかたとは一線を画すものでなければならない。ペトルス・ロンバルドゥス『命題集』第１巻第35区分第１章313番（「神ノ本質ニ関シテ普通一般ニ言ワレテ居ル事共ニ就イテ私達ガヨリ詳シク論ヂ、又、ヨリ多クヲ語ツテ居ルト、其ノ或ル物ハ特別ナ論稿無シニ済マサレナク成ル。慎重ニ論究サレルベキ、其ウシタ或ル物トハ、知、予知、摂理、傾向、予定、意志、能力デアル」）を参照せよ。

(40) したがって読者は主題ごとに『神名論』の第４、７、10、13章に送り返され、また当然、関連する章句に付されたアルベルトゥスの注釈に送り返される。

(41) 詳しくは Albert le Grand, *In De myst. theol.*, 3; éd. Simon, p.468, 46-55（*solutio*）, et p.469, 1-19 を参照せよ。そこで p.468, 26-40であげられた三つの論拠に対する反論が述べられている。

(42) Cf. Albert le Grand, *I Sent.* 1, 4, ad 3m; éd. Borgnet, 25, p.18-19（「［…］斯ウシタ学知ハ、本来、感情的デアリ［…］。［…］最終目的ハ至福ヲ与エル感情的真理デアル」）.

(43) Cf. Sturlese, *Storia della filosofia tedesca..., op. cit.*, p.89.

(44) Cf. Albert le Grand, *Summa theol.* I, 1, 5, 3; éd. Siedler, p.19, 42-47.

(45) Cf. Aristote, *Topiques*, VIII, 1, 156b27-30; trad. Tricot, p.321.

(46) Cf. Albert le Grand, *Summa theol., ibid.*, éd. citée, p.19, 52-61, spéc. 58-61（「他方デ立場ノ規則ニ関シテハ、アリストテレスガ『トピカ』第８巻デ教エテ居ル通リデアル。即チ、立場カラ帰結スル事柄ハ容認サレ、立場ニ反スル何事モ容認サレナイ」）.

(47)「規定討論」なる言語ゲームに関しては P. V. Spade, « Three Theories of *Obligations :* Burley, Kilvington and Swyneshed on Counterfactual Reasonong », *History and Philosophy of Logic*,

美ヲ味ワワセテ下サイマスガ［…］」）を参照せよ。流れ *fluxus* の知見と分離不可能な、神学のこの「感情的」様相については J.-L. Solère, « La philosophie des théologiens », *in* J.-L. Solère, Z. Kaluza（éd.）, *La Servant et la Consolatrice...*, p.34（「［アルベルトゥス・マグヌスは］敬虔の知見に［アウグスティヌスがそれに与えた］強い意味を与えることによって、真と善を、真ヲ善ノ如クニ、一瞥で考察する敬虔なる実践知［もしくは］感情知［として神学を定義している］。アリストテレスが理論知と実践知を区別したのはこれらふたつの超越概念の根本的統一という見地を欠いていたからにほかならない。アリストテレスにとっては存在と一が最初にくる。なぜなら、かれにとって存在はたんに知性の対象であり、知性は後続者を先行者に解消し、複合者を単純者に解消するからである。それ自身、存在であり一であり賢なるもの善なるものであって、しかもおのれの傾向を分かつことなくすべての存在者に分かち与える第一の原理からいかにして存在が出来したのかをアリストテレスは考えなかった。したがって、かれは善をたんに運動の目的としてしかあつかわなかった。これとは逆に神学（ここに言う神学は新プラトン主義に依存し、その存在論的転回を継承していることに注意しなければならない）は創造された存在が善から流れ出ていることを知っており、善をその優先性と知性の第一の対象たる権利において回復する。だからこそ神学は真なるものの考察を善なるものの考察から切り離さないのであり、哲学には為しえなかった知の統一のなかで知性と感情 *affectus* とを不可分離的に満足させるのである」）を参照せよ。

(36)「エックハルト修道士」がはじめて公衆に向かって語る機会を得たのは、人文学部を修了してまもなくの1294年にパリで復活祭説教（ラテン語）を任されたときである。その年からすでに、のちのドイツ語説教の背骨となるはずの原理が、キケロの権威を借りて語られている。その原理とは「信じがたい」「あたらしい」「偉大なこと」を聴衆の脳裏にほうふつさせるために、個人としての個人に語りかける、ということである。なぜなら語られる事象そのものが驚くべき、突拍子もない、超自然的なことだからだ。ディオニュシオスの謎めいた言葉づかいと概念装置がアルベルトゥスの注釈によって解読可能なものとなり、それらがエックハルトの説教戦略の特権的な道具となったというのが、わたしの確信である。

(37) とくに Eckhart, *Commentaire du Prologue de l'Évangile selon Jean* §106（*Œuvre latine de Maître Eckhart*, 6, p.208-209）「ここで言われていること［『ヨハネ伝』１章12節「かれはひとびとに神の子となる力を与えた」、『コリント人への第二の手紙』３章18節「わたしたちは、顔の履いを取り除かれ、主の栄光を鏡に映すかのように、ますますはっきりと、主と同じ面差しに変えられていく」］がそのとおりだとすれば、神の子キリストの受肉の最初の果実は、キリストが、生来、そうであるものに、ひとが養子の恩寵 grâce d'adoption によってそうであるということである」を参照せよ。同じ意味で『ヨハネ伝注解』117節（*Œuvre latine de Maître Eckhart*, 6, p.231）「さき［=106節］に言われたとおり、生来、神の子にほかならない“言葉”の受肉の果実は、わたしたちが養子として神の子であるということである。なぜなら言葉がキリストにおいて――キリストがわたしから切り離されているとして――ひとのために肉となられたにしても、もし、わたしもまた神の子であるために“言葉”がわたしという人格においても肉となられるのでないとすれば、わたしにとってさしたる値うちはないと言うべきだからである」を参照せよ。さらに同書177節（「受肉の恩寵は「住みつき」の恩寵 grâce d'Inhabitation を念頭に置い

confuse tamen et non determinate cognescens "quia". Et ideo dicitur, quod per non-videre videtur deus, scilicet per non-videre naturale »（ド・リベラによるフランス語訳は原文にない番号（[一]～[五]）を挿入し、また、原文の最後の一文（「ソシテ其レ故ニ言ワレル、非－見ニ拠ツテ、即チ、自然的視覚ニ拠ラヅシテ、神ガ見ラレル、ト」）を省略している－訳者）。

(31) 神秘的「体験」については *III Sent*. 35, 4, *ad* 1m; éd. Borgnet, 28, p.645a（「知恵ハ神カラノ或ル種ノ光デアリ、其ノ光ノ下デ、体験ニ拠ツテ、神ノ何物カガ見ラレ味ワワレル。其レ故ニ、知恵ガ贈物ト呼バレル所以モ、本来、神ノ贈物ノ中ニ神御自身ガ試食サレルカラデアリ、ディオニュシオスガ師ヒエロテオスニ就イテ、師ハ神ノ何物カヲ身ニ被リ、体験シ、味ワウ事ニ拠ツテ神ノ何タルカヲ学ンダ、ト語ツテ居ルノハ、其ノ様ナ意味デアルト思ワレル」）; *Sup. Dion. De div. nom*., 2, n.76, p.92, 28（「[…] 斯ウシタ様式ガ、ヨリ神的ナ様式ト言ワレル。何故ナラ或ル種ノ体験ニ拠ツテコソ、神ノ何タルカガ在リノ儘ニ知覚サレルカラデアル」）。

(32) L. Sturlese, *Storia della filosofia tedesca*..., p.82. この個所でストゥルレーゼは E. Gilson, *La Philosophie*..., p.513-515 を批判している。さらに最近になってストゥルレーゼは V. Sainati, *Il problema della teologia nell'età di S. Tommaso*（Bibliotheca di Cultura contemporanea, 133）, Messine-Florence, D'anna, 1977, p.29-43 を批判している。

(33) まさに É.-H. ウェーバーが書いているとおり、「神との神秘的な関係は稀有なカリスマを備えた特権者に留保されているのではなく、むしろ神への信仰を有するあらゆる信者に開放されていること――そのことは、神への信仰に固有な、知性的であると同時に超自然的な地位によって明示されている」。この点に関しては É.-H. Wéber, « Introduction », p.36 を参照せよ。

(34) この点も É.-H. ウェーバーが前掲書 p.37でつぎのように見事に明示しているとおりである。「アルベルトゥスの理解は明確である。一方で、それは、人間における知性的なものの優位に立脚し、そうした人間に、恩寵の照明は神の言葉 Parole ou Verbe と合一する資格を与える、と考えている。つまり、それは、義とされた人間への神の言葉の派遣もしくは現前に立脚している。他方で、それは、聖霊によって注がれた愛にそのまことの地位を用意するのであって、贈りものとして注がれた思考の光の果実であることがそのまことの地位である［…]。」知と愛は対立しない。恩寵が鼓舞する愛とは、神から言葉で伝えられた真理への愛である。『ヨハネ伝』6章44節で語られている（「[…] 父がわたしのもとに引き寄せるのでなければ、だれもわたしのもとに来ることはできない」というイエスの言葉を神秘的に解釈するとすれば）こうした引き寄せ attrait にこそ神秘についてのアルベルトゥスの理解は依拠している。「慈愛と切っても切り離せない、注がれた知恵なる知性的な贈りものが、神秘的観想における神への信仰の発展をつかさどっている。神の顕現 théophanie とは、神への信仰の始まりとしての注がれた光にほかならないのであって、それが、実際、約束の成就を引き寄せる神秘的機能を発揮している。」

(35) アルベルトゥスが感受性 affectivité を語るとき、それが時間とともに変わりうる「情動」（*affectiones*）ではなく「確固として安定し、恩寵から得られる」「感情」（*affectus*）を意味することに注意されたい。「感情」は、周知のように、同時に「神秘的」体験をも記述する言葉である。この点に関してアウグスティヌス『告白』第10巻第40章65節（「ソシテ時々、貴方ハ私ヲ全ク尋常デ無イ感情ニ引キ入レ、其ノ内デ、エモ言ワレヌ甘

（24）Albert le Grand, *I Sent*. 8, 4; éd. Borgnet, 25, p.225. この点に関しては F. Ruello, *Les « Nom divins » et leurs « raisons » selon Albert le Grand commentateur du De divinis nominibus*（Bibliothèque thomiste, 35）, Paris, Vrin, 1963, p.54-55 を参照せよ。

（25）Cf. Albert le Grand, *Sup. Dion. De div. nom*., 3, n.4, p.103, 40-57, spéc. 42-43（アンセルムスガ其ノ様ニ語リ、其レガ全テノ聖人ニ共通ノ見解デアル）et 47-49（仮ニ、教師達ノ意見ガ其レト異ナツテ居ヨウトモ、尚、天使ト人間ハ恩寵ニ拠ツテ創造サレタ）. 後段の典拠は Hugues de Saint-Victor, *De sacr*., I, 5, 19; PL 176, 256（「[…] 善ナル者ガ如何ニシテ善ト成ツタカハ、義ナル者、福ナル者ト同ヂデアツテ、其レラハ自然ガ其ノ端緒ニ於イテ受ケ取ツタ善性ヤ正義ヤ至福ニ拠ツテ［…］斯ク成ツタノデアル）.

（26）É.-H. Wéber, « Introduction » à *Albert le Grand, Commentaire de la « Théologie mystique » de Denys le Pseudo-Aréopagite, suivi de celui des épîtres I-V*（Sagesses chrétiennes）, Paris, Éd. du Cerf, 1993, p.10.

（27）Cf. Denys, *De mysy. theol*., 2; PG 3, 1025 A; Dionysiaca I, 579 ; éd. Simon, p.465, 67-68（「此ノ光ヨリモ明ルイ闇ノ中ニ我ガ身ヲ移サレ、視覚ト認識ヲ超エタ其レヲ、見ザル事ニ拠ツテ見、知ラザル事ニ拠ツテ知ル事ヲ私達ハ祈ル。此レコソガ非－見デアリ非－知デアル」）.

（28）従属セル理性 *rationes subiectae* は神の「このうえなく高貴な置き土産」であり、言いかえれば「神の善性の見紛う余地のない証し」にほかならない「神の恩寵と顕現の結果」である。こうした神ノ形象 *divina visa* は神 *Deus* ではなく神カラノ物 *a Deo* である。それらは「天使的知性の光から流出し、その光がわたしたちの魂のうちで特定の種へと多様化し、その種のうちでもろもろの神的現実が観想されるのであるが、それらは神自身のうちでは、もとより、ひとつである」。『天上位階論』で語られるこうした光について、アルベルトゥスは、それがすでに「天体の動者」との関連でアリストテレスによって『夢のお告げについて』で語られていると指摘することをためらわない。そのあとでアルベルトゥスは預言者がのぞき見る「永遠性の鏡」と「自然的に認識される実在を照らす能動的知性からの光」を同一平面に並べる。預言者は哲学者と、なお、多かれ少なかれ同一線上に置かれている。モーセはアリストテレスよりもそれほど先を行っているわけではない。したがって、さらに先に進むためには従属セル理性を乗りこえ、その名を「闇」という超自然的恩寵の光のなかに高まりゆかなければならない。神秘体験こそが「神についての驚異学」を成就するのであって、それがアルベルトゥス神学の真骨頂である。この件については Albert le Grand, *In De myst. theol*., 1（à propos de PG 3, 999C A ; Dionysiaca I, 574 ; éd. Simon, p.461, 78-87）, éd. Simon, p.461, 71- 464, 61 を参照せよ。

（29）恩寵によって注ぎ込まれながら有限な被造的精神に注がれることからくる限界を有する非－知 ἀγνωσία は「知らざる知」の名に値し、同時に、「旅の途上」の神学の頂点を占める卓越した地位にも値する。非－知は、厳密な意味で、旅ノ途上デノ或ル程度ノ見神である。

（30）Albert le Grand, *In De myst. theol*., 2; éd. Simon, p.466, 59-69 : « Dicendum, quod in deo vacant omnes modi cognoscendi narurales nobis, quibus scientas acquirimus ; neque per se notus est sicut principia, neque "propter quid", quia non habet causam, neque "quia", quia non habet effectum proportionatum. Sed mens nostra suscipit quoddam lumen divinum, quod est supra naturam suam, quod elevat eam super omnes modos visionis naturales, et per illud venit ad visionem dei, *op.cit.*, p.309で主張するように、謬説表第18条はダキアのボエティウスの『世界の永遠性について』にかかわりがある（イセットが言うには『世界の永遠性について』から「着想されたことは明らか」である」）のだとしたら、わたしたちからすれば、第18条は、まず第一に、アルベルトゥスから着想を得ていると言われるべきである。アルベルトゥスの方が、言葉づかいからしても断罪された命題にはるかに近いからである。第18条によって「正しく理解されれば、哲学者のキリストへノ従属をいささかも危険にさらしていない、完全に正統的な言表が罰せられている」かどうかはまた別の問題である。『倫理学について』が――著作のもくろみからくる制約のなかでではあるが――打ちだしている哲学的探究の自己規律に関する見解においてアルベルトゥスはボエティウスよりもはるかに大胆であるように思える。「ダキアの」教師がパリ司教の第一の標的であるにせよ、わたしたちの見地からすると、同時に攻撃対象になっているのが「1250年の知的転回」期におけるアルベルトゥスの思考の尖端にかかわる何ものかだということに疑いはない。アルベルトゥスからボエティウスまではほんの一歩である。文献学的にも歴史学的にも哲学的にもこの一歩を踏みだす障害となるものは何もない。

(19) Cf. E. Randi, L. Bianchi, *Vérités dissonantes..*, p.50. 同書のp.45, n.9でL. ビアンキはアルベルトゥスの役割がこの点でしばしば誤解されている（たとえばR. C. Dales « The Origin of the Doctrine of the Double Truth », *Viator*, 15［1984］, p.169-179で）ことを強調している。アウグスティヌス、ロジャー・ベーコンおよび「人文学の神学への還元」というボナヴェントゥラ的理念についてはBianchi, *ibid.*, p.48 et 55を参照せよ。アルベルトゥスと「二重真理」についてはD. B. Twetten, « Albert the Great, Double Truth, and Celestial Causality », *Documenti e Studi sulla Tradizione Filosofica Medievale*, XII, 2001, p.274-358を参照せよ。

(20) Cf. Albert le Grand, *Super Ethica*, X, 16; éd. Kübel, p.775 : « Differt [...] in habitu, [...] quia theologica contemplatur per lumen infusum a deo, sed philosophus per habitum sapientiae acquisitum ; in fine, quia theologica ponit ultimum finem in contemplatione dei in patria, sed philosophus in visione, qua videtur aliquatenus in via; in obiecto etiam non quantum ad substantiam, sed quantum ad modum, quia philosophus contemplatur deum, secundum quod habet ipsum ut quandam conclusionem demonstrativam, sed theologus contemplatur ipsum ut supra rationem et intellectum existentem. »

(21) Albert le Grand, *Super Ethica*, X, 16, *ibid.*

(22) だからこそアルベルトゥスは『倫理学について』第1巻第14章（éd. Kübel, p.74）でアリストテレスの『形而上学』第1巻第2章982b12-13を引用しながら哲学者として立場から善のふたつの意味に言及し、「わたしたちを超えてあり、わたしたちよりも優れている」善すなわち「誉むべき善」と認識欲の最高の対象――「（第一）原因」がそれにほかならない――である「驚くべき善」を区別するのである（「斯クシテ、本来、誉ムベキ善トハ私達ヲ超エテ在リ、私達ヨリ優レテ居ル善デアリ、驚クベキ善トハ、アリストテレス『形而上学』ノ冒頭デ“驚ク事カラ人間ハ哲学スル事ヲ始メル”ト言ワレテ居ル様ニ、認識サレムガ為ニ欲セラレタ或ル最高原因ニ由来スル善デアル」）。アリストテレスから「デカルト的決裂」にいたるまでの「驚き」の哲学史に関してはL. Renaultの大著*Descartes ou la Félicité volontaire*（Épiméthée), Paris, PUF, 2000を参照せよ。

(23) Cf. V. Aubin, C. Michon, D. Moreau, « Introduction générale », *in* Thomas d'Aquin, *Somme contre les Gentils*, I, *Dieu*（GF, 1 405), Paris, Flammarion, 1999, p.35-37.

（＝アリストテレス）モ語ツテハ居ナイ。何故ナラ人間的思考ノ原理ニ拠ツテハ私達ハ斯カル種類ノ秩序ニ辿リ着ケナイカラデアル。他方デ若シ私達ガ自然的秩序ニ即シテ知性ニ就イテ語ルナラ、哲学者ガ語ル様ニ［…］」）.

（15）宇宙 *cosmos* の観念については R. Brague, *La Sagesse du monde. Histoire de l'expérience humaine de l'univers*, Paris, Fayard, 1999, p.103-125 を参照せよ。

（16）Cf. *Anonymi Magistri Artium, Compendium*..., « Philosophia moralis », B, 4, §119, éd. Cl. Lafleur, J. Carrier, p.66（「此レニ対シテ私達ハ言ウ、哲学的ニ語ルナラ私達ハ善悪双方ノ全体的原因デアルガ、神学的ニ語ルナラ私達ハ善ヲ為スノニ十分デハ無ク、神学者ガ“良心”ト呼ブ、神カラ私達ノ内ニ注ギ込マレタ恩寵ヲ必要トスル、ト」）.

（17）*Ibid.*, B, 2 §94, éd. cit., p.59 : « Ad hoc dicimus quod secundum theologos hoc habet veritatem quia ponunt animam reiungi corpori post mortem. Sed hoc est *plus per miraculum quam per naturam*. Simpliciter enim hoc est innaturale, et *ideo non ponitur a philosophis*. Et propter hoc cum felicitas sit post mortem, sicut probat hic auctor, et non ponunt philosophi animam post mortem coniungi corpori, ideo *proprie* felicitas per naturam debetur solum anime et non corpori.» あきらかに、ここに言う「著者」はアリストテレス、「著作」は『ニコマコス倫理学』である。該当個所は第１巻第11章1100a11（＝*Ethica nova*, éd. R. -A. Gauthier, *Aristoteles Latinus*, XXIV, 1-3, p.84, 15）。『ニコマコス倫理学』のこの個所については Tricot 訳 p.71 « Est-ce donc que pas même aucun autre homme［que celui qui a subi des infortunes comme Priam］ne doive être appelé heureux tant qu'il vit, et suivant, la parole de Solon, devons-nous pour cela *voir la fin* ? Même si nous devons admettre une pareille chose, irons-nous jusqu'a dire *qu'on n'est heureux qu'une fois qu'on est mort*（「それでは［プリアモスのように不運に見舞われたわけではなくてさえ］いかなるひとも生きているかぎりは幸福と言われるべきでなく、したがって、ソロンの言葉にあるように、幸福と言われるためには死に臨む必要があるのだろうか。そうしたことを、かりに、認めるとしても、ひとは死んだあとでしか幸福ではないとまで言ってしまってよいものだろうか」）を参照せよ。

（18）E. Tampier, *Syllabus*, thèse n°18（＝Mandonnet n°216）: « Quod resurrectio futura non debet concedi a philosopho, quia *impossibile* est［*eam*］*investigari per rationem*. – Error, quia etiam philosophus debet *captivare intellectum in obsequium* fidei »（éd. et trad. D. Piché, *La Condamantion parisienne*..., p.84. 同頁で「キリストヘノ従属ノ内ニ」というまちがった読みかたが訂正されている）。「理性的吟味の不可能性」は『倫理学について』第１巻第３章（éd. Kübel, p.17）の表現に、「知性の捕縛と信仰への従属」は『〈命題集第３巻〉注解』第23章13節（éd. Kübel, p.429）の表現に対応している。M. グラープマンがすでに1277年の断罪と『パリ大学試験官必携』の主張とのあいだに或る種の結びつきがあることを指摘している（「ここで神学的考察方法と哲学的なそれとのあいだに鋭い亀裂があることに注意されたい。その亀裂は容易に二重真理の理論にまで高まりうるものであった」）ことに留意せよ。Cf. M. Grabmann, « Das Studium der aristotelischen Ethik an der Artistenfakultät der Universität Paris in der ersten Hälfte des 13. Jahrhunderts », in *Mittelalterliches Geistleben. Abhandlungen zur Geschichte der Scholastik und Mystik*, III, Munich, Max Huerber Verlag, 1956, p.138. もしそうした推理が『必携』について成り立つとしたら、ましてや、アルベルトゥスの態度について成り立たなければおかしい。そうした態度をアルベルトゥス自身が疑問の余地のないはっきりした言葉で推奨しているからである。R. イセットが *Enquête*...,

が「アルベルトゥス・マグヌスの最初の教えからいくぶん距離をとり、死後における霊魂の作用の現存を論証しうることを認めている」ことを強調している。この注釈者が認めるのは、死後における霊魂の「作用 *opération*」の現存であって「本性 *nature*」の現存ではない。アルベルトゥスにとって「理性による接近が不可能」なのは霊魂の「本性」の方だけなのではないか、というのが注釈者の主張である（cf. R.-A. Gauthier, « Trois commentaires "averroïstes"...», 1948, p.288）。こうした、ケルンの学匠に対する、うやうやしい事後救済は「神学に対する哲学者の無力宣言」をアルベルトゥスが実践するときにかれ自身が抱えることになる「一触即発の可能性」の証しである。

（11）Albert le Grand, *Super Ethica*, I, 7; éd. Kübel, p.33, 16-17 : « ［...］ primum ［argumentum］ concludit de summo bono simpliciter, quod est deus, et illud non quaeritur hic.» 原文の続きの部分は『ニコマコス倫理学』が果たして「市民的幸福」と「観想的幸福」のどちらについてあつかっているのかを詳しく述べている。これらふたつの最高善（*duo summe bona hominis*, p.33, 7）は、「理性的霊魂の本性」をそれ自体として（*secundum se*）、すなわち理性的なものとして、把握するか、その「最高地点」に即して（*secundum suam summitatem*）、すなわち知性的なものとして把握するかに応じて二重となる霊魂の状態にそれぞれ対応する。アルベルトゥスの解答はイサアク・イスラエリの『定義論』からの暗黙の引用（éd. J. T. Muckle, p.313, 26-27:「理性的霊魂ハ［…］知性ノ眼界ニ在ツテ知性ノ影カラ生ヅル」）とエウストラトスによる注解からの引用（éd. Heylbut, p.377, 38 *sq.*, *transl. Gross*. f°126vb :「［…］他方デ［霊魂ハ］端的ニ知性デアル何物カヲ分有スル事デ己ノ目標ヲ達成スル故ニ、知性的［ト言ワレル］」）に依拠するのであって、ダンテが『君主論』のなかで活用した「人間のふたつの目的」という着想を先取りするものである。詳しいことは Albert le Grand, *Super Ethica*, I, 7; éd. Kübel, p.33, 16-17（「他方、人間ガ人間デアル証シデアル理性的霊魂ハ二通リニ考察サレル。理性的霊魂ハ、其レ自体トシテ考察スレバ理性的デアリ、又、知性ニ到達スル其ノ最高地点ニ即シテ考察スレバ知性的デアル。何故ナラ理性ハ知性ノ影ト眼界ノ内ニ創造サレルカラデアル。其処デ「注釈者」（= アヴェロエス）ハ、霊魂ハ分有ニ拠ツテ知性的デアリ、諸知性ハ本質ニ拠ツテ叡智的デアル、ト言ツテ居ル。ソシテ此ノ事カラ理性的霊魂ニ固有ノ働キニハ二通リノ秩序ガ在ル事ニ成ル。理性的霊魂ハ推論的デアル *ratiocinative* 限リデ外的作用ノ原理デアル。何故ナラ推論 *ratio* ハ偶然的ナ物ニ関ルカラデアル。ソシテ其ノ最良ノ状態ガ市民的幸福デアル。他方、理性的霊魂ガ知性ニ到達スル限リデ其ノ働キハ観想デアリ、其レガ理性的霊魂ノ最終目的デアリ、其ノ最良ノ状態ガ観想的幸福デアル」）を参照せよ。

（12）Albert le Grand, *Super Ethica*, I, 3; éd. Kübel, p.17, 52-55（「［…］来世ノ至福ニ就イテハ［…］哲学的推論ニ拠ツテハ探求サレ得ナイノデ此処デ論ヅル必要ハ無ク、而モ其ウシタ至福ハ市民的善ノ埒外ニ在ル」）。

（13）つぎの簡潔な表現を参照せよ。「［…］此ノ事ハ、哲学者達ノ意見トシテハ通用スルガ、神学者ノ意見トシテハ別ノ事ガ言ワレルベキダツタノデアリ、適切デハ無イ」*in* Albert le Grand, *Super Ethica*, X, 15 ; éd. Kübel, p.767.

（14）Cf. Albert le Grand, *Super Ethica*, VI, 8 ; éd. Kübel, p.446（「知性ニ就イテ私達ハ二通リノ語リ方ガ出来ル。自然的秩序ニ即シテ語ルカ、或イハ神ノ執務ノ秩序ニ即シテ語ルカデアツテ、後者ノ場合、知性ハ九ツノ秩序ニ区別サレル［…］。其ノ様ナ訳デ、其レラ九ツノ秩序ニ就イテ私達ハ此処デ語ラナイシ、「注釈者」（= アヴェロエス）モ「哲学者」

れていることを論駁するいかなる論証もありえない（*contra ea quae fide determinata sunt, nihil potest demonstratio esse*）。なぜなら信仰は理性とは矛盾しない（*eo quod fides non est contra ratinem*）——いかなる真理もほかの真理と対立しない（*quia nulla veritas alii discordat*）——のであり、信仰は理性を越えているからである。如何ナル真理モ他ノ真理ト対立シナイという原理は『ニコマコス倫理学』第１巻第８章1098b10-11から引かれた「全テノ真ナル物ハ真ナル物ニ共鳴スル」という公理の継承であり、急進的アリストテレス主義の中核を形成する。ちなみはこの原理は『決定的論稿』（ラテン人はこの著作を知らなかったことを思いだそう）のなかでアヴェロエスが真理の単一性を擁護するために展開した論拠の基盤そのものである。この点に関してはアヴェロエス著／M. ジョフロワ訳『決定的論稿』18節（「啓示は真理であり、啓示は真理の認識を保証する合理的吟味を実践するように求めているのだから、わたしたちイスラム教徒は、論証による諸存在者の吟味は啓典によってもたらされた教えといかなる矛盾をきたすこともないだろうということを確実な知識にもとづいて知っている。なぜなら真理は真理に対立することはありえず、それと合致し、その正しさを証言するからである」を参照せよ。もう数行さきでアルベルトゥスは、「プラトンやイサアクやアルガゼルが」死後の霊魂の状態を語ったということを口実に、哲学がそれを職業的ニにあつかうことも可能かもしれないという議論を論駁していることに注意されたい。プラトンが言っていることは「ヘシオドス派の偶像崇拝者の文言から（*ex dictis Hesiodistarum idolatrarum*）引用されている」にすぎないので、そうした異論は成り立たない、というのがアルベルトゥスの言い分である。イサアクとアル－ガザリに関しては「かれらはふたりともユダヤ人であって（原文ノママ）哲学の観点からというよりはむしろ宗教の観点から（*secundum leges*）語っている」。この点に関しては *Super Ethica, ibid.*, éd. cit., p.71, 86-90（p.71, 32-38への反論）を参照せよ。

（9）Albert le Grand, *Super Ethica*, X, 16 ; éd. Kübel, p.73. 神ノ配慮 *cura Dei* という表現はアヴィセンナの『第一哲学』（＝『形而上学』）から借用され、そこでは「摂理」（アラビア語 *al-'ināya*）を指して使われている。このテーマは本章の後節「流れのアラブ的知見－いくつかの道しるべ」で再考されるはずである。

（10）Albert le Grand, *Super Ethica*, I, 13 ; éd. Kübel, p.72, 57-59（「［…］哲学者ハ離在霊魂ノ状態ニ就イテ考察スル術ガ何モ無イ」）．もちろんのこと、もしこの領域で哲学者が何もなしえないのだとすると、それはまずもって、たんなる理性によっては離在霊魂について何ごとも認識することが不可能であるからであり、言いかえれば、死後に知性的霊魂に何が起こるかについては哲学的に何も知りえない、あるいは、アルベルトゥスが明言するように、理性ノ原理ニ拠ル限リハ受ケ入レラレナイ（*ibid.*, éd. cit., p.72,59）からである。もしそれがアルベルトゥスの教えの意味であるとすると（わたしたちの立場からはそうなるのだが）、かれが1277年にE. タンピエによって断罪されたのは、とくに「分離サレテ後ノ知性ニ就イテハ何モ知リ得ナイ事」を主張する謬説表第120条（マンドネ版第218条）によるのだということに歴史家は注意しなければならない。Cf. éd. et trad. D. Piché, *La Condamnation parisienne...*, p.115（「［肉体と］分離されたあとの知性に関しては何ごとも認識されえない」）．この命題については R. Hissette, *Enquête..., op. cit.*, p.310-311 を参照せよ。ちなみに、イセットはこの個所で、おそらく13世紀末にさかのぼると思われる氏名不詳の『倫理学』の注釈者——ヴァチカン・ラテン語写本2172にその注釈はある——

ルベルトゥスが著したほかのすべての注釈書と同様に構成された補足的注解であるが、『倫理学について』はいくつかの「講 *lectiones*」に分割された講義だということである。『倫理学について』の著者がアルベルトゥス本人であり、それが結局のところアルベルトゥスの大著のひとつであることを、こんにち、だれも疑っていないにしても、アルベルトゥスの講義が最終的に書物というかたちをとるにあたって、かれの講義に出席していたトマスがどのような貢献をしたのかは綿密な検証を待たなければならない問題であることに注意されたい（この点に関しては A. Walz, P. Novarina, *Saint Thomas d'Aquin* [Philosophes médiévaux, 51], Louvain, Publications universitaires-Paris, Béatrice-Nauwelaerts, 1962, p.70 を参照せよ）。『倫理学について』の執筆時期は活発な議論の対象である。それを1248年から1252年までのあいだに置くことはすべての歴史家が認めている。こんにち支配的な説は1250年説であるが、そうすると『〈自然学講義〉注解』が執筆される以前ということになる（これはわたしが1990年に書いたことの逆である）。『命題集注解』と『倫理学について』のあいだで観点の変化があることは、どのみち、はっきりしており、ストゥルレーゼもこの件に関して「1250年の知的転回」（« la "svolta" del 1250 »）を語っている。Cf. L. Sturlese, *Storia della filosofia tedesca...*, *op. cit.*, p.76.

（5）Albert le Grand, *II Sent*. 13, 2; éd. Borgnet, p.247. じつは、これと同じくだりでアルベルトゥスは「もし自然について語るなら、信じなければならないのはアリストテレスもしくはこの分野のほかの専門家である」／« et si de naturis rerum loquator, credo Aristoteli plus vel alii experto in rerum naturis » と語り明かしている。したがってアルベルトゥスは『命題集注解』を執筆したときからすでに信仰にかかわるときと自然的理性にかかわるときで鑑定が異なることを認めている。このことは1250年に主張される厳密な領域分離の前奏曲である。未来を予感させるこの序曲は、しかし、まだ実践と知との再配分のすべてを履う真の射程を有していない。実際、或る意味で、だれしも信仰ト死ノ問題に関して神学者が排他的な権威を持つことを認めてもよいと思っている。面倒が起こりはじめるのは、世界の永遠性や肉体の復活もしくは人間霊魂の人格的残存といった哲学と神学とに共通の問題をめぐって哲学者と神学者とが衝突するときである。

（6）Albert le Grand, *III Sent*. 23, 13; éd. Borgnet, p.429.「知性の捕縛」という主題はパウロの手紙（『コリント人への第二の手紙』10章5節「全テノ知性ヲ虜ニシテキリストニ服従サセ［…］」）から借りられている。パウロの言葉をこうした文脈に使うことについては Cf. Bianchi, « Captivare intellectum in obsequium Christi », *Rivista critica di Storia della Filosofia*, 37 (1983), p.84-85 を参照せよ。

（7）Albert le Grand, *II Sent*. 3, 3 ; éd Borgnet, p,.65.

（8）Albert le Grand, *Super Ethica*, I, 13 ; éd. Kübel, p.71, 73-74. 原文の、この直後のくだりは、いわば、急進的アリストテレス主義と、1272年に定められたパリ大学人文学部学則の雰囲気を先取りし、さらには1277年の断罪をも先取りしている。事実、アルベルトゥスによって表明されていることは『世界の永遠性について』でダキアのボエティウスが依拠する基盤そのものである。つぎに掲げる原文から読者はご自分で判断されたい。「それら［死者の魂］が［死後に］存続するとしても、哲学という回路によってはそれらの状態やそれらとこの世で起きることとの関係については絶対に何ひとつとして認識されえない。これらすべてのことはより高いところから注がれる光によるのでなければ認識されないのであって、その光は信仰の習態 *habitus* である。しかるに信仰によって決めらト言ワレテ居ル様ニ、神ノ支配ハ被統治者ノ筆頭トシテ指揮スルト語ル。次ニ彼ハ全保存性ヲ被統治者ノ側カラ、而モ、三ツノ側面カラ明ラカニスル」（Albert, *Sup. Dion. De div.nom.*, 10, n.3 p.398, 7-14）［このあとの展開については *Sup. Dion. De div.nom.*, 10, n.3 p.398, 15-28 を見よ］。

（2）L. Sturlese, *Storia della filosofia tedesca nel medioevo. Il secolo XIII*（Accademia Toscana di Scienze e Lettere. « La Colombaria ». Studi, CXLIX）, Florence, Leo. S. Olschki Editore, 1996, p.86-88［ドイツ語訳／*Die deutsche Philosophie im Mittelalter. Von Bonifatius bis zu Albert dem Großen 748-1280*, Munich, Beck, 1993. この p.324-388がアルベルトゥス・マグヌスにあてられている］.

（3）「もくろみ」（σκοπός）の知見は『イサゴーゲー』のギリシャ語注釈書に付されたプロレゴメナもしくはプロテクヌメナ（どちらも「序説」の意）からボエティウス自身が継承した６項目からなる論述モデルに盛り込まれている。６項目とは a）当該論考のもくろみ、b）効用、c）典拠、d）講読序列における当該論考の位置、e）標題の存在理由、f）関係の深い哲学の分野。こうした論述モデルについては Ph. Hoffmann, « Catégories et langage selon Simplicius. La question de *skopos* du traité aristotélicien des *Catégories* », *op. cit.* を参照せよ。加えて l'« Introduction » aux *Prolégomènes à la philosophie de Platon*, éd. L. G. Westerink, trad. J. Trouillard, avec la collab. d'A. Ph. Segonds（CUF）, Paris, Les Belles Lettres, 1990, p.XLIII-LVI を参照せよ。この個所ではアンモニウスとダヴィドの論述モデルが比較されている。

（4）トッコのグリエルモが著した『聖トマスの生涯』に書かれていることを信じるとすれば『倫理学について *Super Ethica*』は、アルベルトゥスがケルンで偽ディオニュシオスの『神名論』を講義したあとでおこなった「倫理学についての講義 *lectura Super Ethica*」を弟子のトマスが現在あるようなかたちにしたものらしい。「其ノ後［…］マギステル・アルベルトゥスガ倫理学書ヲ問答形式デ講読シタ時、同僚ノトマスガ其レヲ熱心ニ書キ留メ、マギステルガ典雅ニ論ヂタ其ノ簡素ニシテ深遠ナ業績ヲ書物ノ形ニ纏メタノデアリ、其ノ様ハ恰モ、学知ニ於イテ同時代ノ全テノ人間ニ先ンヂテ居ル学匠ノ泉カラ汲ミ取レルダケノ清水ヲ汲ミ取ロウトスルカノ如クデアツタ」（この点に関しては *Acta Sanctorum, Martii I*, p.663a; *Fontes vitae S. Thomae Aquinatis*, facs. 1, chap.11, éd. D. Prümmer, Toulouse［*s.a.*］p.78-79 を参照せよ）。プロイセンのペトルスはアルベルトゥスが道徳哲学について２冊の書物のみを残し、うち１冊は注解ノ体裁ヲとり、残りの１冊が著作ノ体裁ヲとっていると指摘している（cf. Petrus de Prussia, *Vita Alberti*, chap. 43, dans B. *Alberti Doctoris Magni De adhaerendo deo libellus. Accedit eius Alberti Vita*, Antverpiae, 1621, p.295「更ニアルベルトゥスハ『大哲学』或イハ『道徳学』ナル書物ヲ著シタガ、其レハ倫理学諸書ニ就イテノ注釈ト著作ノ二通リノ体裁デ書キ記シタ甚ダ大部ノ物デアツタ。」このあと原文には v.h. の表記がある。*vidi, habemus*「其レヲ私ハ見タシ私達ハ持ツテ居ル」の意である）。この指摘は貴重である。事実、わたしたちはアルベルトゥスが倫理学について著したふたつの書物を所有しているからである。*Ethica*（『倫理学』）と *Super Ethica*（『倫理学について』）である。残念なことにペトルスの指摘はトマスについては何も語っていないし、このふたつの書物のいずれが注解に該当し、いずれが著作に該当するのかも語っていない。G. Meersseman は『倫理学について』が著作であるとするが、Fr. Pelster は『倫理学』が著作だとする。確実なことがひとつだけある。『倫理学』はア

なわち哲学者たち）の一致もまたふくまれている。そうでなければ哲学者と宗教との関係に関するアヴェロエスの理論が一貫性を欠くことになるのは言うまでもない。とりわけ来世の問題がこれにあたる。Cf. *L'Islam et la Raison*, p.151（「来世に関して言えば、啓示された三つの律法のすべてがその現存に関して一致しており、学者たちによってその論証もなされてきた。啓示された諸律法はその現存の様態に関してのみ食いちがっているのである。というよりむしろ、実際には、その様態に関しても食いちがっていないが、この目に見えない状態を民衆に対して描きだすための［おのおのの啓示が用いる］目に見える例に関して食いちがいがある。実際、ある律法はその例に精神的性格を与えており、魂に関心を寄せていることが分かるが、別の律法では魂と肉体の総体に関心を寄せている。この問題に関する一致はこのこと［すなわち来世が存在すること］に関する［すべての預言者たちの］霊感の一致に依拠し、また、確立されたすべての必然的論証もまた一致して［そのことを証明して］いるという事実に依拠している」).

(48) おまけにこの理性への訴えもあっというまに限界に達してしまう。「万人［ユダヤ教徒、キリスト教徒、イスラム教徒］が同意せざるをえない自然的理性に助けを求めることを」自分は欲すると、トマスが宣言しているのは事実だが、かれはそのあとただちに、だからといって自然的理性が「神に関する事柄については脆弱である」ことをやめるわけではない、と付言する。Cf. Thomas d'Aquin, *Somme contre les Gentils*, I, chap.2, trad. C. Michon, éd. cit., p.142.

(49) Cf. *L'Islam et la Raison*, p.200（「各人の時代の最良の宗教を選択することもまた賢者に課せられた責任である――かれの目からはすべての宗教が正しいにしても――し［或る特定の時代に］最良の宗教もそれ以上によい宗教によって廃止されうることを覚悟しておくことも、かれの責任である。だからこそアレクサンドリアで教えていた賢者たちはイスラムの啓示がかれらのもとに到来したときにイスラム教徒になったのである。そしてローマ人の国にいた賢者はイエス――かれに平安あれ――の啓示がかれらのもとに到来したときにキリスト教徒になったのである。とはいえ、もちろんユダヤ人のなかに数多くの賢者がいたことを疑う者はいないのであって、そのことは、かれらのうちに現存しソロモンが書いたと伝えられる啓典のなかで確認されているとおりである」).

第六章

（1）この表現は意外かもしれない。しかし、たとえば『原因論』とディオニュシオスとのあいだに根本的一致があることを、アルベルトゥスが機会あるごとに強調していることは明らかである。とくに、かれが神の全能と「神の統治」という悩ましいテーマに言及するときはそうである。ディオニュシオス『神名論』にはつぎの一節がある。「他方デ全テヲ保存スル神ノ支配 *thearchia* ハ、或イハ、万物ヲ保存スルトモ、或イハ、被統治者ノ筆頭トシテ保存スルトモ言ワレル」（Denys, *De div. nom.*, 10; PG 3, 937A; *Dionysiaca* I, 484; éd. Simon, p.398, 85）。この一節をアルベルトゥスはつぎのように説明する。「［ディオニュシオスハ］全能者 *omnipotens* ヲ全保存者 *omnitenens* ト云ウ観点カラ明ラカニスル。他方デ、彼ハ全保存性ヲ二ツノ側面カラ明ラカニスル。即チ、彼ハ、保存性其レ自体ニ関シテ、神ノ支配（其レガ神ノ主要ナ属性デアル）ハ全保存者トシテ万物ヲ保存スル、即チ万物ヲ統御シ指揮スルト言ハレル、ト語リ、他方デ、指揮ノ様態ニ関シテ、『原因論』デ“第一原因ハ、自身ガ事物ニ入リ混ヂツテ居ル事ヲ除ケバ、全テノ事物ヲ指揮スル”

びとは曖昧な章句に執着する。なぜならかれらは不和を追い求め解釈に飢え渇いているからである。しかし神および深い学知がある人間でなければだれも啓典の解釈をなしえない。ひとびとは“われらは神を信じる。すべてはわれらの主から生じ来る”と言う。Mais nul n'en connaît l'interprétation, sinon Dieu *et les hommes d'une science profonde*. Ils disent "Nous croyons en Lui, tout vient de notre Seigneur!" しかしそのことを忘れずにいるのは知性に恵まれた人間だけである」）に依拠しているが、イブン・ルシュドが採用した『コーラン』の或る読みかたに即している。かれが採用した読みかたはイスラム聖典解釈学の伝統とともに古い検証済みのふたつの読みかたのひとつ（もうひとつの読みかたは「神でなければだれも啓典の解釈をなしえない。そして深い学知がある人間は“われらは神を信じる。すべてはわれらの主から生じ来る”と言う。Mais nul n'en connaît l'interprétation, sinon Dieu. *Et les hommes d'une science profonde* disent "Nous croyons en Lui, tout vient de notre Seigneur!"」）であるが、この読みかたは或る階層の人間、すなわちイブン・ルシュドによって「論証する人間」と同一視されている「深い学知がある人間」は、ta'wīl（比喩的解釈）を用いることによって合理性の要求を啓示の理解に統合しうるし、また統合しなければならないとするかれの主張に聖典の側からお墨つきを与えるものである。ちなみにこの章句は啓示された聖典のなかに意味の多様なレベルがあることを主張するための論拠を、神学者・神秘家の別を問わないすべての非－逐条主義者に提供している。« sinon Dieu » のあとにピリオドを置くもうひとつの読みかたは、信仰絶対論的な態度を正当化するために伝統主義者によって採用されているもので、あきらかに、くだんの章句にまったく反対の意味を与えている。

（44）放縦家で無神論者というアヴェロエス・イメージの定着をわたしたちは部分的にライプニッツに負っているということを指摘しておこう。Cf., entre autres, *Sentiment de M. Leibniz sur le livre de M. de Cambray et sur l'amour de Dieu désintéressé* [1697], in *Systèm nouveau de la nature et de la communication des substances et autres textes 1690-1703*. Présentation et notes de Chr. Frémont (GF, 774), Paris, Flammarion, 1994, p. 128（「[…] 自己自身およびその善から離脱しようと欲することは言葉をもてあそぶことですし、その結果がどうなるかと言えば、愚かしい無為を欲すること、というよりむしろ見せかけの無為を気取ろうと欲することであって、そうした無為のなかで、ひとは、神の深淵のうちに魂を放棄し無化するという口実のもとに、実践においては放縦思想に、あるいは、少なくとも隠蔽された思弁的無神論に走ることができるのであります。アヴェロエスおよびその先行者たちの思想がそうであって、かれらは、わたしたちの魂がついには普遍的精神のなかに姿を消し、それこそが神との完全な合一であるなどと主張していたのです [...]」).

（45）この点については H. Redissi, *Les Politique en Islam. Le prophète, le roi et le savant*, Paris, L'Harmattan (Histoire et perspectives méditerranéennes), 1998, p.69-90 で指摘されていることがらを参照せよ。

（46）この点に関しては M. Geoffroy, « L'almohadisme théologique d'Averroès (Ibn Rušd) », *AHDLMA*, 66 (1999), p.28 を参照せよ。

（47）アヴェロエスにとってイスラム教はあきらかに「諸啓示の締めくくり sceau des Revelations」であって、この命題それ自体が、最終的な啓示に先行する諸啓示のなかに真理が（部分的にではあれ）あらかじめ顕現していることを前提している。或る種の問題に関しては三つの律法のあいだに実質的な一致があって、それには、当然、「賢者たち」（すれらの手に余るのである。こうした事情については A. de Libera, « Introduction » *à Averroès. Le Livre du discours décisif.* Traduction inédite, notes et dossier par Marc Geoffroy（GF, 871）, Paris, Flammarion, 1996, p.5-83 を参照せよ。

（36）Cf. V. Aubin, C. Michon, D. Moreau, « Introduction générale », *in* Thomas d'Aquin, *Somme contre les Gentils*, livre I, p.45.

（37）Cf. É. Gilson, *Le Thomisme*, Paris, Vrin, 1986, p.34.

（38）Cf. A de Libera, « Pétrarque et la romanité », *op. cit.*, ainsi que L. Bianchi et E. Randi, « Le théologien et la petite vieille », in *Vérités dissonantes...*, p.123-129.

（39）Cf. Thomas d'Aquin, *Expos. super. Symb. apost.*, éd. Mandonnet, 1927, p.349.

（40）この命題は、スピノザが『神学政治論』第７章（前掲版 p.154-155）でマイモニデスに帰している命題とほとんど同じであって、スピノザはマイモニデスの『モレ・ネブキム』（『迷える者のみちびき』）第２巻第25章をその命題の出典として指摘したあと、これをつぎのような強い言葉で退けている。「［…］ マイモニデスによれば、『聖書』の各章句はいくつもの意味を容認し反対の意味さえ容認するので、理性に合致しない、もしくは、理性に矛盾する何ものもふくまれていない、ということが、わたしたちの解釈によって知られないかぎり、わたしたちは、いかなる章句についてもその真の意味が何なのかを知ることができない。もし、章句が文字どおりの意味に解された場合、その意味がいかに明らかであるように見えようとも、理性に矛盾することが分かれば、その章句を別の意味に解釈しなければならないのである。」そしてスピノザは続ける。「［…］ かりに世界が永遠であることが合理的に立証されたとしたら、マイモニデスは躊躇なく『聖書』をねじ曲げて、あたかもそのことが『聖書』の教えであったかのように『聖書』を説明するだろう。それどころか、かれは、いかに『聖書』がそのことに抗議しているように見えようと、『聖書』が世界の永遠性を教えようと欲していたと即座に確信することだろう。」このあとスピノザは、もはやアヴェロエス主義的とは言いがたい方向に話を締めくくる。「それゆえ、かれが『聖書』の語ることの真理を疑いうるかぎり、また、かれの目にはその真理が立証されていないように見えるかぎり、かれは『聖書』の真の意味を、それがいかに明らかなものであろうと、確信することはできないだろう。『聖書』が語ることは、その真理が立証されないかぎり、理性に合致するのかあるいは理性に矛盾するのかがわたしたちには知られないし、したがってその文字どおりの意味が真であるか偽であるかも分からないのである。」

（41）『ファスル・アル－マカール』17節。この個所は各人が自分自身の道を歩むように呼び求められていることを立証するために『コーラン』16章125節に依拠している。

（42）トマス・アクィナス『神学大全』第１－１部第１問９項（「さらに喩《たと》えの難解さそれ自体は、研究熱心な精神を鍛えるためにも異教徒のあざけりを避けるためにも有益である。その件に関して聖マタイは『マタイ伝』７章６節で“聖なるものを犬に与えてはならない”と言っている」*Et ipsa occultatio figurarum utilis est ad exercitium studiosorum, et contra irrisiones infidelium, de quibus dicitur Matt. 7: "Nolite dare sanctum cannibus"*）を参照せよ。

（43）『ファスル・アル－マカール』23節。この個所は『コーラン』３章７節（「啓典を汝にくだされたのは神である。そこには一義的な章句が見出され、それらは啓典の母体となっているが、ほかに、曖昧な章句も見出される。こころが誤謬へと向かいやすいひと

Thomae de Aquino Opera omnia, cura et studio Fratrum Praedicatorum, Léonine, t. L, Rome-Paris, Léonine-Éd. du Cerf, 1992, p.99, 137-140（「もし、哲学者が言っていることのなかに信仰に反する何ものかが見つかるとしたら、その何ものかは哲学そのものというよりはラティオの欠陥に由来する哲学の誤用からくるのである」). 実際、あまりに護教論的な読解によって引用されすぎているこのテクストのなかの、ラティオのもとには「理性」ではなくむしろ「推理」——スコラ学でラティオが言われるときの通常の意味のひとつである——が理解されるべきである。したがってトマスが『ボエティウス論』で言いたいことは『対異教徒大全』の主張となんら対立していない。

(32) スピノザは『神学政治論』第15章（前掲版 p.252）でこの原理に言及（し排拒）している。「わたしは、まずもって、尋ねる、理性がおのれの権利を要求する場合はどうすべきなのか、と。理性がおのれの権利を要求しているにもかかわらず、わたしたちは『聖書』が肯定することを真理として容認し、『聖書』が否定することを虚偽として排拒するように義務づけられるのか。おそらくかれは『聖書』のなかには理性に矛盾するものは何ひとつないと言うだろうが。」同書 p.370の注4で編集者 Ch. アピュンは「『形而上学的思想』第２巻第９章末尾でスピノザは、『聖書』は自然の光に矛盾することは何ひとつ教えていないと語っている」と指摘し、『神学政治論』のなかではこれと反対のことを主張していると指摘する。

(33) Cf. *Leonis XIII Pont. Max. Acta*, vol. XIII（-1894), p.361. ヨハネ・パウロ２世とレオ13世の、トマスを介した関係を把握するために、回勅「ウェリタティス・スプレンドル（真理の輝き）」44節のつぎのくだりを熟考いただきたい。「カトリック教会は自然法に関するトマスの学説をしばしば頼りにしてきました。かくして尊敬すべきわたしの先任者レオ13世は、理性と人間的法とが、神の知恵と神の法に従属すべきことを強調しました。“自然法は各人のこころのなかに書き込まれ、埋め込まれている。なぜなら自然法は、人間に善をなすことを命じ、罪をおかすことを禁ずる、人間の理性そのものだからである”と語ったあとでレオ13世は神なる立法者の“より高い理性”に言及する。“しかし人間理性のこうした掟も、もし人間理性が、より高い理性の道具や通訳でなかったとしたら、そしてわたしたちの精神と自由とがそうした理性に服従する義務を負っているのでないとしたら、法たる力を持ちえないだろう。”ところで、法の権威とは義務を課し、権利を授け、或る種の行為を制裁する力にある。“しかるにこれらすべての力は、もし人間が至高の立法者として自分自身の行為の規則を自分に与えるのだとしたら、人間のうちには存在しないことになるだろう。”そしてレオ13世は結論をみちびく。“その結果、自然法は、理性を付与された存在のうちに書き込まれ、そうした存在に固有な行為と行為の目的にかれらを誘う永遠の法それ自体だということになる。つまり自然法は世界の創造者にして調整者である神の永遠の理性にほかならないのである。”」

(34) ここでは「オッセルヴァトーレ・ロマーノ」紙1992年11月４日号に掲載された法王講話の原稿の英訳版を引用した。「ガリレイ訴訟事件」については Pontificia Academia Scientiarum, *Copernico, Galilei e la Chiesa. Fine della controversia*（*1820*). Gli atti del Sant'Ufficio, W. Brandmuller et E. J. Griepl, éd., Florence, Olschki, 1992 を参照せよ。

(35) アヴェロエスからすると、カラームの「神学者」は、ソフィストが古代ギリシャの哲学者たちのなかで占めていた位置と同じ位置を占めているように見えたことは疑いない。つまり弁証法によって何でも打ち建てることはできても、はんのわずかな学的論証もか

contre les Gentils, livre III（GF, 1047）, Paris, Flammarion, 1999, p.128.

（23）Cf. Thomas d'Aquin, *Contra Gentiles*, I, 7, §1, trad. C. Michon, p.154.

（24）1998年のこの回勅に関しては A. de Libera, « Pacs théologique ou patch philosophique ? », *Critique*, n° 624, mai 1999, p.464-468 を参照せよ。

（25）Ludwig Hagemann と Adel Th. Khoury の監修で刊行中の *Corpus islamo-christianum* が基本的文献（原典およびフランス語・ドイツ語・スペイン語訳）の出版をくわだてている。この *Corpus* は三つのシリーズからなる。

（A）ギリシャ・シリーズ（1. Georges de Trébizonde, *De la vérité de la foi des chrétiens*, trad. A. Th. Khoury, CIS-Verlag, Altenberge, 1982; 2. Bartholomaios von Edessa, *Confutatio Agareni*, trad. all. K. P. Todt, Würzburg, Echter Verlag-Altenberge, Oros Verlag, 1988; 3. Johannes Damaskenos und Theodor Abû Qurra, *Schriften zum Islam*, trad. all. R. Glei, *op. cit.*, 1995; 4/1. Manuel II, Palaiologos, *Dialog mit einem Muslim*, I, trad. K. Förstel, *loc. cit.*, 1993; 4/2. Manuel II, Palaiologos, *Dialog mit einem Muslim*, II, trad. K. Förstel, *loc. cit.*, 1995）。

（B）ラテン・シリーズ（1. Petrus Venerabilis, *Schriften zum Islam*, trad. all. R. Glei, Altenberge, CIS-Verlag, 1985; 2. Thomas von Aquin, *De rationibus fidei*, trad. all. L. Hagemann & R. Glei, *op. cit.*, 1987; 3. Raimundi Martini, *Capistrum Iudaeorum*, I, trad. esp. A. Robles Sierra, Würzburg, Echter Verlag-Altenberge, Oros Verlag, 1990; 4.Wilhelm von Tripolis, *Notitia de Machometo/De statu Sarracenorum*, trad. all. P. Engels, *éd. cit.*, 1992; Raimundi Martini, *Capistrum Iudaeorum*, II, trad. esp. A. Robles Sierra, *op. cit.*, 1993）。

（C）アラブ・キリスト教シリーズ（1. Paul d'Antioche, *Traités théologiques*, trad. P. Khoury, Würzburg, Echter Verlag-Altenberge, Oros Verlag, 1994）。

（26）尊者ペトルスの護教戦略については J.-P. Torrell, « La notion de prophétie et la méthode apologétique dans le *Contra Sarracenos de* Pierre le Vénérable », *Studia monastica*, 18（1975）, p.257-282 を参照せよ。

（27）かつてムータジラ派に属していたがのちにその主要な論敵となったアル－アシュアリ（かれが離反するのは西暦912年／ヘジラ歴300年である）はムータジラ派の急進的合理主義と、過去に合理的議論にうつつを抜かしたすべてのひとびとを異端として非難するハンバル派の法学的逐条主義との中間に身を持していた。かれの中心的著作『光輝の書』は『コーラン』を神の永遠にして創造されざる言葉と見なす説を支持する——この説は、神のかたわらに神と共－永遠的であるような第二の存在を立てることを嫌うムータジラ派によって、神の絶対的唯一性の名のもとに排拒されていた。アル－アシュアリについては D. Gimaret, *La Doctrine d'al-Ash'ari*（Patrimoine）, Paris, Éd. du Cerf, 1990 を参照せよ。

（28）Cf. Thomas d'Aquin, *Contra Gentiles*, I, 87; II, 24; II, 28; II, 29; III, 65; III, 69; III, 97.

（29）これらすべての著述家およびそれぞれの霊魂論については *Averroès. L'intelligence et la pensée*. Grand Commentaire du *De anima*, III. Traduction, introduction, bibliographie, chronologie, notes et index par A. de Libera（GF, 974）, Paris, Flammarion, 1998 の注を参照せよ。

（30）Cf. *Thomas d'Aquin. Contre Averroès. L'Unité de l'intellect contre les averroïstes suivi des textes contre Averroès antérieurs à 1270*. Traduction, introduction, bibliographie, chronologie, notes et index par A. de Libera（GF, 713）, Paris, Flammarion, 1994.

（31）この主張は、矛盾を「理性の欠陥」に帰する説（こちらの方がよく知られている）よりもニュアンスに富む。Cf. Thomas d'Aquin, *Super Boethium De Trinitate*, q.2, a.3, in *Sancti*

Grégoire de Rimini (1300-1358). Précédé d'une étude sur la formation logique, philosophique et théologique du « Docteur authentique », École pratique des hautes études, 2000; A. de Libera, *La Référence vide. Théorie de la proposition* (chaire Étienne Gilson), Paris, PUF, 2002.

(11) 同意 *assensus* の対象は何かという問題は、14世紀から16世紀までのあいだに練りあげられたかたちで見るかぎり、事実上、「強い」神学にとってと同様に、哲学的意味論、存在論、論理哲学にとって死活的に重要な三種の問題からなる一連の問答複合体のなかに組み込まれている。この三種の問題とはつぎのとおりである。（問題１）命題は何を指示するか。（問題２）真偽を「担うもの」は何か。（問題３）認識および同意の対象は何か。リミニのグレゴリウスはこれら三つの問題に同一の解答を与える。「複合的可指示物 le signifiable complexement」というのがその解答である。これに対抗するのは、同意の対象を命題それ自身とする（一般にオッカムもしくはビュリダンに帰せられるのがこれである）理論か、同意の対象をこころのそとにある諸事物とする理論か、あるいは、最後に、最近接者 *proximum*（命題）・遠隔者 *remotum*（命題を構成する諸名辞）・最遠隔者 *remotissimum*（諸名辞によって指示される諸事物）という認識の三つの対象の区別にもとづく、16世紀に「通説」となったインヘンのマルシリウスの理論である。（すでに見たような、アルベルトゥスがこきおろす詭弁的推論をあつかう文献を除けば）スコラ学の「黄金時代」にそのような練りあげの例を探し求めても無駄かもしれない。こうした件については G. Nuchelmans, *Late-Scholastic and Humanist Theories of the Proposition*, Amsterdam-Oxford-New York, 1980 および E. J. Ashworth, *Studies in Post-Medieval Semantics*, Londres, Variorum Reprints, 1985 を参照せよ。

(12) この表現は M. Campanini, « Introduzione », in *Averroès, Il trattato decisivo...*, p.15 による。

(13) このことは L. Gauthier, *La Théorie d'Ibn Rochd (Averroès)...*, p.147-148 et 194, p.37-38 et 41 で主張されている。

(14) このことは H. Hanafi, *Ibn Rušd Shârihan Aristû*, Beyrouth, 1982 でおこなわれ、その個所を M. Campanini が « Introduzione », p.162 で引用している。

(15) 中世哲学史を研究中枢ノ移動 *translatio studiorum* と理解することについては A. de Libera, *La Philosophie médiévale* (Premier cycle), Paris, PUF, 1993 を参照せよ。

(16) Cf. Albert le Grand, *De sensu et sensatu* I, X; éd. Borgnet, t.9, p.25a.

(17) Cf. Maïmonide, *Guides des égarés*, I, 71, trad. S.Munk, Paris, 1866, rémpr., Verdier, 1970, p.175-177.

(18) Cf. Thomas d'Aquin, *Contra Gentiles*, I, 6, §4, trad. C. Michon, *in* Thomas d'Aquin, *Somme contre les Gentils*, livre I (GF, 1045), Paris, Flammarion, 1999, p.153.

(19) Cf. Thomas d'Aquin, *Contra Gentiles*, I, 6, § 1, trad. C. Michon, p.152.

(20) こうした肖像は新奇ではない。12世紀からすでにリールのアラヌスは「サラセン人すなわち異教徒」は「理性にみちびかれるのではなく、欲望に引きずられている」と断言している。この点に関しては Alain de Lille, *Contra haereticos*, 4, 1; PL 210, 421C および J. Jolivet, « L'Islam et la raison, d'après quelques auteurs latins des IXe et XIIe siècle », in *L'Art des confins. Mélanges offerts à Maurice de Gandillac*, Paris, PUF, 1985, p.153-165（とくに p.154）を参照せよ。

(21) Cf. Thomas d'Aquin, *Contra Gentiles*, I, 6, §4, trad. C. Michon, p.153.

(22) Cf. Thomas d'Aquin, *Contra Gentiles*, III, 27, §13, trad. V.Aubin, *in* Thomas d'Aquin, *Somme*

(4) こうした非難は意外かもしれない。しかしエウストラトス（1050年頃～1120年頃）は反アルメニア主義論争家としてより『ニコマコス倫理学』の注釈家としての発想が強く、いくぶん「初歩的な」アリストテレス主義に引きずられて、とりわけ「神についての聖なるすべての説教のなかでキリスト」自身が「アリストテレスの三段論法を使って推論していた」（アルメニア人ティグラノスを論駁するためにエウストラトスが執筆した覚書きのなかからニケタスが引用した第24命題）と断言するなど、失言を重ねてもいるということは事実である。ビザンツ・アリストテレス主義の第一人者であるヨハネス・イタロスに関してはP. Joannou, *Christliche Metaphysik in Byzanz, I. Illuminationslehre des Michael Psellos und Joannes Italos*（Studia patristica et byzantina, 3), Ettal, 1956とP. Stephanou, *Jean Italos, philosophe et humaniste*（Orientalia Christina Analecta, 134), Rome, 1949を参照せよ。ビザンツにおける哲学（もしくはそれに代わるもの）に関してはR. Browning, *Studies on Byzantine History, Literature and Education,* Londres, Variorum Reprints, 1977; C. N. Constantinides, *Higher Education in Byzantium in the Thirteenth and Early Fourteenth Centuries*（*1204-ca1310*)（Text and Studies in the History of Cyprus, 11), Cyprus Research Center, Nicosia, 1982; P. Lemerle, « Le gouvernement des philosophes. L'enseignement, les écoles, la culture », in *Cinq Études sur le XIe siècle byzantin*, Paris, 1977を参照せよ。

(5) こうした知見に関してはR. G. Collingwood, *An Autobiography*（Oxford Paperbacks), Londres-Oxford-New York, Oxford University Press, 1940を参照せよ。

(6) Cf. L. M. De Rijk, « Foi chrétienne et savoir humain. La lutte de Buridan contre les *théologizantes* », *in* A. de Libera, A. Elamrani-Jamal, A. Galonnier（éd.), *Languages et Philosophie, hommage à Jean Jolivet*（Études de philosophie médiévale, LXXIV), Paris, Vrin, 1997.「自然哲学および道徳哲学の領域において必然的真理を獲得するためには」この２番目の類型の明証性で「十分である」ことに注意されたい。

(7) ビュリダンにおける同意*assensus*の概念については、このほかに、L. M. De Rijk, « John Buridan on Man's Capability of Grasping the Truth », *in* I. Craemer-Ruegenburg, A. Speer（éd.), *Scientia und Ars im Hoch-und Spätmittelalter*（Miscellanea Mediaevalia, 22), Berlin-New York, Walter de Gruyter, 1994, p.281-303を参照せよ。

(8) J・ビュリダン『〈分析論後書〉問題集』第１巻第32問（「而シテ学知ハ揺ルギ無イ同意デアリ、意見ハ自分ノ反対ガ真デハ無イカ、ト云ウ危惧ヲ伴ッタ同意デアル。[…] 学知ガ、命題ニ対スル、確信ト明証性ヲ伴ウ同意デアッテ、揺ルギ無イ原理ト一次的ナ明証性ニ拠ル同意デアル事ハ真デアリ、又、必然デアル。私ハ、此レニ付ケ加エテ、結論ガ知ラレル為ニハ揺ルギ無イ真理ガ要求サレルト言ッテ措ク。従ッテ別様デアル事モ可能ナ何物カニ就イテ、換言スレバ、偶々、其ノ様デアル命題ニ就イテ学知ハ存在シナイ。加エテ、尚、揺ルギ無イ同意ガ必要デアル。何故ナラ、如何ニ命題ガ揺ルギ無ク真デアリ必然的デアッテモ、若シ何者カガ確信デハ無ク危惧ヲ伴ッテ其レニ同意スルナラ、其ウシタ同意ハ未ダ学知デハ無ク単ナル意見ダカラデアル」）を参照せよ。

(9)「危惧」については、オルレアンのマタエウス（著者名脱落）第７巻７節（「学知ト意見ハ異ナル。何故ナラ、意見ハ、一ツノ事物ヲ、裏側ヲ恐レナガラ受ケ取ル事ダガ、学知ハ、事物ヲ、其ノ裏側ニモ回リ、裏側ヲ恐レル事無ク受ケ取ル事ダカラデアル」）を参照せよ。

(10) Cf. P. Farago-Bermon, *L'Assentiment et son objet dans le « Commentaire de Sentences » de*

Bianchi（éd.）, *Filosofia e teologia nel Trecento. Studi in ricordo di Eugenio Randi*（Fédération internationale des instituts d'études médiévales, Textes et études du Moyen Âge, 1）, Louvain-la-Neuve, 1994, p.57-63 を参照せよ。

（2）この点でわたしたちはF. ファン・ステンベルゲンと見解をひとしくする。とはいえ、« L'averroïsme latin au XIIIe siècle », *in* J. Jolivet *et al.*（éd.）, *Multiple Averroès*, Paris, Les Belles Lettres, 1978, p.284-285 にあるような、14世紀に状況が一変するという考えかたにくみするわけではないので、ここでその有名な一節の全文を引用しておかなければならない。「"アヴェロエス主義者"という言葉をアヴェロエスの単心論の信奉者の意味に解するなら、たしかに13世紀にアヴェロエス主義者は存在する。しかしその言葉によってアヴェロエス哲学全体の継承を語りたいのであれば、その意味でのアヴェロエス学派とかアヴェロエス学説の潮流とかアヴェロエスのラテン人弟子とかいうものは存在しない。したがってブラバントのシゲルスが率いていた学派を指すためにラテン・アヴェロエス主義という言葉を使うことはやめなければならない。そしてつぎに述べることは、こうした結論の、いわば、逆証 contre-épreuve である。アヴェロエス主義はジャンダンのヨハネスのもとで、14世紀初頭、パリで生まれた。というのも、今度は、アヴェロエス哲学の全体を主体的に継承し、アヴェロエスをアリストテレスと並ぶ自分の思想活動の師匠と考える哲学者が話題の中心だからである。かれは活動の当初からこのアラブ哲学者を称賛してはばからない。かれにとって"哲学者"［＝アリストテレス］と"注釈者"［＝アヴェロエス］は同じひとりの人物にすぎず、両者はともに理性のもっとも完全な表現であって、かれはこのふたりに忠実につき従う以外の野心は持っていない。かれはアヴェロエスの"猿"になりたいとまで言うのであり、かれにとってアヴェロエスこそは哲学的真理ノ最モ完全ニシテ最モ名誉アル友人デアリ擁護者である。これこそが熟慮を経た全面的な"ラテン・アヴェロエス主義"である。」ジャンダンのヨハネスにしても14世紀のほかのどのような「アヴェロエス主義者」にしてもアヴェロエス哲学全体を主体的に継承していない。理由は単純であって、かれらはこの「哲学」の全体とは物質的にも観念的にも接触がないからである。

（3）『ファスル・アル－マカール』は、その巻末補遺（アッダミーマ）だけが13世紀にライムンドゥス・マルティヌスによって翻訳され、1287年に（したがってアルベルトゥスとトマスというふたりの偉大なスコラ学者が死去したあとに）かれが執筆した『ムーア人およびユダヤ人に突きつける信仰の匕首《あいくち》について』のなかに挿入されている。この補遺は M. Alonso の大著 *Theología de Averroes*（Estudios y documentos）, Madrid-Grenade, Maestre, 1947の p.357-365 で読むことができる。これが14世紀に広く流布した形跡はない。印刷された最初の版は Joseph de Voisin, Paris, Henault, 1651, f°200-202（『信仰の匕首について』第25章「アベン－ロストハ此ノ問題、即チ、神ハ個体ヲ認識スルヤ否ヤト云ウ問題ヲ如何ニ処理シタカ」）だったらしい。マルティヌスのほかの著作についてはつぎのような校訂版が存在する。Raimundi Martini, *Capistrum Iudaeorum*（『ユダヤ人のくびき』）I, trad. esp. A. Robles Sierra, Würzburg, Echter Verlag-Altenberg, Oros Verlag, 1990 ; *Capistrum Iudaeorum*, II, même éditeur, 1993.『アル－カシュフ』に関しては事情が異なる。こちらは『混乱の混乱』と同様に14世紀に翻訳されたが、またしてもトマス、シゲルス、アルベルトゥス、ボエティウスの存命中には間に合わなかった。この翻訳も翻訳者と面識のあるひとびとの範囲を越えて流布した形跡はない。

はトマスによって「着想された」16個の命題に対して前任者が加えた禁圧を1284年10月29日に承認しただけでなく、あらたに８条からなる異端説一覧表を1286年４月30日につけ加えた。この点に関しては F. Pelster, « Die Sätze der Londoner Verurteilung von 1286 und die Schriften des Magister Richard von Knapwell O. P. », *Archivum fratrum Praedicatorum*, 16（1946）, p.83-106 を参照せよ。また、とくに A. Boureau, *Théologie, science et censure au XIIIe siècle. Le cas de Jean Peckham*, Paris, Les Belles Lettres, 1999 を参照せよ。後者は関連資料のすべてを網羅している。

（96）Cf. L. Bianchi, « Ordini mendicanti e controllo "ideologico"... », p.326-334.

（97）こうした分派行動については R. Wielockx, « Procédures contre Gilles de Rome et Thomas d'Aquin », *Revue des sciences philosophiques et théologiques*, 83（1999）, p.293-313 を参照せよ。この文献は Gille de Rome, *Apologia*, éd. R. Wielockx, *Aegidii Romani Opera Omnia*, 3/1, Florence, 1985 への注釈を継続・精密化したものである。

（98）ペッカムはこの方針転換に対しては、のちにマルテゥヌス４世となるシモン・ド・ブリオンに宛てた1285年１月１日の手紙のなかで不満を漏らしている（*CUP=Cartulaire de l'université de Paris*, I, 1889, n°518, p.626-627）。これについては R. Wielockx, « Autour de procès de Thomas d'Aquin », *in* A. Zimmermann（éd.）, *Thomas von Aquin. Werk und Wirkung im Licht neuerer Forschungen*（Miscellanea Mediaevalia, 19）, Berlin-New york, Walter de Gruyter, 1988, p.419 を参照せよ。

（99）Cf. O. Lottin, *Psychologie et Morale aux XIIe et XIIIe siècles.* T.1*: Problèmes de psychologie*, Gembloux, 1957（2e ed.）, p.276, n.2.

（100）Cf. *Lettres de M. Étienne Gilson au père de Lubac et commentées par celui-ci*, Paris, Éd. du Cerf, 1986, p.86-87.

（101）*CUP, op.cit.*, p.548; R. Hissette, *Enquêtte...*, p.143.

（102）詳しくは R. Hissette, « L'implication de Thomas d'Aquin dans les censures parisiennes de 1277 », *Recherches de philosophie ancienne et médiévale*, 64/1（1997）, p.3-31 を参照せよ。わたしたちはこの文献の論拠と結論の両方に追随している。

（103）この一節がふくむ皮肉については J. -P. Torrell, *Initiation à saint Thomas d'Aquin. Sa personne et son œuvre*, Paris-Fribourg, Éd. du Cerf-Éd. universitaire de Fribourg（*Vestigia*, 13. Pensée antique et médiévale. Initiation）, 1993, p.285 を参照せよ。

（104）この問題に関しては J. A. Aertsen, « Die Thesen zur Individuation in der Verurteilung von 1277, Heinrich von Gent und Thomas von Aquin », *in* J. A. Aertsen, A. Speer（éd.）, *Individuum und Individualität im Mittelalter*（Miscellanea Mediaevalia, 24）, Berlin-New York, Walter de Gruyter, 1995, p.249-265 を参照せよ。

（105）Cf. S. Brown, « Godfrey of Fontaines and Henry of Ghent : Individuation and the Condemnations of 1277 », *in* S. Vlodek（éd.）*Société et Église. Textes et discussions dans les universités d'Europe centrale pendant le Moyen Âge tardif. Actes de colloque international de Cracovie, 14-16 juin 1993*（Rencontres de philosophie médiévale, 4）, Turnhout, Brepols, 1995, p.193.

第五章

（１）中世における「学的神学」もしくは「強い神学」と「弱い神学」については M.-T. Fumagalli Beonio-Brocchieri, « Note sul concetto di teologia in Durando di S. Porziano », *in* L.

（81）Cf. Siger de Brabant, *De anima intellectiva*（「若シ知性的霊魂ガ、其ノ定義其ノ物ニ拠ツテ、例エバソクラテスノ様ニ、其レ自体デ存続スル個体的ナ何者カナラバ、此ノ瞬間ニ存在スル知性的霊魂ト同ヂ種類ノ別ノ知性的霊魂ヲ作ル事ハ、其レガ、同ヂニ、且ツ、違ツテ作ラレルルト云ウ結果ニ成リ兼ネナイ。実際、質料カラ離在スル諸存在ニ於イテ、個体ハ、其レ自身ガ其レ自身ノ種類デアリ、ダカラコソ、或ル種類ノ下ニ含マレルルト云ウ事ハ、此ノ様ナ個体ニトツテ、別ノ個体ノ下ニ含マレルルト云ウ事ナノデアツテ、此ノ事ハ不可能デアル」）.

（82）Cf. Cl. Lafleur, D. Piché, J. Carrier, « Le status de la philosophie dans le décret parisien de 1277 ... », *op. cit.*, p.934. この個所を敷衍したものがＰ１・２である。

（83）Cf. *ibid.*, p.970.

（84）Cf. *ibid.*, p.961-962.

（85）つぎのことに注意されたい。トマスの『アヴェロエス主義者の知性単一説を駁す』の校訂版が、唯一、『〈知性的霊魂について〉問題集』の３章と７章（したがって『駁論』初版より時間的にあとのテクスト）と『〈霊魂論第３巻〉問題集』の地獄の劫火に関するくだり――主題は同一であるが学説上の類似はない――のうちに「二重真理」に関する「慎重な」表現があることを指摘しているが、このことをもって、トマスが典型的なアヴェロエス主義者を描写するときに念頭にあるのが『〈霊魂論第３巻〉問題集』の著者シゲルスであることが証明されるわけではない。それもそのはずであり、この件に関する唯一の真の証明は、もう少しさきで明らかにするように、知性の単一性という主題を、矛盾をふくまないものへの神の全能の制限という主題に結びつけることに存するのであり、この結びつけは知性の増殖の絶対的な不可能性を（知性の本性もしくは知見そのものにもとづいて）論証するシゲルスの表現をトマスが拡大解釈したことによるのである。

（86）Cf. Anonyme de Van Steenberghen, *Quaestiones De anima*, III, q.6; éd. Van Steenberghen, p.312, 13-15. いうまでもなくシゲルスが最初から依拠していたのも、また、この一節である。シゲルスの場合はそれほど大っぴらではなかったというにすぎない。

（87）*Op. cit.*, p.311, 4-6.

（88）*Op. cit.*, p.312, 18-20.

（89）Cf. A. de Libera, « Albert le Grand et la mystique allemande », *in* M. J. F. M. Hoenen, J. H. J. Schneider, G. Wieland（éd.）, *Philosophy and Learning. Universities in the Middle Ages*（Education and Society in the Middle Ages and Renaissance 6）, Leyde-New York-Cologne, Brill, 1995, p.29-42.

（90）Cf. O. Pluta, « Der Alexandrinismus an den Universitäten im späten Mittelalter », *Bochumer Philosophisches Jahrbuch für Antike und Mittelalter*, 1（1996）, 81-109, notamment p.96 *sq.*

（91）Cf. L. Bianchi, « Loquens ut naturalis », *op. cit.*, p.54-55.

（92）Cf. Alain de Libera, *Penser au Moyen Âge, op. cit.*, p.369-371.

（93）Cf. R. Hissette, « Saint Thomas et l'intervention épiscopale du 7 mars 1277 », *Studi*（Instituto San Tommaso, Rome）, 2（1995）, p.204-258.

（94）Cf. R. Hissette, « Trois articles de la seconde rédaction du *Correctorium de Guillaume de la Mare* », *Recherches de théologie ancienne et médiévale*, 51（1984）, p.230-241.

（95）1279年１月28日から1292年12月８日までカンタベリー大司教の職にあったペッカム

原因ヨリ包括的デ強力ナ、事物ノ原因デアル事ハ今ヤ明々白々デアル。其ウシタ理由カラ、第一原因ノ作用ハ近隣ノ原因ノ作用ニ比ベテ、ヨリ強力ニ事物ニ付着スル物ト成ル。ソシテ、事物ハ、真ツ先ニハ、遠隔ノ力ノミヲ受容シ、然ル後ニ、其レニ準ヅル力ヲ受容スルノデ無ケレバ、決シテ此ノ様ナ事ニハ成ラナイ。ソシテ、第二原因ガ行使スル作用ノ全テヲ、第一原因モ、又、行使スルガ故ニ、第一原因ハ、己自身ガ作用スル事ハ元ヨリ、第二原因ヘノ支援モ行ウ。ト言ウヨリ寧ロ、第二原因ヨリ深遠デ崇高ナ別ノ様式デ作用ヲ行使スルノデアル。ソシテ第一原因ハ近隣ノ原因ヨリモ事物ニ一層強ク付着スルカラ、第二原因ガ其ノ結果カラ取リ去ラレル時モ、第一原因ガ当ノ結果カラ取リ去ラレル事ハ無イ。ソモソモ、第二原因ノ結果ガ揺ルギ無イ物ト成ル為ニハ、第二原因ノ力ハ元ヨリ、第一原因ノ力ガ不可欠デアル。此レハ何故カト言エバ、第二原因ガ事物ヲ作ル時、第二原因ニ優越スル第一原因ガ当ノ事物ニ己ノ影響力ヲ及ボスカラデアツテ、ダカラコソ、第一原因ハ、上ニ述ベタ様ニ、強イ付着力デ当ノ事物ニ付着シ、其レヲ保全スルノデアル。従ツテ、遠隔ノ原因ガ、其ノ原因ニ追随スル近隣ノ原因以上ニ強力ナ、事物ノ原因デアル事、ソシテ遠隔ノ原因ガ己ノ力ヲ事物ニ及ボシ、事物ヲ保存シ、其ノ近隣ノ原因ガ除去サレテモ、其ノ事物カラハ取リ去ラレヅ、常ニ其ノ事物ノ内ニ留マツテ、ヨリ強力ナ付着力デ事物ニ付着スル事ハ、此レ迄、洗イ浚イ述ベテ来タ事カラ、今ヤ、明々白々デアル。」

(75) Cf. R. Imbach, « Metaphysik, Theologie und Politik. Zur Diskussion zwischen Nikolaus von Strassburg und Dietrich von Freiberg über die Abtrennbarkeit der Akzidentien », *Theologie und Philosophie*, 61 (1986), p.359-395 ; « Le traité de l'Eucharistie de Thomas D'Aquin et les averroïstes », *Revue des sciences philosophiques et théologiques*, 77 (1993), p.175-194.

(76) Cf. S. Donati, « Utrum accidens possit existere sine subiecto. Aristotelische Metaphysik und christliche Theologie in den Physikkomentaren des 13. Jahrhunderts », *in* J. A. Aersten, K. Emery et A. Speer (éd.), *Nach der Verurteilung von 1277...*, p.577-617.

(77) Cf. P. J. J. M. Bakker, « Inhérence, univocité et séparabilité des accidents eucharistiques. Observations sur les rapports entre métaphysique et théologie au XIVe siècle », *in* J. -L. Solère, Z. Kaluza (éd), *La Servante et la Consoolatrice..., op. cit.*, p.203-204.

(78) 中世哲学および神学に関する——「宗教改革」に起源を持つ——「三段階」歴史観を考古学的に考察した Th. Ricklin, « Die *aetas triplex* der Scholastik. Zur philosophiehistorsche Genese einer verfemten Epoche », *Studia philosophica*, 61 (2002), p.153-175 を参照せよ。

(79) Cf. Siger de Brabant, *De anima intellectiva* (「自我ノ内ニ何等カノ知的霊魂ガ在ル以上、神ハ其レニ似タ他ノ知的霊魂ヲ作ル事ガ出来、斯クシテ幾ツモノ知的霊魂ガ在ル事ニ成ルダロウ、ト人ガ言オウモノナラ、其ノ時コソ、次ノ様ニ答エナケレバナラナイ。神ハ矛盾スル者、若シクハ対立スル者ヲ同時ニハ実現出来ヅ、幾人モノ人間ノ何ノ一人モガ此ノソクラテスデアリ得ル様ニスル事ハ出来ナイ、ト。実際、若シ其ノ様デアルナラ、人間ハ一デアルト同時ニ多デアリ、多デアツテ多デハ無ク、一デアツテ一デハ無イ事ニ成ルダロウ」).

(80) Cf. Siger de Brabant, *In III De anima*, q.9; éd. Bazán, p.26, 23-25 (「言ツテ措クガ、数的ニ増殖スルト云ウ事ハ知性ノ本性ニハ無イ。実際、『形而上学』第七巻ニハ、産出者ガ、数ニ於イテ多デ種類ニ於イテ一デアル何者カヲ産ミ出スノハ質料ノミニ拠ルト書カレテ居ル」).

はその否定的もしくは破壊的部分（*pars destruens*）の論理的な無効化である。トマスが真の土俵でアヴェロエスを攻め立てるのは第５章の末尾においてである。真の土俵とは神の全能の問題という土俵であって、そこに介在するのが、より有名ではあるが、いまの場合は二次的にすぎない「二重真理」という論拠なのである。

（72）これに関する資料のすべてを知りたければ P. J. J. M. Bakker, *La Raison et le Miracle. Les doctrines eucharistiques*（*c.1250-c.1400*）. *Contribution à l'étude des rapports entre philosophie et théologie*, Université de Nimègue, 1999 を参照せよ。

（73）Cf. Siger de Brabant, *Quaestiones super Librum de causis*, q.2（「第一原因ハ、本性上、第二原因ノ結果ヲ、当ノ第二原因無シニ産出シ得ルカ否カ」）, éd. A. Marlasca（Philosophes médiévaux 12）, Louvain, Publications universitaires-Paris, Béatrice-Nauwelaerts, 1972, p.40-41.

（74）Cf. Thomas d'Aquin, *Scriptum super quarto libro Sententiarum*, d.12, q.1, a.1, qa.1, éd. M. F. Moos, Paris, Lethielleux, 1947, p.498-499「『原因論』ノ最初ノ命題ニ在ル様ニ“第一原因ハ、第二原因ノ結果ニ己ヲ刻印スル力ニ於イテ、当ノ第二原因其レ自身ニ勝ル”［…］ト言ワレルベキデアル。其ノ事カラ第二原因ガ己ノ影響ヲ己ノ結果カラ取リ去ル時ニモ、尚、第一原因ノ影響ガ、其ノ結果ニ残留スル事ガ在リ得ルノデアツテ、其レハ丁度、理性ガ取リ去ラレタ後モ生命ガ残リ、生命ガ取リ去ラレタ後モ、存在ガ残ルノト同様デアル。従ツテ偶有性、並ビニ、全テノ現存在ノ第一原因ハ神デアリ、他方、偶有性ハ実体ノ諸原理カラ帰結スルガ故ニ、実体ハ偶有性ノ第二原因デアルノダカラ、神ニハ、第二原因、即チ、実体ガ取リ去ラレタトシテモ偶有性ヲ存在ノ内ニ保存スル事ハ可能デアルダロウ。其レ故、疑イモ無ク神ハ主体無キ偶有性ヲ存在セシメル事ガ可能デアルト言ワレルベキデアル」. トマスによって引用されている一文は『原因論』の最初の命題ではなくトマス本人によるつぎの「注釈」のなかの一文（ここでは傍点で示す）である。「全テノ第一原因ハ、普遍的ナ第二原因ヨリモ、其ノ結果ニ対シテ強イ影響力ヲ有スル。従ツテ普遍的第二原因ガ己ノ力ヲ事物カラ取リ去ル時モ、普遍的第一原因ガ己ノ力ヲ事物カラ引キ揚ゲル訳デハ無イ。此レハ何故カト言エバ、普遍的第二原因ハ普遍的第一原因ニ追随スルノデアツテ、第二原因ガ己ノ結果ニ作用スルニ先立ツテ、第一原因ガ当ノ結果ニ作用スルカラデアル。従ツテ、追随スル第二原因ガ結果ニ作用スル時、其ノ作用ハ己ニ優越スル第一原因カラノ作用ヲ拒絶スル訳デハ無イ。斯クシテ、第二原因ガ、己ニ追随スル結果カラ引キ離サレル時モ、第二原因ニ優越スル第一原因ハ、当ノ結果ニ対スル原因デアルガ故ニ、当ノ結果カラ引キ離サレル事ハ無イノデアル。此ノ事ハ、例エバ、存在ト生物ト人間ノ三者デ説明出来ル。ト言ウノモ、事物ハ最初ニ存在デアリ、次ニ生物デアリ、然ル後ニ人間デアルト考エルノガ妥当ダカラデアル。従ツテ生物ガ人間ノ近隣ノ原因デアリ、存在ハ人間ノ遠隔ノ原因デアル。従ツテ存在ハ人間ノ原因デアル生物ノ原因デアルガ故ニ、生物ヨリモ強力ナ、人間ノ原因デアル。ソシテ同様ニ理性ヲ人間ノ原因ト考エル時、存在ハ人間ノ原因ノ原因デアルガ故ニ、理性ヨリモ強力ナ、人間ノ原因デアル。我々ガ此ノ様ニ言ウ事ノ意味ハ、人間カラ理性ノ力ヲ取リ去ルト、人間ハ残ラナイガ、呼吸シ感覚スル生物ガ残ルト云ウ事デアル。ソシテ人間カラ生物ヲ取リ去ルト、人間カラ生物ハ取リ去ラレルガ存在ハ取リ去ラレナイガ故ニ、生物ハ残ラナイガ存在ハ残ルト云ウ事デアル。何故ナラ、原因ハ、己ノ結果ガ除去サレテモ取リ去ラレヅ、従ツテ人間ハ存在デアリ続ケルカラデアル。従ツテ或ル個物ガ人間デ無ク成ツテモ、其レハ依然トシテ動物デアリ、或イハ、唯ニ、存在デアル。斯クシテ遠隔ノ第一原因ハ近隣ノ

能である。実際、そのことは事象に反しており、またあらゆる道徳的学知および、アリストテレスが人間の生来の居場所であると言っている政治社会の領域に属するすべてを破壊する。」トマスの論拠は「アヴェロエス主義者たち」によく知られていた。それは *Anonyme de Van Steenberghen, Quaestiones De anima*, III, q.7; Van Steenberghen, p.314, 32-34 ではつぎのように言及されている。「すべての人間のなかに数的に同一な知性があると仮定することは死後の善行に対する報奨と悪行に対する処罰を滅却することになるが、それは容認できない。」*Anonyme de Bazán. Quaestiones De anima*, III, q.21; Bazán, p.511, 45-53 で展開されている論拠は、つぎのように、さらによりあからさまである。「[アヴェロエスに］反対する主張は、わたしたちの信仰［の主張］である。そしてわたしはそうした主張をいくつかの論拠によって立証する。その第一はつぎのとおりである。[…] すべての人間のうちに同じひとつの知性しかないとしたら、天国に行くすべてのひとびとは唯一にして同一の褒美をもらうことになるだろうし、地獄にいるひとびとの罪も同じ罪であることになるだろうし、聖ペテロがもらう褒美も、ほかの使徒たちの褒美も、一介の農夫の褒美も同一であることになるだろうが、わたしたちの信仰によればそれは、とうてい、支持しえないことであり、それゆえすべての人間のうちに唯一の知性があるということは不可能なのである。」

(71) それゆえ『アヴェロエス主義者の知性単一説を駁す』の構想は明快である。その第1章にはアヴェロエス対アリストテレスという章題がついてもおかしくない。アヴェロエスとその信奉者の所説がスタゲイラの哲人のそれと矛盾することを、原典に依拠しつつ、明示することが第1章の目的である。事実、もし「アヴェロエス主義者」の特徴の第一が「ラテン世界の」哲学説を何ひとつ知ろうとしないことであり、特徴の第二がアリストテレスの『霊魂論』をまったく理解していないことだとすると、それは、アヴェロエス主義者がアヴェロエス本人による「倒錯的な」読解を譲り受けているからである。第2章は『霊魂論』のペリパトス主義的解釈によってアヴェロエスを論駁しつつ、アヴェロエス主義に対する文献学的批判を完成させる。章題を付けるとしたらアヴェロエス対ペリパトス派である。したがって『アヴェロエス主義者の知性単一説を駁す』の最初のふたつの章におけるトマスの手法は、ボナヴェントゥラのそれでもタンピエのそれでもない、きわめて独自の方向性を証言している。それは、何よりもまずアヴェロエスを哲学的に孤立させるという方向性である。最初のふたつの章でアヴェロエスの所説 *dicta* を想起させたあとで、第3〜5章はその根拠 *rationes* を展開する。第3章はアヴェロエスの最初の謬説――知性の、人間霊魂からの実在的分離説――に対する論駁である。トマスは文献学的に正しい命題を定義したあとで反対命題の破壊によって当の命題を哲学的に解明しようと試みる。ようするにトマスは、知性が人間身体の形相としての霊魂もしくはそうした霊魂の一部ではないというアヴェロエスの主張を、論証によって、攻め立てるのである。第4章はアヴェロエス主義の特徴をもっともよく表すアヴェロエスの第二の謬説である可能的知性の単一性説にあてられている。トマスはこの命題を能動的知性の単一性説――トマスはこの説をアリストテレス哲学に反しているとして排拒するが、この説自体に矛盾はなく、事実、多くの哲学者が支持していることを認めている（§83）――からはっきり区別している。第5章は、討論問題の形式をまねて、アヴェロエス主義者の論拠を真の命題と対比して論駁しつつ、知性の複数性を結論づける。第4章が単心論の肯定的もしくは建設的部分（*pars construens*）の論駁だとすれば、第5章と約束した。しかし多くの哲学者が、誤謬の闇から身を引き離さんと欲しながら、大いなる誤謬をわが身に引き入れてしまった。すなわちかれらはおのれを知者と称しながら愚かになり、おのれの学知を誇りながらルシフェルの同類になってしまった。」

（61）Cf. G. Fioravanti, « Boezio di Dacia e la storiografia sull'averroismo », *Studi medievali*, 7（1966）, p.288.

（62）Cf. R. Imbach, « L'averroïsme latin du XIIIe siècle », *in* R. Imbach et A. Maierù（éd.）, *Gli studi di filosofia medievale*..., p.191-208.

（63）Cf. R. Imbach, F.-X. Putallaz, *Profession philosophe. Siger de Brabant*（Initiations médiévales）, Paris, Éd. du Cerf, 1997.

（64）Cf. R. Imbach, « Lulle face aux averroïstes parisiens », in *Raymond Lulle et le pays d'Oc*, Privat, Fanjeau, 1987, p.261-282.

（65）この文献は1989年に M. ペレイラと Th. ピンドルビュシェルによって校訂され、*Raimundi Lulli opera omnia*, 17（*Corpus Christianorum. Continuatio Medievalis*, 79）, Brepols Turnhout に収録されている。

（66）Cf. R.-A. Gauthier, « Notes sur les débuts（1225-1240）... », p.322-330.

（67）この点に関しては J. -P. Torelle, *Initiation à saint Thomas d'Aquin. Sa personne et son œuvre*（Vestigia, 13）, Paris-Fribourg, 1993, p.281 を参照せよ。

（68）Cf. Thomas d'Aquin, *De unitate intellectus contra averroistas*, §118-119, trad. A. de Libera, in *Thomas d'Aquin. Contre Averroès. L'unité de l'intellect contre les averroïstes suivi des textes contre Averroès antérieurs à 1270*（GF, 713）, Paris, Flammarion, 1994, p.194-197.

（69）比喩に関するこんにちの理論において死活的に重要なこの点については僭越ながら A. de Libera, « Des accidents aux tropes. Pierre Abélard », *Revue de métaphysique et de morale*, 4（2002）, p.509-530 ならびに « *Aliquid, aliqua, aliqualiter*. Signifiable complexement et théorie des tropes au XIVe siècle », *in* P. J. J. M. Bakker（éd.）, Chemin de la pensée médiévale..., p.27-45 を参考資料にあげさせていただきたい。古代哲学における性質の移動という問題群に関しては G. B. Matthews, « The Enigma of *Categories* la20ff and Why It Matters », *Apeiron*, 22（1989）, p.91-104 ; « Container Metaphysics according to Aristotle's Greek Commentators », *Canadian Journal of Philosophy*［Supp.］, 17（1991）, p.7-23; J. Ellis, « The Trouble with Fragrance », *Phronesis*, 35（1990）, p.290-302 を参照せよ。

（70）トマスにとって単心論は倫理の崩壊をまねくものである。『アヴェロエス主義者の知性単一説を駁す』87節がアリストテレス『政治学』第１巻第２章1253a2-3（Anonyme, *Auctor. Arist.* 15, n.3; Hamesse, p.252, 98 では「人間ハ生来、ポリス的且ツ市民的動物デアル」という表現になっている）に依拠して、知性の単一性は道徳と政治をともに不可能にする、と明言しているのは、その意味においてである。「［…］もし知性がすべての人間について単一であるとしたら、そのことから必然的に思惟する者はただひとりであり、したがってまた、意志する者もただひとりであり、人間をたがいに区別するあらゆるものを、おのれの意志をとおすために利用する者もただひとりだということになる。さらにそのことから、つぎのことも帰結する。すなわち、すべてを利用する権限と能力はただただ知性にのみ存するのであるが、その知性が、すべての人間について同一であり不可分であるとしたら、意志の自由な選択に関して人間のあいだに違いはないことになり、意志はすべての人間で同一だということになる。そのことはあきらかに虚偽であり不可えられたのであって、その結果、そうした学説を創始した正統的思想家たちが放逐されたのだが、かれらはまちがってもそうした謬説をわが子として認知することなどなかっただろう、ということをわたしは具体的に示した。典拠のなかに見つからない“謬説”の一覧表が持続的影響力を行使する一方で、そうした謬説の種本は流布困難であるか、場合によっては流布不可能であったことをわたしは明らかにした。そのことからわたしは検閲が否定的影響力をも有していると結論づけた。なぜなら検閲はいくつもの重要な作品の破棄もしくは消失を引きおこし、興味ぶかい学説の遺棄をそそのかし、完全に支持しうる諸立場を無力化し、いくつもの擬似問題を生みだしてきたからである。」もちろんわたしも「否定的機能」の観念に異論はない。検閲の「発見的」能力は精神のやまいの二次的な恩典にすぎない。ちなみに、この「やまい」が死にいたるほど重いとは思われていないのは、権威に魅了された人間精神の不幸なくわだて——自分で「自分を縛りつけた鎖から、逃れるために」戦略を立て、迂路をたどり、仮面をかぶるくわだて——が、めぐりめぐって、このうえなくひどい役柄を押しつけられた俳優たちをも解放することに役立つのだと、わたしたちが、こころならずも、想像しているからである。ルナンは、たしかに、そのように想像した。

(56) Cf. R. Hissette, *Enquête..., op. cit.*, p.314.

(57) この点に関してはシゲルスとボエティウスの著作を収めているミュンヘン写本Clm9559の事例を参照せよ。1277年の断罪後の写本の毀損もしくは消失についてはM.-Th. d'Alverny, « Un témoin muet... », *op. cit.*, p.247-248を参照せよ。

(58) Cf. R. Hissette, *Enquête..., op. cit.*, p.9.

(59) 実際、ボナヴェントゥラがパリではじめて「哲学者の絵空事」を非難したのは、四旬節期間中の毎日曜日の午後におこなわれた「十戒」連続説教の第２回目においてであって、1267年３月13日にさかのぼる。そこでボナヴェントゥラは「人文学部に在籍している教師・学士・学部生そのほかの学生」のまえで、一方ではアリストテレスの現代における模倣者を直接に俎上に載せ（「そうした絵空事を着想し、支持し、再生産し、もしくはこれに尾ひれをつける者は、それが「十戒」の２番目のおきてに反するおこないであるだけに、きわめて深刻な過ちをおかすことになる［…］。だからこそ発案者のみならず擁護者・模倣者のすべてがここでは禁止されるのである」）、他方では世界の永遠性と単心論という、アヴェロエス主義の特徴を事後的に示していると見なされた古代哲学者の命題が道徳の見地から告発される（「哲学を探究しているという向こう見ずな思いあがりから哲学者の誤謬が生まれるのであり、たとえば世界が永遠であるとか、すべての人間のうちに知性がただひとつある、という想定がそうである。永遠の世界を想定することは『聖書』のすべてをくつがえすことであり、神の子が受肉していないという結果をみちびく。すべての人間のうちに知性がただひとつあると想定することは、信仰の真理はなく、魂の救済もなく、戒律の遵守もなく、最悪の人間でも祝福され、最良の人間でも劫罰に処せられるという結果をみちびく」）。こうした一切についてはBonaventure, *Les Dix Commandements*, trad. M. Ozilou（L'Œuvre de saint Bonaventure）, Paris, Desclée de Brouwer-Éd. du Cerf, 1992, p.72を参照せよ。

(60) もっとも一般的なのはおそらく『ローマ人への手紙』１章20節を自由に翻案して哲学者をルシフェル（悪魔）の同類に仕立てあげた『六日間説教集』第４部第１節（Quaracchi, V, 349a）だろう。「哲学者は九つの学知を教示し、10個目を、すなわち観想を教示する

(1992), p.377-397 を参照せよ。知性神学の源泉としてのアル－ガザリの役割については Cl. Lafleur et J. Carrier, « La *Philosophia* d'Hervé le Breton（alias Henri le Breton）et le recueil d'introductions à la philosophie du ms. Oxford, Corpus Christi College 283（deuxième partie）», *AHDLMA*, 62（1995）, p.379, n. 97 を参照せよ。アルベルトゥスによる生の形式としての形而上学については B. Thomassen, *Metaphysik als Lebensform. Untersuchungen zur Grundlegung der Metaphsik im Metaphsikkommentar Alberts des Großen*（*Beiträge*, N.F.27）, Münster i. W., 1985 を参照せよ。

(47) マイスター・エックハルト裁判については W. Trusen, *Der Prozeß gegen Meister Eckhart. Vorgeschichte, Verlauf und Folgen*（Veröffentlichungen d. Görres.-Ges., N. F. H. 54）, Rechts-u. Staatswiss., Paderborn-Munich-Vienne-Zurich, 1988 を参照せよ。

(48) 性器の悪用という自然に反する罪は、たしかに種の自然には反するものの個体の自然には反しないことを言明するつぎのような言表が問題になっていることを思いだそう。—禁欲は本質的に徳ではない。—あらゆる肉のいとなみの完全な節制は徳と種とをともに破壊する。—性的な活動から得られる快楽は思考の活動もしくは使用を妨げない。—純潔は完全な節制に勝る徳ではない。—純粋かつ単純な姦淫、すなわち独身者と独身者との姦淫は罪ではない。

(49) 寓話とアヴェロエス主義の問題については A. Maurer, « Siger of Brabant on Fables and Falsehoods in Religion », *Mediaeval Studies*, 43（1981）, p.515-530 を参照せよ。

(50) Cf. R. Hissette, *Enquête sur...*, *op. cit.*, p.318.

(51) Cf. E. Renan, *Averroès et l'averroïsme*, préface d'A. de Libera, Paris, Maisonneuve et Larose, 1997, p.194.

(52) Cf. C. G. Normore, « Who Was Condemned in 1277 ? », *The Modern Schoolman*, 72（1995）, p.273-281.

(53) Cf. R. Hissette, *Enquête sur...*, *op. cit.*, p.317.

(54) Cf. J. F. Wippel, *Mediaeval Reactions to the Encounter between Faith and Reason*（The Aquinas Lectures, 59）, Milwaukee, 1995.

(55) こうした「逆説的」知見は L. Bianchi, « Un Moyen Âge sans censure ?...», *op. cit.*, p.742-743 で取りあげられ、つぎのように微妙に改変されている。「[…] 知的自由を統制する仕組みがしばしば反発を生み、突破され、回避されたこと、つまりその逆－生産性が露呈されたことをわたしは強調した。そうした仕組みが、ときに、意図しない帰結をともない、そうした帰結が、予想外であると同時に注目に値する歴史的発展の端緒となったことをわたしは開示した。検閲がしばしば肯定的機能を有し、伝統的主題にあたらしいやりかたで接近し、あたらしい問題を提起し、それまでなかった解決を提示しようとする動きに弾みを与えたことをわたしは力説した。わたしは“検閲の発見的能力”という観念をアラン・ド・リベラから拝借した。しかしわたしはまた“検閲者の創造的想像力”についても語ってきたのであって、その言葉によって浮き彫りにしたかったのは、だれひとりとして主張しようなどと思いつきもしない、いくつもの“異端説”がまかりとおるようになったのは、ただたんに、厳密な意味で哲学的な理論からいわゆる神学的帰結を“演繹”しなければならないと信じていた或る種の熱狂的な信仰擁護者によってそうした異端説が検出されたからにすぎない、ということである。実際に教授されている学説の分析が、潜在的な異端説に対する断罪の方へ横滑りし、“謬説”の見本作りにすり替

い。謬説表の注釈書『クウォド・デウス』が148条+149条［=152(183)+153(182)], 196条［=147(181)］および197条［=175(180)］を評価するやりかたはこの点を暗示している。この注釈書は、或る条文に対する論駁（「虚偽理由」の分析）を他の条文に対する論駁から導出することで、検閲された条文の概念的結びつきをくっきりと浮かびあがらせている。Cf. Cl. Lafleur, D. Piché, J. Carrier, « Le statut de la philosophie dans le décret parisien de 1277...», *op. cit.*, p.975-976（「神学者ノ説教ハ絵空事ニ基ヅイテ居ル――謬説。神学ヲ知ルト、其レ以上ノ事ハ何モ知ラレナク成ル――謬説。此レラ二ツノ条文ノ虚偽理由ハ次ノ通リ。真理ヲ神学的ニ問ウトスレバ、即チ、誰ガ真理カヲ問ウトスレバ、真理トハ最モ高貴ナ第一存在者デアッテ、神学ノ説教ハ其ウシタ存在者ニ基ヅクガ故ニ絵空事デハ無イ。而モ、其ウシタ神学知ノ為ニ他ノ学知ガ滅ブノデハ無ク、寧ロ、他ノ全テノ学知ハ、恰モ本来ノ目的ニ吸収サレルカノ様ニ神学ニ還元サレルノデアル。斯クシテ神学ガ他ノ全テノ学知ノ目的デアル。キリスト教ノ法ニハ、他ノ法ト同ヂク、絵空事ト虚偽ガ在ル――謬説。此ノ条文ガ虚偽デアル理由ハ、神学者ノ説教ガ絵空事ニ基ヅイテ居ルト云ウ説ガ虚偽デアル事カラ既ニ明ラカデアル。キリスト教ノ法ハ他ノ事ヲ学ブ妨ゲトナル――謬説。此ノ条文ガ虚偽デアル理由ハ、神学ヲ知ルト、其レ以上ノ事ハ何モ知ラレナク成ルト云ウ説ガ虚偽デアル事カラ明ラカデアル」). ここで注釈者は、強い「体系の印象」に誘導されるかのように、検閲者（=「体系」）が題材の秩序により近い順序で並べた条文――すなわち180, 181, 182, 183――を、まったく反対の、推理の秩序（虚偽理由の秩序）の順番に――すなわち183, 182, 181, 180の順番に――並べかえている。こうした並べかえは、わたしたち自身が『中世を考える』以来、試みてきたことである。

(41) Cf. J. M. M. H. Thijssen, « What really happened on 7 March 1277 ? Bishop Tampier's Condemnation and its Institutional Context », *in* E. Sylla, M. McVaugh (éd.), *Texts and Contexts in Ancient and Medieval Science. Studies on the occasion of John E. Murdoch's seventieth birthday* (Brill's Studies in Intellectual History, 78), Leyde, Brill, 1997, p.84-114 および同著者の « 1277 Revisted : A New Interpretation of the Doctrinal Investigations of Thomas Aquinas and Gilles of Rome », *Vivarium*, 35 (1997), p.72-102.

(42) Cf. J. Miethke, « Papst, Ortsbischof und Universität in den Pariser Theologenprozessen des 13. Jahrhunderts », *in* A. Zimmermann (éd.), *Die Auseinandersetzungen an der Pariser Universität im XIII. Jahrhundert*, Berlin, 1976, p.86-87.

(43)『アングリアとパリで断罪された条文集』（短尺版・長尺版）の写本の伝承については J. M. M. H. Thijssen, « What really happened...? », *Appendix* 1, p.106-112 および L. Bianchi, *Il vescovo...*, p.207-208 を参照せよ。

(44) R. Hissette は *Enquête sur..., op. cit.*, p.319-321 で三つの分類方式の対応表を掲げている。

(45) マンドネの分類によれば最初の七つの命題が哲学の本性にかかわる。そのあとは25個の命題が神に、31個の命題が離在知性に、49個の命題が物体的世界に、57個の命題が人間とその精神活動に、10個の命題が倫理にかかわる。神学的謬説のなかで五つの命題がキリスト教に、15個の命題が教義に、13個の命題がキリスト教道徳に、7個の命題が最終目的にかかわっている。Cf. R. Hissette, *Enquête sur..., op. cit.*, p.8.

(46) こうした包括的な哲学観、とりわけ知性神学および知性神学が前提する思考学としての第一哲学という哲学観については A. de Libera, « Psychologie philosophique et théologie de l'intellect. Pour une histoire de la philosophie allemande au XIVe siècle », *Dialogue*, XXXI/3

れている。

(38) 学問の自由と検閲の問題についてはL. ビアンキの基本的文献以外にJ. M. M. H. Thijssen, *Censure and Heresy at the University of Paris, 1200-1378*, Philadelphia, University of Pennsylvania Press, 1998 および M. McLaughlin, *Intellectual Freedom and Its Limitations in the University of Paris in the Thirteenth and Fourteenth Century*, New York, Arno Press, 1997 を参照せよ。さらに W. J. Courtenay, « Inquiry and Inquisition : Academic Freedom in Medieval Universities », *Church History*, 58 (1989), p.168-181 および同著者の « The Preservation and Dissemination of Academic Condemnations at the University of Paris in the Middle Ages », *in* B. Carlos Bazán, E. Andújar, L. G. Sbrocchi (éd.), *Les Philosophies morales et politiques au Moyen Âge*, Actes du IXe Congrès international de philosophie médiévale, Ottawa, 17-22 août 1992, vol. III (Publications du Laboratoire de la pensée ancienne et médiévale, Université d'Ottawa), New York-Ottawa-Toronto, 1995, p.1659-1667 を参照せよ。総合的な論述を望むなら J. M. M. H. Thijssen, « Academic Heresy and Intellectual Freedom at the University of Paris, 1200-1378 », *in* J.W.Drijvers, A.A.MacDonald (éd.), *Centres of Learning. Learning and Location in Pre-Modern Europe and Near East*, Leyde, Brill, 1995, p.217-228; L. Bianchi, « Censure, liberté et progrès intellectuel...», p.45-93; A. Boureau, « La censure dans les universités médiévales », *Annales*. Histoire, sciences sociales, 55e année-n°2, 2000, p.312-323 なども参考になる。

(39) Cf. J. Murdoch, « Pierre Duhem and the History of Late Medieval Science and Philosophy in the Latin West », *in* R. Imbach, A. Maierù (éd.), *Gli studi di filosofia medievale fra otto e novecento. Contributo a un bilancio storiografico*. Atti del convegno internazionale Roma, 21-23 settembre 1989 (Storia e Letteratura, 179), Rome, 1991, p.253-302.

(40) 検閲者のあいだに、見たところ「方針」がないことはしばしば強調されている。しかしわたしたちの考えでは、そのことが検閲の争点に関するあらゆる考察を妨害するものであってはならないし、パリ司教によって召集された委員会のメンバーがそうした争点について持ちえた認識に関するあらゆる仮説を禁止するものであってはならない。ニュアンスに富んだ評価としては O. Boulnois, « Le besoin de métaphysique...», *in* J.-L. Solère, Z. Kaluza (éd.), *La Servante et la Consolatrice..., op. cit.*, p.67（「[…] 異端断罪がひとつの体系をなしているかのように、すなわち、そこに、検閲する者と検閲される者による、ふたつの自律的かつ首尾一貫した言説の対決があるかのように見てしまう錯覚に負けてはならないだろう。異端断罪とは、断罪される著述家の側にある体系立ったまとまり――“アヴェロエス主義者”という神話はいまも生きている――のことではないし、断罪する著述家の側にある体系立ったまとまり――“アウグスティヌス主義者”という神話はそろそろ廃棄すべきではないか――のことでもない。そこには、たまたま同じ委員会に召集された多様な個性からなるチームによって偶然的に束《たば》ねられた諸命題の、場当たり的な集積以上のものを見てはいけない。しかしその集積には或る深い危機がこだましているのであって、その危機が与える知的諸効果は否定すべくもない。そうした効果の筆頭に、集積された命題がひとつの体系をなすかのような印象がくるのである［傍点引用者］」)。わたしの関心を惹き、いまでも惹き続けているのは、こうした「体系」それ自身とは区別された「体系の印象」である。検閲者の招集がどれほど場当たり的であろうと（それはそれで認めなければならないが)、特定の命題が何かを論証するために一ヶ所に集められたことは事実であって、そのことは中世の注釈家の注意をも免れてはいな

最近の著作 *La Métaphysique comme science transcendantale*（chaire Étienne Gilson）, PUF, 2002 も参照せよ。あわせて O. Boulnois, *Être et représentation. Une généalogie de la métaphysique moderne à l'époque de Duns Scot*（*XIIIe-XIVe siècle*）（Épiméthée）, Paris, PUF, 1999 も参照せよ。

（30）Cf. É. Gilson, *La Philosophie...*, p.657.

（31）Cf. *ibid.*, P.657.

（32）Cf. *ibid.*, P.638.

（33）Cf. *ibid.*, P.657.

（34）Cf. *ibid.*, P.689. この個所——文字どおりの「酷評」である——をまるごと引用したい気持ちを抑えることはむずかしい。「[…] アヴェロエス主義はその大胆かつ革命的な外観にもかかわらず、本質的に保守的である。これほど完全に自分自身のうちに閉じ込もっている学派、これほど絶対的に外部の影響を遮断している学説は、おそらく哲学史のなかにない。14世紀のラテン・アヴェロエス主義が同意した唯一の譲歩はキリスト教の教義に対する譲歩であった。実際、アヴェロエスと啓示による与件との隔たりを埋めようと努力した何人かの哲学者の名前をあげることができる。しかしアヴェロエス主義をオッカム主義の運動と合流させようとする試みはまれであったし取るに足りないものであった。ブラバントのシゲルスの後継者を駆り立てている精神が、一般に信じられているように、近代的精神だったとするなら、かれらはビュリダンやザクセンのアルベルトゥスがもたらした観念や発見の重要性に気づくべきであっただろう。通常おこなわれているアヴェロエス主義に対する解釈からしても、アヴェロエス主義は14世紀前半からすでにオッカム主義のなかに解消されてしかるべきだった。ところが実際に起きたことはこれとは正反対である。ブラバントのシゲルスの弟子たちは自分たちの基本的主張を飽きることなく繰り返し、打ち固め、教義のみならず理性をも敵にまわして精力的に擁護した。強情で偏狭なアリストテレス主義という評価が相当なのは、スコラ学一般ではなくアヴェロエス主義なのである。」

（35）関係資料のすべてにあたりたければ L. Bianchi, *Censure et Liberté intellectuelle à l'université de Paris*（*XIIIe-XIVe siècle*）, Paris, Les Belles Lettres, 1999, p.21-52 を参照せよ。ガンのヘンリクスに、より好意的な解釈については K. Emery, A. Speer, « After the Condemnation of 1277: New Evidence, New Perspective, and Grounds for New Interpretations », *in* J. A. Aertsen, K. Emery Jr., A. Speer（éd.）, *Nach der Verurteilung von 1277...*, p.17-18 を参照せよ。

（36）Cf. A. de Libera, « Maître Eckhart et la controverse sur l'unité ou la pluralité des formes », *in* K. Flasch（éd.）, *Von Meister Dietrich zu Meister Eckhart*（Beihefte zum Corpus Philosophorum Teutonicorum Medii Aevi, 2）, Hamburg, Felix Meiner, 1984, p.147-162.

（37）1277年に戦われた形相の複数性をめぐる論争の哲学的・医学的側面については C. J. McAleer, « Was Medical Theory Heterodox in the Latin Middle Ages ? The Plurality Theses of Paul of Venice and the Medical Authority, Galen, Haly Abbas and Averroes », *Recherches de théologie et philosophie médiévales*, 68/2（2001）, p.349-370 を参照せよ。また同著者の « Who Were the Averroists of the Thirteenth Century ? A Study of Siger of Brabant and Neo-Augustinians in Respect of Plurality Controversy », *The Modern Schoolman*, 76（1999）, p.273-292 を参照せよ。あわせて E. Michael, « Averroes and the Plurality of Forms », *Franciscan Studies*, 52（1992）を参照せよ。この論文の p.181で複数性命題と医学的論証との結びつきが強調さ

両人それぞれの依存レベルを見極めるだけでは足りない。そのことは両人の歴史的解釈のために欠かせない鍵であるが、「両人の学説の核心に」触れるものではない。核心に触れるためには、むしろ、ふたりの神学者――この言葉に注意しよう――のおのおのが、先行者と決別したこと、しかも正反対のやりかたで決別したことを言わなければならない。

(29) Cf. Gilson, *La Philosophie...*, p.607. こうした断言的な言いまわしに読者はひるんではならない。P. ヴィニョーがこうした言いまわしの一面的かつ党派的な性格を最初に明らかにした。ハイデガーもまた、すでに教授資格論文のなかで「中世哲学の新時代を本当に切りひらいたのはトマス・アクィナスではなく、ドゥンス・スコトゥスである」(*Frühe Schriften*, *GA* Bd.1, Francfort, V. Klostermann, 1978, p.284) と宣言していた。ハイデガーとドゥンス・スコトゥスについては O. Boulnois, « Heidegger lecteur de Duns Scot. Entre catégorie et signification », *in* J.-F. Courtine (éd.), *Phénoménologie et Logique*, Paris, Vrin, 1996, p.261-281 を参照せよ。ジルソンは1948年に『存在と本質』を出版して聖トマスの「現存在主義」を発見したあと、スコトゥスに対する批判を、アヴィセンナ直伝と思われる「本質主義」に対する批判へと修正する。1952年に始まるこうした２番目の読解は、おそらく、最初の読解と同様に根拠があやしい。O. ブルノワは、注目に値する一節のなかで、そうした読解の主要な欠陥をつぎのように要約する (*Duns Scot, La Rigueur..., op. cit.*, p.14-15)。「ジルソンはスコトゥスのうちにトマス・アクィナス以後のラテン中世でもっとも重要な神学者を見ている。」スコトゥス主義の基盤には「トマスの立場とは異なる立場がある。すなわちスコトゥスは、存在を本質によって置きかえることで、形而上学のその後の歴史を決定づける。存在の忘却と形而上学の衰退の責任はかれにある。ジルソンのこうした解釈は [⋯] あまりに単純すぎる。そもそも、スコトゥスは、まさに本質の存在と現存在の存在との区別を認めていないゆえに、現存在主義者でないのは無論のこと、本質主義者でもない」。とりわけジルソンは存在の概念を「わたしたちのうちなる神の観念」の代用品と考えていて、知性の第一対象を（原因として）「潜在化する」解釈を生みだす。このことは（存在者の概念における）神の形而上学的認識が（存在者の単一性における）その神学的認識の原因となりうることを容認する結果となり、神学を哲学の庇護のもとに置く結果となるが、スコトゥスのくわだては、これとは逆に、神学を哲学から解放することにある。結局、ジルソンの方法はスコトゥスの理解を歴史の真実に対立させてしまう。「ジルソンにとっては［ガンの］ヘンリクスの方がトマス［・アクィナス］よりも重要だったのであるが、わたしたちにとっては、それ自体としてもそうだが、逆が真なのである［この一文のみ *Jean Duns Scot. Introduction à ses positions fondamentales*, Paris, Vrin, 1952, p.10］。このことはふたりの著述家のあいだに偽の対称性を設けることであって、わたしたちに本質的なものを忘れさせる危険をはらむ。本質的なものとは、歴史の真実であり、思考の宇宙における、神学をめぐる論争における、形而上学の歴史におけるスコトゥスの関与である。」スコトゥスに対する、より正当な評価については L. Honnefelder, *Ens inquantum ens. Der Begriff des Seienden als solchen als Gegenstand der Metaphysik nach der Lehre des Johannes Duns Scotus, Beiträge z. Gesch. d. Ph. u. Theol. im M. A.-Neue Formula* 16, Münster, 1979; *Scientia transcendens. Die formale Bestimmung der Seiendheit und Realität in der Metaphysik des Mittelalters und der Neuzeit* (*Duns Scotus-Suarez-Wolf-Kant-Peirce*), Hambourg, Felix Meiner, 1990 を参照せよ。また同著者のより

る『存在と時間』の有名な「序論」の第２章第６節の標題によって、のちに、よく知られるようになった「現象学的破壊という課題」がはじめて定義されていた。『存在と時間』をよく知る読者はこの論文の p.33に「現象学的破壊という課題を徹底的に遂行するための研究がねらいを定めるのは後期スコラ学と初期ルター神学である」と書かれているのを読んでも驚かないだろう。というのも『存在と時間』は、デカルトの『省察』のなかにあって「哲学的思考のルネサンスと見えるもの」はよくよく吟味すると、「宿命的な偏見の移植のようなもの」であり、新たな道を開くと思われた存在者の概念も「中世存在論が申しおくった繰越金」であることが「あらわとなる」という事実を力説しているからである。むしろそうした読者は、1922年当時の若きハイデガーが中世的観点の特殊性とはいかなるものであったかを正確に定義する可能性についてはより慎重であったこと、また、中世の思考が、あらゆる神学から独立に、存在論に還元されることを、1927年のかれ自身ほどには、自明視していないことを確認して、たぶん、驚くのではないか。それどころか、未来の『存在と時間』の著者は、近代人が「後期スコラ学者（ドゥンス・スコトゥス、オッカム、ガブリエル・ビエル、リミニのグレゴリウス）の神学」とのあいだで「戦わせている論争」に注意を促し「中世哲学に関する研究をみちびいている観点」は不幸なことに「新スコラ神学の諸図式と新スコラ神学によって再修正されたアリストテレス主義の枠内に閉じ込められたままである」と指摘し、それに対抗するあらたなくわだてとして「中世神学の学的構造をなすその解釈主義・注釈主義を生の解釈として理解する」ことを提案していたのである。したがって哲学者であり哲学教授であったハイデガーの1922年における綱領的立場は中世神学との対決を、そしてより根本的には、ペトルス・ロンバルドゥスの『命題集』の注釈という、中世神学の発展を支えている構造に対する発問と評価のくわだてを経由するものであった。P. ヴィニョーの読者ならびにかれのパイオニア的な業績に触発されて最近30年間に生みだされた諸文献の読者は、若きハイデガーによって実現不可能と判断されたこのくわだてが実現の途上にあるのか否かを決める手がかりを得るだろう。この点に関しては O. Boulnois (éd.), *La Puissance et son ombre*, Paris, Aubier, 1994 を参照せよ。

(27) この点に関しては O. Boulnois, « Les deux fins de l'homme. L'impossible anthropologie et le repli de la théologie », *Les Études philosophiques*, 2/1995, p.205-222 にあるカエタヌスの「人文主義」と「超自然」の問題についての分析を参照せよ。引用個所には、とりわけつぎの文言がある。「トマス・アクィナスの神学とカエタヌスの神学とのあいだにはキアスム（交差対句語法）が成立している。トマス・アクィナスは、最終目的を判断する適性を認めないことによって、哲学的人間学を解任する。あるいは、かれは哲学的人間学に無限の目的を引き受けさせることによって、それを自己矛盾に追い込む。かれの注釈者（カエタヌス）は、哲学的人間学の諸前提を支持して、それらをあらゆる超自然的目的を排除する閉域に変え、そのうえで、神学が人間にもうひとつの別の目的を与えうることを強調するのである。」

(28) Cf. É. Gilson, *La Philosophie au Moyen Âge*, Paris, Payot, 1962, p.605 *sq*. ジルソンにとって、トマスとスコトゥスが最初から本質的に異なるのはそれぞれが準拠していた哲学と決別するやりかたによるのである。13世紀末の思想的諸事件を理解するためには、ドゥンス・スコトゥスがアヴィセンナを継承し、トマスがアヴェロエスを継承したと言うだけでは、あるいはもう少し控え目に、アラブ・ペリパトス派のふたりの大哲学者に対する化を広め、同時代のひとびととの実り豊かな対話に着手することができるように指導されなければならない。」回勅「信仰と理性」は「探究する諸人格」のあいだの対話を促進させようとしているが、意地悪く言うなら、そうした対話が必要であるという発想そのものが、あきらかにラテン中世から継承されているカトリック大学というモデルがカトリシテ（普遍性）を有することを前提している。いずれにせよ「信仰と理性」が哲学者に割りあてた目標は、1270年と1277年の断罪によって露呈し先鋭化することになる対立を自発的に乗りこえるために1272年４月１日に公布されたパリ大学学則に盛り込まれた中世大学の目標と同じものである。したがって13世紀の危機は、概念レベルで、聖トマスによって解決されたことが前提されているわけであって、この前提のもとでは、どんなかたちであれ、危機が近代にまで及ぶことなどありえないかのようである。

(20) Cf. L. Bianchi, « La felicità intellectuale come professione nella Parigi del Duecento », *Rivista di Filosofia*, 78 (1987), p.181-199.

(21) O. Boulnois, « Le besoin de métaphysique...», *in* J.-L. Solère, Z. Kaluza (éd.), La Servante et la Consolatrice..., *op. cit.*, p.64 et 66 でいみじくも指摘されているとおり「ダキアのボエティウスは形而上学（存在者一般の学としてではない、神の学としての形而上学）の名においてというよりは自然学の名において語っている。かくしてかれにあっては「形而上学にはいかなる特権も許し与えられていない。自然学の道もまた神に通じているのであって、自然学は神の存在を世界の不動かつ永遠の第一動者として打ち建てることを許すのであり、そうした分析は不動の動者によって動かされる世界の永遠性を要請するアリストテレスの『自然学講義』第８巻に依拠している。自然学と神学を或る種の自然神学のうちに一括してしまうことは、運動の永遠性と世界の永遠性を原理的に要請する（自然神学的な性格を持つ）哲学的神学と、世界の始まりを原理的に措定する（啓示）神学との対立に行きつく。

(22) Cf. L. Bianchi, « *Loquens ut naturalis* », *in* L. Bianchi et E. Randi, *Vérités dissonantes*..., p.39-70.

(23) 大学のカリキュラムについて、とくに「必修（*de forma*）テクスト」については « Le terme *forma* dans le *Chartularium universitatis Parisiensis* et les mentions de livres *de forma* des textes didascaliques de la faculté des arts de Paris », *in* Cl. Lafleur, « Transformations et permanences... », p.396-402 を参照せよ。

(24) ボエティウスの至福理論の意義、それとトマス・アクィナスおよび1277年の断罪との関係については L. Bianchi, « Felicità terrena e beatitudine ultraterrena. Boezio di Dacia e l'articolo 157 censurato da Tempier », *in* P. J. J. M. Bakker (éd.), *Chemins de la pensée médiévale*..., p.193-214 を参照せよ。

(25) Cf. Z. Kaluza, « Jérôme de Prague et le *Timée* de Platon », *AHDLMA*, 61 (1994), p.57-104.

(26) Cf. Martin Heidegger, *Interprétations phénoménologiques d'Aristote*, trad. J.-F. Courtine, T.E. R. Bilingue, Mauvezin, 1992, p.32. こうした「診断」がくだされた事情をここで思いだしておくことは、80年を経た現在、その現代的な意味を評価するためにも、おそらく無益ではないだろう。マルティン・ハイデガーがパウル・ナトルプの求めに応じて自分の現象学的なアリストテレス解釈に関する論文を執筆したのは1922年の晩秋のことであって、ハンス－ゲオルグ・ガダマーの証言によると、その論文が1923年の夏にハイデガーがマールブルク大学へ招聘される決め手となる。この論文のなかで、1927年春に出版され

る。Cf. Isaac Israeli, *De definitionibus*, éd. J. T. Muckle, *AHDLMA*, 11（1937-1938）, p.306, 1-15（「哲学ヲ、其レガ如何ナル知デアルカ、ト云ウ点カラ真ニ記述スルナラ、哲学ハ人間ニ拠ル人間自身ノ認識ト云ウ事ニ成ル［…］。ト言ウノモ、人間ガ精神性ト物体性ヲ備エタ自己ニ拠ル真ノ認識ヲ基ニ自己自身ヲ知ル時、既ニ全体ノ知ヲ、即チ精神的実体及ビ物体的実体ノ知ヲ抱懐シテ居ルノデアル。何故ナラ実体ト偶有性ガ結ビ付イタ物コソ人間ナノダカラ［…］。従ツテ人間ガ自己ノ全体ヲ理解スル時、人間ハ既ニ全体ノ知ヲ抱懐シテ居ルノデアツテ哲学者ト呼バレルニ値スルノデアル」）; Arnoul de Provence, *Divisio scientiarum*, éd. Lafleur, *Quatre introductions...*, p.310, 138-142（「哲学とは人間による人間自身の認識である。というのも人間が自己自身を完全に認識するなら、人間は精神的実体と物体的実体から合成されている――ということはそれ以外のすべてを包み込んでいる――のだから、人間は或る意味で存在するすべてを自分自身のうちに認識することになるからである」« Philosophia est cognitio sui ipsius ab homine ; quia si homo se ipsum perfecte cognosceret, cum sit compositus ex substantia spirituali et corporali sub quibus omnia continentur, omnia quodammodo cognosceret seipso »）; Anonyme, *Philosophica disciplina*, éd. Lafleur, *Quatre Introductions...*, p.258, 20-24; Aubry de Reims, *Philosophia*, R.-A. Gauthier, « Notes sur Siger de Brabant（fin）. II....», p.38, 201-213; Jean Le Page, *Sicut dicit Philosophicus*, ms. Padoue, Bibl. univ. 1589, f° 3rb, éd. Cl. Lafleur, J. Carlier, « Une figure métissée du platonisme médiévale: Jean Le Page et le Prologue de son commentaire（vers 1231-1240）sur l'*Isagoge* de Porphyre », *in* B. Melkevik, J. M. Narbonne（éd.）, *Une philosophie dans l'histoire. Hommage à Raymond Klibansky,* Québec, les Presses de l'Université Laval, 2000, p.149. イサアクについては A. de Libera, *La Philosophie médiévale*（Premier cycle）, Paris, PUF, 1993, p.195-199 を参照されたい。

（18）この点に関しては A. de Libera, « Sources arabes de la pensée européenne（xɪɪᵉ-xᴠɪᵉ siècle）», *in* M. Barrois Aguillera-B. Vincent（éd.）, *Grenade 1492-1992. Du royaume de Grenade à l'avenir du monde méditerranéen*, Grenade, 1997, p.211-239 を参照されたい。

（19）この観点から、中世大学を、1979年４月15日に法王ヨハネ・パウロ２世が教会基本法「サピエンティア・クリスティアナ（キリスト教の叡知）」のなかで打ちだしたカトリック大学のモデルと比較されたい。この基本法の第２部第１節72項 a に神学部教育における哲学科の必要性と意味と機能とがつぎのように書き記されている。「［…］基礎を学ぶ第一課程は、５年もしくは10学期を、あるいは、事前の２年間の哲学教育課程が入学要件になっているときは、３年を要するものとする。そこでは、神学研究に不可欠な予備学である［傍点引用者］哲学の充実した素養が育まれなければならず、また同時に、カトリック教義の全体を有機的に説明し、かつ、神学の学問的方法論への手がかりを与えることを目途として神学の諸学科が教えられなければならない。」カトリック大学における哲学部の役割と目的は第２部第３節79項注１でつぎのように特徴づけられている。「カトリック大学の哲学部は、永続的価値を有する哲学の遺産に立脚して哲学的諸問題を学問的方法論に従って探究する目的を有する。そうした問題は自然的理性の光のなかで解決を求めなければならず、かつまた、哲学と神学の関係を適切な光のうちに置くことによって、当の解決と、世界・人間・神についてのキリスト教の見解との一致を論証しなければならない。そののち学生は教壇に立つか、もしくはほかの相応しい職に就くことができるように指導されなければならないし、またそれだけでなく、キリスト教文

sitaires, 1996.

（11）学問の区分と哲学入門書については R. Imbach, « Einführungen in die Philosophie aus dem XIII. Jahrhundert. Marginalen, Materialen und Hinweise im Zusammenhang mit einer Studie von Claude Lafleur », in *Quodlibeta. Ausgewählte Artikel*（Dokimion, 20）, Fribourg, Universitätsverlag, 1996, p.63-91 を参照せよ。

（12）最初の三つの文献については Cl. Lafleur, *Quatre Introductions à la philosophie au XIIIe siècle*（Université de Montréal, Publications de l'Institut d'études médiévales, XXIII）, Montréal-Paris, Institut d'études médiévales, J.Vrin, 1988, p.391, 392 et 393-394 を参照せよ。「アリストテレスにより語られたこと」は C. Marmo, « Anonymi Philosophia *Sicut dicitur ab Aristotele*. A Parisian Prologue to Porphyry », *CIMAGL*, 61（1991）, p.140-146 に収録されている。R. インバッハが « Einfuhrungen... », p.72-73 で言っているように、序言「イサアクの証言によれば」はもうひとつの序言「イサアクかく語る」（ミュンヘン写本 Clm14460, f°167ra-168va）とは区別されるべきであって、両者を同一と見る R.-A. ゴーティエ（p.141）と Cl. ラフルール（*Quatre Introductions...*, p.391）の主張は正しくない。

（13）Cf. Cl. Lafleur, *Quatre Introductions...*, p.392 et 390.

（14）Cf. Ph. Hoffmann, « Catégories et langage selon Simplicius. La question du *skopos* du traité aristotélicien des *Catégories* », *in* I. Hadot（éd.）, *Simplicius. Sa vie, son œuvre, sa survie. Actes du colloque international de Paris, 28 sept.-1er oct. 1985*（Peripatoi, 15）, Berlin-New York, Walter de Gruyter, 1987, p.61-90.

（15）この点に関して、ならびにエリアス／ダヴィド、「偽ダヴィド」、偽エリアスに関しては *Prolégomènes à la philosophie de Platon*, éd. L. G. Westerink, trad. J. Trouillard, avec la coll. d'A.-Ph. Segonds（CUF）, Paris, Les Belles Lettres, 1990, p.XXXI-XLII の「序章」を見よ。

（16）この点に関しては M. Plezia, *De commentariis isagogicis*（Archiwum Filologiczne, 23）, Kraków, 1949; J. Mansfield, *Prolegomena*（Philosophia Antiqua）, Leyde-New York-Copenhague-Cologne, Brill, 1995 ; I. Hadot, « Les introductions aux commentaires exégétiques chez les auteurs néoplatoniciens et les auteurs chrétiens », *in* M. Tardieu, éd., *Les Règles de l'interprétation*（Patrimoines. Religions du Livre）, Paris, Éd. du Cerf, 1987, p.99-122 を参照せよ。こうした読解慣行のシリア・アラブ世界における消長については Chr. Hein, *Definition und Einteilung der Philosophie. Von der spätantiken Einleitungsliteratur zur arabischen Enzyklopädien*（Europäische Hochschulschriften, Reihe XX, Philosophie, Bd. 177）, Francfort, 1985 を参照せよ。

（17）Cf. Anonyme, *Ut ait Tullius*, § 8, éd. G. Dahan, « Une introduction à l'étude de la philosophie: *Ut ait Tullius* », *in* Cl. Lafleur et J. Carrier（éd.）, *L'Enseignement de la philosophie au XIIIe siècle. Auteur du « Guide de l'étudiant » du ms. Ripoll 109*（Studia artistarum. Études sur la faculté des arts dans les universités médiévales, 5）, Turnhout, Brepols, 1997, p.44. こうした定義はあきらかにアリストテレスの定義ではない。それはクレモナのゲラルドゥスによって12世紀に翻訳されたイサアク・イスラエリ（855年頃～955年頃）の『定義集』から引用された定義であって、この著作はその内容の大半をバグダードの哲学者イスハク・アル－キンディ（800年頃～870年頃）の『諸事物の定義と記述』に依存している。あとでこの点にもう一度戻ってくる。キンディ－イサアクの定義は、一方に「汝自身ヲ知レ」というデルフォイの戒律、他方に人間－小宇宙の観念というふたつの哲学素を組み合わせていのうちにおのれの配置と支配力を刻印し、ついには宇宙の存在配置が人間霊魂のうちで成就し完成するようになるためである。かくしてそのとき人間霊魂は、存在する世界の完璧な模倣としての、知解される世界に変貌し、何が絶対美であり、何が絶対善であるかを識別し観想するのであり、またそのとき、真の美が霊魂に結合して霊魂と切り離せないものとなり、霊魂は美を模範とし、その配置に合わせておのれを彫琢し、その実体に似せて変貌をとげつつ、美の道へと分け入るのである（アラン・ド・リベラ仏訳）」).

（6）Cl. Lafleur と J. Carrier は或る重要な論文（« La *Philosophia* d'Hervé le Breton［alias Henri le Breton］et le recueil d'introductions à la philosophie du ms. Oxford, Corpus Christi College 283. Deuxième partie », *AHDLMA*, 62［1995］, n.97, p.379）で、つぎのように論じている。「パリの人文学者たちが構想した知性神学の典拠書類に、しばしばかれらが引用するアル－ガザリの或るテクスト（*Métaphysique*, *Pars*, I, I, 1; éd. J. T. Muckle, p.1, 26-p.2, 12）も添付しなければならない。なぜならそのテクストは"普遍的存在の形相の、わたしたちの霊魂のうちへの刻印"と"わたしたちの霊魂の完成"を同一視することによって、プロヴァンスのアルヌルフスの『諸学の区分』によって示唆された"形相賦与"の知見と"知性の完成"の知見との等価性（éd. Lafleur,p.304, 100-p.305, 104）を――ギリシャ－アラブ・ペリパトス主義が背景にあることをおおっぴらにしつつ――立証し説明しているからである。ちなみにプロヴァンスのアルヌルフスは、わたしたちにとっては意外なことに、アリストテレスの *fronesis*（思慮）を最高の神秘的能力と理解し、このギリシャ語をラテン語に翻訳するさいに［…］*informatio*（形相賦与）の語を用いた［…］著述家であり、かくして、この語は、わたしたちを普遍的存在ノ認識へと高める哲学の効能の代名詞になるのである。」

（7）この学説については G. Fioravanti, « Desiderio di sapere e vita filosofica nelle *Questioni sulla Metafisica* del ms. 1386 Universitätsbibliothek Leipzig », in B. Mojsisch, O. Pluta（éd.）, *Historia Philosophiae Medii Aevi, Studien zur Geschichte der Philosophie des Mittelalters*, Amsterdam/Philadelphia, Grüner, 1991, p.271-271 を参照せよ。ちなみに、この個所では『最高善について』と『形而上学問題集』第1巻第4章（「全テノ人間ハ知ル事ヲ欲スルカ否カ」）および第1巻第7章（「万人ガ知ル事ヲ欲スル物ハ創造サレザル物デアルカ否カ」）との興味ぶかい類似が指摘されている。前者はダキアのボエティウスが書いたものであるが、フィオラヴァンティは、後者も、このデンマークの教師が書いたと見なしている。同著者の « Sermones in lode della filosofia e della logica a Bologna nella prima metà del XIV secolo », *in* D. Buzzetti, M. Ferriani, A. Tabarroni（éd.）., *L'Insegnamento della logica a Bologna nel XIV secolo*（Studi e Memorie per la storia dell'Università di Bologna, N.S., VIII）, Istituto per la Storia dell'Università, Bologna, 1992, p.165-185 もあわせて参照せよ。

（8）この件に関しては R.-A. Gauthier, « Notes sur les débuts（1225-1240）... », p.322-330 を参照せよ。

（9）『書簡』のなかの「言葉の力」という章にある「哲学を知らない者は、曖昧な意味でしか人間ではない」という、アヴェロエスにさかのぼる主題もまた注目に値する。この点に関して L. Bianchi, « Filosofi, Uomini e Bruti... », p.185-201 を参照せよ。

（10）Cf. P. Hadot, Qu'est-ce que la philosophie antique ?（« Folio Essais »）, Paris, Gallimard, 1996; J. Domanski, *La Philosophie, théorie ou manière de vivre ? Les controverses de l'Antiquité à la Renaissance*（Pensée antique et médiévale, Vestigia, 18）, Paris-Fribourg, Éd. du Cerf-Éd. univer-

アル、ト云ウ事ハ、第一者ノ命令ト能力ニ拠ルノデアッテ、命ヂラレタ物ノ質料ヤ実体ニハ、言ワバ、結果的ニ依存スルト云ウ以外、依存スルモノデハ無イ」).

（168）Albert le Grand, *ibid.*, p.43, 52-54. この典拠はプラトン『ティマイオス』41A「私ガ其ノ父デアリ製作者デアル神々ノ神々ヨ、汝等ハ私ノ作品ナノダカラ、自然ニ拠ッテ消滅サセラレハシテモ、私ガ斯ク欲スルナラ不滅ト成ル」（カルキディウス訳 éd.Waszink, p.35, 9-11）である。

（169）*Ibid.*, p.43, 54-58.

（170）Cf. Albert le Grand, *Miner.*, 3, 1, 9; éd. Borgnet, t.5, p.70-71.

（171）Cf. F. Van Steenberghen, « Le *De XV problematibus* d'Albert le Grand », in *Mélanges Auguste Pelzer*, Louvain, 1947, p.434-436.

（172）プトレマイオス『テトラビブロス（四書）』第１論考24節（éd. F. E. Robins, 1940）を同節に付された注３，４とあわせて参照せよ。同じ主題が論じられているロジャー・ベーコン『大作品』第４部「天文学の判断」（éd. Bridges, t.I, p.256「全テノ惑星ハ土星ノ軌道ニ囲マレ、土星自身ハ如何ナル惑星ノ軌道ニモ囲マレナイ」）を参照せよ。

（173）Albert le Grand, *Problemata determinata*, q.2; éd. Weisheipl, p.50, 9-23. ゲベルの *De Astronomia libri novem*（『第９巻の天文学』）はニュルンベルクで出版された1534年の版で読むことができる。「アルベタニ（＝アルバテニ）」についてはロジャー・ベーコン前掲書 p.257を参照せよ。アルブマサルについては同書 p.262を（Bridges の注とあわせて）参照せよ。アル－バッタニは10世紀の人である。かれの著作はティヴォリのプラトンによってラテン語に訳された。

第四章

（１）ことにシゲルスは「真理」を語るとなると、きわめて慎重である。たとえば *De anima intellective*, chap.3; éd. Bazán, p.88, 50-54（「それがアリストテレスの意見だったわけだが、わたしたちとしては、その意見よりもカトリックの聖なる信仰の教えを重視したい」）を参照せよ。Cf. *ibid.*, chap.7; Bazán, p.108, 86.

（２）Cf. L. Bianchi, *Il vescovo e i filosofi*. わたしたちはこの著作の参考文献目録に全面的にお世話になっている。

（３）R.-A. Gauthier, *Magnanimité. L'idéal de la grandeur dans la philosophie païenne et dans la théologie chrétienne*, Paris, Vrin, 1951, p.468-469（en note）を参照せよ。そこでドゥエのヤコブスによる知的自治権のための弁明が『気象学問題集』の序言（パリ国立図書館ラテン語写本14698, f°62ra）から引用されている。

（４）ランスのオーブリとかれの「哲学への情熱」に関しては R.-A. Gauthier, « Notes sur Siger de Brabant（fin）. II... », p.3-49 を参照せよ。

（５）Cf. *Avicenna, Metaphysica*, IX, 7; éd. Van Riet, p.510, 72-511, 83（「理性的霊魂が完成するということは、それがひとつの叡智的世界となるということであり、その世界には全体者の形相と、全体者のうちに知解される秩序と、すべてを還流する善性とが記述もしくは素描されているはずである。すべての起源にあるのが善性であり、善性は離在するきわめて高貴な精神的実体へと進み［流出し］、ついで、何らかの意味で物体に依存する実体へと進み、さらに、こうした物体を動かす霊魂へと進み、そしてさらに、天界を形成するこうした諸物体そのものへと進む。それというのも、諸天体がこぞって人間霊魂

Treatises Attributed to Avicenna », *Ambix*, 10（1962）, p.41-82 を参照せよ。アヴィセンナの錬金術全書（アヴィセンナ直筆であるがエピグラフは他人のもの）については G. C. Anawati, « Avicenna et l'alchimie », in *Orienti et Occidente nel Medioevo : filosofia e scienze, Rome*, 1971, p.285-341（貴重な文献目録付き）を参照せよ。あわせて J. Ruska, « Die Alchemie des Avicenna », *Isis*, 21（1934）, p.14-51 も参照せよ。

（160）Cf. Pseudo-Avicenna, *De anima in arte alchemiae*, in *Artis chemicae principes*, Bâle, 1572, p.1-471. この書物のバーゼル版の完全な標題をつぎにあげる。そこには、13世紀末ころに執筆されたと思われる『完徳大全』の著者である「ゲベル」なる人が登場する。*Artis chemicae principes, Avicenna atque Geber, hoc* Volumine Continentur. Quorum alter nunquam haectenus in lucem prodiit : alter vero vetustis exemplaribus collatus, atque elegantioribus & pluribus figuris quam antehac illustratus, doctrinae huius professoribus, hac nostra editione tum iucundior tum utilior evasit Adiecto Indice rerum & verborum copioso. Cum gratia & privilegio. Basileae per petrum pernam M.D. LXXII（「化学ノ第一人者アヴィセンナトゲベルガ本巻ニ収メラレテ居ル。ゲベルガ斯ク迄光ノ中ニ進ミ出タ事ハ嘗テ無イ。実際、此ノ我々ノ版ニ拠リ、古イ写本ガ取リ集メラレ、此レ迄ニ勝ル数多クノ美麗ナ図版ニ拠ツテ説明サレタ結果、ゲベルハ、彼ノ学説ノ専門家ニ取ツテ、ヨリ興味深ク、ヨリ有益ナ人物ヘト様変ワリヲ見セテ居ル。事項及ビ言葉ニ関スル充実シタ索引ヲ新タニ付加。教会及ビ国王ノ出版許可取得済ミ。発行者バーゼル市ペトルス・ペルナ、発行年1572」）.「ゲベル」については W. Newman, « The Genesis of the *Summa perfectionis* », *Archives internationales d'histoire des sciences*, 35（1985）, p.240-320 を参照せよ。同じ著者の *The Summa perfectionis of pseudo-Geber*, Leyde, Brill, 1991, p.17-20 も、もちろん、参照に値する。

（161）この著者特定は R. アルー前掲書 p.72, n.120で退けられている。その個所でアルーは M. Ulleman, « Halid ibn Yajid und die Alchemie : eine Legende », *Der Islam*, 55（1978）, p.181-218 に依拠している。

（162）*Liber trium verborum*（『三つの呪文についての書』）と偽アリストテレス著 *De perfecto magisterio*（『完全なる訓導について』）は、ともに、J.-J. Manget, *Bibliotheca chemica curiosa*, t.I, Genève, 1702 に収められている。この点に関しては R. アルー前掲書 p.61, n.38; 72, n.115, 120; 73, n.125を参照せよ。

（163）1270年の検閲については *Chartularium universitatis Paris*（『パリ大学記録集』）t.1, n.432, p.487 を参照せよ。1277年の検閲については、*La Condamnation parisienne...*, éd. Piché, p.86; trad. Piché, p.87（「神は変質しもしくは消滅しうる事物に永続性を与えることはできない」）を参照せよ。この条文（マンドネ・イセット版の第214条）については R. Hissette, *Enquête..., op. cit.*, p.307; L. Bianchi, *Il vescovo e i filosofi, op. cit...*, p.90, n.11 を参照せよ。

（164）Albert le Grand, *De XV problematibus*, 13; éd. cit., p.43, 26-28.

（165）Albert le Grand, *op. cit., ibid.*, p.43, 28-29.

（166）アルベルトゥスはここでアリストテレス『形而上学』第１巻第２章982a17-18を念頭に置いている。この点に関しては Albert le Grand, *Metaph.*, éd. Geyer, p.20, 82 を参照せよ。

（167）Albert le Grand, *De XV problematibus*, 13; éd. cit., p.43, 40-47（「或ル物ガ第一者カラ遠ク隔タリ或ル物ガ其ウデハ無イト云ウ事ハ、知恵深イ秩序ニ拠ル。実ニ、或ル物ガ可滅デアリ、或ル物ガ不滅デアルト云ウ事モ、此ノ隔タリガ大キイ、若シクハ、其ウデハ無イト云ウ事カラ生ヅルノデアル。従ツテ、或ル物ガ可滅デアリ、他方デ、或ル物ガ不滅デ

テレス主義者に対して一定数の問題を提起している。そのなかにR. アルーはアルベルトゥスを困惑させるいくつかの問題があることを指摘している（アルー前掲書 p.62-63）。とくにつぎの問題である。アリストテレスによると土と水との或る種の混合物、たとえば煉瓦を固めるには熱によって湿気をすべて追いだせばよい。だとしたら、熱を加えることで、油から煉瓦を作りうることはどのように説明されるのか。また、とりわけ、ジャビルの証言にあるように、たんに火力を変化させるだけで、油・ガラス・金からさまざまなものを抽出しうることはどのように説明されるのか。この悩ましい問題を解決するためにアルベルトゥスは「抽出される物質は、それ自体、乾気と湿気の多様な凝集様式にほかならない」と想定している（アルー前掲書 p.62-63）。

（151）アルノルドゥスのこのテクストはE. Stange, *Die Encyclopedie des Arnoldus Saxo*（Königliches Gymnasium zu Erfurt. Beiträge zum Jahresbericht, 278 et 279）, Erfurt 1904-1905 et 1905-1906に収められている。

（152）アルベルトゥスがこの『宝石鉱物誌』の存在を知るのは、コンスタンティヌス・アフリカヌスの『デ・グラディブス』やコスタ・ベン・ルカの『デ・フィジキス・リガトゥリス』によって引用されている（どちらも *Opera* de Constantin, Bâle, 1536, p.318-319で読むことができる）からである。この『宝石鉱物誌』は、無論、アリストテレス本人の著作ではない。シリア－ペルシャ世界で書かれた偽アリストテレスの書にアラブ起源の錬金術関係の章句が書き加えられたものである。この点に関してはM. Wellman, « Aristoteles *De lapidibus* », *Sitzungsberichte des Preussichen Akademie der Wissenschaften, Phil.-Hist. Klasse*, 11, 1924, p.89-92を参照せよ。

（153）R. アルー著『アルベルトゥス・マグヌスと錬金術』p.67で指摘されているように、アルノルドゥスによるヘルメスからの引用のほとんどは、ジャビルやヘルメスなどの抜粋からなる錬金術秘法集『リベル・サケルドトゥム』にも書かれている（パリ国立図書館ラテン語写本6514, f° 41v-51。ちなみにこの写本では『リベル・サケルドトゥム』本体の前にヘルメスについてのいくつかの論考が置かれている）。この点に関してはJ. Corbett, *Catalogue des manuscrits alchimiques latins*, t. I, Bruxelles, 1939, p.18-36を参照せよ。『リベル・サケルドトゥム』だけであればM. Berthelot, *La Chimie au Moyen Âge*, p.179-228で読むことができる。

（154）R. アルーの前掲書 p.68-69にはこの種の借用の一連の例があげられている。白鉛の製造（「錬金術師たちのヘルメス」の章から）、煤《すす》による銅の黄変（「ヘルメス」の章から）、銅と緑青との関係（「ヘルメス」の章から）などである。「ヘルメスからの」ほかの引用は『リベル・サケルドトゥム』からのこともあれば、アヴィセンナの（？）『アルハーゼン学匠への書簡』からのこともあれば、著者不詳の『明礬《みょうばん》と塩』からのこともある。

（155）R. Halleux, *ibid.*, p.63.

（156）R. Halleux, *ibid.*「ニコラウス」のテクストはSt. Wielgus, *« Quaestiones Nicolai Peripateci », Mediaevalia Philosophica Polonorum*, 17（1973）, p.57-155に収められている。

（157）Albert le Grand, *Meteora*, III, 4, 26; éd. Borgnet, 4, p.697（主題は「虹」）.

（158）Cf. R. Steele, « Practical Chemistry in the Twelfth Century », *Isis*, 12（1929）.

（159）Cf. Avicenne, *Ad Hasen regem epistola, in Theatrum chemicum*, IV, Strasbourg, 1659, p.863-874. R. アルーによると「アヴィセンナ直筆であってもおかしくはない」このテクストについては、H. E. Stapleton, R. F. Azo, M. Hidayat Husain, G. L. Lewis, « Two Alchemical

とりわけ、アリストテレスの「二重蒸散」理論との整合性を問題にしている。鉱物の生成に結びつけられてはいるが、わたしたちからすると気象学的と言った方が正確であるような現象の総体を解き明かすのが、この「二重蒸散」という図式である。水分をふくんだ土壌が太陽によって暖められると二種類の蒸気を生む。（土壌にふくまれる水分からくる）湿気がそのひとつであり、これは雨、雪、露、霜を生む。（土壌そのものからくる）乾気がもうひとつであり、こちらは引火性で、天界の火、雷、彗星を生む。金属と鉱物の生成は、こうした設定のなかで説明される。すなわち湿気が土壌に閉じ込められたままであるなら、低温によって凝結し可溶性の金属を生む。そうした金属は「基本的には水」なのである。乾気が土壌に閉じ込められたままであるなら、燃えあがり、「まわりを囲んでいる土壌を焼く」。そのことが（黄土のような）不溶性の金属を生む。『気象学』第４巻は最初の３巻で提示された「すべての物体にかかわる一般理論」に続く「特殊理論」を論述する機能を有していたようである。こうした研究計画は『気象学』第３巻第６章378b 5-6でアリストテレス自身によって告知され、現在残されている「第４巻」は、少なくともガレノス以後、スタゲイラの哲人本人の直筆テクスト群に組み込まれることによって、計画の実現にあたったものと見なされている。

（141）この点に関しては前掲書 p.60を参照せよ。

（142）H. B. Gottschalk, « The Authorship of *Meteologica*, Book IV», *Classical Quarterly*, 11（1961）, p.67-79 で論じられているのがこれである。

（143）Cf. I. Hammer-Jensen, « Das sogennante IV Buch der Meteorologie des Aristoteles », *Hermes*, 50（1915）, p.113-136.

（144）I. Düring が論文 *Aristotle's Chemical Treatise*. Meteorologica, Book *IV*（Acte Univ. Gothoburg. 50/2）, Göteborg, 1944 で論じているのがこれである。

（145）Cf. L. Minio-Paluello, « Henri Aristippe, Gillaume de Moerbeke et les traductions latines médiévales des *Météorologiques et* du *De generatione et corruptione* d'Aristote », *Revue philosophique de Louvain*, 45（1947）, p.206-235.

（146）アラビア語のテクストは C. Petraitis, *The Arabic Version of Aristotle's Meteorology*, Beyrouth, 1967 に収められている。『気象学』第１巻の校訂版（アラビア・ラテン語訳）としては P. L. Schoonheim, *Aristoteles Meteorologie. In arab. u. lat. Übersetzung. Textkritische Ausgabe des ersten Buches*, Leyde, 1978 がある。

（147）Cf. K. Otte, « The Role of Alfred Sareshel（Alfredus Anglicus）and His Commentary on the *Meteora* in the Reaquisition of Aristotle », *Viator*, 7（1976）, p.197-209. アルフレドゥスがつけ加えた三つの章を中世の写本家は、おおむね、『気象学』第４巻から区別していないことに注意されたい。その３章が別個の起源を持つことを証言する写本もある。その場合、起源は一般にアリストテレス本人もしくはアヴィセンナに求められている（が、こうした帰属には、或る意味で、完璧な根拠がある）。

（148）Cf. E. J. Holmyard, D. C. Mandeville, *Avicennae « De congelatione et conglutinatione lapidum » Being Sections of the Kitāb al-Shifā'*, Paris, 1927（texte arab et trad. latine）.

（149）Cf. R. Halleux, « Albert le Grand...», p.61.

（150）マルセラン・ベルトロによって20世紀初頭に刊行されたこのテクスト—— cf. Jābir ibn Hayyān, *Liber de septuaginta*, éd. M. Berthelot, « Archéologie et histoire des sciences », *Mémoires de l'Académie des sciences de l'Institut de France*, 49, 1906, p.339-340——はアリスト

性質ハ、自ラ直接、星々ノ力ヲ受ケ入レルノデハ無イカラデアル。三ツ目ニ、運命ハ、其レガ効力ヲ及ボス全テヲ考エレバ、斯ク斯クノ星座ノ下ニ生マレタ人々ノ、多様的デモ在レバ潜在的デモ在ル質料ニ作用スルノデアリ、其ウシタ質料ハ、天界ノ力ヲ、其レガ天界ニ在ル時ノ様ニ、均一ニ受ケ取ル事ハ出来ナイカラデアル」). 詳しくは Ptolémée, *Quadripartitum*, tr. 1, chap. 1, éd. Veneta, f° 3v *sq* を参照せよ。

(131) G. H. Allard, « Réactions de trois penseurs du XIIIe siéle vis-à-vis de l'alchimie », *Cahiers d'études médiévales* (Montréal), 2 (1974) ; p.100-102.

(132) N. F. George, « Albertus Magnus and Chemical Technology in a Time of Transition », in *Albertus Magnus and the Sciences*, p.235-246.

(133) R. Halleux, « Albert le Grand et l'alchimie », *Revue des sciences philosophiques et théologiques*, 66 (1982), p.57-80.

(134) P. Kibre, « Alchemical Writings Ascribed to Albertus Magnus », *Speclum*, 17 (1942), p.499-518 ; « The Alkimia Minor Ascribed to Albertus Magnus », *Isis*, 32 (1949), p.267-303 ; « Further Manuscripts Containing Alchemical Tracts Attributed to Albertus Magnus », *Speclum*, 34 (1959), p.238-247 ; « Albertus Magnus on Alchemy », in *Albertus Magnus and the Sciences*, p.187-202.

(135) J. R. Partington, « Albertus Magnus on Alchemy », *Ambix*, 1 (1937), p.9-13.

(136) J. A. Weisheiple, « Albert's Works on Natural Sciences (*libri naturales*) in Probable Chronological Order », in *Albertus Magnus and the Sciences*, p.567-568 によると『気象学注解』が執筆されたのは『生成消滅論注解』のあとであり『鉱物学』のまえ（『生成消滅論注解』自体は『元素および惑星の固有性の原因について』のあと）である。しかし『鉱物学』が執筆された年代には異論が多い。R. Halleux, p.58, n.9 を参照せよ。また F. Paneth, « Über eine alchemistische Handschrift des 14. Jahrhunderts und ihr Verhältnis zu Albertus Magnus Buch de mineralibus », *Archiv für Geschichte der Mathematik, der Naturwissenschaften und der Technik*, 12 [=N.F.3] (1929), p.408-413 によると、14世紀にイタリアで作成された写本『金属と錬金術について』が伝える『鉱物学』の最初の核心部分は、1256～57年にイタリアで書きはじめられ、1262～63年になって、ようやく、現在のかたちに完成する。『鉱物学』の英訳本 *Book of Minearls* の著者 D. Wyckoff もこの年代特定を支持している（*op. cit.*, p.xxxv-xli）。執筆時期を1250～54年に置く Weisheiple の説を、R. Halleux は受け入れ、J. M. Riddle と J. A. Mulholland も « Albert on Stones and Minerals », in *Albertus Magnus and the Sciences*, p.228-230 で受け入れている。

(137) Cf. Albert le Grand, *De vegetabilibus libri VII*, éd. E. Meyer, C. Jessen, Berlin, 1867, p.161, §145（硫黄の蒸気による花の漂白）ou p.180, §22（錬金術で金銀の精錬に熱が果たす役割）. 詳しくは R. Halleux, p.58, n.12 を参照せよ。

(138) こうした「気象学的」側面は、別段、意外ではない。R. アルーが前掲書 p.58で指摘するように「古代の、とりわけアリストテレスの知の構造においては金属と鉱物に関する自然哲学は、地上世界の総体を対象とし、したがってまた、その地学的な表れを対象とする気象学の管轄に属している」。

(139) Cf. R. Halleux, « Albert le Grand...», p.58.

(140) Cf. *ibid.*, p.78. この現象はアルベルトゥスがアヴィセンナ著とされている錬金術関連の書物を使用するさいに顕著に見られる。アルベルトゥスは『鉱物学』で偽アヴィセンナ書（『錬金術における霊魂』）から或る物理－化学的理論を引用しているが、そこでは

(127) このことはアリストテレスが『ニコマコス倫理学』のなかで言っている。すなわち意志的行為は（子供や動物におけるような）非反省的で、動物的あるいはたんに自然的な衝動でもありうるが、選択は必然的に「わたしたちに依存する諸事物に対する熟慮された欲望」である。Cf. Aristote, *Éth. Nic.*, III, 4-5, 1111b5 *sq.* しかしアルベルトゥスは別の典拠からも同じ着想を得ているように思える。その典拠として、大筋で、カルキディウスを想定できる。カルキディウスはアレクサンドロスの『運命論』から19個の章句を借用して、このアフロディシアスの哲学者がストア学派の決定論に突きつけた批判の本質を描きだしている。またエメサのネメシオス―― *De natura hominis*, chap.30; PG 40, p.729 *sq.*; *transl. Burgundii*, cap. 32; éd. Burkhard, p.100（*De electione*）――を想定することもできる。唯一明らかなことはアルベルトゥスが槍玉にあげている学説は、自明の意味に解された意志を語るだけでなく、「傾向」について語っている、あるいは少なくとも、おのおのの存在に固有な ὁρμή（衝動）なる、（正統）ストア派の言う意味に解された意志を前提しているらしく思われることである。ὁρμή は、ストア派にとって、同意する（συγκτάθεσις）能力を付与された諸存在における（かれらの意味で）自由な行動の原理を意味することを思いだそう。したがってアルベルトゥスはそうとは知らずに多かれ少なかれ、アフロディシアスのアレクサンドロスがストア派に反対して主張していたのと同じこと、すなわち人間と動物を混同してはならない、ということをパリの教授たちに対して（おそらく）主張していたことになる。（理性を付与されていない）動物においては、行動は、その原因から生起するかのように表象から無媒介的に生起する。人間にあっては表象に対する同意が反省される（もしくは少なくとも反省されうる）。したがって、アレクサンドロスにとっては同意と熟慮は別物である。自由は（ちょうど下方へ向かう傾向が物体落下の原理であるようにあらゆる動物の行動原理である）自然的傾向にあるのではなく（人間という動物に固有な）熟慮のうちにある。自由な行為の原理は反省的熟慮（τὸ βουλευέσθαι）に介入する合理的要素であり、それは、したがってまた、「運命的」ではありえない。アルベルトゥスはこの点に関してはアレクサンドロスに文句はなかっただろう。唯一の問題は、すでに述べたように、アルベルトゥスが『運命論』を知らなかったということであり、また、少なくとも直接的には摂理と運命に関する正統ストア派の学説を知らないように思えるということである。カルキディウスの、アレクサンドロスからの「借用」については J. H. Waszink, in *Plato Latinus IV, Timaeus a Calcidio translatus commentarioque instructus*, in societatem operis coniuncto P. J. Jensens, edidit J. H. Waszink, Londres-Leyde, 1952, §153-175 にある考証を参照せよ。カルキディウス『ティマイオス注解』との関連が指摘されている『運命論』の各章は７，８，９, 16, 17, 25, 30, 31, 34, 35, 36章である。

(128) Cf. Simon Aurea Capra, *Ilias*; PL 171, col. 1 449D.

(129) Albert lt Grand, *De XV problematibus*, 4; éd. cit., p.36, 10-13.

(130) *Ibid.*, p.36, 14-25（「アラビア語デアラルバト呼バレ、ラテン語デクァドゥリパルティトゥムト呼バレテ居ル書物ノ冒頭デ、運命ハ、星座ニ由来スルモノノ、三ツノ理由カラ必然性ヲ課サナイ事ガ証明サレテ居ル。一ツ目ハ、運命ハ無媒介的ニデハ無ク媒介ヲ通ヂテ到来スルノデアリ、媒介ノ不均等性ニ拠ツテ妨ゲラレル事ガ在リ得ルカラデアル。二ツ目ニ、運命ハ斯ク斯クノ星座ノ下ニ生マレタ人々ニ、直接ニ、作用スルノデハ無ク、偶発的ニ作用スルカラデアル。即チ、運命ハ第一性質ヲ通ヂテ作用スルノデアリ、第一

αἰτία としての神 *DM*, 397b9）その秩序もしくは調和を「救済し」もしくは「保存する」（= σωτήρ et σωτηρία, *DM*, 396b34, 397b5 ほか各所）。同じ学説が同じ表現で Περὶ ψυχῆς（『霊魂論』）Bruns, p.172, 17-19、*Quaestiones*（『問題集』）II, 3, p.47, 30-32に見られ、また、当然、摂理に関するアラビア語論考［*quwwa ilāhiyya*］に見られる（éd. Ruland, p.71, 8-77, 12）。神の潜在力は、三つのレベルの全体性に顕現する管理活動である。その三つとは、天体の円環運動（= つねに同一の様式で生起する諸事象）のレベル、自然（=「大数的に」τὸ ὡς ἐπὶ τὸ πολύ 起きる諸事象）のレベル、偶然もしくは「自然発生的に」（*bakht wa-ittifāq*）起きる諸事象のレベルである。詳細については Ch. Genequand, « Introduction », *Alexander of Aphrodisias on the Cosmos*（*Islamic Philosophy, Theology and Science. Texts and Studies, XLIV*）, Leyde-Boston-Cologne, Brill, 2001, p.18-19 を参照せよ。

（121）Albert le Grand, *Physica*, II, 2, 21; *ibid*., p.130, 9-12.

（122）Cf. Cicéron, *De natura deorum*, 1, 15, 39; éd. C. F. W. Mueller, p.17, 21 *sq*., Sénèque; *Quaestiones naturales*, 2（6）, chap.36; éd. cit., p.86.

（123）Albert le Grand, *Physica*, II, 2, 19; *ibid*., p.127, 70-76. セネカにおける出典は Sénèque, *Quaestiones naturales*, 2（6）, chap.48, 2-50, 3; éd. cit., p.95-97.

（124）Cf. Albert le Grand, *De XV problematibus*, 4; éd. cit., p.36, 63-72（ハリの項）, 41-52（アリストテレスの項「ソシテ彼等ノ無知ガ完全ニ明ラカト成ル様ニ、『生成消滅論』第二巻デ次ノ事ガ証明サレテ居ル。即チ太陽及ビ諸惑星ノ、傾斜軌道上ニ於ケル接近ガ下界ノ事物ノ生成ノ原因デアリ、同ヂ軌道上ニ於ケル、其レラ離隔ガ下界ノ事物ノ消滅ノ原因デアツテ、而モ生成ト消滅ノ周期ハ等シイニシテモ、其レニモ拘ワラヅ、下界ノ諸事物ハ質料ノ不均等及ビ無秩序ノ故ニ、周期ノ均等性及ビ秩序ヲ獲得スルニハ至ラナイ。実際、人間ノ企テガ自然ノ企テ程、均等デモ無ク秩序付ケラレテモ居ナイ事ヲ誰ガ疑ウダロウカ。其レ故、人間ノ企テハ、必然性ニ従属スル事ガ自然ヨリ遥カニ少ナイ」）; p.37, 1-7（観相術の項「『天空観相術』ノ中ニ在ル、ヒポクラテスニ就イテノ別ノ例。ヒポクラテスハプトレマエウスガ第二ノ星座ト呼ブ人体相ノ至ル所ニ品行悪シキ放蕩者ノ相ガ現レテ居タガ、其ノ実、彼ノ勤勉サハ此ノ上無ク、彼ノ交友関係モ申シ分無イ物デアツテ、全テノ人間ノ中デ最良ノ人間ト言ワレル程デアツタガ、彼ガ自分デ名誉ヲ選択シタノデ無ケレバ、斯ウハ成リ得ナカツタダロウ」）. この２番目のテクストに関しては Pseudo-Aristote, *Secretum secretorum de physionomia*; éd. R. Förster, *Scriptores physignomici*, II, Leipzig, 1897, p.187-190 を参照せよ。Albert le Grand, *Politica*, V, 9; éd. Borgnet, t.8, p.550b でも『天空観相術』が問題になっている。「ハリ」については *Comm. In Centiloq. Ptolemaei*, verbum 95, f° 115vb-116ra（「ソシテ私ハ出生時ノ上昇宮ガ牡羊座ノ第一相デアツタ或ル人ヲ知ツテ居ル［…］ガ、其ノ人ハ立派ナ生涯ヲ送ツタ［…］。ソシテ、其ノ人ガ私ニ、心ニ巣食ツテ居ル物ヲ表ニ出サナイ様ニシテ居ルカラ、ト語ツタ事ガアル」）を参照せよ。『天空観相術』のなかにあるハリの例もヒポクラテスの例も同じ強力な命題を証し立てている。すなわち上位の実在が下位の実在に必然性を課することはないという命題である。

（125）Albert le Grand, *ibid*., p.37, 7-12.

（126）アラブ世界に伝わる、自由と決定論をめぐる哲学的かつ占星術的問題に関する議論については P. Adamson, « Abū Ma‘ṣar, al-Kindī and the Philosophical Defense of Astrology », *Recherches de théologie et philosophie médiévales*, 69/2（2002）, p.245-270 を参照せよ。

である)。カエキナの観点はセネカの前掲書第40章1～6行で論駁される。雷相互の唯一のちがいはその物質的結果にかかわる。カエキナによって区別された3種の「雷」は「雷の種類ではなくその解釈の種類である « ... non sunt fulminum genera sed significationum » (éd.-trad. cit., p.89)」。ウォルテラのローマ人騎士階級の家に生まれ、キケロの友人で、そのサロンの常連でもあり、実父からエトルリアの予言学の手ほどきを受けたアウルス・カエキナについては M. Ducos « Caecina (Aulus –) », *in* R. Goulet (éd.), *Dictionnaire des philosophes antiques*, t.II, Paris, É du CNRS, 1994, p.148-149 を参照せよ。かれの著作『稲光の書』はおそらくエトルリアの予言学(*disciplina etrusca*)とギリシャ哲学の双方から借りられた諸原理の綜合を意図したものであろうが、この書についてはセネカが伝える以上のことはほとんど知られていない。

(111) *Ibid.*, p.126, 47-50. ボエティウスにおける出典は *De consol.phil.*, 4, prosa 6; éd. R. Peiper, in *Anicii Manlii Torquati Severini Boetii Philosophiae Consolationis libri quinque. Accedunt eiusdem atque incertorum Opuscula Sacra*. Recensuit Rudolfus Peiper, Leipzig, 1871, p. 108, 32-34.

(112) *Ibid.*, p.126, 50-72. ボエティウスにおける出典は *De consol.phil., ibid.*; éd. cit., p.108, 34-109, 41, 42-56.

(113) *Ibid.*, p.126, 73-127,5.

(114) *Ibid.*, p.127, 6-21.

(115) Albert le Grand, *Physica*, II, 2, 10; éd. cit., p.114, 11-12 et 32-33.

(116) *Ibid.*, II, 2, 19; éd. cit., p.127, 23-24.

(117) *Ibid.*, II, 2, 21; éd. cit., p.129, 12-13.

(118) *Ibid.*, p.129, 52-60.

(119) Albert le Grand, *Physica*, II, 2, 20; éd. cit., p.128, 78-83. アリストテレスにおける出典は *De somno et vigilia*, 2, 459b32 *sq.*; *De divinatione per somnum*, 2, 463b12 *sq.* この点に関しては Albert le Grand, *De somno et vigilia*, 2, 1, 6, éd. Borgnet, t.9, p.165a *sq.*; *ibid.*, 3, 1, 9, p.189b *sq.* et 3, 2, 4, p.200b *sq.* もあわせて参照せよ。

(120) Albert le Grand, Physica, II, 2, 19; *ibid.*, p.127, 46-61. アルベルトゥスは原典に直接あたってはいないが、ここに引用されている命題は全体としてペリパトス派の立場の本質をとらえているのであって、それは、1250年代にラテン語では読めなかった『霊魂論』『問題集』『キタブ・マバーディ・アル－クル(全体者の諸原理に関する書簡体論考)』といった複数の文献のなかでアレクサンドロスが練りあげたものである。アルベルトゥスがこれらの文献を知らずにいながらアレクサンドロスと考えが一致しているというのは、おそらくアレクサンドロス同様に『宇宙論』(*De Mundo* 以下 *DM* と表記する)から着想を得ているからだろう。アレクサンドロスが『キタブ・マバーディ・アル－クル』——アルベルトゥスはこの文献をアリストテレス著と見なし、存在は知っているが入手はしていない——のなかで陳述した諸命題をつぎのように要約することができる。神の「潜在力」(*quwwa* = δύναμις, *DM*)は全宇宙に「浸透する」(*tasrī, sāriya* = διήκουσα, *DM*, 396b29, 398a9, 398b20; δυκνεῖσθαι, *DM*, 397b33)が、しかし源泉から遠去かるにつれて弱化し減衰する(=「距離に関する」新プラトン主義の「定理」)。この「神的な」(*ilāhī* = θεία, *DM*, 397b19. 398b20 には θεία φύσις「神的自然」とある)もしくは「霊的な」(*rūḥāniyya* = θεῖος)潜在力は宇宙のすべての部分を結びつけるのであって(= συνεκτικὴ

culti. »

（103）Trad. Piché, *ibid.*; éd. Piché, *ibid.*: « Quod uoluntas nostra subiacet potestati corporum celestium. » パリ大学記録集にある元もとの順番に従ってここで引用されている133, 134, 160-162の各条文はマンドネ・イセット版の153, 159, 101, 156, 154条に対応している。

（104）Aristote, *Métaphysique*, I, 5, 986a20-31; trad. Tricot, p.45-46.「系列 séries」という語はラテン語の *ordines* に該当し、ギリシャ語の τὰ σύστοιχα を訳したものであるが、『形而上学注解』第１巻第４章４節では *coëlementationes*（対要素）なる訳語をあてられている。たとえば éd. Geyer, p.51, 53-54（「ピュタゴラス派ノ或ル人々ガ十個ノ対要素ヲ原理トシテ置キ据エタ」）。注意してほしいのは、この配置の総体を善と悪とのふり分けから出発して解釈すると、おのずから、対になっているさきの各項が「肯定的」（たとえば一、右、男、静止）であり、あとの各項が「否定的」もしくは「欠如的」（多、左、女性、運動）であるという考えにみちびかれることである。こうした読解は、あきらかに、アルベルトゥスの読解であって、かれは前掲版『形而上学注解』p.52, 83-85で「斯クシテピュタゴラス派ハ、丁度、二十個ノ原理ヲ善ト悪ノ二ツノ系列ニ振リ分ケテ配置シタ。然シ、其レ等ガ、例エバ、有限ト無限、等ト不等ヲ一ツト看做ス対要素ト解サレルナラ、原理ノ数ハ十デアル」と述べており、それはシュトラスブルクのウルリクスの『最高善について』第２巻第３章13節につぎのように引きつがれている。「其レ故ピュタゴラスハ諸原理ヲ二ツノ系列ニ配置シタ時、有限ヲ善ノ側ニ、無限ヲ悪ノ側ニ置キ、又、暗黒ヲ、諸々ノ光明ノ父カラ万物ノ内ニ下リ来ル形相ノ光ノ欠如デアルカノ様ニ配置シタノデアル。即チピュタゴラスハ諸原理ノ内デモ光ヲ善ノ側ニ闇ヲ悪ノ側ニ置イタ」（éd. de Libera, p.114, 287-291）。

（105）Albert le Grand, *Physica*; II, 2, 19; éd. Hoßfeld, p.126, 31-35.

（106）Cf. Ps.-Apulée, *Asclepius*, chap.39-40; éd. P. Thomas, t.3, p.78, 19-79, 23.

（107）Cf. Apulée, *De mundo*, chap.38; éd. P. Thomas, t.3, p.174, 1-2; éd. Mimio-Paluello, p.132（「他方、ギリシャ人ハファートゥム（＝運命）トハ、相互ニ結バレ合ウ諸原因ノ或ル種ノ連鎖ニ由来スルイマルメネ（＝運命）ノ事デアルト論ヂテ居ル」）。

（108）Albert le Grand, *Physica*, II, 2, 19; éd. cit., p.126, 35-38（「他方、天文学者フィルミクスハ運命トハ星々ノ運行カラ、其ノ効力ヲ引キ出シテ居ル諸原因ノ連鎖デアルト言ウ」）. Cf. Firmicus Maternus, *Mathesis*, 1, 10; éd. W. Kroll et F. Skutsch, p.34, 9-10 et 8, 32, *ibid.*, p.360, 5-6.

（109）*Ibid.*, p.126, 38-40（「ソシテプトレマエウスハ、其レヲ運命トハ名付ケヅ星座ノ力ト呼ンデ居ル事ヲ除ケバ、フィルミクスト意見ガ合致シテ居ル」）.

（110）*Ibid.*, p.126, 40-46（「実際、セネカハ『自然の諸問題』デ、雷ノ意味ヲ学祖カエキナノ教エニ即シテ語ツテ居ル個所デ次ノ様ニ言ツテ居ル。運命トハ全テノ事物ト作用トノ必然性ニ他ナラヅ、其ノ必然性ハ、学祖ニ拠レバ、ユピテルノ意向ト神々ノ最終的助言ニ依存スルガ故ニ、如何ナル力ヲ以テシテモ破ル事ガ出来ナイ、ト」）。Cf. Sénèque, *Naturales Quaestiones*, 2（6）, chap.39, 1-2; éd. P. Oltramare（Sénèque, *Questions naturelles*. Texte établi et traduit par P. Oltramare）, Paris, 1929, p.88-89. セネカは、この個所では運命を啓示するさまざまな種類の雷に関するカエキナの理論を陳述している。雷には、助言の雷、威圧の雷、告知の雷の３種があり、告知の雷は「警告の雷」とも呼ばれる（この別称にセネカ自身は疑問を呈している。助言の雷と告知の雷との区別を曖昧にしたくないから

ボナヴェントゥラのつぎに血祭りにあげられている。この奇妙な取り合わせについては、これらふたりが教師として大衆から得ていた名声によってでなければ説明がつかない。ベーコンはフランチェスコ会修道士としての自分の、あらゆる面での優越性に確信を持っていただけに、そうした名声に、見るからに、いら立っている。「大衆ハ彼等ガ全テヲ知ツテ居ルト信ヂ、マルデ天使ニ縋《スガ》ル様ニ彼等ニ縋ツテ居ル。実際、彼等ハ討論ニ於イテモ講義ニ於イテモ権威者デアルカノ様ニ言ワレテ居ル。就中、例ノ死ニ損ナイハパリノ博士ノ名ヲ有シ、学問研究ニ関シテ権威者デアルカノ様ニ言ワレテ居ル。此ノ事ハ知恵ノ混乱ト破壊ヲ招カヅニハ済マナイ。何故ナラ彼ノ書イタ物ハ数限リ無イ錯誤ト空言ニ満チテ居ルカラデアル。」そしてつぎのように結論づける。*numquam talis abusio fuit in hoc mondo*（「この世でこれほどの言葉の誤用は一度もなかった」）. この件に関して は Roger Bacon, *Opus minus*, éd. J.-S.Brewer, *Fr. Rogeri Bacon Opera quaedam haectenus inedita*, I, Londres, 1859［réimpr. Nendeln, 1963］, p.322［全体を通覧するには p.313-389］を参照せよ。

(97) Siger de Brabant, *De necessitate*, in J.-J. Duin, *La Doctrine de la providence..., op. cit.*, p.22, 95-23, 102. シゲルスがここで使用している大数的な *ut in pluribus* 自己原因性と偶発的な原因性の区別はシゲルスの独創ではない。その区別は——このベルギーの哲学者のほかの多くの案件と同じように——アルベルトゥス・マグヌスからの借りものであることは明らかである。因果的「頻度」という知見は厳密な意味での必然性の、緩和された様態であって、長い歴史を持ち、すでに見たように、アリストテレスの ὡς ἐπὶ τὸ πολύ の知見に始まり、アレクサンドロスが『運命論』第24章（前掲仏訳版 p.47, 14-18）で装いもあらたに導入した、原因を「支配的原因」と「偶発的原因」に分ける区別に引きつがれる。「というのも一方の支配的諸原因（τὰ...κυρίως αἴτια）は、ストア派の考える原因がそうであるように、結果を、ただただ、必然的に（ἐξ ἀνάγκης μόνον）有するか、もしくは原因に大数的に（ὡς ἐπὶ τὸ πολύ）付随する結果を有するかのいずれかであるのに対して、他方の偶発的な様式（τὰ κατὰ συμβεβηκὸς）で存在する諸原因は、まれにしかそうした諸結果の原因にはならないからである。」こうした原因の区分は、ストア派を、「何ものも原因なしには生みだされない」ことを肯定しながら同時に「幸不運や偶然に帰せられるべき出来事の存在」をも支持せざるをえない、という袋小路に追い込む機能を持っている。

(98) Cf. Siger de Brabant, *Quaestiones in Metaphysicam* (reportation de Vienne), VII, q.1, éd. W. Dunphy, *Siger de Brabant. Quaestiones in Metaphysicam*; éd. revue de reportation de Munich; texte inédit de la reportation de Vienne (Philosophes médiévaux, 24), Louvain-la-Neuve, Éd. de l'Institut supérieur de philosophie, 1981, p.374-387.

(99) Cf. trad. D. Piché, *La Condamnation parisienne...*, p.121; éd. Piché, p.120: « Quod uoluntas et intellectus non mouentur in actum per se, set per causam sempiternam, scilicet corpora celestia. »

(100) Trad. Piché, *ibid.*; éd. Piché, *ibid.*: « Quod appetitus, cessantis impedimentis, necessario mouetur ab appetibili. » 検閲者は「この命題は知的［欲求］のことを言っているのだとしたら誤りである」と注釈している。

(101) Trad. Piché, p.129; éd. Piché, p.128 : « Quod nullum agens est ad utrumlibet, immo determinatur. »

(102) Trad. Piché, *ibid.*; éd. Piché, *ibid.*: « Quod effectus stellarum super liberum arbitrium sunt oc-

ハ無ク天空ノ諸物体ニ必然性ヲ課スノデアル。」なお、同条は、D. Piché が翻訳し P. Mandonnet が編集した仏語版 *La Condamnation parisienne in 1277...* では第94条（p.139; texte critique, p.138）を構成する。

(91) Cf. R. Hissette, *Enquête..., op. cit.*, p.162-163.

(92) L.Bianchi, *Il vescovo e i filosofi, op. cit.*, p.97, n.100, p.102, n.146 et 139, n.67.

(93) この点については J.-J. Duin, *La Doctrine de la providence dans les écrits de Siger de Brabant*（Philosophes médiévaux, 3）, Louvain, 1954, p.447-448 を参照せよ。

(94)「天使」に関しては、アルベルトゥスが『規定問題集』の第４問「神ガ天体ノ直接ノ動者デハ無イト仮定シテ、天使ガ天体ノ動者デアル事ガ無謬的ニ証明サレルカ否カ」に対して与えた解答——少なくとも、ほとんど「正統的」解答でない、とだけは言える——を忘れないようにしたい。その解答はつぎのように要約できる。(1)天使が天体の動者であることの無謬的な論証をだれも与え得なかった。(2)「アラブ人の一部とユダヤ人の一部」は、「民衆にとって」（*apud vulgus*）天使は［哲学者が言うところの］「知性」である、とは言っているが、かれら自身はこうした同一視を認めず、この点についていかなる証明も与えていない。(3)『聖書』は天使を語り、哲学は知性を語る。このことだけでも天使は知性でないことは明らかである。(4)哲学者は知性の現存と天体の動者としてのそれらの役割について「無謬的な」な論証を与えてきた。この論証はアルベルトゥスによってつぎのような言いかたで提示されている。「哲学ハ、諸形相ノ序列ヲ説明スル為ニ、其レ自身及ビ其ノ実体的ナ光ニ拠ツテ諸形相ノ原因ト成ル様ナ第一者ヲ措定スル必要ガ在ルガ故ニ、知性ヲ措定スルト考エラレル。斯ウシタ第一者ハ全テノ形相ニ作用スル知性デシカ在リ得ナイノデアツテ、丁度、芸術ニ於イテ、最初ニ来ル物ハ全テノ形象ニ作用スル知性デアツテ、然ル後ニ、芸術ガ、道具ノ運動ニ拠ツテ、其レ等ノ形象ヲ展開スルノト同様デアル。工芸ニ於イテモ、能動的知性ガ設計図ヲ最初ニ書キ上ゲ全テノ図面ヲ管理スルノデアツテ、其ウシタ図面ガ槌ヤ鋏ヤ鑢ヤ砥石車ノ運動ニ拠ツテ具現化スル。其レモ、又、同様デアル。」ペリパトス派神学が濃縮されているこうした一文が1270年12月のパリ検閲よりのちに執筆されていることによく注意しよう。詳しくは Albert le Grand, *Problemata determinata*, question 4; éd. Weisheipl, p.50, 54-74 を参照せよ。

(95) Cf. P. Mandonnet, *Siger de Brabant et l'averroïsme latin au XIII*[e], t.1（Les philosophes belges, 6）, 1911, p.168, n.3.

(96) ロジャー・ベーコンはアルベルトゥスを嫌い、妬んでいる。ベーコンは、かれを、我慢できないほどの長寿をまっとうしている或る同時代人（かれはアルベルトゥスのことを例ノ死ニ損ナイ *ille qui vivit* という婉曲表現でしか言わない）として『小作品』のなかに登場させ、その人物がパリで「博士」の称号を帯び、その著作が錯誤と空言であふれ返っているというのに大学で「権威者」として引用されていることに、文字どおり、義憤をぶちまけている（『加齢からくる異変を遅らせることについて』の著者と目されるベーコンとしては、自分の嫌っている人間が自分の専門的な助言を借りずに長寿をまっとうしていることに我慢がならないのだろうと想像できる。この著作がベーコンのものではない蓋然性が高いという研究については A. Paravicini Bagliani, « Il mitto della *prolongatio vitae* e la corte pontificia del Duecento: il *De retardatione senectutis* », in *Medicina e scienza della natura alla corte dei papi nel Duecento*, Spoleto, 1991, p.281-326 を参照せよ。この名前を伏せられた教師——アルベルトゥスであることは言うまでもないのだが——はナルペトラウズ)」に帰せられている(「アヴェナルペトラスガ自著『占星術』デ此ノ事ニ触レテ居ル」)。

(81) Albert le Grand, *De caelo*; éd. Hoßfeld, p. 166, 31-33.

(82) *Ibid.*, p.166, 51-53.

(83) *Ibid.*, p.166, 65-66.

(84) *Ibid.*, p.166, 77-79.

(85) *Ibid.*, p.167, 27-29.

(86) アルベルトゥスは『天体論注解』で「メセラハ」の学説のいくつかの論点を俎上に載せる(éd. Hoßfeld, p.148, 28 *sq*.「全テノ星ハ一ツノ種類ニ収斂スル」)。とりわけ、星々ト周回運動の問題(p.148, 34)と星々ノ速度の問題(p.148, 54)に言及する。アルベルトゥスが『天球運動論』の著者の自然ニ反スル言説(p.148, 83)を非難するのは、それらの問題をめぐってである。かれはそうした言説をきっぱりと退ける。「わたしたちはメセラハの言説を不都合と判断する」(p.149, 75)。そのさい、マサラハ(=メセラハ)が「数学者」の派閥に、正確に言うと、プトレマイオスの離心円・周転円の支持者集団に帰属することがはっきりと言われている。「メセラハは数学者であって自然学者ではなかった」(p.149, 79)。

(87) Albert le Grand, *De caelo*; éd. Hoßfeld, p.29, 80-83, 1, 1, 11. 同じテクストのもう少しあとの方でアルベルトゥスがテビト・ベン・コラトを引用していることに注意されたい。

(88) アヴェロエスの知見に関しては L. Gauthier, « Une réforme du systèm astronomique de Ptolémée tentée par les philosophes arabes du XIIe siècle », *Journal asiatique*, 14(1909), p.483-510(résumé in *Ibn Rochd* [*Averroès*], Paris, 1948, p.113-127); A. I. Sabra, « The Andalusian Revolt....», *op. cit*., p. 138 を参照せよ。また最近の研究としては G. Endress, « Averroes' *De caelo*. Ibn Rušd's Cosmology in his Commentaries on Aristotle's *On the Heavens* », *Arabic Sciences and Philosophy*, 5(1995), p.9-49 を参照せよ。アヴェロエスは、プトレマイオスに対してきわめて批判的である。かれはプトレマイオスがいくつかの現象を説明していることは認めているが、そうした説明の有効性も、また、「反自然的な」仮説という負債に苦しめられている。それを帳消しにすることが自然哲学者の任務である。詳しくは Averroès, *Metaph.*, XII, comm. 44 [in *Aristotelis Metaphysicorum libri XIII cum Averrois Cordubensis in eosdem commentariis*, vol. 8, Venise, 1562(réimpr., Francfort-Main, 1962)], f° 328 L-M(「[プトレメウス] ハ占星術ヲ、其ノ基礎ノ上ニ打チ据エル事ガ出来ヅ、彼ガ明ラカニシタ事ヲ全テ集メテモ占星術ノ実践ノ一角ヲ占メルニ過ギナイ」)と Ch. Genequand による優れた英訳 *Ibn Rušd's Metaphysics. A Translation with Introduction of Ibn Rušd's Commentary on Aristotle's Metaphysics*, Book Lam, Leyde, 1984, p.176 を参照せよ。また Averroès, *Metaph., ibid*., f° 328K(trad. Genequand, p.175)と、とりわけ、*De caelo*, II, comm. 57, éd. cit., vol.5, f°136 D-G を参照せよ。後者については H. Hugonnard-Roche, « L'*Épitomé* du *De caelo* d'Aristote par Averroès. Questions de méthode et de doctorine », *AHDLMA*, 51(1984), n.74, p.24(論文全体を参照するなら p.7-39)をあわせて参照すれば理解が深まるだろう。

(89) Albert le Grand, *De caelo*; éd. Hoßfeld, p.167, 30-34.

(90) 第195条のラテン語原文はつぎのとおり。「運命ハ、宇宙ノ配置デアツテ、神ノ摂理カラ無媒介的ニ生ヂ来ルノデハ無ク、天空ノ[諸物体ノ]運動ヲ介シテ生ヂ来ル。ソシテ、下界ノ諸物体ハ斯ウシタ運命ニ逆ラウ何物カヲ有スルガ故ニ、運命ハ下界ノ諸物体ニデ星ノ全テノ運動ヲ包含スル円軌道ノ数ハ八ツデアリ、其ノ内、七ツガ惑星ノ円軌道デアリ、最モ高イ位置ニ在ル八ツ目ガ、全テノ恒星ノ円軌道、即チ、黄道デアル。此レ等ノ円軌道ヲ合ワセタ形ハ、一方ガ他方ノ内側ニ置カレテ居ル諸球体ノ様ナ形デアリ、全テノ中デ最小ニシテニ地球ニ最モ近イ球体ガ月ノ球体デアル」); *Liber de aggregationibus, cap.*12, éd. R. Campani, in *Collezione di opuscoli danteschi o rari*, vol. 87-90, Città di Castello, 1910, p.109（「全テノ星々ノ運動ヲ包含スル軌道ノ数ハ八ツデアリ、其ノ内、七ツガ、走リ行ク星々ノ軌道デアリ、最モ高イ位置ニ在ル八ツ目ガ、動カザル全テノ星々ノ軌道、即チ、黄道デアル。全テノ軌道ヲ合ワセタ形ハ、其ノ或ル物ガ別ノ或ル物ノ内側ニ在ル諸球体ノ様ナ形デアル。実際、其レ等ノ内、最小ノ球体ガ地球ニ最モ近イ球体デアリ、其レガ月ノ球体デアル」).

(75) Cf. A. I. Sabra, « The Andalusian Revolt against Ptolemaic Astronomy. Averroes and al-Bitruji », in *Transformation and Tradition in the Sciences. Essays in Honor of I. B. Cohen*, Cambridge, 1984, p.145-146（repris *in* A. I. Sabra, *Optics, Astronomy and Logic. Studies in Arabic Science and Philosophy*［Variorum Collected Studies, 444］, Aldershot, 1994, nº XV）.

(76) アル－ビトルジの著作は B. R. Goldstein, *On the Principles of Astronomy*, éd. B. R. Goldstein, 2 vol., New Haven-Londres のなかに英訳がある（Goldstein は注釈を付されたアラビア語版、ヘブライ語版も出している）。

(77) Cf. Albert le Grand, *De caelo*; éd. Hoßfeld, p.19, 36; 79, 27; 135, 29; 168, 74 et, surtout, p.136, 39-40; 137, 30; 162, 78-79; 166, 31; 168, 77.

(78) Albert le Grand, *De caelo*; éd. Hoßfeld, p.157, 54-56.

(79)「真ノ占星術」とはマリーヌのアンリ・バトが自著 *Speculum divinorum et quorundam naturalium*（『神的諸事象ならびに若干の自然的諸事象の鏡』）で使っている表現によれば「自然学的諸原理にもとづいた占星術」であって、アンリ・バトは、アルベルトゥスが、おそらく、そうだったように、そしてプトレマイオス、「アルペトラギウス」、「ゲベル」、「アルバテニウス（＝アル－バッタニ）」らが確実にそうだったように、「真の占星術、すなわち自然的根拠にもとづく占星術」の名においてプトレマイオスの離心円と周転円を排斥する（*op. cit.*, part XXII, cap.14）。

(80) Cf. Albert le Grand, *De XV problematibus*, 1; éd. Geyer, p.34, 14. このくだりでアル－ファルガニが知性の単一性という哲学的問題との関係で言及されていることに注意されたい。この事態は、アルベルトゥスが、思わず知らず、知性の複数性の問題を「場所」と離在知性とのあいだに存在する関係という占星術的問題に結びつけているという事実によって説明がつく。Cf. *De XV problematibus, op. cit.*, p.34, 9-18（「他方、全テノ軌道上ニ実体的ニ異ナル離在知性ガ在ルノカ、ハタ又、アヴェナルペトランス（＝アヴェナルペトラウズ）ガ気付イテ居タト思ワレルノダガ、全テノ軌道上ニ知性ノ様態ニ於イテ作用スル第一原因ノ光ガ在リ、此ノ光ガ、諸軌道上ニ有スル其ノ存在ニ従ツテ、軌道毎ニ異ナツテ居ル、ト云ウ事ナノカ、今ハ、其レヲ議論スベキ時デハ無イ。何故ナラ、其ノ何レガ言ワレヨウトモ、人間知性ノ数ハ全テノ人間ニ於イテ一ツデハ無イ、ト云ウ事ハ動カナイノデアリ、其ノ事ヲ私達ハ此処デ主張シテ居ルカラデアル」). アルベルトゥスが念頭に置くテクストおよび理論はアヴェンパケ『天体運動論』から引用され（éd. F. J. Carmody, p.79-80）、その同じテクストおよび理論がアルベルトゥスの *De IV coaequaevis*（『四種の等時性について』）q.16, a.1; éd. Borgnet, p.438b では「アヴェナルペトラス（＝アヴェ

補足もふくめて――であり、ようするに、にせの思想家であって、その哲学的決断それ自体が、せわしなく入れかわる権威から受けたそのときどきの印象や移ろいやすい影響に振りまわされ、さらには、あちこちから借りものをしているため、自分が主張する命題とほとんど同数の矛盾命題を抱え込むはめになっている。Cf. C. von Prantl, *Geschichite der Logik im Abendlande*, III, Leipzig, 1867, 89-90（「アルベルトゥス・マグヌスは［…］暗愚のひとであり、何らかの原則的な解釈を考えだしてその射程を示すということができなかった。かれの大きな功績は、そのはかり知れない博識であって、その博識によってかれは同時代および直後の時代のひとびとのためにもっとも重要な情報提供者となった。しかし理解力もしくは哲学の何らかの才能ということになると、星の数ほどもいる並の学者を上まわるほどには持ちあわせず、いやそればかりか、このことはただちに言っておかなければならないが、並の学者ほども持ちあわせていなかった。かれはたんなる編纂家であり、かれが書き記したすべて――文字どおりすべて――は他人の財産である。ときとして際限もなく続く綿密化作業をひとは称賛したい気にもなるが、あの作業にしてからがかれの独創ではない。異なる意見のなかからかれが行き当たりばったりにおこなった選択は、確固とした統一ある原則にもとづいたものではなく、権威によってそのときどきに押しつけられた印象にもとづくのであって、そのため、かれがしばしば矛盾の現場を押さえられたにしても驚いてはいけない」）．身も蓋もないこうした診断は――論理学についてではあるが―― S. エッベセンにも共有されていて、エッベセンは、伝統に従ってこのラウインゲンの哲学者の名に冠せられている「マグヌス（偉大な）」なる語に、巧妙な仮説に裏打ちされた疑問符を付けている。「プラントルが“アルベルトゥスはたんなる編纂家であり、かれが書き記したすべては、例外なく、他人の財産である”と語ったのは正しくないが、しかしそんなに的はずれでもない。アルベルトゥスの注釈の補足的部分は、しばしば、キルウォードビーに見られる原文と解釈を対照させる論述形式からの借りものである」（cf. S. Ebbesen, « Albert (the Great ?)'s Companion to the Organon », *in* A. Zimmermann (éd.), *Albert der Grosse, seine Zeit, sein Werk, seine Wirkung* [Miscellanea Mediaevalia, 14], Berlin-New York, Walter de Gruyter, 1981, p.91）。同書でかれはさらにつぎのように続けている。「他人のよい思いつきを借りることは罪ではないし、中世人は著作権にうるさくはなかった。重要な問題はアルベルトゥスが自分の情報源を適切に理解してそれを使ったかどうかということである。」答えは否である。アルベルトゥスの論理学は「はなはだ混乱しており」誤謬がたくさんある。残るは「マグヌス」の問題である。エッベセンの仮説はこの言葉はたんに「ドミニコ会修道士」を意味するだけなのではないか――小兄弟団 *minores fratres*（= フランチェスコ会修道士）に対してドミニコ会修道士が大兄弟団 *maiores ou magnus fratres* と呼ばれていた――というものである。この点に関しては « Albert (the Great ?)'s...», p.103, n.37 を参照せよ。

(72) Cf. Albert le Grand, *De caelo*, 2, 3, 11; éd. Hoßfeld, p.166, 17-18（古代哲学者）; *ibid*., p.166, 22-23（アリストテレス）; *ibid*., p.166, 26（アルファルガヌス）.

(73) アル－ファルガニ（アルファルガヌス、アルフラガヌス）は861年以降に没している。かれの著作『天文学原理』もしくは『天文学綱要』は12世紀からすでに西欧に普及していた。この文献については J. Carmody, *Arabic Astronomical and Astrological Sciences in Latin Translation. A Critical Bibliography*, Berkeley-Los Angeles, 1955, p.114-115 を参照せよ。

(74) Cf. *Alfragani differentie* [...], *diff*. 12, éd. F. J. Carmody, Berkeley, 1943, p.22-23（「惑星ト恒

ハ潜在的ニ能動的知性ノ光ヘト向カイ、第三ニ、可能的知性ハ、能動的知性ノ光ニ拠ッテ離在スル諸形相ニ向カウ、ト。」ところがこのくだりの全体がまたしても、もっぱら、アヴェロエスの『霊魂論大注解』第３巻第５注解（Crawford, p.404, 497-499, et 405, 520-527）に依拠している。

(66) 人物異同表を完成させるために、アヴェンパケと真正アブバケル（アブー・バクル・ムハンマド・イブン・トゥファイル）との混同以外に、中世写本は、ラテン語写本であろうとそうでなかろうと、アヴェンパケとアル－ファラビとを同一人物と考えている節があることも指摘しておきたい。実際、S. パインズが（『迷える者のみちびき』の英訳の）« Introduction », p.lx, n.5で指摘していることであるが、マイモニデスはイブン・ティボンに宛てた書簡のなかのイブン・バジャを称賛しているくだり（「アブー［・バクル・イブン］・アッサーイフもまた偉大な哲学者であり、かれの著作はすべて高度の水準に達していた」）で不運続きのイブン・バジャを「アブー・ナスル・アッサーイフ」と表記している――パインズが言うところでは「アラビア文字の特殊性によって簡単に説明がつく誤記」――のである。こうした下地があるのだから、アルベルトゥスが『天体論注解』第１巻第３章５節で、しかも『知性の単一性について』の文脈と厳密に同一の文脈で（éd.Hoßfeld, p.65, 8-12［議論の全体を見るためには p.65, 8-29］）で言及している「ハボニセル」とは何者なのかを問うてみた方がよさそうである。それがアブー・ナスル某であることは明らかである。しかしどちらのアブー・ナスルか。マイモニデスが称賛したアヴェンパケ（アブー・バクル・イブン・バージャ）なのか、あるいは慣例に従ってアル－ファラビなのか。議論されている意見（「［…］他方デ、全テノ知性ハ一ツデアルガ其ノ個別化ハ多様デアリ、其ウシタ知性ノ個別化ハ放射ニ依ル、ト語ツタ、其ノ名ヲハボニセルト云ウ或ルムーア人哲学者ノ三番目ノ意見ガアル」）を読んでも、アルベルトゥスの回答（「［…］カトリック信仰ニ反スル悪シキ意見デアル。何故ナラ、其ノ意見カラハ、死後ニ霊魂ノ範囲ノ内ニ複数ノ霊魂ガ残ラヅ、寧ロ、全テノ霊魂カラハ第一動者ノ光ニ他ナラナイ同ヂ一ツノ霊魂シカ残ラナイ事ガ帰結スルカラデアル」*De caelo, ibid.*, p.65, 17-22）を読んでも確実なことは分からない。

(67) Maïmonide, *ibid.*, trad. p.186.

(68) あきらかに金星と水星のことである。Cf. trad. S. Pines, *Moses Maimonides. The Guide of the Perplexed*, vol. 2 ; Translated and with an Introduction and Notes by Shlomo Pines, Introductory Essay by Leo Strauss, Chicago University Press, Chicago-Londres, 1963, p.268（「そののち数学にはなはだ卓越した後期アンダルシア学派が登場して、プトレマイオスの前提に忠実に、金星と水星が太陽よりうえにあることを説明した」）.

(69) S. ムンクは前掲訳書 p.82, n.2で「筆者はおそらくこうした論拠は（アブ・ベクル・）イブン・アッサーイェグの弟子が授業で学生たちに講義し、それを学生たちが書き写したものであると言いたいのだろう」と解説している。

(70) Maïmonide, *Guide des égarés* II, 9; trad. cit., p.81-82.

(71) このドイツ人歴史家がアルベルトゥスに向けた、氷のようなまなざしは周知である。この歴史家によると、ケルンの学匠は暗愚のひとであり、かれの唯一の功績といえば、その恐るべき読書欲によって腹に詰め込んだ文献の山を同時代人のために吐きだしたことである。かれのなかに健全な理解力や哲学の才能を求めてはならない。かれは自分からは一行も書き残さなかった編纂家――かれの名声をかたち作っているあの果てしない

in J. Hackett（éd.）, *Roger Bacon and the Sciences..., op. cit*., p.184（「かれは占星術の判断は無謬ではなく必然的と不可能的とのあいだにある、という趣旨の、いかにもプトレマイオス的な所見から本編を始めている」）．この個所を、同書注29（「偽プトレマイオス著『ケンティロクィウム』とその注釈者の偽ハリすなわちアブー・ジャファール・アハマド・イブン・ユースフ・イブン・イブラヒムについてはRichard Lemay, “Origin and Success of the Kitab Thamara...”, p. 29-45を見よ」）とあわせて参照せよ。

（60）Cf. R. Lemay, « Roger Bacon's Attitude... », p. 46, n. 46（この注で五つの翻訳中四つがつぎのように紹介されている。「［…］“すでに記したように”で始まる訳［…］、“諸世界の”で始まる訳［…］、サンクタラのフゴ版［…］、“アブガファルス”で始まる訳）」）．ルメイによると「アブガファルス」で始まる訳の「訳者」もしくは「改訳者」は「クレモナのゲラルドゥスかもしれない」。

（61）Maïmonides, *Guide des égarés*; trad. S. Munk, p. 66-68. お気づきのように、マイモニデスはラゼスをさほど重視していない。サムエル・イブン・ティボン師への手紙のなかで、マイモニデスは「アッラジによって書かれた形而上学は役に立ちません。かれは医者にすぎませんでしたから」と明言している（cf. S. Munk, p.67）。ムンクはまた「イブン－アビ－オケイビア」が伝える「カディ・サーイド」の所見を引用している。「アッラジは形而上学への理解をさらに深めてもいなければ、その全範囲を理解してもいません。それゆえかれは混乱した観念を有するにすぎず、基礎のぐらついた意見を権威として容認し、出来そこないの体系を採用したのです。かれは自分には理解できないひとびとを非難し、そうしたひとびとのみちびきに従うことを潔しとはしませんでした。」マイモニデスの手紙はA. Marx, *Jewish Quarterly Review*, N.S. XXV, p. 374 *sq*に掲載されている。プラトン・アリストテレスをはじめとするギリシャ人・アラブ人哲学者についてのくだりは同誌p.378-380にある。この点に関してS. Pines, « *Introduction* », p.lix-lxを参照せよ。

（62）Trad. S. Pines, p.441.

（63）Maïmonides, *Guide des égarés*, II, 24; trad. S. Munk, p.184-185.

（64）Maïmonides, *Guide..., ibid*.; trad. cit., p.185-186.

（65）死後に単一の知性のみが残留するという命題を証明する26番目の「道」は「アヴェンペケ」が「“知性ト人間ノ合体ニ就イテ”ト名付ケタ書簡」のなかで考えだした道であることをアルベルトゥスは（『知性の単一性について』のなかで）はっきりと語っている。しかしアルベルトゥスはこの件について全面的にアヴェロエスの『霊魂論大注解』第３巻第５注解に依拠しているために「アブバケル」と「アヴェンペケ」という異なる呼び名の人物がイブン・バジャなる同一の哲学者であると見抜く手がかりを持ちあわせていない。アルベルトゥスは『知性の単一性について』第２巻（éd.Hufnagel, p.21, 41-51）で単心論に反対する36番目の論拠を陳述したあとで、ふたたび「アヴェンペケ」に、直接、言及する。「他方デ、永遠ノ実体ガ潜在的ニ在リ、時間ニ拠ツテ、且ツ、何等カノ仕方デ時間的デアル物ニ拠ツテ現実化サレル、ト云ウ事ガ如何ニ不条理デアルカヲ全テノ哲学者ガ知ツテ居ル。従ツテ知性ヲ離在的存在ニ則ツテ措定スル事ハ不条理デアリ、従ツテ知性ハ人間ノ数ダケ在ル。ニモ拘ワラヅ、アヴェンペケハ、既ニ“知性ト人間ノ合体ニ就イテ”ト名付ケラレタ書簡ノ中デ、斯ウシタ不条理ナ理屈ヲ語ツテ居ル。アヴェンペケハ、子供ハ潜在的ニ知者デアル、ト語ルニ合ワセテ、潜在性ハ三重デアルト語ツテ居ル。即チ、第一ニ、子供ハ潜在的ニ想像力ノ形相ヘト向カイ、第二ニ、想像力ノ形相

可能的知性ハ他ノ如何ナル物トモ区別サレナイ。故ニ、在ルガ儘ノ状態デ離在スル時、数エラレル事ハ無イ。然ルニ、人間ノ死後、可能的知性ハ、在ルガ儘ノ意味ニ解サレ、離在スル様ニ成ル。故ニ、其ノ時、可能的知性ハ数エラレヅ、全テノ事物ノ中デ、全テノ事物ヲ貫イテ同ヂ一ツノ物デアリ多数化サレタ儘デハ居ナイ」).

(55) Cf. Albert le Grand, *ibid.*, p.13, 11-30（「三十番目ノ道ハ、人間ハ他ノ全テノ知性ノ原因デアル第一知性ニ依存スルト云ウ事ニ基礎ヲ置ク。ソシテ、此ノ事ハ、又シテモハリ・アブバケルノ言葉カラ導キ出サレル。私達トシテモ、既ニ別ノ個所デ、何カ或ル物ガ、其ノ本性ニ於イテ完全デアルノハ、其処ニ、完全ナル物ガ到来シテ居ル場合ニ限ルノデアリ、其ノ完全ナル物モ、何等カノ仕方デ、自分ヲ動カス第一動者ニ接触シテ居ナケレバナラナイ、ト述ベテ居ル。人間ハ、アリストテレスガ言ウ様ニ、唯々、知性ニ他ナラナイノダカラ、従ツテ、人間ヲ動カシテ此レヲ知性タラシメル第一動者ハ、第一知性デアル、ト云ウノガ至当デアル。従ツテ、人間ノ中ノ、第一知性ト類似、若シクハ、同一ノ何カガ、第一知性ニ由来シ、ソシテ此ノ何カガ、人間ノ善ノ中ノ最高ノ善、気高サノ中ノ最大ノ気高サデアル、ト言ウ他ハ無イ。処デ、人間ヲ、斯ク、第一知性ニ由来セシメル、其ノ何カハ、人間ノ他ノ部分カラ離在スルトシカ考エラレナイ。人間ハ斯ウシタ離在ガ在ツテコソ、知性ヲ受ケルノデアル。処デ、人間ニ於イテ離在セル部分ト言エバ、此ノ人間アノ人間デ異ナラナイ部分ダケガ其ウデアル。即チ、人間ハ、此ノ人間アノ人間ニ固有デ無イ部分ヲ通ヂテ第一知性ニ由来スルノデアル。然シ、霊魂ニ於イテ死後ニ残存スルノハ、第一知性ニ由来スル部分ヲ措イテ他ニ無イ。従ツテ、人間ノ中デ死後ニ残存スルノハ、其ノ、如何ナル人間ニモ固有デ無イ部分デアル。従ツテ、死後ニ残存スルノハ、全テノ人間ニ共通スル一ナル物デアル。件ノ命題ハ斯クノ如クシテ支持サレル」).

(56) Cf. R. Lemay, « Origin and Success of the Kitab Thamara of Abū Ja'far Aḥmad ibn Yūsuf ibn Ibrahim from the Tenth to the Seventeenth Century in the World of Islam and the Latin West », *in* Aḥmad Y. al-Hassan, Ghada Karmi, Nizar Namnun (éd.), *Proceedings of the First International Symposium For The History Of Arabic Science, April 5-12, 1976,* vol.II, Alep, University of Aleppo, Institute for the History of Arabic Science, p.29-45.

(57) ただし、最近の Ch. バーネットによる再調査にも留意せよ。バーネットは「（アブー・ジャファール・）アハマド・イブン・ユースフが、ルメイの主張するように、『ケンティロクィウム』の原典とその注釈書の両方の著者であるのか否かはまだ分からない」と考えている。Cf. Ch. Burnette, *in* J. Biard (éd.), *Langage, Sciences, Philosophie au XIIe siècle*, Paris, Vrin (Sic et non), 1999, p.86 (avec n.3).

(58) Cf. R. Lemay, « Roger Bacon's Attitude Toward the Latin Translations and Translators of the Twelfth and Thirteenth Centuries », *in* J. Hackett (éd.), *Roger Bacon and the Sciences. Commemorative Essays* (*Studien und Texte zur Geistesgeschichte des Mittelalters,* 47), Leyde-New York- Londres, Brill, 1997, p.42（「ベーコンは自分がこの種の実験 *experientia* を着想した源泉を隠していない。それはアブー・ジャファール・アハマド・イブン・ユースフ［偽名をプトレマイオスと言い、ハリもしくはアリとも言う］が著してはなはだ有名となりよく読まれた『ケンティロクィウム』別名『果実の書』であって、そのなかで霊感による知が理性を介して得られる知よりもはるかに高いところに置かれている」).

(59) Hackett, « Roger Bacon on Astronomy-Astrology: The Sources of the *scientia experimentalis* »,

である。

(46) Cf. Th. Silverstein, « *Liber Hermetis Merculii tripliciis De VI rerum principiis* », AHDLMA, p.237［論文の全体を参照したければ p.217-302。このうちラテン語原典部分が p.247-302］.

(47) この文献と著者については M. Müller, « Die Stellung des Daniel von Morley in der Wissenschaft des Mittelalters », *Philosophisches Jahrbuch der Görres-Gesellschaft*, 40/3（1928）, p.301-337 を参照せよ。

(48) Cf. Albert le Grand, *De unitate intellectus*, 1; éd. Hufnagel, p.6, 55-68.

(49) Cf. *ibid.*, p.12, 40-62.

(50) Cf. *ibid.*, p.13, 7-10.

(51) Cf. Albert le Grand, *Summa theol.*, II, 12, 77; éd. Borgnet, p.77a, 83a et 84b. このテクストについてはもう少しさきで再検討する。

(52) Cf. Albert le Grand, *De XV problematibus*, 4; éd. Geyer, p.36, 62-72（「然シ、アリストテレスガ言ツテ居ル様ニ、虚偽デアル事ガ示サレテモ、虚偽ノ根拠ガ示サレナケレバ十分トハ言エナイノダカラ、私達ハ、気ヲ取リ直シテ、次ノ様ニ言ウ。人間霊魂ハ哲学者達ニ拠レバ宇宙ノ似像ナノデアル、ト。其ノ故ニ、人間霊魂ハ、其ノ、離在知性ト第一原因トノ似像デアル部分ニ於イテ、天体ノ運動ニ従属スル事ハ不可能デアル。他方、人間霊魂ハ、其ノ、諸器官ニ取リ込マレテ居ル部分ニ於イテ、確カニ星々ノ瞬キニ、甚ダシク、揺リ動カサレル事ガ在ルニハセヨ、然シ、他面、其ウシタ部分ハ、上位者ノ必然性ト秩序ニハ及バナイノダカラ、其ウシタ部分ニ於イテモ、又、上位者ノ必然性ニ従属、若シクハ隷属スル事ハ無イ。因ミニ、此ノ事ハプトレマイオス著『ケンティロクィウム』ノハリニ拠ル注解ノ中デ証明サレテ居ルノデアツテ、ハリハ或ル王ニ就イテ語ツテ居ル。其ノ王ハ全テノ兆シニ災イト汚レガ表レテ居ルノニ、其ウシタ星座ノ下ニ生マレテ、尚、此ノ上無ク清ラカニ生キタノデアツテ、其ノ装イト誉レニ於イテ輝キヲ放チ、最良ノ人々トノ付キ合イヲ持ツテ居タ。其ノ原因ハ何ナノカ、トハリニ尋ネラレ、王ガ言ウニハ、確カニ欲望ニ拠ツテ汚レタ物ニ引キ寄セラレル事ハ在ツタガ、其レガ恥ヅベキ付キ合イデアルト分カリ、自分自身ノ行為ノ主人トシテ、其ウシタ汚レタ付キ合イヲ避ケ、名誉在ル付キ合イヲ選ンダ、ト云ウ事デアル」).

(53) Cf. Albert le Grand, *De unitate intellectus*, 1; éd. Hufnagel, p.4, 13-14.

(54) Cf. Albert le Grand, *ibid.*, p.12, 40-62（「二八番目ノ道ハ、可能的知性ハ潜在的ニ全テノ事物デアル、ト云ウ知見カラ引キ出サレル道デアリ、アブバケルト云ウ名前デアルガ、別名ハリ何某デ呼バレル事モ在ルムーア人哲学者ノ道デアル。処デ、アブバケルハ次ノ様ニ論ヅル。潜在的ニ全テノ事物デアル物ハ何デ在レ、其レ自体、他ノ如何ナル物トモ区別サレナイ。可能的知性ハ潜在的ニ全テノ事物デアル。故ニ、可能的知性ハ、其レ自体、他ノ如何ナル物トモ区別サレナイ。処デ、此ノ前提ハ次ノ様ニ証明サレル。潜在的ニ全テノ事物デアル物ガ何カ他ノ物ト区別サレル事物ダトシタラ、明ラカニ、其レガ潜在的ニ全テノ事物デアル訳デハ無イ、ト云ウ矛盾ガ帰結スル。ト言ウノモ、其ノ場合、潜在的ニデハ無ク、現実的ニ何物カデアル物ニ拠ツテ区別サレル他ハ無ク、其ウ成ルト、潜在的ニ全テノ事物デアリ現実的ニハ何物デモ無イ、ト言ウ事ガ真デ無カツタ事ニ成ルカラデアル。然ルニ、真デ無カツタ此ノ事コソガ可能的知性ノ可能的タル所以デアル。斯ウシタ立場カラ、アブバケルハ、更ニ、次ノ様ニ論ヲ進メル。他ノ如何ナル物トモ区別サレナイ物ガ、在ルガ儘ノ意味ニ解サレル時、在ルガ儘ノ状態デ数エラレル事ハ無イ。

る。こうしたもうひとつの読解に関しては J. Pépin, « ΥΠΑΡΞΙΣ et ΥΠΟΣΤΑΣΕΙΣ en Cappadoce »; *in* F. Romano, D. P. Taormina（éd.）, *Hyparxis et Hypostasis nel Neoplatonismo*. Atti del Primo Colloquio Internazionale del Centro di Ricerca sul Neoplatonismo. Università degli Studi di Catania, 1-3ottobre 1992, Lessico Intellettuale Europeo, Leo S. Olschiki Editore, Florence, 1994, p.72-73（「新プラトン主義に頻繁に登場するひとつの定型表現がアリストテレスによって露呈された“ある”の第一の意味［*quid sit*（何であるか）の問いに対応する“である”と対比される、*an sit*（あるかあらぬか）の問いに対応する“がある”］に根をおろしている。それは αὐτῷ τῷ εἶναι“現存在そのものにより”という表現である。神がみは…“現存在するという事実だけで”その摂理を成就する、もしくは“現存在するという事実そのものにより”善を受け入れることのできるすべてのものに善を放射する。ディオニュシオス・偽アレオパギテースは、このような定型表現から着想を得て同じ表現をあやつるようになった［たとえば『神名論』第４巻第１章693B］」）を参照せよ。

（39）こうした例は（土台が屋根に言いかえられて）ボエティウスにいたるまで何度も使われており、ボエティウスは部分と全体の大小対当関係を「抹消」という観点から説明する。もしひとつの全体のひとつの部分が壊されるなら、その部分が壊されたもとの全体はもはや全体ではない（*si pars totius perit totum non erit, cuius pars una sit interempta*）のに対して、もし全体が壊されても諸部分はおのおの別個に存続しうる（*sin totum pereat partes permanent distributae*）。家からは屋根を取り去ることができる。この瞬間に、全体、もしくは、もっと正確に言えば、あらかじめ現存していた「全体の連続性」はもはやない（*totum quod ante fuit intercipit*）けれども、壁や土台など、（ほかの）諸部分はなお現存している（*sed pereunte toto parietes et fundamente constabunt*）。Cf. Boèce, *De divisione*, éd. J. Magee（*Anticii Manlii Severini Boethii De divisione liber*. Critical edition, translation, prolegomena and commentary［Philosophia Antiqua, LXX-VII］, Leyde-Boston-Cologne, 1998, p.12, 28-14, 5.

（40）Alexandre, Περὶ εἱμαρμένης, chap.24; éd.-trad, citée, p.47, 4-9.

（41）Alexandre, Περὶ εἱμαρμένης, chap.25, *ibid*., p.47, 24-25.

（42）Alexandre, Περὶ εἱμαρμένης, chap.25, *ibid*., 48, 1-4.

（43）Alexandre, Περὶ εἱμαρμένης, chap.6, *ibid*., 47, 23-24.

（44）Cf. Anonyme, *De communibus artium liberalium*, ms. Paris, Nat. lat. 16390, f° 199ra, éd. Cl. Lafleur-J. Carrier, « Un instrument de révision destiné aux candidats à la licence de la Faculté des arts de Paris, le *De communibus artium liberalium*（vers 1250 ?）», *Documenti e studi sulla tradizione filosofica medievale*, 5/3（1994）, p.191, 993-997（「天文学デハ動ク荘厳ガ、即チ運動スル上位諸天体ノ本性ガ規定サレル。数多《アマタ》在ル書物ノ中デ此ノ学知ニ就イテ正式ニ書カレテ居ル書物トシテハ、諸々ノ軌道カラ成ル動ク球体ノ構成ヲ論ヅル『天球論』一冊ヲ措イテ他ニ無ク、其ウシタ球体ニ拠ツテ私達ハ天体ヲ理解スルノデアル」）.

（45）Cf. Cl. Lafleur, « Transformations et permanences dans le programme des études à la faculté des arts de l'université de Paris au XIIIe siècle. Le témoignage des "Introductions à la philosophie" et des "Guide de l'étudiant"», *Laval théologique et philosophique*, 54/2（1998）, p.401-402. 学校で占星術が天文学の代わりに学ばれていたことを示す簡単な例がある。教材に使われていたマルティアヌス・カペラ著『フィロロギアとメルクリウスとの婚姻』の、占星術を論ずる第８分冊に、あろうことか、「天文学について」という標題が付いているの

(37) プロクロスは『神学綱要』の第18命題で「本質的原因性」を「コレーギア（合唱団長職）」すなわち「分配作用」と考える理論を提示しているが、その理論は αὐτῷ τῷ εἶναι（其レ自身ノ存在ニ拠ツテ）なる表現が中心的役割を果たす或る複雑な定理にもとづいている。つまりあらゆる「分配者」——「コレゴス（合唱団長）」すなわち「神」——は「それ自身の存在によって作用する」原因であり、「それ自身があらかじめ」分配作用の産物に「伝達される」すべて「である」ような原因である。そのため『神学綱要』第122命題の注釈（éd. Boese, p.61, 6-12）は、アルベルトゥスが影響 *influentia*（かれはそれを『原因論』を介して知る）を語るときに認められる知見と、類比 *analogia*（かれはそれをディオニュシオスを介して知る）を語るときに認められる知見を、つぎのように、混ぜ合わせている。「神がみによる分配を受けとりうるあらゆる主体は、自分自身の組成によって（*mensuras proprie ypostaseos*）おのずから受け入れるように決められている分だけの善を享受する一方で、神がみは、それ自身の存在あるいはむしろそれ自身の先在によって（*ipso esse, magis autem ipso preesse*: αὐτῷ τῷ εἶναι μᾶλλον δὲ προεῖναι）そうした諸存在に善を放射する。というのも神がみは善意以外の何ものでもないのだから、神がみがすべてに対して自分の善を惜しみなく分配するのは、自分の存在そのものによってなのである」（trad., J. Trouillard, Paris, Aubier, 1965, p.133）。『神学綱要』第122命題は「自分の存在によって産出するあらゆる者は関係を結ぶことなく産出する。なぜなら関係というものは存在につけ加わるものであり、その意味では自然の枠外にとどまるものだからである」と述べていることに注意されたい。ちなみにムルベカのギヨームによるラテン語訳は「存在ニ拠ツテ作用スル全テハ、状態ヲ介サヅニ作用スル。何故ナラ状態ハ存在ヘノ付加デアリ、其レ故、自然ニ反スルカラデアル」（éd. cit., p.61, 14-15）となっている。これに呼応するかのように『原因論』のなかにも「自分の存在のみによって作用するすべてのもの *Omnes quod agit per esse suum tantum*」なる表現があり、この表現は同書のもう少しさきで「自分ノ本質ニ拠ラヅシテハ作用シナイ」というかたちでくり返されている。Cf. *Liber de causis*, prop.19 (20), n.159, éd. Pattin, p.90, 25-91, 31（「自分ノ存在ノミニ拠ツテ作用スル全テノ作用者ノ間ニモ、其ノ結果ノ間ニモ、其レ等ヲ相互ニ繫グ物ハ存在シナイシ、其レ等ト異ナル中間的事物モ存在シナイ。更ニ、例エバ、作用者ト結果ガ道具ヲ介シテ存在シ、作用者ガ自分ノ存在ニ拠ツテ作用スルノデ無イ場合ヤ［…］両者ガ合成サレテ居ル場合ノ様ニ、存在ニ存在ガ付加サレル場合ヲ除ケバ、作用者ト結果ノ間ニ両者ヲ繫グ物ハ存在シナイ。［…］作用者ハ自分ガ作用スル様式デ事物ヲ操作シ、自分ノ本質ニ拠ラヅシテハ作用シナイノデアツテ、其レ故、自分ノ本質ガ自分ノ操作ヲ更ニ操作スルノデアル」）．プロクロスの合唱団長／神の諸特徴は、フライベルクのディートリヒによって提示された本質的原因性の定義のなかに、とりわけ *De animatione caeli*, 8, 2; éd. Sturlese, p.19, 15-18 に認められる。本質的原因性は「産出された結果をあらかじめ自分自身のなかに含んでいるのであるが、結果がそれ自身のなかに持っているものよりもさらに高貴なありかたで含んでいるのであって」、それというのも「結果を本質的に、より内密に、含んでいるからである」。「それゆえ、そうした原因性は自分の本質それ自体によって、それが産出するものの原因である」（ここで「自分の本質によって」が αὐτῷ τῷ εἶναι の訳語である）。

(38) αὐτῷ τῷ εἶναι を「たんに存在するということから」と解釈する翻訳はアルベルトゥスのドイツ人の弟子たちの、「本質」を軸とする読解以上に標準的な読解に対応してい

害にちがいないとき、不運と呼ぶのである。しかし地上のすべての存在のなかに、摂理は人間よりすぐれた何ものも作り為さなかったのである」.

(31) 政治的な理由からアレクサンドロスがストア派を名指しすることを避けているとはいえ、かれが攻撃しているのは、たしかにストア派の学説である。すべての解釈家がこの点では一致している。

(32) Cf. Alexandre, *Opusculum*, éd. cit., p.114, 89.

(33) Cf. Alexandre, *De fato*, éd. cit., p.91, 60-61. これと同じ連関（*colligatio*, ἐπισύνδεις）- 連結（*connexio*, συνέχεια）という対語は同書 p.92, 90にも見られる。

(34) Alexandre, Περὶ εἱμαρμένης, chap.22; éd. trad, citée, p.43, 7-22. P. ティエが仏語訳 p.43, 10で「秩序立てられた連結によって」と訳しているギリシャ語は κατὰ εἱρμόν τινα καὶ τάξιν である。この個所をムルベカのギヨームはより字義どおりに *per connexionem et ordinem quemdam* と訳している（Alexandre, *De fato*, éd. cit., p.88, 59)。このように εἱρμός なる語は、再三 *connexio* と訳されている。つまりギヨームは εἱρμός と συνέχεια とを区別しないのである。かくしてこのくだりのギヨームによるラテン語訳はつぎのとおりである。「其レ故、彼ラガ言ウ事ニハ、此ノ世界ハ一トシテ現存シ、存在スル全テヲ其ノ内ニ含ミ、生命的デ合理的デ知的ナ自然ニ拠ツテ支配サレテ居ル。諸存在者ノ存続トハ、或ル種ノ連結ト秩序ニ従ウ永続的管理ノ事デアリ、先ニ起キタ諸事象ハ、後ニ起コル諸事象ノ原因デアツテ、其ノ様ニ、全テハ互イニ連関シ合ウノデアル。斯クシテ、其ウシタ全体ノ中デハ、或ル事象ガ起キテ居ナガラ、同時ニ、別ノ或ル事象ガ、恰モ原因ヲ追ウカノ様ニ、其ノ事象ニ追イ付キ其ノ事象ト結ビ合ワサレナイト云ウ事ハ在リ得ナイ。又、相次イデ起キル諸事象ノ内ノ或ル物ガ先ニ起キタ物カラ解キ放タレル事モ在リ得ナイ。何故ナラ、其レ等ノ内ノ或ル物ニダケニ、言ワバ、連関スル物ガ随伴スルノデハ無ク、生起スル全テノ物ニ、別ノ何カガ随伴シ、其ノ別ノ何カハ、恰モ原因カラ生ヅルカノ様ニ、必然的ニ生ヅルカラデアリ、且ツ又、彼等ガ言ウニハ、生起スル全テノ物ガ、自身ノ連結サレテ居ル、原因ノ如キ何物カヲ、自身ニ先ンヂテ、有シテ居ルカラデアル。ト言ウノモ、彼等ガ、世界ニ存在スル何物モ原因無クシテ存在セヅ生起シナイト云ウ意味ハ、世界ニ存在スル何物モ、先ニ起キタ全テノ物カラ解キ放タレテモ居ナイシ、切リ離サレテモ居ナイ、ト云ウ事ダカラデアル。」詳しくは Alexandre, *De fato*, éd. cit., p.88, 56-69 を参照せよ。

(35) アレクサンドロスはアリストテレスの標準的な表現 ὡς ἐπὶ τὸ πολύ（「大数的に」）の代わりにこの表現を使う。この点に関しては P. Thillet, « Introduction », P.CII. を参照せよ。ラテン・スコラ学者も *ut in plurimum*（最頻的に）と *ut frequenter*（大数的に）とを同じ意味に使うことに注意されたい。

(36) Alexandre, Περὶ εἱμαρμένης, chap.6; éd. trad, citée, p.9, 12-16（「[…] 自然に従って産出される事物は必然的に産出されるわけではなく [=A4]、そのように産出される事物の生成はしばしば妨げられることがありうる [=A5]。自然に従って産出される事物はたしかに最頻的に産出されはするけれども必然的にではない。」）. ちなみにラテン語版はつぎのようになっている。「然シ実際、自然ニ従ツテ起キル諸事象ハ必然的ニ起キル訳デハ無ク [=A4]、其ノ様ニ起キル諸事象ノ生成ハ妨ゲヲ受ケル [=A5]。其レ故、自然ニ従ツテ起キル諸事象ハ、飽ク迄、最頻的ニ起キルノデアツテ、必然的ニ存続スルノデハ無イ。」

「他方、自然ニ従ツテ生起スル事象ノ中ニ、技術ノ応用カラ生起スル事象ノ中ニ在ル様ナ、自然ニ反スル物ガ現存スルノダカラ、運命ニ従ツテ起キル事象ノ中ニモ、必ヅヤ、運命ニ反スル物ガ場所ヲ有スルダロウ。其ノ故ニ、自然ニ反スル物ガ場所ヲ有シ、且ツ、其レガ空虚ナ言葉デ無イトシタラ、必ヅヤ、生起スル事象ノ中ニ運命ニ反スル物ガ場所ヲ有スルダロウ。」Cf. Alexandre, *De fato*, éd. cit., p.69, 79-84. 言わんとすることは、自然的生成の秩序のなかに自然に反することが起きるとしたら、自然によって規制されている、すなわち――自然と運命というふたつの原因はたがいに「協働的」だから――運命によってもまた規制されている生成の全領域のなかで、運命に反することが起きなければならない、ということである。

(28) アレクサンドロスはこの点に関して日常の言葉づかいを引きあいに出す。ひとびとが生来の性格や体質や気質に駆り立てられて「かれらの生きかたの運命的な帰結にほかならない苦境に立たされているとき、かれらが耐え忍ぶ悪の原因はかれら自身である、と言われることが慣例である」(*ibid*., p.11, 5-7)。

(29) Cf. Alexandre, Περὶ εἱμαρμένης, *ibid*.; éd. trad. cit., p.11, 13-22(少し修正されている).

(30) Cf. *De Platone et eius dogmate*, chap. XII(« Providence, destin, hazard »), trad. cit., p.71-73「[…] 自然的に、したがって、また、正常に生起するあらゆる事象は摂理の注意ぶかい活動によって統御されており、いかなる悪の原因もこれを神に帰することはできないだろう。したがってまた、すべてを運命の権限に委ねて解釈してもいけないとプラトンは考えている。実際、摂理と運命の定義とはつぎのようなものである。摂理は繁栄を保全しようとする神のおぼしめしであり、繁栄という目的に沿っておのれのつとめを引き受けているのである。他方、運命によって神のあらがえない着想と企図が実現するのであって、運命とは神の定める掟である。したがって或る行動が摂理によって先導されるなら、それは運命によって成就するのであり、運命によって実現することは摂理によってくわだてられたものと考えるべきである。しかもすべての神がみのなかでもっとも偉大かつ卓越した神に高次の摂理が帰属することは確実であり、そうした神は、世界を監視し美化するために、たんに天界の神がみの種族を組織し、神がみを世界のすべての部分に配置するだけでなく、知恵において地上のほかの生ある存在より抜きん出てはいるが、元来、死すべきすべての存在を、時が持続するかぎりにおいて、創造する。そして、掟を定めたのち、毎日かならず成就されなければならないあらゆることを準備し監視する手間を神がみに委ねる。したがって第二段階の摂理を仰せつかった神がみはあらんかぎりの熱意を傾けて、天空にあって人間のまなざしにさらされているすべてが、父の与えたもう不変の秩序のままに保たれるように努めるのである。精霊と呼んでもよく守護霊と呼んでもかまわないダイモンに関しては、プラトンはそれを神がみの意志の執行者であり人間の守護者であると考えており、人間が神がみの愛顧を欲するときには両者を結ぶ通訳と考えている。プラトンによれば、とりわけ、すべてを運命の力に関係づけてはならない。というのもすべてのなかの一定部分はわたしたちに依存し、また無視しえない部分がめぐり合わせに依存するからである。めぐり合わせからくる予期せぬ偶発事はわたしたちの知るところではない、とプラトンは認めている。実際、気まぐれな運が入念に計画され準備されたくわだての渦中にしばしば割り込み、目的地にたどり着く準備があったにもかかわらず、そうしたくわだてを妨害することがある。その場合、妨害が有益な結果を生むときに、わたしたちはそれを幸運と呼び、また、そうした障壁が有の問題に手をつけているが、しかし、ティエがいみじくも言っているように「ジャンルをごちゃまぜにしてはいない」。すなわち運命は「本質的に自然学の」問題なのである。それは弁証法的に立てられ、あつかわれなければならない。道徳に対しては波及効果があるというにすぎない。問題をすべての観点から同時に考察するわけにはいかないのである（この件については、アムランのテクストを注釈している P. Thillet, « Introduction », *op. cit.*, p. lxxxi を参照せよ）。

（22）Cf. Alexandre, Περὶ εἱμαρμένης, chap.5; éd. trad. P. Thillet, *in* Alexandre d'Aphrodise,*Traité du destin, op. cit.*, p.8, 2-10.

（23）Cf. Alexandre, *De fato*, éd. cit., p.69, 64-65: «［…］ concurrunt cause iste invicem tanquam utique habentes *secundum nomen solum differentiam.* »

（24）ラテン語訳はもっと端的である。「ト言ウノモ、人間カラ人間ガ生マレ、馬カラ馬ガ生マレルノハ、成程、自然ニ拠ツテデハ無イガ、カト言ツテ、運命ニ拠ルノデモ無イ。」Cf. Alexandre, *De fato*, éd. cit. p.69, 62-63. 言わんとすることは、人間は、運命がそこで或る役割を持つのでなければ、すなわち、運命のあらゆる介入が排除されてしまえば、人間から自然的に生みだされることはない、ということである。

（25）Cf. Alexandre, Περὶ εἱμαρμένης, chap.6; éd. trad. P. Thillet, p.9, 1-7. アレクサンドロス自身が A3.2をつぎのように正当化している。「実際、あらゆる生成の原理は、地上の諸存在との関係で運動する神的諸存在のそのときどきの特殊な配置である」（同書 p.9, 7-9）。

（26）自然と運命という原因性のふたつの様態の実在的同一性と名目的差異が成り立つのはあきらかに第一原因を想定するときだけだということをよく見ておく必要がある。自然と運命というふたつの原因の協働という発想の背景には、「人間を生みだすのは人間かつ太陽である」という、よく知られたアリストテレスの理論がある。アレクサンドロスは「人間から人間が生まれ、馬から馬が生まれるのは、なるほど、自然によってではないが、かといって、運命によるのでもない」のであって、自然と運命とは「あたかも名前のうえでしか違いがないかのようにたがいに協力しあう」と書いているが、そのときかれが言いたいのは、原因という言葉をもっぱら自然的意味に解するなら、たしかに、人間の原因は人間である——そのことは「運命」とは何の関係もない——が、他方で、そうした生成の原理すなわち神的諸存在 τὰ θεῖα は、自然的原因という呼び名でも「運命」的原因という呼び名でも同じようにうまく描きあげられるということである。

（27）アレクサンドロスは、自然と運命というふたつの原因の協働が原因性のふたつの様態の実在的差異を含意するのではなく、たんに名目的差異を含意するにすぎないということを、改行した途端に、忘れてしまったかのように、A5.1およびA5.2の表現に混乱をきたしている。そのためわたしたちは「かつ／または」を補足したのであって、そうした補足がアレクサンドロス理論の分析的に正確な表現に欠かせないように思える。アテナイの教授の『運命論』の原典がつぎのようになっていることに注意されたい。「自然的事実のなかには、技術の産物のなかにあるような、いくばくかの反－自然があるのだから、運命によって生みだされる出来事のなかにも“反－運命”のための場所がなければならず、その結果、もし反－自然のための場所があり、かつ、それが意味を欠いた言葉でないとしたら、出来事のなかにも同様に反－運命のための場所があることになるだろう。」このくだりについては Alexandre, Περὶ εἱμαρμένης, chap.6; éd. trad. P. Thillet., p.9, 22-10, 3 を参照せよ。このくだりのラテン語訳は、つぎのように、はなはだ明晰である。

tres, 1973 のなかに『ソクラテスの神について』『プラトンの教説について』『宇宙論』のフランス語版の編集・翻訳が存在することに注意されたい。この版には『ソクラテスの神について』の緻密な注釈が添えられている。「混合的」プラトン主義と「折衷的」プラトン主義の区別については C. Moreschini, *Apuleio e il platonismo*, Florence, 1978, p.133-191と J. Dillon, *The Middle Platonists. A Study of Platonism, 80 B.C. to A.D.220*（Classical Life and Letters), Londres, Duckworth, 1977 を参照せよ（とくに「ガイオス」なる人物——このような人物が存在した文献的証拠はないらしい——の弟子が開いたアテナイ学派なるものが２世紀に存在し「アルビヌス」とアプレイウスがその代表者だったという説に異議を唱えている章「“ガイウス学派”——影と実体」にあてられた p.266-340を参照せよ。アプレイウス本人については p.306-340を参照せよ)。プルタルコス、アッティクス、ケルススに代表される、いわゆる「正統的」プラトン主義も、こんにちの大半の批評家から見れば、アプレイウスのプラトン主義に負けず劣らず「折衷的」であることにも注意が必要である。「混合的プラトン主義」なる表現の是非については Ph. Merlan, « Albinus and Apleius », *in* A. H. Armstrong（éd.), *The Cambridge History of Later Greek and Early Medieval Philosophy*, Cambridge, CUP, 1970（2e éd.), p.64-73 で周到に論じられている。

(18) I. ブランによって1887年に編集された『ペリ・プシュケース（すなわち『霊魂論』)』（*Suppl. Arist.* II, 1, p.1-100）と「デ・アニマ・リベル・アルテル（霊魂論別書)」を混同してはならない。後者は「マンティッサ（霊魂論補遺)」とも呼ばれている論考集（Bruns *ibid.*, p.101-186）で、とくに第一論考に『ペリ・プシュケース』の要約をふくみ（Bruns p.101, 1-106, 17)、第二論考（Bruns, p.106, 18-113, 24）に有名な論文「ペリ・ヌー」(「知性論」）をふくんでいる。

(19) アフロディシアスのアレクサンドロスはアラビア語で保存されている摂理に関する或る論考の著者でもある。Cf. H.-J. Ruland, *Die arabischen Fassungen zweier Schriften des Alexander von Aphrodisias*: « Über die Vorsehung » *und* « Über das *liberum arbitrium* » diss., Saarbrücken, 1976, p.92. この論考に関しては P. Thillet, « Un traité inconnu d'Alexandre d'Aphrodise sur la Providence en version arabe », in *L'Homme et son destin d'après les penseurs du Moyen Âge*. Actes du Ier Congrès international de philosophie médiévale, Louvain, 1960, p.313-324（とくに p.321）を参照せよ。

(20) P. Thillet, «*Introduction », *in* Alexandre d'Aphrodise, *De fato ad imperatores*, version de Guillaume de Moerbeke ; édition critique avec introduction et index（Études de philosophie médiévale, 51), Paris, Vrin, 1963, p.27. わたしたちは P. ティエが『運命論』に付した序論と区別するために、かれが『皇帝に捧げる運命論』に付した序論に＊記号を付ける。

(21) 当然、こうした物理的問題には実践的・倫理的帰結がともなう。O. アムランが『運命論』（édité par M. Conche, Villiers-sur-Mer, Éd. de Mégare, 1978, p.12）に関しておこなった有名な講義のなかで述べているように、「アレクサンドロス寄りのペリパトス派から見れば、運命の問題は、責任がどうなるのかという点から道徳とかかわり、同時に、この世界のすべては必然的であるのか否かという問題であるゆえに自然学とかかわり、さらに、未来に関するふたつの命題のうち一方が決定的に真であり他方が偽であるのか否かを問う問題が矛盾排除律の意味と射程をも巻き込むゆえに論理学ともかかわりを持つ。そして最終的には、わたしたちの行為の偶然性はおそらく神による予見と摂理を制限することになるゆえに第一哲学ともかかわりを持つ。」アレクサンドロスはこれらすべてつの事実である。別の事実もある。それはキケロがアルベルトゥスの『運命論』のなかに登場しない、それも、明示された典拠としても、明示されていないが編集者が探しあてた典拠としても登場しないということである。P. シモンが作成した典拠資料 *Alberti Magni Opera omnia*, tomus XVII, pars I, Münster/W., 1975, p.104（アルベルトゥス本人が明示した典拠), p.105-106（編集者が探しあてた典拠）を参照せよ。

(17) アプレイウスの（「折衷的」ではない）「混合的」プラトン主義は、アルベルトゥスの古代哲学史観の類型的な、わたしたちからすると常識はずれの、方向性を説明するのに十分な特徴を備えている。J. M. フラマンが折よく指摘してくれたように、こうしたプラトン主義は「アリストテレスやストア学派から借りてきた学説をきわめて奔放に使用し、無邪気にもストア学派をプラトン主義の一分枝と考え、アリストテレスをプラトン主義者と考えている」（傍点引用者）。詳しいことは J.-M. Flamand, « Apulée de Madaure », *in* R. Goulet (éd.), *Dictionnaire des philosophes antiques*, t. I, Paris, Éd. du CNRS, 1989, p.298-317 を参照されたい。とにかく、古代諸学派が活動した年代を――その相対的先後関係すら――まったく知らないアルベルトゥスにとって、プラトン主義がストア学派の一分枝になりうるということにも驚かずにいただきたい。アプレイウスの『デ・ムンド（宇宙論）』（これには L. Minio-Paluello が *Aristoteles Latinus*, XI, 1-2, Paris-Bruges, 1965, p.114-133に収録している版がある）は『ペリ・コスム（宇宙論）』(éd.W.L. Lorimer, Aristotelis qui fertur libellus De mundo, Paris, 1933; G. Reale, *Aristotele, Trattato sul cosmo, per Alessandro*, traduzione con testo greco a fronte, introduzione, commento e indici, Naples, 1974. 後者は『ペリ・コスム』がアリストテレス直筆であることを強力に弁護している）の補足的翻訳である。アプレイウスの補足はギリシャ語原典とのあいだに無視できない、いくつかの「ねじれ」を引きおこしており、（アリストテレスの思考とは無縁な）デモノロジー――守護霊研究――がかなりの紙幅を割いていることがそのもっとも目につく表れである。存在の四つの等級からなる位階的宇宙を「アリストテレスが」認証した形跡をアルベルトゥスが発見しえたのは、かれがラテン語で読むことのできた『デ・ムンド』においてである。四つの等級とは、至上の神、天界の神がみ、地上の守護霊（ダイモン）、地上の生物である。アプレイウスの『アポロギア』は別名を『魔術についての自己弁明』あるいはたんに『魔術について』と言い、魔術を理由にかれに対して起こされた訴訟にさいして陳述された自己弁明である。アルベルトゥスは表立った引用から示唆される以上にこの書物を活用しているが、そのことは、この書物に集められた魔術に関する参考資料の質が高く、また同時に、そのいくつものくだりが哲学的な様相を呈していることから説明がつく。そうしたくだりを読むと、実際、真の哲学者は、同時に、魔術師でなければならないという印象を受ける。それが『アポロギア』の著者の主張であったように思えるのであって、アルベルトゥスはそこに、のちにジェルソンが非難する「忌まわしい慣行」の擁護を見出しえたことは疑いがない。この重要な文献については P. Vallette, *L'Apologia d'Apulée* を参照せよ。ヴァレットはアプレイウスのフランス語版―― *Apulée. Apologie, Florides* ; texte établi et traduit par P. Vallette (CUF), Paris, Les Belles Lettres, 1924 を参照せよ――の編集・翻訳もおこなっているが、そののち G. Augello, *L'Apologia o la magia. Florida, di Lucia Apleio* (Classici Latini), Turin, 1984 が出版されると、編集に関しても翻訳に関しても、いまでは影が薄くなっている（イタリア語訳の方に生彩がある）。J. Beaujeu, *Apulée. Opuscules philosophiques et fragments* (CUF), Paris, Les Belles Let-

クラテスの神について』『アスクレピオス』『プラトンの教説について』ならびに『宇宙論』と『運命論』がふくまれている。しかし *Asclepius*, éd. A. D. Nock, A. J. Festugière, *Corpus hermeticum, t. II*（CUF）, Paris, Les Belles Lettres, 1946, p.257-355 を参照することも可能である。難解な個所が散見されるこの著作集を分析するには、基本的には S. Gersh, *Middle Platonism and Neoplatonism. The Latin Tradition, t. I*（Publications in Medieval Studies, 23）, Notre-Dame（Indiana）, 1986, p.329-387 を参照されたい。あわせて Cl. Moreschini, *Dall'Asclepius al Crater Hermetis. Studi sull'ermetismo latino tardo-antico e rinascimentale*（Bibliotheca di studi antichi, 47）, Pise 1985, p.69-119（分析）および p.121-201（原典とイタリア語訳）も参照されたい。

（11）ストゥルレーゼは前注（３）で引用した論文「聖人と魔術師―ヘルメス・トリスメギストスに対峙するアルベルトゥス・マグヌス」p.629でアルベルトゥスが「ヘルメスの人間学の逆説的様相を承認していた」証拠としてこの一節を引用している。人間は二重である。第一に、人間は「宗教的鍛錬によって浄化され、天界を志向する」。第二に人間は「自分の星座から夜の力を得て、ミミズの体液に漬け込んだ西洋わさびを剣に塗って、驚異をおこなう」。こうした人間観はたしかに刺激的である。しかしヘルメスの人間学の逆説的様相は、まずもって、アルベルトゥスが研究したヘルメス資料体系の混交性に由来すると言った方が正鵠を得ているように思える。すなわちアプレイウスおよび偽アプレイウスのヘルメスは、アラブの錬金術文書につきまとうヘルメスと、かならずしもすべてを共有するわけではないということである。そのうえアルベルトゥスにはアプレイウスの真作とアプレイウス偽書を区別することが現実問題として不可能だったことを考えれば、アルベルトゥスの解釈作業が最初から必然的に両義性と緊張を運命づけられていることは理解できる。

（12）Albert le Grand, *Meteora*, IV, 2, 9; éd. Borgnet, 4, p.761A-B. R. Halleux, « Albert le Grand et l'alchimie », *Revue des sciences philosophiques et théologiques*, 66（1982）, p.64, n.61 によるとこの技法は多種多様な秘訣本に記述されている。たとえばパリ国立図書館ラテン語写本 7105f°148r, 7162f°142v, 7162f°151r。アルベルトゥスは大読書家だった。おそらくそのなかから問題の技法を読みとったのだろう（鍛治屋 *ingeniatores* や兵士 *milites* への言及もそれで説明がつく）。

（13）Cf. R. Halleux, « Albert le Grand et l'alchimie », *op. cit.*, p.64.

（14）Cf. J. Hackett, « The Attitude of Roger Bacon to the *Scientia* of Albertus Magnus », *in* J. A. Weisheipl（éd.）, *Albertus Magnus and the Sciences*. Commemorative Essays（Studies and Texts, 49）, Toronto, 1980 p.53-72. アルベルトゥスを貶《おとし》めるベーコンのたわごとは別にしても、多くの情報源がむかしから両者の比較を促している。ここではブデウスに言及するにとどめておく。かれは1731年にこのふたりをスコラ学者の幸福な例外としている。なぜならかれらは「同時代人ヨリモ秘薬ノ本性ニ通ヂ、其レニ拠ツテ長生キスル事ヲ守護霊ニ許サレタカニ見エル」からである。Cf. J.-F. Buddeus, *Compendium historiae philosophiae*, Halle, 1731, p.361. 同じような評価は L. Reinhard, *Compendium historiae philosophiae*, Leipzig, 1725, p.135 にも見られる。

（15）アリストテレス『気象学』第１巻第14章352a28 : « ὅτι γίνεται διὰ χρόνων εἱμαρμένων »（「定メラレタ時ヲ経テ生マレルガ故ニ」）を参照せよ。

（16）かれはキケロを読むことができた、という反論があるかもしれない。そのことはひと

quia modicum habes intellectum respectu philosophorum qui fuerunt et sunt sapientes mundi, ut possis intelligere sermones eorum. »

（72） Cf. R.-A. Gauthier, « Notes sur Siger de Brabant（fin）. II... », p.19, n.30.

（73） *Ibid.*, P.33, 86, et p.29, 15-17.

（74） Albert le Grand, *Physica*, VIII, 1, 13, p.552b-553a.

第三章

（1） Albert le Grand, *De anima*, 1, 2, 6; éd. Stroick, p.32, 25-31.

（2） Ulrich de Strasbourg, *De summo bono*, IV, 3, 9, mss Vat. lat. 1311, f.120vb-121ra; Saint-Omer 152, f.125vb; Erlangen 619, f.356v（le ms. Vat. lat. 1311 omet *quondam*）.

（3） Cf. L. Sturlese, « Saints et magiciens: Albert le Grand en face d'Hermès Trismégiste », *Archives de philosophie*, 43（1980）, p.622（p.615-634, pour ensemble de l'article）.

（4）『知性と叡智的なものについて』を引用しているストゥルレーゼ前掲論文 p.625を参照せよ。ストゥルレーゼによると、この画期的な著作で、はじめて、すべてのヘルメス文書を「包括的解釈のうちに統一しうる命題が提示され」、その意味で「ヘルメス問題は解決に向けて決定的なかじを切る」。その命題とは人間を「神ト世界トノ紐帯」と定義する命題であって、ヘルメスの学理を「取得知性というアラブの問題設定」に統合する命題である。ストゥルレーゼが念頭に置いている決定的な一節はつぎのとおり。「他方、神ノ単純デ第一ノ知性ニ結バレル者ハ、ホメロスガ“死スベキ人ノ子トハ見エヅ、神ノ子ト見エルデアロウ”ト語ツタ程ニ神的デ、知ト力ニ於イテ最上デアル。ソシテ、ヘルメス・トリスメギストスハ、『神々ノ神ノ本性』ト題サレタ書物デ、人間ハ、其ノ種ノ知性［即チ同化知性］ニ拠ツテ神ニ結バレル故ニ、神ト世界トノ紐帯デアル、ト語ツテ居ル」（*De intellectu*, II, 3, 9; d'après *Asclepius*, 29, éd. cit., p.336）。わたしたち自身の解釈の中心をなすこの問題は、当然、あとで再検討されることになるだろう。

（5） Cf. L. Sturlese, *ibid.*, p.628.

（6） Cf. Anonyme, *De VI rerum principiis*, éd. T. Silverstein, *AHDLMA*, 22（1958）, p.284 *sq*. この書物をアルベルトゥスがポワティエのギルベルトゥスに帰している『六原理の書 *Liber de VI principiis*』と混同すべきでない。後者は論理学関係の著作で、これを補足した注釈書が『六原理について *De sex principiis*』（éd. Borgnet, t. 1, p.305-372）である。

（7）アルベルトゥスにおける「ヘルメス主義的」モチーフの重要性を見るためには、宝石や薬草についての認識が魔術師にもたらす驚異 *mirabilia* とか能力とかを論じた『鉱物学』第２巻第２章10節のつぎのくだりを引用しておけば十分だろう。「［…］何故トナレバ［…］驚異ガ天界ノ力ニ帰セラレルベキデアルト云ウ事ニ微塵ノ疑イモ無イカラデアル。ヘルメスハ、其ウシタ驚異ヲ引キ起コス力ガ、宝石ヤ、薬草ノ中ニスラ在ルト語ツテ居ル。其ノ力ガ正シク認識サレレバ、魔術知ニ拠ツテ為サレル事ハ何デアツテモ、同ヂ力ニ拠ツテ自然的ニモ為サレ得ルノデアル。」

（8） L. Sturlese, « Saints et magiciens... », p.633.

（9） Cf. L. Sturlese, *ibid.*, p.631.

（10）偽アプレイウス著作集には複数の版が存在する。ここでは *Ps.-Apulei Asclepius*, éd. P. Thomas, in *Apulei Platonici Madaurensis opera quae supersunt. III. De philosophia libri recensuit Paulus Thomas*, Stuttgart, 1970（3e éd.［1re éd., 1908］）から引用する。この版には『ソ

duction critique. Avec en appendice un texte inédit de Siger de Brabant, *Super VI° Metaphysicae*, Budapest, 1954 を参照せよ。

(56) こうした区別の意味については A. de Libera, « Psychologie philosophique et théologie de l'intellect... », p.382-383 を、とくに p.382, n.6 と 383, n.11 を参照せよ。

(57)『ヘブル人への手紙』1章11節。

(58) J. Beauffret, « Notes sur Descartes. La mutation de la vérité en certitude », in *Leçon de philosophie (1)*, édition établie par Ph. Fouillon (Traces écrites), Paris, Éd. du Seuil, 1998, p.151.

(59) Cf. F. Van Steenberghen, *Maître Siger de Brabant*, Louvain-Paris, 1977, p.247.

(60) Cf. F.-X. Putallaz, R. Imbach, *Profession philosophe. Siger de Brabant*, Paris, Éd. du Cerf, 1997, p.126.

(61) F.-X. Putallaz, R. Imbach, *op. cit.*, p.111.

(62) 1270年12月10日の、第1回目のパリ異端説断罪については F.-X. Putallaz, R. Imbach, *op. cit.*, p.58-62 を参照せよ。1270年代の危機以後の自己検閲と知的自由の問題に関しては O. Pluta, « Persecution and the Art of Writing. The Parisian Statute of April 1, 1272, and Its Philosophical Consequences », *in* P. J. J. M. Bakker (éd.), *Chemins de la pensée médiévale. Études offertes à Zénon Kaluza*, Turnhout, Brepols (FIDEM, Textes et Études du Moyen Âge, 20), 2002, p.565-585 を参照せよ。

(63) Cf. Siger de Brabant, *Quaestiones in Metaphysicam*, VI, 1, éd. W. Dunphy, *Siger de Brabant, « Quaestiones in Metaphysicam ». Édition revue de la reportation de Munich. Textes inédit de la reportation de Vienne* (Philosophes médiévaux, 24), Louvain-la-Neuve, Éd. de l'Institut supérieur de philosophie, 1981, p.360, 23-26.

(64) Siger de Brabant, *Quaestiones in Metaphysicam*, VI, 1, éd. W. Dunphy, p.361, 89-90.

(65) わたしはこの「破壊的」という表現を F.-X. Putallaz, R. Imbach, *op. cit.*, p.136 から借りている。ピュタラズとインバッハは「最悪ノ遣リ方デ処理シヨウト欲スル人々」に対するシゲルスの弾劾の意味を尋ねる文脈でこの言葉を使っている。

(66) Cf. Statut du 1er avril 1272, trad. F.-X. Putallaz, R. Imbach, *op. cit.*, p.130.

(67) Cf. L. Bianchi, *L'Errore di Aristotele. La polemica contro l'eternità del mondo nel XIII secolo* (Pubblicazioni della Facoltà di lettere e filosofia dell'Università di Milano, 104), Florence, La Nuova Italia Editrice, 1984, p.65.

(68) Berthold de Moorsburg, *Commentaire des Éléments de théologie de Proclus. Préambule du Livre*, trad. A. de Libera, *in* R. Imbach, M.-H. Méléard (éd.), *Philosophes médiévaux..., op. cit.*, p.347 sq.

(69) この点に関しては A. de Libera, « Philosophie et théologie chez Albert le Grand et dans l'École dominicaine allemande », in *Die Kölner Universität im Mittelalter* (Miscellanea Mediaevalia, 20), Berlin-New York, Walter De Gruyter, 1989, p.49-67 を参照せよ。

(70) このテクストに関しては R. Imbach, F.-X. Putallaz, *Profession philosophe*, p.92 を参照せよ。

(71) Boèce de Dacie, *De aeternitate mundi*, éd. N. J. Green-Pedersen (*CPDMA*, VI/2), Hauniae, 1976, p.365, 828-832 : « Ideo non est contradictio inter fidem et philosophum. Quare ergo murmuras contra philosophum, cum idem secum concedis ? Nec credas quod philosophus qui vitam suam posuit in studio sapientiae, contradixit veritati fidei catholicae in aliquo, sed magis studeas,

Renaissance, vol. 2), Leyde-New York-Cologne, Brill, 1993, p.40-41, n.11 にも引用されている。

(49) アルベルトゥスにとって、哲学を知らないことと、おのれ自身を知らないことは、つまるところ同じである。なぜならイサアク・イスラエリも言うように、「おのれ自身を知ることはすべてを知ること」だからである。

(50) この点についてはトマス・アクィナス『アヴェロエス主義者の知性単一説を駁す』（以下、『駁論』と略記）74および87節と比較せよ。

(51) トマス・アクィナス『駁論』77節を参照せよ。

(52) この点についてはトマス・アクィナス『駁論』12節を参照せよ。そこでトマスはアリストテレス『霊魂論』第２巻第３章414b18-19の記述「[…] ほかのもの、たとえば人間、および、そのようなものが存在するとして、人間と同等もしくは人間よりすぐれた本性のあらゆる生物は論証的推論と知的直観の能力を有している（Tricot, p.82)」に従っている。

(53) このテクストに関しては Boèce de Dacie, *De aeternitate mundi, De summo bono, De somniis*, éd. N. J. Green-Pedersen, *Corpus Philosophorum Danicorum Medii Aevi*, VI/2, Hauniae (Copenhague), 1976 を参照せよ。

(54) リールのアラヌスのこの格率は Boèce de Dacie, *De aeternitate*…, p.351-351 の「いかなる学者も自分の学知の諸原理から出発することなく何であれ議論することも容認することも否定することもできない」(p.347, 335-348, 336 « nullus artifex potest aliquid causare, concedere vel negare nisi ex principiis suae scientiae »）という文言のうちで「自明の」命題として言表され、そののちいくつもの表現に改変されて多元論を定義するようになり、最終的には、つぎの各文言に表れているような「認識論的相対主義」——L. ビアンキのどんぴしゃりの表現である——に行きつく。「どんな学者［人文学者］であれいかなる真理をも考察できるというわけではない」(p.351, 419-420 « non enim quilibet artifex considerare potest quamlibet veritatem »）し「自然学者は自分の諸原理からは議論も認識もできないが、自分の諸原理には対立せず、自分の諸原理を破壊しない真理を否定してはならない［否定する理由はない］」(p.351, 438-441 « veritates quas naturalis non potest causare ex suis principiis nec scire, quae tamen non contrariantur suis principiis, nec destruunt suam scientiam, negare non debet »）が、とはいえ「自分の諸原理から議論も認識もできないが、自分の諸原理と対立しそれを破壊する真理を、自然学者は否定しなければならない。なぜなら、かれは自分の諸原理と合致するものを容認しなければならないのと同様に、それと対立するものを排斥しなければならないからである」(p.351, 445-352, 448 « Veritatem tamen illam quam ex suis principiis causare non potest nec scire, quae tamen contrariatur suis principiis et destruit suam scientiam, negare debet, quia sicut consequens ex principiis est concedendum, sic repugnans est negandum »)。

(55) 1277年にエティエンヌ・タンピエの謬説表に入れられたボエティウスの命題はこれとはまったく異なっている。タンピエが謬説表に入れた命題191（『パリ大学記録集』による。イセット編集の謬説表によると第70条）は、つぎのようになっている。「哲学者は、かれ［すなわち哲学者］が自然的原因に依拠するかぎりで、世界の創造を絶対的に否定すべきである。信仰者は、かれ［すなわち信仰者］が超自然的原因に依拠するかぎりで、世界の永遠性を否定することができる。」この点については R. Hissette, *Enquête…, op. cit.*, p.284-285 を参照せよ。ボエティウスにおける世界の永遠性については G. Sajo, *Un traité récemment découvert de Boèce de Dacie, De aeternitate mundi*. Texte inédit avec une intro-

因と過程について』第１巻第４章１節（Fauser, p.43, 15）で「発出」の知見を最古かつ最初期のペリパトス派に帰しているのはこの意味においてである。

(44) 1277年の断罪の原典は R. Hissette, *Enquête sur les 219 articles condamnés à Paris le 7 mars 1277*（Philosophe médiévaux 22）, Louvain-Paris, Publications universitaires-Vander-Oyez, 1977 のなかで編集され注釈されている。レッシーヌのアエギディウスの『質問表』との対応はつぎのとおりである。質問表命題１＝謬説表第32条、（以下同様に）2=14、3=159、4=162、5=187、6=9、7=116、8=19、9=134、10=42、11=3、12=195、13=25。1277年の断罪の全般的な歴史・哲学的解釈に関してはつぎの基本的文献を参照せよ。L. Bianchi, *Il vescovo e i filosofi. La condanna parigina del 1277 e l'evoluzione dell'aristotelismo scolastico*（Quodlibet, 6）, Bergamo, Lubrina, 1990.

(45) Cf. Albert le Grand, *De XV problematibus*; éd. Geyer, p.31, 5-7: « [...] articulos, quos proponunt in scolis magistri parisienses, qui in philosophia maiores reputantur. » パリの教師たちの「哲学的名声」という表現は、当時を考えた場合、たんなる外交辞令ではない。この観点からアエギディウスの『質問表』を、マンフレートがパリの教師たちに宛てた書簡と比較対照する必要がある。その書簡のなかで、このフリートリヒ２世の庶子は、とてもお世辞とは思えない調子で、「哲学教育のカドリージュ（＝四頭立て二輪戦車、転じて、教壇）に君臨する博士たち」と「前途洋々たる哲学徒」が「古代の哲学者たちを言葉の力で蘇らせ、また、教え教えられることで、その昔日の栄光をこんにちに伝えている」と称えている。マンフレートの手紙（長いあいだフリートリヒ本人のものと思われていた）については R.-A. Gauthier, « Notes sur les débuts（1225-1240）du premier "averroïsme"», *Revue des sciences philosophiques et théologiques*, 66（1982）, p.322-330（ここには考証を経たマンフレートの手紙が引用されている）を参照せよ。

(46) Cf. Albert le Grand, *De XV problematibus* 1; éd. Geyer, p.34, 53-57: « Non ergo tantum secundum theologos falsum est, quod dicunt, sed etiam secundum philosophiam; sed causa dicti est ignorantia philosophorum, quia multi parisienses non philosophiam, sed sophismata sunt secuti. »

(47) トゥルネのステファヌスは、知られているように、パリの教師たちが「蜘蛛の巣で蝿を捕まえるように、詭弁によって戯言《ざれごと》を捕まる」（« muscas inanium verbulorum sophismatibus suis tanquam areneorum tendiculis includunt »）ことにうつつを抜かしていると非難していた。この点に関しては A. Mandonnet, *Siger de Brabant et l'averroïsme latin*, I, Louvain, 1911, p.123 を参照せよ。

(48) Cf. Roger Bacon, *De erroribus medicorum*（*Opera hactenus inedita*, IX）, Oxford, 1928, p.154（「３番目の欠陥は医者の大多数が際限のない問題と効用のない論拠を議論することに汲きゅうとし、本来あってしかるべき経験の声に耳を傾ける余裕がないということである "Tertius defectus est quod vulgus medicorum dat se disputationibus questionum infinitarum et argumentorum inutilium, et non vacat experientie ut oportet"。30年以上まえ、かれらは経験だけが確実性をもたらすとして、その声に耳を傾けていた。しかしこんにち、詭弁的な論法と論駁の技術が向上するにつれ、本筋とは関係のない問題を無限に増やし、弁証的で詭弁的な論拠を無限の無限倍も増やして、自分がそのなかに飲み込まれ、その結果、休むまもなく探究を続けているわりには真理にだけは行きつかない」). この個所は B. Lawn, *The Rise and Decline of the Scholastic « Quaestio Disputata », with special emphasis on its use in the teaching of medicine and science*（Education and Society in the Middle Ages and

sur la Metaphysique, q. 7 ; éd. D. Dunphy（Philosophie médiévaux, 24）, Louvain-la-Neuve, Éd. de l'Institut supérieur de philosophie, 1981, p.47, 5-48, 30 を参照せよ。とくに「[…] かれ（=“トマス修道士”）が“第一者の手前にあるすべては第一者の単純性から離れなければならない”と述べるとき、わたしは、かれがその命題をどこで着想したのか分からない。わたしがしかと見出していることは、それとは異なっており、第一者の手前にあるすべては可能態に近づくにつれて第一者から離れ、多様化するということである。そしてその原因は、何ひとつとして第一者がそうであるような純粋現実態ではない、ということである。[…] さらに、かりに、トマス修道士のこの命題が真であり、質料と形相から合成されていない事物が存在するとしても、そうした事物が本質と存在から合成されているという結論は出てこない。これを結論づけることは「後件肯定の虚偽」となるだろう。実際は、単純性から離れるもうひとつの別のやりかた、たとえば思考の働きそれ自身によるやりかたがある。というのも第一者以外のすべては自分自身とは異なる或る[叡智的]形式を介して思考するからである」という文言を参照せよ。ここに引用したシゲルス『形而上学問題集』にはC. A. グレフが編集した版があり、そちらにはシゲルスの反トマス主義がもっと鮮明に出ている。Cf. Siger de Brabant, *Questions sur la Metaphysique*, q. 7; éd. C. A. Graiff（Philosophie médiévaux, 1）, Louvain, 1948, p.21, 60-65. この版では、さきに引用したのと同じ一節がつぎのようになっている。「原因から生じたすべての存在者が第一者の単純性から離れるにしても、だからといってそうした存在者のうちに存在と本質の実在的合成があることにはならない。というのもすべての事物はそうした存在者の現実態から離れ可能態に近づくことによって第一者から離れるからである。したがって存在者の種類が多様化するのは第一者からの遠去かりによるのであり、最初の統一をどの程度まで分有するかによるのである。」『質問表』に対する回答のなかでアルベルトゥスはこうしたトマス－シゲルス資料の存在についてわずかでも知っている気配はない。それどころか、存在者は、それを第一者から隔てる距離によって差異化するという観念は、明白にアルベルトゥスに由来する。シゲルスの「アヴェロエス主義」の逆説のひとつは、トマス・アクィナスに反論するための材料をしばしばアルベルトゥスから汲みとっているということである。構成的「距離」という主題に関しては、それがいずれにせよアルベルトゥスに由来し、さらにはアルベルトゥスを介してディオニュシオスの『神名論』第５章６節 PG 3, 820B および第９章７節 PG 3, 916A に由来することは明らかである。アルベルトゥスはそれを公理化し、その起源を、或るときはディオニュシオスに、或るときは「古代哲学者」に、或るときはペリパトス派に求めている。この点については『宇宙の諸原因と過程について』第１巻第１章10節（éd. Fauser, p.22, 10-12）の「第一者に由来するものは第一者との距離によって差異を受けとる」という一句を参照せよ。同書第２巻第１章15節（Fauser, p.78, 49-62）でアルベルトゥスは古代哲学者が「距離」を霊魂の構成的原因と考えたことに注意を喚起している。この案件で、かれは位階的流出がアラブ人とギリシャ人の共有財産であり、アラブ人が影響 *influentia* と呼ぶものをギリシャ人が発出 *processio* と呼んでいることを強調する――これはペリパトス主義についてのアルベルトゥスの理解を決定づけるアラブ－ギリシャ協定であり、両者を分ける歴史的・文化的隔たりにもかかわらず、誕生期のドイツ哲学を『アリストテレスの神学』（『原因論』がアリストテレス直筆と信じられていたときの書名）という星雲的宇宙のなかに根づかせることになる協定である。アルベルトゥスが『宇宙の諸原

(37) Cf. Roger Bacon, *Communium naturalium libri*, I, 3, 6, in *Opera haectenus inedita Rogeri Baconi*, III, Oxford, Clarendon-Londres, Milford, 1940, p.161（「他面、私達キリスト教哲学者ハ異教徒ヨリモ高貴足リ得ルノデアリ、其レ故、私達ノ迷イノ原因デアル虚偽ヲ排斥スル事ニ拠ツテ哲学ヲ昇華シ支援スル事ガ出来ルノデアル」）.

(38) Cf. F. Van Steenberghen, *La Philosophie au XIIIe siècle, op. cit.*, p.291.

(39) *Ibid.*, p.294.

(40) *Ibid.*, p.299.

(41) Cf. Grabmann, « Der Einflus Alberts des Grosen auf das mittelalterliche Geistesleben », in *Mittelalterliches Geistleben. Abhandlungen zur Geschichte der Scholastik und Mystik*, II, Munich, Max Hueber Verlag, 1936, p.362（ちなみにこの個所はシュトラスブルクのウルリクスが果たしたと想定される役割をつぎのように強調している。「アルベルトゥスの愛弟子であり、師よりも先に没したドミニコ会管区長シュトラスブルクのウルリクスは、かれの記念碑的な『神学大全』のなかでアルベルトゥスに起源を持つドイツ新プラトン主義のもっとも偉大かつ完成された作品を創造した」）. グラープマンの示唆はウルリクスの『神学大全』をあいだにはさんでマイスター（師匠）・アルベルトゥスとマイスター・エックハルトとを「新プラトン主義」という足跡で結びつける研究を方向づけるうえで大いに貢献したが、それは足跡のたどりかたをまちがっている。同じ誤診はフライベルクのディートリヒにもくだされている。新プラトン主義「というもの」——かりにそれに「ドイツの」が付いていても——はアルベルトゥス・マグヌスの思想を定義しその遺産を明確化するのに役立つカテゴリーではない。グラープマンの前掲書 p.362-363にあるつぎの一節も、逆の意味で、参考にされたい。「『神学大全』の出版はアルベルトゥスの哲学および神学についてのわたしたちの理解を本質的に深め、同時に神秘家マイスター・エックハルトの、いまだなおベールに包まれている新プラトン主義的な根本的特徴を多くの点で明るみに引きだすだろう。さらに、このエックハルトと同時代だったのがフライベルクのディートリヒであって、アルベルトゥスの新プラトン主義的な本性と自然科学的な傾向は、パリ大学の教授であったかれのうちに、とびきり個性豊かな継承者を見出した。」

(42) Cf. H. Denifle et É. Châtelain, *Chartularium Universitatis Parisiensis*, Paris, Delalain, 1889, t. I, n° 432, p.486-487.

(43) 読者はつぎのことに注意されたい。レッシーヌのアエギディウスの『質問表』の命題のなかでタンピエの謬説表に引きつがれていないふたつの命題のうち一方——すなわち命題14「聖墓に横たわっているキリストの身体と十字架上で呻吟するキリストの身体が数的に同じ身体ではない、もしくはそうではなかったというのは、絶対的な意味でそうなのではなく、たんに、或る意味でそうだというにすぎない」——は純粋に神学的であるのに対し、もう一方——すなわち命題15「天使の単純性と霊魂のそれとが絶対的単純性ではないとしても、それは、それらが合成されているからではなく、たんに絶対的に単純な第一原因から流出したものであるからにすぎない」——はブラバントのシゲルスが唱える命題であるが、しかし、かれがそれを唱えるのは、あろうことか、タンピエによる1270年の断罪より少なくとも１年以上あとのことである。しかもシゲルスがその命題を表明するのは、天使や霊魂における存在と本質との実在的合成を主張するトマス理論におおっぴらに反対してのことである。この点に関しては Siger de Brabant, *Questions*

がいるが、いずれにせよかれらにとって霊魂は「身体によって所有され生命的・心的活動の実行を可能にする諸能力の総体」である。かくして霊魂は、形相と見られるかぎりでは、「身体もしくは有機体の配置の固有性」である。「実体主義」の徹底版は、その信奉者にとっても敵対者にとっても「デカルト的二元論」であって、霊魂を「身体からは全面的に独立する事物」とする。徹底的「実体論」は最近の文献のなかにはめったに登場しない。むしろ、「実体主義」のもっとも人気のある普及版はD. ウィギンズの「構成主義」であり、それによると霊魂は「身体に全面的に依存する」「事物」あるいは「実体的存在」である。アルベルトゥスの立場は、先－デカルト的であって、アリストテレスのふたつの標準的解釈のいずれとも合致はしないが、ある観点から見ると、「実体主義」のもっとも進化した表現（「構成主義」）に似ていないことはない。

（30）*Anonymi Magistri artium Philosophica disciplina*, éd. Cl. Lafleur, in *Quatre Introductions..., op. cit.*, p.264, 139-147.

（31）Thomas d'Aquin, *Sentencia libri de sensu et sensato cuius secundus tractatus est De memoria et reminiscentia, Prohemium*, cura et studio fratrum praedicatorum（*Opera omni*a, iussu Leonis XIII P. M. edita, XLV, 2）, Rome, Commissio Leonina-Paris, Vrin, 1985, p.5, 68-79.

（32）Z. カルザが明らかにしたように、プロイセンのペトルスはヨーゼフ・ケールヘフの尽力で1483年に（まさに）ケルンで公刊された『ジェルソン全集』の初版か、1473年にエスリンクで刊行され、そののち再び別の版が1474年にケルンで刊行された『聖母賛美歌論集』を参照することができた。この点に関してはZ. Kaluza, p.175, n.15を参照せよ。当然、プロイセンのペトルスは、肝腎のこと、すなわちジェルソンの著作の多くのくだりにはっきりと現れている「キリスト教徒の責務の欠落」に対する非難については口をつぐんでいる。そうした非難は、とくに、『聖母賛美歌論集』VII, G8, p.295の、Z. カルザが無視したつぎの文言に現れている。「此ノ事ハアヴィセンナヤアヴェロエスヤプラトン主義者達カラ言ワレ、又、アルベルトゥスガ『霊魂論注解』及ビ『知性ト叡智的ナ物ニ就イテ』デ祖述シタ其レ以外ノ人々カラモ言ワレテ居ルガ、彼ラハ多クノ点デ信仰ノ責務ニ背馳シテ居ル。」ともあれ、カルザの所見では、ジェルソンにとってふたつの陣営が存在することを疑う余地はない。一方にはサン－ヴィクトルのフゴとリカルドゥス、ボエティウス、アウグスティヌス、ボナヴェントゥラがおり、他方にはアルベルトゥスとアラブ哲学者がいる（cf. Z. Kaluza, *op. cit.*, p.178, n.20）。祖述 *recitatio* という便法をもってしても、真の信仰の敵との内通罪から、ひとりの編纂家ですら赦免するのに十分ではないのである。

（33）Cf. Pierre de Prusse, *B. Alberti doctoris magni De adhaerendo deo libellus, Accedit eius Alberti Vita*, Antverpiae, 1621, p.111-112.

（34）Denys le Chartreux, *In I Sent.*, d.37, 4, in *Opera omnia*, t. XX, Tornaci, Typis s. Mariae de Pratis, 1896, p.468-469. この個所にL. ビアンキはL. Bianchi, E. Randi, *Vérités dissonantes. Aristote à la fin du Moyen Âge*（Vestigia, 11）, Paris-Fribourg, Éd.du Cerf-Éd.universitaires de Fribourg, 1993, p.46-50で注釈を付している（とくにp.49にディオニュシウスの原文のCl. ポティエによる訳がある。本書では少し修正して訳してある）。

（35）L. Bianchi, E. Randi, *Verites dissonantes..., op. cit.*, p.48.

（36）F. Van Steenberghen, *La Philosophie au XIIIe siècle*（Philosophes médiévaux, 9）, Louvain, Publications universitaires-Paris, Béatrice-Nauwelaerts, 1996, p.290-291.

借りてきたと思われる］普遍的なものが特殊的なものに先んじることを主張する原理を介入させる。『霊魂論』で論じられている題材は普遍的事物であって、それゆえ『霊魂論』は特殊的事物を論じる『自然学小論集』のまえに置かれる。したがって生物学諸論述の順序はつぎのとおりである。すなわち最初が『植物学』、２番目が『動物学』、３番目が『霊魂論』、最後が『自然学小論集』である。

(25) Pierre d'Espagne, *Sententia cum quaestionibus libri De anima*, in *Pedro Hispano. Obras filosóficas II*, éd. Alonso, p.178. この個所は R.-A. Gauthier, « Note sur Siger de Brabant (fin). II... », p.12 に引用されている。

(26) Cf. *Anonymi Magistri artium, Compemdium examinatorium Parisiense cod. Ripoll. 109*, « Philosophia naturalis », A-B, §59-72, éd. Cl. Lafleur, J. Carrier, in *Le « Guide de l'étudiant » d'un maître anonyme de la faculté des arts de Paris au XIIIe siècle* (Publications du Laboratoire de philosophie ancienne et médiévale de la faculté de philosophie de l'université Laval, 1), faculté de philosophie, Université Laval, Québec, 1992, p.47-50.『パリ大学試験官必携』の図式がアルベルトゥスの大雑把な区分にかなりよく対応していることは一見して明らかである。ところが、その図式はわたしたちが「詳細な区分」と名づけた区分によって完全に乗りこえられている。「詳細な区分」が、そしてそれのみがアルベルトゥスのくわだての遠大さに見合っている。アルベルトゥスは、かれの自然的学知を最終的に形成することになる一連の補足的説明の過程でその区分をいくぶん修正する——その複合性をそこなうことなく——ようみちびかれたのであるが、その次第についてはもう少しあとで見ることにする。

(27) 実際、『霊魂論』が一連の生物学論述のなかで第一の位置を占めるべきであるという主張が強制力を持ちはじめるのは1250年ころにロバート・キルウォードビーによって書かれた『諸学の起源』あたりからである。*Robert Kilwardby, O.P., De orte scientiarum* (Auctores Britannici Medii Aevi IV), Londres, 1976, p.25, 16-21 にある、ほとんど「アルベルトゥス的」なつぎの表現を参照せよ。「トハ言エ、生物ハ其ノ本性ヲ成ス霊魂ガ認識サレナケレバ生物トシテモ十分ニ認識サレナイノデアルカラ、私ガ思ウニ、論考『霊魂論』及ビ、其ノ明証性カラ帰結スル諸著作、即チ『感覚ト可感的ナ物ニ就イテ』『睡眠ト覚醒ニ就イテ』『死ト生ニ就イテ』ガ、其処デハ［先ニ］置カレルベキデアル。」

(28) 詳しくは Lafleur, *Quatre Introductions à la philosophie au XIIIe siècle*, « Appendice III : *Philosophia naturalis, verso testis D* » (Université de Montréal. Publications de l'Institut d'études médiévales, XXII), Montréal, Institut d'études médiévales-Paris, Vrin, 1988, p.383-385 を参照せよ。

(29) わたしはここで霊魂そのものとしての霊魂（すなわちそのすべての能力——植物的・感覚的・知性的・場所移動的——に即して考察された霊魂）に一般に適用されるふたつの用語を知性および知性作用の問題に移しかえて使用している。通常、属性主義とは、アリストテレス霊魂学が霊魂を「固有性」としてあつかっているとする解釈であり、実体主義とは霊魂を「事物」としてあつかっているとする、二元論的な読解である。R. D. ヒックスによって1907年に提唱され、W. D. ロス卿（霊魂を「身体の一属性」とする定義はかれに帰せられる）によって普及された「属性主義」は J. バーンズの1971年の論文「アリストテレスの霊魂概念」でもっとも徹底的なかたちで論述された。「属性主義者」にも機能主義者（E. ハルトマン、M. C. ヌスバウム）と反機能主義者（M. バーンイート）

スティ・カレッジ写本 283, f°151vb「縮約的表現デ動ク物体ト言ワレテハ居テモ、其レハ位置ニ関シテ動ク物体デアルカ、形態ニ関シテ動ク物体デアルカノ何レカデアリ、位置ニ関シテ動ク物体ガ問題デアルトシタラ『天体宇宙論』ガ其レヲ論ヂテ居ル」)、『ランスのオーブリ学匠の哲学』(*Philosophia Magistri Aubrici Remensis*, éd. R.-A. Gauthier, « Notes sur Siger de Brabant [fin]. II. Siger en 1272-1275 ; Aubry de Reims et la scission des Normands », *Revue des sciences philosophiques et théologiques*, 68, [1984], p.47, 351-353）がある。アルベルトゥスは『天体論注解』第1巻第1章1節（éd. Hoßfeld, p.1, 12-14）で *mobile ad situm*（位置ニ関シテ動ク物）を *mobile ad ubi sive locum*（場所ニ関シテ動ク物）によって置きかえていることに注意されたい。そのことは、R.-A. ゴーティエが上掲誌 p.47, 351-353行に付した脚注によれば、当時、アラビア語起源のラテン語彙からギリシャ語起源のラテン語彙への切りかえがあったことを表している。かたや Cl. ラフルールは前掲書 p.263, 112-113行に脚注を付して *ad formam*（形態ニ関シテ）という表現が1250年代初頭に人文学者のあいだで出現することを指摘している（*ad situm* という表現は1260年代に *ad ubi* に置きかえられる)。1254年と1263年にパリで学派を率いていた人文学部の花形教師のひとりパリのニコラウスは、自著『エイサゴーゲー注解』の序言「イサアクの証言によれば」のなかで形態ニ関シテ動ク物という表現を知らずにいる。この点に関しては R.-A. Gauthier, « Note sur Siger de Brabant [fin]. II...», p.10 を参照せよ。

(18) 詳しくは Ch. H. Lohr, « The New Aristotle and "Science" in the Paris Art Faculty (1255) », *in* O. Weijers, L. Holts (éd.), *L'Enseignement des disciplines à la facultés des arts* (*Paris et Oxford, XIIIe-XVe siècle*) (Studia artistarum, 4), Turnhout, Brepols, 1997, p.255-256 を参照せよ。

(19) Pierre d'Espagne, *Sententia cum quaestionibus libri De anima, Praemb.*, probl. 1, q. 13; éd., Alonso, II, p.79-81.

(20)『動物学』の対象と『霊魂論』のそれとの区別はペトルスによると、『動物学』が生物をあつかうときはその「複合的組成」と諸部分の配置という角度から考察し、『霊魂論』は生物をそれが霊魂および霊魂の働きと関係するかぎりであつかう、と説明されている。Cf. Pierre d'Espagne, *Sententia*..., *ibid.*, éd. cit., p.81（「ソシテ『動物学』デハ、生物ニ就イテ、其ノ霊魂ニデハ無ク、其ノ複合的組成ト諸部分ノ配置ニ関係スル限リデ論究ガ行ナワレル。他方、此ノ［霊魂ニ就イテノ］学知ニ於イテハ、生物ニ就イテ、霊魂ト霊魂ノ働キニ関係スル限リデ論究ガ行ナワレル」).

(21) 詳しくは Albert le Grand, *Physica*, I, 1, 4; éd. Hoßfeld, p.6, 44-7, 64 を参照せよ。

(22) Cf. Costa Ben Luca, *De differentia animae et spiritus*, éd. C. S. Barach in *Bibliotheca Philosophorum Mediae Aetatis*, hrsg. von Dr. Carl Sigmund Barach. II. *Excerpta e libro Alfredi Angelici De motu cordis item Costa-Ben-Lucae De differentia animae et spiritus liber translatus a Iohanne Hispaniensi*, hrsg. von Dr. C. S. Barach, Innsbruck, 1878.

(23) Cf. R.-A. Gauthier, « Note sur Siger de Brabant (fin). II... », p.10.

(24) Cf. Averroès, *Commentaire moyen des Météorologiques*, éd. Venise, 1562, t. V, f, 404r A-D. アヴェロエスの立場については R.-A. Gauthier, « Note sur Siger de Brabant (fin). II... », p.8-9 を参照せよ。この個所からつぎの一節を引いておく。「[…] 論理学は形相が論じられるまえに質料が論じられることを主張する。したがって質料をあつかう『動物学』が形相をあつかう『霊魂論』のまえにくるのである。[…] そのあとではじめてアヴェロエスは［おそらく『感覚と可感的なものについて』に対するアレクサンドロスの注釈書から

『自然学講義』は自然的学知に対して、第一哲学が諸他の学問に対するのと同じ関係にある。第一哲学は「存在者であるかぎりでの存在者に共通のもの」を対象とし、諸他の学問は存在者およびその存在者性の特殊な側面を対象とするかぎりで第一哲学に依存する。自然的学知のなかでも同じことが言える。『自然学講義』が、そこでは予備学の位置を占め、基礎固めのための長大な前置きの位置を占めるのであって、動ク存在者 *ens* を、一般的ニもしくは端的ニ吟味する。トマスはここで意識的にアルベルトゥスとは反対の立場をとる。すなわち、トマスにとって自然学の主題は動く物体 corps mobile ではない。なぜならまさに、あらゆる動くもの mobile が物体 corps であるという事実を立証することが自然学の課題であるからだ。この点に関しては Thomas d'Aquin, *In octo libros Physicorum Aristotelis expositio*, I, lectio 1, §6, in *Thomas von Aquin. Prologe zu den Aristoteleskommentaren*. Herausgegeben, übersetzt und eingeleitet von F. Chenevel und R. Imbach (Klostermann Texte Philosophie), Francfort, Vittorio Klostermann, 1993, p.24（「他方、私ハ動ク物体ヲ語ラナイ。何故ナラ、在ラユル動ク物ガ物体デアル事ガ、此ノ書物［=『自然学講義』］デ検証サレルカラデアル」）を参照せよ。自然的学知の建築術的図式は、こうした、いうなら、『自然学講義』のメタ理論的機能によって指示されるのである。いかなる学問も自分の主題の現存在を論証しない（してはならない）のだから、自然的学知にその主題を提供する任務は『自然学講義』に課せられる。残りのすべてはそこから順ぐりに出てくるであろう。「ギリシャ人が『天体論』と呼んでいる書物」は「『自然学講義』のなかで運動について言われたすべてのことが必然的に適用される」物体をあつかう（cf. Thomas, *In libros Aristotelis De caelo et mundo expositio, Prooemium*, §9, éd. cit., p.30）。「あとに続く」書物群はそれぞれが「動くものの諸種」をあつかう。より具体的には「『天体論』は第一種の運動である場所的運動の観点から動くものをあつかい、『生成消滅論』は形態の推移と「第一の動くもの」――変化の観点から考察され、さまざまな変化に共通な諸元素――とをあつかい、『気象学』は特殊的変化をあつかい、『鉱物学』は生なき複合的な動くものをあつかい、『霊魂論』（およびそれに続く諸著作）は生ある複合的な動くものをあつかう（cf. *In octo libros Physicorum Aristotelis expositio*, I, lectio 1, §7, éd. cit., p.24）。

(16) *De auditu physico* という標題はアンドロニコス版『自然学講義』のギリシャ語標題（φυσικῆς ἀκροάσεως）のラテン語訳である。アルベルトゥスはこの標題を同書の第二、第三の通称と関係づけて説明している（「『自然学講義』ハ、自然的事象ニ就イテ、論証ト言ウヨリハ聴取 auditus ニ拠ツテ知ラレル事柄ヲ論ヅルガ故ニ『自然聴取論』ト呼バレ、又、其ウシタ事柄ハ、他ノ事柄ガ証明サレ得ル出発点ト成ル自然ノ普遍的原理デアルカラ、同書ハ、時ニ、『自然原理論』トモ呼バレル」）。Cf. Albert le Grand, *Physica*, I, 1, 4; éd. Hoßfeld, p.7, 82-86. トマスの観点はまったく異なる（「他方、此ノ書物ハ、学説ノ教授ト云ウ形デ聴講者 audientes ニ伝エラレタガ故ニ『自然学講義』トモ呼バレテ居リ、其ノ主題ハ、端的ニ、動ク存在者デアル）。Cf. Thomas, *In octo libros Physicorum..., op. cit.*, §6, éd., cit., p.22.

(17)「位置ニ関シテ動ク物」と「形態ニ関シテ動ク物」の区別は1245年ごろからパリ大学の学習用教材のなかに復活する。その区別が述べられている文献としては著者不明の教科書『哲学教程』(Cl. Lafleur, *Quatre Introductions à la philosophie au XIII*[e] *siècle*, p.263, 112-113)、オリヴィエ・ルブルトン著『哲学』(オックスフォード大学コーパス・クリレバナラナイ。何故ナラ、猿ガ人間ヲ拙ク真似ル様ニ、私達モアリストテレストアヴェロエスヲ真似テ居ルノデアツテ、私達トアリストテレス及ビアヴェロエスノ関係ハ、出来損ナイノ猿ト人間ノ関係ニ等シイカラデアル」）を参照せよ。

（5）Cf. Albert le Grand, *Physica, ibid.*, éd. cit., p.1, 23-27.

（6）*Ibid.*, p.1, 27-30.

（7）*Ibid.*, p.1, 30-36.

（8）*Ibid.*, p.1, 38-41.

（9）こうした文筆家作業の実態は、ケルンの学匠が全編にちりばめた、原典を明示しない引用をあらためて考察すれば、より明らかとなる。これを考察する仕事は、めまいがするほど多岐にわたるが、アヴィセンナの形而上学からの断りなしの拝借については A. Bertolacci, « *Subtilius speculando*. Le citazioni implicite della *Philosophia prima* di Avicenna nel Commento alla *Metafisica* di Albert Magno », *Documenti e Studi sulla Tradizione Filosofica Medievale*, IX, 1998, p.261-339 および同著者の « Le citazioni implicite della *Philosophia prima* di Avicenna nel Commento alla *Metafisica* di Albert Magno : analisi tipologica », *ibid.*, XII, 2001, p.179-274 で模範的に達成されている。

（10）Cf. Albert le Grand, *De somono et vigilia*, I, 1, 1; Borgnet, p.123a（「私達ハ此ノ学ニ関スルアリストテレスノ著作ヲ間違イ無ク所有シテ居ルノダカラ、他ノ学ニ於イテ彼ノ著作ニ従ツテ来タノト同ヂ仕方デ、其ノ著作ニモ従ウツモリデアル。即チ、他ノ学ニ於イテ、其ウシテ来タ様ニ、何カガ不完全ニ、又、曖昧ニシカ言ワレテ居ナイト思エル至ル処ニ補足ヲ付シ、又、作品ヲ巻・章・節ニ分ケル積リデアル」）.

（11）『〈睡眠と覚醒について〉注解』は３巻からなり、そのそれぞれが２章からなる。第１巻「睡眠と覚醒について」の第１章は９節に分かたれ、そのうちの四つの節が補足であり、第２章は10節に分かたれ、そのうちひとつのみが補足である。第２巻「夢について」の第１章は７節に分かたれ、そのひとつが補足であり、第２章は５節に分かたれる。第３巻「予言について」の第１章は12節に分かたれ、そのうちの11個までが補足である。こうした章割り変更を読むだけでアリストテレス主義の理論的欠陥が第３巻第１章すなわち予言現象の記述と説明のレベルに位置することが知られる。こうした欠陥はささいな問題ではない。というのも『知性と叡智的なものについて』に見ることができるように、こうした文脈から哲学と自然的予言との関係の問題が持ちあがるからである。

（12）Cf. Albert le Grand, *De sommo et vigilia*, III, 1, 1; Borgnet, p.178a（「アヴェロエスハ［…］此ノ点デアヴィセンナヲ攻撃シ、他方、アルガゼル・アダミディンモアヴィセンナヲ攻撃スルガ、アヴェロエストアルガゼルハアヴィセンナト意見ガ一致シナイダケデ無ク、相互ニモ意見ガ一致セヅ、共ニエジプトノラビ・モーセスニ攻撃サレテ居ル。更ニ、キケロガ特ニ予言ニ関シテ語ツテ居ル『神々ノ本性ニ就イテ』ヲ読ム者ハ、キケロガ上ニ名指シサレタ誰一人トモ意見ガ一致シテ居ナイ事ニ気付ク筈デアル。同ヂ事ガソクラテスニモ言エルノデアリ［…］」）.

（13）Albert le Grand, *Physica*, I, 1, 1; éd. Hoßfeld, p.1, 43-49.

（14）事実、ここで言われているのは「詳細な区分」の大筋を要約した第二の、簡便な区分表である。Cf. Albert le Grand, *Physica*, I, 1, 4; éd. Hoßfeld, p.7, 65-79.

（15）アルベルトゥスとトマスはこの点で異なる。トマスにとって自然的学知の主題は「それ自身のうちに運動の原理を有するもの」である。その第１部であるアリストテレスの教えるすべてをそっくりわきに置いて、三段論法による論証を受け入れうるものだけを認めるのである」(« Et ideo quaecumque dicit lex nostra, nunc omnino praeterimus, tantum ea accipientes quae per syllogismus accipiunt demonstrationem »).

(145) Cf. *ibid.*, p.1, 30-31(「[…] ト云ウノハ、立場ニ即シ、同時ニ又、事象ニ即シタ吟味ガ此ノ作品ノ中デ行ワレルダロウカラデアル」).

(146) この「哲学入門」なる文芸活動とその(暗黙裡に「神学の召使としての哲学の役割」を疑ってかかろうとする)反ボナヴェントゥラ的イデオロギーおよび1270年と1277年の異端説摘発に先立つ時期にパリ大学を席巻していた「神秘的合理主義」についてはCl. Lafleur, « L'Introduction à la philosophie *Ut testatur Aristoteles* (vers 1265-1270) », *Laval théologique et philosophique*, 48/1 (1992), p.81-107を参照せよ。「哲学入門」なる文芸活動一般を俯瞰したければCl. Lafleur, *Quartre introductions à la philosophie au XIII*[e] *siècle. Textes critiques et étude historique* (Université de Montreal. Publications de l'Institut d'études médiévales, XXIII), Montréal, Institut d'études médiévales-Paris, Vrin, 1988を参照せよ。

(147) アルベルトゥス、トマス、シゲルスの比較に関してはC. Steel, « Siger of Brabant versus Thomas Aquinas on the Possibility of Knowing the Separate Substances », *in* J.A. Aersten, K. Emery et A. Speer (éd.), *Nach der Verurteilung von 1277...*, p.211-231 ; *Der Adler und die Nachteule. Thomas und Albert über die Möglichkeit der Metaphysik*, Münster, Aschendorff, 2001を参照せよ。

第二章

(1) Th. Ricklin, « Albert le Grand, commentateur... », p.31.

(2) Cf. Albert le grand, *Physica*, I, 1, 1; éd. Hoßfeld, p.1, 13-14.

(3) Cf. Pierre de Prusse, *Vita b. Alberti doctoris magni*, p.106-173, spéc.107, 108, 126, 111-112 et 157. ペトルスが「アルベルトゥスハ[…]多クヲ、祖述的ニ *recitative*(ということは、肯定的にではなく)論ヂタ」と語ってアルベルトゥスが自分の論述内容に思い入れがないことを強調しているのはこうした文脈においてであることに注意されたい。「祖述家アルベルトゥス」という、ジェルソン以来の常用概念をペトルスはアルベルトゥス擁護のために逆用している。ペトルスの全努力は、もっぱら、アルベルトゥスが魔術を「熟知」している、というシュトラスブルクのウルリクスの不都合な宣言に動機づけられていることにも注意されたい。この点についてはあとでもう一度論じる。アルベルトゥスの伝記作者(=ペトルス)にとって、「愛弟子」ウルリクスの証言に積極的な意味を与えることが何より重要なのである。その意味はつぎのような言葉づかいで与えられている(*Vita...*, p.126)。「其処デドミニコ会修道士ウルリクスハ、敵ノ奸計ニ無知デ無イ事モ、又、一ツノ善デアルカノ様ニ、師アルベルトゥスガ魔術ヲ熟知シテ居ル事ヲ称賛シヨウトシタノデアル。」

(4) この形容詞には、使用例を追跡する価値があるかもしれない。14世紀にジャンダンのヨハネスはこの形容語を自分自身に当てはめて、自分がアリストテレスとアヴェロエスの「出来そこないの猿」にすぎないと宣言している。この点についてはJean de Jandun, *Quaestiones super Metaphysicam*, VI, 10, f° 84rb(「従ツテ、若シ哲学ノ第一人者デアツタアリストテレス及ビ彼ト概ネ肩ヲ並ベテ居タ注釈者アヴェロエスガ難問ノ吟味ニ際シテ揺レ動イタノダトスルナラ、私達ハ、其ウシタ吟味ニ際シテ、ヨリ以上ニ恐レ戦カナケ

力が欠けているわけではなく、それを理解しようとしない者がいるのだということを、アルベルトゥスはわざわざ強調している（*ibid.*, p.13, 1-2「而モ、或ル人々ノ目カラハ隠サレテ居ルトハ言エ、甚ダ、強力ナ論拠ガ在ル」）。しかもアルベルトゥスは、解決部（『知性の単一性について』第３部）で事態の「アヴェロエス的」様相を注視することにこだわっているわけではない。かれは、アヴェロエスを十把ひとからげに断罪する気配すら感じさせることなく、「離在的」という言葉のふたつの意味を区別するにとどめている。第一の意味が正しい意味である。すなわち離在的とは「物体ではないし、物体に宿る能力でもない」(nec est corpus nec virtus in corpore）――これはアヴェロエスから、直接、借りてきた表現である。という意味で「質料を離れている」ということである。第二の意味は受け入れがたい。この意味では離在的とは「あらゆる特殊的現存在を離れている」ということである。さて、アヴェロエスを読んだことのあるひとならだれでもかれがこうした離在を支持していないことを簡単に立証できるだろう。それゆえ単心論に対する告発が期待されていたはずなのに、アフロディシアスのアレクサンドロスの唯物論に対する告発というあたらしい土俵のうえで、いつのまにかアヴェロエスが優位に立っている。アレクサンドロスを向こうに回したこの土俵でなら、アルベルトゥスがつねにアヴェロエスに忠実に従っていることを知らぬ者はいない。Cf. *ibid.*, p.30, 19-49.

（138）Cf. *ibid.*, p.7, 35-39.「知性の獲得」についてのアル－ファラビの学説は、そもそも、アルベルトゥスの学説そのものである。アルベルトゥスはそれを『知性と叡智的なものについて』のなかで同じ言いかたで、しかもより詳細に展開している。あとで見るように、その学説は哲学の倫理的な再定義を基礎づけるのであって、あらたな哲学は『知性と叡智的なものについて』が、大胆にも、アリストテレスにならって「神的」と性格づける段階（*intellectus divinus*）において頂点に達する。

（139）Cf. *ibid.*, p.13, 31-33.

（140）「哲学主義」と「アヴェロエス主義」の関係については L. Bianchi, « Filosofi, Uomini e Bruti. Note per la storia di un'antropologia "averroista"», *Rinascimento*, Seconda serie, vol. XXXII (1992), p.185-201 を参照せよ。

（141）Cf. Albert le Grand, *Summa de mirabili scientia dei sive Summa theologiae*, Pars II, q.77, mbr 3 ; éd. Borgnet, t. 33, p.100b（「此レ等全テノ事ヲ私ハ法王庁ニ参内シテ居タ時ニ、其ノ長デアル法王アレクサンデルノ命ニ従ツテ熟考シ、其レガ元ト成ツテ小著ガ編マレ、其ノ小著ガ多クノ人ノ目ニ留マル処ト成ツテ『アヴェロエスノ謬説ヲ駁ス』ナル標題ヲ得タ。ソシテ神学ト云ウ聖ナル学知ガヨリ完全ナ物ト成ル様ニ、本書ニモ其レ等ガ収録サレテ居ル」).

（142）だからこそアルベルトゥスはこの時点で「アヴェロエスの謬説」に対して厳しい判断をくだし、自分自身の著作の全般的方向性を手直しするよう迫られるのである。Cf. *Summa de mirabili scientis dei...*, éd. cit., p.75a :「[…] そうした謬説はとくに危険である。そしてわたしがかつて法王庁にいたときに論争を仕掛けたのはこうした謬説に対してであった（« [...] qui error periculosus est nimis, et contra hunc errorem iam pridem disputavi, cum essem in curia »)」.

（143）Cf. Albert le Grand, *De unitate intellectus*, 1 ; éd. Hufnagel, p.1, 1-23.

（144）Cf. *ibid.*, p. 1, 12-14 :「そしてだからこそ、ここでわたしたちは、わたしたちの宗教が

それはこの論考のなかで議論された26番目の意見である——ことである。なぜならアルベルトゥスは哲学史に関するかぎり、アヴェロエスに忠実に従っているからである。「アヴェンパケ」すなわちイブン・バジャの意見についてはAlbert le Grand, *ibid*., p.11, 66-12, 3を参照せよ。この個所はAverroès, *In De anima* III, comm. 5; éd. Crawford, p.412, 729-739に準拠しているが、アヴェロエスはそこで、周知のように、イブン・バジャの単心論を能動的知性の単一性という意味に限定している。

(137) Cf. *ibid*., p. 5, 73-6, 3（４番目の道）; 12, 4-39（27番目の道）; 12, 63-13, 6（29番目の道）. ３度の言及のうち29番目の道における言及がもっとも興味ぶかい。なぜならその道が——29番目にしてはじめて——アヴェロエスの思考学のふたつの中心主題に手をつけているからである。第一の主題は可能的知性の永遠性である。[1]普遍的能動者は必然的に何ものかのうちに基礎を持っていなければならない（実際、そのような能動者はひとつの形相であり、しかるに形相は、基礎づけられてある *ens fundatum* のでなければ、存在を持たないし活動性も持たない）。[2]能動的知性は必然的に普遍的受容者のなかに基礎を有している。[3]したがって能動的知性が永遠であるならば、それを基礎づけるもの、すなわち可能的知性もまた永遠である。第二の主題は受動者のうちにおける能動者の作用の結果 *factum* はいかにして生成し消滅することが可能なのかを説明することにかかわる。言いかえれば、人間霊魂と持続をともにする、可能的知性の現実化された部分である「所産的 produit」知性すなわち「思弁的 spéculatif」知性は、可能的知性それ自体が永遠であるのに、いかにして永遠でないことが可能なのかを説明することにかかわる。アルベルトゥスが要約するかぎりでのアヴェロエスの解答は奇異の感を与える。コルドバの賢人は「所産的」知性の可能性の条件を説明するそぶりはなく、「人間における知的自然の全体が離在的であり永遠である」と主張するにとどめている。人間にとって内的であると同時に疎遠なこうした知的自然の地位はたしかに単心論を内含している。すなわち知性は、離在しかつ永遠であるかぎりで、「物質を数える数に従っては数える」ことはできず、したがって、「人間を数える数に従って数える」ことはできない。それゆえ人間たちが一度消滅してしまえば「人間たちについては」数的に一であっていかなる手段によっても多数化されない「ひとつのものしか残らない」。なぜなら知性は、厳密に言うなら、どの人間の知性でもないからである。アルベルトゥスによれば、こうした議論——29番目が健全な方法であれば、そうした議論のなかに種としての人間の永遠性の命題との調和を見ようと欲するはずだが、その問題にはひとことの言及もない——は「哲学者を自称する」ラテン人の議論が陥っている「大半の誤謬の源泉」である。Cf. *ibid*., p.13, 2-6（「ソシテ其ノ理由ハ、哲学者ヲ自称スルラテン人ノ大半ガ作為サレタ立場ノ中デ育マレテ来タカラデアツテ、彼ラ自身ガ、偶々、其ウシタ立場ヲ取ル事ハ在ツテモ、根拠ガ分カツテ納得出来テ居ル者ハ誰モ居ナイ」）。こうした「哲学者」はトマスが言う意味での「アヴェロエス主義者」だろうか、それともマンフレートが言う意味での「哲学者」だろうか。わたしたちはあとの方の仮説に傾いているが、それというのも、アルベルトゥスの上の指摘が「アナーニ論争」（1256年）ではないにしても、「アナーニ論争」をきっかけにして1263年ころに執筆された『アヴェロエスの謬説を駁す』に端を発するからである。事情がそうであるから、アルベルトゥスが1263年に告発したひとびとはまだひとつの学説を信奉するところまで行っていない。かれらは自分たちの「たわごと」をアヴェロエスの或る議論によって根拠づけるわけだが、その議論に説得ガ其ウナノデハ無ク、質料モ又、合成的ナ物ニ存在ヲ与エルカラデアル」）を参照せよ。（もう少しさきでベーコンは「粗忽者ヲ多方面ノ誤謬ニ追イ込ンデ居ルアヴェロエスノ狂気ト、彼ノ多種多様ナ愚見」に言及している。）ひとつのアヴェロエス主義が、ひそかに別のアヴェロエス主義を引き連れていることもありうる。*averroista* なる中世語の守備範囲は『アヴェロエスとアヴェロエス主義者』を著したルナンが定めた「アヴェロイスト」という語の守備範囲と直接には重ならない。本書の読者はこれからもこの事実をつねに念頭に置くように求められるだろう。

（129）冒頭文（f°24ra）の中身は « Incipit liber de diversitate animarum post mortem resolutis corporibus *contra averroistas* qui dicunt unam in omnibus »（「ここに、肉体が解体した死後の霊魂の多様性に関する書物が始まるのであって、この書物はすべて［の人間］において霊魂がひとつであることを主張するアヴェロエス主義者を論駁する」）となっている。ほかの写本ではこうした導入部がない（たとえばエアフルト・アンプロン写本 f°328の A 写本およびパリ・マザリヌ写本3479の P 写本）か、導入部があっても、論敵を名指ししていない（たとえばメルク・シュティフト図書館写本1703の M 写本、パリ国立図書館ラテン語写本13960の G 写本、同14706の B 写本）。M写本の冒頭文（f°121rb）は、たんに « Incipit libellus de contradictione contra eos qui dicunt quod post separationem ex omnibus non remanet nisi intellectus unus et anima una »（「［霊魂と肉体の］分離ののちにすべて［の人間］についてひとつの知性とひとつの霊魂しか残らないと述べるひとびとに反論する書物がここに始まる）とあるだけである。

（130）アルベルトゥスの『知性の単一性について』のなかで知性の単一性の問題は哲学的神学という一般的土俵で論じられている。アルベルトゥスは、同じ問題を認識論的レベルで提起したトマス――実際、トマスにとってはアヴェロエスに対抗して認識と思考の働きの多数性を説明することが問題となっている――とは異なり、古代末期の（新プラトン主義）哲学と三つの啓典宗教とに共通する「人間霊魂の何が死後に――すなわち、すべての人間の死後に――残るのか」という終末論的問題を論じる（これは種と世界とを永遠と考えるアリストテレス－アヴェロエス的観点からすれば意味のない問題である）。アヴェロエスの解答は、人間に由来するわけでもないし、人間に到来するわけでもない可能的知性のほかに何も残らないというものであると見なされている。アルベルトゥスの著作において単心論は人間の運命や、その現存の意味や、人格の不死性の可能性――したがって積善と罪障に対する応報（「苦悩と栄光」）――にかかわる哲学的人間学の命題であって、認識理論の問題を解決するための思考学的仮説ではなかった。したがってアルベルトゥスの問題設定はトマス的というよりもボナヴェントゥラ的である。

（131）Cf. Albert le Grand, *De unitate intellectus*, 1; éd. Hufnagel, p.7, 77-8, 18. とくに「知性が霊魂の部分ではないということがすべてのアラブ人をみちびく仮説である。そのような謬説の第一発明者はアラブ人なのである」の一句に注目せよ。

（132）Cf. Albert le Grand, *De unitate intellectus*, 1; éd. Hufnagel, p.6, 55-68.

（133）Cf. *ibid.*, p.13, 7-10.

（134）Cf. *ibid.*, p. 7, 20-39.

（135）Cf. *ibid.*, p. 8, 85-9, 9.

（136）Cf. *ibid.*, p.11, 66-78. この件に関して注意が必要なのは『知性の単一性について』のなかで単心論の主張はもともと本質的には「アヴェンパケ」に帰属させられている――

られ、自然的論証によって証明されない真理と知恵が教えるのとは別の考えかたをした。しかし、ここでわたしたちは奇跡を考慮するにはおよばないのであって、それというのもわたしたちは自然的事物を自然的にあつかうからである（*sed nihil ad nos nunc de Dei miraculis, cum de naturalibus naturaliter disseramus*）。」

（119） Jean de Jandun, *In Metaph. I*, q.16; éd. Venetiis, 1525, f° 13ra.

（120） Albert le Grand, *Phys*., VIII, 1, 13; éd. Borgnet, p.552.

（121） Albert le Grand, *Metaph*., XI, 2, 10; éd. Geyer, p.495.

（122） Albert le Grand, *De XV probl*., 6; éd. Geyer, p.38.

（123） Albert le Grand, *In IV Sent*., 43, 3, éd. Borgnet, p.509.

（124） Albert le Grand, *De caelo*, I, 4, 10; éd. Hoßfeld, p.103.

（125） Albert le Grand, *Metaph*., XI, 3, 7; éd. Geyer, p.542, 25-29; « Theologica autem non conveniunt cum philosophicis in principiis, quia fundantur super revelationem et inspirationem et non super rationem, et ideo de illis in philosophia non possumus disputare. »

（126） Cf. Albert le Grand, *De anima*, III, 3, 11; éd. Stroick, p.221, 70. B. モイジッシュによるとこうした「全面的合意」は人間と離在知性との邂逅の理論にかかわっている。この点に関してはB. Mojsisch, « Grundlinien der Philosophie Alberts des Großen », p.30を注13と合わせて参照せよ。またL. Hödl, « Über die averroistische Wende der lateinischen Philosophie des Mittelalters im 13. Jh.», *Recherches de théologie ancienne et médiévales*, 39（1972）, p.171-204（spéc. p.186）およびA. Zimmermann, « Albertus Magnus und der lateinische Averroismus », *in* G. Meyer, A. Zimmermann（éd.）, *Albertus Magnus. Doctor universalis*（*1280-1980*）（Walberger Studien, 6）, Mayence, 1980, p.465-493（spécialement, p.485）を参照せよ。最後にアルベルトゥスとアヴェロエスの関係に関してはA.de Libera, *Albert le Grand et la Philosophie*（À la Recherche de la vérité）, Paris, Vrin, 1990, p.232-246 を参照せよ。

（127） Cf. Albert le Grand, *De anima*, II, 2, 19; éd. Stroick, p.205, 21-22.「テオフラストスの問題」のもとにアルベルトゥスは質料における潜勢と可能的（もしくは「ヒュレー的」すなわちアフロディシアスのアレクサンドロスの言う「質料的」）知性における潜勢との区別の問題を理解している。アヴェロエスの「解決」は *In De anima* III, comm. 14; Crawford, p.429, 23-40 で提示されている。

（128） ここで「〜主義」というくくり方の問題点を蒸し返すつもりはないが、二度同じことを言わなくてもよいようにつぎのことを思いだしておくのも悪くはない。すなわちアヴェロエス主義者 *averroista* と聞くとわたしたちは反射的にトマス・アクィナスの『アヴェロエス主義者の知性単一説を駁す』を連想するが、中世においてすらこの言葉は多様な文脈で使われていたのであって、公認歴史学によって定義された「アヴェロエス主義」の古典的命題——世界の永遠性、「二重真理」、単心論——にかならずしも結びつかないということである。たとえばロジャー・ベーコンの場合がそうであって、かれは、合成的なものに、唯一、存在を与える実体形相の単一性の学説を「アヴェロエス主義者」に帰属させているが、その学説はむしろ、オックスフォードの異端審問（1277年）においても、フランチェスコ派の『異端譴責文集』のなかでも嫌疑をかけられたトマス存在論の基本命題を思わせる。これについては、ロジャー・ベーコン『神学研究要綱』第１巻第３章80節（「アヴェロエス主義者モ又、此ノ事ニ抗弁出来ナイ。何故ナラ彼等ハ師［＝アヴェロエス］ニ従ツテ、形相ガ合成的ナ物ニ存在ヲ与エルト考エテ居ルガ、形相ダケ合によっては許容されるのか）という問題が残る。事実、もし哲学と宗教とが矛盾する場合、疑うことが二重の不正であるならば、そして、もし両者が一致する場合、疑うことが疑いもなく無益であるならば、だれにとっても疑う機会はまったくないことになる。中世における哲学と神学の「討論のフォーマット」に従うかぎりいかなる学知も不可能だということになる。こうした逃げ道のない袋小路については後段で熟考されるはずである。

（109）Cf. F. Van Steenberghen, *Maître Siger de Brabant*, *op.cit.*, p.157（「[…] 1277年の勅令は1267年にボナヴェントゥラが起こした行動の公的認証という意味がある」）.

（110）あまたの著述家のなかでもロジャー・ベーコンがこのことにもっとも敏感である。かれは13世紀中葉に自著『大作品』（第１・２巻）のなかで、ロンバルドゥスが『聖書』を押しのけ『命題集』の注釈家が「神聖な原典」を押しのけている現状を批判している。この点に関しては Chr. Trottman, « Roger Bacon, de la philosophie à la théologie et retour », *in* J.-L. Solère, Z. Kaluza（éd.）, *La Servante et la Consolatrice..., op.cit.*, p.99を参照せよ。

（111）Cf. Albert le Grand, *Politica*, VIII, 6, p.803-804.

（112）Albert le Grand, *In Dion, Epist., VII*, p.504, 27 *sq*. この一句は二重の意味で言われている。アルベルトゥスが念頭に置いている説教師 predicateurs は、もちろん、説教のなかで哲学者を攻撃しても聴衆がそれに反論できない（なぜなら、おこなわれているのが、まさに、説教だから）ような説教師である。predicateurs と言えば、まず、そうしたひとびとのことであり、そこには哲学に敵対する大学教授もふくまれる。しかしこの一句は Prêcheurs（ドミニコ会修道士）にも当てはまる広がりを持っている。実際、アルベルトゥスの直接の同僚であったサン－シェルのフゴなどは、説教のなかで「哲学を詮索する」すべての輩を手きびしく批判している。

（113）Cf. *Hugonis de Sancto Charo, Opera omnia*, t.II, éd. Venise, 1754, f° 316a-b.

（114）詳しくは L.J. Bataillon, « Les crises de l'université de Paris d'après les sermons universitaires », *in* A. Zimmermann（éd.）, *Die Ausereinandersetzungen an der Pariser Universität im XIII. Jahrhundert*, Berlin-New York, 1981, p.166-169（repris dans L.J. Bataillon, *La Prédication au XIII*[e] *siècle en France et en Italie*, Aldehot, 1993）を参照せよ。同著者のつぎの論文も参照せよ。« Problèmes philosophiques dans les œuvres thélogiques », *in* O. Weijers, L. Holtz（éd.）, *L'Enseignement des disciplines à la faculté des arts*. Paris et Oxford, XIIIe et XIVe siècle（Studia artistarum. Études sur la faculté des arts dans les universités médiévales, 4）, Turnhout, Brepols, 1997, p.445-453.

（115）Cf. Bernard de Clairvaux, *Sermons in Cantica*, V, 1, Édition cistercienne, t. I, p.22（「自然的事物ヲ論ヅル私ニモ、神ノ奇跡ノ何程カハ関リガ在ル」）.

（116）Albert le Grand, *De gen. et corr.*, I, 1, 22; Hoßfeld, p.129.

（117）Cf. Averroès, *In Arist. De gen. et corr.*, I, 7; éd. F. H. Fobes（Corpus Commentarium Averrois in Aristotelem, IV/1）, Cambridge（Mass.）, 1956, p.15,50-52.

（118）Siger de Brabant, *De anima intellectiva*, III; éd. B. Bazán（Philosophes médiévaux, 13）, Louvain-Paris, 1972, p.83 *sq*. シゲルスは霊魂をあつかうさいに、アルベルトゥスのスローガンを、本能的に、哲学研究の自律という課題に結びつけていることに注意されたい。うえのテクストにはつぎのような文言がある。「わたしたちはここではアリストテレスの意図だけを追い求める。師は、おそらく、この霊魂の問題に関して、啓示によって伝え

りわけ、ローマのアエギディウスとネデルレクのヘルウァエウスの所論を「根づかせる」ことに努力している。この点に関しては R. Imbach, U. Lindblad, « *Compilatio rudis ac puerilis*. Hinweise und Materialien zu Nikolaus von Straßburg O. P. und seiner Summa », R. Imbach et Chr. Flüeler（éd.）, *Albert der Große und die deutsche Dominikanerschule. Philosophische Perspektiven, Freiburger Zeitschrift für Philosophie und Theologie*, 32（1985）, p.188-189, spéc. p.188（「ニコラウスがとりわけパリの学者に依拠していることは驚くべきことではないか。アエギディウスとヘルウァエウスと言えば、トマス主義をめぐるパリ論争を主導する代表的人物である。エックハルトとディートリヒが君臨するドイツにかれらの教えを広めようとすることによって、ニコラウスは、哲学的議論の国際化を支援するのである」）を参照せよ。同じような見立てはおそらくリヒテンベルクのヨハネス・ピカルディにも当てはまるかもしれない。かれの（ケルンにのみ流布していた）『ケルン問題集』はドイツの土着思想、とくに、ディートリヒの思想に対してトマス主義的な対抗モデルを提示するものとしてしばしば紹介される。この点に関してはB. モイジッシュが編集した『第二二問』が参考になるだろう。そこではヨハネスが「三位一体像」の問題をめぐって暗黙裡にフライベルクのディートリヒとトマス・アクィナスとガンのヘンリクスの所説を並べて検討している。ガンのヘンリクスと言えば、1277年の謬説表を作成するためにエティエンヌ・タンピエが召集した委員会の理論的指導者である。Cf. Iohannes Picardi de Lichtenberg, *Quaestio XXII. Utrum imago Trinitatis sit in anima secundum actus vel secundum potentiam*, éd. B. Mojsisch, in *Meister Eckhart. Analogie, Univosität und Einheit*, Hamburg, felix Meiner, 1983, p.148-161.

（108）Cf. Étienne Tampier, *Syllabus*, trad. D. Piché, *La Condamnation parisienne...*, p.73. ラテン語原文（éd. Piché, *ibid.*, p.72）はつぎのとおりである。«［...］proprie facultatis limites excedentes quosdam manifestos et execrabiles errores, immo potius uanitates et insanias falsas［...］quasi dubitabiles in scolis tractare et disputare presumunt［...］dum errores predictos gentilium scripturis muniant quas – pros pudor ! – ad suam imperitiam asserunt sic cogentes, ut eis nesciunt respondere ». これから分かるように、パリ大学の人文学者は法令（この場合は自己規制をうたった1272年の学則）から直接に引きだしうる三つの罪状によって告発されている。すなわちかれらは口をつぐんでいるべきものについて語り、「絶対的に虚偽である」ものを虚偽であると明言せず、それを論駁することができない（かのように装っている）。しかし、実際、人文学者は何かほかにやりようがあっただろうか。ちなみに、ここでタンピエによって告発されている人文学者の罪状、すなわち哲学者の明白ナ誤謬 *errores manifestos* を疑念 *dubitatio* の対象としてのみ、言いかえれば、必然的に虚偽とは言えないものとして考察する罪は、トマス・アクィナスが1270年にアヴェロエス主義者を非難するさいに用いた罪状の正確な陰画であることに注意されたい。すなわちトマスはアヴェロエス主義者がキリスト教信仰にもとづく命題を、あたかもそれらが啓示であるかぎり必ずしも真とは言えないかのように、たんなる意見 *opinio* として、すなわち疑念の対象として提示していることを非難したのである。タンピエの分析とアクィノの聖人の分析を重ね合わせると、人文学者の罪がふたつの絵柄で描かれていることが分かる。すなわちかれらは真ではありえない立論を疑念と発問との対象にし、あわせて、偽ではありえない立論に対しても同じ態度をとっているというのである。そうだとすると、いったい、いつになったら、疑う、ということが論理的に可能なのか（したがって、場

——の現存在を当該存在者から反省によって導出する学）を参照せよ。

（102）『至福へいたる訓練の書』以外に末梢されたテクストは『元素および惑星の固有性の原因について』、『二四哲人の書』、『霊魂論』（というより翻訳者「アヴェンダウト」によって加えられたその前書き）、アデラードの『自然の諸問題』である。F. ハドリの論文「哲学入門」p.XCVで強調されているように「検閲者は13世紀前半の神の認識不可能性のかたくなな信奉者であって、アリストテレス文献の導入に端を発する、神性の合理的で哲学的な認識に対する権利要求を目の敵にしていた」。

（103） M. Foucault, *L'Archéologie du savoir,* Paris, Gallimard, 1986, p.77.

（104）創造者としての神の認識可能性は、形而上学もしくは「神の学」についてのアル－ファラビの着想の中心主題である。この点についてはO. Boulnois, « Le besoin de métaphysique. Théologie et structures des métaphysiques médiévales », *in* J.-L .Solère, Z. Kaluza（éd.）, *La Servante et la Consolatrice..., op.cit*., p.58（「自然学が自然をあつかうのだとしたら、それは天界と、そこに登場する諸実体、すなわち星辰をも包含する。しかして形而上学は“こうした実体［自然］に作り手がいるのか”と問うときに始まる［*De ortu scientiarum*, éd. Cl.Baeumker, *Beiträge z. Gesch. d. Ph. d. M. A*., XIX, 3, Münster Aschendorff, 1916, chap.1, p.21］」）を参照せよ。こうした探究は「神を認識し、実体と偶有性の創造者の認識に到達する」［*ibid.*］ことを可能にする。だからこそ、そうした探究は「ギリシャ語のメタの意味に準じて」“自然よりあとの学、すなわち神の学”と呼ばれるのである。神学は創造者の存在としての神の存在の認識である。

（105）アルベルトゥスによればアル－ファラビの思考学は、人間の、離在知性との「邂逅」に関する哲学的学説の全体を支配している。アルベルトゥスが『一五の問題について』でこのうえなくはっきりと書いている（*De XV problematibus*, I, Geyer, p.32, 62-71「従ツテ、此レガ、アルファラビウスガ規定シタ様ニ、全テノペリパトス派ノ古代ニ於ケル立場デアル。其ノ立場カラ、可能的知性ハ全テノ叡智的ナ物ノ特殊例デアツテ、叡智的ナ物ヲ志向スル質料的ナ可能態デハ無イ事ガ帰結スル…」）ように、ファラビの着想のもとは知性に対するペリパトス派の立場の規定である。この重要なテクストについてはのちに再考する。

（106）1277年３月の断罪にアルベルトゥスがかかわっていたかどうかは、こんにちなお議論の対象になっている。支配的意見は、アルベルトゥスを免罪するそれであって、R. Hissetteが « Albert le Grand et Thomas d'Aquin dans la censure parisienne du 7 mars 1277 », *in* A. Zimmermann（éd.）, Studien zur mittelalterlichen Geistesgeschichte und ihren Quellen（Miscellanea Mediaevalia, 15）, Berlin-New York, Walter De Gruyter, 1982, p.226-246で述べて以来、多くの支持者を取りつけている。

（107）ドイツは、しばらくのあいだ、パリ論争の局外にあった。パリで議論されていた「大問題」をドイツの「高等教育機関」に最初に本格的に輸入したのはマイスター・エックハルトである。かれは、『説教九』に表れているように、知性と意志の優位をめぐるドミニコ会とフランチェスコ会の論争を紹介し、神の愛（カリタス）に対する神の知的直観の優越をライン渓谷に知らしめた。この意味では、1329年のエックハルトに対する断罪は、アルベルトゥス主義者に対する「ジェルソン」様式による、歴史上、最初の措置である。トマス主義をめぐる哲学的・神学的議論のドイツへの「越境」のくわだてのもうひとりの証人はシュトラスブルクのニコラウスであって、かれの『哲学大全』は、と

豊カデハ無ク、其ノ序列ノ内ニ第一者ノ知恵ガ最大限ニ輝キ出テ居ル」). フルールによって編集された『四つの哲学入門』のなかでアル－ファラビが10回、アル－ガザリが３回引用されているが、アヴィセンナとアヴェロエスは１回のみである。

(94) この著者については F. Van Steenberghen, *Maître Siger de Brabant* (Philosophes médiévaux 21), Louvain-Paris, 1977 を参照せよ。

(95) Cf. Siger de Brabant, *Quaestio Utrum haec sit vera Homo est animal, nullo homine existente*, éd. B. Bazán, in *Siger de Brabant. Écrit de logique, de morale et de physique* (Philosophes médiévaux, 14), Louvain, Publications universitaires-Paris, Béatrice-Nauwelaerts, 1974, p.55, 89-98 (spéc. 89-91「然シ、ケルンノ人アルベルトゥスガ自著『知性ト叡智的ナ物ニ就イテ』デ、斯カル命題ガ真デアルト述ベテ居ル事ハ、先ニ述ベラレタ事以上ニ真実味ガ在ル。即チ、彼ハ、質料ニモ合成体ニモ先ンヅル個体［ガ在ル］ト云ウ事ガ本質ノ語義ナノダカラ、特殊ナ人間ガ一人モ現存シナクテモ、尚、人間ガ動物デアル、ト云ウ命題、及ビ、他ノ同種ノ命題ガ真デアル事ハ明ラカデアル、ト述ベテ居ル」). シゲルスが引用するくだりは *De intellectu et intelligibili*, II, 3 éd. Borgnet, p.494 から引かれている。

(96) Cf. D. Piché, *La Condamnation parisienne..., op.cit.*, p.244-245, n.3.

(97) Voir l' « Introduction » de R. Imbach à Boèce de Dacie, *Du souverain bien ou de la vie philosophique, in* R. Imbach, M.-H. Méléard (éd.), *Philosophes médiévaux. Anthologie de textes philosophique* (XIIe-XIIIe siècle), Paris, 10/18, 1986.

(98) Cf. D. Piché, *La Condamnation parisienne...*, p.247-248, n.4.

(99) アル－ファラビ『知性と可知的なものについて』(ジルソン版) のつぎの個所を参照せよ。「斯クシテ、霊魂トシテノ人間、或イハ、自存スル部分ヲ得タ人間ハ、能動的知性ニ近ヅクノデアリ、其処ニ、人間ノ究極目的ト、今一ツノ生ガ在ル。ト云ウノモ、自存スル部分ガ人間ニ拠ツテ最高度ニ獲得サレ、人間ノ究極ノ完全性ガ獲得サレルノハ、己ヲ自存セシメタ他カラノ作用ヲ他ヘト及ボス為デアリ、此ノ作用ガ、今一ツノ生ノ意図ダカラデアル。即チ、如何ナル作用モ己ノ本質ヲ逸脱シテ他ニ及ボサレル事ハ無イニセヨ、然シ、己ノ本質ヲ見ツケルヨリモ、作用ヲ他ニ及ボス事ノ方ガ今一ツノ生ノ意図ナノデアル。」

(100) M.-Th.d'Alverny, « Un témoin muet des luttes doctrinales du XIIIe siècle », *AHDLMA*, 24 (1949), p.243.

(101) 前注にあるダルヴェルニの論文「無言の証人」は「学問の三つの様式――第一は四学芸にかかわり、第二は自然にかかわり、第三は形而上学にかかわる――を包括する思弁的哲学」によって到達される幸福を論じた『至福へいたる訓練の書』の一節 (éd. H. Salman, p.45, 19-21) が削除されたことを明らかにしている。削除の理由ははっきりしている。それは、F. ハドリが書いているように、「人間が独力で自然を越えた諸実在に到達し、自分自身に幸福を与えうると理解されかねない」ということである。この点について F. Hudry, « Le *Liber XXIV philosophorum* et le *Liber de causis* dans les manuscrits », *AHDLMA*, 59 (1992), p.68-69を参照せよ。アル－ファラビによる「神の学」の３区分については S. Pines, *La liberté de philosopher. De Maïmonide à Spinoza*, trad. R.Brague (« Midrash/Références »), Paris, Desclée de Brouwer, 1997, p.252 (「神の学」はつぎの３部に分かれる。存在者であるかぎりでの存在者をあつかう学。学的論証の論理と諸原理をあつかう学。非物体的存在者をあつかい、ほかのすべての存在者を生ぜしめる第一存在者――「神」

sici della filosofia, 30), Turin, Unione Tipografico-Editrice Torinese, 1997.
なお、仏語訳された抜粋を *Averroès, L'Islam et la Raison*. Anthologie, trad. M.Geoffroy, introd. A. de Libera（GF, 1 132), Paris Flammarion, 2000 で読むことができる。

（91）Cf. A.de Libera, « Albert le Grand et Thomas d'Aquin interprètes du *Liber de causis* », *Revue des sciences philosophiques et théologiques*, 74/3（1990), p.347-378.

（92）この点については O. Boulnois, « Heidegger, l'ontothéologie et les structures médiévales de la métaphysique », *in* C. Esposito, P.Porro（éd.), *Heidegger e i medievali*, Atti del colloquio internazionale, Cassino, 10-13 maggio 2000, *Quaestio*, 1（2001）p.379-406 を参照せよ。R. ブラグが（とくに *Aristote et la question du monde*, Paris, 1988 のなかで）導入した「普遍学－原理論的」構造概念は、ブルノワによる中世形而上学の歴史的形態のつぎの三つの区別によって複雑化されている。(1)原理論（第一のもの、もしくは原理であるものの学知としての形而上学)。(2)普遍学－原理論（「第一であるゆえに普遍的である」学知としての形而上学。そこでは、共通的に語られる存在者が、まずもって、ほかのすべての存在者の普遍的原理である第一存在者として語られるかぎりで、形而上学の主題となる)。普遍学－事象論（知性の対象一般――それは存在者 *ens* よりも広大で、事象 res もしくは或ること aliquid であることを本質とする――を先行させ、しかも「こうした先行的普遍性の内側からのみ、それを起点としてのみ」神に達するところの形而上学)。ハイデガーが『ヘーゲルの精神現象学』でカントにならって1930年から31年にかけて導入した存在論－神学 onto-théo-logie の概念（*Hegels Phänomenologie des Geistes*, *GA* Bd. 32, Francfort, V. Klostermann, 1980, p.141-143. 仏訳 *La Phénoménologie de l'Esprit de Hegel*, Paris, Gallimard, 1984, p.157-159）は、1949年の『形而上学とは何か』と1957年の『同一性と差異』で少なくとも２度手直しされることになる（*Was ist Metaphsik ?* Francfort, V. Klostermann, 1992［14e éd.], p.19-20. 仏訳 *Qu'est-ce que la métaphysique ?* in *Questions I*, Paris Gallimard 1968, p.40 / *Identität und Differenz*, Pfullingen, Neske, 1957, p.51. 仏訳 *Identité et différence*, in *Questions I*, Paris, Gallimard, 1968, p.289）が、いずれにせよその概念はブルノワが区別した３番目の構造に対応している――ハイデガーは１番目の構造を無視し、２番目の構造については少なくともトマス・アクィナスにはうまく当てはまらないという理由で排除している。

（93）『原因論』とアルガゼルの関連性はこの種の「哲学入門書」のなかでもっとも著名な１冊、すなわちプロヴァンスのアルヌルフスが著した『諸学の区分』である。実際、この著作は「アルガゼル」の『形而上学』の一節（I, III, 10; éd. J.T. Muckle, p.79, 20-80, 5）で始まる。まず、それが命題形式（「第一者ハ此ノ上無ク寛大デアリ、其処カラ全テノ善ガ流出スル」）で提示されたあと、冒頭からおよそ１頁半のところで著者がはじめて介入して、長いプロバティオ（証明）を付している。この証明の勘どころは、「善の影響」が受容されるさいの不等性を『原因論』第23(24)命題 , p.97, 20-98, 52を典拠に展開することである。Cf. *Divisio scientiarum Arnulfi Provincialis*, éd. Cl. Lafleur, in *Quatre Introductions à la philosophie au XIIIe siècle*［Université de Montréal. Publications de l'Institut d'études médiévales, XXIII], Montréal, Institut d'études médiévales-Paris, Vrin, 1988, p.298, 18-22（「他方、存在スル全テニ対スル善ノ影響ハ第一者自身ノ側カラスルト差別ハ無ク、何処マデモ平等デアルガ、被造物ハ、『原因論』ニ書カレテ在ル通リ、影響ヲ受ケ入レル能力ニ差ガ在リ、第一者ニ近ケレバ近イ程、影響ハヨリ豊カデアリ、遠ケレバ遠イ程、サシテ強イ味方デアリ、最初ニ理解シテカラデ無ケレバ何事モ信ヂヨウトシナイ心ノ思イノ驕リ高ブル者達――『ルカ伝』一章五一節――ニハ手強イ敵デアル。例エバ、パリ謬説表ニ拠ツテ断罪サレタ哲学者達ガ後者ニ該当シ、彼等ガ断罪サレタト云ウノモ、ホボ全テノ条文ニ抵触シタカラデアルガ、就中、彼等ガ、哲学ヲ研究シタ事ノ無イ者ハ何モ知リ得ナイトカ、更ニハ、哲学ヲ研究スル事以外ニ人間ノ幸福ハ無イトカ、信仰ニ就イテ思イ煩ウ必要ハ無イトカ言ツテ居タカラデアル」）をZ. カルザが前掲書 p.202 で付した注釈とあわせて参照せよ。

（87）Cf. Z. Kaluza, « Gerson critique... », p.203.

（88）詳しくはZ. カルザの前掲書 p.204-205 を参照せよ。

（89）いわゆる「ラテン・アヴェロエス主義」についてはつぎの文献を参照せよ。

・F. Van Steenberghen, « L'averroïsme latin », in *Introduction à l'étude de la philosophie médiévale*, Louvain-Paris, 1974, p.531-554.

・Z. Kuksewicz, « L'évolution de l'averroïsme latin », in *Knowledge and the Sciences in Medieval Philosophy, Proceedings of the VIII*[th] *International Congress of Medieval Philosophy*（*SIEPM*）, vol. III, R. Työrinoja-A.I. Lehtinen-D.Føllesdal（éd.）, Helsinki, 1990, p.97-102; « Der lateinische Averroismus im Mittelalter und in der Früh-Renaissance », *in* M.J.H. Hoenen-J.H. Scheider-G. Wielands（éd.）, *Philosophy and Learning. Universities in the Moddle Ages*, Leyde-Boston-New York, Brill, 1995, p.371-386; « The Latin Averroism in the Late Thirteen Century », in *Averroismus im Mittelalter und in der Renaissance*, Zurich, Spur Verlag, 1994, p.101-113.

イタリア・アヴェロエス主義についてはつぎの文献を参照せよ。

・B. Nardi, *Saggi sull'Aristotelismo padovano del secolo XIV al XVI*, Florence, Sansoni, 1958.

・A. Maier, « Ein Beitrag zur Geschichte des italienischen Averroismus im 14. Jahrhundert », *Quellen und Forschungen aus italienischen Archiven und Bibliotheken*, 38（1994）, p.136-157; « Eine italienische Averroistenschule aus den ersten Hälfte des 14. Jahrhunderts », in *Die Vorläufer Galileis im 14. Jahrhundert*, Rome, 1949, p.251-278; « Die Bologneser Philosophen des 14. Jahrhunderts », in *Studi e memoria per la storia dell'Università di Bologna*, nuova serie, 1955, p.299-312（réimpr. in *Ausgehendes Mittelalter*, II, Rome, 1967, p.335-349）; *L'Averroismo in Italia*, Rome, Accademia Nazionale dei Lincei, 1979.

・Z. Kuksewicz, *Averroïsme bolonais au XIV*[e] *siècle*, édition des textes（Institut de philosophie et de sociologie de l'Académie polonaise des sciences）, Wroclaw-Varsovie-Cracovie Ossolineum, 1965.

・S. Vanni Rovighi, *Gli averroisti bolognesi,* in *Oriente et Occidente nel Medioevo : Filosofia e scienze*（Atti del convegno internazionale, 9-15 aprile 1969）, Rome, 1971, p.161-179（réimpr. in *Studi di filosofia medioevale*, II, Milan, 1978, p.222-244）.

（90）Cf. *Averroes' Destructio Destructionum Philosophiae Algazeris*. In the Latin Version of Calo Calonymos, ed. by B.H. Zedler, Milwaukee: The Marquette University Press, 1961. アヴェロエスの『混乱の混乱』にはつぎのふたつの全訳が存在する。

・（英語訳）*Averroes' Tahahut al-Tahahut*（*The Incoherence of the Incoherence*）. Translated from the Arabic with introduction and notes by Simon van den Bergh, 2 vol.（E.J.W.Gibb Memorial Series; new series 19）, Londres, Luzac, 1954 [réimpr.1969].

・（伊語訳）*Averroè. L'Incoerenza dell'Incoerenza dei filosofi.* A cura di Massimo Campanini（Clas-

かうもっとも卓越した神学者」« secundum altissimos theologos qui de divinis loquuntur inspirationibus » の厳密な専有物である「別種の直観と預言」« aliud genus visionis et prophetiae »（『〈睡眠と覚醒について〉注解』第３巻第１章12節 p.156b）に関して意見を表明するのに必要な資格はない。ここから哲学者アルベルトゥスの沈黙が結果する。この点に関しては Th. リクランの前掲書 p.53を参照せよ。哲学（自然学）と神学とのこうした方法論的「分離」の意味については本書後段でもう一度触れる。

（74）Albert le Grand, *De anima*, I, 2, 6; éd. Stroick, p.32, 25-31.

（75）Albert le Grand, *De anima*, I, 2, 6; éd. Stroick, p.32, 31-35.

（76）アルベルトゥスの著作『天文学の鏡』ならびに「司法的天文学」については P. Zambelli, *The « Speculum astronomiae » and Its Enigma. Astrology, Theology and Science in Arbertus Magnus and Its Contemporaries*（Boston Studies in the Philosophy of Science, 135）, Dordrecht-Boston-Londres, Kluwer, 1992 を参照せよ。

（77）Cf. Z. Kaluza, « Gerson critique... », p.174.

（78）Cf. Jean Gerson, *Tricelogium astrologiae theologizatae*, G 10, p.107.

（79）Z. カルザが前掲書 p.174, n.14 で指摘しているように、トマスとアルベルトゥスの比較はジェルソンの1426年の小論考「獅子の印刻にまつわる迷信を駁す」（G10, p.132）でもう一度蒸し返されることになるだろう。そこでもアルベルトゥスに勝ち目はない。トマスだけが「カトリック信仰と完全に一致しつつ」（*consone ad fidem catholicam*）関係資料を研究したのである。ジェルソンの非難を考察するにあたっては、アルベルトゥスが『天文学の鏡』のなかで――かれがその著者であったとして――印章の刻みかたについて教える「ヘルメス」の書物を、偶像を崇拝する魔術師の「おぞましく厭わしい」書物のなかでもその汚ラワシサが際立っている書物に数えあげていることを忘れないようにしたい。Cf. Albert le Grand, *Speculum astronomiae*, éd. Caroti *et al. op. cit*., p.27 et 32. この点に関して L. Sturlese, « Saints et magiciens...», *op .cit*., p.632を参照せよ。

（80）この表現に関しては M. Corti, *La felicità mentale, Nuove prospettive per Cavalcanti e Dante*, Turin, 1983, p.52-61 を参照せよ。

（81）この点に関しては L. Renault, *Descartes ou la Félicité volontaire*, Paris, PUF（Épiméthée）, 2000 を参照せよ。

（82）Cf. Jean Gerson, *De causa finali*, IX, 6, G9, p.623. これと合わせて Z. カルザの前掲書 p.200 の指摘も参照せよ。

（83）Jean Gerson, *op. cit*., IX, 8, G9, p.623: « [...] plus erat ad illustrationem inanem intellectus quam ad pietatem affectus erga Deum. »

（84）*Ibid*., IX, 9-10, G9, p.623-624.

（85）Cf. D. Piché, *La Condamnation parisienne*..., p.92 et 126. 問題の条文は P. Mandonnet が *Siger de Brabant et l'averroïsme latin au XIII*[e] *siècle*, Louvain, Institut supérieur de philosophie, 1908-1911（2e éd.）, t. II, p.175-191 でおこなったテーマ別再配列の第１条と第２条に対応している。これに対して D. ピシェが尊重している番号付けは『パリ大学記録集』および『パリ司教座公文書』の順序に対応している（*Chartularium Universitatis Parisiensis*, t. I, éd. H. Denifle et É. Chatelain, Paris, Delalain, 1889）。タンピエの「謬説表」からのわたしたちの引用は今後も、これまで同様、D. ピシェの版に従う。

（86）Jean Gerson, *Collectorium*, VII, G8, p.302（「斯ウシタ考察ハ純朴ナキリスト教徒ニハ心

célestes dans l'univers de saint Thomas d'Aquin, Louvain-Paris, 1963, p.240-241および古典的名著である L. Thorndike, *History of Magic and Experimental Science*, vol. II, New York, Columbia University Press, 1929, p.608-612 を参照せよ。

(63) Étienne Tempier, *Syllabus*, éd. et trad. par D. Piché, *Articuli condempnati a Stephano episcopo Parisiensi anno 1277, in* D. Piché, *La Condamnation parisienne de 1277*. Nouvelle édition du texte latin, traduction, introduction et commentaire (sic et non), Paris, Vrin, 1999, p.77 (仏訳). ちなみに同書 p.76にあるラテン語原典は以下のとおり。« Librum etiam "de amore", siuve "de deo amoris'-", qui sic incipit: "Cogit me multum, etc", et sic terminatur: "Caue igitur, galtere, amoris exercere mandata, etc." item librum geomantie qui sic incipit: "Existimaverunt indi, etc."; et sic terminatur: "Ratiocinare ergo super eum, et inuenties, etc."; item libros, rotulos seu quaternos nigromanticos aut continentes experimenta sortilegiorum, inuocationes demonum, siue coniurationes in periculum animarum, seu in quibus de talibus et similibus fidei orthodoxe et bonis moribus euidenter auersantibus tractatur. »

(64) Étienne Tempier, *Syllabus,* trad. Piché, *La Condamnation parisienne...*, p.79. この点については L. Bianchi, « Censure, liberté et progrès intellectuel à l'université de Paris au XIIIe siècle », *AHDLMA*, 63 (1996), p.52-53 et 77-78 を参照せよ。

(65) Roger Bacon, *Opus tertium*, éd. Little, p.48.

(66) Cf. D. Pingree, « The Preceptum canonis Ptolomei », *in* J. Hamesse, M. Fattori (éd.), *Rencontres de cultures dans la philosophie médiévale. Traductions et traducteurs de l'Antiquité tardive au XIIIe siècle* (Publications de l'Institut d'études médiévales. Textes, études, congrès, 11. Rencontres de philosophie médiévales, 1), Louvain-la-Neuve-Cassino, 1990, p.369.

(67) Cf. Ch. Burnett, « Adelard of Bath and the Arabs », *in* J. Hamesse, M. Fattori (éd.), *Rencontres de cultures..., op. cit.*, p.97.

(68) アルベルトゥス・マグヌス『鉱物学』第２巻第３章１節(「他方、石像ヤ印章ノ研究ハ［…］降神術ノ中ニ在ツテ天文学ニ従属シテ石像・印章ノ降神術ト呼バレテ居ル部門ニ属スルトハ言エ、教エルハ善ナルガ故ニ［…］私達ハ其ノ様ナ研究ニ就イテモ何事カヲ語ルデアロウ」) も参照せよ。

(69) Cf. Albert le Grand, *De fato*, 4; éd. Simon, p.76, 27-30. 妊娠14ヶ月の新生児については Albert le Grand, *De animalibus*, 9, 1, 4, 45; éd. Stadler, p.691, 15-17 (「大半ハ九ケ月デ生マレ、一一ケ月目ニ入ツテ生マレル事例モ在ル。或ル新生児ハ一四ケ月後ニ生マレタト言ワレテ居ル」) を参照せよ。アリストテレスは『動物誌』第７巻第４章584b 18-20で11ヶ月かかった事例を語っている。ミハエル・スコトゥスの翻訳では10ヶ月としか書かれていない。Cf. ms.Vindob.97, f° 49va (「新生児ガ一〇ケ月デ誕生シヨウモノナラ、女ガ妊娠ノ始マル時点デ過チヲ犯シタト言ワレル」).

(70) Albert le Grand, *De animalibus*, 9, 1, 4, 47; éd. Stadler, p.692, 16-19.

(71) Albert le Grand, *De somno et vigilia*, III, 1, 3; éd. Borgnet (*Alberti Magni Opera omnia*, t. 9, Paris, 1890), p.180b.

(72) この表現は Th. Ricklin, « Albert le Grand, commentateur; L'exemple du *De somno et vigilia, III, 1* », *in* F. Cheneval, R. Imbach, Th.Ricklin (éd.), *Albert le Grand et sa réception au Moyen Âge, op. cit.*, p.38 からとられている。

(73) 神学者に夢のお告げを語る資格がないとしたら、哲学者の方にも「神のお告げをあつ

J.H. Bridges, *op. cit*., p.143 et *Epistola de secretis operibus artis et de nullitate magiae*, chap. III, éd.Brewer, in *Opus Maius. Fratri Rogeri Bacon, Opera quaedam haectenus inedita*, vol. I, Londres Longman, 1859, p. 529, et, pour Albert, L. Thorndike, *A History of Magic and Experimental Science, During the First Thirteen Centuries of Our Era*, II, New York, Columbia University Press, 1923, p.202, 347, 361, 562)。「自然は魂の思惑に従う」という主張は、アルベルトゥスが摂理と運命を議論するときの中心をなす「賢者［知者］の魂は星辰を支配する」という「ヘルメス的」（占星術的）箴言に容易に結びつく。詳しくはI. Rosier, *La Parole comme acte. Sur la grammaire et la sémantique au XIIIe siècle*, chap 6, « Le pouvoir des mots », Paris Vrin（Sic et non）, 1994, p.208-215 を参照せよ。同著者の *La Parole efficace, Paris*, Éd. du Seuil も参考になる。

(53)　Cf. Avicenne, *De anima*, IV, 4; éd. Van Riet, 65n 35-66, 58.

(54)　Albert le Grand, *De intellectu et intelligibili*, II, 11（写本を直接筆写）.

(55)　アルベルトゥスとかれの同時代人における魔術の哲学的意義についてはU.R. Jeck, « Magie, Alchimie und Aufklärung », *in* K. Flasch, U.R. Jeck（éd.）, *Das Licht der Vernunft. Die Anfänge der Aufklärung im Mittelalter*, Munich, 1997, p.146-161 を参照せよ。

(56)　詳しくはHughes de Saint-Victor, *Didascalicon*（『学習論』）, VI, 15, éd. Ch.H. Buttimer, *Hugonis de Sancto Victore Didascalicon, De studio legendi*（The Catholic University of America, Studies in Medieval and Renaissance Latin, X）, Washington（D.C.）, 1939, p.132-133; *L'Art de lire. Didascalicon*（仏訳『学習論』）, introd., trad. et notes par M. Lemoine（Sagesses chrétiennes）, Paris, Éd. du Cerf, 1991, p.235-237（« Appendice B »）; *Anonymi Magistri artium Philosophica disciplina*（『哲学教程』）, éd. Cl. Lafleur, in *Quatre Introductions*..., p.286, 530-287 569; *Robert Kilwardby, De ortu scientiarum*（『諸学の起源』）, éd. A.G. Judy, *Robert Kilwardby, O. P., De ortu Scientiarum*（Auctores Britannici Medii Aevi, IV）, Toronto-Oxford, 1976, p. 225-226 を参照せよ。

(57)　Cf. Augustin, *De doctrina christiana*, II, XIX, 29-37; trad. G. Combès, J. Farges, BA 11（Le magistère chrétien）, Paris, Desclée de Brouwer, 1949, p.284-299.『グラティアヌス教令集』に取りあげられている、４元素——土、水、空気、火——に対応する４種の占い——土占い、水占い、気占い、火占い——の（ヴァロンが引用している）区別についてはセヴィリャのイシドルス『語源』第８巻第９章（PL82, spéc. col. 312B）を参照せよ。

(58)　Cf. Alexandre de Halès, *Summa theol*. II-II, n.797-803, *De divinatione*, Quaracchi, 1930, p.775-779: *De sortilegiis*; et les *Prolegomena* du t. IV, Quaracchi, 1948, p.clxxx et ccxc.

(59)　M. グラープマンが『中世の精神生活』のなかですでに指摘している（Grabmann, *Mittelalterliches Geistleben*, III, Munich, 1956, p.277-279）ようにフェルトルのゲラルドゥスの論考『星辰大全』の第３部全体が暗黙裡にトマス・アクィナス『真理論』第９問に依拠している。

(60)　Cf. Grabmann, *Guillelmo de Moerbeke O. P., il traduttore delle opere di Aristotele*, Rome, 1946, p.49.

(61)　このテクストに関してはJ.-B. McAllister, *The Letter of Saint Thomas Aquinas De occultis operationibus naturae ad quendam militem ultramontanum*, Washington, Cath. University, 1939 を参照せよ。

(62)　トマスが占星術および魔術をどのように考えていたかについてはTh. Litt, *Les Corps*

例を導入したあと、つぎのように指摘するにとどめている。「アウグスティヌスハディオニュシオスト彼ノ挙ゲタ例ニ共鳴シテ居ル。ト云ウノハアウグスティヌスハディオニュシオスノ言葉ニ確証ヲ与エル為ニ“善ヲ教ワル時ハ云々”ノ件《クダリ》ヲ語ツテ居ルカラデアル。真ニ就イテモ、美ニ就イテモ、存在ニ就イテモ、就中、神ノ何ノ属性ニ就イテモ同ヂ事ガ言エル。」ここから知られるようにジェルソンが理解する ἀφαίρεσις の有効範囲は超越概念に始まり、神の属性（＝ディオニュシオスの「神名」）におよんでいる。

(43) アルベルトゥスに見られる「ディオニュシオス的ペリパトス主義」の理論的背景——すなわちアリストテレスとディオニュシオスや『エンネアデス』のアラブ人による翻案や『原因論』との接点——については、C. D'Ancona Costa, « Proclus, Denys, le *Liber de causis* et la science divine », *in* O. Boulnois, J. Schmutz, J.-L. Solère, *Le Contemplateur et les Idées. Modèles de la science divine, du néoplatonisme au XVIII*ᵉ *siècle*, Paris, Vrin（*Bibliothèque d'histoire de la philosophie*）, 2002, p.19-44 を参照せよ。

(44) Cf. Z. Kaluza, « Gerson critique...», p.187.

(45) 詳しくは Jean Gerson, *Anagogicum, partitio* III, G8, p.554 および Z. Kaluza, *op. cit*., p.187-188 を参照せよ。

(46) プロイセンのペトルスをはじめとする多くのひとびとが伝える「ドイツ人」伝説のなかに、法王が「黒魔術を自由におこなっても罪には問わない」お許しを与えたという伝説がある。いかなる法王も、だれに対しても、そのような「特権」を許し与えなかったことは言うまでもない。こうした作り話の出所はおそらく法王インノケンティウス４世（在位1243～1254）からアルベルトゥスに許し与えられた「善ならびに悪に関する書を読む許可」であろう。その許可についてはフランチェスコ会修道士イゼオのボナヴェントゥラが自著の有名な一節で言及している。しかし許可されたのはおそらく『ニコマコス倫理学』であり、ひょっとしたら司法的天文学に関する書物であろうが、いずれにせよ「黒魔術」ということはありえない。

(47) Cf. Jean Gerson, *Anagogicum*, partitio III, G8, p.551.

(48) Cf. Z. Kaluza, « Gerson critique... », *op. cit*., p.190.

(49) Cf. Z. Kaluza, *ibid*., p.199-200. この個所でカルザは、とくに Jean Gerson, *De erroribus circa artem magicam*, G10, p.82-83 を参照している。

(50) Cf. Z. Kaluza, *ibid*., p.200.

(51) Cf. Jean Gerson, *art*. 13, G10, p.89 : « Quod sancti prophaetae et alii per tales artes habuerunt suas prophetias, et miracula fecerint aut daemones expulerint »（この個所はカルザの前掲書 p.200, n.56 で引用されている）.

(52)「自然は霊魂の思惑に従う」とする命題はアヴィセンナにおいて（したがってまたアルベルトゥスのようにアヴィセンナに追随するひとびとにおいて）ふたつの様相を持つ。つまりその命題は人間の行動にかかわるか、動物の動作にかかわる。前者は『霊魂論注解』で解明され、後者は、「動物学」の観点から、動物の感覚的霊魂が自分自身の身体もしくはほかの動物におよぼす力に関する命題として『動物学注解』第８巻第７章 p.391 で解明されている。そうした命題は「闘鶏のときだけ足にけずめを生やして雄鶏に勝つ雌鶏」のような不思議な事例によって支えられているが、そうした事例のなかにベーコンやアルベルトゥス自身が語っている「バシリスコス」すなわち睨むだけで相手を殺す「魅惑的な」毒蛇をつけ加えてもよいだろう（cf. Bacon, *Opus maius*, IV, *Mathematica*, I éd.

（40）ギリシャ語 ἀφαίρεσις（アパイレシス）の意味論的な幅はきわめて大きい。それは「否定」「捨象的否定」（ディオニュシオス）「分離」「除去」「削除」「減法」そしてもちろん「抽象」をふくむ。アリストテレスにおいて「抽象的存在」とは、まずもって、捨象作用によって知られる数学の諸対象であり、付加作用によって知られる自然学の諸対象と対置されている（アリストテレス『天体論』第３巻第１章299a15-17参照）。こうした対置の意味は明白である。自然学者は事物の定義のなかに質料を許容し（質料を付加し）、数学者は質料を許容しない（質料を捨象する）——これがアリストテレスの言いたいことである。ジェルソンがアリストテレスに帰している「抽象」の理解は、厳密に言えば、「アリストテレス的」ではないように思える。いずれにせよ、アリストテレスの「抽象」をアウグスティヌスの『三位一体論』第８巻に引き寄せることによって、アフロディシアスのアレクサンドロスによって中世に伝えられた「ペリパトス派の」標準的な「抽象」理解をアリストテレス本人のうちに見ることが禁じられてしまう。アレクサンドロスによれば（つまり標準的理解によれば）ἀφαίρεσις は事物における本質的形相と質料との区別を可能にする働きである。質料的形相（質料のなかに取り込まれた形相）は「質料から切り離して認識されるとき」非質料的となる。アレクサンドロスにとってこうした記述は数学的存在にのみ妥当するわけではなく、普遍概念にも妥当する。かれにとって普遍概念と抽象的存在（すなわち数学的対象）は、ἀφαίρεσις によって産出される概念であって、ἀφαίρεσις とは、（質料から）切り離された状態ではそれ自体で現存しない何かを（質料から）切り離して理解することに存する知性の働きである。ジェルソンのように「アリストテレスの」抽象とアウグスティヌスの“「コノ」ヲ取リ去リ「アノ」ヲ取リ去レ”を同列に並べることは「脱質料化」としての標準的なアパイレシス概念とはなじまない（この点で彫刻家とアガルマの関係の例にだまされてはならない）。そうした同列化のためには、皮肉なことに、『知性と叡智的なものについて』における抽象についてのアルベルトゥスの再定義が、すなわちまさに質料／形相関係を特殊／普遍関係によって置きかえることが必要なのである。この点については『知性と叡智的なものについて』第１巻第２章１節（「能動的知性ニ固有ノ作用ハ、単ニ質料カラ切リ離スダケデ無ク、一般ニ、感覚的霊魂ニ拠ツテ志向サレル特殊的ナ物カラ［特殊的ナ物ヲ－Jammy 版］切リ離ス事デモアル。処デ、斯ウシタ切リ離シハ特殊的ナ物カラ普遍ナ物ヲ理解スル事ニ他ナラナイ」—写本を直接筆写）を参照せよ。Z. カルザはアウグスティヌスがどの程度まで『知性と叡智的なものについて』の読解格子としてジェルソンの役に立っているかに注目しつつ「そうした読解は、アルベルトゥスの書いたものに一度でも目をとおしたことのあるすべてのひとびとにとっては、或る種、喜劇じみたところがある」と書いている（*op. cit*., p.178）。実際、「抽象」にまつわることに関してパリの学長はアルベルトゥスに依存しているのだから、カルザがそのように書くことも十分うなずける。アルベルトゥスをディオニュシオスから引き離すために、アウグスティヌスの名においてアルベルトゥスをアルベルトゥス自身に刃向かわせるというのは、実際、たまげた戦略ではないか。

（41）Cf. Augustin, *De Trinitate*, VIII, III, 4, éd. Moutain-Glorie, p.272, 14-25. 特に「コノ善アノ善カラ「コノ」ヲ取リ去リ「アノ」ヲ取リ去レ、ソシテ出来ルナラ、善其ノ物ヲ見ヨ。其ノ時、神御自身ガ見エルダロウ。」

（42）Jean Gerson, *De modis significandi*, II, 36, G9, p.639-640. この個所は Z. カルザの前掲書 p.196 にも引用されている。ジェルソンは *Collectorium*, VIII, G8, p.313 では、アガルマの

でそれを「像の修復」なる観念と結びつけている。実際、かれはそこでふたつの喩《たと》えを、かなり巧妙に、混ぜ合わせている。(1)大理石もしくは材木のかたまりのなかに潜在的に隠されている、掘りだすべき彫像すなわちアガルマの喩え。(2)すでに彫られているが時のながれに傷めつけられ腐食で履われて修復が必要な彫像の喩え。「工匠が木もしくは石の像を彫りあげるとき、かれは材木のなかに像をみちびき入れるのではない。反対に像を隠し履っていた木片を取り除くのである。かれは材木に何かをつけ加えるのではなく何かを取り去るのであり、たがねを駆使して表面を削り、腐食を落とすのであって、そのとき中に隠されていたものが輝きを放つのである。主イエスが語られた、畑に隠してあった宝（「マタイ伝」13章44節）とはこれである。」こうした捨象という意味での否定（=ἀφαίρεσις）がエックハルトによってドイツ語の *Entbildung* なる単語で表現されていることに注意されたい。少なからぬ解釈家がこの点を見すごしている。ディオニュシオスに関しては『神秘神学』第２巻1025B（「[…] は、（大理石のかたまりから）そこにすでに潜伏している彫像を削りだすひとびととまったく同じように、隠された形相に履いをかけてその純粋直観を妨げるすべてを取り払い、かくしてたんに取り去るだけで隠された美がおのずから姿を見せるようにする」trad. Vanneste, *Le Mystère de Dieu*, p.233）を参照せよ。プロティノスについては『エンネアデス』第１巻第６章９節（「善き魂の美しさを見るにはどうすればよいか。あなた自身に帰り、あなた自身に目を凝らしなさい。あなたのうちにまだ美しさが見えないならば、美しくあるべき彫像を美しくする彫刻家がするようにしなさい。かれは大理石のなかに美しい線が浮かびあがるまで、一部を取り去り、削り、磨き、ふき清める。その彫刻家のように余計なものを取り去り、黒ずんだものが輝きを発するまでふき清め、神のごとき徳の光がほうふつとするまであなた自身にたがねを入れ続けなさい」trad. Bréhier, Paris, Belles Lettres, p.105）を参照せよ。「腐食」（*rost*）の喩えもプロティノスにさかのぼる。『エンネアデス』第４巻第７章10節を参照せよ。

(39) たんに非合法であるにすぎない。アルベルトゥスが、ディオニュシオスの言う切除 *ablatio*（やアウグスティヌスの「取り去レ *tolle*」）について何も知らなかったということはありえない。アルベルトゥスは『神秘神学』第２巻の注釈書で、自分みずから、それらの起源を（ということはジェルソンの情報源をも）示唆している。それらの起源は当時「注釈者」で通っていた偽マクシモスことスキュトポリスのヨハネであって、「パリ大学ディオニュシオス・コーパス」の名で知られるパリ国立図書館ラテン語写本17341の余白（fº284va）に書き写されているヨハネの言葉（PG4, 421D）をアルベルトゥスもまた読んだのである。彫刻家の作業と捨象的否定の作用との比較は、かくして、アルベルトゥス自身によって展開されているわけだ。この点については Albert, trad. É.-H. Wéber in *Albert le Grand, commentaire de la « Théologie mystique » de Denys le Pseudo-Aréopagite, suivi de celui des épîtres I-V*（Sagesses chrétiennes）, Paris, Éd. du Cerf, 1993, p.117-118（「[…]「注釈者」が主張しているように、石を彫るとき、削り残された石の表面に、履いを取り除かれたかのように、実在の事物の或る種の似姿が浮かびあがる。それは雄牛や子羊や犬の具象化であって、実在そのものではない似姿である。同様にわたしたちは、神からは遠い［被造的］事物を遠去けることによって神的本性に似た何らかのものを発見するのであって、それは神的本性そのものでないが、それをほうふつとさせるものである」）を参照せよ。

(30) アルベルトゥスの『鑑定の書 *Gutachten*』は何度か出版されているが、標題は『自由心霊兄弟団を断罪す *Damnatio fratrum de libero spiritu*』となっていることもあれば『新心霊の剽窃 *Compilatio de novo spiritu*』となっていることもある。いずれにせよ J. de Guibert, *Documenta ecclesiastica christianae perfectionis studium spectantia*, Rome, 1931, p.115-127と W. Preger, *Geschichte der deutschen Mystik im Mittelalter*, Leipzig, 1874, p.461-471 に掲載されているのが標準版である。この文書のなかでアルベルトゥスは或る種の古代哲学者とラテン世界のその最近の継承者と自由心霊兄弟団に属するベガルド・ベギン会修道士（女）を同時に攻撃している。たとえば第76命題（「あらゆる被造物は神である」）で言われていることがそうであり、そこではアフロディシアスのアレクサンドロスと「ラテン人」ディナンのダヴィドと兄弟団の会員が三者まとめて串刺しにされている。「在ラユル被造物ハ神デアル――此レハアレクサンドロスガ唱エタ異端説デアリ、彼ハ第一質料ト、神ト、ヌース即チ精神トガ実体ニ於イテ同一デアルト語ツタ。後ニ、ディグナンド（原文ノママ）ノダヴィドナル者ガ此ノ説ヲ信奉シ、彼ハ此ノ異端説ヲ唱エタ廉デ、今世紀、フランスカラ追放サレタ。国内デ見ツカリ次第処罰サレテ居タ筈デアル。」ディナンのダヴィドについては M. Kurdzialek, « David von Diant als Ausleger der aristotelischen Naturphilosophie »（Miscellanea Mediaevalia, 10）, Berlin-New York, Walter de Gruyter, 1976, p.181-192および M. Pickavé, « Zur Verwendung der Schriften des Aristoteles in den Fragmententender *Quaternulli* des David von Dinant », *Recherche de théologie et philosophie médiévales*, 64, 1（1997）, p.199-221を参照せよ。

(31) Cf. Z. Kaluza, « Gerson critique... », p.177, n.19. ピエール・ダイイの論考にあるクレメンス５世の著作からの引用は不完全である。原典には、より詳しく「誰デ在レ知的本性ヲ有スル者ハ、其レ自体デ生マレツキ祝福サレテ在ル事、更ニハ、霊魂ガ已ヲ高キニ引キ上ゲ、遂ニハ、此ノ上無イ幸福感ト共ニ神ノ直観ヲ享受スル為ニ恩寵ノ光ハ必要トサレナイ事」と書かれている。Cf. *Clementinarum* V, III, chap.3, *De haereticis. Corpus iuris canonici*, editio Lipsiensis secunda, post Ae.L.Richteri curas instruxit Ae. Friedberg, *pars secunda : Decretalium collectiones*, Leipzig, 1879, col.1183 [réimpr. Graz, 1959].

(32) Cf. Z. Kaluza, « Gerson critique...», *ibid.*

(33) Cf. *ibid.*, p.178.

(34) Cf. Jean Gerson, *Collectorium*, V, G8, p.247; P4, p.296B, trad. Kaluza, *ibid.*, p.179.

(35) Cf. Jean Gerson, *Collectorium*, V, G8, p.246, avec commentaires de Z.Kaluza, p.181.

(36) この主張をエックハルトの「離脱 détachement, *abegescheidenheit*」の理論と比較されたい。「離脱」は「離在 séparation」と非受苦性 impassibilité を同時に指示し、実際、エックハルトによって神ご自身だけでなく「主イエスと聖母マリア」の属性とされ、ついで、範囲を広げて使徒パウロの、さらには、当然のなりゆきで、パウロに連なるあらゆる「離脱せる人間 homme détaché」の属性とされる。詳しくは Maître Eckhart, *Du détachement*, in *Les Traités*, trad. J. Ancelet-Hustache, Paris, Éd. du Seuil, 1971, p.162（マリア）, 163（パウロ）, 166, 167（イエスとマリア）を参照せよ。

(37) Cf. Z. Kaluza, « Gerson critique...», p.182

(38) Cf. Jean Gerson, *Collectorium*, VII, G8, p.315-316. ディオニュシオスに特徴的な影像の隠喩はスキュトポリスのヨハネを経てプロティノスにまでさかのぼる。この隠喩はアルベルトゥス学派およびライン神秘主義に頻出する。エックハルトは『高貴な人間について』

みとして合法化することを承認しているからです。つぎには、科学の自由の防御です。自由を通じてこそ科学は人間的・人格的善としての尊厳を授かるからです。最後に、進歩の防御です。それは生存と尊厳を守るために進歩を必要とする人類に奉仕するためです。こうした任務にあたってカトリック教会とキリスト教徒がわたしたちのこの時代の討論の中心にいます。人間存在の意味は何か、行動の規範はいかにあるべきか、希望の射程をどこまで伸ばせるかといった切迫した諸問題に適切な解答を与えることは、真理を探求する人間のうちなる学的思考と信仰の力との関係が刷新されないかぎり不可能です。第三ミレニアムの将来を支えうる新しいヒューマニズムの探求は、学問的知識が、神のたまものとして人間に啓示された真理と生きた関係に入るという条件でのみ成功することでしょう。人間理性は、知と、知によって世界を構造化するための大いなる道具です。しかし、人間的可能性の全面的開花を実現するために、人間理性はキリストにおいて人となられた永遠真理のみことば Verbe におのれを開くべきです。」

(24)「わたしは冒頭で、この集会が、科学とカトリック教会との対話の機運の高まりの前兆にならねばならないことを言ったつもりです。この対話がどれほど差し迫ったものであるのかがこれまでの考察から明らかではないでしょうか。科学と教会の双方が、たがいに相手の言うことに粘り強く耳を傾け、客観的に対話を続けるべきです。わたしたちはたがいを必要としています。この大聖堂には、神の受肉とともに夜明けをむかえた新時代の最初に、世界の真の主人を称えるために旅立った東方の賢者たちの遺骨が安置され、かくも長い年月のあいだ、保存され、崇敬の対象となってきました。当時の知のすべてはかれらに凝縮されていたのであって、したがってかれらが真理探究に携わるすべてのひとびとのモデルとなります。理性によって到達される認識は神なる真理の賛美のうちに余すところなく成就します。この真理に向かって旅立つ者は自分の自由をいささかも失うものではありません。それどころか、イエス・キリストのあがないのわざを通じてわたしたちにも聖霊のおとずれが約束されてきたのであって、それを信じておのれを捧げるとき、かれは完全な自由と真に人間的な生の充実へとみちびかれるのです。わたしは科学者、学生、そして今日ここにお集まりのすべてのひとびとに呼びかけて、あなたたちが学知を求めて努力しながらも、あなたたちの研究と全人生の最終目的をつねに念頭に置くように要請します。この目的のために、わたしはあなたたちに、とりわけ勇気と謙遜の徳を推奨します。勇気によってわたしたちは、懐疑に汚され真理から遠去けられ、意味に飢え渇いた世界で学知を防御し、謙遜によってわたしたちは、理性を越える真理をまえにして、理性の有限性を承認します。こうした徳こそアルベルトゥス・マグヌスのものです。」

(25) Cf. A. Combes, *Jean Gerson commentateur dionysien. Les « Notulae super quaedam verba Dionysii de Caelesti Hierarchia »* ; texte inédit. Démonstration de son authenticité. Appendices historiques, Paris, Vrin, 1940 [1973].

(26) Cf. A. Combes, *Jean Gerson..., op. cit.*, p.445.

(27) Cf. A. Combes, *op. cit.*, p.446.

(28) *Ibid.*, P.94; p.240, n.3; p.369; p.447; p.486-496.

(29) Cf. Z. Kaluza, « Gerson critique d'Albert le Grand », *in* F. Cheneval, R. Imbach, Th. Ricklin (éd.), *Albert le Grand et sa réception au Moyen Âge, Separatum de la Freiburger Zeitschrift für Philosophie und Theologie*, 45 (1998) 1-2, P.173.

すます浸されつつある世界においてこそ、その問題が文字どおり、死活の重要性を有することがあからさまとなっているのです。」

(21)「これまでのところ、文化に奉仕し、したがって人間に奉仕する学問についておもに語ってきました。しかしこの側面にのみ話をかぎることはあまりに狭すぎるというものです。まさに危機との関連において、わたしたちは学問がたんにほかの目的に奉仕するためだけにあるのではないことを思いださなければなりません。真実を知ることはそれ自体で意義があります。それは人間的かつ人格的性格のひとつの完成であり、傑出した人間的善です。純粋な“テオリア（理論）”それ自体が或る種の人間的“プラクシス（実践）”であって、信者が、自分をとこしえに神に結びつけるだろう最高の“プラクシス”を待ち望むときに、その“プラクシス”とは直観であり、したがって“テオリア”なのです。わたしたちは“学問による正当化の危機”について語りました。言うまでもないことですが、学問が真理を知る能力を持ち、真理が人間的善として認められるかぎりで、学問はそれ自身の意味を持ちそれ自身を正当化します。そのかぎりで、また、学問の自由に対する要求も正当化されます。というのも、もし自由を通じてでないとしたら、どのようにして人間的善が実現されうるでしょうか。他方、学問は社会的効用や経済的利益といった直接の諸目的によってその遂行を規定されてはならないという意味でもまた自由でなければなりません。もちろん、学問は、原理上、“プラクシス”から切り離されなければならないと言いたいのではありません。しかし特定の実践を選びとることができるためには、学問はまず真理によって規定されなければならず、したがって真理に向けて自分を解き放たなければなりません。真理にのみ拘束される自由な学問は、機能主義モデルであろうと何であろうと、およそモデルという名がつくものに還元されることを拒否します。そうしたモデルは学的合理性についての理解に限界を設けてしまいます。学問は開かれていなければならず、またそれどころか、多形的でなければならず、しかも、統一的接近の不在を恐れる必要はありません。統一は、人格のうちに体現される、理性・自由・真理の三項式によって与えられるのであって、その三項式が具体的成果の複数的実現を基礎づけ、確保するのです。」

(22)「わたしは、信仰についての学知をもまた、このように理解された合理性の地平で考察することに、いささかのためらいも感じません。カトリック教会は独立した神学研究を欲しています。独立した神学研究とは、法王庁の見解を研究するのではなく、信仰の真理および神の民草に奉仕するという共通点において、おのれが法王庁の神学とかかわりを持つことを知っている神学研究です。緊張や、場合によっては対立が生じるかもしれないことはもとより承知のうえです。しかしカトリック教会と科学のあいだの関係についても同じことが言えるのです。理性の有効範囲には限界があり、したがって誤謬にさらされている理性 reason の有限性に即して正しさ reason が追求されるべきです。そしてそれにもかかわらず、この同じ理性の、真理に到達する能力に立脚すれば、和解という解決をつねに希望することができます。」

(23)「過去に、近代科学の先駆者が理性や自由や進歩の名において教会を攻撃しました。こんにち、学知の意味をめぐる危機や、学問の自由をおびやかす有形・無形の脅威や、進歩に対する懐疑という観点から見ると、攻守はところを入れかえています。こんにちではカトリック教会が、まず、理性と学知を防衛する側にまわっています。というのも教会は科学が真理に到達する能力を有すること、その能力が科学を人間に固有のいとなそれから逃げるわけにはいきません。“とてつもない任務”といっても何のことはありません、友愛のこころで隣人に奉仕するとき、わたしたちはその任務をまっとうしています。わたしたちが隣人にそのような責任を負っているのは、困窮しているひとが必要を満たせるように慈善活動をする責任がわたしたちにあるのと同じことです。隣人に対して友愛のこころで奉仕をするのは、隣人のうちに道徳的存在に特有の尊厳を認めるからです。ここで尊厳というのは人格の尊厳のことです。信仰はわたしたちに人間の基本的な特権は神の似姿であることに存すると教えています。キリスト教の伝統は、人間は人間であること自体で価値を有するのであり、ほかのいかなる目的の手段でもない、とつけ加えています。したがって人間の人格的尊厳こそ、科学的・技術的な知の文化的適用が判断をあおがなければならない唯一独自の基準を表します。このことは人間がますます研究の対象となり、人間工学の対象となりつつある時代においてはとくに重要なことです。人間は同時に“自然”でもありますから、それが工学の対象になるからといって、不法とまでは言えません。しかしもろもろの危険や問題がここから生じ、それらは、技術文明の持つ世界規模の影響力のゆえに、こんにちのほとんどの国のひとびとにまったくあたらしい任務を課していることは確かです。これらの危険や問題が国家間レベルでの議論の主題になったのはつい最近ではありません。近代科学がこれら根本的問題を担当し、科学的手段によって解決に尽力していることは近代科学の高い責任意識を証拠立てています。あらゆる哲学および神学は言うにおよばず、人文・社会諸科学が、さらには文化諸科学がさまざまなやりかたで近代人に科学と技術に支配された世界における自分自身および自分の生きかたについて反省するよう刺激を与えてきました。近代精神は、近代自然科学の発展を加速させていますが、同時に、社会的・文化的レベルにおいて人間と人間が生きる世界の学的分析を、おのれの目的として独力で設定しています。それによって膨大な量の知識に光が当てられ、それが公的生活にも私的生活にも反響をおよぼしています。近代国家の社会システムや保健・教育システムや経済過程や文化活動はすべて多くの点でこうした諸科学の影響を受けています。しかし人間が科学の言いなりになるべきではないということは大切なことです。それと同時に、技術文化のもとで、人間はその尊厳に背馳することなく自由であり続けなければなりません。実際、拡大された自由を人間に与えるということがこうした文化の意義でなければなりません。」

(19)「人間の人格の尊厳に、決定的な意味を与えるものは、信仰だけではありません。自然的理性もまた人格的尊厳の意味に到達しうるのであって、それというのも、自然的理性は真と偽とを、善と悪とを区別しうるかぎりにおいて、自由を人間存在の根本的条件として承認しているからです。そのことは勇気を与える前兆であり、その前兆は世界のすみずみに広まっています。人権という概念もこれと別のことを言っているわけではなく、行動によって、事実上、人権概念に対抗するひとびとでさえ、その概念から逃れられるわけではありません。そこに希望があります。わたしたちはこの希望に勇気を与えたい。」

(20)「科学に内在する限界内で満足することを拒否し、人間の生がそこに完成を見る完璧な真理とは何かを尋ねる声がますます多くのひとびとからあがっています。あたかも知識と学問的探究が無限なるものに向かって手を差し伸べますが、いつも、きまって出発点に押し戻されるかのようです。学知と信仰との関係についてのむかしからの問題は近代科学の発展によって乗りこえられてはいません。それどころか科学と科学的発想にまることすらできないのです。しかもこうした意味の問題は解答を無際限にひき延ばされることに対して寛容ではありません。もし一般に広まっている、科学への信頼が裏切られると、こころの状態は簡単に科学への敵意に変わってしまいます。埋められずにいるこうした空隙に、突然、さまざまなイデオロギーが闖入します。そうしたイデオロギーは時として“科学的”であるかのようにふるまいますが、じつは、その説得力を、意味の問題への解答を緊急に求める必要と社会的・政治的変化への関心に負っているのです。純粋に機能的である科学は、価値体系を持たず、真理から疎外されているからこそ、イデオロギーに奉仕する道に入りうるのです。言いかえれば、道具的にすぎない理性はおのれの自由を失う危険をはらむということです。ついには迷信やセクト主義や、そしていわゆる“新興宗教”が台頭しますが、それらの出現も文化の方向づけの危機に密接に関連しています。これらのまちがった道は信仰によって見破られ、避けることができます。しかしこうした共通の危機は信仰を持つ科学者にも無関係ではありません。かれは自分の研究をどのような精神でどのような方向性で遂行するのかを自問しなければならないでしょう。かれは、直接的にか、間接的にか、意味への問いという観点から科学の手法と目標とを、たえず、あらためて吟味にかける任務を引き受けなければなりません。わたしたちはこの文化に連帯責任があり、危機を克服するうえで協力しあうことを求められているのです。」

(17)「こうした状況にあってカトリック教会は慎重と自制ではなく、勇気と決断を擁護します。真理に味方する立場をとらない、もしくは真理を恐れるいかなる理由もないのです。真理そのものと、真であるすべてのものは、わたしたちが愛と歓びをもって頼りにしなければならない偉大な善を表しています。科学もまた真理へと通じるひとつの道です。なぜなら理性という神のたまものは、その本性そのものが知を錯誤にではなく真実にみちびくように定められているのであって、しかもそれは学問のなかで陶冶されるからです。このことは技術的・機能的方向性を持った学問にも当てはまります。“成功の手段”としてのみ知を理解することはそれを矮小化することであり、むしろ知が獲得する成果を、知の正しさの証拠と見なす方が理にかなっているのです。わたしたちは人間のいとなみの所産である技術的世界を真理とまったく無縁な王国であると考えることはできません。それにまた、こうした世界は無意味どころではないのです。こうした世界が生活条件を決定的に改善していることは事実であって、技術文明の発展の有害な効果が諸問題を引きおこしたにしても、そのことによってこの同じ進歩がもたらした善を忘れてよいということにはなりません。科学的・技術的文化が神の創造にかかる世界と対立すると考えなければならない理由はまったくないのです。専門知は善をおこなうためにも、悪をおこなうためにも使われうるということは火を見るよりも明らかです。毒物の効果を研究するだれもが毒を治すためにも殺すためにも使うことができます。しかし善と悪を区別するためにわたしたちがどちらの方向を向いていなければならないか、ということについていかなる疑いもないのです。世界の変容を目的とする技術的学知は、それが人間と人間性に奉仕した分だけ、正当化されます。多くのひとびとが、それどころか、国民がまるごといまだにひとの名に値しない、技術知・科学知の助けがあれば改善しうる悲惨な条件のもとに生きているという事例があるかぎり、どんな進歩があってもそれで十分とは言えないのです。」

(18)「とてつもない任務がいまだにわたしたちのまえに横たわっているのでありまして、

係の歴史にまつわる重苦しさをはねのけ、すでにしばしば実践されているような、平等な立場での対話を促進する助けになりうるものです。過去を乗りこえることだけが問われているのではありません。諸科学が文化全般のなかでこんにち演じている役割から生まれたあたらしい諸問題をも乗りこえることが問われているのです。」

(15)「科学知は人類の技術の根本的変容をもたらしました。それにともない、この地球上における人間生活の条件はとてつもなく変化し、いちじるしく改善されました。科学知の進歩は文化一般の進歩のための駆動力となっています。多くのひとびとにとって技術レベルにおける世界の変容が学問の意味であり目的であるように思えました。その間、文明の進歩がかならずしも生活条件を改善させない事例が見られるようになりました。意図しない、また予期しない結果が生じて、それらは危険で有害なものになりかねないのです。わたしは生態学的諸問題のみに注意を喚起するにとどめますが、それらは技術的・科学的産業化の進展の結果、生じてきたのです。このようにして、進歩が、全体として、人類に奉仕するのかどうかについて真剣な疑いが生じています。そうした疑いは、技術という意味に解された学問にはね返っています。科学の意味、その目的、その人間的意義が問われているのです。こうした問いは科学的思考を人間そのものに当てはめるときに、とくに重さを増します。いわゆる人文的諸科学は人間の活動やふるまいに関するはなはだ重要な情報を提供してきました。しかし人文科学は、科学技術に規定された文化的世界においては、経済的・政治的支配を目的とした人心操作のために悪用される危険をはらんでいます。もし学問の対象が本質的に“専門別諸事実”であると理解されてしまえば、そのとき学問は技術的成功にいたる諸過程の探究であると理解されかねません。したがって成功にいたるものが“知”であると考えられることになります。世界は、科学的データのレベルにおける、操作可能な諸現象のたんなる複合体となり、学問の対象は機能的関連にほかならず、およそ関連というものはその機能性に準拠してのみ吟味されることになります。そうした学問は自分自身をも単なる機能と理解しかねません。そうであれば真理という概念は余計なものとなりますし、事実、それがあからさまにお払い箱になっている例もあるのです。つまるところ理性それ自体が、人生を生きる意味を、知や学問のそとに見つける或る存在のための、たんなる機能もしくは道具に見えてきてしまうのです。」

(16)「わたしたちの文化は、そのあらゆる分野において、もっぱら機能主義的なやりかたで歩みを進める学問に浸食されています。このことは価値や規範の分野においても同様であり、精神の方向づけという分野においても同様です。まさにこの精神の方向づけという分野で学問は自分自身の限界にぶつかります。実際、学問の合法化が危機にあるということ、いやそれどころか、わたしたちの科学文化全体の方向づけが危機にあるとささやかれております。そうした危機の本質とは何でしょうか。科学だけでは意味の問題に完全な答を与えることができないのに、そうした意味の問題が危機にあたって提起されます。科学の言明はつねに部分的です。科学の言明は与えられた出発点との関係においてしか正当化されず、発展の過程のなかで提出され、この過程のなかで修正され、成果として残ります。考えてもみてください。何かが最初に出発点を正当化したとします。したがって、出発点はこの何かを前提しているとします。そのように出発するかぎり、科学がその何かに到達することなどできるでしょうか。科学だけでは意味の問題に答えることはできないのであり、実際、出発点の枠組みのなかでは、そうした問題を提起すうした諸権利を前提としています。というのも、信仰を受け入れることは自由を前提としますが、自由は理性的存在の弁別的特徴にほかならないからです。このことは、同時に、信仰と学知がはっきりと異なる知の秩序に属すること、その一方から他方への転移は不可能であることを示しています。さらに言えば、理性は自分だけですべてをおこなうわけにはいきません。つまり理性は有限なのです。理性は枝分かれする多数の別個の知へと屈折して前進しなければなりません。それは多数の特殊な学知から合成されているのです。理性は、世界と真理とを共通の起源に結びつける絆を、部分的にすぎない知の方法の枠内でしか把握できません。くわえて、哲学と神学は、ともに学知であるかぎり、真理という複合的な統一を多様性において、すなわち相互補完的な認識からなる開かれた体系の枠内において表象しうるにすぎない限定的なくわだてなのです。」

(11)「くり返すようですが、合理的学知は、枝分かれする知へと差異化するひとつの体系として構成されているのであって、そうした体系のなかで、自分自身に固有の居場所を見出すと同時に信仰の諸目的と直結してもいる、ということをアルベルトゥスは認めています。このようにしてアルベルトゥスはキリスト教的知性の明文化を実現したのであり、その根本的な諸原理は、こんにちなお、有効性をまったく失っていないものとして考察されなければなりません。アルベルトゥスの著作が、内容という観点からするとかれ自身が生きた時代に制約されており、したがって、歴史的価値しかないことを認めるにしても、そのことでかれの業績の重要性が減るものではありません。かれがおこなった“綜合”は模範的な性格を保持しているのであって、わたしたちが科学と信仰とカトリック教会をめぐる目下の諸問題に取りかかるさいにこれらの原理を念頭に置くことはけっして無意味ではないのです。」

(12)「多くのひとびとはカトリック教会と近代自然科学の関係をめぐる問題の核心を知っており、学的認識の発展過程における宗教的権威による干渉から生じた例の悪名高い抗争の重さをいまだにひしひしと感じています。カトリック教会は、そのことを思いだすとき遺憾の念を禁じえません。というのもわたしたちは、こんにち、あのようなやりかたが錯誤であり失敗であることを悟っているのです。こんにち、あのようなやりかたはすでに克服されていると申しあげることができます。それには、科学の説得力と、そして何よりも、合理的神学の業績が大きくあずかっているのであって、そうした神学が信仰についての理解を深めることに貢献し、信仰を時代の制約から解放してきたのです。」

(13)「法王庁は第一ヴァチカン公会議以後、数回にわたり、そうした諸原理に、つまりアルベルトゥス・マグヌスの著作のなかにすでに認められる諸原理に注意を喚起しているのでありまして、最近では第二ヴァチカン公会議にはっきりとそれが出ております（回勅「歓喜と希望」36節）。第二ヴァチカン公会議は信仰と理性のあいだにある、知の諸秩序の区別をはっきりと肯定しております。したがってそれは科学の自律と独立を承認し、研究の自由に味方する立場をとっています。合理的諸原理にもとづき、方法論的誠実の要求を満たして遂行される学知が信仰の真理と対立するような認識にみちびかれるかもしれないなどと、わたしたちは恐れてはいませんし、事実上、そうしたことを、わたしたちは否定します。そうした対立は知の諸秩序の区別が見すごされ、もしくは退けられる場合にしか起きえないのです。」きわめて重要なこの一節を結論部でもう一度論ずるつもりである。

(14)「科学者たちによる承認を期待できるこうした見解は、カトリック教会と科学との関

員、助手、学生の代表としてここに集っておられます。みなさんは、さらに、公的かつ私的部門において研究に従事し、学問と技術の発展にいちじるしい影響を与え、それぞれの立場で人類に対して責任を負っている数多くの同輩をも代表しておられます。」

(7)「本日の集会は、科学とカトリック教会との対話の準備がととのいつつあることの前兆として理解されなければなりません。場所もさることながら日付それ自体がこの集会に特別な重要性を与えています。700年前のこの日、この大聖堂に隣接するドミニコ会修道院で、その創設におそらく立ち会ったと思われる或る人物が亡くなりました。当時のひとが“ドイツ人”なる渾名で呼び、のちの世のひとが、カトリック教会のあまたの博士のなかでただひとりマグヌス（偉大な）の称号を与えたアルベルトゥスです。当時のアルベルトゥスの活動は、修道士、説教者、修道院長、司教、居住地の和平仲裁人など多岐にわたっています。しかし何がかれをその称号に恥じないものとし、かれに人類史のなかでの名声を享受させているかと言えば、それは、同時代の知に習熟し、それを再編成することに生涯を捧げた研究者・学者であった、ということです。当時のひとはかれのうちに学問の創始者、先導者、推進者を認めて称賛しました。のちの世のひとはかれにドクトル・ウニウェルサリス（万学博士）の称号を与えました。カトリック教会は、かれを聖人の列に加え、“教会博士”のひとりとして意見を求め、典礼のなかでその名誉を称えています。」

(8)「しかしアルベルトゥス・マグヌスについてのわたしたちの追慕が、たんなる敬愛の業に終始してしまってはなりません。かれの業績の本質的意味を再活性化することの方が大切でして、その業績に基本的重要性を認める責務がわたしたちに課せられているのです。アルベルトゥスの時代の歴史－文化状況を一瞥させてください。それはアリストテレスの文献とアラブの学問がつぎつぎと再発見されつつあった時代です。それまで西欧キリスト教世界は、古代キリスト教とそこから生まれた学問の、衰えを知らない伝統に支配されていました。それが、今度は、非キリスト教的で、包括的で、かつ世俗的合理性にもとづいたあたらしい世界理解に出会うことになったのです。特定の、きわめて重要なひとびとをふくむ、数多くのキリスト教思想家はこうした合理性の要求のなかに何よりもまず危険を感じとりました。かれらはそうした要求に対抗してキリスト教の伝統の歴史的アイデンティティを守らなければならないと考えました。というのも学的合理性と信仰の真理一般とのあいだの対立は乗りこえがたいと見て、“学知の優位”を支持する選択をおこなった急進的な諸個人もしくは諸集団が存在したからです。」

(9)「これらふたつの極端のあいだでアルベルトゥスは中間の道をとります。かれは、理性の厳密な使用にもとづく学知の真理要求を承認します。事実、そうした学知は、その内容において受容され、他に依存しないその合理性において補完され、訂正され、発展させられてきました。まさにそのようにして、学知はキリスト教世界の財産となってきました。そのようにして、キリスト教世界に固有の世界理解が、その伝統のいかなる本質的要素をも放棄する必要なしに、ましてやその信仰の基礎を放棄する必要なしに、いちじるしく豊かにされてきました。理性と信仰のあいだに根本的対立はありえません。理性は、その本性が神から来たのですから、真理に適合もしくは合致し、真理を認識できますし、信仰は、あらゆる真理の同一の源泉すなわち神に拠りどころを求めることなのですから。」

(10)「信仰は、事実、自然的理性がそれ特有の諸権利を持つことを確認します。信仰はそ

（31）Cf. J.A. Aertsen, K. Emery Jr., A. Speer（éd.）, *Nach der Verurteilung von 1277...*, avec la recension de L.Bianchi, « New Perspectives on the Condemnation of 1277 and Its Aftermath », *Recherche de théologie et philosophie médiévales*, 70, 1（2003）, p.206-229.

（32）これらはK. EmeryとA. Speerが*Nach der Verurteilung von 1277...*の序論« After the Condamnation of 1277 : New Evidence, New Perspectives, and Grounds for New Interpretations », p.9, 10で直接・間接にわたしに帰している命題である。両著者による« After the Condamnation of 1277 : the University of Paris in the Last Quarter of the Thirteenth Century », *Bulletin de philosophie médiévale*, 38（1996）, p.119-124も参照せよ。

（33）ここで、たえず再生するこうした「あたらしさ」の本質が何なのかを回勅「信仰と理性」43節のつぎの記述をもとに思いだしておこう。「キリスト教思想家が、古代哲学の豊かさを、もっとはっきり言えば、アリストテレス哲学の豊かさを再発見した時代に、かれ［トマス］は理性と信仰のあいだにある調和を前面に押しだすという偉大な功績を残したのです。理性の光も信仰の光も、ともに神から来るのだ、とかれは説明しました。だからこそ両者は矛盾しあわないのです。トマスはさらに踏み込んで哲学に固有の対象である自然は神による啓示の理解に貢献しうることをも認めました。それゆえ信仰は理性を恐れるのではなく、理性を追い求め理性を信頼するのです。恩寵が自然を前提して自然をその完成へとみちびくように、信仰は理性を前提し理性を完成させるのです。理性は信仰によって照らされることにより、罪たる不服従に由来する脆弱と限界から解放され、三位一体なる神の神秘の認識にまでおのれを引きあげるために必要な力を見出します。天使的博士（トマス）は信仰の超自然的性格を熱心に強調しながらも、その合理性という価値を忘れることはありませんでした。それどころか、かれはこうした合理性の意味をより深く掘りさげ、明確にすることができたのです。実際、信仰は、ある意味で“思考力の行使”です。人間理性は信仰内容に同意を与えたとたんに無に帰するとか辱めを受けるということはないのです。信仰内容そのものが、つねに自由で意識的な選択によって到達されるのですから。」

第一章

（１）Cf. R. Brague, « Angoisse de la raison（*Fides et ratio*）», *Communio*, 25/6（2000）, p.14.

（２）Cf. A. Malraux, *La Tentation de l'Occident*（1926）, Paris, Le Livre de Poche, p.128.

（３）Cf. R. Brague, « Angoisse de la raison », *op.cit.*, p.18.

（４）Cf. R. Brague, *op. cit.*, p.21. この個所でブラグはF. Nietzsche, *Die fröliche Wissenschaft*, V, § 344; KSA, t.5, p.574-577を引用している。

（５）Cf. R. Brague, *ibid.*, p.19. この個所でブラグはChesterton, *The Blue Cross*, n.18を引用している。

（６）ヴァチカンの日刊紙『オッセルヴァトーレ・ロマーノ』に掲載された原文の英訳« Science and Faith in the Search for Truth ». John Paul II to teachers and university students in Cologne Cathedral, Saturday, November 15, 1980（カリフォルニア工科大学ニューマン・センターが許可を得てウェブ上に公開している）からの引用である。「ドイツ連邦共和国の科学者のみなさん、ならびにヨーロッパの学問の歴史に恒久的な影響を与えてきたドイツ諸大学の学生のみなさんに歓びと感謝の思いをこめてごあいさついたします。みなさんは、また、大学や各種アカデミーそのほかの研究機関に在籍する多くの研究者、教

(1997), p.33-77.

(27) A. ブロは、1270〜1277年の検閲の「逆説的結果」は「神学のなかに哲学的・論理学的議論をみちびき入れたことである」と指摘し、L. ビアンキは、逆に、「哲学的論争や哲学的語法の神学への導入はずっと以前から始まっており、それには検閲とは別の知的理由（アリストテレス主義の影響、“分析的態度”の熟成［わたし自身がくみする仮説はこれである］）と制度的理由（神学の研究生の大半は、同時に、哲学の教師であったという事実［これもわたしがくみしている仮説である］）がある」と考えている。両者はともに、「推奨された道程」ではない、「予想外の道程」がたどられた事例を語っている。いずれにせよ、ふたつの学科のあいだを行き来する分析道具と諸問題の内部循環、つまりは、大学的言説性の諸形式の内部における哲学・神学の輸出入によって「合理的なもの」を「純粋な意味で」哲学的なものと見なすあらゆる同一視が不可能となっていることに変わりはない。L. ビアンキ自身がA. ブロに反対してつぎのように指摘しているのは、このことを証言するものである。「実際、1277年の断罪の結果、まさに反対のことが起こった。すなわち神学的な観念や概念装置や定説が自然哲学において使用されるようになったのである。」ブロ－ビアンキ論争についてはL. Bianchi, « Un Moyen Âge sans censure ?...», *op. cit.*, p.733-743 およびA. Boureau, « Dialogue avec L. Bianchi », *ibid.*, p.745-749を参照せよ。

(28) Cf. P. Vignaux, *De saint Anselme à Luther*, Paris, Vrin, 1976, p.15.

(29) Cl. Lafleurは« L'apologie de la philosophie à la faculté des arts de Paris dans les décennies précédant les condamnations d'Étienne Tampier : la contribution didascalique des artiens », *in* J. A. Aertsen, A. Speer (éd.), *Was ist Philosophie im Mittelalter ?* (Miscellanea Medievalia, 26), Berlin-New York, Walter de Gruyter, 1998, p.386でわたしの旧著『中世を考える』（邦題『中世知識人の肖像』）の主要命題をつぎのように要約している。「第一に、知識人がふたつのカテゴリーに区別されること」すなわち「古典を材料として哲学的生を発明する知識人」――つまりパリ大学人文学教師――と「隠喩で語られた教師の言説を具現化することによりそうした生をいきるべく努める知識人」（邦訳p.9）――つまりおのれを「脱職業化」することにより、検閲者に抑圧されていた人文学者の哲学的理念が大学という囲いのそとに広がるきっかけを作ったダンテやエックハルトといった仲介者――とに区別されること。第二に、最初の集団の成員のなかに「古典古代の賢者と倫理的に一体化しようとする哲学が孵化したこと」（邦訳p.170）。第三に、1260〜1265年ころ、学習教材の特徴をなす「隠すことと顕すことのかけ引き」のなかに「哲学的なものの自己肯定」が現れること。第四に、それまでおおむね「地下活動的局面にあった哲学の権利要求」が、ダキアのボエティウスの『最高善について』のなかの「哲学的かつ哲学的であることを隠さない表現で書かれた［…］哲学の礼賛」に引きつがれたこと（邦訳p.198）。第五に、「哲学的なものの人文学者による弁明が最終的にエックハルトによって乗りこえられること」。本書はこれらの主要命題を引きついでいるが、それは、アルベルトゥス・マグヌスと1277年の断罪を軸にそれらを議論し、微調整し、さらには批判するためである。

(30) アルベルトゥス・マグヌスについてはW. Senner (éd.), *Albertus Magnus. Zum Gedenken nach 800 Jahren: neue Zugänge, Aspecte und Perspectiven,* Berlin (*Quellen und Forschungen zur Geschichte des Dominikanerordens*, N.F.10), 2001を参照せよ。

る。この点について J.Hackette, « Epilogue : Roger Bacon's Moral science », *in* J. Hackette（éd.）, *Roger Bacon and the Sciences. Commemorative Essays*（*Studien und Texte zur Geistgeschichte des Mittelalters*, 47）, Leyde-New York-Londres, Brill, 1997, p.405-409 を参照せよ。

(23)「理性のさまざまな状態」の歴史という観点からの神学的合理性および「神学の名誉回復」の必要性については A. de Libera, *Penser au Moyen Âge*, Paris, Éd du Seuil, « Points Essais », 329, 1996, p.149 を参照せよ。

(24) Cf. J.-L. Solère, « Avant-propos », *in* J.-L. Solère, Z. Kaluza（éd.）, *La Servante et la Consolatrice. La philosophie au Moyen Âge et ses rapports avec la théologie*, Paris, Vrin, 2002, p.15.

(25) Cf. L. Boulbach, « Philosophie », *op. cit.*, p.1087a-b（「中世における哲学と神学の対話の豊饒性を語ることはかならずしも［…］ジルソンが提起した“キリスト教哲学”という仮説を引き受けることを意味しない。むしろ哲学・神学相互の異議の申立てあいを通じてこそ、あらたな形而上学の構想が培われてきたのであって、それがやがて近代哲学の構想になっていくのである。しかしこうしたアプローチの枠内にあっても、ジルソンのように、神学部のなかに哲学の生産現場を見ることは禁止されていない。このあたらしい知的創造を“哲学者たちの神学”——古代思想が彫琢してきた自然神学（神的なものについての言説）——と対比させて“神学者たちの哲学”と形容することが可能である。それは神学者によって生産されたとはいえ、その対象の特殊性によってやはり哲学なのであって、そのことは哲学者たちによる自然神学がやはり神学であったのと同様である。中世において哲学は、割りあてられた特殊な制度の壁をこえた広がりを見せているのである。問題は、たんに、だれが哲学をしていると見なすかではなく、だれが実際に哲学しているかである。この点、神学者たちも安閑としていたわけではない。近代哲学の源泉に関する研究によってますます信憑性が高まりつつあるジルソンのつぎのような議論を正当に評価しなければならない。すなわち近代哲学がスコラ神学から借りた主題や観念をかえりみると、スコラ神学のなかにも哲学があり、しかもそれはスコラ神学が古代人からそっくり借りてきたというのではない以上、自分自身で分泌した哲学だ、という議論である。このように、歴史的分析に従うかぎり、神学者が革新的で耐久性のある、哲学者としての仕事を為しえたことを認めざるをえない」）. 詳しくは J.-L. Solère, « La philosophie des théologiens », *in* J.-L. Solère, Z. Kaluza（éd.）, *La Servante et la Consolatrice...*, *op.cit.*, p.43 を参照せよ。

(26) この点については僭越ながらわたしのつぎの諸論文を参考文献としてあげさせていただきたい。A. de Libera, « L'instant du changement selon saint Thomas d'Aquin », in *Métaphysique, histoire de la philosophie. Recueil d'études offert à Fernand Brunner*, Neuchâtel, La Bâconnière,1981, p.99-109; « La problématique de l'"instant du chamgement" au XIIIe siècle: contribution à l'histoire des *sophismata physicalia* », *in* S. Caroti（éd.）, *Studies in Medieval Natural Philosophy*（Biblioteca di Nuncius. Studi e Testi, I）, Introd. of J.E. Murdoch, Florence, Leo S.Olschki, 1989, p.43-93; A. de Libera et I. Rosier-Catach, « L'analyse scotiste de la formule de la consécration eucharistique », *in* C.Marmo（éd.）, *Vestigia, imagines, verba. Semiotics and Logic in Medieval Theological Texts*（*XIIIth-XIVth Century*）*, Acts of the 11th European Symposium on Medieval Logic and Semantics, San Marino, 24-28 May 1994*（Semiotic and Cognitive Studies, 4）, Brepols, Turnhout, 1997, p.171-201; « Les enjeux linguistiques de l'analyse de la formule de la consécration eucharistique », in *Cahier de l'Institut du Moyen Âge grec et latin*, 67

II, Paris, Garnier-Flammarion, 1965, p.246. スピノザの論述によるとマイモニデスの「ものの見かた」はアヴェロエスの「ものの見かた」にきわめて近く「有害、無益にして不条理」と形容されている。マイモニデス批判については同書第７章 p.154-157を参照せよ。この点に関してはあとでもう一度触れる。

(18) Cf. L. Boulbach, « Philosophie », *in* C. Gauvard, A. de Libera, M. Zink (éd.), *Dictionnaire du Moyen Âge*, Paris, PUF, 2002, p.1087a.

(19)「神学的合理性の概念」については O. Boulnois, « Un Moyen Âge sans censure ? », *Critique*, 47/535 (1991), p.980を参照せよ。

(20) ドゥンス・スコトゥスは、哲学者「というもの」が、かれらに固有の言説の有効領域のそとに「越境し、神学者の領域に土足で踏み込むこと」を阻止しようと腐心しながらも、同時代の哲学者と一度も「本物の討論」をおこなわずに書斎の論争に終始するのだが、その論争はブルノワの表現によると「1277年の断罪の体系的、寓意的、教科書的な残響」(O. Boulnois, *Duns Scot. La rigueur..., op. cit.*, p.66) を聞くかのようである。スコトゥスは、言葉のあらゆる意味で1277年以後の神学者であって「哲学者の謬説の遺漏のない目録を作成する」(O. Boulnois, *op. cit., ibid.*, n.4) のだが、トマスは、逆に、1277年以前の神学者である。

(21) このことは L. Bianchi, « New Perspectives on the Condemnation... », *op. cit.*, p.225 で指摘されているとおりである (「1277年の断罪が、パリ大学人文学部における教育の方向性を統制しようとする神学者による最後の試みであるとすれば、それはまた同時に、神学部内部における、はるかに強い学説統制の時代の始まりだったのである」)。この論文ではつぎのこともはっきり言われている。「しかし神学者と教会当局者は、執拗に、人文学者にだけ規律を課そうとした (*ibid.*, n.46)。」

(22) ロジャー・ベーコンが l'*Opus maius*, III, t.1, éd. J. H. Bridges, Oxford, OUP, 1897-1900 (reprint, Francfort, Minerva, 1964), p.73 et l'*Opus tertium*, éd. J.-S. Brewer, R. *Baconi opera quaedam hactenus inedita*, Londres, 1859 (reprint, New York, 1964), I, 1, p.80-81 で展開するシナリオを思いだそう。そのあらましはこうである。セツ、ノア、セム、アブラハムといったひとびと、すなわち族長であり、申し分のない哲学者であり、非の打ちどころのない信者であったひとびとはカルデア人および最初の世俗の哲学者たち（ネムロツ、ゾロアスター、プトレマイオス、アトラス、ヘルメス・トリスメギストス）に、自分たちが神の照明と啓示によって受けとった知恵を伝えた。しかし、かれらのもとで、知恵は原罪のために衰退した。かれら「賢者たち」は神から来たものを横領しようと欲して『ローマ人への手紙』１章22節の語る「愚か者」と成り果てたからである。それゆえにソロモンなる人格のもとで２度目の啓示が必要となり、その啓示はタレス、ピュタゴラス、ソクラテス、プラトンのもとで、また、さほどひどくはない程度でアリストテレスのもとで、２度目の堕罪を経験した。結局、哲学者は信仰を持たないので「聖人に与えられた完璧な知恵」を「教育と労作によって」(*per doctorinam et opus*, in *Opus maius*, II, 14, t.1, éd. cit., p.68) 不完全なかたちで世に示すことしかできないのである。詳しくは J. Hackette, « Philosophy and Theology in Roger Bacon's *Opus maius* », *in* J. Long (éd.), *Philosophy and the God of Abraham. Essays in Memory of J .A. Weisheipl* (*Papers in Medieval Studies*), Toronto, Pontifical Institute of Medieval Studies, 1991, p. 55-69 を参照せよ。ベーコンにとってパリ大学人文学部の教師たちは無神論哲学者のプリンスであったネムロツの後継であ

（14）したがってヨハネ・パウロ２世が第二ヴァチカン公会議を持ちだすのは、それが人文諸科学を優遇して哲学・形而上学を放棄するきっかけを作ってしまった公会議であることを言いたいからである。この点については結論の章でもう一度触れる。バランスをとる――それが法王の思考の特徴だと考えたい――つもりなのかどうか、回勅「真理の輝き」36章は、第二ヴァチカン公会議以後を道徳神学の領域において（カント的？）自律が不幸にも強調されてしまった時期ととらえていたことに注目されたい（「自律を求める現代的要望はカトリック道徳神学の領域にもまた影響をおよぼさずにはすみません。カトリック道徳神学は、たしかに、人間の自由を神の律法に対置したり、道徳規範の究極には宗教的基盤が存在するということを疑問視したりするつもりはさらさらないにしても、しかし、“この世界のなかでの”具体的な行動に、すなわち自己自身と他者と現実世界に対する行動に関係する道徳規範の決定において理性と信仰それぞれの役割を全面的に考え直そうとする方向にみちびかれてきました。反省のありかたを刷新しようとするこうした努力の根本には、おおむね、カトリック思想の最良の伝統に属する或る種の実証性の要求があることを認めなければなりません。第二ヴァチカン公会議の誘いに促されて、ひとびとは現代文化との対話を推進しようと望み、自然的な道徳法則の領域に属する道徳規範の合理的――したがってまた普遍的に理解可能で伝達可能な――性格に光を当ててきました。さらに、自然的な道徳法則に由来する倫理的要求の内的性格を力説しようと欲し、そうした要求が義務として意志に課せられるのは、人間理性によって、具体的には、個人の良心によってあらかじめ承認される場合にかぎると主張しました。しかし神の叡知に対する人間理性の依存を忘れ、さらに、自然自体が罪のうちにあるという現況にあっては、自然的次元における道徳的真理でさえ認識可能となるために神の啓示が必要であること、そして、とりわけ、そうした啓示が現実に実在することを忘れることによって、或るひとびとは、この世を正しく生きるための道徳規範の領域では理性が全面的主権を有するとの理論を作りあげるにいたりました」）。

（15）グレゴリウス１世のこの格言（cf. Grégoire le Grand, In Evang., hom. 26, n.1; PL76, 1197C）はペトルス・ロンバルドゥス『命題集』第４巻第９区分第３章（「人間理性ガ証拠ヲ提出スル処デハ信仰ニ手柄ハ無イ」Editiones Collegii S. Bonaventurae, II, p.299, 16-17）に引きつがれ、さらにカントの批判哲学の背景にも見出される。J. ジブランがフランス語に訳した『諸学部の争い』（E. Kant, *Conflit des facultés en trois sections*, 1798［Bibliothèque des textes philosophiques］, Paris, Vrin, 1955）の p.46 につぎの文言がある。「適切に啓示されたおかげで認識されるようになった聖書の諸教義を信仰することは、それ自体、いかなる手柄でもなく」また「そうした信仰の不在も、さらには信仰を妨げる懐疑さえも、それ自体、落度ではない。というのも宗教において、唯一、大切なのは、“される”ことではなく、“する”ことだからである。」

（16）Anonyme, « *Quod Deus* », comm. art. 18（216）, éd. Cl. Lafleur, D. Piché, J. Carrier, « Le statut de la philosophie dans le décret parisien de 1277 selon commentateur anonyme du XVe siècle: étude historico-doctorinale, édition sélective et synopsis générale des sources du Commentaire "Quod Deus"», *in* J.A. Aertsen, K. Emery Jr., A. Speer（éd）, *Nach der Verurteilung von 1277. Philosophie und Theologie an der Universität von Paris im letzten Viertel des 13. Jahrhunderts*, Studien und Texte, Berlin-New York, Walter De Gruyter, 2001, p. 963.

（17）Cf. Spinoza, *Traité théologico-politique*, chap. XIV, in *Œuvres de Spinoza*, trad. Ch. Appuhn, de Romans, *De vita regulari*, I, éd. J.-J. Bertier, Turin, 1956, p.304-307 で強調されているとおりである。

（8）この命題は、或る意味で、ドゥンス・スコトゥスで頂点に達する。この点については O. Boulnois, *Duns Scot. La rigueur de la charité*（Initiations au Moyen Âge）, Paris, Éd. du Cerf, 1998, p.70（「スコトゥスは理性の自律性とその不充足性を同時に強調する。より正確に言えば、かれに理性の限界を識別させているものは、自然の容量の方が自然的理性によって認識されるものよりも大きいという考察である。哲学者は、自分の言説を越える超自然的なことがらの効用を否定するとき、それが適切な言説であると思い込んでいるが、より複雑でより包括的な合理性の名のもとに、このうえなく限定された言説をさえ語る権利を明示できるのは神学者の方である。哲学者は理性を越えたことがらについて何ひとつ有効なことを語りえないのに対して、神学者は哲学的言説の有効性を明示できる。哲学者は神学的なことがらについて誤るが、神学者が哲学的なことがらについて――かりに哲学者を説得できないにしても――誤ることはない」）を見よ。回勅「信仰と理性」に反映されているかぎりでの法王庁の観点は、トマス・アクィナスへの賛辞がくり返されているにもかかわらず、スコトゥスの観点からそれほど隔たっているようには見えない。

（9）わたしはこの言葉（「不敵な」）を F.-X. Putallaz, *Insolente Liberté. Controverses et condamnations au XIII*[e] *siècle*, Paris-Fribourg, Éd. du Cerf - Éd.universitaire, 1995 から借りている。

（10）L. Bianchi, « Un Moyen Âge sans censure ?... », *op. cit.*, p.740 からの引用。

（11）ドイツ語原典はつぎのとおりである。« Ich kann also Gott, Freiheit und Unsterblichkeit zum Behuf des notwendigen praktischen Gebrauchs meiner Vernunft nicht einmal annehmen, wenn ich nicht der spekulativen Vernunft zugleich ihre Anmaßung überschwenglicher Einsichten benehme, weil sie sich, um zu diesen zu gelangen, solcher Grundsätze bedienen muß, die, indem sie in der Tag bloß auf Gegenstände möglicher Erfahrung reichen, wenn sie gleichwohl auf das angewandt werden, was nicht ein Gegenstand der Erfahrung sein kann, wirklich dieses jederzeit in Erscheinung verwandeln, und so alle praktische Erweiterung der reinen Vernunft für unmöglich erklären. *Ich muß also das Wissen aufheben, um zum Glauben Platz zu bekommen*, und der Dogmatismus der Metaphysik, d.i. das Vorurteil, in ihr ohne Kritik der reinen Vernunft fortzukommen, ist die wahre Quelle alles der Moralität widerstreitenden Unglaubens, der jederzeit gar sehr dogmatisch ist. »

（12）「信仰と理性」61節（「第二ヴァチカン公会議からこのかた、多くのカトリック学派のなかにこの件に関する或る種の衰弱が認められるのですが、その原因として、たんにスコラ哲学に対してだけでなく、もっと一般的に、哲学研究そのものに対する敬意が薄れてきたことがあるのです。相当数の神学者が哲学研究に対するこうした無関心を共有していることを確認しなければならないことは、わたしにとって驚きであるし遺憾でもあります。こうした哲学離れの根本にある理由はさまざまです。第一に現代哲学の大半が表明している理性不信を考慮に入れなければなりません。現代哲学は特殊的で周辺的な、そしてしばしば純粋に形式的な問題に関心を集中させるあまり、人間をめぐる究極の問いかけに答えようとする形而上学的な探究をあらかた放棄しているのです」）。

（13）Cf. J. Ratzinger, « Vérité du christianisme ? », *in* C. Michon, éd., *Christianisme : héritages et destins*, Paris, Le Livre de Poche, 2002, p.318-319.

原注

序論

（1）É. Durkheim, *L'Évolution pédagogique en France*, chap.VI（www.uqac.uquebec.ca/zone30/Classiques_des_sciences_sociales/index.html からダウンロード可能）.

（2）回勅「真理の輝き」の日付は1993年８月６日。ここでは www.vatican.va/holy_father/john_paul_ii/encyclicals/index_fr.htm からフランス語訳を引用している。

（3）当然、わたしは回勅「信仰と理性」43節にある「聖トマスは、たんにその学説の内容という点だけでなく、同時代のアラブ思想およびユダヤ思想とのあいだに開始しえた対話という点からしてもまったく特殊な位置を占めています」という言及のなかに思わせぶり以上のものを期待していない。

（4）価値もしくは規範の領域における真理と自由との分離によって神学の側に何が失われるかは、回勅「真理の輝き」のなかでつぎのような言葉で明示（もしくは文脈化）されていたことを思いだそう。「[…] カトリック教会の道徳的教えに対して、人間的・心理学的次元はもとより社会的・文化的次元においても、さらには宗教的かつ厳密な意味で神学的な次元においてすら、数多くの異論や反論が流布されるという、あたらしい状況がキリスト教社会それ自体のなかに出現しているのであります。もはや限定的・偶発的な対立が問題なのではなく、特定の人間学的・倫理的発想にもとづいて、道徳的遺産の是非が包括的・体系的に論じられていることが問題なのです。こうした発想の出発点には、人間の自由を、真理に対する必然的で構成的な関係から分離することに結局は帰着する思想潮流の、多かれ少なかれ隠蔽された影響があることに気づかされます。かくして自然法と、それが定める諸戒律の普遍性および永続的有効性に関する伝統的学説は脇に追いやられます。カトリック教会の道徳的教えのなかの或るものが、端的に受け入れ不可能であると宣言されます。法王庁自体も、道徳的案件に関して、たんに、良心を“励まし”“価値観を提示するために”介入できるだけで、そののち、人生の決断と選択にさいしてはそれらを内なる動機とするもしないも各人の自主性に任されている、というわけです。」ここでは、哲学者「というもの」（もしくは「複数の」哲学者）が援用する真理概念と法王のそれとはかならずしも同じ対象を指示していないことに注意されたい。

（5）Cf. L. Bianchi, « Un Moyen Âge sans censure ? Réponse à Alain Boureau », *Annales*. Histoire, sciences sociales, 57e année-nº3, 2002, p.743.

（6）Cf. L. Bianchi, « Ordini mendicanti e controllo "ideologico": il caso delle provinze dominicane », in *Studio e studia : le scuole degli ordini mendicanti tra XIII e XIV secolo*. Atti del XXIX Convegno internazionale, Assisi, 11-13 ottobre 2001, Spoleto（Centro Italiano di Studi sull'Alto Medioevo, Spoleto）, 2002, p.305-338.

（7）あらゆる規則がそうであるように、これが例外を許容する規則であることは Humbert

カトリック教会の正統教義の枠内にとどまった。

（二四）ニコラウス・クサヌス Nīcolāus Cusānus（1401〜64） ドイツの哲学者・神学者・数学者・枢機卿。「クサヌス」は出生地モーゼル河畔の町クースを表す。ケルン大学でカンポのハイメリクスに学び、偽ディオニュシオス、アルベルトゥス、ライムンドゥス・ルルス、エックハルトらの書物から思索の糧を得る。中世の神秘思想がルネサンスの世界観に変貌する道筋をつけたことから「最後の中世人」と呼ばれる。神の本質は「反対の一致」であり、人間が神を知るには矛盾排除律の支配下にある理性（ratio）を越えて、「知ある無知」としての知性（intellectus）の域に達しなければならない。創造された世界は理性の目で見られた神そのものである。したがって、世界は、或る縮約のもとにではあれ、神を反復し、その全体は無限であり、その諸部分は還元不可能な個体性と相互の調和を有し、しかもいたるところに数学的・科学的な研究を受け入れる素地がある。ニコラウスは教会政治にも手腕を発揮し、カトリック教会とビザンツ教会、キリスト教とイスラム教、カトリック教会内の公会議派と法王派の和解に尽力した。

結論

（一）ビリー・グラハム Billy Graham（1918〜） 本名ウィリアム・フランクリン・グラハム、ジュニア William Franklin Graham, Jr.。アメリカのキリスト教福音派教会の牧師・伝道家。1950年に「ビリーグラハム福音伝道協会」を設立。マディソン・スクエアガーデンやテレビを使う大規模な大衆伝道に特徴がある。福音派はアメリカ保守政治と結びつきが強く、とくに2000年と2004年の大統領選挙でジョージ・W. ブッシュの有力な支持基盤となり、同氏が大統領になったあともアフガニスタン・イラクにおける戦争政策を crusade（十字軍）の名のもとに支持した。

（二）メッカコーラ Mecca-Cola アメリカのアフガニスタン侵攻にヨーロッパ・イスラムの反感が高まりつつあった2002年11月にフランス在住のチュニジア人実業家が考案した清涼飲料水。コカコーラの不買運動と連動して販売され、デザインも味もコカコーラに酷似しているが、10パーセントがパレスティナ人などへの支援活動に寄付されている。現在、フランス以外の国ぐにでも売られている。

（一四）オーヴェルニュのペトルス Pierre d'Auvergne　1260年ころパリ大学で神学を教え、1302年ころクレルモン司教として死去。『詭弁論』の著者で、そのほかにアリストテレスの注釈書と『任意問題集』を著している。「注釈」を読むかぎりではトマス主義者であるが、『任意問題集』にはトマスから離反する面もある。

（一五）カヴァルカンティ Guido Cavalcanti（1255頃〜1300）　イタリア・フィレンツェの詩人。ボローニャの詩人グイニツェリ（1240頃〜76）が始めた「清新体派」に属し、ダンテは同派のなかでかれに兄事していた。清新体派は愛の内面化と貴婦人の理想化を特徴とし、概念と文体の両面で従来のイタリア詩を刷新してペトラルカへ向かう流れを作った。

（一六）『ニコマキア *Nicomachia*』　アル－ファラビが著したアリストテレス『ニコマコス倫理学』の注釈書。

（一七）シレジウス Angelus Silesius（1642〜77）　アンゲルス・シレジウスは「シレジアの天使」を意味する渾名。本名ヨハン・シェフラー Johann Scheffler。故国シレジア（現ポーランド南西部）の宮廷侍医をつとめながら詩作に従事した。自らの宗教的心情を歌った散文詩集『智天使のさすらい』（邦訳名『瞑想詩集』）にはエックハルトの神秘的世界観が色濃く表れている。

（一八）サン－ジュスト Louis Antoine de Saint-Just（1767〜94）　フランス革命期の国民公会議員。ロベスピエールの片腕として、もっとも急進的な諸施策の実現と祖国の対外防衛に力を尽くし、テルミドール反動で逮捕・処刑された。遺稿となった『共和制度論断片』のなかにつぎの言葉がある。「人間はだれにも従属せずに生きるべきである。世に富裕者も貧窮者もあってはならない。」

（一九）パリのヨハネス Jean de Paris（Jean Quidort, ? 〜1306）　トマス主義者。至福直観をめぐる論争以外にも多くの論争にかかわっている。1277年の断罪に関連してギヨーム・ド・ラ・マールが『対トマス修道士譴責文集』を著し、フランチェスコ会とドミニコ会の論争が始まったとき、ドミニコ会を代表して『譴責文集の譴責文集』を著しギヨームに反論した。また公会議派と法王派の争いにさいしては自著『国王と法王の支配権について』で前者に味方している。

（二〇）修道女カトライ sœur Katerei　*Also waz schwester Katrei*（『カトライ尼はかくありき』）に登場する女性。エックハルトの弟子カトライが神との合一を果たす過程を描いているこの文書は、ド・リベラの研究によると、伝えられているようなエックハルトの著作ではなく、自由心霊兄弟団の宣伝文書としてベギン会が作成・配布したものである。

（二一）ヒスパニアのゴンサルウス Gonsalvus Hispanus（ ? 〜1313）　パリでドゥンス・スコトゥスの師。天使にも形相質料論を適用し、人間のうちに形相の多数性を認めた。知性と意志のいずれが優位を占めるかをめぐってエックハルトとパリで論争した。

（二二）チェゼーナのミケーレ Michel de Cesena（生没年不詳）　イタリアのフランチェスコ会士、同会総長。1322年にペルージアに召集された参事会で同会内「心霊派」の要求を聞き入れて「キリストの清貧」を信仰と教義の一箇条とすることを総長として宣言。

（二三）ゾイゼ Heinrich Seuse（1295頃〜1366）　ラテン名ヘンリクス・ズーゾー Henricus Suso。タウラー（1300頃〜61）と並び称されるドイツの神秘主義的な司牧者・説教者。ドミニコ会士。エックハルトの影響を受けて人間の完成を神の観想と神への愛のうちに見ながらも、人間の魂はあくまで被造物であるとする点でエックハルトとは一線を画し、

照）の著書。

（三）『命の泉』の著者　アヴィケブロンのこと（「中世哲学の手引きＩ」⑪参照）。

（四）ガレノス Klaudios Galēnos（131〜201）　現トルコ・ペルガモンに生まれ、ローマで没した医師。生理学理論においては中世最高の権威者。ヒポクラテス説を継承し、体質を構成する因子は体液であると考え、血液・粘液・黄胆汁・黒胆汁からなる四体液説を唱えた。

（五）ニュッサのグレゴリオス Grēgorius Nŷssenus（330頃〜394頃）　現トルコ・ニュッサの司教。ニカエア信経の根幹をなす三位一体論の確立に貢献したギリシャ教父。バシレイオスの弟でナヂアンゾスのグレゴリウスの友。以上三人が「カパドキアの三教父」と呼ばれる。なお本文でエメサのネメシオスと等号で結ばれているのは、ネメシオスの著作が誤ってニュッサのグレゴリオスの名で引用されている個所がひとつあるという意味。

（六）第三章訳注四参照。ジルソンの研究によると、『人間の本性について』は中世を通じてニュッサのグレゴリオスの作と誤認され権威ある書物として読まれた（*La philosophie au Moyen Âge*, p.75）ということであるが、この個所でアルベルトゥスも『人間の本性について』の帰属をまちがえていたことが分かる。

（七）エフェソスのミハエル Michael de Ephesius（生没年不詳）　ビザンツのペリパトス主義者でその著作のほとんどがアリストテレスの注釈。ビザンツ皇帝ヨハネス２世コムネノス（在位1118〜43）の治世下に王女アンヌが主催した、いわゆる「アリストテレス・サークル」にエウストラトス（第五章訳注三参照）とともに属していた。

（八）アヴェンゾレト Avenzoreth（Avemoreth）　イブン・ズフル Ibn Zuhr（1091/94〜1161/62）のことと思われる。西欧ではアヴェンゾアル Avenzoar（Abhomeron）というラテン名で知られていた。スペイン南西部セヴィリャに生まれ没した医者。ムラービト・ムワッヒド両朝の王家に侍医として仕え、著書『治療と食餌の書』がラテン語に訳されている。

（九）アルチムボルド Giuseppe Arcimboldo（1527〜93）　イタリアのマニエリスム画家。果物・野菜・魚・動物・什器を用いて合成したグロテスクな人物頭部像を特色とする。

（一〇）オルレアンのアエギディウス Gilles d'Orléans　13〜14世紀初頭のアヴェロエス主義者。最初哲学史家のあいだでトマス主義者と目されていたが、1931年にグラープマンが『ニコマコス倫理学注解』に「二重真理説」が言い逃れとして使われていることを指摘して以来アヴェロエス主義者に分類される。

（一一）アゴスティノ・ニフォAgostino Nifo（1470頃〜1538）　イタリアの哲学者・注釈家。法王レオ10世からアレクサンドリア派ポンポナッツィの霊魂可滅論の論駁を依頼されアヴェロエス的な立場から霊魂不死の教義を防衛している。またアヴェロエス著作集の編集・注解という業績もあり、アヴェロエス主義者と目されることも多いが、むしろアヴェロエス哲学のカトリック正統教義に合致する解釈を試みたという方が正しい。

（一二）トーマス・ワイルトン（？〜1322）　イギリスの神学者・スコラ哲学者。オックスフォード・パリ両大学で教える。アヴェロエス主義者で、神が自己以外のものを認識するということ、もしくは理性的魂が肉体の形相であり人間の肉体の数だけあるということはたんなる自然的理性によっては論証できないと主張。

（一三）ブルターニュのラウル Raoul le Breton（1260頃〜1309）　ラテン名ラドゥルフス・ブリト Radulphus Brito。パリ大学で活動したフランスの文法学者。1260〜1310年ころ同大学で隆盛を誇った様態論者（Modistae）のひとり。主著『意味作用の様態について』。

を意味する。

（二〇）バシュラール Gaston Bachelard（1884〜1962）　フランスの科学哲学者。科学の進化を可能にする人間精神のありかたを分析し、理性の可変性と多様性を強調した。フランス構造主義の先駆けとしてピアジェ、アルチュセール、カンギレームなどを介してフーコーにも影響を与える。本文中でド・リベラが着目している「切断 coupure」なる術語は歴史学的時間の非連続性を意味し、アルチュセールやフーコーの用法に近い。

第六章

（一）サン－ティエリのギヨーム Guillaume de Saint-Thierry（？〜1148）　クレルヴォーのベルナルドゥス（第一章訳注四三参照）の弟子で、師と同様にアベラルドゥスなどの合理主義的な自然理解に強く抵抗し、内的・外的を問わない全自然のうちに神の表徴を見る立場をとる。師と異なるのは、アウグスティヌスの魂に関する教説を復活させ、「記憶」と「理性」と「意志」が聖書に啓示された三位一体の反復と考えていることである。

（二）アンブロシウス Ambrosius（333頃〜397）　イタリアの聖人でミラノの司教。キリスト教会が西欧における学問と教化の中心となるうえで実務の面でも思想の面でも偉大な功績を果たした。テッサロニキ（ギリシャ北部）で虐殺をおこなったテオドシウス帝の立ち入りを拒んで教会の権威を示し、オリゲネスなどギリシャ教父による聖書の寓意的解釈をラテン世界に導入して教義の精神性を高め、アウグスティヌスをマニ教徒からキリスト教徒に回心させた。

（三）ヒエロテオス Hierotheos　ディオニュシオス文書の著者が使徒パウロにつぐ自分の第二の師と呼んでいる人物。実在するか否かは定かでない。

（四）マクシムス・コンフェッソル Māximus Cōnfessor（580頃〜662）　コンスタンティノープルの人でビザンツ期のキリスト教神学者。「コンフェッソル」は「証聖者」の意。キリストの本質を新プラトン主義の精神で理解し、哲学史的には偽ディオニュシオスをエリウゲナにつなげる位置にある。創造された世界が神の自己表現であることを忘却している被造物とくに人間にそのことを知らしめる、いわば第二の創造がキリストの受肉である。すぐあとにある「神は人間が神となるために人間となった」という文言はそのことを表す。

（五）ヨハネス・タウラー Johannes Tauler（1300頃〜61）　ハインリヒ・ゾイゼとともにエックハルトの弟子にあたるドイツ神秘思想家。ドミニコ会士。魂のうちで神と出会うという、師に教えられた宗教的実践の究極目的とそれを実現する倫理的手段を精彩ある表現でひとびとに説教し、ドイツ神秘主義を一大潮流とするうえで大きな役割を果たした。

第七章

（一）ヨハネス・ダマスケヌス Jōhannēs Damascēnus（675頃〜749）　ギリシャ教父哲学最後の代表者で主著『認識の起源』の第３部はそれまでに蓄積されていたキリスト教の正統教義を体系的にまとめたもので12世紀にラテン語に翻訳され、ペトルス・ロンバルドゥスの『命題集』のモデルとなり、13世紀には『正統信仰について』という標題で西欧でしばしば引用された。

（二）『心臓運動論 *Liber de motu cordis*』　サレシェルのアルフレドゥス（第三章訳注二八参

および目的をアリストテレスにもとづいて解説した。

（一三）ヨハネス・フィロポノス Jean Philopon　６世紀前半にアレクサンドリアで活動したキリスト教徒の哲学者。アリストテレスをキリスト教の教義と整合するように注釈または批判したという点で13世紀以後の西欧スコラ哲学者のはるかな先蹤である。広範な研究活動の随所に卓見を示し、たとえば、アリストテレスが『自然学講義』で展開した運動理論を批判し、のちにビュリダンが唱えることになる「インペトゥス」理論の原型に到達している。

（一四）ムータジラ派 Mu'tazila　８世紀中葉から10世紀中葉にかけて現れたイスラム神学の先駆的一派で、「退いたひとびと」（敵側からの呼称）の意。カラーム（理性的思弁）を駆使してイスラム教の合理化を図り、伝統的な思考の慣例を破って神の諸属性を否定し、また、コーランの被造説を唱えた。神に属性を想定することは神を神以外のものに依存させることになり、またコーランを神とともに永遠と考えることは多神教をみちびく、というのがその理由である。

（一五）ケリントス派 cérinthien　２世紀に小アジア出身のユダヤ人キリスト教徒ケリントスによって創始されたグノーシス的なキリスト教の一派。ケリントスはナザレのイエスを「公正賢明な人間」と呼び、その死に人類の救済という意味はないと唱える。また、イエスは養子であるとも言ったので、キリスト養子論を一般にケリントス派と呼ぶこともある。

（一六）キリアストすなわち千年王国論者　千年王国論 chīliasmus, mīllēnārismus を唱えるキリスト教徒の一派（原語は千を意味するギリシャ語の chilias、ラテン語の mille に由来）。聖書は世の終わりにすべての人間が蘇りキリストの審判を受けると教えているが、千年王国論はキリストの再臨と世の終わりのあいだに千年を設ける説。すなわち、まず、義人のみが蘇り、キリストを王とする楽土を千年のあいだ享受し、そののち罪人のみが蘇って審判を受け世が終わる、とする。キリスト教古代に流布し、古代教会で多くの教父が支持したが、４〜５世紀ころから影をひそめた。

（一七）尊者ペトルス Petrus Venerābilis（1094〜1156）　フランス・オーヴェルニュ地方に生まれ、28歳でクリュニーの大修道院長を任される。46歳のときピレネーを越えトレドにいたり、現地で『コーラン』やムハンマドに関する資料を西欧人としてはじめてラテン語に訳させ『トレド集成』という本にする。教会当局に断罪されたアベラルドゥスを自らの修道院に受け入れて晩年を厚遇したことでも知られている。

（一八）ケットンのロベルトゥス Robertus Ketensis（1110頃〜60頃）　イギリスの神学者・天文学者・アラブ学者。ケットンはイングランド中東部レスター州の小村。1141年にスペインに渡り、翌年、現地で尊者ペトルス（前注一七参照）と出会い、『コーラン』そのほかの文献をアラビア語からラテン語に訳すよう委嘱される。

（一九）マフディ・イブン・トゥマルト Mahdī Ibun Tūmart（1091頃〜1130）　モロッコの宗教運動指導者でマフディ mahdī は「神にみちびかれし者」という意の尊称。12世紀前半、北アフリカ西部とイベリア半島南部を支配していたイスラム政権ムラービト朝のもとで、神の唯一性を意味するイスラムの基本的教義「タウヒード」の徹底を求めて宗教運動を起こし、ベルベル人への布教と宗教的情熱を喪失していたムラービト朝の打倒を目指した。死後、かれの教えを継承したアブド・アルムミンがムラービト朝のほぼ全版図を奪いとってムワッヒド朝を建てる。「ムワッヒド」は「神はひとつであると宣言した人」

義を代表していた保守派神学者。前注三参照。

（五）アダム・ウォッダム Adam Woodham（生没年不詳）　イギリスの神学者でフランチェスコ会士。1340年にオックスフォードで神学を講じている。オッカムから直に学び、その正統の弟子を自任する。オッカム以後のオッカム主義が神学を哲学から切り離すことに急であることに懸念を示し、神学における哲学とくに論理学の運用を重視した。しかも神学の領域における師の哲学批判を緩和し、哲学によって証明不可能なのは第一原因の唯一性だけであるとして、ほかの神学命題に関しては哲学の有効性を認めた。

（六）リミニのグレゴリウス Gregorius Rimini（1300頃～57）　イタリアの神学者でアウグスティヌス修道会の総長をつとめた。一般にオッカム主義者と目されているが、むしろ外的・内的を問わない知覚認識の無媒介性を主張する点でアウグスティヌスに近く、「普遍」を事物の属性ではなく事物について言明される命題の属性と見る点でアベラルドゥスに近い。

（七）ペトラルカ Francesco Petrarca（1304～74）　イタリアの詩人。ダンテにおけるベアトリーチェに相当する女性ラウラ Laura への愛を歌った抒情詩集「カンツォニエレ Canzoniere」が有名。また、プラトン・ホメロスなど古典文芸の直接研究によって人文主義の先駆けとなる。その文脈で、『己自身と多くの事についての無知』のなかでアラブ思想とくにアヴェロエス主義を古典哲学を歪めるものとして攻撃した。

（八）アシュアリ派 ash'arite　アル－アシュアリ al-Ash'arī（873～935）を祖とし、スンナ派を代表するイスラム神学の一派。合理主義的なムータジラ派（後注一四参照）と伝統主義的なハンバル派の中間に立つ。アル－アシュアリは、前者からカラーム（理性的思弁）重視の姿勢を受けつぎながらも、それが聖典に対して過度に適用されることを避け、たとえば、ムータジラが一度否定した神の諸属性をふたたび容認した。

（九）ネストリウス派 nestrien　コンスタンティノープルの総大司教ネストリウス Nestrius（?～451頃）はキリストの人性と神性を別個のものとして教えたかどで、431年にエフェソス公会議で異端宣告され、東方に追放される。ネストリウスの断罪に不満を持つシリアのキリスト教徒の一派がネストリウス派で、かれらは５世紀中葉にローマ帝国の弾圧を逃れてペルシャに達し、さらに中国に入って景教と称された。

（一〇）ヤコブ派 jacobite　シリアで成立した単性論（キリストの人性は神性に吸収されるとする説）を奉ずる一派で、その名を６世紀における中興の祖ヤコブ・バラダイオスにちなむ。単性論はカルケドン公会議（451）で異端を宣告されたが、シリアやエジプトのローマ帝国からの離反運動に結びついて東方で勢力を拡大した。

（一一）フナイン・イブン・イスハク Hunayn ibun Ishāq（808～873）　ネストリウス派の医者・翻訳者。イラク南部ヒーラに生まれ、バスラでアラビア語を習得し、バグダードでアッバース朝宮廷委嘱のもとに翻訳活動に従事。その対象はガレノス、ヒポクラテス、プラトン、アリストテレス、ディオスコリデス、エウクレイデス、プトレマイオスにおよび、アッバース朝へのギリシャ学術の移入の最大の貢献者。

（一二）ヤフヤ・イブン・アディ Yahyā ibn 'Adī（893/894～974）　ヤコブ派のキリスト教徒。アリストテレスの翻訳家として、先人がシリア語に訳したアリストテレスをさらのアラビア語に訳した。また卓越した論理学者として知られ、アヴェロエスが「注釈者」の異名をとったようにヤフヤは「論理学者」の異名をとる。『二つの学知もしくは学芸としての哲学的論理学とアラビア語文法学の差異についての論考』で論理学と文法学の対象

（一七）ギヨーム・ド・ラ・マール Guillaum de la Mare（生没年不詳） イギリス出身のフランチェスコ会士。1280年代に『対トマス修道士譴責文集』を著し、1277年の断罪をアリストテレス主義一般に対する断罪へと拡大する役割を果たした。

（一八）ジョン・ペッカム John Peckham（1240頃～92） イギリスのフランチェスコ会士でロバート・キルウォードビーを継いでカンタベリー大司教となった。神学においてはフランチェスコ派の伝統であるアウグスティヌス主義を堅持し、アヴェロエスやトマス・アクィナスのアリストテレス主義を厳しく批判した。

（一九）ド・リュバック神父 Henri-Marie de Lubac（1896～1991） フランス・カンブレ生まれのイエズス会士でリヨンやフルヴィエールで神学を講ずる。平信徒に対して開放的で歴史社会状況に対して関与的な教会のありかたを模索し「新神学」を唱える。ピウス12世の不興を買い、1950年代に教授職を解かれ、著作を信徒から遠去けられる措置を受けたが、パウロ６世の信任は厚く、第二ヴァチカン公会議（1964～）のリベラル路線を理論面で支えた。

（二〇）ボワイエ神父 Raymond Boyer（1925～2011） エルサレム・サン－ラザール修道会の修道院司祭。国立科学研究センター内に考古学研究室を設立した考古学者でもある。

（二一）ガリグ－ラグランジュ神父 Marie Aubin Gontran Garrigou-Lagrange（1877～1964） 20世紀最大のトマス主義神学者。フランスのドミニコ会士で法王庁が設置したアンジェリコ大学教授。トマス・アクィナスの思想体系と十字架のヨハネの神秘体験との内的一致を説き、ベルクソンをはじめとするフランス近代思想を批判して、新トマス主義を唱える。ピウス12世が「新神学」を批判するために公布した回勅「フマニ・ゲネリス」のゴーストライターだったと言われている。

第五章

（一）オーセールのギヨーム Guillaume d'Auxerre（？～1231） フランスの神学者。当時、西欧に流入しはじめたアリストテレスの著作がキリスト教信仰を脅かすことを避けるため、法王グレゴリウス９世が組織した謬説修正委員会の長をつとめる。哲学を神学から排除するのではなく、むしろその利用可能な部分を神学に統合する、という13世紀西欧神学の基本路線はギヨームに始まる。主著『黄金大全』。

（二）ヨハネス・イタロス Jean Italos（生没年不詳） イタリア人ヨハネスの意。ビザンツで検閲の対象となったはじめての大哲学者。ペリパトス主義を信奉し、1055年ころコンスタンティノープルのアカデメイアで「ヒュパトス」（「哲学者の統領」）に就任。神学の領域にアリストテレス論理学を適用したかどでギリシャ正教会から検閲を受け、異端宣告・破門へと追い込まれた。

（三）ニカエアのエウストラトス Eustrate de Nicée（1050頃～1120） ヨハネス・イタロス（前注）の一番弟子で、師が異端審問を受けたさいには、ほかの弟子たちといっしょに師を論難する文書に署名し、連座を免れた。しかし、キリストにおけるふたつの本性に関してかれ自身が執筆したアルメニア人ティグラノスに対する駁論のなかのいくつかの命題が論敵の目にとまり、今度はかれ自身が1117年に教会会議に召喚される。４月27日に告発理由を述べたニケタス・セイドスの演説が決め手となり、師と同様に異端宣告を受けた。

（四）ニケタス・セイドス Nicétas Seidos（生没年不詳） 12世紀にギリシャ正教会の正統教

あれ、事物のうちにあるという学説は、つきつめれば、形相は、神のうちにも一種の被造物として先在し、神はそれを範型として諸事物を創造したという結論をまねきかねない。「形相」を「イデア」と言いかえれば、これはかつて異端を宣告されたエリウゲナの説であって、神の意志の絶対性をそこなう考えかたである。したがって、「形相化論者」は、キリスト教神学の正統的立場からは異端視される。前注にあるようにコンスタンツの公会議で一連の教会改革者が断罪されるが、その断罪の（教会政治上の根拠はともかく）教義上の根拠の一端は、教会改革者が共通に示していた、強い実念論的傾向にあった。

（一一）ガンのヘンリクス Henri de Gand（？～1293）　現ベルギーに生まれ1276年からパリ大学で神学を講じた神学者・哲学者。トマス・アクィナスが没してドゥンス・スコトゥスが現れるまでのあいだ、スコラ学を維持するうえで主導的役割を果たした。どのような修道会にも属さなかったが、アウグスティヌス－アヴィセンナ主義の基調に立ってアリストテレス－アヴェロエス主義を批判し、1277年のシラブス（謬説表）の編集にもかかわった。しかしその学説には多数派のアウグスティヌス神学者のそれとは相容れない独自性があった。たとえば、人間の実体形相として魂とは別個に肉体の形相を想定したが、ふたつの形相の区別を、「実在的」でも「観念的」でもない、両者の中間の、「志向的」区別としたことである。

（一二）ゴドフロワ・ド・フォンテーヌ Godefroid de Fontaines（？～1306）　ベルギー・リエージュに生まれ、ケルンでガンのヘンリクスに学び、のちにパリ大学神学部教授となる。思考理論に関してアリストテレス・トマスの抽象理論をとってアウグスティヌスの照明説をしりぞけ、また意志に関しては根源的自発性を否認して知性のかかわりを強調するなど、おおむね、師のヘンリクスを批判し、トマスに接近する方向性を示した。

（一三）ライムンドゥス・ルルス Raimundus Lulus（1235～1316）　スペインに生まれた百科全書的思想家。フランチェスコ会士。キリスト教の教義を弁証し、イスラム教徒やアヴェロエス主義者を回心させることを目的に大いなる術 Ars magna を構想した。自然の観察と魂の内省から得られる自明の基本的諸概念を機械的に結合させてすべての真理を発見しようとする回転盤は、そうした構想の具体化である。

（一四）テミスティオス Themistios（317頃～388頃）　コンスタンティノープル出身の非キリスト教徒で父は哲学者エウゲニウス Eugenius。哲学者としては折衷派で、とくにアリストテレスの注釈に功績がある。また雄弁家としても著名で歴代皇帝の愛顧を得ていた。

（一五）インヘンのマルシリウス Marsilius von Inghen（1330頃～96）　ドイツの哲学者。パリ大学でビュリダンに学び、自然学の領域で、師の「インペトゥス理論」を発展させて近代的運動概念の成立に貢献した。しかし哲学の領域では、ビュリダンが神の形而上学的な認識に懐疑的であるのに対して、マルシリウスはスコトゥスと同じ程度にその可能性を認めている。

（一六）ガルシア・マルケス Gabriel García Márquez（1928～）　コロンビアのノーベル文学賞作家で『百年の孤独』『族長の秋』などの作品がある。中編『予告された殺人の記録』は、殺人がおこなわれることを、事前に、ほとんどすべての住民が知っていて、それを押しとどめようとする人々がいたにもかかわらず、そのとおりに殺人が起こってしまった或る町の実話を小説化した作品。

文学宝典』）を著す。プトレマイオスの体系を追試する内容であるが、数値と全体構成に独自性がある。12世紀にラテン語に訳され、コペルニクス、ティコ・ブラーエらを裨益した。

第四章

（一）ランスのオーブリ Aubry de Reims　13世紀中ごろのパリ大学における哲学の教育研究活動のもっとも熱心な擁護者のひとり。1271年に教師団により３ヶ月任期の学長に選出された。

（二）マンフレート Manfred（1232頃～66）　神聖ローマ皇帝フリートリヒ２世（在位1215～50）の庶子。父の死後、反乱を起こしたシチリアにいったんは秩序を回復するが、そののち、同島の回収を画策するローマ法王に任務を託された仏王弟シャルル・ダンジューに攻め込まれ、敗死。マンフレートは中世王侯のなかでも随一の哲学のパトロンで、かれがパリの教師たちに手紙を書いたのは、ギリシャ・アラビア語の書物のラテン語訳をかれらにまとめて寄贈する旨を伝えるためである。

（三）トゥルリウス Tullius　マルクス・トゥルリウス・キケロ Mārcus Tullius Cicerō、すなわち古代ローマの政治家・文人キケロ（B.C.106～43）のこと。

（四）エリアスとダヴィド Élias et David　13世紀の大学で使われていた哲学入門書の著者としてのみ知られ、素性は分からない（本章原注15参照）。後出のアンモニウス Ammonius も同じ。

（五）プロクロス Proclos（410頃～485）　コンスタンティノープルに生まれ、アテナイで活躍した、新プラトン主義の後期を代表する哲学者。次第に感化力を強めつつあったキリスト教に対抗して古典古代の哲学の伝統を護持し、プラトン、アリストテレス、エウクレイデス、プトレマイオスなどを注釈してギリシャ的思弁の精華を後世に伝えた。また、緻密な論理構成によって新プラトン主義哲学を体系化した主著 *Stoicheiōsis theologikē* は、最初は『原因論』という標題で、２度目は『神学綱要』という本来の標題で中世のキリスト教神秘神学に深い影響を与えた。

（六）グンディサリヌス Dominicus Gundissalinus　12世紀中ごろトレドで活動した翻訳家・著述家。アリストテレスやアヴィセンナの著作をアラビア語からラテン語に翻訳したほか、哲学入門書（『哲学の区分について』）を著し、そのなかで、西欧ではじめて「自由七科」にアリストテレスから学んだ新学科（自然学・心理学・形而上学・政治学・経済学）をつけ加えようと試みた。

（七）J. ル－ゴフ Jacques Le Goff（1924～）　現代フランスを代表するアナール学派の中世史家。

（八）エウストラトス（ニカエアの）Eustrate de Nicée（1050頃～1120）　ビザンツのペリパトス派哲学者（第五章訳注三参照）。

（九）プラハのヒエロニムス Hierōnimus Pragēnsis（1360～1416）　ボヘミアの宗教改革者。イギリス滞在中にウィクリフの説に共鳴して帰国後プラハでかれの教義を説き、ヤン・フスの改革運動を援助する。1414年に始まるコンスタンツ公会議でフスとともに異端を宣告され火刑に処される。

（一〇）形相化論者 formalizantes　スコトゥス形而上学によれば、人間知性が事物のうちに潜在する形相を現実化する（形相化論）。しかし、そのように、形相が、潜在的にでは

た雷についての論考が弟子のセネカの著『自然の諸問題』に引用されている。

（二六）アッタロス Attalos　前注カエキナと同時代の哲学者でセネカの師。カエキナ同様雷に関する著作がある。

（二七）ランプサコスのストラトン Stratōn（？～前270頃）　古代ギリシャの哲学者。リュケイオン（ペリパトス学派の学園）でテオフラストスに学び、師の没後、同学園の学頭の地位を継承。44の著作名が知られているが、とくに自然学関係の業績にすぐれ、アリストテレス以来の伝統に異を唱えて、空虚（真空）の存在を実験的に立証したことで知られる。

（二八）サレシェルのアルフレドゥス Alfred de Sarechel（生没年不詳）　別名アルフレドゥス・アングリクス Alfredus Anglicus。トレドで活動したイギリス人のアラビア－ラテン語翻訳家で自然研究家。偽アリストテレス著『植物学』と『凝固論』という標題で知られるアリストテレス『気象学』へのアヴィセンナによる補遺の翻訳がある。1210年ころギリシャ－アラブ知を用いて『心臓運動論』を執筆。この著作は心臓を仲介して魂がいかに肉体を支配するかを論じたものでこの理論はアルベルトゥス・マグヌスの人間学において中心的位置を占めるようになる。

（二九）ジャビル・イブン・ハイヤン Jābir ibun Hayyān（721頃～815頃）　アラブの錬金術師。イラン・トゥースに生まれ、アッバース朝カリフの知遇を得てバグダードで活動。その錬金術は「水銀・硫黄２要素」説と「平衡」説に立脚する。あらゆる金属の直接的要素は水銀と硫黄であり、この２要素を純粋かつ適切に配合することにより卑金属を金に変えることができる。それを媒介する物質がエリクシル（賢者の石）で、エリクシルの機能は諸金属の内的本性と外的本性（ともに、熱・冷と乾・湿の一対の組み合わせ）の平衡を金のそれに変えることである、と説いた。

（三〇）アルノルドゥス・サクソ Arnoldus Saxo　13世紀の聖職者でドイツ・ニーダーザクセンの人。1230年ころ、古代・中世前期の自然学関係の知見を集大成して５巻本の百科全書『自然的諸事物の境界について』を編む。

（三一）コンスタンティヌス・アフリカヌス Cōnstantīnus Āfricānus（1020頃～87頃）　カルタゴに生まれ、オリエントを旅し、のちにモンテカシノで修道士となる。サレルノやシャルトルなどでアラビア語やギリシャ語で書かれた医学・自然科学書を翻訳・紹介した。

（三二）『ディオスコリデス・ラティヌス *Dioscoridēs Latīnus*』　ディオスコリデス Pedānius Dioscoridēs（40頃～90）は古代ギリシャの医者・薬理学者・植物学者。小アジア・キリキアに生まれ、ネロ帝治下で活動し、薬草図を付した全５巻の『薬物誌』をギリシャ語で著した。『ディオスコリデス・ラティヌス』はこの書物のラテン語訳標題と思われる。

（三三）ゲベル Geber　ジャビル・イブン・ハイヤン（前注二九）に同じ。ゲベルはジャビル Jābir のラテンなまり。

（三四）アブ・マシャル Abū Ma'shar（787～886）　アラブの占星術師。アフガニスタン北部バルフ（古名バクトラ）に生まれ、バグダードに出て、アル－キンディに占星術を学ぶ。多くの著作を残し、とくにプトレマイオス『テトラビブロス（四書）』を注釈した『大序説』はラテン語に訳され11～12世紀に西欧に流布し、占星術を哲学的に擁護する根拠となった。100歳の長寿を全うしたと言われている。

（三五）アル－バッタニ al-Battānī（生没年不詳）　アラブの天文学者。シリア北部のラッカで877年から918年まで観測をおこない『ジージュ・アッサービー』（『サービア教徒の天論』『感覚と可感的なものについて』を典拠とした著作『下位者と上位者の本性について』もある。

（一五）トゥールのベルナルドゥス Bernardus Turonensis（生没年不詳） 別名ベルナール・シルヴェストル Bernard Silvestre。1145～48年に『宇宙誌 *Cosmographia*』を執筆しシャルトルのティエリに献呈している。本書は韻文と散文を交互に使って宇宙の発生と人間の誕生を２部構成で描いている。マクロビウス、『アスクレピオス』、カルキディウスによるプラトン著『ティマイオス』の注解などからの強い影響が感じられる。

（一六）イブン・トゥファイル Ibun Ṭufail（1100～85） スペイン南部アンダルシアのカディスに生まれ、マラケシュに没した医師・哲学者。哲学的小説『ヤクザーンの息子ハイイ』（「ヤクザーン」は「目覚めた者」、「ハイイ」は「生命ある者」の意）で、イブン・バジャ（アヴェンパケ）の思想を継承発展させ、人間が能動的知性との合体ののち、学知と観想の積み重ねにより神との合一をとげるまでを描きあげた。

（一七）アッラジ al-Rāzī（864～925） テヘラン南部のライに生まれ、同地やバグダードで病院長をつとめる。医者としてはイラン・イスラム世界ではじめて天然痘を記述している。哲学的には、イスラム世界のヴォルテールと言えるまでに徹底した合理主義者で、無からの創造を否定し預言者を詐欺師と見なした。故国では不遇だったが、その医学・錬金術関係の書物がラテン語訳され、西欧で「ラゼス」の名で広く知られた。

（一八）レイモンド・チャンドラーRaymond Chandler（1888～1959） アメリカの作家。『大いなる眠り』などに探偵フィリップ・マーローを登場させ、ダシール・ハメットと並んで「ハードボイルド」と呼ばれるジャンルを確立した。

（一九）プラントル Carl von Prantl（1820～88） ドイツの哲学者・文献学者。ヘーゲル哲学から出発し、論理学と哲学史の領域に業績がある。

（二〇）アル－ファルガニ al-Farghānī（？～861） アラブの天文学者で中央アジア・フェルガナの出身。アッバース朝カリフに仕え、バグダードやカイロで活動。主著はプトレマイオス天文学を最新の知識にもとづいて分かりやすく解説した『天文学綱要』。

（二一）セヴィリャのヨハネス Jean de Séville 12世紀にスペインで活動したアラビア－ラテン語翻訳家には３人のヨハネス（セヴィリャのヨハネス、トレドのヨハネス、ヒスパニアのヨハネス）がいるが、これら３人の異同は正確には分かっていない。

（二二）クレモナのゲラルドゥス Geraldus de Cremona（1114頃～87） イタリアに生まれ、トレドに移り住んだ翻訳家。ゲラルドゥスがアラビア語からラテン語に翻訳した著述家はアル－ファルガニ以外にもエウクレイデス、アリストテレス、アヴィセンナ、偽アリストテレス（『原因論』）、イサアク・イスラエリほか多岐にわたる。

（二三）ミハエル・スコトゥス Michel Scot（？～1235頃） スペイン中部トレドで活動したスコラ学者で翻訳家。アリストテレスの主要著作をアラビア語からラテン語に訳した。占星術についての著作もあり、フリートリヒ２世の宮廷で占星術師をつとめた。

（二四）フィルミクス・マテルヌス Firmicus Maternus コンスタンティヌス大帝とその後継者の治世下（４世紀前半）に活動した、ローマの文筆家。キリスト教に改宗して以後、皇帝に異教排斥を進言し、『邪教の誤りについて』を執筆。占星術師としても有名で『占星術八書』などの研究書があり、こんにち、月のクレーターにその名を残す。

（二五）カエキナ Aulus Caecīna 1世紀ティベリウス治世下に活動したローマの哲学者。エトルリア占いの権威で、その体系をストア派の学説と調和させようとした。かれが著し

シャ－ラテン語翻訳家。偽アリストテレス『宇宙論』を1258～66年に、『プロブレマタ』と『人相学』を1258～68年ころに翻訳する。

（七）ゾピュロス Zopyros　キケロとアフロディシアスのアレクサンドロスの著作にソクラテスを鑑定した人相学者として登場する人物で、実在したかどうかは不明。

（八）プトレマイオス『アラルバ』（『テトラビブロス』）　プトレマイオス Ptolemaios Klaudios は２世紀アレクサンドリアの数学者・天文学者・地理学者。主著『アルマゲスト』で従来の天文学の知見を集大成し地球中心的な宇宙体系（天動説）を提示した。それは静止する地球を中心におおむね同心円状に円軌道を描く10個の天体によって宇宙を構成するものであるが、観察結果と整合させるため、地球を完全に諸惑星の軌道の中心には置かず（「離心円」仮説）、また惑星のみかけの逆進運動を説明するため軌道上に中心を持つ副次的な円軌道を想定した（「周転円」仮説）。プトレマイオスは天体運動の地球上の事象に与える影響の研究を占星術として体系化してもいる。それが *Tetrabiblos*（『テトラビブロス』）すなわち『四書』であり、同書のアラビア語訳が *Alarba*（『アラルバ』）、ラテン語訳が *Quadripartitum*『クァドリパルティトゥム』である。

（九）『ケンティロクィウム *Centiloquium*』「百箴言」の意。プトレマイオス著『四書』の内容を百の箴言に要約したもので、中世西欧でプトレマイオス自身の著作と信じられ『四書』のラテン語訳の末尾につけ加えられた。これ自体の注釈書も存在している。近年の研究で『ケンティロクィウム』はプトレマイオスの著作ではないことが分かっている。

（一〇）マルティアヌス・カペラ Mārtiānus Capella（365頃～440頃）　アフリカ北岸カルタゴで活動した著述家。主著『メルクリウスとフィロロギアとの婚姻』は中世ラテン世界でよく読まれ、とくに修道院や司教座に付属する学校で教科書として使われた。９巻からなり、最初の２巻はメルクリウスすなわち「雄弁」とフィロロギアすなわち「論理への愛」との婚姻という、キケロ以来の古典的理想をうたい、つづく７巻は花嫁の付き人としての「自由七科」の百科全書的記述になっている。

（一一）サクロボスコのヨハネス Joannes de Sacrobosco　13世紀前半のイギリスの数学者・天文学者。英語名ジョン・オブ・ホリウッド John of Holywood（サクロボスコはホリウッドのラテン語訳）。アラブの天文学者アル－ファルガニの天文書をもとにヨハネスが著した『天球論』は、17世紀前半まで西欧におけるアリストテレス・プトレマイオス的な天動説宇宙論の基礎的教科書であり続け、イエズス会士を通じて日本にも伝わった。

（一二）オウィディウス Pūblius Ovidius Naso（前43～後17）　ローマの詩人。宇宙の生成からアウグストゥス帝の治世までの歴史を、ギリシャ・ローマ・オリエントの神話伝説から集められた変身譚によって再構成したのが叙事詩『メタモルフォセス』である。ウェルギリウスと並ぶ古典古代最高の詩人と称えられた。

（一三）マクロビウス Ambrosius Theodosius Macrobius　およそ400年ころのローマの著述家。キケロの『国家論』第６巻に、カルタゴ戦役の武将（大）スキピオが息子の夢に現れて死後の魂の遍歴を宇宙論的規模で語り、戦地に赴くわが子を励ますくだりがある。そのくだりがプラトンの宇宙論そのものであることを、逐一、検証したのが、マクロビウスの注解書『スキピオの夢』で、カルキディウスの『ティマイオス注解』と並んで、中世プラトン主義の主要な源泉となった。

（一四）ダニエル・ド・モーリー Daniel de Morley　サレシェルのアルフレドゥス同様に12世紀にトレドで活動したイギリス人翻訳家。アリストテレスの『自然学講義』『天体宇宙

マグヌスの流れを汲むドイツのドミニコ会士でエックハルトの同時代人（1360年ころ活動）。フライベルクのディートリヒ同様にムルベカのギヨームによるプロクロスの『神学綱要』のラテン語訳に大きな影響を受け、新プラトン主義への傾向を強める。主著『プロクロス神学綱要解題』。

（一三）聖ヒエロニュムスの一節　ヒエロニュムス Eusebius Sōphronius Hierōnymus（347頃～420）はダルマティア（現クロアティア南部）出身の初期ラテン教父の代表者で、聖書の文献学的研究を新・旧訳聖書の標準ラテン語訳（ウルガタ訳）に結実させた。ここに言う「一節」を特定することはできないが、いずれにせよ、神もしくは神の叡知を称える言葉であったはずである。

第三章

（一）ピウス11世 Pius XI（1857～1939）　ローマ法王（在位1922～39）。旧オーストリア帝国領内の北イタリアに生まれる。ムッソリーニとのあいだにラテラノ条約を結んでヴァチカンを国家として独立させ、ファシスト国家・社会主義体制に反対するカトリックの旗幟を鮮明にする一方で、労働者の尊厳を訴える回勅を公布した。現在ヴァチカンにある絵画館・ラジオ局・科学アカデミーはすべてピウス１１世の作ったものである。

（二）「トリスメギストス、アポロニオス、エジプトのヘルメス、トリスメギストスの弟子アスクレピオス」を鎮座させている　これはアルベルトゥスが利用できたコーパス（資料体系）の時代的制約を表す人物列記である。まず文書名でしかない（ヘルメス・）トリスメギストスが人物名としてあげられ、ヘルメス文書の一部がアスクレピオスの著作と誤認されるときの標題（『アスクレピオス』）が人物名と誤解され、しかもその人物がヘルメスの弟子にされている。さらに、古代ギリシャには３人のアポロニオス（数学者・ベルガのアポロニオス、詩人・ロードスのアポロニオス、新ピュタゴラス派哲学者・テュアナのアポロニオス）がいるが、そのなかにペリパトス派とおぼしき人物はいない。また、「エジプトのヘルメス」がだれなのかは不明。

（三）カルキディウス Calcidius　３世紀末から４世紀初頭にかけローマ帝国内で活動したと見られる著述家。キリスト教徒と思われるが経歴は不詳。かれがプラトンの『ティマイオス』の前半部分についておこなったラテン語訳と注解は12世紀にいたるまで西欧世界におけるプラトンに関する知識の主要な源泉であり続け、とくにシャルトル学派の宇宙論に大きな影響を与えた。

（四）エメサのネメシオス Nemesius Emesenus（生没年不詳）　古典古代の哲学的教養を積んだキリスト教徒で、400年ころに『人間の本性について』を著したことしか分かっていない。そのなかでネメシオスは聖書の人間観とプラトン－アリストテレスの人間論の調停を試み、「実体」と「能力」の区別にもとづいて、人間の魂は実体としては、プラトンが言うとおり、肉体からは分離し不滅であるが、能力としては、アリストテレスが言うとおり、肉体の形相であり肉体の協力を得てその機能をまっとうすると考えている。

（五）ヘンリクス・アリスティップス Henri Aristippe（生没年不詳）　イタリア南部カターニャの副司教で1158年にコンスタンティノープルに滞在しそこでシチリア王の代理をつとめる。12世紀のギリシャ－ラテン語翻訳家。とくにプラトンの『パイドン』『メノン』、アリストテレスの『気象論』第４巻を翻訳。

（六）メッシーナのバルトロメオ Barthélemy de Messine（生没年不詳）　シチリア出身のギリ

（三）ペトルス・ヒスパヌス Petrus Hispānus（1205頃～1277）　ポルトガル生まれのスコラ学者。パリ大学で学び、1230年ころに書いた『論理学綱要』は17世紀までヨーロッパ大学の教科書として使われた。法王の位に昇りつめヨハネ21世を名乗る。

（四）ローマのアエギディウス Aegidius Rōmānus（1247頃～1316）　神学者・政治理論家。アウグスティヌス修道会の総長もつとめたが、神学理論上はおおむねトマス説を支持して、有限者における存在と本質の実在的区別を主張。しかしトマスが存在を働き acte と解するのに対し、アエギディウスは事物 res と解し、新プラトン主義への傾斜を示している。政治理論家としては、魂を肉体の形相とするアリストテレス説を政治社会に当てはめ、魂を教導する霊的権威（法王）は肉体を支配する世俗的権力（君主）を従属させうると主張し、ダンテが現れるまで中世的政治理論のひとつのモデルをなした。

（五）カルトゥジオ会の修道士ディオニュシウス Denys le Chartreux（1402～71）　ベルギー・リエージュに生まれた神学者。ニコラウス・クサヌスと親交があり、神秘家としても知られ、doctor ecstaticus（法悦博士）と称される。ド・リベラが揶揄するとおり膨大な数の注釈書を残している。

（六）シュトラスブルクのウルリクス Ulrich de Strasbourg（？～1277）　ドイツの神学者。ケルンの総合学問所でアルベルトゥスの弟子であったが、数冊の著作を残したきりで、教壇に立つことなく師よりもさきに没した。主著の『最高善についての大全』には師の影響がふたとおりに見られる。ひとつは、アルベルトゥスが唱えた神学と自然学との学的区別を受けて神学に固有の学問性を定義したことであり、もうひとつは師と同じ新プラトン主義的な思考学・存在論を展開したことである。

（七）M. グラープマン Martin Grabmann（1875～1949）　ドイツのカトリック神学者・中世哲学史家。アルベルトゥス・マグヌス、ブラバントのシゲルス、エックハルトらのラテン語写本を発見し、中世思想研究に一時代を画する。

（八）ペリパトス主義はアリストテレス主義ではない。　アリストテレスがペリパトス（散歩道）を逍遥しながら哲学を講じたことから、一般には、アリストテレス哲学の継承者をペリパトス（学）派と言う。しかし、近現代にいたって、その継承のされかたをテクスト・レベルで検証する研究が始まると、アリストテレス直筆ではない多くの偽書・偽銘句の類が（とくにプロティノスやプロクロスのテクストが）アリストテレス全典に紛れ込んでいることが分かってきた。そこで著者ド・リベラは、中世人が新プラトン主義のプリズム越しに理解していたアリストテレス主義を真正のアリストテレス主義と区別してペリパトス主義と呼んでいるのである。

（九）トゥルネのステファヌス Étienne de Tournai（1128～1203）　フランス・オルレアンに生まれ1191年からベルギー・トゥルネの司教。教会法の専門家で、王権とくにフィリップ２世尊厳王から教会の権限を守るうえで功績があった。

（一〇）リールのアラヌス Alain de Lille（1120頃～1202/3）　プラトン主義哲学と古典古代の人文学的教養を特徴とするフランス・シャルトル学派最後の代表者。ユダヤ・イスラム教およびキリスト教内異端（カタリ派・ワルド派）に対抗し、従来の学知を総動員して正統キリスト教の弁証に努めた。

（一一）ジャン・ボーフレ Jean Beauffret（1907～82）　フランスの哲学者・哲学教授。ハイデガーと個人的に親しく、1946年以後、その哲学のフランスへの移植に努めた。

（一二）モースブルクのベルトルト Berthold de Moosburg（生没年不詳）　アルベルトゥス・

プロクロスの『神学綱要』のラテン語訳に裨益されて、新プラトン主義を自覚的に摂取したということである（それまでにも『神学綱要』の抜粋が「原因論」という標題で流布していたが、著者はアリストテレスであると誤認されていた）。とはいえ、かれの思考学・形而上学のみなもとはアウグスティヌスにあり、人間的認識の真理性の根拠を、神の知性の似姿が人間の魂のなかにあることに求めていた。

（四一）ベギン会 beguine　12世紀ベルギーに設立された女性平信徒の宗教団体。ベガルド会はこれに対応する男性団体。期限付きの請願しか立てず、いつでも結婚して会を去ることができた。共同生活をおこない、教育や慈善事業に携わったが、その神秘主義的な信仰がたびたび異端の嫌疑を受けている。

（四二）サン－シェルのフゴ Hugues de Saint-Cher（？～1263）　フランスの神学者・聖書学者で1244年から枢機卿。聖句索引の作成に功績がある。

（四三）聖ベルナルドゥス Saint Bernard（1091～1153）　トロワ（パリ南東150キロメートル）近郊クレルヴォーの修道院長。アベラルドゥスやシャルトル学派の主知主義的傾向に対抗し、人間の「意志」のうちに神の似姿を見て、「愛」における神との合一を説く神秘神学を展開した。

（四四）ジャンダンのヨハネス Jean de Jandun（？～1328）　フランスの哲学者。パリ大学アヴェロエス派としてブラバントのシゲルスやダキアのボエティウスの後継世代にあたる。理性の最高の行使のためには信仰が必要であるとするトマス主義を退けて、理性の自律性を主張し、その根拠をアヴェロエスによるアリストテレス解釈に求めた。信仰を揶揄する傾向が先行世代より強く、17世紀フランスのリベルタニスム（宗教的自由主義）の先駆けと見なされることが多い。

（四五）テオフラストス Theophrastos（372頃～288頃）　レスボス島生まれのギリシャ哲学者。アリストテレスの後継者として師が設立した学校リュケイオンを主宰。『性格論』で有名だが、観察と実地経験にもとづいた植物学の創始者でもある。

（四六）マンドネ Pierre Mandonnet（1858～1936）　ベルギーの歴史家・ドミニコ会員。ブラバントのシゲルスの研究家として有名で、新トマス主義の立場から書かれた『ブラバントのシゲルスと13世紀のラテン・アヴェロエス主義』（1911）は、哲学者ルナンの書いた『アヴェロエスとアヴェロエス主義』（1852）と並んで、「ラテン・アヴェロエス主義」なるカテゴリーを公認歴史学のなかに定着させる役割を果たした。

第二章

（一）アダム・ド・バックフィールド Adam de Buckfield（1220頃～94）　イギリスのフランチェスコ派哲学者。パリ大学でアリストテレスが禁止されていた1240年代初期に、いちはやくオックスフォード大学にアリストテレスを導入。『天体宇宙論』『気象学』『生成消滅論』『感覚と可感的なものについて』をアヴェロエスの注解に依拠して注釈し、『形而上学』については、自ら、アラビア語からラテン語に訳した。

（二）コスタ・ベン・ルカ Costa ben Luca（生没年不詳）　ラテン名コンスタブリヌス Constabulinus。シリアのバールベクに生まれたメルキト教徒の医師・翻訳家。ビザンツ帝国への旅から持ち帰ったギリシャ語古典をアラビア語に翻訳した。自著の『精神と霊魂の差異について』は、ヒスパニアのヨハネスがラテン語に訳し、1251年からパリ大学人文学部の学生必読文献にあげられた。

ダヤ教の聖典との関係を突きつめようとする意識は弱く、むしろ知の編纂家としての役割に甘んじた。主著のひとつ『定義論』は哲学そのものの定義を述べたもので、のちにクレモナのゲラルドゥスによってラテン語に訳され、中世西欧の大学で哲学の入門書として広く用いられた。

（三四）アフロディシアスのアレクサンドロス Alexandros ho Aphrodīsieus　２世紀から３世紀にかけてアテナイでペリパトス学派の学説を講じた哲学者。アリストテレス著作の注釈にもっとも功績があり、「第二のアリストテレス」と呼ばれる。

（三五）フアール通り rue du Fouarre　パリ５区のラグランジュ通りとガランド通りのあいだに今でもある通り。1202年に開かれ、中世にはパリ大学人文学部の中心部がここにあった。「フアール」は「藁」の古語で、学生たちは冷気をふせぐため地べたに藁束を敷き、そのうえに座って授業を受けたという。

（三六）ローマ Roma もヴィテルボ Viterbo もアナーニ Anagni も法王庁もしくは法王の長期滞在地。ヴィテルボはイタリア中部の都市で1257年にローマ市民の反感を買ったアレクサンデル４世がここに避難して以来、81年まで法王座が置かれた。アナーニはローマ南東60キロメートルにあり、歴代法王の別邸の所在地。また、「1268年」はロジャー・ベーコンの庇護者であった法王クレメンス４世の急逝した年。したがって、ロジャー・ベーコンが改革に着手したというよりも、むしろ、その夢がついえた年である。

（三七）M.-D. シュニュ Marie-Dominique Chenu（1895～1990）　パリ南東ソワジー・シュル・セーヌに生まれたカトリックの進歩的神学者・ドミニコ会員。神学における歴史学的研究の重要性を強調したその著作が、一時、法王庁から禁書に指定されるが、その後、処分は解除され、第二ヴァチカン公会議のリベラル路線を構築するうえで影響力を持った。ちなみにシュニュはド・リベラがツム・ブルンと共同で執筆したエックハルト研究書 *Maître Eckhart. Métaphysique du Verbe et théologie négative*（1984）に推薦文を寄せている。

（三八）ジャン・ド・メゾヌーヴ Jean de Maisonneuve（？～1418）　ラテン名ヨハネス・ド・ノバ・ドモ Ioannes de Nova Domo。ピカルディ（北フランス）出身の哲学者で1400年にパリ大学人文学部の教師となる。普遍者のあつかいについてトマスの穏健な実念論を支持し、当時、学内にあった唯名論学派とスコトゥス学派をともに批判するが、最終的には、アルベルトゥス説とトマス説との差異を強調して新アルベルトゥス学派を創始する。

（三九）カンポのハイメリクス Heimeric de Campo（1395～1460）　ベルギー出身の哲学者で15世紀新アルベルトゥス学派の代表者。パリ大学でジャン・ド・メゾヌーヴに学び、最後の中世哲学者ニコラウス・クサヌスの友人。アルベルトゥス・マグヌスは、トマスとは異なり、数学に、神認識の媒介となるような特別な地位を与えていたが、ハイメリクスの「数学的象徴主義」は師のそうした側面を展開したもの。円や正方形などの幾何学図形や１、３、５などの基本数が神と世界の構造的類似や差異を解明するための特権的シンボルとして用いられている。

（四〇）フライベルクのディートリヒ Dietrich von Freiberg（1250頃～1310）　ドイツに生まれたドミニコ会の哲学者・自然研究家。シュトラスブルクのウルリクスとともに、アルベルトゥス主義の後継者と目されている。虹の現象を光学的に解明し、その分野で今日でもほぼ通用する業績を残した。ウルリクスと異なるのは、ムルベカのギヨームによる

（二六）バースのアデラード Adélard de Bath（1080頃〜1145頃） イギリス・バースに生まれ、フランスで学び教えた哲学者。旅行家として知られ、イタリア、シチリア、ギリシャ、小アジア訪れている。アラブの言語・自然科学への造詣が深く、オーリアックのゲルベルトゥスと並んで、西欧中世における「アラブ通」第一世代のひとり。

（二七）ヘルメス　正式名はヘルメス・トリスメギストス Hermès Trismégiste。これは「三重に偉大なるヘルメス」の意味で、ヘレニズム期のエジプトで崇拝された神 Thote のギリシャ語名。この名を冠する伝説上の人物が著したとされる一連の論考が「ヘルメス文書」であり、現在は失われている。アレクサンドリアのクレメンスによるとこの文書は42の論稿からなり、まえから順に10が宗教、10が祭式、２が神がみへの賛歌と王への規範、６が医学、４が天文学・占星術、10が宇宙発生論・地理・社会儀礼。そののち、とくに12、３世紀になると、錬金術・占星術・魔術に関する雑多な論考がこの文書に合体した。ローマ時代のキリスト教神学者ラクタンティウスが、このうちの宗教に関する論考のひとつを『ロゴス・テレイオス』（『完全な言葉』）の標題で、ほかとは独立に流布させた。中世にいたると、この論考がマダウラのアプレイウス（前注一七参照）の著と信じられ、しばしば『アスクレピオス』という標題で流布した。

（二八）『原因論 *Liber de causis*』　５世紀の新プラトン主義哲学者プロクロスの主著『神学綱要』をおもな種本として哲学的宇宙論を展開した書物。著者不詳。その起源についてはアルベルトゥス・マグヌスが唱えた12世紀アンダルシア説とトマス・アクィナスが唱えた９世紀バグダード説があり、こんにち、ほぼ、トマス説の正しさが立証されている。いずれにせよこの書物は、西欧で長いあいだ『アリストテレスが純粋善を語る書』もしくは『純粋善の書』という標題で流布されたことから、アリストテレスの直筆と信じられ、そのことが新プラトン主義的なアリストテレス解釈を牽引していた。

（二九）『アスクレピオス』　ヘルメス文書の一部がマダウラのアプレイウスの著作と誤認されるときの著作名（前注二七参照）。

（三〇）ビュリダン Jean Buridan（1315頃〜58）　フランス・ベテュヌに生まれたスコラ哲学者。おもにパリ大学人文学部に拠点を置いて14世紀オッカム主義を主導し、ニコル・オレームやザクセンのアルベルトゥスらの逸材を育てた。とくに自然哲学の分野で卓見を示し、アリストテレス－トマスの運動論を批判して提示したインペトゥス impetus（勢い）の理論は近代力学における慣性の法則にほぼ相当する内容を持つ。

（三一）E. ルナン Joseph Ernest Renan（1823〜92）　フランスの哲学者。実証主義の影響を受けて宗教からいっさいの神話的要素を除去することに努め、主著『キリスト教起源史』を書きあげる。また『アヴェロエスとアヴェロエス主義』（1852）は中世哲学史に「アヴェロエス主義」なるカテゴリーをはじめて導入した古典的著作である。

（三二）『二四哲人の書 *Liber XXIV philosophorum*』　12世紀にトレドで成立したと見られるキリスト教密教文芸のひとつ。著者不詳。「序言」で24人の賢人が「一致して神について確言できることを」記す、とあり、本文は24の命題とそのおのおのに付された注釈からなる。第二命題が有名（「神はいたるところに中心があり、周辺がどこにもない球体である」）。

（三三）イサアク・イスラエリ Isaac Israeli（855頃〜950頃）中世で最初のユダヤ人哲学者。エジプトのイスラム政権ファーティマ朝の初代カリフの侍医をつとめた。アル－キンディに学び、自身もまた新プラトン主義的体系を展開した。しかし、そうした体系とユなかでポルフュリオスが解決を後世に託した、普遍者の存在様式をめぐる問題が中世スコラ哲学における「普遍論争」のきっかけとなった。

（一七）アプレイウス（マダウラの）Lūcius Āpulēius Madaurēnsis（123頃〜170頃）　北アフリカ・ヌミディアに生まれたローマの著作家。プラトン哲学と土着の神秘宗教を習合させた折衷的プラトン主義を奉じ『プラトンの教説について』と『ソクラテスの神について』という哲学的著述がある。しかし小説家としての才が勝り、魂の遍歴を描いた通俗的変身譚『黄金のろば』で歴史に名を残す。また、中世を通じて、ヘルメス文書の一部はかれが書いたものと信じられていた（後注二七参照）。

（一八）サン－ヴィクトルのフゴ Hugues de Saint-Victoire（1096〜1141）　パリのサン－ヴィクトル修道院の修道士。のちに院長となる。神秘家であったが世俗的学知の重要性も認識し、弟子にその学びかたを指導するため『ディダスカリコン（学習論）』を書く。

（一九）シャンポーのギヨームが創設した修道院　文脈上「サン－ヴィクトル修道院」と読めるが、「修道院」は「学院」の誤記ではないかと思われる。シャンポーのギヨームは弟子アベラルドゥスとの（普遍概念をめぐる）論争に敗れてのちノートル－ダム聖堂付属学校からサン－ヴィクトル修道院に退き、そこにあらたにサン－ヴィクトル学院を創設して、サン－ヴィクトル学派を始めた。

（二〇）アレクサンデル・ハレシウス Alexander Halesius（1185頃〜1245）　イギリス・グロスター近郊のヘイルズ Hales に生まれ、フランチェスコ会士としてはじめてパリ大学で神学を講じた。「大全」という著述形式をはじめてスコラ学に導入したと言われる。かれ自身の学説については、弟子のボナヴェントゥラから間接的に推し量ることしかできないが、おおむね、アリストテレスの導入によって生じた諸問題にアウグスティヌスの再解釈によって対処しようとするものらしい。

（二一）セヴィリャのイシドルス Isidore de Séville（560/70〜636）　セヴィリャの大司教で、いわゆる「ラテン教父」最後のひとり。スペインにおけるカトリック文化の定着に努めるとともに、古典古代の知の編集事業にも取り組み、事物の本質はその名の由来から知られるという確信のもとに20巻からなる或る種の百科辞典 *Etymologiae*（『語源』）を編纂した。

（二二）フェルトルのゲラルドゥス Gerardus de Feltre（1218〜64）　フェルトルは現イタリア・ベルーノ（ヴェネツイア北方）。占星術に関する従来の知見を *Summa de astris*（『星辰大全』）に集大成した。

（二三）ヴェルセイユのヨハネス Jean de Verceil（？〜1283）　ヴェルセイユは現イタリア・ヴェルチェリ（ミラノ・トリノの中間）。ドミニコ会士。パリ大学の教会法教師を経てドミニコ会総会長となる。

（二四）ムルベカのギヨーム Guillaume de Moerbeke（1215頃〜86頃）　フランドル出身のドミニコ会士。司祭・大司教など教会の要職をつとめるかたわら著述活動に従事。アリストテレス全典をギリシャ語から直接ラテン語に翻訳した功績を有する。

（二五）サビト・イブン・クッラ Thābit ibun Qurra（836〜901）　トルコ南東部ハラン出身のサービア教徒学者。語学に堪能で、バグダードでギリシャ科学書のアラビア語への翻訳活動に携わる。数学・天文学にも通じ、プトレマイオスの主著『アルマゲスト』の注釈を残す。自ら書き下ろした天文学の著作の一部は12世紀にラテン語訳され西欧世界に流布した。

侯爵領に生まれ、パリ大学人文学部でアヴェロエスの解釈を経たアリストテレス哲学を講じた。かれが哲学上可能な唯一の結論として提示した「世界の永遠性」「知性の単一性」「個人霊魂の可滅性」に関する諸命題が、聖書の教えに反するとして1270年と77年に異端宣告を受けた。しかしシゲルス自身にとって「真理」とは聖書に啓示された真理があるのみであって、いわゆる「二重真理」説の唱導者としての非難はかれには当たらないとする見解が、こんにち、一般的である。

（九）ドゥエのヤコブス Jacques de Douai（生没年不詳） ドゥエはフランス最北ノール県の地名。13世紀～14世紀初頭にパリで活動したアヴェロエス主義者。生没年をふくめ知られていることは少ないが、1277年にシラブス（謬設表）が布告された直後にかれが執筆したと思われる『気象学問題集』の序言には「哲学者の地位は王のそれに勝る」という文言がある（アラン・ド・リベラ『中世知識人の肖像』p.164参照）。

（一〇）「ソフィーの不幸 Malheurs de Sophie」 セギュール伯爵夫人の小説（1864）のタイトル。娘ソフィーが躾を守らなかったためにどうなったかを夫人が幼い子供たちに語るという内容。この文脈でソフィーはフィロソフィー（哲学）の擬人化である。

（一一）ジャン・ジェルソン Jean le Charlier de Gerson（1363～1429） フランスの神学者。ピエール・ダイイに学び、のちにパリ大学の cancellarius（文書局長）をつとめた。コンスタンツ公会議を主導して、シスマ（教会大分裂）を終息させ、ヤン・フスおよびプラハのヒエロニムスを異端として断罪するなど、教会実務に手腕を発揮した。その理論的な支柱はオッカム主義。教会内に教義の諸体系が並立する原因を、イデアや形相といった哲学的概念が神学において果たしている実念論的機能に帰し、そうした機能を唯名論の立場から批判した。

（一二）ベガルド派 béghard ベガルド会の会員もしくは支持者。ベガルド会はベルギーの女性宗教団体ベギン会（後注四一参照）に対応する男性団体。

（一三）自由心霊兄弟団 frères du libre-esprit 13世紀初頭から15世紀前半に西欧に現れ、神との神秘的合一とその結果としての「魂の自由」を説き、異端とされたさまざまな宗派の総称。当時ネーデルラント地方に設立された平信徒の団体ベガルド会やベギン会もこれと混同されて弾圧された。

（一四）ピエール・ダイイ Pierre d'Ailly（1350～1420） ラテン名アリアコのペトルス Petrus de Alliaco。フランスの神学者でジェルソンに先んじてパリ大学の文書局長をつとめる。それまで論理学中心であったパリ大学人文学部に古典古代の修辞学の伝統を復活させた。かれの著した『命題集注解』は、ジルソンによると、スコラ学の無味乾燥な文体に代えて、「証明する」よりは「説得する」文体となっている。

（一五）ジャン・ド・モンゾン Jean de Monzon（生没年不詳） ラテン名モンテソノのヨハネス Johannes de Montesono。スペイン・アラゴン出身のドミニコ会士。パリ大学で神学を修めジャン・ジェルソンとほぼ同じ時期に同大学の教師となるが、1387年に聖母マリアの無原罪の宿りを否定する内容を教授して、当局によってほかの教師とともに大学を追われる。

（一六）ポルフュリオス Porphyrios（232/3～305頃） 新プラトン主義哲学者。シリアに生まれローマでプロティノスに師事し、師の遺稿を『エンネアデス』として編集する。学問的業績として重要なのは『エイサゴーゲー（入門）』の略称で知られる『アリストテレス範疇論入門』。この著作は中世の哲学・論理学の教科書として尊重され、また、そのティヌス派の実体形相の複数説を退けてトマスの単一説を支持し、人間の形相は身体の形相としての魂があるのみと主張した。

第一章

（一）キャロル・ヴォイティラ Karol Wojtyla　ヨハネ・パウロ２世の本名。

（二）1935年は、フッサールがウィーンで「ヨーロッパの人間性の危機における哲学」の題で、プラハで「ヨーロッパの諸学の危機と心理学」の題で講演をおこなった年。それらの内容を拡充したものが最後の労作『ヨーロッパの学問の危機と超越論的現象学』である。

（三）ベルナノス Georges Bernanos（1888〜1948）　フランスのカトリック作家。著書は『田舎司祭の日記』（1936）など。アクシオン・フランセーズへの参加、反アランの文筆活動、反ファシズム抵抗運動への支援、戦後技術主義文明への批判など、そのつどの歴史・社会状況にカトリックの立場から深くかかわった。

（四）理性を表す各国語（ラテン語のラティオ ratio フランス語のレゾン raison ）の共通の語源はコトバを意味するギリシャ語のロゴス λόγος である。『新約聖書』「ヨハネ伝」冒頭の「はじめに言葉があった」の「言葉」がギリシャ語原典では λόγος である（フランス語訳では Parole もしくは Verbe が用いられる）。ロゴスが特別の意味を持つようになるのは、古代ギリシャ世界において、自然的事象の究極の説明原理を自然の「そとに」求めるミュトス（μύθος 神話）に対して、それを原理的に自然の「うちに」求める知的営為が言語使用の洗練と相携えて生まれてきたためである。その結果、そうした営為自体がロゴスと呼ばれ、さらには、自然的世界に内在し、人間のコトバと、原理上、通約的な万物の説明原理もまたロゴスと呼ばれるようになる。ド・リベラがここで言いたいのは、キリスト教も、「ヨハネ伝」冒頭の一節が示すように、そうしたギリシャ的ロゴスの支持者であり、相続人だということである。

（五）チェスタトン Gilbert Keith Chesterton（1874〜1936）　イギリスの文筆家。現代の歴史・社会状況下においてカトリック神学の持つ意義を弁明する主著 *Orthodoxy*（1908）のほか、司祭を探偵に仕立てた謎解きもの「ブラウン神父」シリーズで知られている。このあと引用される文言も「ブラウン神父」シリーズの一冊『青い十字架』からのもの（本章原注５参照）。

（六）G. バランディエ Georges Balandier（1920〜）　サハラ以南のアフリカ研究から出発し、現代フランスで P. ブルデューに対抗する学派を形成しているフランスの社会学者。『人文科学辞典』の「伝統と近代」という項目で、伝統・近代という従来の二項対立はふたとおりの時間観念――連続的と非連続的な――の対立を語るものにすぎず、歴史学的現実を見るなら、伝統は「専門家の数だけの伝統」に、近代は「あいつぐ多くの近代」に解体すると述べている。

（七）ダキアのボエティウス Boèce de Dacie（生没年不詳）　ダキアは現デンマーク。1260年から65年にかけてパリ大学人文学部で哲学を講じた。ブラバントのシゲルスと並んで、1277年の異端説摘発の対象になった、いわゆる「ラテン・アヴェロエス主義者」のひとり。理性と信仰を並行させるアヴェロエス主義の特徴は小品『最高善について』によく表れている。そこでは、信仰者に来世の至福が待ち受けているように、哲学者にもこの世の至福があって、それは知性による第一原理の観想である、と述べられている。

（八）ブラバントのシゲルス Sigerus Brabantius（1240頃〜81/84頃）　ベルギーのブラバント

いう理由で異端宣告を受ける。

（一五）ディナンのダヴィド David de Dinant（生没年不詳）　ディナンの位置についてはベルギー・マース河畔とフランス・ブルターニュ地方の２説がある。全存在を「物体」と「霊魂」と「離在実体」に３区分し、それぞれの構成原理を「質料」「思惟」「神」としたうえで、「質料」と「神」はともに形相を持たないがゆえに同一あるという結論を導きだした。「クアテルヌリ」（「折丁」）と称される講義ノートのなかにダヴィドが記したこの説は、アフロディシアスのアレクサンドロスによるアリストテレス解釈と同じく唯物論的な汎神論と見なされた。

（一六）ロバート・キルウォードビーRobert Kilwardby（？～1279）　イギリス出身のドミニコ会士でオックスフォード大学神学教授。1272年にカンタベリー大司教に任ぜられる。アリストテレスの注釈書を多数著しているが、本人は、トマスの学説を退けてアウグスティヌス主義を採る。タンピエが1277年にアヴェロエス主義とアリストテレス主義を禁圧するためにシラブス（謬説表）をパリで公示すると、同年、同じ趣旨の謬説表をカンタベリーで公示した。

（一七）オリゲネス Ōrigenēs（185頃～253）　アレクサンドリアに生まれた初期キリスト教神学者。いわゆるギリシャ教父のひとり。プロティノスと同じくアンモニオス・サッカスの弟子で、アレクサンドリア学派との関係ではアレクサンドリアのクレメンスを継ぐ位置にある。この学派の特徴は聖書の逐語的解釈と寓意的解釈の等価性を肯定し、前者を単純な信仰者に後者をその有資格者に委ねるところにある。古典古代の哲学の膨大な教養と独自の世界観を背景にしたオリゲネスの聖書解釈は、正統教義からはずれる部分も多いが、その思弁の大胆さゆえに、のちの時代の聖書解釈家を魅了し続けた。

（一八）ヌメニオス Nūmēnios　２世紀後半のシリア・アパメイアの哲学者。新ピュタゴラス派に分類されるが、プラトンの影響が強く、三位一体神学のイデア論的解釈を試みた。

（一九）ロジャー・ベーコン Roger Bacon（1219頃～92頃）　フランチェスコ会士で、その博学ぶりから Doctor mirabilis（驚異博士）と呼ばれたイギリスのスコラ学者。オックスフォードでロバート・グロステストに学ぶ。当時のスコラ哲学の中心地だったパリ大学での研究様式が、もっぱら、アリストテレス論理学に依拠した注釈と討論によるキリスト教神学の弁証であったことに反発し、数学と実験を重視した研究様式を提唱。その背景には、神による「啓示」の意味を最大限に広くとり、たんに、聖典による啓示だけでなく、古代の哲学やアラブの学知をはじめ、自然的世界のなかに起こりうるあらゆることに神が人間に与えた知恵を探そうとする或る種の百科全書主義がある。その結実が主要三部作（『大作品』『小作品』『第三作品』）である。

（二〇）ポール・ヴィニョーPaul Vignaux（1904～87）　フランスの中世哲学史家。高等研究院第５セクション（宗教学）で本書の著者アラン・ド・リベラの指導教官だった。カトリック系の労働組合運動の指導者としても知られる。

（二一）ヴィクトル・デルボ Victor Delbos（1862～1916）　フランスのカトリック哲学者・哲学史家。主著は *Essai sur la formation de la philosophie pratique de Kant*（1902）など。精神生活と宗教哲学に関するすぐれた研究にフランス学士院が与えているデルボ賞はかれの名を冠したもの。

（二二）レッシーヌのアエギディウス Gilles de Lessines（？～1304）　フランスのスコラ学者・ドミニコ会士。トマス主義者で1278年の著作『形相の単一性について』でアウグス

「愛」とする点で偽ディオニュシオスやエリウゲナの神秘主義とは一線を画し、認識論においてアウグスティヌスの照明説をとる点でアラブ・ペリパトス派の神秘主義とも異なる。アルベルトゥス・マグヌスやトマス・アクィナスの同時代人であるが、カトリック教会内ではこの両者をしのぐ影響力を誇った。

（六）セフォンのペトルス Pierre de Ceffons（生没年不詳）　フランスの神学者・シトー会士。1340年代にパリ大学で命題集講師をつとめ、そののちクレルヴォーの大修道院長に任ぜられる。アダム・ウォッダム、リミニのグレゴリウス、ミルクールのヨハネスの影響下にあるが、その文体からすると、むしろ人文主義者。聖職者の俗物性を痛烈に皮肉った著作『悪魔から僧侶への手紙』（1352）がある。

（七）ミルクールのヨハネス Jean de Mirecourt（生没年不詳）　フランスの神学者・オッカム主義者。シトー会士。1345年に執筆した『命題集注解』のなかの40の命題が1347年に異端宣告を受ける。それらの命題の多くは神の意志の絶対性に関係し、「神は世界が無かったことにすることもできる」や「ひとが罪をおかすのも神の意志による」などがある。

（八）キアスム chiasme（交差対句語法）「死は大いなる旅立ちであり、旅立つことは少し死ぬこと」「テロは明日なき戦争であり、戦争は明日あるテロ」など。常套句のなかにある語句を機械的に入れかえることによって、非常套的な効果をねらうレトリックの一種。

（九）ヨーゼフ・ラツィンガー枢機卿 cardinal Joseph Ratzinger（1927〜）　ドイツ出身。ヨハネ・パウロ２世の死去（2005）のあと法王ベネディクト16世となる。2013年２月に健康上の理由で退位。回勅「信仰と理性」が公布された当時（1998）のヴァチカン「教義省」長官で、当然、この回勅の内容構成に深くかかわっていると思われる。

（一〇）神学－論理学者 theologicus logicus　マルティン・ルターがウィリアム・オッカムを評した言葉。オッカムにおいては論理学が教える合理的推論と聖書が伝える啓示のあいだに両者をつなぐ形而上学が不在であることを意味する。

（一一）ペトルス・ロンバルドゥス Petrus Lombardus（1100頃〜60）　イタリアの聖書学者・神学者。神学上の主題ごとに過去の教父や同時代の権威ある学者の見解をまとめた『命題集』全４巻は、アレクサンデル・ハレシウスが神学講義に使って以来、トマス・アクィナスの『神学大全』が現れるまで、中世の大学神学部の標準的教科書としての地位を保ち、ほとんどのスコラ学者がこの教科書の注釈書を書いた。

（一二）レオ13世 Léo XIII（1810〜1903）　ローマ法王（在位1878〜1903）。イタリア・ヴィテルボの生まれ。1864年に前法王ピウス９世（在位1846〜78）がシラブス（謬説表）の公布によってカトリック教会と「近代」社会との断絶を決定的に宣言したのに対して、後継のレオ13世は、むしろ和解の道を模索し、とくに、トマスに依拠して信仰と近代科学思想が共存可能であることを示した。ド・リベラは、この個所でレオ13世が近代を――「諸」近代へと解体することによって――相対化したことを、評価しているように思われる。

（一三）ロスケリヌス Roscēlinus（1050頃〜1120）　ペトルス・アベラルドゥス（「中世哲学の手引きＩ」⑮参照）の師で唯名論の創始者。

（一四）ベナのアマルリクス Amalricus de Bena（？〜1206/7）　フランス・シャルトル司教区に属するベーヌに生まれ、パリで論理学・神学を教える。真意ははっきりしないものの「神はすべての存在である」と述べ、その説が汎神論者エリウゲナの説と同一であると

訳注

序論

（一）回覧勅状 litterae encyclicae　普通「回勅」と訳される。ローマ法王が信仰・教義・組織運営上の問題について司教・信者に通達する文書。タイトルは原文（ラテン語）の最初の２、３語をそのまま用いることが通例である。法王によって頻度が異なるが、前々法王ヨハネ・パウロ２世（1920～2005、在位1978～2005）は14通の回勅を公布し、「信仰と理性」は13通目で1998年10月１日に公布された。回勅は、いわゆる「法王無謬性」を約束された文書ではなく、信者は、良心が命ずるなら、その内容に従わなくともよい。

（二）弱い思想 pensiero debole　イタリア現代哲学の一潮流で提唱者はジャンニ・ヴァッティモ（Gianni Vattimo, 1936～）。絶対的真理への遡行を理性に期待する「強い思想」に対して、そうした遡行は不可能であって、理性の使用は、失われた真理の「痕跡」の自由な解釈にのみ制限されるべきだと主張する。この「弱い思想」の考えかたは法王庁の観点からすると「ニヒリズム」に通じかねない。なお、同じイタリアの中世史家ビアンキが13世紀の諸神学を「強い神学」と「弱い神学」にモデル化する場合の「強い」「弱い」も同じような意味あいである。すなわち、信仰の対象たる啓示の解釈にさいして理性の最大限の関与を求めるのが「強い神学」たとえばトマス神学であり、最小限にとどめようとするのが「弱い神学」たとえばスコトゥス神学である（本書30頁参照）。

（三）ソーカル／ブリクモン Alain Sokal（1955～）／Jean Bricmont（1952～）　ともにフランスの物理学者。ふたりは1997年に共著『「知」の欺瞞』のなかで、おもに、フランスのポスト近代主義者（ラカン、クリステヴァ、ボードリヤール、ドゥルーズ、ガタリなど）による自然科学用語の不適切な使用を告発し、あわせて、科学者としての（素朴実在論的な）立場から、かれらの認識論的相対主義を批判した。

（四）オーヴェルニュのギヨーム Guillaume d'Auvergne（1180頃～1249）　フランス・オーリアックに生まれパリ大学で神学を講じ、1228年パリ司教に任ぜられる。アラブの諸哲学者に通じ、被造物における本質と現存在の区別および神における両者の一致というアラブ哲学の伝統的主題を、はじめて、西欧スコラ哲学に伝えた。しかし、アラブ哲学のもうひとつの特徴である、神と人間知性のあいだに離在的諸知性と諸天球を介在させる宇宙論に関しては、これを汎神論的として拒否した。本文中にある「至福直観についてのいわゆる「東方的」命題」はそうした汎神論的命題のことである。

（五）ボナヴェントゥラ Bonaventūra（1217頃～74）　イタリアのスコラ学者。本名はジョヴァンニ・デ・フィダンツァGiovanni de Fidanza。アレクサンデル・ハレシウスに神学を学び、37歳でフランチェスコ会の総長に任命される。創立者のアッシジの聖フランチェスコに傾倒し、『神への心の道中記』で内的・外的を問わない一切の被造物のうちに神の自己表現を見る神秘主義的な神学を展開する。しかし、神による世界創造の根本動機を

ヤ行

ラ行

マ行

ハ行

サ行

カ行

人名索引

＊印の項目について：太字で示したページには当該人名に関する説明がある。
太字ページのあとに付した［　］内の数字は当該ページの注番号を示す。

ア行

著者紹介

アラン・ド・リベラ（Alain de Libera）
1948年生まれ。フランスの中世哲学史家。
パリ高等研究院第5セクション指導教官・ジュネーブ大学教授を経て、2012年11月よりコレージュ・ド・フランスで中世哲学史の講座を担当。
著書：『マイスター・エックハルト』（1985、国文社）、『中世知識人の肖像』（1994年、新評論）、『中世哲学史』（1999年、新評論）、『理性と信仰』（本書、2013年、新評論）など多数。

訳者紹介

阿部一智（あべ・かずとし）
1952年小樽生まれ。
1981年一橋大学院社会学研究科修士課程修了。現在、女子美術大学・東邦大学非常勤講師。
訳書：V.ジャンケレヴィッチ『アンリ・ベルクソン』（共訳、新評論、1988年）、G.デュビー／G.ラルドロー『歴史家のアトリエ』（新評論、1991年）、アラン・ド・リベラ『中世知識人の肖像』（共訳、新評論、1994年）、同『中世哲学史』（共訳、新評論、1999年）、同『理性と信仰』（本書、新評論、2013年）ほか。

理性と信仰
法王庁のもうひとつの抜け穴　（検印廃止）

2013年6月25日　初版第1刷発行

訳　者　阿部一智
発行者　武市一幸

発行所　株式会社　新評論

〒169-0051　東京都新宿区西早稲田3-16-28
http://www.shinhyoron.co.jp
TEL　03（3202）7391
FAX　03（3202）5832
振替　00160-1-113487

定価はカバーに表示してあります
落丁・乱丁はお取替えします

装　幀　山田英春
印　刷　フォレスト
製　本　河上製本

Printed in Japan
ISBN978-4-7948-0940-7

新評論の話題の書

著者・書名	判型・価格	内容
A. ド・リベラ／阿部一智・永野潤訳 **中世知識人の肖像** ISBN4-7948-0215-3	四六 476頁 4725円 〔94〕	本書の意図は，思想史を語る視点を語る所にある。闇の中に閉ざされていた中世哲学と知識人像の源流に光を当てた野心的かつ挑戦的な労作。「朝日」書評にて阿部謹也氏賞賛！
A. ド・リベラ／阿部一智・永野潤・永野拓哉訳 **中世哲学史** ISBN4-7948-0441-5	A5 650頁 8400円 〔99〕	地中海周辺地域に光をあて，無視され，排除され，周辺化されてきた中世哲学史（ユダヤ・イスラム・ビザンツ哲学）の闇の領域を初めて繙く。「キリスト教西欧」の視点を越える金字塔！
J. ドリュモー／永見文雄・西澤文昭訳 **恐怖心の歴史** ISBN4-7948-0336-2	A5 864頁 8925円 〔97〕	海，闇，狼，星，飢餓，租税への非理性的な自然発生的恐怖心。指導的文化と恐れの関係。14 - 18 世紀西洋の壮大な深層の文明史。心性史研究における記念碑的労作！ 書評多数。
J.ドリュモー／佐野泰雄・江花輝昭・久保田勝一・江口修・寺迫正廣訳 **罪と恐れ** ISBN4-7948-0646-9	A5 1200頁 13650円 〔04〕	【西欧における罪責意識の歴史／十三世紀から十八世紀】西洋個人主義の源泉，自己へと向かう攻撃欲の発露，自らの内に宿る原罪と罪責意識…。『恐怖心の歴史』に続く渾身の雄編。
M. クレポン／白石嘉治編訳 付論 桑田禮彰・出口雅敏・クレポン **文明の衝突という欺瞞** ISBN4-7948-0621-3	四六 228頁 1995円 〔04〕	【暴力の連鎖を断ち切る永久平和論への回路】ハンチントンの「文明の衝突」論が前提する文化本質主義の陥穽を鮮やかに剔出。〈恐怖と敵意の政治学〉に抗う理論を構築する。
F. ダルマイヤー／片岡幸彦監訳 **オリエンタリズムを超えて** ISBN4-7948-0513-6	A5 368頁 3780円 〔01〕	【東洋と西洋の知的対決と融合への道】サイードの「オリエンタリズム」論を批判的に進化させ，インド—西洋を主軸に欧米パラダイムを超える21世紀社会理論を全面展開！
M. バナール／片岡幸彦監訳 **ブラック・アテナ** 古代ギリシア文明のアフロ・アジア的ルーツ ISBN 978-4-7948-0737-3	A5 670頁 6825円 〔07〕	【I. 古代ギリシアの捏造 1785-1985】白人優位説に基づく偽「正統世界史」を修正し，非西欧中心の混成文化文明が築き上げた古代ギリシアの実像に迫る。立花隆氏絶賛（週刊文春）。
M.R. アンスパック／杉山光信訳 **悪循環と好循環** ISBN 978-4-7948-0891-2	四六 224頁 2310円 〔12〕	〔互酬性の形／相手も同じことをするという条件で〕家族・カップルの領域（互酬）からグローバルな市場の領域まで，人間世界をめぐる好悪の円環性に迫る贈与交換論の最先端議論。
J.F. ルヴェル &M. リカール／菊地昌実・高砂伸邦・高橋百代訳 **新装版 僧侶と哲学者** ISBN 978-4-7948-0776-2	A5 368頁 3990円 〔98, 08〕	【チベット仏教をめぐる対話】人生に意味を与えるものは何か。仏教僧と無神論者のフランス人親子が「仏陀の教え」の核心に迫る大胆不敵な人間考察の書。山折哲雄氏推賞！
M. リカール &T.X. トゥアン／菊地昌実訳 **掌の中の無限** ISBN 4-7948-0611-6	A5 368頁 3990円 〔03〕	【チベット仏教と現代科学が出会う時】科学は精神性なしには正しい働きはできない。精神性は科学なしには存在しえない。フランス人僧侶とベトナム人科学者との最高の対話集。
B. ラトゥール／川村久美子訳・解題 **虚構の「近代」** ISBN 978-4-7948-0759-5	A5 328頁 3360円 〔08〕	【科学人類学は警告する】解決不能な問題を増殖させた近代人の自己認識の虚構性とは。自然科学と人文・社会科学をつなぐ現代最高の座標軸。世界 27 ヶ国が続々と翻訳出版。
J. ブリクモン／N. チョムスキー緒言／菊地昌実訳 **人道的帝国主義** ISBN 978-4-7948-0871-4	四六 310頁 3360円 〔11〕	【民主国家アメリカの偽善と反戦平和運動の実像】人権擁護，保護する責任，テロとの戦い…戦争正当化イデオロギーは誰によってどのように生産されてきたか。欺瞞の根源に迫る。

価格は税5%込み